M.A. PRAETORIUS · DER SCHATTEN DES ANDEREN

DER SCHATTEN DES ANDEREN

KRIMIS FÜR KENNER

M.A. PRAETORIUS

HERAUSGEBER: DELTA VERLAG 8560 LAUF/PEGNITZ
SATZ & DRUCK: SVOBODA AG PRAG
UMSCHLAGGESTALTUNG: TAMARA BALD
ISBN: 3-9803206-0-X

Inhaltsverzeichnis

DIESES BUCH IST BESONDERS JENEN LESERN GEWIDMET, DIE DER IRRIGEN MEINUNG SIND, VERBRECHEN WÜRDEN SICH LOHNEN. SIE LOHNEN SICH NICHT — JEDENFALLS NICHT IMMER!

M. A. PRAETORIUS

Der Schatten des Anderen

Über dem Kattegat hatte sich eine Gewitterfront aufgebaut. Noch am Morgen war der Himmel über der Insel Laesö tiefblau und wolkenlos wie immer in den letzten Tagen gewesen, und ich hatte mich auf einen weiteren, unbeschwerten Urlaubstag gefreut. Jetzt aber, am späten Nachmittag, hatten sich über der Insel dunkle Wolken zusammengeschoben, verdunkelten das Land und ließen es seltsam düster und in einem unwirklichen Licht erscheinen. Fast gleichzeitg mit den Wolken war aber auch jener Anruf gekommen, der mich dringend nach Haus rief und damit meinem Urlaub für dieses Jahr ein Ende setzte. Mißmutig hatte ich meine Koffer gepackt, hatte mich von meinen Wirtsleuten verabschiedet, und erst dann, fast schon unter der Haustür, war uns allen klar geworden, daß ich an diesem Tag gar nicht mehr hinüber zum Festland kommen konnte. Nur an Werktagen kam vormittags ein Boot von Saeby herüber, brachte Post und Passagiere mit, die wie ich die Ruhe suchten, aber heute war Sonntag, und es gab keine Möglichkeit, die Insel zu verlassen.

„Sie können es höchstens mal unten beim alten Jörgensen versuchen", meinte schließlich mein Wirt und deutete mit dem Kinn auf ein niedriges, strohgedecktes Dach vor uns. „Gehen Sie doch mal runter zu ihm. Er hat einen Kutter, war früher mal Fischer. Wenn er seinen guten Tag hat, fährt er Sie vielleicht rüber nach Saeby."

Es war nicht weit, kaum mehr als dreihundert Meter, aber die Zeit drängte, und so nickte ich meinem Wirt nur kurz zu und machte mich eilig auf den Weg. Jörgensen schien daheim zu sein, denn aus dem Schornstein des kleinen Häuschens stieg eine graue Rauchsäule empor, die von dem aufkommenden Wind rasch erfaßt und aufgelöst wurde.

Um mich herum begannen die ersten Tropfen zu fallen, klatschten mit dumpfem Laut auf die ausgetrocknete Erde, und ich setzte zu einem Dauerlauf an, stolperte querfeldein auf das Haus zu und erreichte es schließlich im gleichen Augenblick, als draußen über dem Meer der erste Blitz den Himmel aufriß. Noch war das Gewitter weit entfernt und sein Donner nur als schwaches Grollen hörbar, aber ich mußte doch mehrmals heftig an die Haustür klopfen, bevor ich gehört wurde.

Langsam, fast zögernd wurde sie schließlich geöffnet, und dann prallte ich unwillkürlich zurück. Vor mir stand ein Mann, der noch keine sechzig sein konnte, aber auf den ersten Blick wie ein Greis wirkte. Ein eingefallenes Gesicht, dunkle, tiefliegende Augen und zwar dichtes, aber schneeweißes Haar ließen ihn wie einen Achtziger erscheinen. Sekundenlang starrte er mich wortlos und ohne jede Regung an, dann zog er die Tür hinter sich abrupt ins Schloß und verschränkte die Arme vor der Brust.

„Was wollen Sie?" fragte er abweisend.

Ich erklärte ihm kurz meine Situation, sagte, daß ich hier Feriengast sei und bat ihn schließlich, mich mit dem Kutter hinüber nach Saeby zu bringen. Er sah stumm auf die kabbelige See hinaus, betrachtete genauso stumm den dunkel gewordenen Himmel über uns, dann schüttelte er den Kopf.

„Warten Sie bis morgen", sagte er kurz. „Da oben braut sich einiges zusammen. Ich habe keine Lust, mir nasse Füße zu holen. Gehen Sie zurück zu den Olsons."

Er machte Anstalten, ins Haus zurückzukehren, und ich faßte ihn hastig an der Schulter.
„Hören Sie, Herr Jörgensen", versuchte ich ihn aufzuhalten, „ich kann leider nicht bis morgen warten, sonst würde ich Sie doch nicht belästigen. Wenn Ihr Kahn einigermaßen in Schuß ist, dann sind wir doch in einer Stunde drüben. Sie brauchen es wahrhaftig nicht umsonst zu tun."
Die Augen des Alten glühten mich an.
„Mein Kahn ist immer in Schuß", erwiderte er. „Aber bei so einem Wetter fahre ich nicht. Sie können ja schwimmen, wenn Sie es so eilig haben."
Seine offenkundige Unfreundlichkeit überraschte und verwirrte mich. Warum verhielt er sich so? Im Verlauf meines Urlaubs war ich hier mit einer ganzen Reihe von Menschen zusammengetroffen, aber keiner von ihnen hatte sich mir gegenüber so abweisend, so unwirsch verhalten. Jörgensen jedenfalls, das war ohne jeden Zweifel klar, würde keinen Finger rühren, um mir aus der Patsche zu helfen.
„Na schön", sagte ich schließlich verärgert, „dann eben nicht. Ich wußte ja nicht, daß Sie sich vor Gewittern fürchten."
Er gab keine Antwort, sondern sah reglos zu den über uns treibenden Wolken empor. Einen Augenblick lang dachte ich schon, daß er mich überhaupt nicht gehört hatte, doch dann sah er zu mir herüber und nickte mir zu.
„Holen Sie Ihr Gepäck und gehen Sie runter and den Kai", sagte er tonlos. „Ich warte dort auf Sie."
Verblüfft über seinen plötzlichen Sinneswandel lief ich durch den immer stärker werdenden Regen zum Haus der Olsons zurück, schnappte mir meine beiden Koffer und stand zehn Minuten später auf dem Vorderdeck der HELMA ANDRESEN.
„Gehen Sie ins Ruderhaus", empfing mich Jörgensen und deutete mit dem Kopf seitwärts. „Ich mache nur noch die Leinen los."
In dem engen Raum roch es penetrant nach Teer und Schmieröl, und die seitlich vom Ruder angebrachte, mit Farbklecksern be-

schmierte Sitzbank sah nicht gerade einladend aus, aber in diesem Moment war mir alles egal. Ich hatte endlich ein Schiff unter den Füßen und war sicher, in spätestens einer Stunde drüben in Saeby zu sein. Durch das Backbordfenster sah ich Jörgensen zu, wie er die Leinen an Bord zog, dann ins Ruderhaus kam und den Diesel auf Touren brachte, aber mich schien er bereits wieder vergessen zu haben. Mit verschlossenem Gesicht und ohne ein Wort zu sagen steuerte er den allmählich schneller werdenden Kutter auf die offene See hinaus, und als ich ihm, um die Atmosphäre etwas aufzulockern, schließlich eine Zigarette anbot, warf er nicht mal einen Blick darauf.

Schulterzuckend brannte ich mir selbst eine Zigarette an, lehnte mich mit dem Rücken an die Wand des Ruderhauses und sah in den jetzt mit voller Wucht niederprasselnden Regen hinaus. Sein eintöniges Rauschen, das gleichmäßige Pochen des Diesels und die sanften Schaukelbewegungen des Schiffes mußten mich dann irgendwann eingeschläfert haben, denn ich bemerkte nicht, wie Jörgensen seinen Platz am Ruder verließ. Ich sah es erst, als mich ein grelleuchtender Blitz und der nachfolgende Donner erschrokken hochfahren ließen; und dann spürte ich, daß die HELMA ANDRESEN im Kreis fuhr.

Mit zwei, drei Sprüngen war ich aus dem Ruderhaus und sah mich nach Jörgensen um, aber ich konnte ihn nirgends entdecken. Inzwischen war es völlig dunkel geworden, und einen Augenblick lang befürchtete ich schon, daß er über Bord gefallen und ich nun auf dem Schiff alleine war, aber als sich meine Augen an die Dunkelheit gewöhnt hatten, sah ich ihn steuerbords an der Reeling stehen.

Er wirkte völlig geistesabwesend. Mit beiden Händen eine Eisenstange umklammernd und unverständliche Worte vor sich hinmurmelnd, stand er reglos im strömenden Regen, und je länger ich ihm zusah, desto mehr erfaßte mich ein Gefühl der Angst und Beklemmung. Und obwohl die Nacht immer wieder von Blitzen erhellt wurde und ich nicht mal fünf Meter von ihm entfernt war, schien er mich überhaupt nicht zu sehen. Er sah zwar immer wieder in meine Richtung, aber sein Blick ging irgendwie durch mich hindurch und verlor sich in der Dunkelheit hinter mir. Die Minuten schlichen dahin, und ich wußte nicht, ob ich schweigen oder ihn ansprechen sollte, doch dann nahm er mir die Entscheidung ab. Hinter mir öffnete sich plötzlich langsam die Tür des Ruderhauses, blieb sekundenlang offen stehen und fiel dann klatschend wieder ins Schloß, aber nun kam Leben in den Alten. Hastig und kaum hörbar löste er sich von der Reeling, schlich auf das Ruderhaus zu, und als ein neuer Blitz die Nacht spaltete, sah ich sein Gesicht in aller Deutlichkeit und spürte plötzlich eine eisige Kälte in mir. Sein Gesicht hatte nichts Menschliches mehr an sich. Es war eine von Wut und Haß verzerrte Fratze, die an die Höllengestalten in alten Kirchen erinnerte; aber das hier war nicht die steingewordene Fantasie eines mittelalterlichen Bildhauers, das hier war Wirklichkeit. Zu jeder Bewegung unfähig, sah ich zu ihm hinüber, sah, wie er mit beiden Händen die Eisenstange umklammerte, sie hoch über seinem Kopf hielt und dann brüllend zuschlug. Immer wieder und wie rasend schlug er auf die Planken unter seinen Füßen ein, als ob dort ein Feind läge, den nur er sehen konnte. Unablässig schwang er die Eisenstange über seinen Kopf und ließ sie dröhnend niederfallen, doch dann wurden seine Schläge allmählich langsamer, verstummten schließlich ganz, und als der nächste Blitz die Szenerie erhellte, war er bereits wieder im Ruderhaus verschwunden. Sekunden später dröhnte der Diesel auf und die HELMA ANDRESEN nahm endgültig Kurs auf Saeby. Verblüfft und fassungslos betrachtete ich die Stelle, an der Jörgensen immer wieder zugeschlagen hatte, aber außer einigen Holzsplittern und der achtlos weggeworfenen Eisenstange war nichts weiter zu sehen. Trotzdem war hier irgend etwas geschehen, aber es war mir einfach nicht möglich, aus dem, was ich gesehen hatte, irgendwelche Schlüsse zu ziehen. Es war, als hätte ich einen Spuk erlebt. Und

so stand ich lange in der Nacht, grübelte und sinnierte, und kam eigentlich erst dann wieder richtig zu mir, als wir in den Hafen von Saeby einliefen und Jörgensen den Kutter am Kai festmachte.
„Kommen Sie gut nach Hause“, sagte er, als er meine Koffer an Land gebracht hatte. „Und kommen Sie auch mal wieder nach Laesö.“
Er war völlig verändert. Seine Unfreundlichkeit, seine Barschheit waren wie weggezaubert, und zum erstenmal sah ich ihn lächeln. Er nickte mir noch einmal zu und ging dann zurück an Bord, und ich stand am Kai, sah ihm nach und hatte plötzlich das Gefühl, die letzte Stunde in einer völlig fremden Welt verbracht zu haben.

***

Es war sicher nur Zufall, daß der Fahrer des Taxis, das mich von Saeby nach Frederikshaven brachte, ein Schulfreund des alten Jörgensen war. Er sah mich von Bord der HELMA ANDRESEN gehen, und als er mich auf der Fahrt nach Frederikshaven daraufhin ansprach, fragte ich ihn vorsichtig über den Alten aus.
„Ja ja, ich weiß, er ist kein geselliger Typ“, sagte er und lächelte. „Aber bei seinem Schicksal ist das auch gar nicht weiter verwunderlich. Zuerst das Unglück mit seinem Bruder, dann das jahrelange Sterben seiner Frau ... das macht alt und menschenscheu, Herr.“ Ich sah ihn überrascht an.
„Sagen sie mal“, fragte ich. „Dieses Unglück mit seinem Bruder ... wissen Sie darüber etwas Näheres?“
Er zog seinen Volvo gekonnt durch eine enge Rechtskurve und zuckte mit den Schultern.
„Natürlich weiß ich das. Es ist zwar schon mehr als dreißig Jahre her, aber von uns Alten hat es noch keiner vergessen. Die beiden Jörgensen, also Carl, den Sie kennen und Knut waren Zwillinge und hingen wie Kletten aneinander. Ihnen gehörte die HELMA ANDRESEN, die damals allerdings noch ganz anders hieß. Wie

viele andere hier, fuhren auch sie jeden Tag zum Fischen hinaus, verdienten gut, und niemand dachte daran, daß sich das je ändern könnte. Dann aber kam eines Tages ein Mädchen aus Kopenhagen, eben jene Helma Andresen nach Saeby, das hier Verwandte hatte und seine Ferien hier verbringen wollte. Also, ich sage Ihnen, Herr, das war eine Puppe, die uns allen hier die Köpfe heiß machte. Eine von den ganz Feinen war das, die auch an einem gewöhnlichen Werktag drei Unterröcke übereinander tragen. Sie war noch sehr jung, knapp über siebzehn, aber schön wie die fleischgewordene Sünde. Kein Wunder also, daß neben vielen anderen auch Carl und Knut um sie herumschwirrten, obwohl uns allen klar war, daß keiner von uns auch nur die geringste Chance hatte. Das heißt, wir dachten das. In Wirklichkeit aber hatte Knut bei ihr längst das Rennen gemacht und marschierte eines Tages selig lächelnd zum Pastor, um das Aufgebot zu bestellen. Bei uns Jungen schlug diese Nachricht wie eine Bombe ein, und selbst Carl war davon so überrascht, daß er den Anschlag an der Kirchentür erst dreimal lesen mußte, bevor er es glauben konnte. Dann aber freute er sich wie ein König, daß er eine so schöne Schwägerin bekam und taufte ihren Kutter eigenhändig auf HELMA ANDRESEN um.

Na ja, was soll ich Ihnen noch viel sagen? Zwei Tage vor der Hochzeit fuhren sie noch einmal zum Fischen hinaus, aber am nächsten Morgen kam Carl allein zurück. In der Nacht war ein schwerer Gewittersturm über die See gefegt und Knut war von einem Brecher über Bord gespült worden. Man hat ihn nie gefunden. Carl aber hat den Tod seines Bruders nie überwunden. Er leidet sogar heute noch derart darunter, daß ihn jedes Gewitter in eine regelrechte Panik versetzt. Helma hat ihn dann immer im Haus eingeschlossen, aber . . ."

„Helma?" unterbrach ich ihn. „Wollen Sie damit sagen, daß Carl die Braut seines Bruders . . .?"

„Na klar, die beiden haben ein Jahr später geheiratet. Warum auch nicht? Ohne Knut waren sie beide einsam, und da war es doch nur allzu verständlich, daß sie sich aneinanderklammerten. Fast dreißig Jahre lang haben die beiden auf Laesö gelebt, aber im vergangenen Jahr ist Helma nun gestorben und seitdem ist Carl fast noch wunderlicher, noch menschenscheuer geworden, aber das ist ja auch zu begreifen, nicht?"

Ich gab keine Antwort. Ich war mit meinen Gedanken weit weg und sah stumm durch das Fenster auf das Meer hinaus. Irgendwo da draußen lag Laesö mit dem kleinen Haus des alten Mannes, der seinen Bruder abgöttisch geliebt hatte und doch vor mehr als dreißig Jahren zu seinem Mörder geworden war. Es konnte nicht meine Aufgabe sein, darüber zu urteilen oder zu richten. Es gab da überhaupt nicht mehr zu richten. Eine knappe Stunde vorher hatte ich erlebt, daß das längst geschehen war. Der Schatten Knuts hatte sich auf ihn gelegt, hielt ihn umklammert und würde sich erst von ihm lösen, wenn diese Welt für ihn vergangen war.

Ein richtiger Held

Jürgen König, Juniorchef der Spedition „König & Sohn“ kam winkend über den Hof gelaufen und steuerte auf einen dunkelblauen Sattelschlepper zu, der sich eben in Bewegung gesetzt hatte und nun mit knirschenden Bremsen wieder anhielt.

„Scheller“, keuchte er, nachdem er ihn erreicht hatte. „Scheller, Ihr Urlaub nächste Woche ist vorläufig gestrichen. Wir haben Terminfahrten nach Amsterdam und Ihr Kollege Krügel hängt mit seinem Zug in Finnland fest. Weiß der Teufel, wann der wieder hier sein wird. Hat einen Getriebeschaden.“

Paul Scheller stellte mit einer resignierenden Handbewegung den Motor ab. Schöner Mist, dachte er dabei. Da spart man das ganze Jahr und freut sich auf einige Wochen Ruhe, und dann platzt der Traum von einem Moment auf den anderen.

„Aber kann denn dann Heinrich nicht diese Tour machen?“ fragte er kleinlaut. „Wir haben doch schon unser Hotel gebucht und die Tickets bestellt. Ich kann doch jetzt nicht wieder alles über den Haufen . . .“

„Natürlich können Sie“, fiel ihm König ins Wort. „Sie müssen sogar! Heinrich kann ich dafür nicht einsetzen, den brauche ich nächste Woche für Griechenland. Also, rufen Sie Ihr Reisebüro an

und sagen Sie, daß Sie einige Wochen später fliegen. Schließlich haben betriebliche Interessen immer noch Vorrang, nicht wahr? Na, dann noch einen schönen Tag und gute Fahrt!"
Paul schleuderte einen stummen Fluch hinter seinem Chef her und drückte auf den Anlasser. Der Teufel soll ihn holen, dachte er dabei. Als ob es ein Problem wäre, für diese Hollandtouren einen Fahrer zu bekommen. Aber nein, lieber vermieste einem dieser junge Schnösel den lang ersehnten Urlaub. Schade, daß sich der alte König kaum noch um die Firma kümmerte, der hätte so etwas nie zugelassen. Der war selbst jahrelang auf dem Bock gesessen und wußte genau, was man einem Fahrer zumuten konnte und was nicht.
Paul gab Gas und rollte durch das Tor langsam auf die Straße hinaus. Wie sollte er diese Nachricht jetzt Irma beibringen? Gerade sie hatte sich ja auf die paar Wochen in Tunesien so gefreut, mit denen sie einen Schlußstrich unter ihre, wie Irma es nannte, mageren Jahre ziehen wollten. Bisher hatte ihr Reihenhaus und das Zoologie-Studium ihrer Tochter Susanne den größten Teil seines Einkommens verschlungen, und lange Jahre war eine kleine Pension im Bayerischen Wald ihr Urlaubsziel gewesen, aber nun waren sie endlich über den Berg und hatten sich auf den Luxus eines Vier-Sterne-Hotels gefreut.
Je länger Paul unterwegs über seinen verpatzten Urlaub nachdachte, desto größer wurde der Zorn in ihm. Zorn auf Jürgen König, der ihm immer das aufhalste, was andere nicht machen wollten, und Zorn auf sich selbst. Warum nahm er immer alles widerstandslos hin? Warum machte er seinem Chef nicht endlich einmal klar, daß er nicht nur Pflichten gegenüber der Firma hatte, sondern auch Rechte? Warum schluckte er alles in sich hinein, anstatt einmal mit der Faust auf den Tisch zu hauen?
Er brauchte über eine Antwort gar nicht lange nachzugrübeln, er wußte sie auch so. Mit 48 war man nicht mehr gerade der Jüngste und hatte in diesem Beruf keine großen Chancen mehr. Jedenfalls

nicht genug, um dem Chef alles vor die Füße zu werfen und irgendwo neu anzufangen. Außerdem war er nie eine große Kämpfernatur gewesen. Es gab Menschen, die waren von Natur aus nur Hammer, und es gab andere, die waren immer nur Amboß. Er kannte sich gut genug, um zu wissen, daß er immer nur Amboß sein würde.

***

Als Paul Scheller vier Tage später wieder in den heimatlichen Hafen einlief, hatte er sich zwar beruhigt, aber als er sah, daß seine Familie die schlechte Nachricht ziemlich gelassen hinnahm, sank seine Laune auf den absoluten Nullpunkt.
„Schade, Papi", sagte Susanne bedauernd. „Ich wäre so gerne mit dir in Tunis herumgebummelt. Jetzt kann ich meine ganzen Ferien hier im Freibad verbringen, und das ist in meinen Augen ein geradezu jämmerlicher Ersatz."
Irma allerdings sah die Sache etwas anders.
„Tja, dann müssen Susanne und ich eben allein fliegen", erklärte sie schulterzuckend und drückte Paul einen flüchtigen Kuß auf die Stirn. „Ich habe heute unsere Tickets abgeholt und kann sie jetzt beim besten Willen nicht mehr zurückgeben. Da wären ja glatt fünfzig Prozent vom Reisepreis beim Teufel, und das können wir uns ja nun wirklich nicht leisten."
Paul löffelte wütend seine Gulaschsuppe in sich hinein.
„Na klar", maulte er. „Während ihr euch am Strand den Pelz bräunen laßt, kann ich auf der Autobahn herumhängen. Außerdem wird dir gar nichts anderes übrigbleiben, als mein Ticket zu stornieren."
Irma leckte sich nachdenklich die Lippen.
„Mal sehen", meinte sie dann und begann den Tisch abzuräumen, „vielleicht kann eine Arbeitskollegin von mir das Ticket übernehmen. Die weiß ohnehin noch nicht so recht, wo sie in diesem Jahr ihren Urlaub verbringen soll."

Wie schon so oft in dieser Woche, fluchte Paul auch jetzt nur stumm in sich hinein. Mißgelaunt und brummig verbrachte er dann die wenigen Tage bis zu Irmas und Susannes Abreise und vermochte sich gerade noch zu einem verbissenen Lächeln aufzuraffen, als er die beiden schließlich am Samstag morgen zum Flughafen begleitete.
„Nun sei doch nicht so sauer, Paul", sagte Irma und tätschelte ihm tröstend die Wange. „Mir wäre es ja auch lieber gewesen, du hättest mitkommen können, aber jetzt läßt sich daran ja doch nichts mehr ändern. Und wer weiß, vielleicht tut uns beiden so ein bißchen Urlaub von der Ehe auch ganz gut, oder? Soll ja die Liebe wieder ganz erheblich auffrischen, habe ich gehört."
Paul hätte ihr zwar gerne gesagt, was er so über alleinreisende Ehefrauen gehört hatte, aber er schwieg. Mit steinernem Gesicht sah er zu, wie Mutter und Tochter einträchtig in Richtung Paßkontrolle verschwanden und nahm sich vor, am Abend einmal richtig auf den Putz zu hauen.
Seufzend wandte er sich um und ging langsam auf den Ausgang zu, und dann sah er plötzlich einen Mann, der im Laufschritt auf den Flugsteig zuhastete und zuckte aufgeschreckt zusammen. War das nicht ...? Ja, war das nicht dieser Gigolo, der sich damals auf dem Faschingsball so ungeniert an Irma herangemacht hatte? Dieser eitle, als Scheich verkleidete Fatzke, der sie immer wieder zum Tanzen aufgefordert und zuletzt sogar noch an die Bar eingeladen hatte? Doch, das war er, da gab es überhaupt keinen Zweifel! Und jetzt flog dieser Typ mit der gleichen Maschine wie Irma. War das nun reiner Zufall oder war das etwa ...?
Paul fiel es von einer Sekunde auf die andere wie Schuppen von den Augen. Nein, das war kein Zufall! Solche Zufälle gab's gar nicht! Deshalb also hatte es Irma so gelassen hingenommen, daß er nicht mitkommen konnte. Dieser Kerl war also die angebliche Arbeitskollegin, an die sie sein Ticket zum Glück noch verkaufen hatte können, wie sie ihm erzählt hatte. So also lief die Sache! Und war Irma jetzt eben nicht seltsam aufgeregt gewesen? Hatte sie

nicht so eigenartig glänzende Augen gehabt? Sie, die sonst die Ruhe in Person war? Wer weiß, wie lange es die beiden schon miteinander hatten! Vermutlich setzten sie ihm bei jeder Gelegenheit Hörner auf und lachten sich über seine Dämlichkeit krumm und bucklig. Er war ja die meiste Zeit nicht zu Hause, er fuhr ja mit seinem Sattelschlepper kreuz und quer durch Europa, mit ihm konnte man so etwas ja machen!

In Paul schoß der gesammelte Zorn der letzten Tage wie eine Stichflamme empor. Nein, und wenn es ihm jetzt Kopf und Kragen kosten würde, aber dieser Typ würde heute nicht nach Tunesien fliegen! Niemals, um keinen Preis der Welt würde er das zulassen! Er würde sich diesen Kerl jetzt mal zur Brust nehmen und dann konnte der seinen Urlaub im Krankenhaus, anstatt händchenhaltend mit Irma in Discos, schummrigen Nachtklubs oder Gott weiß wo sonst noch verbringen.

Paul machte auf dem Absatz kehr und rannte auf den Flugsteig zu. Sein Feind hatte gerade die Paßkontrolle passiert und Paul sah gerade noch die verblüfften Gesichter von Irma und Susanne aus dem Warteraum zu ihm herüberstarren, dann hatte er ihn erreicht, riß ihn an der Schulter herum und schlug mit aller Kraft zu. Der Mann taumelte, prallte mit dem Kopf rückwärts gegen eine Wand und glitt dann bewußtlos zu Boden.

Sekunden später waren zwei Polizisten zur Stelle und drehten Paul die Arme auf den Rücken.

„Sie sind wohl übergeschnappt", sagte einer von ihnen. „Wie kommen Sie eigentlich dazu, diesen Mann niederzuschlagen?"

Paul versuchte sich mit aller Gewalt loszureißen.

„Weil ich ihn erkannt habe!" schrie er. „Auf den ersten Blick habe ich diesen Schweinehund erkannt, nur seinen Namen weiß ich nicht mehr. Aber das . . ."

„Das läßt sich ändern", sagte der Polizist und beugte sich über den Bewußtlosen. „Sie dürfen schon wissen, wer jetzt gegen Sie Anzeige erstattet. Wird Sie einiges kosten, denke ich."

Sekunden später hatte er die Brieftasche von Pauls Opfer in der Hand und sah verblüfft von ihm zu seinem Kollegen empor.
„Schau mal, Heinz", sagte er. „Kannst du dir das zusammenreimen? Der Mann hier hat gleich drei Pässe bei sich. Alle auf verschiedene Namen, aber immer mit seinem Foto. Ich denke, wir nehmen ihn mal ein bißchen unter die Lupe. Und Sie kommen ebenfalls mit, Herr . . .?"
„Scheller", sagte Paul und rückte seine Krawatte zurecht. „Paul Scheller, Herr Wachtmeister."

***

Zwanzig Minuten später kam einer der beiden Beamten zu Paul ins Vernehmungszimmer.
„Also, ich muß schon sagen, Sie haben ja einen echt mörderischen Schlag, Herr Scheller", schmunzelte er. „Ihr Gegner ist immer noch nicht richtig da. Aber diesmal hat es genau den Richtigen erwischt. Den Kerl haben wir nämlich schon fast ein Jahr lang wegen Scheckbetrugs gesucht. Ist ein ganz gerissener Gauner. Na ja, jetzt kann er in den nächsten Jahren von Tunesien höchstens träumen. Apropos Tunesien: Falls Sie Ihre Familie noch einmal sehen wollen, die Maschine hatte Verspätung und wird jetzt erst aufgerufen."
Paul maschierte auf leicht zitternden Beinen in den Warteraum hinüber und grinste schief, als er Irma und Susanne sah, die ihm mit offenem Mund entgegenstarrten.
„Mein Gott, Paul, du bist ja ein richtiger Held", sagte Irma bewundernd und schmiegte sich an ihn. „Du warst doch immer so ruhig, so . . . so gelassen? Also, ich hätte ja nie gedacht, daß du soviel Mut hast. Das sind ja ganz neue Seiten an dir. Übrigens, das hier ist Frau Berner, meine Arbeitskollegin, die dein Ticket gekauft hat. Aber nun komm schon und wünsch uns einen guten Flug, du . . . du Schläger!"

Paul schlang die Arme um sie und zog sie aufatmend an sich. „Guten Flug“, flüsterte er. „Und einen schönen Urlaub, ja?“
Er wartete noch, bis sie seinen Blicken entschwunden waren, dann ging er langsam durch die Halle auf den Ausgang zu und nahm sich vor, das Wochenende zu genießen und sich auszuruhen, bevor er sich dann Sonntagnacht auf die Fahrt nach Amsterdam machen würde.

Was für ein Glück, daß du mich hast!

Frauen, das weiß jeder Mann, begegnen einem oft ganz unverhofft und bei den unmöglichsten Gelegenheiten, und bei Wilfried Auringer war das nicht anders. Auch er hatte seine ständigen Begleiterinnen in Cafès, beim Tanzen, am Strand und einmal sogar auf dem Behandlungsstuhl seines Zahnarztes kennengelernt, aber noch nie hatte sich dieses angenehme Ereignis vor der Umkleidekabine eines Kaufhauses abgespielt. Bei Brigitte Köhler war es allerdings so. Wilfried war gerade in eine neue Hose geschlüpft, war aus der Kabine getreten und hatte sich dem eifrig um ihn bemühten Verkäufer präsentiert, da sah er im Spiegel vor sich Brigitte an der Kabine vorbeigehen. Das heißt, zunächst sah er nur zwei schlanke, endlos lange Beine, dann einen kurzen, dunkelblauen Rock, danach eine vielversprechend prallsitzende Bluse, und schließlich eine wohlgeformte schmale Hand. Die Hand bewegte sich mit der Anmut einer Vogelschwinge durch die Luft und landete zielsicher in der Innentasche seiner Jacke, die Wilfried während der Anprobe an einen Haken in der Kabine gehängt hatte. Es war ein weicher, eleganter und überaus unauffälliger Griff, aber als sich diese schmale Hand wieder aus seiner Tasche entfernte, hielt sie seine Brieftasche zwischen den Fingern und Wilfried fuhr em-

pört herum. Dann hatte er zunächst allerdings einige Probleme mit dem Verkäufer, der Wilfrieds Hast völlig falsch verstand, und bis er es ihm erklärt hatte und aus der neuen Hose wieder in seine alte geschlüpft war, schwebte Brigitte auf der Rolltreppe längst nach unten und strebte dem Ausgang zu.
Wilfried erwischte sie sozusagen zwischen Tür und Angel.
„Ich glaube, wir sollten uns mal ein bißchen unterhalten, Fräulein", sagte er schnaufend und hielt sie fest. „Kommen Sie mit, in der dritten Etage ist eine nette kleine Cafeteria."
Eine Sekunde lang sah sie ihn schreckerfüllt an, dann hatte sie sich gefangen.
„Verschwinden Sie, Mann", fauchte sie. „Hauen Sie ab oder ich rufe die Polizei!"
Wilfried grinste überlegen und faßte nach ihrer Handtasche.
„Wetten, daß Sie das nicht tun?"
Er gewann die Wette. Fünf Minuten später saß sie neben ihm an einem Tisch und nach weiteren zehn Minuten wußte Wilfried, daß er in ihr einen echten Profi vor sich hatte.
„Tja, Fräulein Brigitte", sagte er nach ihrer Beichte und lächelte. „Diesmal hatten Sie ja nun wirklich mehr Glück als Verstand. Ein anderer hätte längst die Bullen alarmiert und Sie hinter Gitter bringen lassen, aber ich . . . nun, ich bin auch kein Heiliger. Meine Leidenschaft sind allerdings wohlgefüllte Tresore."
Ihre tiefblauen Augen sahen ihn freudig-erleichtert an.
„Aber . . . aber dann sind wir ja so etwas wie Kollegen?" hauchte sie. Wilfried nickte schmunzelnd.
„So könnte man es sehen, Kleine. Und wir könnten auch leicht gute Freunde werden — sehr gute Freunde sogar, verstehen Sie?"
Brigitte verstand und hatte nicht das geringste dagegen einzuwenden. Im Gegenteil! Sie verknallte sich an diesem Tag in Wilfried derart, daß sie immer weniger Interesse an ihrem Job hatte und es vorzog, ihn bei seinen nächtlichen Ausflügen zu begleiten und ihm als Fahrer und Aufpasser zu dienen. So ein gutes halbes Jahr lang

lief dann die Firma Auringer & Köhler wie geschmiert, aber in einer kühlen Septembernacht beehrte Wilfried den Bungalow eines Seifenfabrikanten mit seinem Besuch und erwischte statt der erhofften zehn oder zwölf Mille eine runde Viertelmillion.
Noch beim Einpackem wurde ihm klar, daß dies der beste Zeitpunkt war, sich von Brigitte zu trennen. Nicht, daß er etwas gegen sie gehabt oder sich neben ihr gelangweilt hätte, ganz und gar nicht, aber mit runden 250 000 im Rücken konnte er sich endlich aus Deutschland absetzen und seinen alten Traum von einem erstklassigen Restaurant an der Costa de Sol verwirklichen.
Und wenn er dabei an die grazilen, glutäugigen Spanierinnen dachte, die er während seines Urlaubs dort kennengelernt hatte ... Junge, Junge, da kam aber Brigitte wirklich nicht mit. Vor allem aber, und das gab bei seinen Überlegungen letztlich den Ausschlag, eine Viertelmillion war nur dann eine Viertelmillion, wenn sie einem allein gehört — und Wilfried wollte, daß sie ihm allein gehörte! Freilich, so viel war ihm inzwischen klar geworden, es würde wahrhaftig nicht leicht sein, sich mit dem Geld und ohne Brigitte in den Süden abzusetzen. Seit jenem denkwürdigen Tag ihres Kennenlernens hing sie wie eine Klette an ihm, ließ ihn fast keine Minute aus den Augen und hielt von ihm alles fern, was auch nur im entferntesten ihr trautes Glück hätte gefährden können.
Am besten wird sein, ich erzähle ihr etwas von einem Coup in Berlin und lasse sie in dem Glauben, daß ich in zwei, drei Tagen wieder zurück bin, überlegte er. Bei ihrer fast krankhaften Angst vor dem Fliegen wird sie mich dorthin sicher nicht begleiten wollen. Ich muß mir jetzt nur noch einen falschen Paß besorgen, dann sucht sie sich hinterher bei den Fluggesellschaften dumm und dämlich. Einen Passagier namens Wilfried Auringer hat es dann eben nie gegeben. Umsichtig und unauffällig traf Wilfried in den nächsten Tagen seine Vorbrereitungen, blechte fünf Mille für einen Paß auf den Namen Gerhard Buchner und nahm dann am Abend vor seiner Abreise Brigitte sanft in die Arme.

„Schätzchen, du wirst nun leider einige Tage ohne mich auskommen müssen", säuselte er und streichelte ihren Rücken. „Ich muß morgen früh nach Berlin. Ich hab' da einen alten Kumpel sitzen, und der hat ein ganz tolles Ding ausbaldowert. Aber mach dir bitte keine Sorgen, bis Sonntag bin ich spätestens wieder zurück."
Brigitte schluckte und sah ihn aus tränenumflorten Augen an.
„Wenn du mit der Bahn fahren würdest, könnte ich ja mitkommen", sagte sie zaghaft. „Wäre denn das nicht zu machen, Bärchen?"
Er wehrte mit beiden Händen ab.
„Leider, leider nicht, mein Engel. Die Sache hat sich ganz kurzfristig ergeben und soll schon morgen nacht steigen. Nein, ich schaffe das nur noch mit dem Flugzeug."
Brigitte seufzte tief und lehnte sich an ihn.
„Na ja, dann läßt sich eben daran nichts ändern", sagte sie resignierend. „Ich packe dann schon mal deinen Koffer und danach machen wir eine richtig schöne Abschiedsparty, nicht? Nur du und ich — okay?"
Wilfried fand, daß er ihr das nun wirklich schuldig war und nickte.
„Okay, Mäuschen, das machen wir — sogar mit allen Schikanen! So wie ich dich kenne, wird das bestimmt eine ganz heiße Sache."

***

Es wurde sogar eine derart heiße Sache, daß Wilfried, als er am nächsten Morgen auf dem Weg zum Flughafen war, fast so etwas wie Bedauern in sich spürte. Schade eigentlich, dachte er, so alles in allem war es doch eine recht vergnügliche Zeit mit Brigitte. Aber was soll's? In vier Stunden sitze ich vor einem eisgekühlten Cuba libre am Strand und dann gibt's 'ne Wiederholung mit einer rassigen Spanierin!
In äußerst munterer Stimmung stieg er aus dem Taxi, warf dem Fahrer großmütig einen Fünfziger zu, marschierte dann durch die

Abflughalle zur Zollabfertigung und wedelte unternehmungslustig mit seinem Ticket.
„Ah, Sie fliegen nach Spanien“, lächelte der Beamte mit einem kurzen Blick auf das Ticket. „Na, da kann man Ihnen nur viel Vergnügen wünschen. Ihr Paß ist in Ordnung, ja? Noch länger als drei Monate gültig?“
Wilfried blätterte hastig und deutete auf den meisterhaft gefälschten Stempel.
„Der ist sogar noch länger als drei Jahre gültig“, erwiderte er schmunzelnd. „So lange reicht mein Geld bestimmt nicht.“
Der Beamte deutete auf Wilfrieds eleganten Handkoffer.
„Wenn Sie dann noch kurz Ihren Koffer öffnen würden, Her Buchner“, sagte er verbindlich. „Sie wissen ja, die verschärften Sicherheitsbestimmungen . . .“
„Aber bitte sehr“, dienerte Wilfried. „Ich habe weder Waffen, noch Sprengstoff bei mir.“
Er drückte auf die Schlösser und hob den Deckel hoch, und dann fühlte er es plötzlich eiskalt über seinen Rücken laufen. Ganz oben, zwischen Schlafanzug und Toilettentasche, lag sein echter Paß und lachte ihm wie ein alter Freund entgegen.
„Nanu, haben sie zwei Pässe, Herr Buchner?“ fragte der Beamte erstaunt und griff danach. „Und sogar auf zwei verschiedene Namen? Na, nun sagen Sie mal, wie heißen Sie denn wirklich? Gerhard Buchner oder Wilfried Auringer?“
Wilfried preßte die Lippen zusammen und schwieg. Dieses Weib, dachte er erbittert und spürte, wie ihm übel wurde. Dieses hirnlose, dämliche Weib! Haut die mich doch glatt noch in allerletzter Minute voll in die Pfanne! Ja, wenn sie doch jetzt nur der Teufel holen würde!
Der Beamte vor ihm blätterte emsig seinen Paß durch, dann zog er einen Zettel heraus.
„Da liegt noch eine Nachricht dabei“, sagte er schmunzelnd. „Ist die etwa für Sie bestimmt?“

Wilfried ließ sich ächzend auf eine Bank sinken und nahm mit zitternder Hand den Zettel entgegen. „Liebster Wilfried“, stand da in der unverkennbaren krakeligen Handschrift Brigittes, „was für ein Glück, daß du mich hast! Du hättest deinen Paß sicher vergessen, aber wie du siehst, denke ich eben an alles. Ich hoffe, der Coup, den dein Kumpel da ausbaldowert hat, lohnt sich diesmal wirklich und entschädigt mich für die Trennung von dir. Halte dich von fremden Weibern fern und laß mich nicht zu lange auf dich warten. Wenn du wiederkommst, feiern wir eine richtig schöne Begrüssungsparty, ja? Nur du und ich, okay? Also dann: gute Reise!“
Der Beamte nahm ihm den Zettel aus der Hand und winkte einige Kollegen herbei.
„Also ich weiß nicht recht“, sagte er grinsend, „aber mit der Reise wird es ja nun wohl nichts mehr werden, Herr Auringer. Aber das Glück, ich schätze, so viel können Sie gar nicht haben, wie Sie jetzt bräuchten, oder?“

Mit der List einer Frau

Patricia warf einen kurzen Blick auf den Barkeeper und rückte dann näher an mich heran.
„Es ist wirklich ein Kinderspiel, Benny", flüsterte sie. „Ich habe alles bis ins kleinste durchdacht und bin sicher, daß sie zahlen werden."
Ich zuckte unsicher mit den Schultern.
„Kann sein, warum auch nicht? Aber hinterher haben wir hundertprozentig die Bullen auf den Fersen. Oder glaubst du etwa, die Maddocks nehmen die Entführung ihrer Tochter so stillschweigend hin?"
Patricia drehte nachdenklich ihr Glas hin und her.
„Doch", sagte sie dann, „das werden sie, da bin ich absolut sicher. Sie werden zahlen und schweigen. Die Kleine ist nämlich das Herzblatt des alten Maddock, und der wird nicht mal Luft holen, wenn er damit das Leben seiner Enkelin gefährdet. Himmel, Benny, ich habe doch drei Jahre bei den Maddocks gearbeitet, ich kenne doch die Leute. Wir gehen da wirklich keinerlei Risiko ein."
Das konnte zwar durchaus der Fall sein, aber meine kriminelle Karriere hatte bisher als Höhepunkt nur einen gefälschten Scheck über 2000 Dollar aufzuweisen und mit einer Entführung konnte

man sich ohne weiteres eine Freikarte auf den elektrischen Stuhl einhandeln.
„Nee, du“, sagte ich deshalb nach einer Weile, „ich laß da doch lieber die Finger davon, ich will nicht auf dem Grill landen, verstehst du?“
Auf Patricias Stirn bildete sich eine steile Falte.
„Also, für einen Feigling hätte ich dich ja nun wirklich nicht gehalten“, murrte sie. „Na ja, nun weiß ich wenigstens, wieviel ich dir bedeute. Da biete ich dir die Möglichkeit, mich aus diesem Schuppen hier herauszuholen, und du willst dafür nicht einmal den kleinen Finger rühren? Oder denkst du, es macht mir so großen Spaß, die Kerle hier zum Trinken zu animieren? Wenn das deine große Liebe zu mir ist, dann kann ich locker und leicht darauf verzichten. Ronald jedenfalls hätte nicht gekniffen.“
Der Pfeil traf mitten ins Zentrum, und Patricia wußte das. Vor etwa vier Monaten hatte ich sie nämlich diesem geschniegelten Ronald Brewster ausgespannt und ihn in seinen Gebrauchtwagenschuppen zurückgejagt, wo er meinetwegen weiterhin die Leute übers Ohr hauen konnte. Bei einer Frau wie Patricia hatte dieser hochtönende Strolch jedenfalls nichts zu suchen.
„Sieh an, sieh an, du trauerst diesem Kerl also doch nach“, grinste ich. „Wie ist es denn da mit deiner Behauptung, du könntest dir ein Leben ohne mich gar nicht mehr vorstellen?“
Patricia biß sich auf die Lippen, warf mir einen kurzen Blick zu und schlang die Arme um meinen Nacken.
„Ach, Benny, sei doch nicht gleich so“, flüsterte sie. „Du weißt doch, daß es so ist. Nur . . . na ja, ich hätte dich eben gerne etwas mutiger. Eine Frau will doch zu ihrem Partner aufsehen können, will ihn bewundern. Gerade dann, wenn sie so viele Vergleichsmöglichkeiten hat wie ich.“
Die hatte sie in der Tat, denn das GOLDEN HORSE war ein vielbesuchter Nachtclub mit gehobenem Publikum.
„Okay, okay“, gab ich nach. „Einen Feigling lasse ich mich ja nun

wirklich nicht nennen. Ich denke nur daran, daß die Sache ja auch wider Erwarten schiefgehen könnte, und du dann allein dastehst oder auf so einen Mistkerl wie Ronald angewiesen wärest. Was willst du denn machen, wenn ich mir bei diesem Coup eine Kugel von den Bullen einfange, hm? Nicht mal die Blumen für mein Grab könntest du dann regelmäßig kaufen."

Ihre Augen weiteten sich vor Schreck, und ich genoß es. Immerhin zeigte mir Pat damit, daß sie wirklich an mir hing und mein etwaiges Hinscheiden für sie eine echte Horrorvision war.

„Nein", sagte sie schließlich und schüttelte wild entschlosen ihre Locken. „Nein, Benny, das wird, das darf einfach nicht passieren! Dir darf überhaupt nie und nirgends etwas passieren, ich könnte dich ja sonst nicht mal mehr auf die Straße lassen."

Ich warf einen salbungsvollen Blick an die Decke des Lokals.

„Wir sind nicht Herr unseres Lebens", deklamierte ich. „Und niemand ist gegen ein Unglück gefeit. Das mußt du dir immer vor Augen halten, Honey. Ich will nur nicht, daß du ohne mich im Elend sitzt."

Jetzt sah sie mich voll an und in ihren Augen war ein Meer von Zärtlichkeit.

„Ach Benny", flüsterte sie, „mach dir doch wegen mir keine Sorgen. Wenn du ... also, wenn du wirklich einmal von mir gehen mußt, dann bekomme ich doch die 250 000 Dollar aus deiner Lebensversicherung. Die hast du doch extra auf mich überschreiben lassen, nicht?"

Das hatte ich in der Tat. Bei meinem bewegten Leben war immer mal ein Unfall drin und Patricia, die mir so viel Liebe, so viel Hingabe entgegenbrachte ... nein, sie sollte sich dann keine materiellen Sorgen machen müssen.

„Also gut", sagte ich und fühlte mich unter ihrem Blick so weich wie ein Putzlappen, „dann erzähle mir mal, wie du dir die Sache mit Maddocks Enkelin gedacht hast und ob sie wirklich so risikolos ist."

Patricia setzte sich aufrecht auf ihren Hocker und legte artig die Hände auf die Theke.
„Doch", sagte sie leise, „das ist sie wirklich. Du mußt mir jetzt nur einmal ganz genau zuhören."

***

Es war dann tatsächlich kein Problem gewesen, die neunjährige Jennifer auf dem Schulweg abzufangen und in Patricias Wohnung zu bringen. Sie hatte mich nicht einmal gesehen, als ich ihr von hinten das äthergetränkte Tuch auf die Nase drückte. Patricia setzte ihr dann eine schwarze Kappe auf und flößte ihr regelmäßig Tropfen ein, die sie in einer Art Dämmerschlaf hielten. Schon eine Stunde später nahm ich dann telefonisch Kontakt zu den Maddocks auf, bekam den alten Earl Maddock an die Strippe und von ihm die Zusage, daß er für die Rückgabe seiner Enkelin sein Vermögen um eine Million verringern würde. Maddock war an diesem Geschäft sogar derart interessiert, daß er mich bat, die Moneten noch am gleichen Tag entgegenzunehmen. Genau dies war aber der springende Punkt.
„Mach dir keine Sorgen, das funktioniert einwandfrei", behauptete Patricia, als ich mit ihr darüber sprach. „Ruf Maddock nochmals an und sag ihm, er soll heute abend um 23 Uhr an der Telefonzelle Bayswater- und Allisonstreet sein. Im Telefonbuch findet er auf der letzten Seite eine Nachricht, wohin er mit dem Geld fahren soll."
„Ja, und dann? Wohin soll er dann fahren?" frage ich erstaunt.
„Dann fährt er zur Telefonzelle am Kennedy Center und dort findet er wieder eine Nachricht", erwiderte sie. „Wir lotsen ihn auf diese Weise von einer Zelle zu anderen, bis hinüber nach Wighams Hight. Dort, in der Zelle am Percy Corner, lassen wir ihn dann wissen, daß er das Geld in seinem Wagen lassen und mit der U-Bahn nach Hause fahren soll. Na ja, und sobald er verschwunden ist, schwingst du dich in den Wagen und . . ."

„. . . fahre nach hundert Yards in eine Straßensperre der Polizei", unterbrach ich sie und tippte mir an die Stirn, aber Patricia winkte ungehalten ab.
„Nichts wirst du! Solange wir Jennifer haben, sind wir absolut sicher. Du setzt dich in den Wagen und fährst einfach los — immer die Custerroad entlang. An der Blacksmithstreet biegst du links ein und gleich an der Ecke warte ich auf dich. Du steigst zu mir um und wir haben es geschafft. Also, machen wir es so?"
Wir machten es so. Patricia verteilte im Laufe des Nachmittags die Botschaften für Maddock in den Telefonzellen und setzte mich dann gegen 23 Uhr an der Zelle am Percy Corner ab.
„Maddock ist jetzt bereits unterwegs", sagte sie nach einem Blick auf ihre Uhr. „Ich weiß zwar nicht, wie lange er braucht, bis er hier ist, aber am besten setzt du dich dort drüben in diese Kneipe, dann hast du alles im Blick."
Ich fand einen Fensterplatz, bestellte mir ein Bier und hielt wachsam Ausschau, aber ich mußte bis lange nach Mitternacht warten. Dann rollte plötzlich ein Lincoln an die Telefonzelle heran. Ich kannte Maddock nicht persönlich und wußte deshalb auch nicht, ob er es war, aber der Mann am Steuer tat genau das, was Patricia geschrieben hatte. Er ging in die Telefonzelle, kam sofort wieder heraus und ging dann langsam auf die U-Bahn Station zu. Ich warf dem Keeper zwei Doller zu, rannte hinaus und warf mich in den Wagen. Weit und breit war nichts Auffälliges zu bemerken, aber als ich den Motor startete und anfuhr, flackerten plötzlich an allen Seitenstraßen die Rotlichter der Streifenwagen auf.
Ich weiß bis heute nicht, wie ich damals durchkam. Ich trat das Gaspedal bis zum Anschlag durch, rammte zwei Streifenwagen, hörte hinter mir die Schüsse und sah, wie Heckfenster und Windschutzscheibe splitterten, dann war ich vorbei, jagte die Custerroad entlang und riß den Wagen linksherum in die Blacksmithstreet — und Patricia war nicht da! Ich konnte nicht auf sie warten oder nach ihr suchen. Hinter mit jaulten die Sirenen der Streifen-

wagen und ließen mir keine andere Wahl, als in einer halsbrecherischen Fahrt die Serpentinen von Wighams Hight hinabzurasen, den Wagen in einer dunklen Toreinfahrt abzustellen und zu Fuß weiter zu flüchten. Aber trotz meiner Eile und Panik sah ich mich in Maddocks Wagen genau um und fand nicht das geringste vom Lösegeld. Irgendwie kam ich schließlich nach Hause und mußte feststellen, daß Patricia immer noch nicht da war, und langsam begann ich mir echte Sorgen zu machen. Ich schlürfte gerade eine Tasse Kaffee und horchte dabei auf die Nachrichten aus dem Radio, als mich eine Meldung zusammenzucken ließ.

„. . . kam es gestern Nacht am Bahnübergang von Rockbury zu einem schweren Unfall, dem zwei Menschen zum Opfer fielen“, sagte der Sprecher. „Wie die Polizei berichtete, versuchte der Fahrer eines Chevrolets den Bahnübergang noch vor einem Güterzug zu überqueren und wurde dabei von der Lokomotive erfaßt. Er und seine Begleiterin waren sofort tot und wurden inzwischen als die ledige Bardame Patricia Fowler und der Autohändler Ronald Brewster identifiziert. Nacht Ansicht der Polizei dürfte es sich bei den Genannten um die Schlüsselfiguren im Entführungsfall Jennifer Maddock handeln, die immer noch vermißt wird. Wie erst jetzt bekannt wurde, nahmen die Entführer gestern abend Kontakt mit der Familie Maddock auf und forderten eine Million Dollar Lösegeld. Mr. Earl Maddock, der Großvater des entführten Mädchens, wurde aufgefordert, eine bestimmte Telefonzelle im Stadtgebiet anzufahren und auf der letzten Seite des dort aufliegenden Telefonbuchs nach weiteren Anweisungen zu suchen. Mr. Maddock kam dieser Aufforderung nach und wurde auf diese Weise von einer Telefonzelle zu anderen und bis hinüber nach Wighams Hight gelotst. Als er der letzten Anweisung folgen und die Zelle am Percy Corner anfahren wollte, wurde sein Wagen plötzlich auf offener Straße gestoppt. Ein Mann und eine Frau forderten zunächst die Herausgabe des Lösegelds und dann Mr. Maddock auf, zum Percy Corner weiterzufahren, seinen Wagen dort fahrbereit stehen zu lassen und mit der U-Bahn nach Hause zu fahren. Mr. Maddock kam auch diesem Verlangen nach, verständigte dann aber am Percy Corner die Polizei über seinen Standort, die ihn in weitem Abstand auf seiner Irrfahrt begleitet hatte. Ein Rätsel ist es allerdings noch, weshalb sich kurze Zeit später ein offensichtlich dritter Täter des Wagens von Mr. Maddock bemächtigte und damit flüchtete. Trotz des massiven Einsatzes von Schußwaffen gelang es dem Täter, unerkannt zu entkommen. Der Wagen von Mr. Maddock wurde inzwischen im Ladehof einer Spedition leer aufgefunden. In diesem Zusammenhang bittet die Polizei unsere Hörer . . ."

Mir zitterten derart die Hände, daß mein Kaffee überschwappte. So war das also gelaufen! Meine schöne Patricia hatte mich den Lockvogel spielen lassen. Und nicht nur das! Sie war nach wie vor mit ihrem Galan zusammen und vermutlich war diese ganze Entführung auf seinem Mist gewachsen. Ich sollte die Schmutzarbeit tun, sie kassierten die Moneten und zum Schluß durfte ich auch noch den Kopf hinhalten. Ganz klar, daß dieser anonyme Anruf von ihr kam. Die Polizei sollte mich stellen und mir im anschließenden Feuergefecht den Garaus machen. Auf diese Weise hatte Pat alles, was sie wollte. Eine Million Dollar Lösegeld, eine Viertelmillion von meiner Versicherung und ihren alten Liebhaber! In mir stieg die kalte Wut hoch, als ich ihren Plan durchschaute, aber nun brauchte ich mich nicht mehr aufzuregen. Ich ging in Pat's Schlafzimmer und sah nach Jennifer. Das Mädchen schlief tief und fest, und es würde wohl noch eine ganze Weile dauern, bis es erwachte. Behutsam nahm ich ihm die Fesseln ab, ging zurück ins Wohnzimmer und begann in Windeseile alles abzuwischen, was ich angefaßt haben konnte. Dann hastete ich die Treppen hinab und hinaus auf die Straße. Mir war klar, daß die Polizei, nachdem sie Pat identifiziert hatte, sich in Kürze auch um ihre Wohnung kümmern würde. Als ich an der nächsten Straßenecke in einen Bus stieg, hörte ich in der Ferne bereits die Sirenen der näherkommenden Streifenwagen.

Ein Cocktail für Janice

Natürlich wußte ich von Anfang an, daß James mich wieder einmal betrogen hatte. Ich meine, wenn man fast sechzehn Jahre miteinander verheiratet und durch so manches Dick und Dünn gegangen ist, dann kennt man schließlich seinen Partner wie sich selbst und weiß genau, ob und wann etwas im Busch ist. Außerdem war mein James schon immer ein Mensch, der keine Geheimnisse für sich behalten konnte. Wenn er nicht selbst davon anfing, dann sah man es ihm einfach an — und ich hatte es ihm auch diesmal angesehen.

Nun sind Weibergeschichten bei meinem James etwas fast Alltägliches und für mich schon lange kein Grund mehr, deswegen in Depressionen zu verfallen. Sicher, in den ersten Jahren unserer Ehe waren mir seine Affären verdammt sauer aufgestoßen und hatten mich mehr Nerven und Tränen gekostet, als Wasser in unserem Swimmingpool war. Aber so nach und nach legte sich das. Vor allem dann, als ich endlich begriff, daß Seitensprünge für James genauso normal waren wie für andere Leute das Händewaschen, und daß er sie schon im nächsten Moment wieder vergessen hatte.

Mag sein, daß einer anderen Frau vielleicht doch einmal der Geduldsfaden gerissen wäre und sie unter Donner und Blitz ihre Koffer gepackt hätte, aber ich ... mein Gott, ich liebte ihn eben. Ich liebte dieses schwarzhaarige Scheusal immer noch wie am ersten Tag, und so ließ ich ihn lieber von Zeit zu Zeit auf fremder Weide grasen, als daß ich ganz auf ihn verzichtet hätte.

Ich bin mir auch ziemlich sicher, daß das für alle Ewigkeit so geblieben wäre und wir — Seitensprünge hin oder her — sogar noch unsere goldene Hochzeit miteinander gefeiert hätten, aber dann beging mein James zwei entscheidende Fehler, und ich mußte einfach handeln.

Der erste Fehler war, daß er sich nicht wie sonst irgendein Mädchen suchte und ihr nach einer heißen Nacht wieder den Laufpaß gab, sondern ausgerechnet mit Miß Janice, unserer Nachbarin, anbändelte. Dabei wußte er genau, daß ich dieses falsche Biest noch nie so richtig hatte leiden können. Gut, sie hatte eine erstklassige Figur, war hübsch, elegant und ein gutes Dutzend Jährchen jünger als ich, aber die hatte doch nicht einen Funken Verstand unter ihrer blonden Perücke! James, ein anerkannter Wissenschaftler und diese Ziege Janice, die nicht einmal richtig kochen konnte und verhungert wäre, wenn ihr nicht das Geld ihres Vaters die täglichen Mahlzeiten im INTERSTATE HOTEL ermöglicht hätte! Was konnte sie ihm denn schon bieten? Hübsche Mädchen gab es ja schließlich wie Sand am Meer, und wenn ein Mann wie mein James schon hin und wieder so etwas zu seiner Entspannung brauchte, dann um Gotteswillen doch nicht bei solch einem Flittchen wie Janice!

Vielleicht hätte ich aber sogar auch das noch geschluckt und weiter kein Wort darüber verloren, wenn es nur eine der üblichen Geschichten gewesen wäre. Aber aus den acht Tagen, die er sonst höchstens für eine seiner Gespielinnen opferte, waren inzwischen ebensoviele Wochen geworden, und mein James traf nicht die geringsten Anstalten, seine Zelte bei dieser Sirene abzubrechen. Stattdessen beging er seinen zweiten Fehler und vergaß auf dem Schreibtisch einen Zettel, auf dem er sich die Namen einiger chemischer Präparate notiert hatte. Einem Laien hätten sie nun zwar

überhaupt nichts gesagt, aber genau wie James hatte auch ich vor unserer Ehe Chemie studiert und sah deshalb auf den ersten Blick, daß es sich dabei um Dinge handelte, die im richtigen Verhältnis zueinander gemischt, ein hochwirksames Gift ergaben, das noch schneller als Zyankali wirkte und kaum nachzuweisen war. Ich glaube, ich brauchte damals fast eine Woche, bis bei mir endlich der Groschen fiel. In den ersten Tagen dachte ich sogar, daß sich mein James vielleicht bei dieser Schlampe Janice in eine ausweglose Situation hineinmanövriert hatte und sie sich auf diese Weise vom Hals schaffen wollte. Aber dann entdeckte ich eines Morgens in meinen Magentropfen einen winzigen Bodensatz, und als ich mir die Sache etwas näher ansah und einige Tests machte, fiel es mir wie Schuppen von den Augen. Er hatte es auf mich abgesehen! Ausgerechnet auf mich, die ich ihm immer eine fürsorgliche, stets verzeihende und dennoch zärtliche Gattin gewesen war. Meine Jugend hatte ich für ihn geopfert, meine Karriere, alles, woran mein Herz gehangen war, hatte ich für ihn aufgegeben — und jetzt?
Warte, James, dachte ich, warte nur, mein Freund! Jetzt sollst du mich einmal kennenlernen! Ich werde dir diese Praline Janice derart versalzen, daß dir Sehen und Hören vergeht! Kann mir schon denken, daß ich für dich jetzt so lästig bin wie ein Pickel an der Nase, aber diesmal hast du dich verrechnet, diesmal hast du zu hoch gepokert. Dieses Miststück Janice ist jetzt die letzte, die du dir an Land gezogen hast!

Zitternd vor Wut machte ich mich zum Ausgehen fertig, fuhr in die Stadt und besorgte mir in verschiedenen Apotheken und Drogerien all jene Dinge, die James so fein säuberlich auf dem Zettel notiert hatte. Wie gesagt, es waren im einzelnen recht harmlose Chemikalien, die keinen Apotheker oder Drogisten an Mord denken ließen, wenn man sie kaufte, aber ich wußte, wie man sie bearbeiten und mischen mußte, und ich hatte meinen Plan.

Alles, was ich noch zu seiner Durchführung brauchte, war eine günstige Gelegenheit, und die bekam ich schon vier Tage später,

als meinem James wieder einmal der Sinn nach einer Wandertour stand und ich wegen meiner Krampfadern zu Hause bleiben mußte. Ich lauerte den halben Vormittag, bis an Janices Schlafzimmerfenster die Jalousie hochgezogen wurde, dann packte ich meine Mixtur in die Schürzentasche und marschierte zu ihr hinüber.
„Oh, Miß Janice, verzeihen Sie bitte die Störung", sagte ich, als sie mir auf mein Läuten hin die Tür öffnete. „Ich belästige sie zwar sehr ungern, aber mir ist doch glatt das Salz ausgegangen und da dachte ich . . ."
„Aber Missis Byrnes, ich bitte Sie", unterbrach sie mich scheinheilig. „Der Besuch einer lieben Nachbarin ist doch keine Belästigung — ganz im Gegenteil! Ich freue mich immer, wenn jemand zu mir kommt, Bitte, treten sie doch ein, ja?"
Ich hätte ihr am liebsten ihren seidenen, bis zur Hüfte geschlitzten Fummel vom Leib gerissen und sie damit erdrosselt, aber dann begnügte ich mich mit dem gleichen falschen Lächeln wie sie, schlüpfte an ihr vorbei ins Haus und ließ mich in den angebotenen Sessel fallen.
„Einen Drink vielleicht, Missis Byrnes?" flötete sie und zwinkerte mir mit ihren aufgeklebten Wimpern zu. „Ich bin zwar gerade erst augestanden, aber so einen kleinen Rachenputzer . . . Mögen sie etwas Süßes oder sind sie mehr für harte Sachen?"
Wie leicht es mir diese Gans machte, wie leicht!
„Na ja, wenn Sie mich so fragen", tat ich nachdenklich. „Was halten Sie von einem Shuggle-Cocktail, Miß Janice? So am Vormittag wäre das doch der richtige Muntermacher, nicht?"
Ihr Gesicht war ein einziges Fragezeichen.
„Einen . . . bitte, was?"
„Na, einen Shuggle-Cocktail! Nun sagen Sie nur noch, Sie kennen ihn nicht. Oh, das tut mir aber leid, Miß Janice. Da ist Ihnen aber bisher wirklich etwas entgangen. Ein Getränk für Götter, sage ich Ihnen! Mein James ist ganz verrückt danach. Es macht ihn so richtig high, müssen Sie wissen."

Sie sah unsicher von mir zu ihrer Bar.

„Ja, also, wenn Sie mir sagen würden, was man dazu braucht, Missis Byrnes", lispelte sie. „Ich könnte ja mal versuchen, ob er mir gelingt."

Ich erhob mich rasch und trat neben sie.

„Ach, lassen Sie das doch mich machen", sagte ich hastig. „Soweit ich sehen kann, haben Sie ja alles Erforderliche hier. Nein, eine Zitrone fehlt noch. Haben Sie vielleicht zufällig eine Zitrone, Miß Janice?"

Sie nickte eifrig.

„Aber natürlich, Missis Byrnes, in der Küche. Einen Augenblick bitte, ich hole sie Ihnen."

Ich brauchte keine Zitrone. Ich brauchte lediglich zehn Sekunden Zeit, um ihr das ins Glas zu schütten, was dieser Schuft James mir zugedacht hatte — und die bekam ich!

„Auf Ihr Wohl, Miß Janice", lächelte ich dann nach getanem Werk und drückte ihr das Glas in die Hand. „Bin gespannt, wie es Ihnen schmeckt."

Janice kam nicht mehr dazu, sich darüber zu äußern. Mit abgespreiztem kleinen Finger schlürfte sie mein selbst erfundenes Gebräu, nickte anerkennend und nahm noch einen Schluck, und dann glitt sie langsam und mit einem Ausdruck ungläubigen Erstaunens im Blick vom Sessel herab auf den Boden.

Ich nahm die beiden Gläser, spülte sie in der Küche aus und stellte sie in den Schrank, dann suchte ich mir in Janices Handtasche ihre Autoschlüssel heraus und machte mich ans Werk.

***

Mein James kam an diesem Tag sehr spät und leicht angedudelt nach Hause. Aber so müde und zerschlagen er auch war, er konnte es sich nicht verkneifen, hinüber zu Janices Bungalow zu schielen.

„Ist ja alles dunkel drüben bei Miß Janice", brummte er enttäuscht. „Ist sie etwa gar nicht da?"
Ich schlug mir in gespieltem Erschrecken an die Stirn.
„Ach, die arme Miß Janice", rief ich. „Gut, daß du mich daran erinnerst, James. Die Gute hatte ja heute so ein Pech. Erst kam ein Telegramm, daß ihre Mutter schwer erkrankt ist und ihre Tochter bei sich haben möchte, und dann ... Aber iß erst mal dein Steak, ja? Alles andere kann ich dir ja hinterher auch noch erzählen."
James schob angewidert seinen Teller beiseite.
„Ich will aber jetzt wissen, was los ist", murrte er. „Ist Miß Janice denn schon abgereist?"
Ich schüttelte über soviel Begriffsstutzigkeit den Kopf.
„Na, das mußte sie ja wohl, nicht? Ich habe sie jedenfalls heute nachmittag in einem Höllentempo zum Flughafen gefahren und sie hat gerade noch die 16 Uhr Maschine nach Houston erwischt."
Er sah mich verblüfft an.
„Du hast sie ...? Aber wieso denn? Janice hat doch selbst einen Wagen. Wieso mußtest du sie da zum Flughafen fahren?"
Ich machte ein geheimnisvolles Gesicht und legte den Zeigefinger an die Lippen.
„Sie hatte einen Unfall, James", flüsterte ich. „In der ganzen Aufregung und so hat sie wohl nicht richtig aufgepaßt und ... also, sie hat Tom Fletchers Hund überfahren."
Er blinzelte mich durch seine Brille erschrocken an.
„Sie hat ... den Bernhardiner? Um Gotteswillen, Fletcher bringt sie um, wenn er das erfährt. Der Hund war doch sein ein und alles!"
Ich beugte mich zu ihm über den Tisch.
„Er darf es eben gar nicht erst erfahren, James", raunte ich ihm zu. „Und bisher weiß ja auch zum Glück niemand etwas davon. Es ist nur ... Miß Janice konnte ihn nicht mehr wegschaffen, weil sie doch zum Flughafen mußte, und da habe ich ihr versprochen, daß du das erledigen wirst. Du machst das doch, nicht?"

Er nickte heftig.
„Klar, mache ich das, gar keine Frage. Wo ist denn der Köter jetzt?"
Ich machte eine Kopfbewegung in Richtung von Janices Bungalow.
„Da drüben, im Kofferraum ihres Wagens. Wir haben ihn in ein paar Müllsäcke gesteckt, schön verpackt und verschnürt, und Miß Janice läßt dich bitten, ihn doch draußen im Hannison Forrest zu vergraben. Sie hat auch eine Schaufel und Handschuhe in den Wagen gelegt. Wenn du willst, kannst du also sofort losfahren. Oder möchtest du es erst morgen tun?"
Er warf einen Blick auf die Uhr und schüttelte dann energisch den Kopf.
„Nein, lieber gleich, wenn es schon sein muß. Um diese Zeit begegnet mir da draußen wenigstens niemand. Gib mir meine Jacke, Kate!"
Ich hätte sie ihm am .liebsten um die Ohren geschlagen, aber ich beherrschte mich und half ihm sogar noch beim Hineinschlüpfen. Dann begleitete ich ihn durch unseren Garten hinüber zu Janice, öffnete ihm das Garagentor und sah ihm nach, wie er in ihrem Wagen davonfuhr. Mein Plan war aufgegangen.
Als seine Schlußlichter am Ende der Straße verschwanden, ging ich ins Haus zurück, rief die Polizei an und beschwerte mich mit verstellter Stimme über einen offensichtlich betrunkenen Autofahrer, der in einem grünen Lincoln in Richtung Hannison Forrest unterwegs sei und bat darum, diesen Rowdy doch mal unter die Lupe zu nehmen. Ich hatte den Hörer noch in der Hand, als ich auch schon in der Ferne das Jaulen einer Sirene hörte.

***

Seit jener Nacht sind nun fast elf Jahre vergangen und genauso lange sitzt James nun schon in Fort Clinton. Natürlich hat er alles abgestritten, hat gebrüllt und getobt und Gott samt allen Heiligen als Zeugen für seine Unschuld angerufen, aber wie hätte man ihm angesichts aller Beweise glauben können? Wie kann man einem Mann glauben, der mit der toten Geliebten im Kofferraum durch die Nacht fährt und offensichtlich drauf und dran ist, sie für alle Zeiten verschwinden zu lassen? Wie kann man an die Unschuld eines Menschen glauben, wenn sein Opfer an einem Gift gestorben ist, dessen Rezeptur vom Täter eigenhändig aufgeschrieben und von der Polizei in seinem eigenen Schreibtisch gefunden wurde? Das Gericht hat es jedenfalls nicht getan, sondern James ein sattes Lebenslänglich aufgebrummt, und bei uns in Alabama bedeutet das mindestens fünfundzwanzig Jahre. Ehrlich gesagt, hätte ich darüber nie wieder ein Wort verloren. Aber nachdem ich jetzt weiß, daß die weißen Stäbchen mit dem Filter bei mir nicht nur blauen Rauch erzeugt haben und Dr. Symen dieser Tage andeutungsweise sagte, daß ich noch einige Monate Zeit hätte um gegen meine Krankheit anzukämpfen, kann ich ja ruhig darüber reden. Vor James brauche ich mich ja nun nicht mehr zu fürchten und länger als ich soll er auch nicht leiden. Wer weiß, vielleicht kommt er sogar zu meiner Beerdigung. Schließlich gab es bei uns auch mal eine Zeit, da hatte er für mich eine ganze Menge übrig.

Eine Falle für den Mörder

Kommissar Herbert Ritter zog sanft die Haustür hinter sich ins Schloß und ging auf seinen Wagen zu.
„Wenn ich etwas hasse, dann sind es Besuche bei Angehörigen von Verbrechensopfern", sagte er zu seinem Assistenten am Steuer. „Irgendwie habe ich dabei immer das Gefühl, einen völlig sinnlosen Beruf auszuüben."
Kriminalhauptmeister Heller nickte zustimmend und ließ den Motor an.
„Mir geht es da nicht anders", erwiderte er und gab Gas. „Ganz besonders in solch einem Fall. Das war nun schon das neunte Mal, daß irgend so ein Mistkerl nachts auf den Rastplätzen Fernfahrer überfällt und sie ausraubt."
„Und es war der erste Mord in diesem Zusammenhang", warf Ritter ein. „Dieser Norbert Hahn muß sich ja gegen seinen Mörder erbittert gewehrt haben. Hätte er ihm doch sein Geld gelassen, dann wäre er vielleicht noch am Leben."
Haller zuckte mit den Schultern.
„Vermutlich hat er den Ernst der Situation gar nicht richtig erkannt", sinnierte er. „Da liegt der Mann nachts in seiner Kabine und schläft, und plötzlich wacht er auf und sieht durch den Vor-

hang einen Fremden in seinem Wagen. Ist doch klar, daß Hahn da hochgefahren ist und . . ."

„. . . zehn Sekunden später ein Messer im Herz hatte", unterbrach ihn der Kommissar. „Soweit haben wir das ja alles rekonstruiert. „Mich macht nur der Gedanke verrückt, daß so etwas jeden Tag wieder passieren kann und wir dann den Hinterbliebenen auch nur unser Mitgefühl aussprechen können. So wie eben dieser Frau Hahn."

Haller warf seinem Chef einen Blick zu.

„Diese Frau Hahn", sagte er langsam, „also, in meinen ganzen zwölf Jahren bei der Kripo habe ich noch nie einen Menschen erlebt, den es so umgehauen hat. Die hat ja auf nichts mehr reagiert. Kein Wort, kein Gruß, keine Träne — absolut nichts! Die war mir in ihrem Schweigen direkt unheimlich."

Ritter wiegte bedächtig den Kopf hin und her.

„Nach meiner Meinung ist die Frau eine von den stillen Wassern", erwiderte er. „Solche Menschen ertragen alles, ohne auch nur einen Laut von sich zu geben, aber sie leiden innerlich mehr als alle anderen. Ich glaube, bei der löst sich das alles erst auf, wenn wir den Mörder ihres Mannes haben. Wissen möchte ich nur, was sie nun mit der Spedition macht. Hahn hatte sie ja erst vor zwei Jahren gegründet und war bisher Eigentümer und gleichzeitig Fahrer seines einzigen Lastzugs. Ohne einen Fahrer einzustellen, wird seine Witwe die Firma nicht halten können. Die Frage ist nur, ob sich das dann noch für sie lohnt."

Der Kriminalhauptmeister machte eine unsichere Handbewegung.

„Vielleicht fährt sie wieder selbst", gab er zu bedenken. „Mit knapp 37 ist sie ja noch jung genug, und Schröder von der Verkehrspolizei sagte mir, daß Frau Hahn früher selbst einen Lastzug gefahren hat. Auf diese Weise soll sie auch ihren Mann kennengelernt haben".

Der Kommissar sah seinen Assistenten verblüfft an.

„Na, davon hatte ich keine Ahnung", räumte er ein. „Aber wenn es so ist, dann braucht sie sich jetzt wenigstens um ihre Existenz

keine Sorgen zu machen. Also, dann fahren wir jetzt mal ins Präsidium zurück und organisieren eine Fahndung nach Hahns Mörder. Ab sofort lassen wir durch Zivilstreifen sämtliche Park- und Rastplätze an den Autobahnen und Bundesstraßen in einem Umkreis von 200 Kilometern überwachen. Die bisherigen Überfälle haben sich alle innerhalb dieses Gebietes abgespielt und ich glaube nicht, daß der Täter plötzlich ganz woanders aufkreuzt. Jedenfalls möchte ich jeden Morgen einen ausführlichen Bericht darüber, wann und wo unsere Leute waren und was sie dabei gesehen haben. Geht das klar, Haller?"
Berthold Haller nickte kurz.
„Geht klar, Chef!"

***

Ritters Hoffnung, durch Zivilstreifen Norbert Hahns Mörder fassen zu können, erfüllte sich nicht. Stattdessen wurden zwei weitere Fernfahrer überfallen und ein dritter kam nur deshalb heil davon, weil im Augenblick des Überfalls ein anderer Lastzug den Parkplatz ansteuerte und der Täter flüchtete.
Kriminalhauptmeister Haller, der den Bericht darüber am nächsten Morgen auf seinem Schreibtisch vorfand, kratzte sich verblüfft am Kinn als er las, daß es sich bei dem Fahrer des zweiten Lastzugs um Claudia Hahn handelte. Für Haller war diese Tatsache zunächst Anlaß zu längerem Nachdenken, dann führte er einige Telefongespräche und machte sich anschließend auf den Weg zu Kommissar Ritter
„Was halten Sie davon, Chef?" fragte er und legte ihm den Bericht auf den Tisch.
Ritter überflog ihn kurz und zuckte mit den Schultern.
„Na ja, Sie sagten ja damals selbst, daß vielleicht Frau Hahn wieder fahren würde", erwiderte er. „Nun tut sie es eben. Von irgendwas muß die Frau ja schließlich leben, nicht?"

Haller runzelte ärgerlich die Stirn.
„Sie lebt aber nicht davon", sagte er mißmutig. „Ich meine, Sie fährt keine Fracht. Unsere Leute haben sie in letzter Zeit nämlich schon des öfteren auf irgendeinem Parkplatz gesehen und nun habe ich mal ein bißchen nachgehakt und erfahren, daß Frau Hahn ohne jede Ladung und nur nachts unterwegs ist. Sie fährt von Parkplatz zu Parkplatz und bleibt überall eine Stunde oder so stehen. Was schließen Sie daraus?"
Der Kommissar tippte Haller auf die Brust.
„Sie sucht den Mörder ihres Mannes, denke ich. Sie wartet darauf, daß dieser Kerl auch sie überfällt und der Teufel soll mich holen, wenn sie ihm nur guten Tag sagen will. Besitzt sie vielleicht eine Schußwaffe?"
Haller schüttelte den Kopf.
„Jedenfalls nicht offiziell", brummte er. „Ich hatte nämlich sofort den gleichen Gedanken wie Sie und habe mich danach erkundigt. Tja, und inoffiziell? Wir müßten sie da auf ihren Fahrten erstmal anhalten und durchsuchen, und genau das können wir leider nicht."
Ritter fächelte sich mit dem Bericht frische Luft zu.
„Nein, das können wir nicht", gab er zu. „Aber wir können sie ebenfalls überwachen und genau das werden wir ab sofort auch tun. Sie und ich, wir fangen heute Nacht gleich als erste damit an."

***

Die Überwachung von Claudia Hahn erwies sich als ebenso einfach wie erfolglos. Wochenlang herrschte auf den Parkplätzen der Autobahnen und Bundesstraßen absolute Ruhe, und als Kommissar Ritter an einem Abend, an dem gerade ein Fußballänderspiel übertragen wurde, seinen Assistenten vom Fernseher wegholte, sank Hallers Laune auf den absoluten Nullpunkt.
„Wie lange wollen wir das überhaupt noch machen?" murrte er, als sie ihren Wagen auf einem Waldweg abgestellt hatten und sich

an Claudias Lastzug heranpirschten. „Was ist, wenn sich der Täter zur Ruhe gesetzt hat und nie wieder auftaucht?“
Ritter schüttelte lächelnd den Kopf.
„Der hat sich nicht zur Ruhe gesetzt“, sagte er überzeugt. „Irgendwann schlägt er wieder zu. Jedenfalls werden wir die Jagd nach ihm und Frau Hahns Überwachung solange fortsetzen, bis wir ihn haben — und ich wette mit Ihnen ein ganzes Monatsgehalt, daß das keine zwei Wochen mehr dauert.“
Haller zuckte gleichmütig mit den Schultern.
„Das Gehalt eines Kriminalhauptmeisters ist auch nicht gerade das Gelbe vom Ei“, brummte er. „Und heute werden Sie es sowieso nicht mehr gewinnen. Es ist jetzt schon fast drei Uhr und hier ist es so still wie in einer Kirche. Warum stehen wir eigentlich noch hier herum und warten und warten?“
Der Kommissar machte eine Kopfbewegung zu dem Lastzug hin.
„Sie wartet auch, Haller“, erwiderte er ruhig. „Sollen wir etwa Frau Hahn . . .“
Ein gellender Schrei vom Parkplatz her riß ihm das Wort von den Lippen. Er sah Haller vor sich durch die Büsche hetzen, rannte blindlings hinterher und kam erst knapp vor dem Lastzug wieder zum Stehen.
„Wo ist er, Frau Hahn?“ schrie er und riß seine Waffe heraus. „Wo ist er hingelaufen?“
Claudia lehnte an der Tür der Fahrerkabine und preßte die Hand an ihre Schulter.
„Er . . . er hatte ein Mes . . . Messer“, stammelte sie. „Er war ganz plötzlich da und . . . meine Schulter . . . er hat mich in die Schulter . . .“
Sie sank so plötzlich in sich zusammen, daß Ritter sie gerade noch auffangen konnte.
„Gehen Sie zum Wagen zurück und fordern Sie einen Arzt und Verstärkung an, Haller“, sagte er hastig. „Aber zuerst geben Sie mir den Verbandskasten aus dem Laster.“

Sekunden später hatte er ihn in der Hand und riß einige Mullbinden heraus.
„Es blutet zwar ziemlich, aber es ist nicht lebensgefährlich, Frau Hahn“, versuchte er sie zu beruhigen. „Ein, zwei Tage im Krankenhaus und Sie haben das Schlimmste überstanden. Können Sie mir den Täter beschreiben?“
Claudia schüttelte langsam den Kopf.
„Nein, ich ... es ging alles viel zu schnell“, flüsterte sie. „Ich war etwas eingenickt und er ... er riß plötzlich die Tür auf und da habe ich geschrien und mit meiner Handtasche nach ihm geschlagen, aber dann hat er sie mir aus der Hand gerissen und mich mit dem Messer ...“
Der Kommissar hob abwehrend die Hand.
„Lassen Sie nur, das können Sie mir auch später erzählen“, unterbrach er sie. „Schade nur, daß der Kerl wieder einmal entkommen ist. Wenn wir etwas schneller gewesen wären, hätten wir ihn diesmal vielleicht gefaßt.“
Um Claudias Lippen lag ein kaum wahrnehmbares Lächeln.
„Sie werden ihn auch so fassen“, erwiderte sie. „jedenfalls hoffe ich das — er hat ja meine Handtasche mitgenommen.“
Ritter sah sie verblüfft an.
„Ihre Handtasche? Was hat die denn damit zu tun? Hatten Sie da etwas Besonderes drin?“
Ihr Lächeln vertiefte sich.
„Nein, nur meine Papiere, ein bißchen Kosmetik, meine Geldbörse und eine kleine Flasche Whisky.“
Es war der Whisky, über den Ritter stolperte und der ihn Claudias Plan mit einem Schlag durchschauen ließ.
„Sie haben ... der Whisky ist vergiftet, nicht wahr?“ sagte er verhalten. „Sie haben den Whisky vergiftet und hofften, daß der Mörder Ihres Mannes Sie ebenfalls überfällt, Ihnen die Handtasche raubt und dann später den Whisky findet und trinkt. Deshalb waren Sie Nacht für Nacht unterwegs und deshalb haben Sie auch

mit Ihrer Tasche nach ihm geschlagen. Sie haben sie ihm sozusagen vor die Nase gehalten. War es so, Frau Hahn?"
Claudia sah ihn voller Gelassenheit an.
„Vielleicht war es so", lächelte sie. „Jedenfalls ist es ein sehr guter Whisky und die Nächte sind doch schon ziemlich kühl. Wir müssen jetzt abwarten."
Ritter richtete sich langsam auf und holte tief Luft.
„Wir werden in der Klinik warten", entschied er. „Ich glaube, da kommt Ihr Krankenwagen."

***

Sie warteten genau bis 9.32 Uhr, dann läutete das Telefon auf Claudias Nachttisch. Kommissar Ritter griff hastig danach und hörte sekundenlang schweigend der aufgeregten Stimme im Hörer zu, dann legte er ihn auf die Gabel zurück und sah Claudia an.
„Das war eben mein Büro, Frau Hahn", sagte er und hielt ihren Blick fest. „Ihre Rechnung ist aufgegangen. Eine Funkstreife hat vor einigen Minuten einen toten Mann neben der Autobahn gefunden. Er hatte Ihre Whiskyflasche noch in der Hand."

Warten auf einen Mörder

Kriminalhauptkommissar Wilhelm Bäuerlein, Chef der Erlanger Mordkommission, schleuderte die Schuhe von den Füßen, lehnte sich ächzend in seinem Sessel zurück und schloß müde die Augen. Obwohl es erst kurz vor zehn Uhr vormittags war, fühlte er sich durch die seit mehr als zwei Wochen anhaltende Hitzewelle wie zerschlagen. Er spürte, wie sich selbst im Sitzen Schweißperlen auf seiner Stirn bildeten, über die Wangen zum Kinn rollten und von dort schließlich in den offenen Kragen seines Hemdes tropften, das er an diesem Morgen schon zweimal gewechselt hatte. Bäuerlein war mißgelaunt und gereizt. Er sehnte sich nach Altdorf, diesem mittelalterlichen Städtchen im Nürnberger Umland zurück, dessen Friede höchstens am Wochenende durch einige betrunkene Fußballfans gestört wurde und das innerhalb seiner beinahe zehnjährigen Dienstzeit dort nur einziges größeres Verbrechen gesehen hatte. Nicht einmal eine Woche hatte er damals gebraucht, um den Mord an der kleinen Susanne Wittmann aufzuklären, die einem geistesschwachen Triebtäter in die Arme gelaufen war. Aber die Tatsache, daß er es scheinbar mühelos und ohne jede fremde Hilfe geschafft hatte, war nicht nur für seine Frau Gerda Anlaß zu berechtigtem Stolz gewesen. Auch Heumüller, der Polizeipräsident

von Mittelfranken, hielt ihn plötzlich für eine Art kriminalistisches Wunderkind und boxte ihn kurzerhand in die Erlanger Mordkommission. Von Anfang an hatte es dann auch keinen Zweifel gegeben, daß er sich nach der Pensionierung des damaligen Amtschefs auf dessen Sessel schwingen und dessen Nachfolger sein würde.
Obwohl Bäuerlein damit die Treppe um eine gute Handvoll Stufen hinaufgefallen war, hatte er Altdorf nur höchst ungern verlassen und versäumte seither keine Gelegenheit, Gerda bei jedem sich bietenden Anlaß darauf hinzuweisen, daß dieses betriebsame Erlangen für ihn kein passender Platz und höchstens bis zu seiner Pensionierung erträglich sei. Gerda wiederum, die resolute Bauerntochter aus der Fränkischen Schweiz, konterte dann in der Regel damit, daß sie ihm die Scheidung in Aussicht stellte, wenn er sie nochmals hinaus aufs Land verschleppen sollte.
Ich hätte es bis ans Ende meiner Tage in Altdorf ausgehalten, dachte er verbittert und wischte sich mit dem Hemdärmel den Schweiß von der Stirn. Ich wäre in aller Ruhe meinem Job nachgegangen, hätte hier mal einen Fahrraddiebstahl aufgeklärt und dort mal einen Automateneinbruch, aber ich hätte niemals in diesem gottverdammten Betonklotz hier sitzen und mir die Seele aus dem Leib schwitzen müssen. Wenn es nach mir allein gegangen wäre, dann hätte ich mich mit Händen und Füßen gegen meine Versetzung gesträubt und Altdorf nie verlassen. Aber Gerda mit ihrem dämlichen Ehrgeiz und ihrer Sucht nach Kaffeekränzchen, Grillpartys und sonstigem Schnickschnack ... sie wird wahrscheinlich erst dann Ruhe geben, wenn ich entweder tot oder Polizeipräsident bin.
Ein kurzes Klopfen an der Tür riß ihn aus seinen Überlegungen und ließ ihn hastig nach seinen Schuhen greifen.
„Ja, bitte ...?“ bellte er ungehalten.
Hinter der langsam aufschwingenden Tür wurde das ständig lächelnde Gesicht von Inspektor Norbert Gärtner sichtbar, der mit beiden Händen mühsam ein Tablett balancierte.

„Eistee mit Zitrone, Chef", sagte er heiter und stellte es auf Bäuerleins Schreibtisch. „Das beste, was das Haus bei dieser Hitze zu bieten hat."
Der Kommissar ließ seine Schuhe wieder fallen und griff nach dem Pappbecher.
„Manchmal", sagte er und warf Gärtner einen dankbaren Blick zu, „manchmal haben sogar Sie einen guten Einfall, Gärtner."
Der Inspektor zog eine seiner berüchtigten schwarzen Zigarillos aus der Tasche, brannte sie an und ließ gekonnt einige Rauchringe an die Decke steigen.
„Ach, wissen Sie, Chef", begann er grinsend, „bei mir müssen Sie eben immer berücksichtigen, daß ich . . ."
Was Bäuerlein in Zusammenhang mit seinem Inspektor berücksichtigen sollte, blieb dessen Geheimnis, denn im gleichen Augenblick läutete das Telefon und der Kommissar schnappte nach dem Hörer wie ein Fisch nach dem Köder. Einige Sekunden lang lauschte er angestrengt der quäkenden Stimme, deren Lautstärke sogar Gärtner die Ohren spitzen ließ, dann warf er den Hörer mit einem ärgerlichen Grunzen auf die Gabel zurück.
„War das nicht Bermeier vom LKA in München?" fragte er gespannt. „Gibt es etwa Neuigkeiten im Fall Stadler?"
Bäuerlein nickte grimmig.
„Gibt es, aber keine guten", erwiderte er. „Die Eierköpfe im Labor haben nichts entdeckt, was uns ein bißchen weiterbringen könnte. Wie in den anderen beiden Fällen hat der Mörder keinerlei Spuren hinterlassen. Es ist zum an die Wand hochgehen!"
Der Inspektor trat schweigend ans Fenster und beobachtete interessiert eine Boeing 727, die im Landeanflug auf den Nürnberger Flughafen begriffen war.
„Dieses Phantom", sagte er schließlich und wandte sich um, „allmählich wird es für uns zu einem echten Problem, was?"
Bäuerlein schnaufte unwillig und nahm einen neuen Schluck aus dem Pappbecher.

„Mensch, Gärtner, jetzt quatschen Sie doch nicht noch nach, was sich diese Zeitungsschreiber aus den Fingern saugen!“ fuhr er auf. „Phantom — wenn ich das schon höre! Dieser Mörder ist ein Mensch wie Sie und ich — jedenfalls dem Aussehen nach. Wie es allerdings um sein Gehirn bestellt ist, wird uns Dr. Roller sagen müssen, wenn wir ihn mal gefaßt haben. Für mich ist dieser Kerl jedenfalls nicht normal.“
Gärtner warf seinem Chef einen ironischen Blick zu.
„So, finden Sie? Ich bin mir da nicht so sicher. Ich halte ihn eher für einen Typ, der Frauen einfach nicht mag, der sie haßt. Vielleicht nicht mal ohne Grund. In der heutigen Zeit, in der es den Damen so leicht gemacht wird, eine Partnerschaft aufzukündigen, in der sich jede zweite selbstverwirklichen will und was dergleichen Phrasen mehr sind, da kann es schon passieren, daß einer mal ausflippt.“
Bäuerlein schlug wütend nach einer über seinem Kopf kreisenden Fliege.
„Wenn es so wäre, dann würde er eine und zwar seine eigene Bettgenossin umbringen“, brummte er. „Aber der Kerl arbeitet ja wie am Fließband! Na, wenn wir ihn erstmal gefaßt haben, werden wir sein Motiv schon aus ihm herauskitzeln.“
Der Inspektor hob abwehrend die Hand.
„Wenn, Chef“, konterte er, „wenn wir ihn gefaßt haben. Vorläufig sieht es jedenfalls nicht danach aus. Und ob der Täter nun normal ist oder nicht, er ist auf jeden Fall raffiniert genug, keinerlei Spuren zu hinterlassen, nicht?“
Der Kommissar zog mit einem Ruck sein Hemd aus und rieb sich damit trocken.
„So, keine Spuren“, höhnte er. „Na, wenn Sie sich da mal bloß nicht täuschen, Gärtner. Ich sage Ihnen, der Mann hinterläßt Spuren — wir sehen sie nur nicht. Aber das bedeutet natürlich nicht, daß wir für alle Zeiten mit Blindheit geschlagen sind. Eines Tages werden wir über irgend etwas stolpern und dann haben wir ihn.

Drei Morde innerhalb von knapp fünf Wochen sind sogar für dieses sogenannte Phantom zuviel."

Gärtner zerdrückte schulterzuckend seinen Zigarillo in Bäuerleins Aschenbecher.

„Genau das ist es ja", erwiderte er ruhig. „Drei Morde in genau vierunddreißig Tagen. Drei junge hübsche Frauen, die aus irgendwelchen Gründen hier in Erlangen und draußen im Landkreis nachts allein unterwegs waren und dabei ihrem Mörder in die Arme liefen. Und was haben wir? Nichts, absolut nichts! Keine Spuren, keine Zeugen, kein Motiv und schon gar nicht den Täter. Wenn wir wenigstens einen kleinen Hinweis hätten, nur die Spur einer Spur bräuchten wir, aber wir stehen immer noch mit leeren Händen da. Ich sage Ihnen, wenn der Kerl nicht einen ganz entscheidenden Fehler macht, fassen wir ihn nie."

Bäuerleins Zeigefinger stand so aufrecht in der Luft, wie die Schornsteine der nahen Siemenswerke.

„Vergessen Sie bei Ihren Jeremiaden nicht, daß er schon drei Fehler gemacht hat", warnte er den Inspektor. „Er hat drei Morde begangen und das sind drei Fehler. Außerdem haben wir immer noch die grünen Schnüre, mit denen er seine Opfer erdrosselt hat. Für Ihren Pessimismus sehe ich jedenfalls keinen Anlaß."

Gärtner machte eine wegwerfende Handbewegung.

„Gott, was versprechen Sie sich eigentlich dauernd von diesen grünen Schnüren?" fragte er kopfschüttelnd. „Was nützen uns denn drei, knapp einen Meter lange Stücke einer Plastikschnur, wie man sie für ein paar Mark in jedem Kaufhaus kaufen kann? Wir wissen ja inzwischen, daß es sich dabei um Teile einer Wäscheleine handelt, aber damit kommen wir doch keinen Millimeter weiter. Sie beweist höchstens, daß es sich in allen drei Fällen wahrscheinlich um den gleichen Täter handelt — wahrscheinlich, sage ich! Sicher ist in diesem Fall nicht einmal das. Was sagt denn eigentlich der Herr Kriminalrat zu dieser Sache?"

Bäuerlein spielte gelangweilt mit einem Kugelschreiber.

„Der Herr Kriminalrat ist erstens seit Anfang des Monats Kriminaloberrat und zweitens Akademiker", erwiderte er. „Und als Studierter geht der ganz andere Wege als wir. Er meint, der Täter verübt diese Morde nur, um von einem ganz bestimmten Mord abzulenken. Vielleicht hat der Täter eine Frau oder Freundin, die er aus irgendeinem Grund loshaben möchte, bei der er aber sofort in Verdacht geraten würde, wenn er sie über den Jordan schickt. Also begeht er mehrere Morde und kein Mensch weiß, wer nun das eigentliche Opfer war."

Der Inspektor stieß hörbar die Luft aus.

„Und Sie selbst teilen diese Meinung nicht, wie?"

Bäuerlein schüttelte den Kopf.

„Es kann natürlich so sein, aber ich glaube einfach nicht daran. Sicher, es hat in der Kriminalgeschichte solche Fälle gegeben, aber bei unserem sogenannten Phantom handelt es sich nach meiner Überzeugung um einen hochgradigen Psychopathen, dem aus irgendeinem Grund sämtliche Sicherungen durchgebrannt sind. Sie werden sehen, daß ich . . ."

Das Rasseln des Telefons unterbrach ihn und ließ ihn hastig nach dem Hörer greifen.

„Bäuerlein, Kommissariat eins", meldete er sich.

Gärtner spitzte interessiert die Ohren, aber diesmal konnte er nicht einmal die Stimme des Anrufers hören.

„Was ist denn, Chef?" fragte er schließlich ungeduldig. „Ist es nochmal das LKA in München?"

Der Kommissar nahm den Hörer vom Ohr und bedeckte mit der Hand die Sprechmuschel.

„Es ist die Autobahnwache in Tennenlohe", sagte er leise. „Ein Waldarbeiter hat eine tote Frau gefunden. Sieht ganz so aus, als hätten wir jetzt den vierten Mord."

***

Die Tote lag mit ausgebreiteten Armen in einer Fichtenschonung und war völlig nackt. Bäuerlein beugte sich zu ihr hinab, betrachtete nachdenklich die grüne Schnur, die sich tief in ihren Hals eingeschnitten hatte und richtete sich dann seufzend wieder auf.
„Wenn man davon ausgeht, daß es sich in allen vier Fällen um den gleichen Täter handelt, dann hat er sich diesmal voll ausgetobt", sagte er bedächtig. „Es ist das erstemal, daß er sein Opfer auch vergewaltigt hat. Weiß man schon, wer die Frau ist?"
Ein Beamter der Autobahnwache nickte.
„Sie heißt Holweg, Herr Kommissar", gab er Auskunft. „Bettina Holweg. Sie wohnte hier in Tennenlohe und war Kellnerin in der Autobahnraststätte. Wir haben sie eigentlich alle gekannt, weil wir doch hin und wieder dort zu tun haben. War ein wirklich nettes Mädchen."
Wäre ich doch nur in Altdorf geblieben, dachte Bäuerlein wieder. So schön hätte ich es dort gehabt, so ruhig war dort alles und so friedlich. Und hier? Hier habe ich jetzt vier Morde auf dem Hals, jeder erwartet von mir Ergebnisse und ich tappe in der ganzen Geschichte wie ein Blinder herum.
„Herr Kommissar . . .?"
Die Stimme von Dr. Hilbert riß ihn aus seinen Gedanken.
„Nun, Doktor, haben Sie etwas gefunden?" fragte er und wandte sich zu ihm um.
Der Arzt schüttelte den Kopf.
„Nein, ich wollte Ihnen nur sagen, daß Sie die Leiche wegschaffen lassen können, ich bin soweit fertig. Ich will sehen, daß ich Ihnen meinen Bericht heute noch rüberschicken kann, aber versprechen Sie sich nicht zuviel davon."
Bäuerlein zuckte resignierend mit den Schultern.
„Ein bißchen was wäre auch schon was", meinte er. „Allmählich wird man bescheiden. Wie lange ist sie schon tot?"
Dr. Hilbert sah unsicher von ihm zu der Toten.
„So auf den ersten Blick würde ich sagen, daß die Tatzeit zwischen

24 Uhr und 1 Uhr liegt, aber genau weiß ich das erst nach der Obduktion. Sie werden sich also noch etwas gedulden müssen, Kommissar."

„Auch das lernt man in diesem Job", nickte Bäuerlein. „Aber Sie können sich trotzdem etwas beeilen, Doktor. Je eher ich Fakten auf dem Tisch habe, desto eher kann ich zur Jagd blasen."

Inspektor Gärtner, der sich etwas abseits mit den beiden Beamten der Autobahnwache unterhalten und Bäuerleins Worte mitgehört hatte, drehte sich zu ihm um.

„Wenn die Jagd von der Tatzeit abhängt, können wir sofort damit beginnen, Chef", sagte er. „Die beiden Kollegen hier haben nämlich bereits mit dem Pächter der Raststätte gesprochen und der sagte ihnen, daß Frau Holweg wie immer kurz nach Mitternacht nach Hause gegangen sei. Sie muß also dem Täter unmittelbar danach in die Hände gelaufen sein."

Der Kommissar zog ein völlig durchweichtes Taschentuch heraus und wischte sich zum hundertsten Mal an diesem Tag den Schweiß von der Stirn.

„Fragt sich nur, ob sie ihm zufällig begegnet ist oder ob er ihr aufgelauert hat", erwiderte er. „Das müßten wir jetzt genau wissen."

„Und was würde uns das nützen?"

Bäuerlein warf seinem Inspektor einen enttäuschten Blick zu.

„Also, Kriminalrat werden Sie nie", prophezeite er seufzend. „Da fragt mich doch dieser Mensch seelenruhig, was uns das nützen würde! Na, allerhand, denke ich. Wenn der Täter nämlich Frau Holweg aufgelauert hat, dann muß er sich doch in der Nähe der Raststätte längere Zeit herumgedrückt haben, nicht? Na, und da wäre es dann doch möglich, daß ihn jemand gesehen hat, oder? Ob wir nicht mal eine Fahndungsmeldung über den Rundfunk durchgeben sollten?"

Gärtner stieß einen verächtlichen Laut aus.

„Da haben Sie aber eher einen Sechser im Lotto, als mit so einer Dreißig- Sekunden- Meldung Erfolg", behauptete er. „Wissen Sie, was da passiert? Da melden sich dreihundert Leute, die alle etwas gesehen haben wollen, und wenn wir dann der Sache nachgehen, sind es nichts als Hirngespinste. Nein, Chef, Sie können sagen, was Sie wollen, aber wenn die Kollegen von der Spurensicherung nichts finden und auch Dr. Hilberts Obduktionsbericht so mager ausfällt wie bisher, dann haben wir nur zwei Chancen, um den Täter zu fassen und . . ."

Bäuerleins Augenbrauen schoben sich interessiert in die Höhe. „Was für Chancen?" schnappte er.

Der Inspektor breitete die Arme aus und ließ sie wieder fallen. „Na ja, wenn Sie zu sich selbst ehrlich sind, werden Sie zugeben müssen, daß wir im Grunde nur auf den berühmten Zufall warten können oder . . ."

„Oder was?"

„Oder auf einen Fehler des Täters beim fünften Mord!"

***

Marion Untheim bugsierte vorsichtig ihren Golf aus der Parklükke, fuhr langsam die Kapellenstraße entlang und bog dann in die Bundesstraße 2 nach Heroldsberg ein. Sie hatte es nicht eilig, nach Hause zu kommen. Der Abend bei ihrer Freundin Monika und deren neuen Verehrer Roland hatte sich zwar länger hingezogen als sie gewollt hatte, aber obwohl ihr nun nur noch wenige Stunden Schlaf blieben und sie bei dem Gedanken an den kommenden Morgen ein stilles Grauen verspürte, behielt sie doch ihr gewohntes Tempo bei.

Sie schaltete das Radio ein, lauschte mit einem Ohr der Musik und dachte dabei an die vergangenen Stunden mit Monika und ihrem Freund Roland. Ein eigenartiger Mensch, dieser Roland Dornauer. Sicher, er sah gut aus und besaß formvollendete Manieren, die man bei einem so jungen Mann gar nicht erwartet hätte, aber Marion war mit ihm trotzdem nicht so richtig warm geworden. Sie

mochte es einfach nicht, wenn fremde Männer ihre Hand über Gebühr festhielten und sich so plazierten, daß sie unentwegt ihre Beine fixieren konnten und bei jeder Bewegung auf ein Verrutschen ihres Rockes zu warten schienen. Monika allerdings hatte nur Augen für ihn und war überzeugt, der großen Liebe ihres Lebens begegnet zu sein.
„Na, was hältst du von ihm, Marion?" hatte sie kichernd gefragt, als sie in Monikas Küche das Abendbrot zubereiteten. „Ist er nicht ein echter Schatz?"
Marion, die gerade Zwiebeln geschnitten hatte, war einer Antwort dadurch aus dem Weg gegangen, daß sie nach einem Taschentuch gegriffen und sich lange und ausgiebig die tränenden Augen ausgewischt hatte. Für Monika jedoch war das Thema Roland noch lange nicht beendet.
„Er ist ja so nett, so rücksichtsvoll und zuvorkommend", hatte sie geschwärmt und sich hastig die Lippen nachgeschminkt. „Ein richtiger Gentleman eben. Glaubst du, er wird mir einen Antrag machen?"
Marion hatte insgeheim über ihre sonst so stille und jetzt so lebhafte Freundin den Kopf geschüttelt und nicht gewußt, ob sie ihr das wirklich wünschen sollte.
„Wie lange kennst du ihn denn eigentlich schon?" hatte sie dann mit einer Gegenfrage geantwortet, aber Monika hatte nur versonnen lächelnd den blonden Wuschelkopf geschüttelt.
„Ach, Marion, ich habe die Tage nicht gezählt", hatte sie geseufzt. „Jedenfalls lange genug, um zu wissen, was für ein wunderbarer Mensch Roland ist."
Marion hatte sich schließlich schulterzuckend abgewandt.
„Na, dann kann ich nur hoffen, daß du mit diesem wunderbaren Menschen glücklich wirst", hatte sie erwidert. „Mein Geschmack in punkto Männer ist eben bißchen anders als deiner."
Monika war empört herumgefahren.
„Heißt das etwa, er gefällt dir nicht? Du hast wohl nur Augen für

diesen alten Esel, der immer zu euch in die Fleischerei kommt, was? Das ist doch eine durch und durch verkrachte Existenz und vorbestraft ist er noch dazu! Wer weiß, vielleicht ist der Typ sogar dieser Lustmörder, dieses Phantom. Bei dem seinem Vorleben ist es ihm durchaus zuzutrauen."

Marion hatte im ersten Augenblick gar nicht gewußt, wen Monika mit dem alten Esel meinte, aber dann hatte sie ein Lächeln nicht unterdrücken können. Es gab da tatsächlich jemanden, der ihr mehr als nur Sympathie entgegenzubringen schien. Ein Mann, der vom Alter her leicht ihr Vater hätte sein können und der manchmal seine Mutter bei ihren Einkäufen begleitete. Sicher, er war vorbestraft, hatte in seinen jungen Jahren mehrfach die Polizei und Gerichte beschäftigt, aber wenn man die Dinge mal unter die Lupe nahm, dann verringerte sich seine Schuld zu der Größe von Jugendstreichen. Nein, dieser Ferdinand Spät, wie er hieß, war nicht das Phantom, konnte es gar nicht sein. Er war einfach ein durch die Kriegs- und Nachkriegszeit gestrauchelter Mensch, der sehr lange gebraucht hatte, um wieder auf die Beine zu kommen. Jetzt allerdings schien er es geschafft zu haben und überging lächelnd und gelassen jede Anspielung auf seine Vergangenheit. Marion, die ihn nur vom Hörensagen gekannt hatte, war ziemlich überrascht gewesen, als er zum ersten Mal in die Fleischerei ihrer Mutter gekommen war. So hatte sie sich diesen Mann nicht vorgestellt. Was sie erwartet hatte, war ein Typ von der Art eines Schinderhannes oder Al Capones, aber was da vor ihr stand, war ein dunkelhaariger, graumelierter Mann mit tiefbraunen Augen, die sie nachdenklich, verträumt und voll verhaltener Zärtlichkeit betrachteten und jeder ihrer Bewegungen folgten wie ein Hund seinem Herrn.

„Wie ein Hund seinen Herrn schaut er dich an, hast du mir mal gesagt", hatte sie in diesem Moment Monikas Stimme aus ihren Gedanken gerissen, und Marion hatte ärgerlich den Kopf geschüttelt.

„Ach, Quatsch, komm, kümmern wir uns lieber um's Essen. Dein Roland wird schon hungrig wie ein Wolf sein."

Monika war sofort wieder besänftigt.
„Auf mich ist er immer hungrig“, hatte sie gelacht. „Von meinen Kochkünsten ist er allerdings nicht so sehr überzeugt.“
Vielleicht war es diesmal daran gelegen, daß Marion gekocht hatte, denn Roland hatte mit sichtlichem Appetit gegessen und dann mit einem Scherz das Gespräch auf die unheimliche Mordserie im Erlanger Raum gebracht.
„Ich verstehe gar nicht, wie man eine Frau umbringen kann“, hatte er gelächelt und Marion einen schmeichelnden Blick zugeworfen. „Zumindest so gute Köchinnen wie Sie sollte man ein Leben lang unter Naturschutz stellen.“
Marion hatte etwas unsicher von ihm zu Monika gesehen.
„Vielleicht wollte sich da mal eine von diesem sogenannten Phantom eben nicht unter Naturschutz stellen lassen, und das hat er nicht vertragen“, hatte sie dann gekontert. „Es gibt ja Männer, die halten sich für die absolut Größten und sind dann sauer, wenn sie ein anderer so sieht wie sie wirklich sind — mickrig, klein und unbedeutend.“
Roland hatte ihre Spitze sehr wohl verstanden und war danach etwas einsilbig geworden, aber als Marion dann schließlich aufgebrochen war, hatte auch er sich von Monika verabschiedet und darauf bestanden, sie zu ihrem Wagen zu begleiten. Marion war das zwar mehr als peinlich gewesen, doch Monika schien nichts dabei zu finden und hatte Roland sogar noch zu seiner Ritterrolle ermuntert.
„Du läßt Marion erst allein, wenn sie wirklich in ihrem Wagen sitzt, Roland“, hatte sie noch an der Haustür gesagt und ihr schelmisch zugezwinkert. „Sonst läuft uns das Mädchen womöglich noch diesem Phantom in die Arme. Ogottogottogott, mich würden jetzt keine zehn Pferde allein auf die Straße hinausbringen.“
Marion empfand zwar bei dem Gedanken an den unheimlichen Mörder ebenfalls ein etwas unbehagliches Gefühl, aber deswegen wurde ihr dieser eigenartige Roland Dornauer auch nicht sympathischer.

„Na schön“, hatte sie schließlich nachgegeben, „gehen wir also, Herr Dornauer. Es sind ja ohnehin nur ein paar Schritte.“
Und Roland Dornauer, der sich weder durch ein Wort, noch durch eine Geste anmerken ließ, ob ihm Marions Zögern aufgefallen war, hatte sie wie ein Kavalier der alten Schule zu ihrem Wagen gebracht und sich dann mit einem seltsamen Lächeln von ihr verabschiedet.
„Kommen Sie gut nach Hause und nehmen Sie keine Anhalter mit, Fräulein Untheim“, hatte er ihr geraten. „Bis nach Heroldsberg sind es zwar nur drei Kilometer, aber so mitten in der Nacht ist auch das schon zuviel. Man weiß ja nie, wem man so alles begegnet, nicht?“
Marion rümpfte in der Erinnerung an diese Szene unwillkürlich die Nase. Von wegen Anhalter mitnehmen, dachte sie unwillig und gab Gas, so dämlich müßte ich erst mal sein. Um diese Zeit würde ich nicht mal meine eigene Großmutter, geschweige denn einen Fremden mitnehmen.
Zügig fuhr sie nun die gewundene Straße entlang, trommelte auf dem Lenkrad gut gelaunt den St. Louis Blues mit, der aus dem Autoradio kam, und dem hellen, singenden Ton, der sich plötzlich in das satte Brummen des Motors mischte, schenkte sie erst Aufmerksamkeit, als er lauter und lauter wurde, und ihr Wagen abrupt an Geschwindigkeit verlor. Mit einem resignierenden Seufzen trat sie auf die Bremse, stieg aus und öffnete die Motorhaube. Soweit sie sehen konnte war alles in Ordnunng, aber Marion war sich ihrer geringen technischen Kenntnisse viel zu sehr bewußt und verlor keine Zeit mit überflüssigem Suchen. Himmel nochmal, jetzt kann ich auch noch zu Fuß nach Hause latschen, dachte sie verärgert. Nur gut, daß ich schon fast am Ortsrand von Heroldsberg bin und die Straßen erleuchtet sind. So ganz im Dunkeln wäre mir die Sache doch nicht ganz geheuer.
Wütend griff sie nach ihrer Handtasche und schlug die Wagentür zu, und dann hörte sie plötzlich die Schritte hinter sich. Sie kamen langsam, fast schleichend auf sie zu und Marion fühlte eine eiskal-

te Hand nach ihrem Herzen greifen. Für einen Augenblick stand sie wie erstarrt, dann sprang sie in ihren Wagen, warf den Gang hinein und drehte verzweifelt den Zündschlüssel. Der Golf machte einige Sätze nach vorn und blieb dann mit einem metallischen Knirschen endgültig stehen.

„Ist etwas nicht in Ordnung, Marion?" fragte eine Stimme am Fenster neben ihr, und Marion sank erleichtert aufatmend über dem Lenkrad zusammmen und fühlte, wie die Angst von ihr wich.

„Oh Gott, Norbert, wie hast du mich jetzt erschreckt", sagte sie kopfschüttelnd. „Ich dachte schon . . ."

Inspektor Gärtner lächelte verschmitzt.

„Du dachtest, das Phantom ist auf der Suche nach einem neuen Opfer, nicht?" fiel er ihr ins Wort.

Sein spitzbübisches Lächeln löste die letzte Spannung in ihr.

„Na, bei allem, was so in den letzten Wochen geschehen ist, wäre das ja kein Wunder, oder?" kicherte sie. „Mir wurde jedenfalls ganz schön zweierlei, als du so plötzlich angeschlichen kamst."

Er stützte sich mit beiden Händen auf die Tür.

„Das tut mir leid, Marion", sagte er bedauernd. „Ich wollte dich nicht erschrecken. Aber ich stand da drüben zwischen den Zapfsäulen und . . ."

Sie sah ihn verblüfft an.

„Du bist . . . wo bist du gestanden?"

Gärtner deutete mit dem Daumen über seine Schulter.

„Na, da drüben, an Zimmermanns Tankstelle."

Marion verspürte plötzlich einen kaum zu unterdrückenden Lachreiz.

„Ach so", sagte sie nach Luft schnappend, „ist das deine Art, dir das Rauchen abzugewöhnen? Und ich dachte immer, die Polizei hätte gar keine Zeit mehr für ein Privatleben und wäre Tag und Nacht auf der Jagd nach dem Phantom?"

Norbert nickte langsam.
„So ist es auch, Marion", erwiderte er. „Sonst läge ich nämlich um diese Zeit längst in meinem Bett und hätte angenehme Träume."
„Und warum schlägst du dir dann hier die Nacht um die Ohren?"
Er zuckte mit den Schultern.
„Weil mein Chef es so will. Unser Kommissar Bäuerlein ist nämlich der Meinung, wir sollten uns mal ein bißchen zu Fuß durch die Gegend bewegen — und zwar dort, wo jeder von uns zu Hause ist. Er hofft, wir würden auf diese Weise etwas mehr als vom Wagen aus sehen."
Marion zog den Zündschlüssel ab und öffnete die Tür.
„Nachdem du aber immer noch mit einem so enttäuschten Gesichtsausdruck durch die Nacht pilgerst, war das wohl eine Fehlspekulation, ja?" frozzelte sie ihn. „Oder ist dir jemand begegnet?"
Er schüttelte den Kopf.
„Außer einem furchtsamen kleinen Mädchen mit einem defekten Wagen leider niemand", erwiderte er. „Was hat er denn? Will er nicht mehr oder kann er nicht mehr?"
Marion warf ihrem bejahrten Gefährt einen verächtlichen Blick zu.
„Ach, was weiß ich — wahrscheinlich ist es reine Altersschwäche. Er hat ja jetzt immerhin schon sechs Jahre auf dem Buckel. Mich ärgert nur, daß ich jetzt noch das ganze Stück nach Hause laufen muß."
Norbert deutete auf das Funkgerät in seiner Jackentasche.
„Soll ich dir ein Taxi rufen?"
Sie winkte in gespieltem Entsetzen ab.
„Um Gottes Willen, bloß nicht! Ich hatte zwar auch schon daran gedacht, aber bis um diese Zeit eins hier ist, bin ich ja dreimal zu Hause."
Der Inspektor klappte die Motorhaube ihres Wagens zu.
„Okay," nickte er, „also gehen wir."
„Du willst mitkommen?"

Er grinste sie an.
„Na, was hast du dir denn gedacht? Glaubst du etwa, ich lasse so einen Wonnebrocken wie dich jetzt allein losziehen? Nee, Marion, gerade im Augenblick begibst du dich mal besser ein bißchen unter Polizeischutz."
Marion warf ihm einen dankbaren Blick zu.
„Nett von dir, daß du um mich so besorgt bis, Norbert", erwiderte sie erleichtert. „Ich gehöre zwar nicht gerade zu den Frauen, die beim Anblick einer Maus in Panik geraten, aber ehrlich gesagt, würde ich jetzt nur sehr ungern allein lostigern. Ich hoffe nur, ich halte dich nicht von irgendwelchen Pflichten ab."
Er schüttelte abwehrend den Kopf.
„Aber nein, mach dir darüber keine Sorgen. Ich bin ohnehin dazu verdammt, bis morgen früh auf dem Heroldsberger Pflaster herumzulatschen und da ist es ziemlich egal, wo ich das tue. Und so weit ist es zu dir nach Hause ja auch wieder nicht."
Sie brauchten zwar nahezu eine halbe Stunde, aber Marion, der noch vor Minuten der Weg nach Hause wie ein Marsch durch die Polarnacht erschienen war, fühlte fast so etwas wie Bedauern in sich, als sie schließlich vor ihrer Haustür standen. Da kennt man jemand von Kindesbeinen an, sieht ihn fast tagtäglich an sich vorübergehen und kennt ihn dann doch nicht, dachte sie und warf ihm einen schnellen Seitenblick zu. Schade, daß er damals mit Susanne so auf die Nase gefallen ist. Muß ihm doch eine ganze Menge bedeutet haben, dieses Miststück. Weiß der Teufel, was sie an diesem dämlichen Gert Ackermann so interessant gefunden hat, daß sie mit ihm bei Nacht und Nebel durchgebrannt ist. Mir wäre jedenfalls Norbert von hinten lieber gewesen als Gert von vorne.
„Du bist ein richtiger Kavalier geworden, Norbert", sagte sie aus ihren Gedanken heraus und reichte ihm die Hand. „Wenn ich dagegen so zurückdenke, an unsere Schulzeit beispielsweise . . ."
„Ich war doch drei Klassen über dir."
„Aber ich hab dich trotzdem jeden Tag gesehen. Jedenfalls weiß

ich noch ganz genau, wie oft du mich an meinen Zöpfen gezogen hast."
Er rieb sich verlegen das Kinn.
„Na ja, damals warst du aber auch noch nicht so hübsch, Marion", platzte er dann heraus. „Außerdem . . ."
„Ja — außerdem?"
„Och, es hat seine Vorteile, Kavalier zu sein", schmunzelte er. „Kavaliere werden nämlich manchmal auch belohnt."
Sie lachte und schob den Schlüssel ins Schloß.
„Aber Norbert", sagte sie in gespieltem Ernst, „du bringst ja mein ganzes Weltbild durcheinander. Ich dachte immer, Polizisten dürften nichts annehmen? Oder soll ich dir jetzt einen Ring Wurst um den Hals hängen?"
Er faßte sie behutsam um die Taille und zog sie an sich.
„Von hübschen Mädchen dürfen auch Polizisten etwas annehmen", erwiderte er leise. „Aber muß es denn ausgerechnet Wurst sein?"
Seine Hände glitten über ihren Körper, ließen sie leicht erschauern, aber erst als seine Lippen ihren Mund berührten, wußte sie, daß sie die ganze Zeit darauf gewartet hatte.
„Schau an, schau an", lächelte sie, als er sich von ihr löste, „für was ein Defekt am Auto doch alles gut sein kann, nicht? War das der Grund, warum du mich jetzt nach Hause begleitet hast?"
Er räusperte sich und sah zu Boden.
„Nein, aber . . . aber ich wollte dir schon immer mal sagen, daß ich . . . daß du . . ."
Marion schlang die Arme um seinen Nacken und zog ihn zu sich herab. „Und warum hast du es nie getan?"
Seine Lippen tasteten über ihr Gesicht.
„Wann denn, wo denn?" flüsterte er. „Du gehst ja kaum aus. Oder hätte ich dir mal in eurem Laden zwischen Hackfleisch und Salami sagen sollen, daß du für mich mehr als nur eine Schulfreundin bist?"

Sie lehnte den Kopf an seine Brust und preßte sich an ihn.
„Was bist du doch für ein dummer Kerl", flüsterte sie. „Telefone gibt's bei dir wohl nur für den Dienstgebrauch, hm? Hast du denn nie daran gedacht, mich einmal anzurufen?"
Er schüttelte schweigend den Kopf, drängte sich an sie, fordernd und verlangend, und Marion fühlte, wie sie davonglitt, weit weg von dieser Nacht und in eine strahlende Helligkeit hinein, aber dann durchzuckte sie ein jäher Zorn. Nein, dachte sie, nicht auf diese Art, nicht auf diese Kleinmädchentour. Verdammt nochmal, ich bin doch keine vom Straßenstrich, ich lasse mich doch nicht einfach so vernaschen!
Ihre Hände fuhren durch sein Haar, fanden Halt und bogen ihm den Kopf in den Nacken. Sie hörte ihn aufstöhnen, spürte, wie sich sein Griff lockerte, stieß ihn von sich und schlüpfte an ihm vorbei ins Haus. Aufatmend schob sie den Riegel vor, lehnte sich keuchend gegen die Tür und lächelte, als sie von draußen die Stimme Norberts hörte, die einen beinahe verzweifelten Klang hatte.
„Marion", rief er, „bitte mach auf, ja? Es ist doch alles nur ein Mißverständnis, hörst du? Ich wollte doch nicht . . . laß mich doch mit dir reden. Bitte, mach doch auf, Marion, mach auf!"
Sie schüttelte seufzend den Kopf. Männer, dachte sie belustigt, so sind sie eben. Immer hinter einem her, immer auf der Jagd nach den sogenannten günstigen Gelegenheiten. Aber so leicht mache ich es dir nicht, mein Lieber. Wenn du es wirklich ehrlich meinst, kannst du ja mal ganz bescheiden an meine Tür klopfen — aber erst morgen!
Von oben hörte sie die Schritte ihrer Mutter, die von Norberts Stimme geweckt worden war und jetzt die Treppe herabkam.
„Um Gottes Willen, wer ist denn das?" fragte sie erstaunt. „Das hört sich ja an, als ob . . ."
Dann weiteten sich ihre Augen.
„Wer ist es?" schrie sie. „Wie sieht er aus?"
Marion sah sie verblüfft an.

„Aber . . . aber was ist denn, Mutter?“ stotterte sie verwirrt. „Wie soll er denn aussehen? Was meinst du eigentlich?“
Johanna Untheim faßte ihre Tochter am Arm und schob sie vor den Garderobenspiegel.
„Schau hinein, Marion!“
Automatisch hob sie die Hände, um ihr verwirrtes Haar zu glätten, und dann begann sich vor ihr der Raum zu drehen, begann zu verschwimmen, und wie aus weiter Ferne hörte sie die immer drängender werdende Stimme von Norbert. Nein, dachte sie verzweifelt, das kann nicht sein, das darf einfach nicht sein, das ist doch völlig unmöglich!
Sie taumelte, fing sich mit Mühe an der Wand vor ihr, und während ihre Mutter mit zitternden Fingern zum Telefon griff und den Notruf der Polizei wählte, starrte sie mit weit aufgerissenen Augen in den Spiegel und auf die grüne Schnur, die wie eine sich ringelnde Schlange um ihren Hals lag.

Unternehmen Acapulco

Ron Merril schob behutsam das kleine Kruzifix zwischen die Finger des Toten, trat dann einen Schritt zurück und betrachtete mit schiefgeneigtem Kopf sein Werk.

„Nun, wie sieht er aus, Brenda?“ fragte er. „Können wir ihn so präsentieren?“

Rons Eheweib warf einen Blick auf den Verblichenen und nickte.

„Perfekt, Ronny“, sagte sie anerkennend. „Ein wahres Meisterstück! Mrs. Huddlestone wird begeistert sein.“

„Was denkst du, wie begeistert sie erst sein wird, wenn ihr Finnegan übermorgen das Testament ihres Seligen vorliest“, schmunzelte Ron. „Drei Millionen Dollar . . . das ist eine ganz schöne Altersversorgung für eine Vierzigjährige, nicht?“

Brenda ließ sich seufzend auf einen der Särge sinken.

„Mir würde schon eine einzige davon genügen“, sagte sie sehnsuchtsvoll. „Ich würde gar nicht mehr wollen.“

Ron bückte sich und ordnete mit geschickter Hand die Schleifen an den zahlreichen Kränzen.

„Wenn ich mal so daliege wie Mr. Huddlestone, dann hast du deine Million“, erwiderte er. „Dann muß meine Versicherung mit dem Zaster rausrücken, Darling.“

Brendas Lippen kräuselten sich verächtlich.
„Na, das ist vielleicht ein Trost", murrte sie. „Huddlestone war sechsundsechzig und du bist achtunddreißig. Bis deine Versicherung mal fällig wird, habe ich doch längst keine Wünsche mehr. Bei diesem Geschäft hier vergeht einem ja sowieso alles."
Ron zuckte hilflos mit den Schultern. Natürlich, dachte er, sie hat ja recht. Was soll sie denn als alte Frau noch mit einer Million? Jetzt müßte man die Mäuse haben, jetzt, solange man noch jung ist und Spaß am Leben hat. Später, wer weiß, was da sein wird?
„Ja, weißt du, Brenda-Darling", sagte er langsam, „ich würde ja auch viel lieber in Acapulco oder sonstwo in der Sonne liegen und mir den Pelz bräunen lassen, anstatt hier tagtäglich Leichen für ihren letzten Weg herzurichten. Aber was soll ich denn machen? Von irgendwas muß man schließlich leben und ..."
„Du könntest schon längst von deiner Million leben, wenn du ein bißchen cleverer wärst", fiel sie ihm ins Wort. „Du müßtest nur wollen."
Ron wandte sich ruckartig zu ihr um.
„Von meiner Million?" stotterte er verblüfft. „Ja, wie ... wie meinst du denn das? Die wird doch erst bei meinem Tod fällig."
Brenda betrachtete wohlgefällig ihre schlanken Beine.
„Na, dann stirbst du eben", meinte sie und lächelte, als sie sein entsetztes Gesicht sah. „Das ließe sich doch sehr leicht arrangieren, nicht?"
„Arrangieren?" ächzte Ron. „Willst du mich etwa umbringen?"
Das Lächeln in Brendas Gesicht vertiefte sich.
„Ach, Quatsch", sagte sie, „ich will dich nur austauschen, du Dummkopf. Gegen einen unserer Kunden, verstehst du?"
„Nein, Brenda, ich ..."
„Also, dann will ich dir mal ein bißchen auf die Sprünge helfen", unterbrach sie ihn. „Im Grunde ist es nämlich ganz einfach. Wir haben doch immer wieder mal Klienten, die in etwa dein Alter und deine Figur haben, nicht wahr?"

„Ja, ja, schon. Aber sie haben eben nicht mein Gesicht."
Brenda erhob sich und hakte sich bei ihm ein.
„Das ist auch gar nicht notwendig", bahauptete sie. „Das Gesicht erkennt hinterher sowieso niemand mehr. Wir könnten diesen Mister Miller, oder wie er sonst heißen mag, nämlich kräftig mit Benzin übergießen und ihn in deinem Wagen einen Abhang runtersausen lassen. Ich kenne oben in den Bergen eine ganze Menge Örtlichkeiten, die für sowas hervorragend geeignet wären. Na, und was, denkst du, bleibt von einem Mann noch übrig, der in einem vollgetankten Wagen so sechzig, siebzig Fuß tief abstürzt, hm?"
„Nichts", sagte Ron beeindruckt. „Jedenfalls nicht mehr viel. Aber die Polizei wird natürlich . . ."
„. . . annehmen, daß er die Gewalt über den Wagen verloren hat", prophezeite Brenda. „Sie wird nicht einen Augenblick lang daran denken, daß hier etwas nicht mit rechten Dingen zugegangen sein könnte. Für die ist das ein Unfall wie jeder andere."
Ronny leckte sich die trockenen Lippen.
„Allmächtiger", stöhnte er, „du bist vielleicht ein raffiniertes Biest. Aber was machen wir hinterher, wenn alles geklappt hat? Hier in Blairhill können wir ja nicht mehr bleiben."
Sie sah ihn von der Seite her an.
„Was willst du denn mit einer Million im Rücken noch in Blairhill?" fragte sie kopfschüttelnd. „Hast du mir nicht vor drei Minuten erklärt, daß du dir liebend gerne in Acapulco oder sonstwo den Pelz bräunen lassen würdest? Na also! Alles, was wir dazu noch brauchen, ist ein passender Kunde, und den werden wir früher oder später auch haben."

***

Sie hatten ihn nach etwa vier Monaten. Mr. Gregory Brooke, ein erfolgreicher Geschäftsmann mit nicht unbedeutenden Verbindungen zur Unterwelt, verspürte eines Abends Lust zu einem Besuch

in Miß Lulus Privatklub, übernahm sich dabei anscheinend ein bißchen und hauchte, infolge der vermutlich ungewohnten Anstrengung, seine nicht ganz reine Seele in den Armen einer Schönen der Nacht aus.
Zwei Stunden danach lag er bereits aufgebahrt in Ronnys Etablissement, von wo aus er drei Tage später seine Reise in die Berge antrat. Nachts, auf einer steil abfallenden Straße, setzte ihn Ronny ans Steuer, übergoß ihn kräftig mit Benzin und ließ den Wagen über die Böschung kippen.
Der Erfolg war so überwältigend, daß sich Brenda auf eine mittlere schauspielerische Leistung beschränken konnte, als sie am nächsten Morgen den Sheriff von Hope Falls heraustrommelte.
„Wir waren auf dem Heimweg, Sheriff", schluchzte sie, in seinen Armen hängend, „und ich ... ich mußte mal, nicht? Ronny wollte ... er wollte inzwischen eine neue Kassette einlegen und ... er muß an die Automatik gekommen sein. Oh Gott, es ist furchtbar!"
Sheriff Greeley wurden die Augen feucht.
„Mabel!" brüllte er nach seiner besseren Hälfte. „Komm her und kümmere dich um Mrs. Merril. Ich muß hinauf zur Unfallstelle!"
Er hätte sich den Weg sparen können. Aus dem ausgeglühten Wrack konnten seine Leute nur noch einen formlosen Klumpen bergen, bei dessen Anblick er sich angewidert abwandte.
„Prüft nach, ob da etwa Alkohol im Spiel war", sagte er und stieg in seinen Wagen. „Das ist wichtig für die Versicherung. Falls sich was ergibt, ich bin zu Hause."

***

Es wurde fast Nachmittag, bis das Telefon des Sheriffs klingelte, und Brenda konnte ein plötzliches Gefühl der Angst nicht unterdrücken, als Greeley den Hörer wieder auflegte und langsam auf sie zukam.
„Mrs. Merril", sagte er kopfschüttelnd, „wie konnten Sie nur so et-

was tun? Es gibt doch überall mal Probleme in einer Ehe, aber deswegen bringt man doch nicht gleich seinen Mann um."
Brenda fuhr entsetzt in die Höhe.
„Umbringen?" kreischte sie. „Ich habe Ronny doch nicht umgebracht! Es war ein Unfall, Sheriff, ein Unfall — ich schwöre es Ihnen!"
Greeley schüttelte müde den Kopf.
„Es war eben kein Unfall, Madam", sagte er, „und Sie wissen das auch. Als Ihr Wagen in Flammen aufging, war Ihr Mann bereits tot. Der Doc hat nämlich festgestellt, daß Mr. Merril vergiftet wurde — mit Blausäure! Ziemlich dilettantisch, wie Sie das vertuschen wollten. Aber was soll's, darüber kann sich ja die Jury mit Ihnen unterhalten. Ich lese Ihnen jetzt jedenfalls erst mal Ihre Rechte vor."

Er ist euer Mann!

Rolf Leisinger trat sanft das Gaspedal durch und beobachtete aufmerksam den Drehzahlmesser. Irgendwie, so hatte er das Gefühl, zog die Maschine nicht richtig durch. Jedenfalls hatten ihn einige Unregelmäßigkeiten des Motors veranlaßt, seine Fahrt nach Mailand an der Raststätte Irschenberg zu unterbrechen und das Herz seines Sattelschleppers unter die Lupe zu nehmen.
Er war noch völlig damit beschäftigt, den vor ihm zitternden Zeiger des Drehzahlmessers im Auge zu behalten, als von der Einfahrt her ein dunkelblauer BMW auf ihn zurollte und neben ihn in eine Parklücke schlüpfte. Rolf lächelte amüsiert, als er den Fahrer sah. Scheint einer von den ganz sportlichen Typen zu sein, ging es ihm durch den Kopf, als er bemerkte, daß der Mann mitten im Sommer Handschuhe trug. Oder es ist ein totaler Snob und berührt ein Lenkrad eben nur mit feinem Wildleder.
Dem Fahrer des BMW entging es völlig, daß er Rolfs Aufmerksamkeit erregt hatte. Er stieg aus, stopfte seine Handschuhe in eine beige Segeltuchtasche mit der Aufschrift „Olympic Airways“ und ging dann hastig auf die Raststätte zu. Rolf beachtete ihn nicht weiter. Er war nach wie vor mit der Überprüfung seines Motors beschäftigt und stellte nach einem Blick auf seine Uhr erschrocken

fest, daß er schon gut eine Stunde hinter seinem Zeitplan zurücklag und sein Ziel in Mailand vermutlich nicht mehr rechtzeitig erreichen würde. Jedenfalls nicht mehr so rechtzeitig, um von den Arbeitern der Schuhfabrik Pellendrini seinen Zug entladen lassen zu können. Aber mit diesen achtzehn Tonnen Leder in meinem Rücken hänge ich allein ja die ganze Nacht dran, dachte er mißmutig. Also bleibt mir jetzt gar nichts anderes übrig als weiterzufahren und darauf zu hoffen, daß die Maschine durchhält.
Er warf den Gang hinein, gab Gas und rollte mit dröhnendem Motor auf die Ausfahrt zu. Erleichtert registrierte er dabei, daß die Nadel des Tachos unaufhaltsam nach oben kletterte und die vorher immer wieder aufgetretenen Fehlzündungen jetzt ausblieben. Na also, dachte er zufrieden, dann wollen wir mal hören, wie es zur Zeit am Brenner aussieht. Vielleicht komme ich dort schnell durch den Zoll und kann die verlorene Zeit wieder einholen.
Er schaltete das Radio ein, hörte gelangweilt der dahinplätschernden Musik zu, doch dann wurde das Programm plötzlich unterbrochen.
„Wir bringen eine dringende Durchsage der Polizei", kam die Stimme der Ansagerin aus dem Lautsprecher. „Heute morgen, kurz nach Geschäftsbeginn, wurde in Rosenheim die Filiale der Stadtsparkasse am Uhlandplatz von einem maskierten Täter überfallen und um etwa 200 000 Mark beraubt. Der Täter flüchtete in einem dunkelblauen BMW der 3er Klasse stadtauswärts und konnte bisher nicht gefaßt werden. Die Polizei bittet die Bevölkerung um Mithilfe bei der Fahndung nach dem Fahrzeug, das seinem rechtmäßigen Besitzer in der vergangenen Nacht entwendet worden war. Insbesondere wendet sie sich an Verkehrsteilnehmer, die in der fraglichen Zeit auf den Ausfallstraßen der Stadt unterwegs waren und denen vielleicht das Fahrzeug mit dem amtlichen Kennzeichen RO-VZ 5281 aufgefallen ist.
Vom Täter selbst liegt nur eine flüchtige Beschreibung vor. Er dürfte etwa 35 Jahre alt und zwischen 1,75 und 1,80 cm groß sein.

Bekleidet war er mit einer dunklen Hose, sandfarbenen Windjacke und braunen Lederhandschuhen. Er führte eine beige Reisetasche mit der Aufschrift „Olympic Airways“ bei sich. Für Hinweise, die zur Ergreifung des Bankräubers führen, ist eine Belohnung von 10 000 DM ausgesetzt. Vorsicht, der Täter ist bewaffnet.“

Rolf nahm unwillkürlich den Fuß vom Gaspedal. Das war doch . . . ja, das war doch genau der Kerl, den er noch vor einer Stunde auf dem Parkplatz der Raststätte gesehen hatte? Der Wagen, die Tasche, die Handschuhe — alles stimmte bis ins Detail! Es gab überhaupt keinen Zweifel, daß es sich bei seinem Parknachbar um den flüchtigen Bankräuber handelte. Ob er sich nun melden und der Polizei von seiner Beobachtung erzählen sollte? Er war nun mal kein Denunziant und im Grunde ging ihm bei anderen so etwas gewaltig auf die Nerven, aber in diesem Fall?

Vor lauter Aufregung verschaltete er sich und kam erst durch das harte Rucken der Zugmaschine wieder richtig zu sich. Doch, er mußte sich als Zeuge melden, er konnte gar nicht anders handeln. Solchen Typen mußte einfach das Handwerk gelegt werden. Der Kerl konnte ja jederzeit wieder eine Bank überfallen, und dann gab es vielleicht Tote, an denen er wegen seines Schweigens mitschuldig war. Nein, und wenn mich auch die ganze Sache anwidert und ich jetzt noch mehr Zeit verliere, dachte er resignierend, ich habe gar keine andere Wahl als den nächsten Parkplatz anzusteuern und die Polizei zu verständigen. Hoffentlich ist dort eine Notrufsäule.

Der nächste Parkplatz, der schon nach wenigen Kilometern vor ihm auftauchte, hatte eine Notrufsäule. Rolf brachte seinen Zug zum Stehen, lief darauf zu und drückte den Hebel der Sprechanlage herab.

„Da verbinde ich Sie gleich mal mit der Kripo in Rosenheim“, sagte der Beamte in der Telefonzentrale, als Rolf den Grund seines Anrufs genannt hatte. „Den Kollegen vom Raubdezernat fällt be-

stimmt ein Stein vom Herzen, wenn Sie den Täter identifizieren können."
Gleicher Meinung war Kriminalhauptmeister Werner Prechtl, der sich Sekunden später meldete und Rolf schweigend zuhörte.
„Wenn Sie recht haben, können Sie uns eine ganze Menge Arbeit ersparen, Herr Leisinger", sagte er schließlich. „Sie sind sicher, daß Sie den Mann wieder erkennen würden?"
„Aber hundertprozentig!" nickte Rolf. „Ich habe ein sehr gutes Personengedächtnis. Wollen Sie eine Beschreibung von ihm?"
„Natürlich, lassen Sie mal hören. Der Kerl war ja bei seinem Coup maskiert und meines Wissens sind Sie bisher der einzige, der sein Gesicht gesehen hat. Also, wie sieht er aus?"
Rolf schloß die Augen und versuchte sich zu konzentrieren.
„Na ja, er ist dunkelhaarig, trägt links einen Seitenscheitel und hat ziemlich starken Bartwuchs."
„Vollbart, Backenbart oder was?" fragte Prechtl dazwischen.
„Nein, er war schon rasiert, aber man sieht das doch trotzdem. Vom Alter und von der Größe her dürfte die Beschreibung aus dem Radio hinkommen. Jedenfalls ist er nicht älter als Mitte Dreißig."
„Erinnern Sie sich an seine Kleidung? Stimmt auch sie mit der Beschreibung überein?"
Rolf überlegte einen Augenblick, dann schüttelte er den Kopf.
„Also, da möchte ich mich nicht festlegen", erwiderte er. „Darauf habe ich wirklich nicht geachtet. Mir ist der Mann eigentlich nur deshalb aufgefallen, weil er sogar bei dieser Hitze Handschuhe getragen hat. Ich habe ihn eben für einen dieser Angeber gehalten, die nur mit Handschuhen Auto fahren. Aber mit der Reisetasche bin ich absolut sicher."
„Dann ist es auch unser Mann", behauptete Prechtl. „Wäre schon mehr als Zufall, wenn da zu gleicher Zeit zwei Männer mit einem BMW und so einer Tasche unterwegs wären. Jedenfalls werde ich jetzt mal mit Ihren Angaben unseren Computer füttern und dann

sehen wir weiter. Der Täter ist ja bei dem Überfall wie ein alter Profi vorgegangen und ich nehme an, daß er für uns kein Unbekannter ist. Wo genau sind denn Sie jetzt, Herr Leisinger?"
„Auf dem zweiten Parkplatz nach der Raststätte Irschenberg in Richtung Kufstein", erwiderte Rolf.
„Und welchen Wagen fahren Sie?"
„Einen Sattelschlepper. Einen weißen Volvo mit rot-orangefarbenen Streifen und Frankfurter Kennzeichen."
„Okay, dann bleiben Sie mal, wo Sie sind", befahl Prechtl. „Ich komme zu Ihnen hin und zeige Ihnen mal ein paar Fotos aus unseren Familienalbum. Könnte sein, daß der Typ dabei ist."
„Und wenn nicht?"
Prechtl lachte leise.
„Na, dann fertigen wir eine Phantomzeichnung an, die uns vermutlich auch weiterhilft."
„Vielleicht können Sie ihn noch an der Raststätte fassen, wenn Sie schnell sind", meinte Rolf. „Kann sein, daß er dort ganz gemütlich beim zweiten Frühstück sitzt."
Sekundenlang blieb es in der Leitung still, dann war Prechtls Stimme wieder da.
„Machen Sie sich mal keine Sorgen, Herr Leisinger", versuchte er Rolf zu beruhigen. „Inzwischen sind zwar drei Funkstreifen dorthin unterwegs, aber ich glaube nicht, daß sie Erfolg haben. Nach meiner Einschätzung hat der Täter dort nur das Fahrzeug gewechselt und ist längst über alle Berge. Wichtig ist für uns jetzt vor allem Ihre Aussage. Also, bleiben Sie wo Sie sind, ich bin in zwanzig Minuten bei Ihnen!"

***

Rolf rauchte gerade die dritte Zigarette, als hinter ihm ein Audi durch die Einfahrt geschossen und mit quietschenden Reifen zum Stehen kam. Das muß dieser Prechtl sein, dachte er mit einem flüchtigen Blick in den Rückspiegel. Hat sich aber verdammt beeilt, der Junge.

Er drückte gemächlich seine Zigarette aus und fuhr dann verblüfft herum, als die Beifahrertür aufgerissen wurde und sich ein Mann in die Kabine schob.

„Guten Tag, Herr Leisinger", sagte er und lächelte leicht. „Wir kennen uns ja schon, nicht wahr?"

Rolf starrte ihn aus weitaufgerissenen Augen an.

„Sie ... Sie sind ... an der Raststätte", stammelte er. „Ich habe Sie an der Raststätte gesehen ... mit dem BMW ..."

Der Mann hatte plötzlich eine Pistole mit Schalldämpfer in der Hand.

„Und Sie haben mit mir gesprochen — vorhin, am Telefon", erwiderte er. „Mein Name ist Prechtl. Los, steigen Sie aus!"

Rolf hob abwehrend die Hand.

„Hören Sie ... Sie können doch nicht ... Ich meine, ich werde bestimmt nichts sagen, ich ..."

„Steigen Sie aus, Mann! Wir gehen jetzt mal in das kleine Wäldchen dort drüben!"

Die Angst und Gewißheit, daß er verloren war, schossen in Rolf wie eine Stichflamme empor und ließen ihn explodieren. In einer einzigen blitzschnellen Bewegung schwang er herum, stieß Prechtl beide Füße ins Gesicht, warf sich auf ihn und riß ihn mit sich rückwärts aus der Kabine.

Später hatte er nicht zu sagen vermocht, wie lange er auf Prechtl gelegen war und wie lange sich seine Hände um dessen Kehle gekrallt hatten, aber irgendwann danach beugten sich zwei Polizisten über ihn und zogen ihn hoch.

„Hören Sie auf", sagte einer von ihnen. „Der Kerl ist ja schon halb tot."

Rolf lehnte sich zitternd an das Vorderrad der Zugmaschine.

„Um ein Haar wäre ... wäre ich tot gewesen", keuchte er. „Er ... er wollte mich erschießen."

Einer der Polizisten legte ihm beruhigend die Hand auf die Schulter.
„Er wäre nicht dazu gekommen, Herr Leisinger. Wir waren ganz knapp hinter ihm. Gegen Prechtl bestand nämlich schon lange ein gewisser Verdacht, aber man hat ihm bisher nie etwas beweisen können. Na ja, jetzt ist er endlich unser Mann."
Rolf nickte langsam.
„Das ist er", erwiderte er leise. „Im wahrsten Sinn des Wortes. Er ist euer Mann!"

Tee bei Tante Adelheid

Adelheid Hennig stellte mit einem energischen Ruck ihre Teetasse auf den Tisch und warf ihrem Neffen einen unwilligen Blick zu. „Nein, Gerd“, sagte sie entschieden, „ich denke nicht daran, auch diesmal für deine Spielschulden aufzukommen. Du hast mir nun schon so oft versprochen, keine Karte mehr anzurühren, aber gehalten hast du dein Wort nie.“

Gerd Bergmann rutschte unruhig in seinem Sessel hin und her. „Nun ja“, meinte er dann, „ich gebe ja zu, daß ich noch einmal schwach geworden bin, Tante. Aber deswegen kannst du mich doch jetzt nicht hängen lassen. Onkel Gustav ...“

„Dein Onkel Gustav ist seit neun Jahren tot“, unterbrach sie ihn. „Er hat zum Glück nicht mehr erlebt, wie du dich verändert hast. Wahrscheinlich wäre er sonst nie auf den Gedanken gekommen, dich als unseren Erben einzusetzen.“

Gerd sah sie lauernd an.

„Heißt das etwa, daß du dich nicht mehr an sein Willen halten willst?“ fragte er verhalten.

Adelheid erhob sich und ging langsam zum Fenster. Sie sah in den verschneiten Park hinaus und dachte daran, wie viele Jahre Gustav gebraucht hatte, um aus dem Gut das zu machen, was es heute

war. Er würde sich im Grab umdrehen, wenn er wüßte, welches Schicksal Eichenau in Gerds Hand drohte.
Elisabeth, dachte sie, ich kann den Besitz nur durch Elisabeth erhalten. So schwer mir auch die Entscheidung gegen das eigene Fleisch und Blut fallen mag, Gustav würde unter diesen Umständen nicht anders handeln.
„Nein, ich werde mich nicht mehr an den Willen deines Onkels halten, Gerd", sagte sie endlich und wandte sich zu ihm um. „Eichenau wirft im Jahr gut 300 000 Mark ab, und wenn man ein Drittel davon für Investitionen und Rücklagen zurücklegt, bleiben für dich immer noch 100 000 Mark übrig. Davon kannst du bequem leben und bist jede Verantwortung los."
„Wieso hunderttausend?" fuhr Gerd auf. „Nach deiner Rechnung wäre das ja nur die Hälfte vom Gewinn. Wo bleibt denn da die andere?"
Adelheid hielt seinem Blick stand.
„Bei Elisabeth", sagte sie ruhig. „Sie wird Eichenau erhalten!"
Gerd starrte sie fassungslos an.
„Du willst das Lebenswerk von Onkel Gustav einer Angestellten hinterlassen?" fragte er heiser. „Ist das dein Ernst, Tante?"
Sie verkrampfte die Hände ineinander.
„Elisabeth ist mehr als nur eine Angestellte", erwiderte sie ruhig. „Sie hat mir über vierundzwanzig Jahre treu gedient. Findest du nicht, daß sie sogar einen Anspruch auf das Land hat?"
Gerd fuhr so abrupt in die Höhe, daß der Sessel polternd nach hinten fiel.
„Das lasse ich nicht zu, Tante Adelheid!" stieß er hervor. „Bevor ich zusehe, wie du mein Erbe diesem Weib in den Rachen wirfst, lasse ich dich eher entmündigen! Bei deinen achtundsiebzig Jahren dürfte das nicht allzu schwierig sein."
Adelheid Hennig bückte sich seufzend und hob den Sessel wieder auf.
„Jetzt wirst du geschmacklos, Gerd", sagte sie sanft. „Im übrigen wirst du dich mit dieser Entmündigung beeilen müssen. Ich habe

mich nämlich bereits für nächste Woche bei Dr. Brunner angemeldet. Er wird als Notar bestätigen, daß ich Elisabeth im Vollbesitz meiner geistigen Kräfte als Erbin von Eichenau eingesetzt habe. Und nun geh bitte, ja?"

In Gerd schoß die Wut wie eine Stichflamme empor.

„Du elendes, altes Weib!" schrie er. „Du jagst mich aus dem Haus? Du, deren Großvater noch als Taglöhner auf Eichenau arbeitete und nicht mehr als zwei Paar Schuhe besaß, du jagst mich aus dem Haus?"

„Gerd, bitte . . .!"

Rasend vor Zorn griff er nach ihr und schüttelte sie.

„Du willst mir mein Eigentum nehmen, nicht wahr? Du willst eine Fremde an meine Stelle setzen und mich von ihrer Gnade abhängig machen. Du willst mich auf die Straße werfen wie einen Hund! Du warst immer gegen mich, du hast immer schon . . ."

„Gerd . . .!!!"

Eine rote Wand schob sich vor seine Augen.

„Aber ich lasse das nicht zu!" brüllte er. „Ich lasse das einfach nicht zu! Hörst du, Tante Adelheid, ich . . . verdammt nochmal, was hast du denn auf einmal? Was ist denn los, Tante Adelheid? Heh, Tante Adelheid . . .? Tante Adelheid . . .!!!"

***

Gerd konnte seine Überraschung nur schlecht verbergen, als am Abend Kommissar Kaiser und Inspektor Hager an seiner Tür läuteten.

„Es tut uns wirklich leid, Sie um diese Zeit noch belästigen zu müssen", sagte Kaiser, als Gerd öffnete. „Aber wir kommen wegen Ihrer Tante, Frau Hennig."

„Wegen Tante Adelheid?" fragte Gerd verwundert. „Wieso denn, was ist denn mit ihr, Herr Kommissar?"

„Nun, es ist . . . also, es ist ihr etwas zugestoßen", begann Kaiser

zögernd. „Ihre Gesellschafterin, Fräulein Elisabeth Maiwald, war heute in der Stadt, und als sie gegen Abend nach Hause kam, fand sie Ihre Tante tot im Wohnzimmer. Es sieht so aus, als sei sie ermordet worden. Wahrscheinlich von einem Einbrecher, den sie überraschte — die Spuren deuten jedenfalls darauf hin."
Gerd ließ sich schweratmend auf einen Stuhl sinken.
„Das ist furchtbar", stöhnte er. „Das ist einfach furchtbar. Arme alte Tante Adelheid, sie war so gut und so ... so ..."
„Sie haben Ihre Tante heute noch besucht, nicht wahr?" fragte Kaiser mitfühlend. „Fräulein Maiwald sagte uns nämlich, sie wären an ihr vorbeigefahren, als sie auf den Bus nach Hamburg wartete."
Gerd durchzuckte ein eisiger Schreck.
„Ja, das ist richtig, Kommissar", flüsterte er. „Es muß so gegen elf Uhr gewesen sein."
„Und wie lange sind Sie in Eichenau geblieben, Herr Bergmann?"
„Ach, nur für eine Tasse Tee. Um halb ein Uhr war ich jedenfalls bereits wieder zu Hause. Wenn ich natürlich geahnt hätte ..."
„Wenn man bedenkt, daß Sie für die Fahrt hin zurück jeweils zwanzig Minuten brauchen, dann sind Sie wirklich nicht lange geblieben", unterbrach ihn der Inspektor. „Und Sie tranken mit Ihrer Tante Tee, sagten Sie?"
Gerd lächelte wehmütig.
„Ja, das war so eine Marotte von ihr. Es gab keinen Besucher in Eichenau, dem sie nicht eine Tasse ihrer Spezialmischung vorgesetzt hätte. Ob das nun am Morgen oder am Abend war, es bekam jeder eine Tasse. Mein Gott, und ich habe ihr heute sogar noch dabei geholfen."
Der Kommissar beugte sich interessiert vor.
„Was meinen Sie mit ‚geholfen', Herr Bergmann?" fragte er. „Haben Sie den Tee zubereitet?"
Gerds wehmütiges Lächeln werstärkte sich.
„Aber nein, ich habe nur den Wasserkessel gefüllt und auf den

Ofen gestellt. Die Zubereitung war allein Tante Adelheids Geheimnis."
Kaiser warf seinem Inspektor einen kurzen Blick zu.
„Und das Wasser, Herr Bergmann", bohrte er weiter. „Das Wasser für den Tee, woher nahmen Sie es?"
Gerd sah unsicher von einem zum anderen.
„Nun, aus der Leitung natürlich. Aber warum fragen Sie denn das? Wurde Tante Adelheid etwa vergiftet?"
Der Kommissar schüttelte den Kopf.
„Nein, sie wurde erwürgt, Herr Bergmann — aber das wissen Sie ja selbst, nicht?"
Es traf Gerd wie ein Schlag ins Gesicht.
„Ich?" stotterte er. „Aber woher sollte ich denn wissen, wie Tante Adelheid . . ."
Kaiser hob abwehrend die Hand.
„Ach, wissen Sie", sagte er langsam. „Ich habe ja noch nie so recht an Wunder geglaubt. Es wäre aber ein Wunder gewesen, wenn Sie heute vormittag mit Ihrer Tante Tee trinken hätten können. Von acht Uhr morgens bis 14 Uhr nachmittags war nämlich die Wasserleitung nach Eichenau wegen Reparaturarbeiten gesperrt. Sieben Stunden lang war kein Tropfen Wasser in der Leitung und Fräulein Maiwald mußte sogar das Frühstücksgeschirr stehen lassen. Wollen Sie nun immer noch behaupten, sie hätten um elf Uhr einen ganzen Kessel damit gefüllt? Wasser gab es erst wieder gegen 14 Uhr, und Dr. Köppler ist der Meinung, daß Ihre Tante zwischen 14.30 Uhr und 15 Uhr ermordet wurde. Es scheint, Sie sind doch etwas länger in Eichenau geblieben, Herr Bergmann."

Ein ehernes Gesetz

„Ah, schönen guten Tag, Herr Direktor, guten Tag! Nett, daß Sie wieder einmal zu uns hereinschauen. Möchten Sie etwas essen oder nur ... ach so, Sie haben nur einen Riesendurst. Tja, dann wäre vielleicht ein kühles Pils das richtige, wie? Was, ein Pils ist Ihnen zu bitter und Sie müssen ohnehin genug Bitteres schlucken? Jajaja, ich habe schon in der Zeitung gelesen, daß man Ihre Versicherung im Fall Grüber ganz massiv zur Kasse bitten will. Scheint für die Polizei eine ganz harte Nuß zu sein, dieser Fall Grüber, nicht? Natürlich, Ihnen ist dieser Fall ziemlich wurst, sie wollen nur nicht die achthunderttausend Märker für die geklauten Briefmarken beim Herrn Senator Kohler bezahlen, aber da ... Ah ja, Sie wollten ja etwas trinken! Ein helles Export vielleicht? Was, das macht Sie nur müde und Sie sind sowieso schon fix und fertig? Na, ich kann mir schon vorstellen, daß sich Ihre Versicherung nur sehr ungern von den 800 000 Mäusen trennt, aber nach meiner Schätzung wird Ihnen da gar nichts anderes übrigbleiben. Die Briefmarken sind geklaut, der Täter konnte nicht ermittelt werden und der Herr Senator hat ja auch immer brav seine Prämien bezahlt. Aber ich rede und rede, und Sie vergehen mir halb vor Durst. Soll es vielleicht etwas Alkoholfreies ... nein? Tja, dann

würde ich Ihnen einfach zu einem Hefeweizen raten. Das schmeckt, ist nicht bitter und macht Sie regelrecht munter. Wenn Sie das erste Glas intus haben, fühlen Sie es in sich so richtig sprudeln. Also, dann ein Hefeweizen? Bitte sehr, kommt sofort, nur einen kleinen Moment, Herr Direktor. Ja, was ich noch sagen wollte, da sind also die ganzen Jagdgäste vom Herrn Senator in seinem Bungalow im sogenannten Jagdzimmer gesessen und haben es sich nach getanem Werk wohl sein lassen. Und von diesen achtzehn Leuten muß einer dann die Briefmarken aus dem Arbeitszimmer vom Herrn Senator geklaut haben, wie? Was, einundzwanzig waren es sogar, weil da auch noch drei Frauen dabei waren? Hmmm, da würde ich aber erstmal die drei Damen unter die Lupe nehmen! Seit mir meine Gisela mit dem ganzen Sparbuch auf und davon ... aber reden wir lieber gar nicht davon, denn ... Aha, da kommt ja auch schon Ihr Hefeweizen! Bitte sehr, Herr Direktor, ein frisches Hefeweizen! Ein Spitzenbier, wenn Sie mich fragen. Sogar der Herr Oberstaatsanwalt Schluckner läßt sich da regelmässig einen Kasten davon ins Haus bringen, obwohl seine Frau die Vorsitzende des Vereins gegen Alkoholmißbrauch ist.
Ja, also, um auf diesen mysteriösen Diebstahl zurückzukommen: Wie kann denn der Dieb eigentlich gewußt haben, wo dem Herrn Senator — Prosit, Herr Direktor, sehr zum Wohle! Lassen Sie es sich nur schmecken! Mein Gott, Sie müssen ja richtig ausgetrocknet sein, so gluckert das in Sie hinein! Da würde ich aber vorschlagen, wir setzen noch eins drauf, damit Sie wenigstens innerlich etwas feucht werden. Also, noch ein Hefeweizen? Bitte sehr, kommt sofort!
Von was habe ich jetzt eigentlich geredet? Ach ja, mich würde einmal interessieren, woher der Dieb wußte, wo die Briefmarken ... ach so, der Herr Senator hatte sie selbst seinen Gästen gezeigt. Na ja, waren ja auch seine neuesten Erwerbungen, diese sechs Briefmarken, wie ich in der Zeitung gelesen habe. Da begreift man schon, daß er sie in einer Art Besitzerstolz mal seinen Freunden

vorgeführt hat. Aber wo hat er sie dann hingetan, danach, meine ich? Er hat sie doch bestimmt nicht die ganze Zeit über in der Hand gehalten und ... Aha, aha, in sein Arbeitszimmer hat er sie gebracht. So so! Und als dann seine Jagdfreunde aufgebrochen sind, und sich der Herr Senator wieder um seine Schätze kümmern wollte, waren sie nicht mehr da, nicht? Na ja, wundern braucht er sich da nicht, wenn er die Briefmarken einfach in den Safe legt und läßt den Schlüssel auf dem Schreibtisch liegen.
Mich selbst wundert da nur ... Ah, da kommt ja schon Ihr Hefeweizen! Das schmeckt, nicht wahr? Da könnte man das ganze Elend dieser Welt vergessen. Was, Sie nicht? Tja, wenn ich so einen Brocken berappen müßte wie jetzt Ihre Versicherung, dann würde mir wahrscheinlich auch nichts mehr so richtig schmecken. Also, wie gesagt, mich wundert nur, daß man sich in diesem Fall so schwertut, den Täter zu ermitteln. Wenn die ganze Hai Sosaieti im Jagdzimmer gesessen ist, dann müßte man doch wissen, wer das Zimmer in der fraglichen Zeit einmal verlassen hat, oder? Was sagt denn eigentlich die Polizei dazu? Der Kommissar Ritter, das ist ja ein ganz scharfer Hund, der müßte doch feststellen können, wer da mal hinausgegangen ist? Wie, es haben überhaupt nur drei Personen das Zimmer verlassen und von denen hat jeder ein Alibi? Sehen Sie, Herr Direktor, das ist auch etwas, was mich wundert. Was heißt hier Alibi? Wenn der Täter jetzt dem Kommissar erzählt hat, daß er nur mal kurz auf der Toilette war, und das stimmt nicht, weil er in dieser Zeit die Briefmarken geklaut hat, woher wollen dann die Bul ... woher will dann die Polizei wissen, daß das auch stimmt? Es ist während der ganzen Zeit niemand auf die Toilette gegangen, sagen Sie? Tja, dann ist das natürlich etwas anderes. Aber seltsam ist es trotzdem, daß da keiner auf die Toilette mußte. Ja ja, ich weiß, Jäger sind disziplinierte Leute, aber daß da wirklich keiner mal mußte? Was ist denn dann mit diesen drei Leuten, die angeblich ein Alibi haben? Warum haben die das Jagdzimmer überhaupt verlassen? Ach so, der Herr Stadtpfarrer

und der Herr Amtsgerichtsdirektor haben den Weinkeller vom Herrn Senator besichtigt. Na, dann kann man diese beiden vergessen. Und der dritte hat sich in der Küche vom Fräulein Doris nur ein Stück Pappe geben lassen, weil sein Tisch so gewackelt hat? Also Herr Direktor, da sieht man mal wieder, daß die ältesten Tricks immer noch die besten sind. Wie ich das meine? Na, haben Sie sich denn im Jagdzimmer vom Herrn Senator nicht umgesehen? Also, ich habe das, weil wir vom „Roten Ochsen" schon oft den gastronomischen Teil übernommen haben, wenn der Herr Senator eine Party gegeben hat. Unsere ganze Mannschaft war schon bei ihm zu Hause und natürlich auch in seinem Jagdzimmer. Sie verstehen nicht, was ich damit sagen will? Ich will damit sagen, daß dort nur dreibeinige Tische stehen und ein dreibeiniger Tisch nicht wackeln kann! Niemals kann der das! Das ist sowas wie ein ehernes Gesetz! Und dieser schlaue Kommissar Ritter ist da nicht dahintergekommen und hat den Kerl ... Heh, hallo, Herr Direktor, warum laufen Sie denn jetzt weg? Na, so bleiben Sie doch, bitte! Trinken Sie doch erst Ihr Bier aus, das wird doch warm! Sie brauchen docht jetzt wegen diesem Briefmarkendieb nicht alles stehen und liegen lassen, der läuft Ihnen doch nicht weg, der ahnt ja nichts! Sie können doch erst in aller Ruhe Ihr Bier ... Himmel nochmal, der läßt sich nicht mehr halten. Wegen ein paar Briefmarken rennt der, als ob es um sein Leben ginge. Und sein Hefeweizen hat er nicht mal zur Hälfte getrunken und gezahlt hat er auch nicht. Also, so ein Versicherungsdirektor möchte ich jedenfalls nicht sein. Ist ja ein ganz umgänglicher Typ, der Herr Direktor Steinbeiß. Sehr freundlich und sehr großzügig im privaten Bereich. Aber wenn seine Versicherung mal zahlen soll, gerät er sofort in Panik. Nee, da ist mir mein Job als Kellner schon lieber".

Ellermanns große Stunde

Das Leben von Oberstudienrat Walter Ellermann war bisher ohne große Höhepunkte und Tiefschläge verlaufen. Seit knapp zwölf Jahren fuhr er täglich mit der S-Bahn von Ottobrunn nach München, unterrichtete fünf Stunden lang Deutsch und Geschichte, und kehrte am frühen Nachmittag in meist heiterer Stimmung an den häuslichen Herd zurück.

In der gleichen heiteren Stimmung war er auch an einem Freitagnachmittag. Wie immer war er pünktlich am Bahnhof gewesen, hatte im vierten Wagen von vorne seinen Stammplatz eingenommen und sich dann in die Hefte seiner Schüler vertieft, die er an diesem Morgen mit einem Aufsatz über Karl den Großen beschäftigt und entsprechend gelangweilt hatte. Als er von seiner Lektüre einmal aufsah, bemerkte er zwei junge Männer, die sich angeregt miteinander unterhielten. Die beiden standen in der Mitte des Wagens und wirkten auf den ersten Blick wie Doppelgänger von Dick und Doof. Groß, breit und dunkelhaarig der eine, schmal, blond und untersetzt der andere.

An sich achtete Walter Ellermann kaum auf die anderen Fahrgäste, die in diesem Zug ohnehin immer die gleichen waren, sondern beschäftigte sich meist mit Korrekturen. Aber diese beiden fielen

ihm schon allein deshalb auf, weil zwischen ihnen offensichtlich eine hitzige Debatte in Gang war.
„Du hättest nicht schießen dürfen, Franz", flüsterte der Blonde.
„Du hättest das einfach nicht tun dürfen. Es war doch auch gar nicht nötig, Mann. Dem Kassierer haben doch schon die Hosen geflattert, als er unsere Waffen sah. Der hat doch überhaupt nicht mehr an Widerstand gedacht. Wie konntest du nur so dämlich sein, ihn auch noch umzulegen?"
Der Dunkelhaarige schob mißmutig die Unterlippe vor.
„Wie konntest du nur so dämlich sein, ihn auch noch umzulegen?" äffte er seinem Komplizen nach. „Ja, warum denn wohl, du Schlaumeier? Weil er versucht hat Alarm auszulösen, deshalb! Oder hast du das etwa nicht gesehen, daß er die Hand nach dem Klingelknopf ausgestreckt hat?"
Der Blonde schüttelte den Kopf.
„Ach, Quatsch, das war doch nur so eine Reflexbewegung", erwiderte er. „Der war doch viel zu erschrocken, um noch an so etwas zu denken und wäre . . ."
„Von wegen zu erschrocken", fiel ihm der Dunkelhaarige ins Wort. „Ein ganz kalter Hund war das! Eine Sekunde länger und der hätte den Finger am Knopf gehabt. Und dann, was wäre dann gewesen? Ein paar Minuten danach hätte es von Bullen nur so gewimmelt und wir könnten uns jetzt in einer Zelle überlegen, wie und was wir tun hätten sollen. Nein, Willi, ich hatte gar keine andere Wahl. Ich mußte schießen, um diesen Trottel zu stoppen."
Willi seufzte leise und zuckte mit den Schultern.
„Was soll's, ändern läßt sich das jetzt ohnehin nicht mehr", sagte er resignierend. „Aber es hätte trotzdem nicht passieren dürfen. Wir hatten ja auch oft genug darüber gesprochen und waren uns einig, daß nicht geschossen wird, oder? Und was ist jetzt? Was ist, wenn der Mann tot ist oder stirbt und uns die Bullen irgendwann schnappen? Glaubst du etwa, daß die 200 000 Mark ein Lebenslänglich wert sind?"

Franz grinste belustigt, warf einen Blick auf die Sporttasche zwischen seinen Füßen und tippte sich dann mit dem Finger an die Stirn.
„Du spinnst komplett, Willi“, behauptete er. „Erstens sind es mindestens 300 000 Mark und zweitens möchte ich mal wissen, wie sie uns jetzt noch schnappen wollen. Wir haben die Mäuse, wir sind heil davongekommen, und unsere Waffen liegen inzwischen in der Isar. Wer will uns jetzt noch etwas beweisen, frage ich dich? Übermorgen liegen wir bereits irgendwo an der Costa del Sol und lassen den Herrgott einen guten Mann sein. Ich begreife gar nicht, warum du ausgerechnet jetzt noch in Panik machst? Die Sache ist doch längst gelaufen, Junge!“
Oberstudienrat Ellermann legte die Hefte seiner Schüler beiseite und warf einen Blick aus dem Fenster. Es war ganz klar, was er nun zu tun hatte. Die nächste Station war zwar noch einige Kilometer entfernt, aber dort würde er aussteigen, ans nächste Telefon stürzen und der Polizei mitteilen, daß sich zwei Bankräuber im Zug befanden. Sich gewaltsam zur Ruhe zwingend, verstaute er die Hefte in seiner Aktentasche, schlüpfte in seinen Mantel und ging dann gemächlich auf die Tür zu, als der Zug langsamer wurde und in die Station einlief. Erst auf dem Bahnsteig spürte er dann, wie seine Beine zitterten und wieviel Mühe es ihn kostete, die Telefonzelle an dessen Ende zu erreichen.
„Ist dort die Polizei?“ fragte er aufgeregt, als er den Notruf gewählt hatte und sich eine Stimme im Hörer meldete. „Wissen Sie vielleicht, ob heute irgendwo eine Bank überfallen wurde?“
Sekundenlang blieb es im Hörer still.
„Wer sind Sie denn und warum wollen Sie das wissen?“ kam es dann zurück.
Ellermann runzelte ärgerlich die Stirn.
„Weil . . . mein Name ist Ellermann, Walter Ellermann“, sagte er dann hastig. „Ich frage das deshalb, weil sich die beiden Bankräuber im Zug nach Ottobrunn befinden. Wenn Sie schnell genug

sind, können Sie die beiden dort abfangen. Der eine ist blond, klein und ein recht schmächtiges Bürschchen, der andere ist dunkelhaarig und . . ."

„Die Beschreibung der beiden haben wir bereits", unterbrach ihn die Stimme. „Wo sind Sie denn jetzt, Herr Ellermann?"

Walter hatte plötzlich das Gefühl, daß er nun endlich ernstgenommen wurde und in den Mittelpunkt des Geschehens rückte.

„Ich stehe hier am Bahnhof Glarnau", erwiderte er. „Ich war im gleichen Zug wie die beiden Kerle und bin nur ausgestiegen, um Sie zu alarmieren. Ja, und könnten Sie mir vielleicht noch ein Taxi schicken? Irgendwie muß ich ja nun sehen, wie ich nach Hause komme, nicht?"

„Wir holen Sie ab, Herr Ellermann", versprach die Stimme im Hörer. „Bleiben Sie mal vorläufig wo Sie sind. Wenn es sich bei den beiden Männern tatsächlich um die Bankräuber von heute vormittag handelt, brauchen wir ohnehin Ihre Aussage. Warten Sie also auf uns, in zehn Minuten sind wir da."

***

Der Streifenwagen erschien zwar bereits nach sieben Minuten, aber dann dauerte es nahezu zwei Stunden, bis sich Hauptkommissar Sperber freimachen und um Studienrat Ellermann kümmern konnte.

„Tja, Herr Ellermann", sagte er und schüttelte ihm die Hand, „das ist ja nun Ihre große Stunde und wir können uns eigentlich nur noch bei Ihnen bedanken. Durch Ihre Aufmerksamkeit haben Sie nicht nur mitgeholfen, zwei ganz gefährliche Burschen zu schnappen, sondern Sie haben uns damit auch eine langwierige Fahndung und Gott weiß welche Probleme erspart. So ganz nebenbei will ich Ihnen aber auch noch sagen, daß die beraubte Bank eine sehr großzügige Belohnung ausgesetzt hat und ich wüßte nicht, wer die Ihnen streitig machen könnte."

Ellermann winkte ab. „Deswegen habe ich es bestimmt nicht getan, Herr Kommissar“, beteuerte er. „Ich habe mich nur über die Kaltschnäuzigkeit dieses Dunkelhaarigen geärgert und dachte, so einfach sollte der nicht davonkommen.“
„Wird er auch nicht“, nickte der Kommissar. „Aber nun würde mich doch interessieren, woher Sie wußten, daß es sich bei den beiden um Bankräuber handelte?“
Walter Ellermann rieb sich verlegen die Hände.
„Nun ja, die haben sich doch im Zug darüber unterhalten“, erwiderte er. „Die beiden standen ja mitten im Wagen und ich saß nur so vier oder fünf Sitzreihen hinter ihnen.“
Der Kommissar sah Ellermann verblüfft an.
„Sie saßen vier oder fünf Sitzreihen hinter ihnen?“ wiederholte er.
„Ja, aber wie konnten Sie denn da etwas verstehen? Ich nehme doch nicht an, daß die sich angebrüllt haben, oder?“
Der Studienrat lächelte verschmitzt.
„Im Gegenteil, die haben fast nur geflüstert, Herr Kommissar. Aber sehen Sie, ich bin seit 18 Jahren verheiratet und meine Frau ist taubstumm. Na, und um sich mit ihr verständigen zu können, mußte ich doch die Taubstummensprache lernen, nicht? Wenn meine Renate gut aufgelegt ist, dann sagt sie immer, ich würde ihr jeden Wunsch von den Lippen ablesen. Na ja, und genau das habe ich eben auch in diesem Fall getan!“

Flucht ins Verderben

Vermutlich hatte es die Geschäftsleitung der WERTTRANSPORT GmbH nie für möglich gehalten, daß kriminelle Elemente jemals eines ihrer schwergepanzerten Fahrzeuge mit Erfolg überfallen könnten. Diese Fehleinschätzung mochte dann auch der Grund dafür gewesen sein, daß man darauf verzichtet hatte, die Routen der einzelnen Fahrzeuge wenigstens hin und wieder zu ändern. Jahrelang ging dann zwar auch alles gut, doch eines Tages erfuhr Walter Bach von diesem kleinen, aber bedeutsamen Umstand und damit nahm das Verhängnis seinen Lauf.

Walter, der in seiner langjährigen kriminellen Karriere bisher nur einmal einen Fehler begangen und diesen mit vier Jahren Staatspension hatte büßen müssen, verfügte über erhebliche strategische Fähigkeiten und nahm die Sache sofort in Augenschein. Eine knappe Woche lang verfolgte er den Wagen 34 auf seiner Tour, dann wußte er, daß sich die beste Gelegenheit für einen Überfall auf dem Gelände des ROMI Verbrauchermarktes bot. Dort mußte der Wagen rückwärt in einen schmalen Gang einparken, der links und rechts von Abfallcontainern, Palettenstapeln und leeren Bierkisten eingesäumt wurde, die das Sichtfeld der beiden Fahrer erheblich einschränkten und sie gegen einen Blitzcoup mehr oder weniger wehrlos machte. Nachdem Walter dies klar geworden war, schritt er zwei Tage später zur Tat und erbeutete fast 700 000 Mark. Auch sein wohlüberlegter Rückzug wäre völlig problemlos verlaufen, wenn er nicht durch Straßenarbeiten zu einem Umweg gezwungen worden und dabei auf einem Feldweg gelandet wäre. Fluchend trat er auf die Bremse, stieg aus und betrachtete die Gegend um sich herum. Äcker und Wiesen, soweit das Auge reichte, und nirgends ein Anzeichen einer Straße oder Autobahn. Sein ursprünglicher Plan hatte vorgesehen, vom Verbrauchermarkt weg auf den Zubringer zur Kölner Autobahn zu fahren und an der Raststätte Waldensee in seinen eigenen Wagen umzusteigen, den er am Abend zuvor dort geparkt hatte. Aber dann mußte über Nacht diese Umleitung eingerichtet worden sein, bei der er irgendwo den Anschluß verpaßt und sich dann jämmerlich verfahren hatte.

Einen Augenblick lang überlegte er, ob er den gestohlenen Sierra nicht stehenlassen und mit seiner Beute einfach querfeldein weitermarschieren sollte, doch dann verwarf er diesen Gedanken wieder. Die Polizei hatte mit Sicherheit längst einen Hubschrauber im Einsatz und dessen Besatzung fiel ein einzelner Mann in einem fast baumlosen Gelände vermutlich sofort auf. Genauso riskant wie ein Fußmarsch war es aber auch, umzukehren und nach dem richtigen Weg zu suchen. Nein, er konnte gar nicht anders, als vorläufig auf diesem Feldweg weiterzufahren. Irgendwann mußte schließlich eine Straße kommen, an der er sich orientieren konnte.

Walter ließ den Motor an und gab Gas. Der Sierra holperte über Schlaglöcher und knirschte dabei in allem Fugen, aber dann sah Walter zu seiner Erleichterung schon nach wenigen Minuten in einer Senke einen Bauernhof vor sich auftauchen und steuerte auf dessen Einfahrt zu. Als er den Hof erreicht und den Wagen vor dem Haus zum Stehen gebracht hatte, tauchte der Kopf eines alten Mannes hinter einem der Fenster auf. Sekunden später kam der Alte aus der Tür gehumpelt und betrachtete ihn verwundert.

„Wollen Sie etwa zu mir?“ fragte er und stütze sich auf seinen Stock.
Walter schüttelte lächelnd den Kopf.
„Nicht direkt“, erwiderte er. „Ich habe mich nur verfahren und wollte nach dem Weg fragen. Wie komme ich denn am schnellsten zur Autobahm?“
Die buschigen Augenbrauen des Bauern schoben sich erstaunt in die Höhe.
„Zur Autobahn wollen Sie?“ schmunzelte er. „Mannomann, haben Sie sich aber verfahren! Bis zur nächsten Anschlußstelle sind es ja gut und gern zwölf Kilometer!“
Walter beugte sich in den Wagen und holte eine Karte aus dem Handschuhfach.
„Und wie komme ich dahin?“ fragte er. „Können Sie mir das auf der Karte hier zeigen?“
Der Alte winkte ab.
„Lassen Sie mal, ich habe da eine viel bessere Idee“, meinte er. „Vermutlich ist Ihnen besser gedient, wenn ich Sie hinbringe. Sie müßten nämlich auf jeden Fall über Kallingen fahren und da muß ich sowieso hin. Wenn sie noch einige Minuten warten könnten, ich bin sofort fertig.“
Walter trat ungeduldig von einem Fuß auf den anderen.
„Wenn es wirklich nur einige Minuten sind — okay! Aber beeilen Sie sich bitte!“
Der Bauer machte auf dem Absatz kehrt.
„Ich muß nur noch einige Papiere zusammensuchen und das dauert nicht lange“, beteuerte er. „Wollen Sie vielleicht inzwischen ein Bier trinken? Bei dieser Hitze heute können Sie doch sicher eine kleine Erfrischung vertragen, oder? Na also, dann kommen Sie doch kurz herein, da ist es wenigstens etwas kühler als hier draussen.“
Als sich Walter im Wohnzimmer auf die altertümliche Couch sinken ließ, spürte er, wie die Anspannung der letzten Stunde lang-

sam von ihm wich. Dankbar nickend nahm er aus der Hand des Bauern ein bis zum Rand gefülltes Glas entgegen, setzte es an die Lippen und ließ seinen Inhalt in einem Zug in sich hineinlaufen.
„Besten Dank“, sagte er aufatmend. „Das kam gerade zur rechten Zeit. Schön haben Sie es hier.“
Der Alte lächelte stolz.
„Ach wissen Sie, der Hof ist mein Altersruhesitz“, erwiderte er und kramte dabei in einer Schublade. „Ich bin zwar hier geboren und habe meine ganze Kindheit und Jugend hier verbracht, aber dann bin ich in die Stadt gegangen und habe fast dreißig Jahre dort gewohnt. Würde meine Frau noch leben, wäre ich vielleicht heute noch dort, aber allein gefällt es mir hier draußen doch besser. Möchten Sie noch ein Bier oder etwas anderes?“
Walter fuhr sich mit der Zunge über die trockenen Lippen.
„Wenn sie vielleicht noch einen Schluck Mineralwasser hätten, würde ich nicht nein sagen“ lächelte er „Aber dann müssen wir endlich fahren.“
Der Mann schüttelte langsam den Kopf.
„Ich glaube nicht, daß Sie dazu noch in der Lage sind“, sagte er verhalten und ließ sich ihm gegenüber in einem Sessel nieder. „Sie mögen ja ansonsten ein ganz harter Bursche sein, aber Sie haben mit Ihrem Bier eben eine Ladung Schlafmittel geschluckt, die einen Elefanten auf die Bretter legen würde. Wie ich sehe, ist das ein äußerst wirksames Mittel gegen Bankräuber und ähnliche Vögel.“
Erst jetzt spürte Walter die plötzliche bleierne Schwere in seinen Gliedern und riß mühsam die Augen auf.
„Aber wieso?“ stotterte er und versuchte aufzustehen. „Woher wissen Sie, daß ich . . .“
Der Bauer winkte ab.
„Na, weil im Radio seit etwa einer Stunde immer wieder Ihre Beschreibung durchgegeben wird“, kicherte er. „Etwa 35 Jahre alt, zirka eins achtund siebzig groß, dunkelhaarig und in einem dunkelblauen Ford Sierra mit Koblenzer Kennzeichen unterwegs —

und Ihr Wagen ist doch ein dunkelblauer Sierra und er hat ein Koblenzer Kennzeichen, nicht?"
Walter versuchte vergeblich, seine Waffe aus dem Schulterhalfter zu ziehen.
„Sie . . . Sie hätten sich besser um Ihre Kartoffeln gekümmert", ächzte er. „Warum haben Sie . . ."
„Weil mir Bankräuber und ähnliches Gesindel noch nie sonderlich sympathisch war", unterbrach ihn der Alte. „Und schon gar nicht, seitdem mir einer aus eurer Zunft eine Kugel in die Hüfte verpaßt und mich damit in den vorzeitigen Ruhestand geschickt hat. Glauben Sie, es ist ein Vergnügen, mit Fünfzig abgeschoben zu werden? Ach ja, ich hab mich Ihnen ja noch gar nicht vorgestellt, nicht? Mein Name ist Fendrich — Heinrich Fendrich, Oberkommissar a. D. und zuletzt im Raubdezernat tätig. Na, und jetzt versuchen Sie doch mal aufzustehen und abzuhauen, Verehrtester."
Walter wußte, daß er keine Chance mehr hatte, aber er versuchte es trotzdem. Keuchend und mit eiserner Energie stemmte er sich hoch, torkelte auf zittrigen Beinen quer durch den Raum und schaffte es gerade noch bis zu Tür. Als er die Hand nach der Klinke ausstreckte, sackte der Boden unter ihm weg und ließ ihn in eine endlose dunkle Tiefe stürzen.

Ganz harte Männer

Die Bank Nummer neun im Uhlandpark, Stammplatz der beiden Rentner Heinrich Gerber und Hugo Wilms, war ein strategisch äußerst günstiger Punkt. Von ihr aus konnte man die beiden Eingänge des Parks beobachten, konnte den nahen Spielplatz im Auge behalten und eingreifen, falls sich die Kleinen zu prügeln begannen oder in den Dreck fielen, und außerdem muten an ihr sämtliche Passanten vorbei und ermöglichten auf diese Weise Heinrich und Hugo tiefsinnige Betrachtungen über die Verschiedenheit der äußeren Erscheinungsform des Homo Sapiens.

Aber, obwohl das herrliche Sommerwetter an diesem Sonntag mehr Spaziergänger als gewöhnlich in den Park gelockt und damit den beiden alten Knaben einen umfassenden Überblick über die diesjährige weibliche Sommermode verschafft hatte, schien zumindest Heinrich äußerst schlecht gelaunt zu sein.

„Du machst heute ein Gesicht, als hätte man dir das letzte Stück Brot weggenommen", bemerkte Hugo schließlich verärgert. „Hat dir etwa deine Berta wieder mal ihren Giftzahn gezeigt?"

Heinrich warf seinem Freund einen bissigen Blick zu, griff in die Tasche und holte einen Zeitungsausschnitt heraus.

„Lies das mal", brummte er. „Da hat gestern so ein junger Schnösel die Sparkasse am Goetheplatz überfallen und sich dabei fast eine halbe Million unter den Nagel gerissen. Eine halbe Million, Hugo! Kannst du dir so eine Menge Moos überhaupt vorstellen? Und unsereins schuftet sich ein ganzes Leben lang ab und glaubt dann er hat schon was, wenn sie ihm jedes Jahr die Rente um ein paar Prozent erhöhen."

Hugo setzte seine Brille auf, vertiefte sich in der Artikel und betrachtete dann nachträglich das dazugehörende Foto, das einen jungen Mann mit einer Pistole in der Hand zeigte und von der automatischen Kamera der Bank aufgenommen worden war.

„Nicht zu glauben", sagte er kopfschüttelnd. „Der Kerl ist doch höchstens achtzehn oder neunzehn, nicht? Und von so einem Bürschchen lassen die sich den Tresor ausräumen? Lächerlich ist das — absolut lächerlich! Ich wette, diese Bankmenschen würden sogar die Arme hochreißen, wenn wir zwei angetanzt kämen und um eine milde Gabe bitten würden."

Heinrich faltete die Hände über seinem Spazierstock, sah mit einem sehnsuchtsvollen Seufzen einem vorbeiwippenden Minirock hinterher und blinzelte dann schweigend in die Sonne.

„Das käme auf einen Versuch an, Hugo", sagte er nach einer Weile. „Wir müßten es eben einmal versuchen, verstehst du? Jedenfalls würde ich für meinen Teil auch lieber auf Mallorca überwintern als hier das Eis von den Fenstern zu kratzen. Hättest du denn überhaupt den Mut für so einen Coup?"

Hugo winkte ab und holte seine Schnupftabaksdose aus der Tasche. „Doch, hätte ich", behauptete er dann zwischen zwei Prisen. „Ich war im Krieg immerhin Spähtruppführer, und dazu konnte man auch keinen Hasenfuß brauchen. Ich hätte sogar eine Waffe dafür — meine alte 0.8 aus Rußland. Funktioniert noch einwandfrei, das Ding. Aber glaubst du denn wirklich, wir hätten da eine Chance? Du mit deinem Rheuma und ich mit meiner Arteriosklerose? Ich sage dir, wir kämen keine hundert Meter weit, dann hätten uns die Bullen auch schon am Wickel!"

Heinrich fuhr mit der Hand unwillig durch die Luft.
„Als ob wir da laufen würden!“ knurrte er. „Wozu haben wir denn unsere Fahrräder? Damit wären wir bei diesem Verkehr schneller als jedes Auto, und trampeln kann ich immer noch besser als laufen. Nee, Hugo, wir bräuchten da nur eine einigermaßen günstig gelegene Bank, dann hätten wir die Moneten schon so gut wie in der Tasche. Du weißt da nicht zufällig so eine Gelegenheit?“
Hugo leckte sich die Lippen und dachte so angestrengt nach, daß es förmlich knisterte.
„Drüben, in Feldheim, da wäre das sicher zu machen, da habe ich mal einige Jahre gewohnt und kenne mich ziemlich gut aus“, sagte er schließlich. „Soweit ich mich erinnere, hatten die dort nur drei, vier Angestellte in der Bank, und bis zur nächsten Polizeiwache sind es gut drei Kilometer. Wenn da nicht zufällig ein Streifenwagen in der Nähe ist, bräuchten wir uns um unseren Rückzug keine großen Sorgen machen. Willst du dir die Bank mal ansehen? Mit dem Bus wären wir in zehn Minuten an Ort und Stelle.“
Heinrich erhob sich ächzend, griff nach seinem Spazierstock und zog die Hosenträger stramm.
„Also los, machen wir uns auf die Socken“, entschied er. „Und wenn die Sache dort einigermaßen meinen Vorstellungen entspricht, buche ich schon morgen einen Bungalow auf Mallorca!“

***

Die Sache entsprach Heinrichs Vorstellungen sogar so sehr, daß Hugo noch am gleichen Abend seine alte Pistole aus ihrem Versteck holte und bis weit nach Mitternacht mit Überholungsarbeiten beschäftigt war. Heinrich hingegen bastelte mit zitternden Fingern zwei Masken aus Bertas schwarzen Wollstrümpfen, suchte sich dann noch eine besonders stabile Plastiktüte für die Beute, und legte schließlich anhand des Stadtplans den günstigsten Fluchtweg für sich und seinen Kumpel fest. Nervös und nahezu

schlaflos verbrachten sie dann den Rest der Nacht, schützten am nächsten Morgen bei ihren jeweiligen Ehehälften einen dringenden Arztbesuch vor und machten sich so kurz nach neun Uhr auf den Weg zu ihrem Einsatzort.
„Also, verliere jetzt um Gottes Willen nicht die Nerven, Hugo", beschwor Heinrich seinen Freund, als sie vor der Bank von ihren Rädern stiegen. „Im Grunde ist die ganze Sache nämlich nur ein Kinderspiel. Wir müssen denen da drinnen nur den Eindruck vermitteln, daß wir zu allem entschlossen sind, dann geben die ganz schnell klein bei. Und die Masken ziehen wir erst im letzten Augenblick über. Erst, wenn wir im Vorraum sind, klar?"
Hugo nickte, tastete noch einmal nach der Pistole in seiner Tasche und stieß dann die Eingangstür mit einem derartigen Schwung auf, daß ein junger Mann, der die Bank gerade verlassen wollte, von ihr buchstäblich zur Seite gefegt wurde und zu Boden stürzte. Mit ihm fiel aber auch ein großkalibriger Revolver zu Boden, den er noch Sekunden vorher in der Hand gehalten hatte.
„Aah, ist das nicht der Kerl von dem Fahndungsfoto in der Zeitung?" schrie Heinrich aufgeregt und bückte sich nach der Waffe. „Hat der etwa hier schon wieder abgesahnt und wir beide kommen zu . . ."
„Wir kommen gerade im richtigen Augenblick", unterbrach ihn Hugo mit einem Blick auf die herbeieilenden Angestellten und versetzte seinem Freund einen Tritt ans Schienbein. „Sieht fast so aus, als ob das Jüngelchen total k.o. wäre, nicht? Na Freundchen, dann schlaf mal ruhig weiter, bis die Funkstreife hier ist, die weckt dich dann schon wieder auf. Heinrich, halte den Kerl in Schach!"
Hugos Befehl war völlig überflüssig, denn angesichts der auf ihn gerichteten Waffe gab der Bankräuber keinen Mucks von sich. Reglos auf dem Boden liegend und von Heinrich mißtrauisch beäugt, ließ er sich Minuten später von der Besatzung eines Streifenwagens Handschellen anlegen und warf seinen Bezwingern nur einen verächtlichen Blick zu, als er abgeführt wurde.

„Der hätte sich bestimmt auch nicht träumen lassen, daß er bei seinem Coup über zwei so alte Dackel wie uns stolpert", grinste Heinrich und sah dem davonfahrenden Streifenwagen nach. „Aber Montag war halt schon immer ein Pechtag. Meine Berta habe ich damals auch an einem Montag kennengelernt."

Einer der Bankangestellten hatte Heinrichs Bemerkungen gehört und wandte sich zu ihm um.

„Für Sie ist heute allerdings ein Glückstag, meine Herren", sagte er. „Sie wissen es vielleicht nicht, aber auf den Mann ist eine Belohnung von 50 000 Mark ausgesetzt. Na, und nach Ihrem tapferen Eingreifen wüßte ich nicht, wer Ihnen die noch streitig machen könnte."

Über Heinrichs Gesicht glitt ein zufriedenes Lächeln.

„Dann ist der Winter auf Mallorca gesichert", schmunzelte er. „Siehst du, Hugo, da bewahrheitet sich wieder einmal das alte Sprichwort, nach dem Ehrlichkeit am längsten währt."

Der Angestellte sah die beiden einen Augenblick unsicher an.

„Na, und ob sie das tut", beteuerte er dann. „Aber sagen Sie mal, hatten Sie denn überhaupt keine Angst, als dieser Kerl mit seiner Waffe plötzlich vor Ihnen stand? Haben Sie nicht so etwas wie Panik verspürt?"

Hugo und Heinrich warfen sich einen Blick zu.

„Nee", sagte Hugo dann kopfschüttelnd. „Warum denn auch? Wegen so einem Bürschchen machen wir uns doch nicht in die Hose. Wir sind zwar beide nun schon einige Jahre in Rente, aber wenn's drauf ankommt, sind wir immer noch ganz harte Männer."

Rendezvous mit einem König

Das Wetter am Erlensee hatte sich über Nacht geändert. Noch am Abend zuvor, als Helga Gress die Stadt hinter sich gelassen hatte und zu ihrem Wochenendhäuschen am Ufer des Sees hinausgefahren war, hatte es in Strömen gegossen und Helgas Laune damit auf den absoluten Nullpunkt sinken lassen. Jetzt aber, am Samstagmorgen, hing ein tiefblauer Himmel über der Landschaft und vom See her kam der Widerschein der Sonne so intensiv, daß es fast in den Augen schmerzte.

Helga war schon früh aufgestanden und hatte gerade ihre Morgengymnastik beendet, als sie eine Meldung aus dem Radio aufhorchen ließ.

„. . . der des mehrfachen Mordes verdächtigte Robert Füller in der vergangenen Nacht aus der Bezirksklinik Hainsberg ausgebrochen", drang die Stimme der Ansagerin zu ihr herüber. „Füller, der drei Frauen bestialisch ermordet haben soll, befand sich seit etwa drei Wochen zu einer psychiatrischen Untersuchung in der Klinik. Die Beschreibung des Flüchtigen: 1,78 Meter groß, dunkelhaarig und von kräftiger Gestalt. Bekleidet war er mit einem hellgrauen Jogginganzug und weißen Turnschuhen mit blauen Streifen. Robert Füller ist 32 Jahre alt und trägt am rechten Unterarm eine frische Operationsnarbe, da er bei seiner Festnahme vor etwa zwei Monaten durch einen Schußwechsel mit der Polizei verletzt worden war. Die Bevölkerung wird um Vorsicht und Mithilfe bei der Fahndung gebeten. Auf Hinweise, die zur Ergreifung Füllers führen, ist eine Belohnung von 10 000 Mark ausgesetzt. Zweckdienliche Informationen nimmt jedes Polizeirevier entgegen."

Helga ließ langsam ihr Springseil sinken und sah zu den dunklen, von Feuchtigkeit dampfenden Waldbergen am jenseitigen Ufer des Sees hinüber, hinter denen die Bezirksklinik lag. Er wird schon nicht gerade hierher in unsere Siedlung kommen, dachte sie dabei. Diese Holzhäuschen hier wären gegen so einen Kerl ja wahrhaftig kein Schutz. Wenn der einmal gegen die Tür tritt, dann fliegt das Ding auf einen Schlag aus den Angeln. Na ja, vielleicht kommt heute auch endlich wieder einmal Herr König hierher, dann frage ich ihn einfach, ob ich die Nacht nicht bei ihm verbringen kann. Er wird es schon nicht gleich falsch verstehen.

Während sie in der Küche die Kaffeemaschine bediente, gingen ihre Gedanken zu dem jungen Maler, der im Frühling das Häuschen neben ihrem gemietet hatte und von Anfang an ein sehr netter Nachbar gewesen war.

„Ich heiße zwar König, aber ich bin leider keiner", hatte er sich damals vorgestellt und sie angelächelt. „Aber wenn Sie einmal irgendwie Hilfe brauchen, so lassen Sie es mich ruhig wissen — einverstanden?"

„Einverstanden", hatte Helga erwidert. „Auf dieses Angebot komme ich mit Sicherheit zurück. Das Häuschen gehört mir ja auch erst seit einem Jahr und da gibt es immer noch einiges zu tun. Es ist gut, wenn man weiß, daß dann ein starker Mann in der Nähe ist."

Er hatte ihr dann tatsächlich bei mancherlei kleinen Arbeiten geholfen, zu Helgas Leidwesen dabei allerdings nie erkennen lassen, ob sein Interesse nur einem guten nachbarschaftlichen Verhältnis oder auch ihrer Person galt. Selbst als er sie an einem strahlendschönen Sonntag im Badeanzug gemalt hatte und seine Augen oft minutenlag an ihrer schlanken Figur hängengeblieben waren, hatte er nur ein anerkennendes Wort über ihren schicken Badedress fallenlassen. Dann war er plötzlich weggeblieben und Helga hatte sich schon mehrfach dabei ertappt, daß sie bei ihrer Ankunft am Freitagabend als erstes immer einen Blick auf sein Häuschen geworfen und dann stets ein Gefühl der Enttäuschung verspürt hatte, wenn die Jalousien geschlossen waren. Obwohl die kleine Kolonie der Wochenendhäuschen die meiste Zeit über bewohnt war, und sie eine ganze Menge Leute kannte, hatte sie sich dann doch immer irgendwie allein und verlassen gefühlt. Also, jetzt möchte ich aber wirklich wissen, ob er heute da ist, dachte sie und ging zum Fenster. Falls nicht, packe ich am Abend meine Sachen zusammen und fahre in die Stadt zurück. Allein bleibe ich heute nacht jedenfalls nicht hier.

Sie schob die Vorhänge zurück und spürte einen leichten Stich in der Herzgegend, als sie aus dem Schornstein seines Häuschens eine graue Rauchwolke in den azurblauen Himmel steigen sah. Er muß eben erst gekommen sein, ging es ihr durch den Kopf. Aber wo hat er nur sein Auto gelassen? Ach, ist ja auch Nebensache. Ich gehe jetzt einfach mal zu ihm rüber und lade ihn zum Frühstück ein. Mehr als nein sagen kann er ja schließlich auch nicht.

Sie schlüpfte hastig in ihre Schuhe, schwang sich über den niedrigen Zaun und klopfte an die Tür. Es dauerte zwar eine ganze Weile, bis er öffnete, aber dann streckte er ihr strahlend beide Hände entgegen.

„Das ist aber eine Überraschung", sagte er heiter. „Meine hübsche Frau Nachbarin und zu so früher Stunde? Kann ich etwas für Sie tun, Frau Gress?"

Helga hustete verlegen und schüttelte den Kopf.

„Nein, ich . . . na ja, ich sah nur den Rauch aus Ihrem Schornstein und da dachte ich, Sie haben vielleicht Appetit auf ein gutes Frühstück."

Er hob ganz sanft ihre Hände an seine Lippen.
„Bei Ihnen immer", erwiderte er. „Warten Sie, ich hole nur meine Jacke, ja?"
Er war im Nu zurück und Minuten später saßen sie bereits in Helgas Küche und ließen es sich schmecken.
„Jetzt weiß ich wenigstens, was mir die ganze Zeit über gefehlt hat", sagte er nach einer Weile. „Die sorgende Hand einer netten Frau!"
Helga rührte nervös in ihrer Tasse herum.
„Wo waren Sie denn eigentlich so lange?" fragte sie dann und schenkte ihm Kaffee nach. „Ich dachte schon, Sie hätten die Lust am Landleben verloren."
Er kaute mit vollen Backen und schüttelte den Kopf.
„Aber keineswegs, ich war nur verhindert", klärte er sie auf.
„Manchmal kann man eben nicht so, wie man gerne möchte. Aber ich habe oft an Sie gedacht — sehr oft sogar!"
Helga wäre beinahe die Kaffeekanne aus der Hand geglitten.
„An ... an mich?" stotterte sie und fühlte, wie sie rot wurde.
Er blinzelte ihr zu.
„Natürlich an Sie", lachte er. „Und ich habe sogar von Ihnen geträumt — und auch das sehr oft! Ich hatte mir deshalb auch vorgenommen, so schnell wie möglich wieder hierherzukommen, weil ich ja weiß, daß Sie jedes Wochenende hier verbringen, aber leider konnte ich das nicht früher ermöglichen."
Helga entfernte mit zitternden Fingern ein nicht vorhandenes Stäubchen an ihrer Bluse.
„Und ... und was haben Sie von mir geträumt?" fragte sie dann stockend. „Ich hoffe doch, es waren keine Alpträume."
Um seine Augenwinkel bildeten sich kleine Lachfältchen.
„Das ist vorläufig noch mein Geheimnis", wehrte er lächelnd ab.
„Aber ich verrate es Ihnen, wenn Sie heute abend mein Gast sind. Werden Sie kommen, Frau ... Helga?"
Sie hatte gerade in ein Hörnchen gebissen und hätte ihm beim besten Willen nicht antworten können, aber Gerhard König sah in ih-

re Augen und dort war nichts zu finden, was einem Korb auch nur im entferntesten ähnlich gesehen hätte.

***

Helga verbrachte den Tag in einer eigenartigen Mischung von Euphorie, Ungeduld und Nervosität. Stundenlang stand sie vor dem Spiegel und versuchte herauszufinden, welches der wenigen Kleider aus ihrem Koffer ihm wohl am besten gefallen würde, und noch nie zuvor hatte sie solange für ihr Make-up gebraucht. Als sie dann gegen 19 Uhr an seine Tür klopfte, hätte sie sich getrost einer Mißwahl stellen können.
„Sie sind wunderschön, Helga", sagte er statt einer Begrüßung. „Sie sind die schönste Frau, die ich je gesehen habe. Kommen Sie, ich helfe Ihnen aus dem Mantel, ja?"
Er nahm ihr den leichten Trenchcoat ab, den sie sich überflüssigerweise über die Schultern geworfen hatte und hing ihn an einen Bügel, und dann spürte Helga, wie sie in lähmendem Entsetzen erstarrte. Sie sah sein lächelndes Gesicht vor sich, sah seinen rechten Arm, an dem der Hemdärmel zurückgeglitten war, und sie sah an seinem Unterarm die dunkelrot schimmernde Narbe und wußte, daß sie verloren war.

Miss Hanlons junger Mann

Sie fragen sich vielleicht, warum ein Mann wie ich ausgerechnet den Beruf eines Druckers erlernt hat, ja? Na, denken Sie doch einmal darüber nach, was man als gelernter Drucker alles machen kann! Ich will ja gar nicht erst von der Herstellung eigener Banknoten reden, weil dies doch ziemlich aufwendig ist. Aber es gibt schließlich eine ganze Menge Urkunden und Bestätigungen, die einem manchmal recht nützlich sein können.

So wie mir zum Beispiel eine Urkunde nützlich war, in der mir die Universität von Kansas den Abschluß eines Studiums der Wirtschaftswissenschaften bestätigte. Allein dieser Bestätigung hatte ich es zu verdanken, daß ich nach meiner letzten Entlassung aus dem Gefängnis — ein Jahr wegen gefälschter Eintrittskarten für das Endspiel Los Angeles Raiders—Washington Redskins — den Job bei der SUNRISE VERSICHERUNG erhielt. Das heißt, zu fünfzig Prozent hatte ich dies auch Beverley Hanlon zu verdanken. Beverley war zwar alles andere als attraktiv und schon gut Ende der Dreißiger, aber sie war die Assistentin des Big Boß und hatte bei meiner Vorstellung einige gute Worte für mich eingelegt. Damals hatte ich das für ein Zeichen weiblicher Hilfsbereitschaft gehalten, aber nach einigen Wochen machten wir einmal Überstunden und Beverley kam zur Sache.

„Fühlen Sie sich eigentlich wohl bei uns, Kevin?“ fragte sie.
Ich nickte hastig.
„Oh ja, Miss Hanlon. Sehr sogar!“
Sie setzte sich vor mich auf meinen Schreibtisch.
„Und Sie wissen, daß Sie den Job ohne mich nicht bekommen hätten, nicht wahr?“
Ich nickte noch hastiger.
„Aber sicher! Ich bin Ihnen auch von Herzen dafür dankbar.“
Sie beugte sich herab und stützte sich mit beiden Händen auf meine Schultern.
„Dann zeig mir mal, wie dankbar du sein kannst“, flüsterte sie und sah mich aus ganz schmalen Augen an. „Zeig es mir, Kevin!“
Ich roch ihr Parfüm, sah ihre vollen Brüste und Schenkel vor mir, und dann vergaß ich von einer Sekunde auf die andere, daß sie fast zehn Jahre älter war als ich.

***

Natürlich blieb unsere Affäre in der SUNRISE kein Geheimnis und bald nannte man mich überall nur noch Miss Hanlons jungen Mann. Ich ärgerte mich zwar wahnsinnig darüber, aber ich schluckte es, weil ich ja nicht zum Spaß bei der SUNRISE eingetreten war. Längst hatte ich nämlich herausgefunden, wie im Todesfall eines unserer Kunden verfahren wurde und war mir ziemlich sicher, daß sich da ein Ding drehen ließ.
In aller Regel erhielten wir nämlich in solchen Fällen vom Witwer, von der Witwe oder sonstigen Erben eines Tages einen netten Brief, dem die Police und der Totenschein beilag und in dem wir um Überweisung der Versicherungssumme gebeten wurden. Diese Briefe kamen zunächst in meine Hände, ich suchte die entsprechenden Unterlagen heraus und übergab dann den ganzen Vorgang dem Vizepräsidenten. Der wiederum überprüfte alles auf seine Richtigkeit und Beverley . . . ja, Beverley unterschrieb dann zu-

sammen mit dem Big Boß die entsprechende Zahlungsanweisung. Nachdem ich das alles erkundet hatte, fälschte ich eines Tages die Police einer Mrs. Cynthia Fuller aus Cleveland, die ihrem Gatten einmal 50 000 Dollar hinterlassen wollte. Dann fälschte ich einen Totenschein, in dem vom St. Catharinas Hospital in Cleveland der Unfalltod von Mrs. Fuller bestätigt wurde, und schließlich stellte ich mir noch einen Führerschein auf den Namen ihres Mannes, Norman Fuller aus. Mit diesen Unterlagen flog ich dann nach Cleveland und richtete mir mittels Führerschein ein Bankkonto ein. Den Totenschein und die Police steckte ich mit einem Begleitschreiben des trauernden Witwers in einen Umschlag und vertraute ihn der Post an.

Zwei Tage später hatte ich ihn wieder in der Hand und von da an lief alles seinen gewohnten Gang. Ich stellte die Unterlagen zusammen, der Vizepräsident prüfte, Beverley und der Boß unterschrieben, und ich hatte bei meinem nächsten Trip nach Cleveland — bei Unfalltod das Doppelte — hunderttausend Dollar auf meinem Konto. Die Sache war so einfach, daß sie förmlich nach Wiederholung schrie. Also suchte ich in unseren Karteien nach geeigneten Kandidaten und fand eine ganze Menge, mit denen sich dieses Spiel spielen ließ. Sie mußten weiblich sein, damit ich als Witwer agieren konnte, sie durften auch noch nicht zu alt sein, damit der tatsächliche Versicherungsfall nicht zu früh eintrat, und die Versicherungssumme mußte unter 100 000 Dollar liegen. War sie nämlich höher, setzten sich unsere Detektive in Marsch und überprüften, ob auch alles seine Richtigkeit hatte.

Also beließ ich es bei Beträgen zwischen 20 000 und 80 000 Dollar und konnte mir ausrechnen, daß ich innerhalb von zwei Jahren Millionär war. Platzte dann die Sache irgendwann, saß ich längst an einem sonnigen Plätzchen an der Copacabana und ließ mich von heißblütigen Brasilianerinnen verwöhnen. Sorgen machte mir nur Beverley, denn im Laufe der Zeit fiel es mir immer schwerer, glaubhafte Ausreden für meine Kurztrips zu finden. Außerdem hatte ich allmählich von meiner Rolle als Miss Hanlons junger Mann genug. Vor allem, seitdem in der Registratur eine echte Traumfrau namens Brenda Gerity saß. Nachdem ich längere Zeit um Brenda herumgeschlichen war und sie schließlich mein Flehen erhört hatte, marschierte ich am Morgen darauf kurzentschlossen in Beverleys Büro und beichtete.

„So, du möchtest also heiraten", sagte sie und lächelte freundlich. „Na gut, wir können das am 16. erledigen. Was meinst du, kann ich noch in Weiß gehen?"

„A . . . aber ich will nicht dich . . . also, Brenda und ich wollen heiraten", stotterte ich.

Sie blies mir den Rauch ihrer Zigarette ins Gesicht.

„Vergiß es, Kevin", sagte sie sanft. „Oder hast du tatsächlich geglaubt, ich hätte dir deine dämlichen Ausreden abgenommen, wenn du dich wieder einmal für einen Tag verabschiedet hattest? Zuerst dachte ich ja, daß irgend so ein Flittchen wie diese Brenda dahintersteckt, aber dann habe ich dich beschatten lassen und wußte, wo du warst und was du dort getan hast. Als dann einige Tage später die angeblichen Versicherungsfälle aus den gleichen Städten eintrafen, war mir alles klar. Also, um es kurz zu machen, du hast dir bisher weit über 400 000 Dollar an Land gezogen und ich bin der Meinung, neben dem Geld teilen wir künftig auch Tisch und Bett miteinander. Fairerweise lasse ich dir aber die Wahl zwischen Ehering und Handschellen. Du mußt mir nur sagen, wofür du dich entscheidest."

Ich brauchte nicht mal zehn Sekunden dazu.

„Okay, dann heiraten wir eben!" knurrte ich. „Als Ehefrau kannst du wenigstens nicht gegen mich aussagen! Wissen möchte ich nur was du machst, wenn diese Geschichte eines Tages platzt."

Sie kam hinter ihrem Schreibtisch hervor und umarmte mich.

„Ach, Darling", flüsterte sie, „bis dahin liegen wir doch längst irgendwo an der Copacabana und faulenzen. Wirst mal sehen, wie ich dich dann verwöhne!"

Dorfklatsch

Zunächst sah Kommissar Ritter nur den blonden Haarschopf der Toten. Sie lag zusammengerollt auf dem breiten Bett, war bis über die Schultern hinauf zugedeckt und machte auf den ersten Blick den Eindruck einer Schlafenden. Erst als Ritter die Decke behutsam zurückzog, wurden ihr Gesicht und die dunkelblauen Druckstellen an ihrem Hals sichtbar.

„Ihr Mörder muß ganz schön in Rage gewesen sein", sagte er über die Schulter zurück. „Was wissen wir über sie?"

Kriminalhauptmeister Hentze blätterte eilfertig in seinem Notizbuch.

„Vorläufig nur ihre Personalien", erwiderte er. „Sie hieß Karin Borg, war 24 Jahre alt und von Beruf Friseuse. Seit drei Jahren hatte sie hier eine Zwei-Zimmerwohnung und genauso lange war sie in einem Würzburger Friseursalon angestellt."

Ritter sah seinen Assistenten enttäuscht an.

„Nicht sehr viel, was? Von wem haben Sie diese Angaben?"

Hentze machte eine Kopfbewegung nach links.

„Von ihrer Nachbarin, Frau Grimm", erwiderte er. „Ist eine nette alte Dame und war mit Fräulein Borg befreundet. Sie wollte übrigens mal mit Ihnen sprechen, Chef."

Der Kommissar warf noch einen kurzen Blick auf die Tote, dann wandte er sich ab.
„Na schön, den Wunsch kann ich ihr erfüllen", sagte er. „Vielleicht hat sie etwas gesehen oder gehört, was uns etwas auf die Sprünge hilft. Im Augenblick ist hier sowieso nur die Spurensicherung am Zug."

***

Luise Grimm mußte bereits an der Tür gewartet haben, denn sie öffnete auf Ritters Läuten hin sofort.
„Kommen Sie herein, Herr Kommissar", sagte sie lächelnd und trat beiseite. „Ich habe uns Kaffee gemacht. Richtig schönen starken Kaffee. Sie trinken doch ein Täßchen mit? Na fein, dann nehmen Sie inzwischen mal Platz, ich bin gleich soweit."
Ritter ließ sich auf einem gepolsterten Stuhl im Wohnzimmer nieder und wartete geduldig, bis Luise mit einem Tablett aus der Küche kam.
„So, nun trinken Sie erstmal einen Schluck", sagte sie und schenkte ihm ein. „So früh am Morgen tut einem das richtig gut. Haben Sie übrigens schon eine Spur zu Karins Mörder?"
Der Kommissar nippte vorsichtig an dem glühendheißen Kaffee.
„Leider nicht, Frau Grimm", erwiderte er und lächelte ihr zu. „Bisher wissen wir nur, daß Fräulein Borg zwischen 3 Uhr und 3.30 Uhr ermordet wurde — erwürgt, um genau zu sein. Und da es keine Spur eines gewaltsamen Eindringens gibt, muß sie ihren Mörder gekannt und selbst in die Wohnung gelassen haben. Vermutlich wird es noch ein langer Weg werden, bis wir den Kerl fassen können."
Luise beugte sich aufgeregt vor.
„Vielleicht könnte man diesen Weg etwas abkürzen", meinte sie geheimnisvoll. „Ich hätte da nämlich eine Theorie . . . Wollen Sie die mal hören, Herr Kommissar?"
„Aber ich bitte darum, Frau Grimm."

Sie legte den Kopf schief und rieb ihre Hände aneinander.
„Nun, sehen Sie, ich bin ja schon vierundsiebzig und in diesem Alter schläft man nur noch sehr wenig", sagte sie dann. „Deshalb weiß ich auch, daß Karins Mörder genau um 3.17 Uhr das Haus verlassen hat. Natürlich habe ich ihn nicht gesehen und noch weniger ahnte ich, was nebenan passiert war, aber ich hörte seine Schritte und dann das Zufallen der Haustür. Na ja, und jetzt denke ich, daß das hier einer aus dem Dorf war. Walldürn ist ja nur ein kleiner Ort mit knapp zweihundert Einwohnern, aber ich glaube, daß einer davon Karins Mörder ist."
Ritter unterdrückte einen Seufzer.
„Und warum glauben Sie das, Frau Grimm?" fragte er geduldig.
„Tja, weil der nächste Ort gut zwölf Kilometer von hier entfernt ist und der Kerl diesen Weg bestimmt nicht zu Fuß gegangen ist. Von einem Auto habe ich aber nichts gehört."
Der Kommissar sah sie verblüfft an.
„Donnerwetter, gar nicht schlecht kombiniert", gab er zu. „Wüßten Sie denn jemand, der ein Motiv hätte?"
Luises schmale Schultern hoben sich zögernd.
„Gott, Karin war ja ein attraktives Mädchen und hatte jede Menge Verehrer", sagte sie dann. „Vom Briefträger bis zu unserem Pfarrerssohn ist ihr doch jeder hier nachgelaufen. Kann sein, daß da einer abgeblitzt ist und dann die Nerven verloren hat."
Ritter holte eine zerdrückte Zigarettenpackung aus der Tasche und steckte sie dann seufzend wieder ein, als er Luises mißbilligenden Blick bemerkte.
„Ihre Theorie", sagte er zögernd, „hat sie vielleicht einen Haken, an dem wir uns den Mörder an Land ziehen könnten?"
Luise Grimm strich bedächtig ihr Kleid glatt und nickte.
„Doch, ich glaube schon, Herr Kommissar. Wissen Sie, ich dachte mir das folgendermaßen . . ."

***

Zehn Minuten, nachdem die Leiche von Karin Borg weggebracht worden war und die Polizei den Tatort geräumt hatte, verließ auch Luise Grimm das Haus und ging langsam auf das einzige Lebensmittelgeschäft des Dorfes zu, in dem der Mordfall Karin Borg das Tagesgespräch war.
„Haben Sie denn jetzt keine Angst, Frau Grimm?“ fragte sie eine Kundin neugierig. „Der Mörder läuft ja noch immer frei herum.“
Luise holte lächelnd eine Filmrolle aus ihrer Tasche.
„Wenn der hier entwickelt ist, sitzt er ganz schnell hinter Gittern“, prophezeite sie. „Ich habe den Kerl nämlich fotografiert, als er aus dem Haus gegangen ist.“
Die Frauen um sie herum starrten sie an.
„Aber warum haben Sie denn den Film nicht der Polizei gegeben?“, fragte eine von ihnen. „Die hat doch Labors und so.“
Luise stemmte die Arme in die Hüften.
„Und wenn die Bilder nichts geworden sind? Glaubt ihr etwa, ich will mich blamieren? Die Straße war zwar hell erleuchtet und eigentlich müßte man den Mörder ganz klar erkennen können, aber ich will trotzdem sichergehen. Gleich morgen früh fahre ich in die Stadt und lasse ihn entwickeln und bis dahin trage ich ihn mit mir herum. So, und nun hätte ich gern ein halbes Pfund Butter und zehn Eier. Ich will mir einen Kuchen backen.“
Als sie wenig später den Laden wieder verließ, registrierte sie mit Genugtuung, daß hinter ihr gleich mehrere Frauen ins Freie stürzten, um die Nachricht von ihren Fotografierkünsten mit Windeseile zu verbreiten.

***

Es war lange nach Mitternacht, als Luise das Licht löschte und es sich auf der Couch bequem machte. Sie sah zum Fenster hinaus, betrachtete den sternenbedeckten Himmel und überlegte, was sie morgen kochen sollte. Fast zwei Stunden saß sie reglos in der Dun-

kelheit, dann ließ sie ein leises Geräusch an ihrer Wohnungstür zusammenfahren.
„Das ist er!" flüsterte sie und spürte einen Schauer über ihren Rücken laufen. „Hundertprozentig, das ist er!"
Kommissar Ritter und Kriminalhauptmeister Hentze schlichen auf Strümpfen in die Diele und nahmen neben der Tür Aufstellung. Es war viel zu dunkel, um irgendetwas erkennen zu können, aber Luise spürte an dem kalten Luftzug, daß die Tür lautlos geöffnet wurde und drückte entschlossen auf den Lichtschalter.
„Na sowas", sagte sie dann und starrte verblüfft auf den Mann in der Tür. „Sie, Herr Kleiber?"
Ritter und Hentze rissen ihm die Hände auf den Rücken und legten ihm Handschellen an.
„Wer ist das, Frau Grimm?" fragte der Kommissar. „Kennen Sie den Kerl?"
„Aber natürlich", stammelte Luise, „das ist Werner Kleiber, mein Hauswirt. Er wohnt einige Häuser nebenan. Jetzt ist mir natürlich klar, wieso der Mörder ohne weiteres in Karins Wohnung kommen konnte. Als Vermieter hat er natürlich einen Schlüssel dafür."
„Und auch zu Ihrer, Frau Grimm", grinste der Kommissar. „Sonst hätte er sich jetzt nicht so lautlos einschleichen können, um eine leere Filmrolle zu holen. Na, da haben wir Ihnen ja einiges zu verdanken."
Luise stemmte sich in die Höhe.
„Nee, mir nicht", wehrte sie ab. „Ich hatte ja nur die Idee dazu. Den Erfolg verdanken wir einzig und allein unserem berühmten Dorfklatsch. Na, jetzt schaffen Sie Ihren Mörder erstmal weg und dann mache ich für uns alle einen richtig starken Kaffee, ja?"

Perlen für Majorie

Majorie Craig hatte es an diesem Morgen so eilig, von Blairhill nach New Haven zu kommen, daß sie für die fast vierzig Meilen lange Strecke nicht auf den Bus wartete, sondern sich ein Taxi nahm. Zitternd vor Aufregung saß sie im Fond des Wagens und atmete auf, als endlich das Haus ihres Freundes Andrew in Sicht kam.

Sie warf dem Fahrer achtlos einige Scheine zu, hastete durch den tiefverschneiten Vorgarten ins Haus und ließ sich graziös in einen Sessel sinken.

„Andy", sagte sie lächelnd und zog die schlanken Beine an, „Andy, ich habe die Angaben Emersons überprüft — sie treffen hundertprozentig zu!"

Andrew Bannister, der Majorie gerade Kaffee eingießen wollte, unterbrach seine Tätigkeit abrupt. Mit der Kanne in der einen und der Tasse in der anderen Hand starrte er sie verblüfft an.

„Heißt das . . . heißt das etwa, daß dieser eingelaufene Zwerg Liu Wang tatsächlich Perlen für über eine Million im Safe hat?" stotterte er.

Majorie nahm ihm die Kanne und Tasse aus der Hand und schüttelte den Kopf.

„Nein, hat er noch nicht, aber er bekommt sie“, erwiderte sie und griff nach der Zuckerdose. „Die Dinger kommen am Freitag gegen 23 Uhr auf dem Flughafen an und Li Wang holt sie mit seinen beiden Lakaien am Sonnabend morgen dort ab. Für Montag hat sich nun aber schon ein Kunde angemeldet. Das bedeutet also, daß er die ganze Herrlichkeit nur zwei Tage lang im Safe hat. Du wirst dich also beeilen müssen.“
Andrew trat ans Fenster und betrachtete nachdenklich den still vor sich hinfrierenden Schneemann, den Emerson und er vor zwei Tagen gebaut hatten. Ganz zufällig waren sie dabei auch auf Emersons Tätigkeit für Li Wang zu sprechen gekommen.
„Ach, weißt du, Andy“, hatte Emerson gesagt und dabei geheimnisvoll gelächelt, „ich bin mit meinem Job ganz zufrieden. Noch zehn Jahre lang Li's Steuerberater und ich kann mich mit vierzig zur Ruhe setzen. Macht ja enorme Geschäfte, das alte Schlitzauge.“
Andrew hatte seinen Bruder über den Schneemann hinweg angegrinst.
„Also, wenn du mich fragst, ich bin mehr für den direkten Weg der Vermögensübertragung“, hatte er erwidert und sich zufrieden über den Schnurrbart gestrichen. „Für Diebstahl oder Einbruch gibt's im schlimmsten Fall vier oder fünf Jahre, aber für Steuerhinterziehung können sie dich das halbe Leben hinter Gitter bringen — erinnere dich bloß mal an Al Capone!“
Emerson war frierend von einem Bein auf das andere getreten.
„Nicht, wenn du es so wie Li machst, Bruderherz. Der ist nämlich nicht so blöd, sein Geld auf irgendwelche schwarzen Konten zu bringen und dann vielleicht doch eines Tages in die Röhre zu schauen. Der macht das ganz anders.“
„Und wie?“
Emerson hatte sich die Hände gerieben.
„Nun, er legt es vor allem in Sachwerten an — leicht zu transportierenden Sachwerten, versteht sich. Im Augenblick zieht er gerade für eine Million Perlen an Land.“

Andrews Gesicht war zu einem einzigen Fragezeichen geworden.
„Für eine . . . was???"
„Na, wenn ich es dir doch sage, Andy! Li Wang wäre deshalb sehr an einer Zusammenarbeit mit dir interessiert."
„Würdest du mir das bitte etwas näher erklären? Ich meine, in welcher Beziehung wäre Li Wang an einer Zusammenarbeit interessiert?"
Emerson hatte leicht die Lippen gespitzt.
„Nun, dein Ruf als Tresorknacker ist schließlich auch ihm bekannt und er hätte gar nichts dagegen, wenn du deine Kunst einmal an seinem Safe versuchen würdest. Die Perlen sind natürlich zu ihrem vollen Wert versichert und wenn du nun . . . verstehst du?"
Andrew hatte gedankenvoll genickt.
„Und ob ich verstehe! Li Wang möchte also einen fachgerechten Einbruch haben und dann der Versicherung den Schaden melden. Auf diese Weise zieht er erstmal die Versicherungsumme an Land und mit den Perlen polstert er sein Ruhestandskörbchen aus — richtig?"
„Für dich wäre jedenfalls eine Prämie von 100 000 Dollar drin", hatte Emerson die Vermutung Andrews bestätigt. „Ich finde, Li läßt sich die Sache wirklich etwas kosten. Die Frage ist nur, ob du dir diesen Job zutraust."
So war es gewesen und Andrew erinnerte sich gerade an den angenehmen Moment, als ihm Emerson einen Vorschuß von zehn Riesen in die Hand gedrückt hatte, als ihn Majories Stimme aus seinen Gedanken riß.
„Also, was jetzt, Andy?" fragte sie. „Hast du es dir inzwischen vielleicht anders überlegt? Ich meine, ich könnte das ja verstehen. Wangs Büro liegt immerhin im siebten Stock, und es wird selbst für dich nicht so einfach sein, da hinaufzukommen, nicht?"
Andrew wandte sich lächelnd zu ihr um.
„Ach, laß mal, Honey", meinte er, „das ist nicht das Problem. Ich bin ja schon an ganz anderen Dingern hochgeklettert. Denk nur

mal an die Sache bei den OAKLAND INDUSTRIES. Da waren noch vier Etagen mehr drauf und ich habe es trotzdem geschafft."
Majorie rührte versonnen in ihrem Kaffee.
„Ich weiß", sagte sie langsam, „aber da hattest du ja wirklich mehr Glück als Verstand. Um ein Haar hätte dich Captain Soames am Wickel gehabt."
Andrew schlug sich lachend auf das Knie.
„Der gute alte Jimmy", kicherte er, „er hat mir leider nie etwas beweisen können. Seine ganze Abteilung hat mich damals durch die Mangel gedreht, aber am Ende kam zu seinem Leidwesen immer wieder nur der harmlose Fotograf Andrew Bannister heraus."
„Trotzdem war sich Soames sicher, daß du der Täter warst, Andy", wandte Majorie ein. „Jedenfalls, wenn du jetzt das Ding bei Li drehst, wird er ganz automatisch auf dich zukommen — und du weißt, was das bedeutet, nicht wahr?"
Andrews Lächeln erlosch von einer Sekunde auf die andere.
„Aber ja", sagte er ernst, „diesmal brauche ich ein absolut wasserdichtes Alibi. Nicht nur von dir oder von Emerson, sondern fast von der ganzen Stadt. Laß mich da mal in aller Ruhe darüber nachdenken, ja?"
Andrew Bannister tat zwar den ganzen Tag über nichts anderes, aber es wurde dann doch beinahe Abend, bis er freudestrahlend zu Majorie in die Küche gestürmt kam.
„Süße, laß die Töpfe in Ruhe", schrie er begeistert, „wir gehen aus!"
„Oh, Andy", hauchte Majorie entzückt, „hast du etwa . . . weißt du etwa . . .?"
Er wirbelte sie um ihre eigene Achse.
„Natürlich habe ich, natürlich weiß ich, mein Sonnenschein", dröhnte er und löste ihre Schürzenbänder. „Das ist der Plan des Jahrhunderts, sage ich dir! Wenn Soames kein Hellseher ist, dann wird er bis ans Ende seiner Tage darüber nachgrübeln, wie ich das Ding gedreht habe. Er wird Himmel und Hölle in Bewegung setzen, wird Gott und die Welt um Beistand gegen den bösen Andrew

Bannister anflehen, aber beweisen, mein Engel, beweisen wird er ihm wieder einmal nichts können!"
Majorie stemmte beide Hände gegen seine Brust.
„Also, du machst mich ganz kribblig mit deiner Quasselei, Andy", sagte sie. „Wie willst du es denn machen? Ist das noch dein zartes Geheimnis oder darf ich es auch wissen?"
Er hob sie auf und trug sie zur Couch.
„Du darfst nicht nur, du mußt sogar", grinste er. „Du bist nämlich ein ganz wichtiger Faktor in meinem Plan, verstehst du?"
„Nein, Andy, ich . . ."
„Na, ich will es dir doch gerade erklären! Laut Emerson holt doch Li seine Murmeln am Samstagmorgen auf dem Flughafen ab, nicht? Er wird sie dann in sein Büro bringen, weil die Banken geschlossen haben und er nur dort einen Safe hat. Am Samstagabend ist aber im INTERCONTINENTAL das Maskenfest der Handelskammer, und die Leute dort haben mich eben als offiziellen Fotografen engagiert — Erinnerungsfotos und so. Der Ball beginnt um zwanzig Uhr, und dann werde ich zunächst mal zwei Stunden lang alle Hände voll zu tun haben, aber danach . . ."
„Hör mal, du wirst doch nicht denken, daß du dort allein hingehen kannst?" fuhr Majorie auf. „Wenn da schon so eine Fete stattfindet, dann will ich aber auch dabei sein."
Andrew beugte sich vor und küßte sie auf die Nasenspitze.
„Schrei nicht so", lächelte er, „du bist schon mit von der Partie. Allerdings anders, als du dir das jetzt vorstellst und auch erst ab . . . na, sagen wir ab dreiundzwanzig Uhr. Um diese Zeit treffen wir uns auf dem Parkplatz des INTERCONTINENTAL und tauschen dort das Kostüm, klar?"
„Welches Kostüm denn?" fragte Majorie verblüfft. „Willst du dich etwa auch maskieren?"
„Ich muß sogar", erwiderte Andy. „Erstens herrscht bei diesen feinen Pinkeln sogar für die Kellner Maskenzwang und zweitens geht es gar nicht anders. Ich werde mir deshalb bei Curley eine richtige

Ritterrüstung ausleihen — du weißt schon, so mit Helm und allem drum und dran. Na, und die wirst du dann an meiner Stelle anziehen."
Majorie rutschte aufgeregt von seinen Knien.
„Oh Gott", stöhnte sie, „das Ding wiegt doch mindestens dreißig Pfund! Wie soll ich denn damit tanzen können?"
Andrew schob ihren Einwand mit einer Handbewegung beiseite.
„Wer sagt denn, daß du tanzen sollst? Ich tanze ja auch nicht. Ich sitze an der Bar, gehe ab und zu mal durch den Saal und mache meine Fotos von den Kerlen und ihren Weibern, na, und dann sitze ich wieder an der Bar. Um dreiundzwanzig Uhr treffen wir uns, du steigst in die Rüstung und nimmst meinen Platz ein. Jeder im Saal wird dich dort sitzen sehen, aber niemand wird ahnen, daß du nicht Mister Bannister bist. Wenn ich zurück bin, lasse ich dich ... das heißt also in diesem Fall Mister Bannister, ans Telefon bitten. Na, dann kommst du raus zum Parkplatz, wir wechseln die Klamotten und ich gehe wieder rein. Du fährst dann sofort nach Hause und wartest, bis die Bullen kommen. Das Fest dauert zwar bis morgens vier Uhr, aber so wie ich Soames kenne, wird er spätestens eine Stunde nach dem Knall dort auftauchen."
Majorie schlang die Arme um seinen Nacken und zog ihn zu sich herab.
„Du bist ein ganz durchtriebener Schuft, Andy", hauchte sie hingerissen. „Wenn das klappt, wird es deinen Freund Soames die letzten Haare kosten. Glaubst du eigentlich wirklich, daß er so schnell bei dir aufkreuzt?"
Andrew nickte.
„Aber bestimmt, Majorie. Wangs Safe hat nämlich zwei Alarmanlagen. Eine davon kann ich ja umgehen, aber die andere arbeitet nach dem Vakuumprinzip und zetert los, sobald der Safe geöffnet wird. Mir bleiben dann höchstens noch drei Minuten, um das Zeug einzupacken und zu verschwinden, aber das reicht haushoch. Du mußt nur auch deinen Teil dazutun. Also schön an der Bar sit-

zen, ab und zu im Saal einige Fotos machen und ansonsten brav deinen Mund halten. Hörst du, Majorie, das ist das wichtigste an der ganzen Sache! Du darfst dich mit keinem Menschen unterhalten — höchstens mal ein Ja oder Nein. Wenn dich jemand in ein Gespräch verwickeln will, ziehst du sofort Leine. Denk dran, daß mir ein Freiplatz im Sing-Sing sicher ist, falls jemand bemerkt, daß eine Frau in der Rüstung steckt."
Majorie schmiegte sich noch enger an ihn.
„Habe ich dich von meinen Fähigkeiten noch immer nicht überzeugt?" fragte sie leise und knabberte an seinen Ohrläppchen.
Andrews Augen gingen in ihrem Ausschnitt auf eine vergnügliche Wanderschaft.
„Doch, das schon", gab er zu, „jedenfalls in einer Beziehung. Aber hier geht es um etwas ganz anderes, mein Herz. Hier steht eine Million Dollar auf dem Spiel, kapiert?"
Majories Hände wühlten sich in sein Haar.
„Aber ja, mein Supermann", flüsterte sie, „mach dir mal darüber keine Sorgen. Ich werde dich so perfekt vertreten, daß du hinterher selbst nicht mehr weißt, welche Fotos du und welche ich gemacht habe. Schließlich will ich mir ja auch einige von Wangs Mäusen verdienen — oder bin ich etwa nicht daran beteiligt?"
Andrew streifte seine Schuhe ab und ließ sie achtlos zu Boden fallen.
„Und wie du das bist, Schätzchen", sagte er heiser, „und wie! Wenn die Sache einwandfrei klappt, bekommst du von mir eine Kette, die du dir fünfmal um den Hals wickeln kannst — das schwöre ich dir!"

***

Captain James Soames und Sergeant Hopper wurden bereits an der Saaltür gestoppt.
„Hier können Sie nicht rein, Gentlemen", zischte der Portier des INTERCONTINENTAL, „das ist eine geschlossene Gesellschaft."

Soames schob ihn wortlos zur Seite.
„Wo finden wir Bannister?" knurrte er bissig.
Der Portier deutete unwillkürlich in den Saal hinein.
„Er muß dahinten an der Dschungelbar sein, Sir", stotterte er.
„An der . . .?"
„Dschungelbar, Sir. Aber ich sagte Ihnen ja schon, daß Sie . . ."
„Sagen Sie es ruhig immer wieder", blaffte Soames, „wir sind schon drin. Kommen Sie, Hopper!"
Mit dem Sergeanten im Kielwasser steuerte er durch den Saal in Richtung Bar und betrachtete verblüfft die ausgefallenen Dekorationen.
„Meine Güte, hier sieht es ja aus wie im Urwald", brummte er. „Fehlen nur noch die Affen, dann ist die Sache komplett."
Hopper deutete mit dem Kopf seitwärts zur Bar.
„Unser Affe ist jedenfalls da, Chef. Was sagen Sie jetzt?"
Soames grinste unternehmungslustig.
„Das werden Sie gleich hören, Hopper", prophezeite er. „Von mir aus kann der Kerl da oben an der Palme hängen. Ich werde ihn jetzt jedenfalls so in die Mangel nehmen, daß ihm Hören und Sehen vergeht. Guten Abend, Bannister!"
Andy schlürfte genießerisch seinen Wisky und betrachtete Soames mit der Miene eines Mannes, dem mitten auf der Autobahn ein Saurier begegnet.
„Oh, hallo, Captain", begrüßte er ihn, „nett daß Sie mal vorbeischauen. Sind Sie etwa auch eingeladen? Ich dachte, hier trifft sich nur die High Society?"
Das Gesicht des Captains wurde langsam dunkelrot.
„Daß Sie hier sind, beweist, daß auch die Unterwelt Zutritt hat", fauchte er. „Wo waren Sie gegen Mitternacht, Bannister?"
Andrew stellte gelassen sein Glas auf die Theke.
„Wo ich gegen Mitternacht war?", wiederholte er verblüfft Soames Frage. „Na, wo soll ich denn schon gewesen sein? Hier, natürlich. Immerhin habe ich hier einen Job, nicht?"

Soames schob wütend das Unterkinn vor.
„Ich auch, Bannister, ich auch. Ich muß nämlich die Zeugen vernehmen, die Ihre Behauptung bestätigen können. Ich hoffe, Sie haben da einige, wie?“
Andrew lächelte amüsiert.
„Einige, Captain? Hunderte, wenn Sie wollen — den ganzen Saal! Fragen Sie ruhig herum, Sir. Hier, fangen Sie gleich mal mit dem Barkeeper an. Wo war ich denn gegen Mitternacht, Nafty?“
„Da, wo Sie jetzt auch sind, Mister Bannister“, brummte Nafty unwillig. „Auf diesem Hocker hier!“
Der Captain faßte den Barkeeper an seiner Krawatte und zog ihn halb über die Theke.
„Versuchen Sie bloß nicht, für Bannister den Helden zu spielen, Mister“, warnte er ihn. „Sie werden nämlich für diese Aussage die Finger heben müssen.“
Nafty sah Soames angewidert an.
„Na und? Kann ich ja auch, oder?“
Hopper warf einen schnellen Blick auf den wütenden Soames und beschloß, eiligst zu vermitteln.
„Wollen Sie damit allen Ernstes sagen, daß Mister Bannister tatsächlich den ganzen Abend hier an der Theke verbracht hat?“ fragte er verbindlich. „Sind Sie sich da absolut sicher?“
Nafty hatte sich inzwischen aus Soames Griff befreit und nickte erbost.
„Aber ja, Sergeant, absolut. Natürlich ging er hin und wieder mal weg, um seine Fotos zu machen, aber das dauerte immer nur so drei, vier Minuten, dann war er wieder hier. Da können Sie alle meine Kollegen fragen ...“
Soames drehte sich im Kreis, als ob er aus irgendeiner Richtung Hilfe erwarte.
„Bannister“, sagte er schließlich resignierend, „ich weiß zwar nicht wie Sie das Ding gedreht haben, aber Sie haben es gedreht und ei-

nes Tages werden Sie auch dafür bezahlen — da fresse ich meinen Hut dafür auf!"
Andrew drehte sich fast gelangweilt zu Nafty um.
„Gib ihm Salz und Pfeffer, Nafty — und etwas zum Nachspülen, bitte. Polizist sein ist ein sehr trockener Job. Übrigens, welches Ding meinen Sie denn eigentlich, Captain?"
Der schüttere Haarkranz des Captains richtete sich fast ruckartig auf.
„Nun fragen Sie nicht noch so dämlich!" brülle er los. „Von mir aus können Sie die ganze Welt auf den Arm nehmen, aber bei mir haben Sie damit kein Glück. Typen wie Sie kenne ich nun seit zwanzig Jahren und ..."
Die kleine, als Blumenmädchen verkleidete Dame kam wie ein Tennisball auf Soames zugehüpft.
„Nehmen Sie den Kerl da ruhig mal unter die Lupe, Captain", zwitscherte sie. „Der muß nämlich irgendwie linksherum sein."
Soames starrte sie verblüfft an.
„Der muß ... was? Wer sind Sie denn überhaupt, Madam?"
„Das ist Missis Fisher, Sir", klärte ihn Hopper auf. „Ihr Mann ist Präsident der SOUTHERN RAILWAYS. Sie kennen ihn doch, oder?"
„Oh, natürlich", tönte Soames, „natürlich! Entschuldigen Sie, Madam, daß ich Sie nicht sofort ... Aber warum sollte Mister Bannister ... wie sagten Sie gleich? Warum sollte er linksherum sein?"
„Na, weil er doch immerzu auf die Damentoilette gelaufen ist", platzte Gladys Fisher heraus. „Ich frage Sie, Captain, was macht ein Mann auf der Damentoilette? Am Anfang dachte ich ja, daß ein Mädchen in dieser Rüstung steckt — Studentin oder so, die sich mit den Fotos ein bißchen was dazu verdienen will, nicht? Aber jetzt, nach der Demaskierung, da sehe ich, daß es ein Mann ist. Na, der muß doch linksherum sein, nicht?"
Soames wirbelte auf dem Absatz herum.

„Madam", schrie er, „wann war das, als Sie ihn auf der Toilette gesehen haben? Erinnern Sie sich bitte genau!"
Sie wiegte bedächtig den kunstvoll frisierten Kopf hin und her.
„Wann das war? Nun, so gegen Mitternacht etwa. Ich habe ihn ja auch nur ganz zufällig gesehen, weil er da draußen einen neuen Film in seine Kamera eingelegt hat und ich mir noch dabei dachte, was für einen häßlich grellen Farbton sein ... ihr Nagellack hat, nicht? Also, ich würde ja so etwas nie tragen! Wissen Sie, Captain, ich bevorzuge mehr die sanften ..."
Soames legte ihr einfach die Hand auf den Mund.
„Bannister", sagte er grinsend, „als wir vor etwa einer halben Stunde an Ihre Haustür klopften und nach Ihnen fragten, da waren wir schon sehr überrascht, die schöne Majorie allein in Ihrer Luxushöhle vorzufinden. So ein Ball ist doch ein gesellschaftliches Ereignis allerersten Ranges und Miß Craig tanzt doch für ihr Leben gern, soviel ich weiß."
Andrew zuckte bedauernd mit den Schultern.
„Sie konnte leider nicht mitkommen, sie hat sich erkältet. Ziemlich schwer sogar."
„Das hat sie uns auch gesagt", kicherte Soames, „aber jetzt fragen wir uns natürlich, wo ihr dieses Mißgeschick passiert ist. Sollte das etwa hier und heute gewesen sein ... so gegen Mitternacht vielleicht?"
Andrew preßte die Lippen zusammen und sah an Soames vorbei.
„Tut mir leid, ich verstehe Sie nicht, Captain."
„Na, das macht nichts, Bannister", strahlte Soames, „das macht überhaupt nichts! Jedenfalls werden wir jetzt mal den Film in Ihrer Kamera unter die Lupe nehmen, und sollten sich dabei wunderbarerweise die Fingerabdrücke der erkälteten Majorie darauf finden, dann wissen wir, wie Sie das Ding gedreht haben und Sie wissen, was es geschlagen hat, klar? Also los, steigen Sie aus Ihrem Schrotthaufen und kommen Sie mit, Sie ... Sie Raubritter!"

Countdown für Emerson

Emerson Craig, der Kassier der „Interstate Bank“, glitt mit seinem Wagen in eine Parklücke und warf einen Blick auf die Uhr. Es war genau neun Minuten vor acht und Craig wußte, daß nun jeden Moment der Buick von Ingerson auf der Kreuzung vor ihm auftauchen würde. Ralph Ingerson, der Filialleiter der Bank, begann seinen Tag mit der Präzision einer Uhr. Pünktlich auf die Minute betrat er jeden Morgen um acht Uhr das Bankgebäude, schaltete die Alarmanlage aus und beschäftigte sich dann mit seinem Terminkalender, bis Emerson zehn oder fünfzehn Minuten später eintraf. In den neun Jahren, die er nun für die Interstate arbeitete, war das noch an keinem Tag anders gewesen. Noch immer war ihm Ingerson mit seinem Terminkalender in der Hand entgegengekommen, wenn er an der Hintertür der Bank geläutet hatte und von ihm eingelassen worden war. Meist hatten sie sich dann über private Dinge unterhalten, bis gegen viertel vor neun die übrigen Angestellten erschienen und die Bank geöffnet wurde.
Es würde auch heute so sein. Ingerson würde auf sein Läuten hin die Tür öffnen, würde ihm die neuesten Nachrichten über Frau und Kinder mitteilen und ihn in den Tresorraum begleiten, und dann, während er die Zahlenkombination am Tresor einstellte,

würde Craig seine Waffe ziehen und Ingerson mit einem genau plazierten Schuß ins Jenseits befördern. Ingerson würde nicht mehr dazu kommen, die Tresortür zu öffnen, und er würde nie erfahren, daß rund 700 000 Dollar aus dessen Innern schon am Abend zuvor in Craigs Aktentasche verschwunden und in ein sicheres Versteck gebracht worden waren.
Der Rest war ein Kinderspiel. Es kam ja ohnehin oft genug vor, daß Angestellte schon beim Betreten ihrer Bank von Gangstern überfallen und zur Herausgabe des Geldes gezwungen wurden. Diesmal war es eben ein Überfall mit tödlichem Ausgang. Die Polizei würde jedenfalls nicht eine Sekunde lang daran zweifeln, wenn sie in Craig einen absolut glaubwürdigen Augenzeugen hatte.
Auf der Kreuzung setzte sich dröhnend die Fahrzeugschlange in Bewegung und Craig ließ hastig seinen Motor an. Er hatte Ingersons Wagen erkannt und durfte nun den Anschluß nicht verpassen. Spätestens drei oder vier Minuten nach Ingerson mußte er in der Bank sein und alles hinter sich gebracht haben, wenn die Story von den wartenden Gangstern bei den Bullen Glauben finden sollte. Der Countdown für den großen Coup hatte sozusagen begonnen und nun mußte er handeln. Schnell, exakt und entschlossen; genauso, wie er es seit Wochen geplant hatte.

***

Lieutenant Gary Walsh warf einen kurzen Blick auf den offenstehenden Tresor und beugte sich dann über den Toten zu seinen Füssen. Sekundenlang betrachtete er stumm die Schußwunde in dessen Brust, dann richtete er sich seufzend wieder auf.
„Ein absolut tödlicher Schuß", sagte er leise. „Und aus ganz kurzer Entfernung. Haben Sie schon irgendwelche Ergebnisse, Lester?"
Sergeant Briggs schüttelte den Kopf.

„Bis jetzt nicht", erwiderte er mißmutig. „Die Jungs von der Spurensicherung sind noch an der Arbeit, und von der Aussage Mr. Craigs allein können wir auch nicht leben. Er wäre zwar dem Täter beinahe auch in die Finger gelaufen, aber seine Beschreibung paßt auf mindestens zehn Millionen Männer."
Walsh nickte enttäscht.
„Na schön, dann macht mal weiter", sagte er. „Ich bin drüben bei Mr. Craig. Der Arzt hat ihm einen Beruhigungsschluck verpaßt, und vielleicht fällt ihm jetzt doch noch was ein, was uns weiterhilft."
Er ging in die Schalterhalle zurück und ließ sich neben Craig auf einen Besuchersessel sinken.
„Nun, Mr. Craig", sagte er, „ich hoffe, es geht Ihnen inzwischen wieder etwas besser. Mr. Ingerson war Ihr Chef, nicht?"
Emerson starrte mit blicklosen Augen vor sich hin.
„Ja, das war er", nickte er. „Ich kann es immer noch fassen, daß er . . . daß man ihn . . ."
Walsh legte ihm die Hand auf den Arm.
„Vielleicht sollten Sie mir alles nochmal erzählen", versuchte er ihn zu beruhigen. „Sie haben zwar Ihre Aussage schon bei Sergeant Briggs gemacht, aber es tut Ihnen sicher gut, darüber zu reden. Sie kamen heute fast gleichzeitig mit Mr. Ingerson hier an?"
Craigs Nicken verstärkte sich.
„Ja, ich war mit meinem Wagen höchstens dreihundert Yards hinter ihm. Er bog von der Straße weg in unseren Hof ein, aber ich mußte erst den ganzen Gegenverkehr abwarten, bis ich ebenfalls abbiegen und ihm folgen konnte. Mr. Ingerson hatte inzwischen seinen Wagen bereits verlassen und die Bank durch die Hintertür betreten, aber als ich . . ."
„Sie konnten also nicht sehen, ob ihn der Täter an der Tür erwartete oder schon in der Bank war", unterbrach ihn der Lieutenant.
Craig schüttelte den Kopf.
„Nein, das konnte ich nicht. Ich stellte meinen Wagen ab, ging zur Tür und wollte gerade läuten, als ich Mr. Ingersons Stimme hörte.

Er sprach sehr laut erregt, sagte etwas wie „Hören Sie mit dem Unsinn auf“ und „Sie können das doch nicht machen“, und dann hörte ich einen Schuß. Ich bin sofort zurück auf die Straße gerannt um die Polizei zu rufen, aber die Geschäfte hatten um diese Zeit alle noch geschlossen und bis zur nächsten Telefonzelle ist es ja fast eine Viertelmeile.“

„Sie haben aber dann von dieser Zelle aus angerufen, nicht?“ fragte Walsh.

Emerson sah mit zitternder Unterlippe zu den beiden Männern hinüber, die eben mit einem Sarg zwischen sich im Tresorraum verschwanden.

„Ja, das habe ich“, sagte er dann. „Danach bin ich langsam zurückgegangen und habe auf die Polizei gewartet, und da sah ich plötzlich einen jungen Mann aus unserem Hof kommen und zu einem beigefarbigen Chevrolet gehen. Ich war leider zu weit entfernt, um das Kennzeichen abzulesen, aber den jungen Mann habe ich Ihrem Sergeant beschrieben.“

Der Lieutenant nickte und erhob sich.

„Der Wagen wird zwar wahrscheinlich gestohlen sein, aber vielleicht können wir ihn ermitteln und finden in ihm Spuren, die uns zu dem Täter hinführen. Augenblick bitte, Mr. Craig, ich glaube, der Sergeant will mich sprechen.“

Craig sah ihm nach, wir er hastig zu Briggs hinüberging und atmete auf. Es hatte geklappt. Und außer dem jungen Mann, von dem er Walsh erzählt hatte, war fast jedes Wort seiner Aussage die reine Wahrheit gewesen. Ingerson hatte ihn zwar einige Minuten vor der Tür warten lassen, aber als er dann geöffnet hatte, war alles weitere nach Plan verlaufen. Der Schuß war im Verkehrslärm völlig untergegangen, und auf dem Weg zur Telefonzelle hatte Emerson leicht Gelegenheit gefunden, die Waffe in einem der zahlreichen Abfallbehälter auf der Straße verschwinden zu lassen. Vielleicht würde man sie noch irgendwann finden, aber sie wies natürlich längst keine Fingerabdrücke mehr auf und konnte ihm nicht mehr gefährlich werden.

Craig sah hinüber zu Walsh, der sich immer noch mit Briggs unterhielt und anscheinend anderer Meinung als der Sergeant war. Er schüttelte immer wieder den Kopf, zuckte ab und zu mit den Schultern, und kam dann plötzlich mit Briggs neben sich auf ihn zu.
„Mr. Craig", sagte er langsam, „nun muß ich Sie doch noch etwas fragen. Sie sagten doch, daß sie heute morgen unmittelbar hinter Mr. Ingerson hier eingetroffen sind, nicht?"
Craig nickte unsicher.
„Doch, das ist richtig. Es war höchstens zwei oder drei Minuten nach acht Uhr. Warum fragen Sie, Lieutenant?"
Walsh deutete mit dem Daumen über seine Schulter.
„Wir haben das Fernamt in der Leitung. Das Mädchen dort sagt, daß Mr. Ingerson heute morgen um 8.04 Uhr ein Ferngespräch nach Australien angemeldet habe und dabei äußerst heiterer Stimmung gewesen sei. Na ja, und jetzt ist das Gespräch da und wir fragen uns natürlich, wie Mr. Ingerson um 8.04 Uhr noch mit der Telefonistin schäkern konnte, wenn er sich zu dieser Zeit bereits in der Gewalt eines Mörders befand. Haben Sie dafür eine Erklärung, Mr. Craig?"
Emerson fühlte die Angst wie eine heiße Welle in sich aufsteigen und schloß die Augen. Aus, dachte er verzweifelt, es ist aus und vorbei! Deshalb also hat es so lange gedauert, bis mir Ingerson geöffnet hat, deshalb also . . .
Er sah Walsh an, schluckte und versuchte eine Erwiderung, aber der Lieutenant winkte ab.
„Lassen Sie sich Zeit, Mr. Craig", sagte er kalt und löste die Handschellen von seinem Gürtel. „Ihr Geständnis können wir ohnehin nur auf dem Präsidium zu Protokoll nehmen. Ich lese Ihnen jetzt erstmal Ihre Rechte vor, okay?

Ein ganz anderer Mann

Von Bernd zu erzählen fällt mir leicht. Vielleicht deshalb, weil jener Herbst mit ihm in mir immer noch so lebendig und so nah ist, als wäre das alles erst gestern gewesen. Dabei sind inzwischen schon fast neun Jahre vergangen und es gibt Tage, an denen er selbst für mich unerreichbar und zu einer schattenhaften, unwirklichen Traumgestalt wird. Aber immer, wenn die Blätter fallen, sehe ich plötzlich sein Gesicht und sein Lächeln vor mir und weiß, daß nichts und niemand die Erinnerung an ihn jemals in mir auslöschen kann.
Es war ein sonniger Oktobersonntag, als Bernd den schmalen Weg vom See heraufkam und auf die Bushaltestelle neben meinem Haus zuging. Er war ein großer, sonnengebräunter Mann mit dunklem, leicht welligem Haar, der nach meiner Schätzung nicht sehr viel über vierzig sein konnte. Ich saß auf meiner Terrasse, konnte ihn deshalb gut beobachten und amüsierte mich etwas über sein ratloses Gesicht, als er den Fahrplan studierte und dabei feststellte, daß sonntags kein Bus fuhr. Einige Augenblicke lang sah er sich wie hilfesuchend nach allen Seiten um, dann entdeckte er mich und kam an die Gartentür.
„Verzeihen Sie bitte, gibt es außer dem Bus keine andere Verbindung nach Freiburg?“ fragte er lächelnd.

Es war dieses Lächeln in seinem Gesicht, das mich aufstehen und auf ihn zugehen ließ.
„Nein, es sei denn, Sie lassen sich von dort ein Taxi kommen", erwiderte ich und ärgerte mich, weil meine Stimme plötzlich so rauh und belegt klang. „Aber eine gute halbe Stunde wird das wohl auch dauern."
Er seufzte leicht und zuckte dann mit den Schultern.
„Na ja, immer noch besser, als die zwanzig Kilometer zu Fuß gehen. Wo ist denn hier das nächste Telefon?"
Ich weiß bis heute nicht, warum ich damals nicht einfach nach links deutete und ihm sagte, daß er in der nächsten Seitenstraße eine Telefonzelle finden würde. Stattdessen beugte ich mich vor und öffnete die Tür.
„Kommen Sie herein, Sie können bei mir telefonieren", hörte ich mich zu meiner Überraschung sagen. „Bis zur nächsten Telefonzelle müssen Sie noch ein ganzes Stück gehen."
Sein Lächeln vertiefte sich und ich spürte plötzlich mein Herz im Hals schlagen.
„Oh, vielen Dank", erwiderte er und folgte mir ins Haus. „Sie sind wirklich sehr nett."
Ich war nicht nett, ich war dämlich. Dämlich deshalb, weil man mit 37 Jahren keine Illusionen mehr haben sollte und ich ganz genau fühlte, daß dieser Mann alles wieder in mir aufreißen konnte, was ich seit meiner Scheidung vor drei Jahren mühsam genug unterdrückt und begraben hatte. Ich war dämlich, weil ich wegen dem Lächeln eines Fremden meinen hart erkämpften inneren Frieden aufs Spiel setzte und mich wieder einem Feuer näherte, das mich schon einmal erfaßt und tief verletzt zurückgelassen hatte. Es wäre deshalb klüger gewesen, ich hätte ihn vor dem Haus stehenlassen und selbst ein Taxi gerufen, aber stattdessen bat ich ihn nun in mein Wohnzimmer und legte ihm sogar noch das Telefonbuch zurecht.
„Möchten Sie vielleicht eine Tasse Kaffee?" fragte ich dann auch

noch zu allem Überfluß und hätte mich gleichzeitig selbst ohrfeigen können. „Ich habe gerade frischen aufgebrüht."
Er hatte bereits den Telefonhörer in der Hand und nickte mir deshalb nur lächelnd zu, aber ich fühlte plötzlich eine heiße Welle über mich hinwegstreichen und flüchtete eiligst in die Küche. Als ich dann allerdings Minuten später mit dem Kaffeetablett zurückkam, sah er mich genauso ratlos an wie Minuten zuvor an der Gartentür.
„Ich bekomme keine Verbindung", sagte er schulterzuckend. „Die Leitung ist ständig besetzt."
Ich blies mir eine Haarsträhne aus der Stirn.
„Ach, dann versuchen Sie es eben später noch einmal", erwiderte ich, als hätte ich ihn zu einem gemütlichen Nachmittag eingeladen. „Jetzt trinken Sie erstmal Ihren Kaffee — oder haben Sie es sehr eilig?"
Er nahm mir das Tablett ab und schüttelte den Kopf.
„Aber nein, ich habe Zeit — sehr viel Zeit sogar. Heute ist ja Sonntag."
Es war Sonntag, ein Sonnentag, und er hatte wirklich sehr viel Zeit. Trotzdem vergingen mir die Stunden wie im Flug und ich hätte Gott weiß was darum gegeben, wenn ich die Zeit hätte anhalten können. Bis spät in den Abend hinein saßen wir beisammen, unterhielten uns über dieses und jenes, und weder er noch ich dachten dabei daran, noch einmal die Taxizentrale anzurufen.
Erst gegen 22 Uhr fuhr er aufgeschreckt in die Höhe und griff nach dem Hörer.
„Jetzt muß ich aber wirklich gehen", sagte er, und ich glaubte fast so etwas wie Bedauern in seiner Stimme zu hören. „Hoffentlich klappt es jetzt mit einem Taxi."
Ich hätte ihm am liebsten gesagt, daß er kein Taxi brauche, weil mein Wagen in der Garage stand, und ich ihn jederzeit an jeden Ort der Welt gefahren hätte, aber meine Kehle war wie zugeschnürt und ich fühlte eine fast schmerzhafte Enttäuschung in mir, als sich die Taxizentrale diesmal auf Anhieb meldete.

„Ich danke Ihnen für Ihre Gastfreundschaft, Frau Maifeld“, sagte er, als eine knappe halbe Stunde später draußen ein Wagen vorfuhr. „Darf ich wiederkommen?“
Ich wußte, daß ich jetzt etwas sagen oder wenigstens mit dem Kopf nicken mußte, wenn dieser Abend nicht nur eine von vielen belanglosen Episoden in meinem Leben werden sollte, aber ich hatte noch immer einen Kloß im Hals und brauchte lange, um ihm antworten zu können.
„Wenn Sie wollen . . . also, ich meine, Sie können gerne einmal vorbeikommen, wenn Sie hier in der Nähe sind“, stotterte ich schließlich. „Ab 19 Uhr bin ich eigentlich immer zu Hause — und natürlich am Wochenende.“
Er drückte mir die Hand, hielt sie eine Sekunde zu lange fest und lächelte mich dabei an, so wie er es den ganzen Abend über getan hatte und ging dann mit hastigen Schritten hinaus auf die Straße auf das wartende Taxi zu. Und ich stand mit klopfendem Herzen unter der Haustür und sah ihm nach, bis der Wagen aus meinem Blickfeld entschwunden war, und hatte in diesem Augenblick nur den einzigen Wunsch, daß er bald wiederkommen würde.

***

Bernd kam schon am nächsten Abend wieder. Auch am übernächsten und an allen folgenden Tagen war er mein Gast. So wie mir selbst, schien auch ihm unser Zusammensein sehr viel zu geben und ich spürte, wie allmählich die Mauer zerbröckelte, die ich in den vergangenen Jahren um mich herum aufgebaut hatte. Schließlich blieb er ganz bei mir und ich erlebte mit ihm all das wieder, woran ich längst nicht mehr geglaubt hatte. Seine Zärtlichkeit und Hingabe hüllten mich ein, legten sich wie ein wärmender Mantel um mich und ließen mit der Zeit die tiefen Narben jener Wunden verschwinden, die mir eine sechzehnjährige Ehe zugefügt hatte.
Irgendwann in dieser Zeit erzählte mir dann Bernd auch seine Le-

bensgeschichte, auf die ich hier aber nicht näher eingehen will, weil sie ohnehin nicht stimmte und nichts als ein Netz von Halb- und Unwahrheiten war. Später habe ich mich zwar oft gefragt, warum er mir nicht die Wahrheit gesagt und gemeinsam mit mir nach einem Ausweg gesucht hatte, aber eine Antwort darauf habe ich nie gefunden. Eine Antwort auf so manche Unklarheiten und Widersprüche, in die er sich manchmal verstrickte, erhielt ich erst einige Tage vor Weihnachten, als wir, mit Einkäufen beladen, nach Hause kamen und uns plötzlich drei Männer den Weg versperrten.
„Kriminalpolizei", sagte einer von ihnen und zeigte eine Marke vor. „Kommen Sie mit, Herr Lortz, Sie sind verhaftet."
Zum erstenmal, seit ich Bernd kannte, sah ich das Lächeln aus seinem Gesicht verschwinden, sah es grau und starr vor Angst werden, bis es nur noch einer verzerrten Maske glich. Sekundenlang stand er reglos und wie gelähmt neben mir, dann ließ er unsere Einkaufstüten fallen, stieß die Polizisten beiseite und rannte über Wiesen und Felder davon. Ich sah, wie die Beamten ihre Waffen herausrissen und hörte ihre Warnrufe, und dann peitschte ein Schuß durch die Nacht und ich sah Bernd auf die Erde stürzen und wußte im gleichen Augenblick, daß er tot und nun alles zu Ende war.

***

Irgendwann danach, als ich neben ihm kniete und auf seinem Gesicht den Anflug seines vertrauten Lächelns zu erkennen glaubte, kam einer der Polizisten zu mir herüber. Er stand eine ganze Weile stumm neben mir, dann faßte er mich unter den Armen, zog mich hoch und klopfte mir den Schmutz vom Mantel.
„Seien Sie froh, daß es vorbei ist, Frau Maifeld", sagte er leise. „Kommen Sie, ich bringe Sie nach Hause."
Ich streifte seine Hand ab und schüttelte den Kopf.
„Nein, lassen Sie mich", flüsterte ich. „Ich will hierbleiben, bis er . . . bis er weggebracht wird."

Er sah mich einen Augenblick zögernd an, dann schob er gekränkt die Unterlippe vor.
„Um den Kerl brauchen Sie ja nun wahrhaftig nicht zu trauern", fuhr er auf. „Der hat Sie ja doch nur von vorne bis hinten belogen. Lortz war kein Bauingenieur, wie er hier überall im Ort und vermutlich auch Ihnen erzählt hat. Er war Kellner und arbeitete zuletzt in Essen. Als er dort vor einigen Monaten wegen Unregelmässigkeiten bei der Abrechnung entlassen wurde, hat er eine Bank überfallen und dabei eiskalt den Kassierer erschossen. Er war ein Krimineller, ein Mörder — und jetzt hat er eben für seinen Mord bezahlt!"
Ich schloß meine Augen und schwieg. Was hätte ich auch sagen können? Ich wußte, daß dies die Wahrheit war und dagegen konnte ich gar nichts sagen. Ich wußte aber auch, daß dieser tote Mann zu meinen Füßen, der an einem nun schon unwahrscheinlich fernen Tag in mein Leben getreten war und mich aus meiner Erstarrung gerissen hatte, in Wirklichkeit ein ganz anderer war als jener, den sie gejagt, gestellt und zuletzt getötet hatten. Ich wußte es, weil ich es einen ganzen unvergeßlichen Herbst lang erlebt hatte.

Ein guter Tag für Harry

Eigentlich hatte Harry Schöninger einmal Zauberer werden wollen. Die Fähigkeit, ganz nach Belieben Gegenstände verschwinden und wieder erscheinen zu lassen, gehörte schon in seiner Kindheit zu den großen Wundern dieser Welt und erweckte in ihm den brennendheißen Wunsch, es einmal den Männern mit ihren Zylindern und magischen Stäben gleichzutun. Es war daher nur folgerichtig, daß sich Harry in jeder freien Minute in diesen Künsten übte und es dabei allmählich zu einer Fertigkeit brachte, die selbst seine Lehrer in Erstaunen versetzte und sie so manche versäumte Hausaufgabe übersehen ließ.
Später dann, als Harry auf väterliches Geheiß hin das Handwerk eines Bäckers erlernen mußte, stellte er jedoch sehr schnell fest, daß das Verschwindenlassen von Gegenständen wesentlich lukrativer sein konnte als das Brötchenbacken, und so begann er seine Karriere als Ladendieb. Um es von vornherein zu sagen: Es wurde eine überaus erfolgreiche Karriere, und seine Tätigkeit verschaffte so manchem Filial- oder Abteilungsleiter schlaflose Nächte. Nie fiel Harry einer Kassiererin auf, nie geriet er in die Fänge einer elektronischen Alarmanlage und niemals gelang es einem Hausdetektiv, ihn auf frischer Tat zu ertappen. Sein Verhängnis begann

erst, als er eines Tages in der Kosmetikabteilung eines Kaufhauses einer überaus reizvollen Berufskollegin begegnete und plötzlich die Vision eines schlagkräftigen Teams vor Augen hatte.
Zunächst aber, als er das Mädchen entdeckte, konnte er sich eines nachsichtigen Lächelns nicht erwehren. Wie ungeschickt sich die Kleine anstellt, dachte er. Wie auffällig sie das Parfümfläschchen in ihrem Mantel verschwinden läßt — und noch dazu eines der unteren Preisklasse! Wie lächerlich langsam sie arbeitet! Nein, wirklich, die Süße muß eine absolute Anfängerin sein! Aber hübsch ist sie, sogar verdammt hübsch. Da kann man doch als Mann nicht einfach zusehen, wie sie in ihr Verderben rennt. Er schob sich durch den Kundenstrom hastig auf das Mädchen zu und beugte sich von hinten über ihre Schulter.
„Es geht mich zwar nichts an“, flüsterte er ihr zu. „Aber Sie machen das viel zu auffällig. Wenn Sie sich nicht etwas geschickter anstellen, werden Sie in unserer Branche nicht alt, mein Fräulein.“
Sie fuhr aufgeschreckt herum und starrte ihn aus tiefblauen Augen entsetzt an.
„Aber ich . . . ich . . .“
Harry winkte grinsend ab.
„Lassen Sie nur, ich habe Sie beobachtet“, versuchte er sie zu beruhigen. „Aber von mir haben Sie nichts zu befürchten, ich bin ein Kollege von Ihnen — ein sehr wohlmeinender Kollege sogar, wenn ich mal so sagen darf.“
Sie atmete erleichtert auf.
„Oh Gott, und ich dachte schon, jetzt hätte mich einer von diesen Detektiven . . .“
„Diese Schleicher werden Sie auch hundertprozentig fassen, wenn Sie weiterhin so leichtsinnig arbeiten“, unterbrach er sie. „Es gibt schließlich auch in unserem Beruf bestimmte Regeln und irgendwann fällt jeder auf die Nase, der sich nicht daran hält. Regel Nummer eins zum Beispiel lautet: Nimm nie etwas Billiges! Wenn schon, denn schon, müssen Sie sich sagen. Falls Sie wirklich ein-

mal Pech haben, dann ist es dem Richter egal, ob Sie etwas für zehn oder für tausend Mark in der Tasche hatten. Geklaut ist geklaut."

Sie warf ihm einen zerknirschten Blick zu.

„Ich habe eben noch keine Erfahrung", verteidigte sie sich. „Es war heute überhaupt das erstemal, daß ich ..."

„Na, genauso hat es auch ausgesehen", fiel ihr Harry ins Wort. „Also, dann geben Sie gut acht, was ich Ihnen sage. So eine Unterrichtsstunde bekommen Sie nie wieder. Regel Nummer zwei lautet: Sieh dich gut, aber unauffällig nach allen Seiten um, bevor du lange Finger machst. Sie aber haben sich vorhin so um Ihre eigene Achse gedreht, daß Sie selbst ein blinder Hausdetektiv bemerkt hätte. Und ich kann Ihnen nur raten, diese Leute nicht zu unterschätzen. Hier, sehen Sie mal, so müssen Sie das machen."

Harrys Hand bewegte sich nur flüchtig zum Regal hin, aber als er sie wieder zurückzog, hielt sie ein Fläschchen des teuersten Parfüms umklammert.

„Oder hier, bei den Armbanduhren", setzte er seinen Unterricht fort. „Da probiert man erstmal einige an und läßt dann dabei eine davon ganz locker im Hemdärmel verschwinden. Sehen Sie, so läuft das."

Das Mädchen sah ihn verblüfft an.

„Mein Gott, Sie sind ja ein echter Spezialist", sagte es bewundernd. „Haben Sie denn jetzt tatsächlich eine Uhr im Ärmel? Ich habe überhaupt nicht gesehen, daß Sie ..."

„Na, und genau das soll man ja auch nicht", grinste Harry geschmeichelt. „Wäre ja eine echte Katastrophe für unsereinen, wenn das jedem auffallen würde. Aber wenn Sie ruhig und gelassen arbeiten, keine nervösen oder hektischen Bewegungen machen, wird man Sie gar nicht weiter beachten. Sie sind dann eben eine nicht so recht zum Kauf entschlossene Kundin. Nervosität und Hektik aber ist ein wahres Gift für unseren Beruf und davor müssen Sie sich unter allen Umständen hüten. Gehen wir weiter?"

Das Mädchen nickte bereitwillig und schlenderte neben ihm in die Rundfunk- und Fernsehabteilung hinüber.

„Was machen Sie aber eigentlich, wenn Sie etwas haben möchten, das Sie nicht in die Tasche stecken können?" fragte sie dabei. „So einen Kofferradio zum Beispiel oder diesen kleinen Fernseher hier. Da müssen Sie dann aber auch passen, nicht?"

Harry lächelte mild.

„Aber ganz und gar nicht", beteuerte er. „In diesem Fall muß man seine Arbeitsweise nur etwas ändern. Da macht man eben so kurz vor Ladenschluß einen kleinen Bummel durch sämtliche Abteilungen und sucht nach einer unbesetzten Kasse. Ist überhaupt kein Problem, so etwas zu finden. Die Verkäuferinnen haben da meistens schon abgerechnet und sind voll auf Feierabend eingestimmt. Manche rennen auch schnell noch in die Lebensmittelabteilung und kaufen fürs Abendessen ein, auf jeden Fall finden Sie irgendwo eine Kasse ohne Verkäuferin. Da liegen doch fast überall diese Kleberollen mit der Aufschrift „Bezahlt" herum, nicht? Na, da schnappen Sie sich eine und kleben ein Stück davon auf den Karton oder was es immer auch ist. Ich sage Ihnen, kein Mensch wird Sie dann damit aufhalten und Sie können ganz gemütlich auf den Ausgang zuschlendern. Ich habe mir auf diese Weise eine komplette Stereoanlage einschließlich Lautsprecher an Land gezogen und mein Fernseher ist auch so ein billig erworbenes Stück."

Dem Mädchen entschlüpfte ein anerkennender Laut.

„Meinen Sie, ich werde das auch einmal können?" fragte es zweifelnd.

Harry nickte zuversichtlich.

„Wenn Sie sich an die Regeln halten, ganz bestimmt. Sie müssen sich nur etwas Mühe geben und . . . na ja, einige Unterrichtsstunden brauchen Sie natürlich auch noch. Ich hoffe, ich darf auch weiterhin Ihr Lehrer sein."

Sie sah ihn unsicher an.

„Na ja, an sich schon, aber . . ."

„Gar kein Aber, Verehrteste“, fiel ihr Harry ins Wort. „Klauen kann schließlich jeder, aber sich dabei nicht erwischen zu lassen, ist eine echte Kunst, und es dauert lange, bis man sie vollendet beherrscht. Oder möchten Sie etwa innerhalb der nächsten vier Wochen einem Untersuchungsrichter gegenübersitzen?“
„Was für eine Frage!“ blitzte sie ihn an. „Natürlich möchte ich das nicht! Es ist nur . . .“
„Dann bleibt Ihnen gar nichts anderes übrig, als erstmal sämtliche Regeln unseres Metiers zu lernen und das geht nicht von einem Tag auf den anderen. Ganz wichtig ist auch, daß man seine Beute nicht dauernd mit sich herumschleppt, und deshalb werden wir jetzt unsere Tätigkeit hier beenden und das Zeug in Sicherheit bringen. Sollten Sie nämlich später durch irgendwelche widrigen Umstände wirklich gezwungen sein, den Tatort auf schnellstem Weg zu verlassen, dann muß man alles wieder wegwerfen und die ganze Mühe war vergebens. Also, merken Sie sich: Nie mit vollen Taschen weiterklauen!“
Sie trippelte aufgeregt neben ihm her.
„Aber wenn Sie jedesmal erst nach Hause gehen wollen, verlieren Sie doch jede Menge Zeit“, warf sie ein. „Lohnt es sich denn dann noch?“
Harry schüttelte amüsiert den Kopf.
„Aber ich gehe ja gar nicht nach Hause“, erwiderte er. „Ich habe meinen Wagen im Parkhaus stehen. Kommen Sie nur mit, dann können Sie mal einen Blick in den Kofferraum werfen. War ein wirklich guter Tag für mich heute.“
Das Mädchen nickte und öffnete seine Handtasche.
„Für mich aber auch“, sagte es und schenkte Harry ein strahlendes Lächeln. „Ich habe noch nie einen echten Experten für Ladendiebstahl kennengelernt. Wenn ich mich jetzt vielleicht noch kurz vorstellen darf: Mein Name ist Ingrid Fiedler, und ich bin hier als Hausdetektiv angestellt. Nein, laufen Sie besser nicht weg, Herr Schöninger, Sie kämen nicht weit. So wie Sie Ihre Tricks kennen,

so kennen wir natürlich auch unsere zahlungsunwilligen Kunden und Sie hatten wir schon lange aufs Korn genommen. Aus diesem Grund haben uns auch die beiden Herren hinter Ihnen von Anfang an auf diesem unterhaltsamen Lehrgang begleitet. Wenn Sie dann also ohne großes Aufsehen mitkommen würden, unser Büro ist gleich hier links und die Polizei erwartet Sie bereits."
Harry wandte sich langsam um und betrachtete sekundenlang stumm die beiden Männer hinter sich, die ihm spöttisch zugrinsten, dann warf er einen enttäuschten Blick auf Fräulein Ingrid Fiedler und begann lautlos, aber inbrünstig zu fluchen.

Ferien auf den Bahamas

Die Stille in seinem Rücken machte Egon nervös.
„Wie lange brauchst du denn um Himmelswillen noch, Stefan?“ fragte er ungeduldig. „Kannst du dich denn nicht etwas mehr beeilen?“
Stefan machte eine abwehrende Handbewegung.
„Kann ich eben nicht“, behauptete er. „So ein Tresor ist ja schließlich keine Sardinenbüchse, die man einfach aufschneiden kann. Das ist etwas ganz anderes, weißt du? Da muß man behutsam vorgehen, ganz sanft und zart — wie bei einer hübschen Frau!“
Egon wandte sich gereizt zu ihm um.
„Halte mir bitte keine Vorlesung, Steff“, sagte er scharf. „Ich will nicht wissen, wie du es machst, sondern wie lange du dazu brauchst — in einer halben Stunde ist es draußen heller Tag!“
Stefan grinste gelassen.
„Na und? Heute ist doch Sonntag und niemand da, der uns stören könnte. Und Grauvogels Fahrer ist viel zu bequem, um mal einen Rundgang durch das Haus zu machen. Solange sein Boß in der Ferne weilt, läßt der sich hier nicht blicken. Wozu denn auch? Schließlich ist deine Sabine die einzige, die von diesem Schatz hier etwas weiß. Da, nimm mal einen Schluck, das beruhigt die Nerven!“

Egon fing geschickt die Flasche auf, die ihm Stefan zuwarf, und entkorkte sie.
„Nichts für ungut, Steff", sagte er mit einem unsicheren Lächeln, „aber das ewige Warten und Rumstehen macht mich einfach fix und fertig. Ich bin eben kein Profi wie du."
Stefan blies gekonnt einige Rauchringe an die Decke und nickte. „Versteh ich doch, Junge", meinte er gutmütig. „Mir haben beim erstenmal auch die Hosen geflattert. Aber mach dir mal keine unnötigen Sorgen, ich schaffe das schon. Sieh mal, das ist nun der . . . also, ich meine, das hier ist nicht der erste Tresor, an dem ich herumknabbere, und ich habe sie noch alle geknackt — ohne jede Panne! Geh lieber wieder zum Fenster und behalte die Straße im Auge, das lenkt ab."
Egon wandte sich aufseufzend um. Dein Wort in Gottes Ohr, dachte er. Wenn wir hier Pech haben, können wir den Traum vom süßen Leben ein für allemal begraben. Vor allem aber ist dann Sabine für mich unrettbar verloren. Wer kann es denn einem Mädchen mit ihrem Aussehen verdenken, wenn sie gewisse Ansprüche stellt?
Durch die herabgelassenen Jalousien spähte er hinüber zur anderen Straßenseite, wo Sabine in dem gestohlenen BMW auf sie wartete und atmete erleichtert auf. Ruhig, absolut ruhig war es draußen, und wenn er sich ein wenig vorbeugte, konnte er sogar Sabines blonden Haarschopf durch das Rückfenster erkennen.
Gutes Mädchen, dachte er gerührt und erinnerte sich, wie sie ihm zum erstenmal von Grauvogels Schätzen erzählt hatte.
„Stell dir vor, Egon", hatte sie gestrahlt und mit sanften Fingern sein Haar durchwühlt, „über eine Million soll der Schmuck von Grauvogels verstorbener Frau wert sein — jedenfalls ist er in dieser Höhe versichert. Und seit Grauvogel Witwer ist, fährt er fast jedes Wochenende zu irgendeiner Freundin an die Mosel. Meinst du nicht, daß dann mal was zu machen wäre?"

Egon, der seit dem Tag ihres Kennenlernens vor drei Wochen nur noch am Rätseln war, wieso ausgerechnet an seinem Himmel dieser Stern namens Sabine aufgegangen war, hatte sie in die Arme genommen und lächelnd genickt.
„Normalerweise wäre da schon was zu machen, Mäuschen", hatte er erwidert. „Aber dein Herr Grauvogel bewahrt die Klunkerchen seiner seligen Josephine ganz bestimmt nicht in einem Schuhkarton unter dem Bett auf, oder?"
Sabine hatte sich erregt aufgerichtet.
„Fast so gut wie unter dem Bett, Egon — fast so gut! Sie befinden sich zwar in einem Wandsafe mit einem ziemlich komplizierten Schloß, aber ein guter Knacki hätte da durchaus Chancen. Kennst du aus dieser Branche niemand?"
Egon kannte jemand. Nachdem er seine Sabine sekundenlang mit offenem Mund angestarrt hatte, war er ans Telefon geeilt und hatte seinen alten Freund Stefan Braun angerufen, der ein unbestreitbares As auf diesem Gebiet war und am nächsten Morgen voller Begeisterung und Tatendrang angerückt kam.
„Mannomann", hatte er gedröhnt und Egon schmerzhaft die Hand geschüttelt, „wenn das wahr ist, dann sind wir gemachte Leute! Woher weiß denn eigentlich dein blonder Zeitvertreib darüber so gut Bescheid, hm?"
„Na, weil die Süße seit fast zwei Jahren Grauvogels Sekretärin ist", hatte ihn Egon aufgeklärt. „Die kennt sich dort doch bestens aus! Wenn du dir die Sache zutraust, dann . . ."
Stefan hatte abwehrend die Hand gehoben.
„Werde bloß nicht beleidigend, Egon! Was heißt hier zutrauen? Die Sache ist bereits so gut wie gelaufen! Aber sie muß natürlich gründlich vorbereitet werden. Da darf nichts, aber auch gar nichts schiefgehen. Die Gefängnisse sind voll von Leuten, die sich für ihre Coups nicht die nötige Zeit gelassen haben. Aber verlaßt euch da mal ruhig auf den alten Stefan, der weiß, wie man so etwas macht. Nur, so ein Knaller lockt natürlich die Bullen aus ihren Lö-

chern, klar? Also wäre es gut, wenn wir uns vorher nach einem ruhigen Plätzchen für die ersten Wochen danach umsehen würden. Eine Hetzjagd quer durch das Land ist für meine alten Knochen nicht gerade die beste Medizin."
Sabine wußte so ein Plätzchen. Es lag in Niederbayern und gehörte ihrem Onkel Sepp, der schon immer ein Herz für seine hübsche Nichte gehabt hatte.
„Bei ihm sind wir so sicher wie in Abrahams Schoß und außerdem willkommen", hatte sie behauptet, und das war wiederum der Grund dafür, daß Egon seine letzten Kröten zusammenkratzte und sich die angepriesene Zuflucht aus der Nähe ansah. Er kam freudestrahlend zurück. „Onkel Sepp's Burg ist ein totaler Volltreffer", hatte er dem aufmerksam lauschenden Stefan berichtet. „Ringsum nichts als Wald und Wiesen, und bis zum nächsten Dorf sind es fast vier Kilometer. Und weißt du, was das beste an der ganzen Sache ist? Der Hof des Alten liegt fast unmittelbar an der Grenze nach Österreich! Na, was sagst du dazu?"
Stefan hatte gar nichts dazu gesagt, sondern nur anerkennend genickt und sein Glas gehoben.
„Auf Grauvogels Schmuck, auf Onkel Sepp's Burg und auf deine reizende Sabine, der wir den ganzen Segen zu verdanken haben. Prost, Freunde!"
So war es damals gewesen, und Egon erinnerte sich gerade an den überdimensionalen Kater, der ihn am nächsten Morgen heimgesucht hatte, als ihn ein dumpfes Stöhnen in seinem Rücken erschrocken herumfahren ließ.
„Was ist los, Steff?" fragte er hastig.
„Allmächtiger, sieh dir das an!"
Mit zwei Sätzen war Egon am Safe und starrte gebannt in dessen Inneres, wo auf dunklen Samtkissen der komplette Familienschmuck der Grauvogels schimmerte. Für Sekunden betrachteten sie beide andächtig die vor ihnen liegenden Kostbarkeiten, dann hatte sich Stefan gefaßt und griff mit beiden Händen zu.

„Los, Egon", sagte er heiser, „gib die Tasche her! Wir wollen deine Sabine nicht noch länger warten lassen."

***

Oliver Bernstein, Frankfurts bekanntester Hehler und wegen seiner vorspringenden Nase in Unterweltskreisen nur als „der Specht" bekannt, legte das letzte Stück von Grauvogels Juwelen beiseite und sah Egon und Stefan erwartungsvoll an.
„Also, was habt ihr euch denn so vorgestellt, Jungs?" fragte er. „Ich meine, was wollt ihr dafür haben?"
Stefan warf Egon einen verständnisinnigen Blick zu.
„Na ja, nachdem das Zeug ja weit über eine Million wert ist, Oli", sagte er langsam, „da dachten wir, so rund die Hälfte könntest du schon . . ."
Oliver Bernstein fuhr entsetzt in die Höhe.
„Eine Million?" kreischte er mit seiner Falsettstimme. „Ihr beide seid wohl vom Affen gebissen, was? Hat jemand schon mal gehört, daß Imitationen eine Million wert sind? Nicht einmal zweitausend könnte ich euch dafür geben, und wenn ich es doch tue, dann nur deshalb, weil es ganz hervorragende Imitationen sind und zu mir von Zeit zu Zeit so ein Trottel aus der Lüneburger Heide kommt, der immer ein billiges Geschenk für seine Freundin sucht. Also, was ist, wollt ihr die zwei Mille?"
Stefan schluckte erregt.
„Oli, das . . . das gibt's doch nicht", sagte er schwach. „Du mußt dich irren! Der Grauvogel-Schmuck ist doch in der High Society ein Begriff! Ich hab' mich doch erkundigt, Mann!"
Bernstein winkte ab.
„Weiß ich doch, Stefan, weiß ich doch! Das hier ist aber nicht der Grauvogel-Schmuck. Das ist nichts weiter als eine Kopie — eine ganz ausgezeichnete Kopie sogar! Aber, so leid mir das auch für

euch beide tut, echt ist er nicht. Nehmt das Zeug mit, fragt, wen ihr wollt, es kann euch niemand etwas anderes sagen."
Stefan ließ sich mit einem herzhaften Fluch in Olivers Paradesessel fallen und warf Egon einen giftigen Blick zu.
„Dein Wort genügt mir, Oli", knurrte er. „Da brauche ich niemanden weiter zu fragen. Okay, wir nehmen die zwei Riesen. Aber leg wenigstens noch einen Hunderter drauf, das läßt sich dann besser durch drei teilen. Diesem Esel da seine Süße ist nämlich auch noch mit daran beteiligt."

***

Sabine Herzog schmiegte sich hingebungsvoll an die breite Brust von Walter Grauvogel und knabberte zärtlich an seinem Ohrläppchen.
„Ich hoffe, du denkst an das, was wir miteinander vereinbart haben, Walter", sagte sie leise. „Wenn jetzt dieser Versicherungsmensch kommt und dir den Scheck bringt — jeder bekommt die Hälfte, okay? Vergiß nicht, daß du ohne meine Hilfe dieses Ding gar nicht drehen hättest können."
Grauvogel lächelte und warf einen Blick auf seine Uhr.
„Keine Sorge, ich halte mein Wort Sabine", erwiderte er. „Jeder bekommt genau 528 000 Mark. Und wenn dieser Herr Reinhard von der Global Versicherung nur einigermaßen pünktlich ist, bist du bereits in zwanzig Minuten eine reiche Frau. Hast du dir überhaupt schon mal überlegt, was du mit deinem Anteil anfangen wirst?"
Sabine lehnte sich bequem zurück und sah verträumt zum Fenster hinaus.
„Mit meinem Anteil?" wiederholte sie. „Ach, weißt du, Walter, so genau habe ich darüber noch gar nicht nachgedacht. Auf jeden Fall werde ich erstmal Urlaub machen. So einen richtigen, herrlichen Urlaub auf den Bahamas. Mein Gott, schon als kleines Mäd-

chen habe ich immer davon geträumt, einmal dorthin zu fliegen, aber es hat bisher leider immer nur für drei Wochen Mallorca oder Riccione gereicht."

„Wenn du willst, kannst du dich jetzt für den Rest deines Lebens auf den Bahamas niederlassen", sagte Walter schmunzelnd. „So eine kleine Bar oder eine Boutique, das wäre doch was, oder? Und leisten kannst du dir das allemal — dank der gütigen Nachhilfe durch deine Freunde Egon und Stefan."

Sabine hauchte einen Kuß auf seine Stirn.

„Du hättest mal die Gesichter der beiden sehen sollen, als sie von ihrer Pleite erfuhren", kicherte sie. „Die waren sich doch bis zuletzt vollkommen sicher, daß der Schmuck echt ist."

Walter Grauvogel grinste hämisch.

„Das war meine Frau auch", erwiderte er. „Die Gute hat nie bemerkt, daß ich im Lauf der Jahre ein Stück nach dem anderen durch eine Kopie ersetzt habe. Na ja, der alte Zimmermann ist schon ein Meister in seinem Fach und besonders intelligent war Josephine ja auch nicht."

Das sanfte Dingdong der Türglocke ließ sie aufgeschreckt zusammenfahren.

„Ich wette, das ist dieser Versicherungsheini", flüsterte Walter und schob Sabine von seinem Schoß. „Geh solange ins Nebenzimmer, Sabine. Der Kerl braucht dich hier gar nicht zu sehen."

Sabine warf ihm eine Kußhand zu und verschwand mit aufreizendem Hüftenwackeln im angrenzenden Raum, und Walter ging mit schnellen Schritten an die Wohnungstür und streckte dem Abgesandten der Global lächelnd die Hand entgegen.

„Kommen Sie herein, Herr Reinhard", sagte er leutselig. „Kommen Sie herein und machen Sie es sich gemütlich. Ich habe Sie bereits erwartet."

Klaus Reinhard nahm artig seinen Hut ab und ließ sich in den angebotenen Sessel sinken.

„Tja, Herr Grauvogel", schnaufte er, „das muß ja nun für Sie ein harter Schlag gewesen sein, als Sie damals von Ihrer ... äh, Geschäftsreise nach Hause kamen und den aufgebrochenen Tresor entdeckten. Aber da können Sie mal sehen, was eine gute Versicherung wert ist, nicht wahr? Gerade unsere Gesellschaft darf sich rühmen, ihren Kunden ein guter Partner in solchen Fällen zu sein. Bei uns gibt es keine Ausflüchte, kein Hinweis auf das sogenannte Kleingedruckte. Wir sehen den Schaden an, sehen uns die Police an, und dann bezahlen wir."

Walter verschränkte friedvoll die Hände über dem Bauch.

„Ich werde mir nie erlauben, irgendwie daran zu zweifeln, Herr Reinhard", bemerkte er lächelnd. „Wenn auch die Prämien der Global langsam die Höhe des Mount Everest erreichen."

Klaus Reinhards Zeigefinger stand in der Luft wie die Freiheitsstatue an der New Yorker Hafeneinfahrt.

„Aber sie lohnen sich, Herr Grauvogel", gab er zu bedenken. „Sie lohnen sich! Sehen Sie mal, was wäre denn, wenn Sie nicht versichert gewesen wären? Sie wären ein armer Mann, nicht wahr? Denn für die Polizei wäre der Einbruch bei Ihnen ein Fall wie jeder andere. Sie sucht ja in erster Linie nach dem Täter und hofft dabei, über ihn dann vielleicht auch auf das gestohlene Gut zu stoßen. Wir hingegen arbeiten da ganz anders, Herr Grauvogel. Uns ist es an sich gleichgültig, ob der Täter gefaßt wird. Für ihn müssen wir ja nicht bezahlen, und von seiner Strafe haben wir auch nichts. Unser Augenmerk richtet sich also von vornherein auf das Diebesgut, und unsere Bemühungen gelten naturgemäß der Wiederbeschaffung. In Ihrem Fall, Herr Grauvogel, das darf ich doch mit gebührendem Stolz bemerken, haben wir uns nun tatsächlich nicht umsonst bemüht."

Walter warf ihm einem ahnungsvollen Blick zu.

„Heißt das etwa, daß Sie ... Ich meine, wollen Sie etwa damit sagen, daß ..."

„Daß wir Ihre Juwelen gefunden haben, Herr Grauvogel", vollendete Klaus Reinhard und lächelte zufrieden. „Es war zwar nicht gerade leicht, das können Sie sich sicher denken, aber bei einem solchen Wert ziehen wir natürlich an allen möglichen Drähten und setzen alle verfügbaren Leute ein. Und nun stellen Sie sich vor, einer von diesen Leuten, ein gewisser Herbert Klein, hat Ihre Juwelen bei Oliver Bernstein aufgestöbert — einem stadtbekannten Hehler übrigens."

„Ei . . . einem Hehler?" ächzte Walter. „Und wie kamen sie dahin?" Reinhard zuckte mit den Schultern.

„Darüber konnten wir nichts in Erfahrung bringen", erwiderte er und machte ein geheimnisvolles Gesicht. „Und ehrlich gesagt, wir wollen das auch gar nicht. Wir begnügen uns damit, daß wir die entwendeten Werte wieder in Händen haben und unserer Ersatzpflicht los und ledig sind. Ich meine, damit ist doch auch Ihnen bestens gedient, nicht wahr? Sie haben Ihre alten kostbaren Stücke wieder und unsere Gesellschaft hat mehr als eine Million gespart — und das alles dank unserem Herrn Klein."

„Dank Ihrem Herrn Klein", murmelte Walter erschüttert. „Das muß ja ein richtiger Detektiv sein, Ihr Herr Klein."

Reinhards Augenbrauen schoben sich achtunggebietend in die Höhe.

„Ein sehr fähiger Mann, Herr Grauvogel", klärte er Walter auf. „Wirklich, sehr fähig. An sich ist ja Herr Klein Landwirt oben in der Lüneburger Heide, aber in solchen Fällen arbeitet er auf Provisionsbasis für uns und tritt bei den bekannten Hehlern als potentieller Kunde auf. Na, und wie Sie selbst sehen, mit durchschlagendem Erfolg."

Walter beugte sich vor und stützte den Kopf in beide Hände.

„Ich begreife das nicht", stotterte er. „Ich kann das einfach nicht begreifen! Das ist doch . . . das gibt's doch gar nicht, das ist doch vollkommen unmöglich!"

Reinhard klopfte Walter beruhigend auf die Schulter.

„Nun, nun, ein kleines Wunder ist es natürlich schon", gab er zu. „Aber Sie können sich selbst davon überzeugen, daß alles noch

vollzählig und unbeschädigt vorhanden ist. Ich brauche jetzt nur noch Ihre Unterschrift auf der Empfangsbestätigung und den ... na ja, den Scheck können Sie uns natürlich auch zusenden, Herr Grauvogel."
„Den Scheck?" stammelte Walter erschöpft. „Um Himmelswillen, welchen Scheck denn?"
Klaus Reinhard zwinkerte ihm spitzbübisch zu.
„Nun ja, Sie waren doch so freundlich, fünf Prozent der Versicherungssumme als Belohnung für die Wiederbeschaffung Ihrer Juwelen auszusetzen", sagte er und rieb sich die kleinen feisten Hände, „und unser Herr Klein hat sich das Geld ja auch zweifellos verdient, nicht wahr? Wir haben ihm deshalb den Betrag von etwas mehr als fünfzigtausend Mark auch sofort ausbezahlt — ein kleines Entgegenkommen unserer Gesellschaft Ihnen gegenüber, Herr Grauvogel. Sie sind uns doch für jede Summe gut, haha! Dürfen wir also deshalb in den nächsten Tagen einen entsprechenden Scheck von Ihnen erwarten?"

Martha, Martha!

Es war in unserer gesamten Nachbarschaft seit langem ein offenes Geheimnis, daß mich meine Schwiegermutter Martha von Anfang an nicht leiden konnte. Wie sie beim Einkaufen und sonstigen diversen Gelegenheiten lautstark verkündete, hätte ihre Tocher Ulrike mindestens Anspruch auf einen Filmstar, Großindustriellen oder wenigstens einen Akademiker gehabt und wäre für mich viel zu schade. Ein Typ wie ich, der sich seine Brötchen mittels eines vermutlich unseriösen Autohandels verdiente, war jedenfalls nicht der richtige Partner für eine Schönheit aus dem Hause Meyer.
Offen gesagt, konnte ich für Frau Martha Meyer, die durch die Zähigkeit und den Dickkopf ihrer Tochter Ulrike gewaltsam zu meiner Schwiegermutter gemacht worden war, ebenfalls nur sehr mäßige Sympathie empfinden und ging ihr, so gut ich konnte, aus dem Weg. Daß es dann aber ausgerechnet sie war, die mir einen erstklassig gelungenen Coup bei der Nordkredit Bank doch noch vermasselte, gehört für mich zu den großen Unbegreiflichkeiten des Schicksals und wird bis an mein Lebensende eine Quelle ständigen Ärgers sein.
Ich hatte die Sache bei der Nordkredit so exakt und bis in die letzte Einzelheit hinein geplant, daß überhaupt nichts schiefgehen

konnte. Alles, was ich jetzt noch brauchte, um einmal voll hinlangen zu können, war eine plausible Ausrede für meine Ulrike, der ich ja schließlich erklären mußte, weshalb und warum ich für eine Nacht außer Haus sein würde. Was aber macht ein Mann, der weiß, daß es solch eine Ausrede nicht gibt und der eine sehr mißtrauische, eifersüchtige und mehr als temperamentvolle Frau sein eigen nennt? Richtig, er provoziert einen Ehestreit! In unserer bisher zweijährigen gemeinsamen Vergangenheit hatte dieses Rezept schon mehrfach prima funktioniert und mir jene Luft verschafft, die ich für meine nächtlichen Bankbesuche brauchte. Noch immer hatte Ulrike nach einem Ehestreit und unter Donner und Blitz ihren Koffer gepackt und war in die schwiegermütterliche Höhle geflüchtet. Am nächsten Tag, nach vollbrachter Tat, war ich dann als reuiger Sünder erschienen, hatte für alle Zeiten Besserung geschworen und auf diese Weise meinen Sonnenschein wieder nach Hause gelockt.
Also fing ich auch diesmal mit kleinen Sticheleien an, mäkelte am Essen herum, fuhr mit dem Zeigefinger provozierend über die Lampenschirme und betrachtete dann kopfschüttelnd eine nicht vorhandene Staubschicht auf meiner Fingerspitze, und schaukelte auf diese Weise die Sache allmählich hoch. Wie schon bei früheren Gelegenheiten ging meine Rechnung auch diesmal voll auf. Als ich am zweiten Tag etwas kritisch meine frisch gebügelte Hose betrachtete und dabei feststellte, daß es auch schärfere Bügelfalten geben würde, war mein Herzblatt im Nullkommanichts auf 180.
„Jetzt habe ich aber genug!“ schrie sie und riß sich wütend die Schürze herab. „Such dir doch für deine Launen endlich mal eine andere, ich lasse mich doch von dir nicht länger schikanieren! Morgen gehe ich zum Anwalt und reiche die Scheidung ein. Ich muß ja ohnehin verrückt gewesen sein, als ich dich heiratete! Mich siehst du jedenfalls nie wieder!“
Wie immer machte sie ihre Drohung wahr. Schon zehn Minuten später fuhr ein Taxi vor und Ulrike polterte mit ihren beiden Kof-

fern die Treppe herab, schoß zur Tür hinaus und warf sie mit einem unüberhörbaren Knall hinter sich zu. Ich grinste dem davonfahrenden Taxi hinterher, genehmigte mir erstmal ein Bier und traf dann meine Vorbereitungen für den Besuch in der Nordkredit Bank.

Noch in der gleichen Nacht machte ich mich ans Werk und landete nach langer Zeit und vielen Pleiten endlich wieder einmal einen totalen Volltreffer. Ich weiß zwar nicht, wie es zu anderen Zeiten im Tresor dieser Filiale aussah, aber aufgrund meiner Erfahrungen hatte ich mit etwa 50 000 gerechnet und erwischte nun beinahe das Dreifache. Klar, daß ich erstmal einen Luftsprung machte und das Hartgeld großzügigerweise liegenließ. Nach einem einwandfrei verlaufenen Rückzug und einer beinahe endlosen Zählerei stopfte ich die Geldbündel in einen Plastikkanister, löste im Keller vorsichtig einige Fliesen vom Boden ab und mauerte meinen Schatz sorgfältig ein. Dann stellte ich mich erstmal eine halbe Stunde lang unter die Dusche, frühstückte gemächlich und machte mich anschließend auf den Weg zu meiner Schwiegermutter.

Zu meiner Verblüffung war dort aber weit und breit nichts von meinem Goldschatz zu sehen, und Martha hatte auch nichts von ihr gehört, aber in ihrer Gehässigkeit schoß sie einen bitterbösen Pfeil auf mich ab.

„Geschieht dir ganz recht, wenn sie dich endlich verlassen hat", zischte sie mich an. „Offensichtlich ist das Kind nun doch vernünftig geworden. Mich wundert sowieso, daß sie es so lange bei dir ausgehalten hat. Oder hast du ihr vielleicht etwas angetan? Hast du sie etwa umgebracht und spielst jetzt vor mir den besorgten Ehemann, damit kein Verdacht auf dich fällt? Einem Gauner wie dir traue ich doch alles zu!"

Ich konnte über soviel Gemeinheit nur den Kopf schütteln und auf dem Absatz kehrtmachen, aber natürlich beunruhigte mich der Gedanke an Ulrikes Verschwinden nun ebenfalls. Ich raste nach Hause, rief Gott und die Welt an und fragte sämtliche Freunde nach ihr, aber obwohl sich meine Umfrageaktion bis weit nach Mitternacht hinzog, blieb sie ohne jedes Ergebnis. Mit quälenden Gedanken ging ich schließlich zu Bett, hatte die ganze Nacht hindurch ebenso quälende Träume und wurde am nächsten Morgen vom schrillen Ton der Türglocke geweckt. Mein erster Gedanke war, daß Ulrike zurückgekommen war und ihren Schlüssel nicht finden konnte. Aber als ich freudig erregt aus dem Bett sprang und die Tür aufriß, sah ich in die dienstlichen Gesichter von zwei Polizisten.

„Wir hätten gerne einmal Ihre Frau gesprochen, Herr Merkel", sagte einer von ihnen und tippte an seine Mütze. „Dürfen wir vielleicht kurz hereinkommen?"

Ich zuckte hilflos mit den Schultern.

„Hereinkommen dürfen Sie selbstverständlich", erwiderte ich und wußte natürlich genau, wer mir die beiden auf den Hals gehetzt hatte. „Aber das ist dann schon alles. Bezüglich meiner Frau muß ich Sie leider enttäuschen, die ist nicht da."

„Und Sie wissen vermutlich auch nicht, wo sie sich zur Zeit aufhält?" fragte der andere. „Sie ist also sozusagen mit unbekannten Ziel verreist, ja?"

Ich setzte gerade zu einer Erwiderung an, doch dann stieg auf der Straße ein drahtiger Mittvierziger aus einem Wagen und kam mit meiner Schwiegermutter auf mich zu.

„Guten Morgen, Herr Merkel", sagte er und lächelte. „Ich bin Kommissar Ritter von der Vermißtenstelle. Ihre Schwiegermutter . . . nun, sie macht sich Sorgen um ihre Tochter."

Ich warf Martha einen meiner giftigsten Blicke zu und für sie war das der Fanfarenstoß in der Arena, mit dem der Kampf eröffnet wurde.

„Umgebracht hat er sie!" zeterte sie. „Ich sage Ihnen, Herr Kommissar, er hat sie umgebracht! Eiskalt ermordet hat er sie! Ulrike ist noch immer zu mir gekommen, wenn sie mit dem Kerl da Streit hatte."

Der Kommissar lächelte immer noch.
„Hatten Sie Streit mit Ihrer Frau, Herr Merkel?“
Ich holte tief Luft.
„Ja, hatte ich! Aber das heißt doch noch lange nicht . . .“
„Aber gewiß nicht“, unterbrach er mich. „Obwohl im Streit schon so manches passiert ist. Darf ich mal einen kurzen Blick ins Haus werfen?“
„Aber bitte sehr“, dienerte ich und riß die Tür auf. „Sie können gern überall nachsehen.“
Der Kommissar und die beiden Polizisten sahen wirklich überall nach, und es wäre auch nichts dabei passiert, wenn nicht Martha mit ihren zwei Zentnern in Keller ausgerechnet auf eine der frisch eingemauerten Fliesen getreten wäre und sich das Ding dabei nicht hochgehoben hätte.
„Ah, das ist ganz neu gemacht!“ schrie sie aufgeregt. „Hier müssen Sie nachgraben, meine Herren, hier finden Sie bestimmt etwas!“
Natürlich gruben sie nach und natürlich fanden sie auch etwas — allerdings nicht Ulrike. Die stieg gerade aus einem Taxi, als mich Kommissar Ritter zu seinem Wagen führte.
„Ach, Liebster, es tut mir ja so leid, daß ich so häßlich zu dir war“, rief sie und kam auf mich zugestürmt. „Aber in Zukunft werde ich mich nun wirklich besser beherrschen — und zu meiner Mutter laufe ich auch nicht mehr wegen jedem Pfifferling. Na, komm schon, umarme mich!“
Seit unserer Hochzeit war dies wahrhaftig der erste Wunsch, den ich meinem Wonneproppen nicht erfüllen konnte. Getan hätte ich es gerne, aber mit Handschellen an den Gelenken hat man dabei ganz erhebliche Probleme.

Donnernder Widerhall

Nach allem, was man so hört und liest, sollen ja Sterbende kurz vor dem Ende noch einmal ihr ganzes Leben an sich vorüberziehen sehen. Ich weiß nun zwar nicht, ob das wirklich so ist, aber ich weiß, daß ich bis zu meinem letzten Atemzug Kommissar Auriac vor mir sehen werde, wie er an jenem Morgen zu mir auf den Hof kam. Er kletterte mühsam aus seinem schwarzen Citröen, kam mit schweren Schritten auf mich zu und ließ sich ächzend auf die Bank neben der Haustür sinken.

„Na, Philippe“, sagte er und wischte sich den Schweiß von der Stirn, „hast du nun schon was von deiner Chantal gehört?“

Ich war gerade dabei, die Hufe von Blanche, meinem Schimmel zu säubern, und sah ihn von unten herauf kopfschüttelnd an.

„Nicht einen Ton“, erwiderte ich und zerrte mit aller Kraft an einem abgebrochenen Nagel, „und ehrlich gesagt, rechne ich auch gar nicht damit, Kommissar. Oder ist es bei euch in Nantes vielleicht üblich, daß durchgebrannte Ehefrauen ihre Männer wissen lassen, wo sie sich gerade herumtreiben?“

Auriac wiegte bedächtig seinen kahlen Kopf hin und her.

„Manchmal schon“, meinte er dann. „Vor allem, wenn sie den er-

sten Sturm hinter sich haben und merken, daß jeder Mann nur mit Wasser kocht.“
Ich zuckte mit den Schultern.
„Mag ja sein, Kommissar“, erwiderte ich, „ich will Ihnen da gar nicht widersprechen. Aber nachdem ich bis heute nichts von Chantal gehört habe, dauert ihr Sturm anscheinend noch an.“
Er kicherte leise und zog eine zerdrückte Packung Gauloises aus der Tasche.
„Na, du nimmst die Sache wenigstens mit Humor“, lobte er mich und bot mir eine Zigarette an. „Aber sag mal, würdest du Chantal eigentlich wieder bei dir aufnehmen, wenn sie heute zurückkame?“
Gott, Fragen stellte dieser Auriac! Wie sollte denn Chantal jemals zurückkommen, wo ich sie doch gut zwei Meter tief draußen auf dem Acker vergraben hatte? Immerhin ist nur Jesus Christus damals der Trick mit der Auferstehung geglückt; und zwischen ihm und einer einfachen Bäuerin aus der Vendee ist ja wohl ein kleiner Unterschied, nicht?
„Ja, natürlich würde ich sie wieder nehmen“, sagte ich deshalb mit der Gelassenheit eines Mannes, der weiß, daß Weihnachten und Ostern nie auf denselben Tag fallen können, „warum denn auch nicht? Als Hausfrau war Chantal einfach nicht zu übertreffen, und auch im Stall hatte sie eine recht glückliche Hand.“
Auriac sah mich an, als hätte er ein zweiköpfiges Kalb vor sich.
„Schon, schon“, meinte er schließlich, „aber hättest du denn keine Haß- oder Rachegefühle gegen sie? Immerhin hat sie dir doch mit diesem Kretin . . .“
„Grepin, Kommissar“, verbesserte ich ihn, „Jean-Pierre Grepin — ein Nichtsnutz aus St. Nazaire.“
„Ja, richtig, Grepin! Also, immerhin hat sie dir doch mit diesem Kerl monatelang Hörner aufgesetzt, nicht? Da wäre es doch gar nicht weiter verwunderlich, wenn du nicht gerade mit offenen Armen auf sie warten würdest, oder?“
Ich hielt mein Luntenfeuerzeug an seine Zigarette und grinste ihn an.

„Ach, wissen Sie, Kommissar“, sagte ich ruhig, „hier draußen auf dem Land sieht man das etwas anders. Man schlachtet eine gute Kuh nicht gleich deshalb, weil sie mal ein bißchen auf fremder Weide gegrast hat.“
Er stemmte mühsam seine 110 Kilo in die Höhe und sah mich kopfschüttelnd an.
„Vergleiche habt ihr hier“, sagte er lächelnd, „also, einem normalen Menschen bleibt da einfach die Spucke weg. Na, ich will mich mal so langsam wieder auf die Socken machen.“
Ich trat den Rest der Gauloise in den Sand und nahm mir Blanches rechten Hinterhuf vor.
„Sind Sie nur gekommen, um zu fragen, ob ich Chantal wieder aufnehmen würde?“ fragte ich verblüfft. „Ich dachte schon, Sie hätten vielleicht eine Spur von ihr und wollten jetzt für sie gut Wetter bei mir machen.“
Auriac fuhr sich mit der Hand über die Glatze und betrachtete voller Abscheu die blutigen Überreste einer Stechfliege zwischen seinen Fingern.
„Du darfst da nicht zuviel erwarten, Philippe“, sagte er langsam. „Wir können die beiden ja schließlich nicht per Haftbefehl suchen lassen. Außerdem sind sie ja erst vor einer Woche abgedampft und Frankreich ist groß. Im Augenblick sind sie jedenfalls wie vom Erdboden verschwunden.“
Also, dieser Auriac mochte so fett und dumm sein wie er wollte, aber diesmal hatte er den Nagel auf den Kopf getroffen. Er sagte genau das, was damals wirklich geschehen war, als ich Chantal und ihren Galan im Bett überraschte. Ich hatte zwar schon lange den Verdacht, daß sie mir mit irgendeinem Kerl Hörner aufsetzte, aber beweisen konnte ich es ihr nie. Wie denn auch? Ich war ja fast den ganzen Tag draußen auf den Feldern, und selbst wenn ich mich mal heimlich nach Hause hätte schleichen wollen, es wäre gar nicht gegangen. Vermoulin war ein Aussiedlerhof, der mutterseelenallein in der Gegend stand, und um ungesehen an ihn heran-

zukommen, hätte man schon ein Maulwurf sein müssen; und selbst dann wären die Spuren im satten Grün der Wiesen nicht zu übersehen gewesen. Die Aussichten, Chantal jemals bei einem Seitensprung zu ertappen, waren also denkbar gering. Wahrscheinlich hätte sich daran auch nie etwas geändert, aber dann starb ganz überraschend Onkel Pierre und ich mußte zu seiner Beerdigung nach Montpellier. Das heißt, ich hätte gemußt, und Chantal nahm auch an, daß ich dorthin fuhr. In Wirklichkeit aber entschuldigte ich mich mit einem Telegramm, machte mir einen vergnügten Tag in Nantes und kehrte erst spät abends nach Vermoulin zurück. Um es kurz zu machen: ich erwischte die beiden mitten im Gefecht und erst beim zweiten Hinsehen begriff ich, daß es wirklich Chantal war, die da unter diesem Grepin lag. Wenn ich mit ihr schlief, dann hörte ich höchstens mal ein leises Seufzen und spürte eine kurze Bewegung, wenn es ihr kam. Aber diesen Grepin hielt sie wie ein Affe umklammert, stöhnte, schluchzte und schrie, wand sich wie eine Schlange hin und her, und krallte sich mit ihren Nägeln derart in seinen Rücken, daß sich der Kerl durchbog wie eine Hängebrücke. Ich weiß nicht, wie lange ich unter der Tür stand und ihnen zusah, aber plötzlich fiel Chantals Blick auf mich, und sie fuhren wie vom Donner gerührt auseinander. Chantal sah mir sofort an, daß ich sie töten würde und wehrte sich wie eine Wahnsinnige gegen mich, aber dann verfing sie sich mit den Füßen in ihrem Morgenmantel am Boden und fiel direkt in mein Messer. Grepin aber war so schnell aus dem Zimmer geflüchtet, daß er bereits einen guten Kilometer hinter sich hatte, als ich nach ihm suchte. Ich pfiff nach Serge, meinem Schäferhund, ließ ihn Grepins Spur aufnehmen und stellte ihn schließlich unten an der Straße nach Arvanac. Als er mich mit dem Messer in der Hand auf sich zukommen sah, flüchtete er in panischer Angst in das kleine Wäldchen jenseits der Straße, und ich steckte das Messer wieder ein, hielt Serge am Halsband fest und ging ihm langsam nach. Ich wußte, daß er jetzt blindlings weiter- und direkt in den Sumpf hinter dem

Wäldchen laufen würde. Grepin saß unwiderruflich in der Falle und ich konnte mir Zeit lassen.
Als ihn Serge schließlich fand, steckte er bereits bis zur Hüfte in der schwarzbraunen Brühe. Aber es dauerte noch lange, bis das Wasser seinen Mund erreichte; und die ganze Zeit über starrten wir uns stumm und haßerfüllt an, und jeder sagte dem anderen auf diese Weise, was er für ein Schweinehund sei.
Ich wartete nicht ab, bis er versunken war. Ich wußte, daß ihm niemand mehr helfen konnte, und Grepin selbst wußte es auch. Vielleicht versuchte er deshalb auch gar nicht erst um Hilfe zu rufen. Im Umkreis von sechs Kilometern wohnte ohnehin niemand, und auf der Straße begegnete man um diese Zeit höchstens mal einem einzelnen Autofahrer, aber nie einem Fußgänger.
Ich warf das Messer in den Sumpf und ging mit Serge langsam nach Hause. Im Laufe der Nacht verbrannte ich dann einige Koffer und den größten Teil von Chantals Kleidern, begrub sie selbst draußen auf dem Acker, und machte mich am Morgen auf den Weg nach Nantes, zu Kommissar Auriac.
„Ach ja, Philippe", riß mich plötzlich seine Stimme aus meinen Gedanken, „da wäre noch etwas. Sagtest du mir damals nicht, daß Chantal alles Wertvolle mitgenommen hätte? Schmuck und so weiter?"
Ich nickte kurz.
„Doch, ja, das hat sie — warum?"
Er kratzte sich nachdenklich am Kinn und sah zu den Hügeln von Pornis hinüber."
„Na ja", meinte er dann, „es hat vielleicht nichts zu bedeuten, aber irgendwie ist es doch eigenartig, daß sie nicht auch ihr Collier bei Monsieur Roubaix mitgenommen hat, nicht?"
Es traf mich wie ein Hufschlag im Magen. An alles hatte ich gedacht, nur nicht an dieses verdammte Perlencollier. Ich hatte es Chantal im letzten Jahr zu ihrem zweiundzwanzigsten Geburtstag geschenkt, und es hatte mich fast die halbe Getreideernte gekostet,

aber dann war ihr nach einigen Monaten der Verschluß kaputtgegangen und sie hatte es nach Nantes, zum Juwelier gebracht.
„Jaaa, ist es denn noch dort?“ stotterte ich. „Ich dachte, sie hätte es längst wieder abgeholt. Woher wissen Sie eigentlich davon, Kommissar?“
Er klemmte beide Daumen hinter seine Hosenträger und wippte auf den Fußballen auf und ab.
„Von meiner Schwiegertochter“, sagte er langsam. „Sie arbeitet bei Roubaix. Mir gibt diese Sache jetzt natürlich etwas zu denken, verstehst du?“
„Nein, wieso, ich meine . . .“
„Aber Philippe! Kennst du etwa eine Frau, die freiwillig auf ihr kostbarstes Schmuckstück verzichten würde?“
Ich starrte ihn schweratmend an.
„Vielleicht . . . vielleicht hatte sie keine Zeit mehr, es abzuholen und läßt es sich irgendwann nachschicken“, rätselte ich. „Mir ist das Ding jedenfalls vollkommen gleichgültig, solange Chantal selbst nicht wieder hier ist.“
Auriac kaute an seiner Unterlippe und nickte.
„Verstehe, Philippe“, lächelte er. „Wenn ein Mann nichts zu schmücken hat, braucht er auch keinen Schmuck. Immerhin, es wäre schon gut, wenn sich Chantal bald darum kümmern würde. Ich wüßte dann wenigstens mit Sicherheit, daß sie noch am Leben ist.“
Ich fühlte, wie es eisig kalt in mir emporkroch.
„Ja, denken Sie denn, daß Chantal . . .?“
Er legte mir die Hand auf den Arm.
„Vorläufig denke ich noch gar nichts, mon cher“, sagte er. „Aber meine Ermittlungen gehen nach allen Seiten und schließen auch die Möglichkeit eines Unfalls oder eines Verbrechens mit ein. Na, mach dir jetzt mal keine Sorgen, es wird sich schon noch alles in Wohlgefallen auflösen. Ruf mich auf jeden Fall an, sobald du etwas von ihr hörst — d'accord?“

„D'accord, Kommissar", erwiderte ich und ärgerte mich, daß meine Stimme so heiser klang.
Er nickte mir noch einmal zu, stieg dann in seinen Wagen und fuhr langsam und mit überdrehtem Motor auf die Straße hinaus. Gedankenvoll sah ich ihm nach, und wenn ich auch nichts auf Vorahnungen und dergleichen gebe, einen Augenblick lang hatte ich doch das Gefühl, als sei die schwankende Antenne auf dem Wagendach ein erhobener Finger, der mir drohend zuwinkte.

***

Je länger ich in den folgenden Tagen über Auriacs Besuch nachdachte, desto mehr wurde mir klar, daß Chantals Collier der Angelpunkt der ganzen Sache war. Solange es bei Roubaix lag, solange konnte der Kommissar vermuten, daß Chantal nicht mehr in der Lage war, es abzuholen. Bisher hatte er nicht im geringsten an meiner Aussage gezweifelt, aber offensichtlich dachte er doch daran, daß Chantal nicht mehr am Leben sein konnte. Hatte sich aber diese Überlegung erst einmal in ihm festgesetzt und er fing an, nach der toten, statt nach der lebenden Chantal zu suchen, dann wurde die Sache heiß.
Natürlich konnte ich einfach zu Roubaix gehen und das Collier abholen, aber das war nicht das Problem. Das Problem war, daß Auriac überhaupt davon wußte. Ob es nun bei mir oder bei Roubaix lag, die Tatsache, daß sich Chantal nicht mehr darum kümmerte, würde seine Gedanken automatisch in eine ganz bestimmte Richtung lenken und ihn eines Tages aktiv werden lassen.
Mich mußte der Teufel geritten haben, als ich Chantal draußen im Acker begraben hatte! Auriac war zwar kein Mensch, der sich gewaltsam um jede Arbeit riß, aber es kostete ihn schließlich nur ein Fingerschnippen und die Brigadiers aus Nantes würden auf Vermoulin das unterste zu oberst kehren. Sie hatten Sonden, sie hatten

Leichenhunde, sie hatten alles, was sie brauchten, und im Ernstfall würde es höchstens eine Woche dauern, dann waren sie am Ziel. Sie mußte weg! Chantal mußte verschwinden! Sie mußte genauso spurlos verschwinden, wie damals Grepin verschwunden war. Ihn konnte nicht einmal die Polizei von ganz Frankreich wieder ans Tageslicht bringen, und wo es keine Leiche gab, gab es natürlich auch keinen Mörder. Ich konnte es drehen und wenden wie ich wollte, aber wenn ich jemals wieder ruhig schlafen wollte, dann mußte ich sie aus dem Acker wieder ausgraben und hinaus zu Grepins letzter Ruhestätte bringen; und je eher ich das tat, desto besser würde es sein.

Ich war noch nie ein Mann von langen Überlegungen gewesen und begann sofort mit den Vorbereitungen. Der alte Fahrradanhänger, mit dem wir früher die Milch hinab zur Sammelstelle gefahren hatten, war noch intakt und brauchte nur neue Luft in den Reifen. Ich pumpte sie auf, suchte mir im Traktorschuppen ein Stück Plane und wickelte den Spaten hinein. Dann setzte ich mich auf die Futterkrippe im Pferdestall und wartete ungeduldig auf den Anbruch der Dämmerung.

***

Es war kalt, als ich mich schließlich auf den Weg machte. Dem Kalender nach hatten wir zwar erst Anfang September, aber von der Küste her wehte nachts doch schon ein eisiger Wind, der einem durch Mark und Bein ging. Zu jeder anderen Zeit hätte ich gezittert vor Kälte, aber jetzt fühlte ich sie kaum. Ich zerrte den Anhänger hinter mir die Anhöhe hinauf und ließ ihn dann auf dem ausgefahrenen Feldweg stehen. Gleich nach Chantals Tod hatte ich ihn umgepflügt und für die neue Saat im nächsten Jahr vorbereitet, aber obwohl er nun nur noch eine glatte, ebenmäßige Fläche war, fand ich das Grab doch auf Anhieb wieder.

Ich wickelte den Spaten aus dem Tuch, begann zu graben, wühlte mich immer tiefer in den Boden hinein, aber es dauerte doch nahezu eine Stunde, bis die Plastikplane mit Chantals Leiche unter meinen Füßen sichtbar wurde. Hastig bückte ich mich, entfernte die letzten Erdreste von ihr, dann aber ließ ich die Hände sinken und starrte wie versteinert nach oben.

Das Knacken der Pistole in meinem Rücken war nur ein leises, kaum wahrnehmbares Geräusch gewesen, aber ich hatte es gehört, hatte es richtig gedeutet, und in meinem Innern löste es einen donnernden Widerhall aus. Auriac hielt die Waffe auf mich gerichtet und streckte mir gleichzeitig seine Hand entgegen.

„Komm heraus, Philippe", sagte er ruhig und zog mich nach oben, „den Rest kannst du jetzt uns überlassen."

Das Entsetzen hatte sich wie eine tollwütige Ratte auf mich gestürzt, machte mich schwach und willenlos, und zu jeder Entgegnung unfähig. Mit einer fast väterlichen Geste legte Auriac seinen Arm um mich.

„Du fragst dich jetzt vielleicht, wie ich hierher komme, nicht wahr?" sagte er und zog ein Paar Handschellen aus der Tasche. „Aber diese Frage kannst du dir ersparen, Philippe. Du solltest dich eher mal fragen, wie damals Grepin nach Vermoulin gekommen ist. Willst du es wissen?"

Ich konnte nur stumm nicken.

Auriac deutete hinüber zu den Hügeln von Pornis, die er bei seinem Besuch so nachdenklich betrachtet hatte.

„Sein Wagen stand dort drüben, Philippe", murmelte er. „Wir fanden ihn am gleichen Tag, an dem Chantal angeblich mit ihm davongelaufen war — mit Grepin, meine ich. Von diesem Moment an wußte ich, daß deine Geschichte nicht stimmen konnte und ließ dich überwachen. Ich war mir sicher, daß Grepin und Chantal hier irgendwo liegen mußten, aber ich konnte dir nichts beweisen — nicht das geringste! Jetzt aber frage ich mich doch, was dich eigentlich aufgeschreckt hat. War es etwa Chantals Collier?"

Er las die Antwortet in meinen Augen und schüttelte den Kopf.

„Es hätte nicht gereicht, Philippe“, flüsterte er. „Es hätte nie und nimmer gereicht. Wenn Frauen einen Mann im Kopf haben, vergessen sie gewöhnlich alles andere um sich herum. Warum nicht auch ein Collier?“

Ich konnte noch immer nicht antworten, aber ich fühlte plötzlich die Kälte der Nacht. Sie kroch in mir hoch, vermischte sich mit meiner Angst und ließ mich wie unter einem Zwang dem Wagen entgegentaumeln, der mit zuckendem Blaulicht langsam die Anhöhe heraufkam.

Treu wie Gold

Simon McCollum hatte lange überlegt, ob er überhaupt noch mit Dan Hinsley sprechen und ihn von seinem Entschluß, aus dem Geschäft auszusteigen, unterrichten sollte. Schließlich hatte er sich dann doch dafür entschieden, Dan wenigstens teilweise reinen Wein einzuschenken — wenn auch erst kurz vor seiner Abreise nach Europa. Simon wußte nur zu gut, daß Dan keine Aussteiger schätzte, und er kannte sein cholerisches Temperament viel zu genau, um sich in Bezug auf seine Person irgendwelchen Illusionen hinzugeben. Man konnte einfach nicht jahrelang für einen der großen Bosse arbeiten und dann über Nacht das Handtuch werfen. Derartige Versuche lösten bei Dan stets einen Wutanfall aus, und Simon erinnerte sich mit einigem Unbehagen an seinen ehemaligen Partner Walt Snyder, der einen solchen Ausbruch nicht überlebt hatte.

Verwundert und beinahe ungläubig stellte er dann jedoch wenig später fest, daß sich Hinsley mit ihm nur ein mattes Rückzugsgefecht lieferte.

„Aber du wirst doch nicht ausgerechnet jetzt die Fliege machen wollen", polterte er. „Von Frisco bis L. A. haben wir doch den gesamten Drogenmarkt unter Kontrolle und du bekommst doch von jedem Gramm Stoff deine Prozente. Wieso schmeckt dir das nicht mehr? Oder willst du zur Gang von Rob Willis überwechseln?"

Simon schüttelte lächelnd den Kopf.

„Ach was, ich habe einfach genug vom Geschäft", erwiderte er. „Man steht da doch dauernd mit einem Bein im Knast und meine Nerven sind eben auch nicht mehr die besten. Nee, du, da ist mir ein geruhsames Rentnerdasein mit meiner Kleinen an der Riviera doch lieber."

Dan ließ einen verächtlichen Laut hören.

„Rentnerdasein, Riviera, Kleine", knurrte er. „Seit wann hast du denn überhaupt eine Freundin und wieso weiß ich nichts davon? Kennst du den Käfer schon lange?"

Das Lächeln in Simons Gesicht vertiefte sich.

„Eigentlich kennen wir uns schon fast zwei Jahre, aber so richtig einig sind wir uns erst seit knapp vier Wochen", klärte er Dan auf. „Na ja, und jetzt wollen wir eben heiraten und uns dann in Nizza zur Ruhe setzen. Weißt du, Dan, für eine Frau ist unser Leben vielleicht doch etwas zu aufregend. Immer diese Angst und Unsicherheit, dieses Zittern, ob alles gut geht und ob man wieder nach Hause kommt . . . Also, ein anständiges Mädchen hält so etwas nicht lange durch."

Hinsley schlug sich klatschend an die Stirn und betrachtete dann voll Abscheu die zerquetschten Überreste einer Fliege zwischen seinen Fingern.

„Hört sich ja alles recht vernünftig an, Simon", sagte er und dachte dabei an seine Freundin Dawn, die ihn bis vor kurzem ebenfalls mit ihrem Wunsch nach einem Ehering genervt hatte. „Wirklich, recht vernünftig! Aber kannst du mir mal sagen, wovon ihr zwei Traumtänzer in Zukunft leben wollt? Die Riviera ist ein verdammt teures Pflaster. Ich habe jedenfalls jedesmal ein halbes Vermögen dort ausgegeben; und wenn mich diese Froschfresser bei meinem letzten Besuch nicht des Landes verwiesen hätten, könnte ich mir

dort schon auch einen bequemen Alterssitz vorstellen. Bei mir stimmen nämlich die Mäuse!"
Simon grinste überlegen.
„Bei uns auch, Boß. Ein bißchen was haben mir unsere Geschäfte ja doch eingebracht und meine Süße kommt auch nicht gerade mit leeren Händen daher. Zusammen sind wir jedenfalls über eine Million schwer."
Dan riß verblüfft die Augen auf.
„Donnerwetter!" staunte er. „Da hast du dir ja einen echten Goldfisch an Land gezogen, Junge! Warum hast du mir das Mädchen eigentlich nie vorgestellt?"
Simon tippte sich vielsagend an die Stirn.
„Weil ich nicht dämlich bin, Dan — deshalb! Du hättes ja doch nur versucht sie mir auszuspannen und so wie ich dich kenne, kochst du doch jede weich, wenn du es darauf anlegst."
Dan Hinsley schien in seinen Sessel förmlich zu wachsen.
„Da hast du aber mal den Nagel auf den Kopf getroffen", behauptete er und lächelte geschmeichelt. „Im Geschäft und in der Liebe gibt es eben keinen Pardon, sage ich immer. Aber wenn dir da tatsächlich so ein Klasseweib ins Netz gegangen ist, will ich deinem Glück wahrhaftig nicht im Weg stehen. Ich hätte sie nur zu gerne mal gesehen."
„Wirst du auch", versprach Simon. „Ich schicke dir unser Hochzeitsbild aus Nizza — okay?"
„Okay! Und wann wollt ihr starten?"
Simon warf einen Blick auf die Uhr.
„Heute noch", erwiderte er. „Genau gesagt, in zwei Stunden und achtundzwanzig Minuten. Mein Mädchen hat es nämlich verdammt eilig, und ich . . . na ja, ich wollte eben jede Diskussion mit dir vermeiden, sonst hätte ich es dir schon früher gesagt. Ich weiß doch, daß du mich nicht gerne gehen läßt."
Hinsley lutschte mißmutig an einer kalten Zigarre herum.
„Ganz so unrecht hast du da nicht", gab er schließlich zu. „Ich

verliere nie gerne einen guten Mann und ich finde es nicht gerade fair, so Knall auf Fall einfach abzuhauen. Aber schon die alten Araber wußten, daß ein Frauenhaar mehr zieht als zehn Kamele. Also, dann laß dich ziehen, du Pantoffelheld!"

Simon atmete erleichtert auf, drückte Hinsley dankbar die Hand und schoß dann förmlich zur Tür hinaus, und Dan steckte sich endlich seine Zigarre an und sah ihm kopfschüttelnd hinterher. So ein Trottel, dachte er erheitert, läßt der doch wegen irgendeinem Flittchen glatt alles stehen und liegen. Nicht mal nach seinem Anteil aus dem letzten Deal hat er gefragt. Dabei kann dieses Weib doch gar nicht so toll sein, wie er glaubt. Da hätte er schon an einen Schatz wie Dawn geraten müssen, dann hätte sich so ein Absprung wenigstens gelohnt.

Der Gedanke an seine Freundin weckte in ihm äußerst angenehme Erinnerungen und ließ ihn Simon beinahe schon vergessen. Ja, Dawn, das war wirklich ein Spitzenmädchen! Schön wie ein Frühlingstag, heiß wie die Sonne und treu wie Gold. Bei Dawn gab es keine Unklarheiten oder Zweifel, da war alles von vorne bis hinten echt. Auf einer ganzen Reihe von Kurierflügen hatte sie ihm bewiesen, daß er sich voll und ganz auf sie verlassen konnte. Erst heute morgen hatte er sie wieder nach Kolumbien in Marsch gesetzt, um neuen Stoff einzukaufen. Genau 800 000 Dollar hatte Dawn geschickt in ihrer Unterwäsche verstaut, und den gleichen angenehmen Aufbewahrungsort würde auf dem Rückflug das Heroin einnehmen und jede Zollkontrolle problemlos überstehen. Dawn ... oh ja, sie war wirklich so etwas wie das große Los in der Lotterie des Lebens. Aber Frauen wie sie waren eben nur für Männer wie ihn bestimmt, und so kleine Lichter wie Simon kamen da gar nicht erst ran.

Mit sich und der Welt zufrieden machte sich Hinsley daran, die Abrechnungen seiner Dealer zu überprüfen, und da manche von ihnen eine miserable Buchführung hatten, dauerte das bis zum späten Abend und wurde erst durch das Erscheinen von Adam Coleman, seinem Leibwächter, unterbrochen.

„Also Boß, ich finde es schon ziemlich unfair, daß du diesem Hering Simon immer die besten Aufträge gibst“, maulte er. „Jetzt schickst du ihn sogar nach Frankreich, um mit den Kollegen dort Kontakt aufzunehmen. Der Kerl hat doch weder Hirn, noch Muskeln! Der geht doch jämmerlich baden! Warum hast du da nicht mich geschickt?“
Dan sah nur kurz von seinen Zahlenreihen auf.
„Erstens gehörst du dorthin, wo ich bin und zweitens ist Simon in eigener Mission unterwegs“, erwiderte er kurz. „Er ist aus unserem Geschäft ausgestiegen und will drüben in Europa bleiben — mit irgend so einem Weib. Woher weißt du überhaupt davon?“
„Na, weil ich die beiden zufällig am Flughafen gesehen habe“, schnatterte Adam. „Sind gerade höchst eilig durch die Paß- und Zollkontrolle marschiert, als ich hinkam. Simon läßt dich nochmals schön grüßen und Dawn . . .“
„Dawn?“ schrie Hinsley entsetzt. „Was macht Dawn am Flughafen? Die sitzt doch längst in Bogota!“
Adam sah ihn aus großen Augen an.
„Da bist du aber im Irrtum“, klärte er seinen Boß auf. „Dawn fliegt mit diesem geschniegelten Affen Simon nach Frankreich. Sie würden als Team drüben arbeiten, hat sie mir gesagt. Und siehst du, Dan, genau das hätte ich auch gekonnt. Ich wollte doch schon immer mal nach Europa.“

Ein schmutziges Geschäft

Die ganze Sache fing eigentlich damit an, daß meine Firma in Konkurs und ich deshalb in den vorzeitigen Ruhestand ging. Nun ist ja Freizeit auch was Schönes, sofern die Finanzen stimmen. Nach dem großen Knall in meiner Firma stand ich aber über Nacht mit knapp 1600 Mark Rente auf der Straße und konnte sehen, wie ich damit zurechtkam. Was meinen Sie, von 1600 Mark könne man doch einigermaßen leben? Ich sage Ihnen, man kann es nicht! Man kann es vor allem dann nicht, wenn man schon die Hälfte davon für die Miete auf den Tisch legen muß, wenn man drei schulpflichtige Kinder hat, und wenn man für den Rest seiner Tage nicht nur von trockenem Brot und Pellkartoffeln leben will. Nach siebenundzwanzig Jahren als Kunstschlosser hatte ich mir mein Rentnerdasein jedenfalls etwas anders vorgestellt und sah mich deshalb bald nach einem kleinen Nebenverdienst um. Es war dann schließlich mein Nachbar, Wilhelm Siebert, der meine Situation erkannte und mir aus der Klemme half. Siebert war irgendein höheres Tier bei der Bahnpolizei, hatte seine Augen und Ohren überall, und verschaffte mir durch seine Beziehungen einen Job als Losverkäufer im Hauptbahnhof. Ja, und da saß ich dann nun in meiner kleinen Bude, hatte in den Losen vor mir vielleicht

Zigtausende zu vergeben und selbst nur einen schäbigen Zehner in der Tasche. Ganz klar, daß man da allmählich ins Träumen kommt und sich überlegt, was man tun würde, wenn man mal selbst einen Haupttreffer hätte.
Vermutlich würde ich auch heute noch darüber nachgrübeln, aber dann kam eines Tages mein Nachbar zu mir und bat mich um einen kleinen Gefallen.
„Hören Sie, Berendt", sagte er, „Sie sitzen hier doch so günstig, daß Sie die ganze Schließfachanlage beobachten können, nicht? Haben Sie doch mal ein bißchen ein Auge darauf, wer sich da alles so herumtreibt. Da hat nämlich wieder mal so ein Lump einer alten Dame ihren Koffer geklaut."
Na, eine Hand wäscht die andere, dachte ich und versprach ihm, sofort Alarm zu schlagen, falls ich irgend etwas Verdächtiges bemerken würde. Ab sofort sah ich mir dann die Leute etwas genauer an und mit der Zeit bekam ich ein Auge dafür und lernte sie alle kennen. Da waren die Touristen jeden Alters, die auf einen Anschlußzug warteten und die Zeit zu einem Stadtbummel nützten, da waren die Stadtstreicher, die ihr ganzes Hab und Gut in den Schließfächern aufbewahrten, die feinen Damen, die angeblich zum Arzt, zum Friseur oder zur Schneiderin unterwegs waren und sich in Wirklichkeit mit ihren Liebhabern trafen, und da waren die Geschäftsreisenden, die Erste-Klasse-Passagiere mit ihren eleganten Handköfferchen.
Ehrlich gesagt, waren es dann gerade diese kleinen Handköfferchen, die mich auf gewisse Gedanken brachten. Wozu war ich eigentlich Kunstschlosser gewesen? Wozu hatte ich aus dem Effeff gelernt, selbst für die kompliziertesten Schlösser einen paßgenauen Schlüssel zu machen? Wozu saß ich eigentlich meine Zeit hier für ein Butterbrot ab, wenn ein paar Schritte weiter vielleicht ein Vermögen zu holen war?
Noch am gleichen Abend machte ich mich in meiner Werkstatt an die Arbeit und hatte zwei Tage später einen Schlüssel in der

Hand, der mir die Türen zu allen Schließfächern öffnen konnte. Tja, und dann beobachtete ich die Leute noch genauer und wartete. Hin und wieder kam dann tatsächlich ein Reisender, dessen Gepäck sehr vielversprechend aussah, und ich will gar nicht bestreiten, daß mir auf diese Weise so mancher gute Fang gelang und ich immer mit heiler Haut davonkam. Allerdings beging ich auch nicht den Fehler der Anfänger und ließ die Koffer und Taschen einfach verschwinden. Nein, ich wartete geduldig, bis sich die Leute wieder entfernt hatten, holte dann blitzschnell ihr Gepäck aus den Schließfächern, durchsuchte es in meiner Losbude nach wertvollen Dingen und brachte es anschließend brav wieder zurück. Wenn dann die Damen und Herren Eigentümer ihr Zeug wieder holten und irgendwann danach feststellten, daß ihnen einiges fehlte, errieten sie bestimmt nicht, wo es ihnen abhanden gekommen war und erstatteten deshalb auch keine Anzeige.
So gesehen konnte ich also zufrieden sein und war es auch bis an jenem Freitag, als ein elegant aussehender Mittfünziger einen noch eleganteren Handkoffer im Schließfach 127 deponierte und dann eiligen Schrittes im Menschengewühl verschwand. Drei Minuten später hatte ich das Köfferchen in meiner Bude und wäre beinahe in Ohnmacht gefallen, als ich es öffnete und sah, daß es bis zum Rand mit dicken Bündeln Hunderter gefüllt war. So im ersten Augenblick konnte ich mein Glück gar nicht richtig fassen und bekam regelrecht weiche Knie. Aber als ich dann mal ganz genüßlich in den Bündeln gewühlt und mich überzeugt hatte, daß alles Wirklichkeit war, hatte ich mich wieder in der Gewalt und handelte wie ein echter Profi.
Ich kippte die Geldbündel kurzerhand in meine alte Aktentasche, hing das Schild „Geschlossen“ an meine Bude, sperrte ab und schlenderte dann ganz gemächlich auf den Ausgang zu. Den Schlüssel zu den Schließfächern, der mir so gute Dienste geleistet hatte und den ich nun nie mehr brauchen würde, mein Super-Se-

sam-öffne-dich sozusagen, warf ich im Vorübergehen in den Auffangkorb einer Kehrmaschine.

Draußen schien die Sonne, und ich blieb erstmal stehen und holte tief Luft. Jetzt würde das richtige Leben beginnen, dachte ich und spürte, daß meine Beine immer noch zitterten. Jetzt wird alles nachgeholt, was ich mir ein ganzes Leben lang gewünscht und nie hatte leisten können. Natürlich mußte ich sehr vorsichtig sein und durfte weder meiner Barbara noch den Kindern etwas von meinem plötzlichen Reichtum erzählen, aber nun würden ihre Wünsche nicht länger unerfüllbar sein.

Entschlossen marschierte ich auf ein Taxi zu und wollte gerade einsteigen, als ich einen harten Druck in meinem Rücken spürte und wie vom Donner gerührt stehenblieb.

„Nehmen Sie die Hände hoch und machen Sie keine Dummheiten", sagte eine Stimme hinter mir. „Sie sind verhaftet, Berendt!"

Ich fuhr herum und starrte in die Gesichter von einem halben Dutzend Polizisten und in das meines Nachbarn Wilhelm Siebert.

„Mensch, Berendt, wie kann ein Mensch nur so dämlich sein", sagte er kopfschüttelnd und legte mir Handschellen an. „Wie Sie sehen, ist Erpressung nicht nur ein schmutziges, sondern auch ein höchst gefährliches Geschäft. In den nächsten Jahren können Sie intensiv darüber nachdenken."

Ich hatte ein Gefühl, als hätte mich ein Hammer am Hinterkopf getroffen.

„Erpressung?" schrie ich. „Sie sind doch verrückt, Siebert! Ich habe doch niemanden erpreßt! Ich habe . . ."

„Der Herr Kriminalrat wird wohl wissen, wovon er spricht", mischte sich einer der Polizisten ein. „Heben Sie sich mal Ihre Story für den Richter auf. Der wird Ihnen dann schon sagen, was es heißt, der Bundesbahn mit Attentaten zu drohen und eine volle Million dafür zu kassieren. Sie müssen ja ein ganz hinterhältiger Typ sein."

Das gleiche sagte mir dann nach fünf Monaten Untersuchungshaft der Vorsitzende einer Strafkammer, der mir natürlich

kein Wort davon glaubte, daß ich nur hin und wieder ein Schließfach geplündert hatte. Wo waren denn die Anzeigen der Geschädigten, bitte sehr? Und wo der Schlüssel, der angeblich zu allen Schließfächern gepaßt hatte und über den ein Sachverständiger aussagte, daß die Herstellung eines solchen Passepartout bei der Kompliziertheit der in den Schließfächern verwendeten Sicherheitsschlösser gar nicht möglich sei? Ein eiskalter, abgebrühter und verstockter Verbrecher war ich, den fünf Polizisten dabei beobachtet hatten, als er unmittelbar nach der Hinterlegung der Million durch einen Bundesbahnoberrat seine Beute aus dem Schließfach holte und damit schleunigst das Weite suchen wollte. Meine Skrupellosigkeit, mit der ich meinen Plan gefaßt und ausgeführt hatte, ließ auf eine erhebliche kriminelle Energie schließen, die sicher auch schon früher zum Ausbruch gekommen war und bei der ich es nur meiner Raffinesse zu verdanken hatte, daß man mich bisher nicht als Gesetzesbrecher ermitteln konnte.
Fünf Jahre waren daher das mindeste, was ich verdiente. Erpressung war ja schließlich schon immer eines der schmutzigsten Geschäfte und einem so hartnäckig leugnenden Kriminellen wie mir müsse man einfach eine so hohe Strafe geben, damit ich ausreichend Zeit hätte, mein verwerfliches Handeln in vollem Umfang zu erkennen. Na ja, was soll ich noch dazu sagen? Genau diese Zeit habe ich jetzt!

Ein hinreißender Nikolaus

Im Grunde war es reiner Zufall, daß Willi die Hauptkasse von Greim & Walther entdeckte. Jahrelang war er fast jede Woche einmal in dem Kaufhaus gewesen, ohne jemals etwas davon bemerkt zu haben, aber als er eines Tages kurz vor Geschäftsschluß durch eine entlegene Ecke der Möbelabteilung schlenderte, kam ihm eilig eine Verkäuferin entgegen. Sie trug eine Metallkassette unter dem Arm, klopfte in rhytmischen Abständen gegen eine klinkenlose Tür und war nach fünf Sekunden dahinter verschwunden. Willi kratzte sich verblüfft an der Nase, ging zurück und versteckte sich hinter einem altdeutschen Bauernschrank. Er brauchte nicht lange zu warten. Schon nach wenigen Minuten erschien eine weitere Angestellte mit diesmal sogar zwei Kassetten unter dem Arm, klopfte genauso rhytmisch wie ihre Vorgängerin an die Tür und verschwand Sekunden später ebenfalls dahinter.

Jetzt war sich Willi sicher, daß er hier auf die Schatztruhe der Firma gestoßen war und beeilte sich nach Hause zu kommen, um diese frohe Kunde seiner Freundin Barbara mitzuteilen. Barbara allerdings, die seit zwei Jahren mit Willi Tisch und Bett und sämtliche Geheimnisse teilte, hatte gewisse Bedenken.

„Laß da mal besser die Finger weg, Willi“, warnte sie ihn. „Du bist mit so einer Sache schon einmal auf die Nase gefallen und beim letztenmal warst du auch ganz knapp dran.“

Willi hob achtunggebietend den Zeigefinger.

„Vielleicht darf ich dich daran erinnern, daß ich damals freigesprochen wurde“, protestierte er. „Das Gericht befand die Beweise als nicht ausreichend.“

„Und Kommissar Braun hat das bestimmt nicht vergessen“, dämpfte ihn Barbara. „Der wartet doch nur darauf, dich irgendwie festnageln zu können. Ich sage dir, du bist noch nicht einmal wieder richtig zu Hause und er steht mit seinen Leuten draußen auf der Matte. Nee du, das Risiko dabei ist einfach zu groß.“

Willi verzog ärgerlich das Gesicht.

„Aber es ging so leicht, Barbara“, stichelte er. „Ganz leicht und ohne jedes Problem. Ich bräuchte da nur mit einer Knarre schön im Takt an die Tür klopfen und schon wäre ich drin.“

Barbara, die gerade Willis Hemden bügelte, strich sich eine Haarsträhne aus der Stirn.

„Im Knast wärst du“, erwiderte sie trocken. „Mensch, Willi, wo du mit deiner Adlernase doch so leicht zu identifizieren bist! Da braucht doch von den Angestellten nur einer ein Wort davon zu sagen und im Präsidium schreien sämtliche Computer Hurra. Ja, wenn wir schon Fasching hätten, und du als Clown oder als Seeräuber herumlaufen könntest, dann wäre ich ja gar nicht dagegen. Aber wir haben jetzt erst Anfang Dezember!“

Willi betastete sein Riechorgan und starrte Barbara stumm an.

„Mädchen, Mädchen, du bist gar nicht mal so dumm“, sagte er dann langsam. „Du bringst mich da auf eine Idee . . . also, da muß ich jetzt mal ganz intensiv darüber nachdenken.“

Barbara warf einen hilfesuchenden Blick an die Zimmerdecke und zuckte mit den Schultern.

„Na schön, wenn du dir etwas davon versprichst, dann mach das mal“, sagte sie schnippisch. „Denken war zwar noch nie deine Stärke, aber mehr wie schiefgehen kann die Sache ja ohnehin

nicht. Ich suche mir jedenfalls schon mal die beste Busverbindung zum Untersuchungsgefängnis heraus."
Willi zog sie zu sich heran und warf einen sehnsüchtigen Blick auf ihren prallen Busen.
„Zum Nachdenken braucht auch das größte Genie ein bißchen Inspiration", grinste er und nestelte an ihren Blusenknöpfen. „Von nichts kommt nämlich auch da nichts, mein Schatz."

***

Bei Willi mußte allerdings etwas gekommen sein, denn eine Stunde später verließ er eiligst das Haus und kam erst am späten Abend zurück.
„Mädchen", sagte er und rieb sich die Hände, „das Ding ist so gut wie gelaufen! Ich habe mit meinem Freund Rudi darüber gesprochen. Wir werden die Sache gemeinsam drehen und du wirst dabei assistieren — alles klar?"
Barbara sah ihn unsicher an.
„Ich euch assistieren?" fragte sie zögernd. „Wie stellst du dir denn das vor?"
Willi riß eine Bierdose auf und machte einen langen Zug.
„Na, du weißt doch, daß Rudi im Sommer mit seiner Kamera immer drüben im Tierpark herumläft und die lieben Kinderchen auf den Ponys fotografiert, nicht?" sagte er dann tiefatmend. „Am kommenden Samstag, das ist genau der sechste Dezember, wird er allerdings nicht im Tierpark, sondern mit dir vor dem Haupteingang von Greim & Walther antreten. Du wirst in einem Nikolausanzug stecken, wirst die süßen Kleinen auf den Arm nehmen und Rudi wird dich mit ihnen fotografieren — so mit Bart, Rute und allem drum und dran. Rudi wird sich beim Fotografieren so plazieren, daß auf allen Aufnahmen die große Digitaluhr über dem Kaufhauseingang im Hintergrund zu sehen ist. Auf diese Weise verschaffen wir uns ein lückenloses Alibi, verstehst du?" Barbara nickte langsam.

„Doch, ja, ich glaube schon. Aber was ist mit dir, wann kommst du ins Spiel?“
Willi ließ genüßlich den Rest aus seiner Bierdose in sich hineinlaufen.
„Erst zwei Stunden später“, klärte er sie dann auf, „Rudi wird mit dir gegen 15 Uhr vor dem Eingang Posten beziehen und genau um 17 Uhr klopfe ich an die Tür zum Kassenraum. Zur gleichen Zeit gehst du runter in die Tiefgarage, wo Rudi seinen Lieferwagen parken wird, und wartest auf mich. Um die Mäuse zu kassieren brauche ich nicht mal drei Minuten und der Rückzug ist für mich auch kein Problem. Gleich neben dem Kassenraum ist ein Notausgang und von dort führt eine Treppe bis hinab in die Tiefgarage. Wir treffen uns in Rudis Kiste, du ziehst das Nikolauskostüm aus, ich ziehe es an, und dann fährst du nach Hause und bringst die Beute in Sicherheit, und ich gehe raus zu Rudi auf die Straße. Na, und dann kann Kommissar Braun ruhig kommen. Mehr als ein enttäuschtes Zähneknirschen wird ihm da nicht übrigbleiben.“
Barbara sah ihn bewundernd an.
„Also, du bist doch ein ganz durchtriebener Kerl“, sagte sie anerkennend. „Auf solch einen Trick muß erstmal einer kommen. Den Kommissar wird es vor Wut zerreißen, wenn er dir nichts anhängen kann.“
Willi hatte bereits wieder eine neue Bierdose in der Hand.
„Friede seiner Asche“, sagte er gönnerhaft. „Das sind eben so die Niederlagen des Lebens.“

***

Kommissar Rüdiger Braun schien nicht im geringsten an eine Niederlage zu denken, als er knapp dreißig Minuten nach Willis Coup mit drei Mann Begleitung vor dem Kaufhaus auftauchte.
„Wenn mir die schöne Barbara nicht gesagt hätte, wo ihr euch herumtreibt, ich hätte es nicht geglaubt“, sagte er kopfschüttelnd. „Ausgerechnet vor einem Kaufhaus, in dem sich ein ganz fixer

Junge eine halbe Stunde zuvor siebenhunderttausend Mark unter den Nagel gerissen hat. Wo wart ihr denn so gegen 17 Uhr, hm?"
Willi winkte ihm fröhlich mit seiner Rute zu.
„Na, da, wo wir jetzt auch sind, Kommissar", krächzte er. „Wir stehen schon gut zwei Stunden hier. Ist das denn wirklich wahr, mit den siebenhunderttausend Flöhen?"
Braun lief langsam rot an.
„Zum Nachzählen seid ihr wohl noch nicht gekommen, wie?" bellte er und nahm Willi den Sack von Rücken. „Los, steig aus deinem Kostüm und komm mit. Ihr seid beide vorläufig festgenommen!"
Rudi fuchtelte mit beiden Armen protestierend in der Luft herum.
„Aber wir haben doch mit der ganzen Sache nichts zu tun, Kommissar", schrie er. „Wir stehen seit zwei Stunden hier und fotografieren! Hier, einen sechsunddreißiger Film habe ich bereits verschossen und in der Kamera ist auch noch einer."
Der Kommissar nahm sie ihm aus der Hand und gab sie einem seiner Begleiter.
„Ins Labor damit", befahl er. „In einer Stunde will ich die fertigen Bilder haben. Los jetzt, ihr Vögel!"
Rudi fluchte wie ein kanadischer Holzfäller und Willi hüpfte vor Wut im Kreis, aber zwei Minuten später saßen sie im Streifenwagen und nach weiteren zehn vor Brauns Schreibtisch.
„So, und nun warten wir mal auf eure fotografischen Meisterwerke", sagte der Kommissar. „An ihrer Zahl läßt sich ja errechnen, wie lange ihr euch damit beschäftigt habt."
„Gut zweieinhalb Stunden und das ununterbrochen", maulte Rudi. „Sie haben mit Tomaten gehandelt, Kommissar."
Der Polizist, der schließlich die entwickelten Fotos brachte, gab Rudi recht.
„Sie waren es wirklich nicht, Chef", sagte er schulterzuckend. „Sie können es gar nicht gewesen sein. Es sind genau 39 Aufnahmen und auf jeder einzelnen von ihnen ist im Hintergrund die große Uhr über den Eingang von Greim & Walther zu sehen. Ich habe

mal nachgerechnet, aber es ändert sich nichts daran, daß die beiden Herren in Abständen von drei bis vier Minuten immer ein Foto geschossen haben. Na ja, und damit sind sie ja wohl aus dem Schneider."

Kommissar Braun breitete stumm die Fotos auf seinem Schreibtisch aus und betrachtete sie minutenlang, dann griff er nach einer Lupe. „Und sie sind nicht aus dem Schneider!" sagte er dann plötzlich und winkte Willi zu sich heran. „Im Gegenteil, sie sitzen voll in der Tinte! Oder bist du vielleicht anderer Meinung, Willi?"

Willi starrte verdutzt auf die Fotos vor ihm, aber es dauerte fast drei Minuten bis er begriffen hatte und einen enttäuschten Seufzer hören ließ. Auf allen Aufnahmen hatte der Nikolaus zwar immer andere Kinder auf dem Arm und schaute mit seinem Silberbart recht angestrengt in die Kamera, aber auf einunddreißig Fotos waren unter seinem roten Mantel die zierlichen weißen Stiefel von Barbara zu sehen und auf den restlichen acht die schwarzen und ziemlich unförmigen Treter Willis.

„Ein reizender Nikolaus", strahlte Kommissar Braun. „Wirklich, direkt hinreißend, Willi! Gibt ja jetzt wohl nichts mehr zum Abstreiten, oder? Wir wissen jetzt, wie ihr die Sache gefingert habt, und ihr zwei Hübschen wißt, was euch das kostet. Also werden wir jetzt dem Nikolaus Barbara nochmals einen kleinen Besuch abstatten. Ob er mir wohl das Versteck der Beute verrät, wenn ich ihm etwas den Bart kraule? Na, was meinst du, Willi?"

Der richtige Mann für Helen

Als Rob Hollister an jenem Abend mit Salvatore Gigliano das LA STRADA in Palermo verließ, wußte er dreierlei. Erstens, daß er den Rückflug nach Boston ohne Helen antreten würde, zweitens, daß er sich in Zukunft ungehindert an den Reizen dieser schwarzhaarigen Hexe Berenice erfreuen konnte, und drittens, daß er seinem alten Freund Giuseppe Forella zu tiefem Dank verpflichtet war. Giuseppe, der zusammen mit Rob nicht nur eine lange Reihe dunkler Geschäfte durchgezogen, sondern auch eine mindestens ebenso lange Reihe von Ehekrächen zwischen ihm und Helen miterlebt hatte, war nach dem letzten zu ihm auf die Terrasse gekommen und hatte ihn sanft am Arm gefaßt.
„Ich begreife nicht, wie du das aushältst, Robby", hatte er leise gesagt. „Warum läßt du dich eigentlich nicht scheiden?"
Rob hatte einen hilfesuchenden Blick nach oben geworfen.
„Mannomann, als ob das so einfach wäre", hatte er gestöhnt. „Das kann ich mir doch gar nicht erlauben! Helen weiß viel zuviel von unseren Geschäften und haut mich doch voll in die Pfanne, wenn ich ihr damit komme. Nee, nee, Junge, da läuft gar nichts. Ich kann nur hoffen, daß sie über Nacht mal der Schlag trifft."
Giuseppe hatte sich nachdenklich an seinem Schnurrbart gezupft.

„Vielleicht solltest du da mal ein bißchen nachhelfen", hatte er vorgeschlagen. „Mit einem bißchen guten Willen läßt sich doch da allerhand machen, nicht? Und wenn es dir hier zu riskant ist, na, dann mach doch mal mit ihr einen Trip nach Europa. Fahr in meine alte Heimat, Robby, fahr nach Sizilien! Da gibt es immer wieder mal eine Entführung mit tödlichem Ausgang. Übrigens, hast du für Helen nicht mal eine gute Versicherung abgeschlossen?"
Rob hatte ihn mit offenem Mund angestarrt.
„Doch, habe ich", hatte er dann erwidert. „Runde hunderttausend Bucks werden an mich ausgezahlt, falls ihr etwas zustößt."
Giuseppe hatte leicht mit der Zunge geschnalzt.
„Na, also, dann machst du ja sogar noch ein Geschäft! Ich würde da jedenfalls keine Sekunde lang länger überlegen. Die Sache kostet dich höchstens zehntausend Bucks und das ist doch ein Klacks gegen das, was sie dir einbringt."
„Und . . . und du meinst, das ließe sich so ohne weiteres machen?" hatte Rob atemlos gefragt. „So ganz ohne Probleme?"
„Ganz ohne Probleme", hatte ihn Giuseppe beruhigt. „Es gibt dort drüben eine ganze Menge Leute, für die ist sowas nur eine bessere Sportart. Geh mal in Palermo ins LA STRADA und frag nach Angelina. Sie ist ein süßer neunzehnjähriger Fratz, aber sie hat gute Verbindungen zur Unterwelt und kennt mit Sicherheit jemanden, der den Fall Helen für dich löst. Ich habe im letzten Sommer einige nette Wochen mit ihr verbracht und wenn du willst, gebe ich dir ein paar Zeilen an sie mit — okay?"
Von diesem Tag an hatte Rob begonnen, ständig über Müdigkeit und Stress zu klagen, hatte sogar einmal gekonnt einen Schwächeanfall vorgetäuscht und so Helen allmählich ganz von selbst auf den Gedanken gebracht, daß nun endlich mal ein längerer Urlaub fällig war. Alles weitere lief völlig nach Plan. Sie waren nach Palermo geflogen, hatten sich am Stadtrand eine einsame Villa gemietet, und heute, eine knappe Woche nach ihrer Ankunft, hatte sich Rob auf Angelinas Vermittlung hin mit Salvatore getroffen. Sie waren sich

rasch einig geworden. Salvatore würde Helen an einem der nächsten Tage entführen. Rob würde die Polizei alarmieren, aber Helen würde ein für allemal verschwunden bleiben. Selbst dann, wenn Rob die Forderung ihres Entführers zum Schein erfüllt und das Lösegeld übergeben hatte.
„Machen Sie mir bloß keine Fehler, Salvatore", sagte Rob aus seinen Gedanken heraus. „Die Sache muß auf Anhieb hinhauen. Eine zweite Chance haben wir beide nicht."
Salvatore grinste durch die Dunkelheit zu ihm herüber.
„Lassen Sie das ruhig meine Sorge sein, Signore", erwiderte er. „Wie Ihnen Angelina schon sagte, bin ich genau der richtige Mann für Ihre Frau."

***

Rob warf einen flüchtigen Blick auf die Uhr und griff dann hastig nach seiner Jacke. Er mußte jetzt weg, mußte in die Stadt und unter Leuten sein, die später eventuell als Zeugen auftreten konnten. Wenn Salvatore Wort hielt, würde er gegen neunzehn Uhr in die Villa eindringen und Helen zum Mitkommen zwingen. Hatte er sie erstmal in seinem Wagen und war mit ihr unterwegs in die Berge, dann war der Fall ohnehin so gut wie gelaufen. Dann kamen eben noch ein paar Erpresserbriefe und Rob würde ein oder zwei Wochen später einen Umschlag mit Papierschnitzeln an einem einsamen Ort ablegen, aber wenn dann Helen trotzdem nicht zurückkam, würden sich die Carabinieri schon ihren eigenen Reim auf diese Geschichte machen und nicht länger nach ihr suchen.
Aufgekratzt lief er die Treppe hinab und trat auf die Terrasse hinaus.
„Ich muß in die Stadt, Darling", sagte er zu Helen im Vorübergehen. „Ich muß ein paar Telegramme aufgeben. Es kann etwas später werden, okay?"
Sie sah nur kurz von ihrer Zeitung auf und nickte.
„Laß dir ruhig Zeit, Rob", erwiderte sie. „Wir haben heute ja ohnehin nichts vor."

Sie sah ihm nach, wie er in seinem Wagen stieg und hinaus auf die Straße fuhr, dann legte sie ihre Zeitung beiseite und lehnte sich in dem Korbsessel zurück. Geh nur, Freundchen, dachte sie lächelnd, mach dir ruhig noch ein paar nette Stunden. Es werden ohnehin deine letzten sein. Bei deiner Rückkehr wirst du im Haus einen Einbrecher vorfinden und der wird kurzen Prozeß mit dir machen. Oder glaubst du etwa, ich hätte den Brief von Giuseppe an dieses Flittchen Angelina nicht gelesen? War ganz schön dämlich von dir, das Ding in der Brieftasche herumzutragen. Immerhin, auf diese Weise habe ich wenigstens von deinem Plan erfahren und nun werde ich deine Lebensversicherung kassieren. Es war ja kein Problem für mich, mit Salvatore ebenfalls ein Gespräch zu führen. Mörder sind käuflich und arbeiten für den, der sie am besten bezahlt — und ich habe besser bezahlt als du! Nicht nur mit den lumpigen zehntausend Dollar, die du ihm geboten hast. Ich habe mit mir selbst bezahlt, Rob! Du kannst es dir wahrscheinlich nicht so recht vorstellen, aber es gibt nun mal keinen Sizilianer, den eine gutgebaute Blondine nicht um den Finger wickeln könnte. Jedenfalls frißt mir der Junge heute direkt aus der Hand und kann es gar nicht mehr erwarten, dir die Kerze auszublasen. Du glaubst das nicht? Na, schade, daß du jetzt nicht Mäuschen sein kannst, wenn ich mit Salvatore telefoniere. Würdest wahrscheinlich ganz schön dämlich schauen.
Sie griff zum Telefon, wählte und lauschte dann angestrengt dem leisen Summen in der Leitung.
„Salvatore Gigliano“, meldete sich dann plötzlich eine dunkle Männerstimme. „Mit wem spreche ich?“
„Hier ist Helen, Salvatore“, flüsterte sie. „Es ist soweit, Darling. Rob ist eben in die Stadt gefahren und wird kaum vor zwanzig Uhr zurück sein. Wenn du eine Stunde vorher kommen könntest?“
„Ich würde viel lieber schon jetzt kommen, Bella mia“, erwiderte er und lachte leise. „Oder hast du etwas dagegen?“
Helen fühlte einen wohligen Schauer über ihren Körper gleiten.

„Nein“, sagte sie kopfschüttelnd. „Oh nein, Salvatore — ganz im Gegenteil! Komm, so schnell du nur kannst, Honey . . .“

***

Sie lagen noch nebeneinander auf dem breiten Bett, als das Motorengeräusch von Robbys Wagen zu ihnen ins Zimmer drang.
„Jetzt“, flüsterte Helen und richtete sich auf. „Mach jetzt bloß keinen Fehler, Salvatore. Laß ihn erst die Treppe hochkommen.“
Er nickte ihr zu, griff nach seiner Pistole und ging hastig aus dem Zimmer. Helen verkrampfte die Hände ineinander und lauschte mit angehaltenem Atem den immer näherkommenden Schritten Robbys. Schieß doch, Salvatore, dachte sie entnervt. Schieß doch endlich! Du kannst ihn doch nicht bis ins Zimmer . . .
Das hohe, weiträumige Treppenhaus warf den peitschenden Knall aus Salvatores Pistole als tausendfaches Echo zurück und riß sie aus ihrer Erstarrung. Sie sprang aus dem Bett und rannte zur Tür, und dann prallte sie vor der uniformierten Gestalt auf dem Flur entsetzt zurück. „Wollten Sie jetzt etwa die Polizei rufen, Signora?“ fragte der Mann lächelnd. „Sie können sich die Mühe ersparen. Wie Sie sehen, ist sie schon da. Ich bin Leutnant Cortesi von den Carabinieris.“
Helen sah im Hintergrund Salvatore stehen und deutete aufgeregt auf ihn.
„Er ist ein Einbrecher, ein Mörder, Teniente“, stammelte sie. „Nehmen Sie ihn fest, er hat meinen Mann erschossen!“
Cortesi wandte sich zu Salvatore um und lächelte noch immer.
„Aber nein, Signora“, erwiderte er, „er hat ihn nur verhaftet. Darf ich Ihnen meinen Kollegen, Sargento Mario Arezzo vorstellen? War schon ziemliches Pech, daß Sie und Ihr Mann ausgerechnet an ihn geraten sind, nicht? Aber jetzt würde ich doch mal zu gerne wissen, warum sich so ein nettes Ehepaar gegenseitig aus dem Weg räumen wollte. Werden Sie es mir erzählen, Signora?“

Alles ganz große Klasse

Der Überfall auf die Wettannahmestelle der Pferderennbahn dauerte nicht einmal vier Minuten. Jürgen Scharf hatte den Coup generalstabsmäßig geplant und vorbereitet, und war dann zu seiner Ausführung extra für einen Tag nach Nürnberg gekommen. Es war für ihn kein Problem gewesen, die drei Kassierer mit der MPi in Schach zu halten und sie zu bewegen, den Inhalt ihrer Kassen in seine Aktentasche zu leeren. Auch alles weitere war ohne jede Schwierigkeit verlaufen. Jürgen hatte die drei bereits etwas betagten Herren in der Toilette eingeschlossen, hatte sie dort mit einer drohenden Bewegung seiner Waffe dazu gebracht, sich gegenseitig Leukoplast auf den Mund zu kleben, und hatte dann einen nach dem anderen mit Handschellen an ein Wasserleitungsrohr gefesselt. Während wenige hundert Meter von ihm entfernt das erste Rennen abgeläutet wurde und verschiedene Besucher sich bereits auf den Weg zu den Wettschaltern machten, um ihren Gewinn einzuheimsen, war er zu dem gestohlenem BMW am Hintereingang des Gebäudes gerannt und dann war das passiert, was für jeden Räuber eine echte Horrorvision ist: der Wagen sprang nicht mehr an!

Einen Augenblick lang war Jürgen wie erstarrt hinter dem Steuer gesessen, dann hatte er verzweifelt und immer wieder den Zündschlüssel gedreht, aber die 175 Pferde unter der Motorhaube gaben keinen Laut von sich. Schwitzend und fluchend und die Aktentasche unter dem Arm war er schließlich aus dem Wagen gestürzt, und war über sumpfige Wiesen und lehmige Äcker hinweg nach Langwasser, Nürnbergs Trabantenstadt, und zur Endhaltestelle der U-Bahn geflüchtet.

Erschöpft und nervös, die Aktentasche mit der Waffe und einer Beute von mindestens 200.000 Mark auf den Knien, saß er jetzt im hintersten Wagen der Bahn und überlegte krampfhaft, was er nun tun sollte und wo er bis morgen bleiben konnte. Es war ein altes und bewährtes Rezept von ihm, daß er sich nie länger am Tatort aufhielt als unbedingt nötig war, und so war er auch gestern erst von Berlin in die Stadt an der Pegnitz gekommen. In einem kleinen Hotel am Stadtpark hatte er sich ein Zimmer für eine Nacht genommen, hatte tief und fest geschlafen und war dann am nächsten Morgen ziellos durch die Stadt gebummelt. Nach dem Mittagessen hatte er sich schließlich auf den Weg zur Rennbahn gemacht, wo er nach einem längeren Rundgang über die Parkplätze den BMW entdeckt hatte. Der Wagen sah fast neu und damit vertrauenserweckend aus, und wenn er im entscheidenden Moment nicht gestreikt hätte, wäre er damit genau elf Minuten später am Flughafen gewesen und zur letzten Maschine nach Berlin noch zurechtgekommen. Stattdessen saß er nun in einem Zug der Nürnberger U-Bahn und grübelte darüber nach, wo und wie er die Zeit bis zum nächsten Morgen verbringen konnte.

Hotels und Pensionen schieden jedenfalls von vornherein aus, denn nach diesem Coup würde die Polizei mit Sicherheit auch dort nach dem Täter fahnden und jeden registrieren, der irgendwann einmal mit dem Gesetz in Konflikt gekommen war. Nicht umsonst hatte die Nürnberger Kripo eine der höchsten Aufklärungsquoten in Deutschland. Ein Knopfdruck auf den Computer würde ihr dann sehr schnell zeigen, daß er schon einmal eine Bank zum

Zweck der illegalen Vermögensübertragung besucht hatte und dafür mit fünf Jahren Moabit belohnt worden war. Damit aber würde er automatisch zum inneren Kreis der Verdächtigen gehören und er konnte sich an den fünf Fingern abzählen, daß ihn zumindest einer der drei Kassierer bei einer Gegenüberstellung identifizieren würde. Am besten wird sein, ich setze mich erstmal in eine Kneipe und warte die Sperrstunde ab, dachte er mißmutig. Bei einem guten Schluck Whisky ist mir auch noch immer eine gute Idee gekommen. Und schließlich könnte es ja auch sein, daß ich dort so ein einsames Herzchen finde, das weder Ehemann noch Hausfreund, dafür aber eine eigene Wohnung hat. Das wäre immer noch das beste, was mir jetzt passieren könnte.

***

Jürgens stille Hoffnung auf eine Gefährtin der Nacht erfüllte sich bereits zehn Minuten später, nachdem er das BLUE ANGEL betreten und sich in einer Nische niedergelassen hatte. Sie war hübsch und blond, hatte tiefblaue Augen und konnte nicht älter als 22 sein. Eine Zeitlang warf sie ihm von der Bar her aufmunternde Blicke zu, aber als er nur mit einem schwachem Lächeln darauf reagierte, kam sie schließlich mit wiegenden Bewegungen an seinen Tisch geschlendert.
„Hallo, Fremder, trinken wir ein Gläschen zusammen?“ fragte sie und strich verfühererisch ihren Minirock glatt. „So allein herumsitzen macht dir doch bestimmt keinen Spaß, oder?“
Jürgen schluckte und hing mit den Augen an ihrem prallen Busen.
„Nein, macht es nicht“, bestätigte er. „Und von mir aus kann es auch ein Fläschchen statt ein Gläschen sein. Ich nehme an, du trinkst am liebsten Sekt, wie?“
Sie setzte sich neben ihn und strich sanft über sein Haar.
„Du bist ein Menschenkenner“, lächelte sie. „Und ein charmanter dazu. Wirklich nett von dir, daß du mich zu meinem Lieblingsge-

tränk einlädst. Die meisten unserer Gäste versuchen es erstmal mit Orangensaft."
Jürgen betrachtete genießerisch ihre vollen Schenkel und räusperte sich.
„Ich bin eben ein bißchen anders", sagte er heiser. „Jedenfalls konnte ich einer schönen Frau noch nie einen Wunsch abschlagen — bei entsprechender Gegenleistung, meine ich."
Irenes Augenaufschlag war mehr als vielversprechend.
„Oh, dann sollten wir uns die Zeit vielleicht etwas amüsanter als hier, in dieser stickigen Luft vertreiben", schlug sie vor. „Eine Etage höher habe ich ein sehr gemütliches Zimmer und ich glaube, wir könnten uns dort viel besser über diese Gegenleistung unterhalten. Möchtest du dich bei mir einmal etwas umsehen?"
Er griff schmunzelnd nach seiner Aktentasche und erhob sich hastig.
„Und ob ich das möchte!" nickte er. „Ich hoffe nur, das BLUE ANGEL hat auch einen einigermaßen funktionierenden Zimmerservice, denn normalerweise nehmen meine Besichtigungen die ganze Nacht in Anspruch."
Irene tastete nach seiner Hand und führte ihn durch eine Tür ins Treppenhaus.
„Unser Zimmerservice funktioniert nicht nur einigermaßen, der funktioniert sogar perfekt und das rund um die Uhr", behauptete sie und stieg vor ihm die Treppe hinauf. „Du wirst es vielleicht nicht glauben, aber bei uns ist alles ganz große Klasse — genau wie ich auch!"

***

Irene hatte in keiner Weise übertrieben, soweit es sie selbst betraf. Sie war wirklich ganz große Klasse und sie überzeugte Jürgen so intensiv davon, daß ihn das plötzliche harte Klopfen an der Tür aus den allerschönsten Träumen riß.
„Aufmachen, Polizei!" rief eine Stimme.

Jürgen fuhr wie von der Tarantel gestochen in die Höhe, raffte seine Sachen zusammen und rannte damit zum Fenster, aber als er die Vorhänge zurückzog, sah er die dicken Eisengitter davor und wußte, daß er verloren war.
„Mach auf", sagte er resignierend zu Irene, „hat ja doch keinen Zweck mehr."
Irene drehte mit zitternden Fingern den Schlüssel im Schloß und gab drei stämmigen Herren den Weg frei.
„Na, wieder mal bei der Arbeit, Fräulein Frank?" sagte einer von ihnen und grinste. „Ich fürchte, Sie werden diesmal eine längere Pause einlegen müssen."
Jürgen sah verdutzt von einem zum anderen.
„Ja, verdammt nochmal, seit wann ist es denn verboten, daß ein Mädchen mit einem Mann schläft?" fuhr er auf.
Einer der Polizisten winkte ab.
„Dagegen haben wir doch gar nichts", meinte er gemütlich. „Aber gegen die Dame liegt ein Haftbefehl wegen einer langen Reihe von Beischlafdiebstählen vor. Ist ihre Spezialität, müssen Sie wissen. Die hat schon so manchem Karl mehr als nur die Hosen ausgezogen. Na, zum Glück hat sie gestern abend einer der Gäste erkannt, als sie mit Ihnen aufs Zimmer ging, und jetzt haben wir das Vögelchen endlich."
Jürgen entfuhr ein Seufzer der Erleichterung.
„Ja, wenn das so ist, dann will ich hier nicht länger stören", sagte er und ging zur Tür, aber einer der Polizisten hielt ihn am Arm fest.
„Nee, nee, sehen Sie besser erstmal nach, ob Ihnen nicht auch etwas fehlt. Ihre Brieftasche und Geldbörse, haben Sie die noch? Und die Sachen in Ihrer Aktentasche — alles noch da? Das Mädchen hat Finger mit Saugnäpfen, kann ich Ihnen sagen. Na, kommen Sie, machen Sie das Ding mal auf, ja?"

Tod im Swimmingpool

Man konnte beim besten Willen nicht behaupten, daß die Ehe von Karin und Heinz Klein das reinste Honigschlecken war. Karin, eine füllige Blondine und weit jenseits der Dreißig, hatte in den neunzehn gemeinsamen Jahren nicht eine Sekunde lang Zweifel aufkommen lassen, wer in ihrer Gemeinschaft die Hosen anhatte, und Heinz, gutmütig bis zur Dummheit, hatte sich Karins Regiment stets widerspruchslos unterworfen. Ein Aufbegehren hätte ihm auch nicht das geringste genützt, denn Karin war wachsam wie ein Schäferhund und nahm jede Kleinigkeit zum Anlaß, mit ihrem Eheknecht die Klingen zu kreuzen.

So stand sie auch an einem sonnigen Julinachmittag gefechtsbereit neben der Tür und sah Heinz zu, der vor dem Spiegel mit seiner Krawatte kämpfte.

„Aha, der Herr macht sich fein", bemerkte sie spitz. „Welche Dame hat denn heute die Ehre? Muß ja ziemlich anspruchslos sein, wenn sie sich mit dir zufrieden gibt."

Heinz schlüpfte seufzend in seine Schuhe.

„Als ich dich heiratete, war ich das auch", konterte er. „Außerdem besuche ich lediglich Paul. Du weißt, daß es mit ihm langsam zu Ende geht."

Karin stieß einen verächtlichen Laut aus.

„Jeder bekommt das, was er verdient!“ zischte sie. „Nicht umsonst hat er der armen Lotte das Leben zur Hölle gemacht.“
Heinz sah sie verblüfft an.
„Er ihr oder sie ihm?“ fragt er dann. „Die ganze Welt weiß, daß deine Lotte ein Miststück allerersten Grades und Paul für sie nie mehr als ein Fußabstreifer war — genau wie bei uns!“
„Ach so!“ schrie Karin. „Dann bin ich wohl auch so ein Miststück und du bist auf meinen Tod aus, wie? Für mich steht nämlich seit langem fest, daß dein lieber Freund Paul ein bißchen nachgeholfen hat, als Lotte sterben mußte.“
In Heinz schoß der Zorn wie eine Stichflamme empor, aber er beherrschte sich.
„Du spinnst“, stellte er schlicht fest und ging zu Tür. „Aber selbst wenn du recht hättest, ich würde es Paul nicht eine Sekunde lang ankreiden!“

***

Als Heinz eine halbe Stunde später das Krankenzimmer von Paul Heller betrat, sah er auf den ersten Blick, daß sein Freund die kommende Nacht nicht überleben würde.
„Kann ich etwas für dich tun, Paul?“ fragte er leise.
Der Kranke schüttelte müde den Kopf.
„Nein, aber es ist gut, daß du da bist, Heinz“, flüsterte er. „Ich habe heute morgen alles mit dem Notar geregelt und dich zu meinem Erben bestimmt — dich allein, verstehst du?“
„Aber . . . aber ich . . .“
„Nein, Heinz, kein Aber! Du warst der beste Freund, den ich je hatte. Wenn es in meinem Leben auch hin und wieder schöne Stunden gegeben hat, dann verdanke ich sie allein dir. Von unseren Sandkastenschlachten bis heute . . . ich konnte mich immer auf dich verlassen. Und das mit Lotte, das trägst du mir doch nicht nach, oder?“

Heinz spürte plötzlich einen eisernen Ring an seiner Kehle.
„Das mit Lotte?“ stammelte er. „Um Himmelswillen, Paul, was redest du denn da? Was soll ich dir nicht nachtragen?“
Paul schloß erschöpft die Augen.
„Du weißt doch, daß ich sie umgebracht habe“, sagte er dann, kaum hörbar. „Du mußt es doch wissen oder wenigstens geahnt haben, du kennst mich doch.“
Heinz hielt unwillkürlich den Atem an.
„Das ist nicht wahr, Paul“, stotterte er dann. „Das kann einfach nicht wahr sein, du hättest das doch gar nicht gekonnt — schon körperlich hättest du das nicht gekonnt. Lotte war dir doch kräftemäßig überlegen, die hätte sich doch gewehrt und das wäre nie ohne Spuren abgegangen.“
Über Pauls Gesicht lag ein schwaches Lächeln.
„Lotte konnte sich gar nicht wehren, weil ich sie in einen Teppich eingewickelt hatte“, flüsterte er.
„In einen Teppich?“
„Ja, genau! Manchmal hatte ja sogar sie Stunden, in denen sie mich brauchte — als Mann brauchte, verstehst du? Na ja, und einmal hat sie sich mit mir auf dem Teppich im Wohnzimmer herumgebalgt, und da habe ich sie wie im Spaß in den Teppich eingerollt und gesagt, daß ich sie jetzt so ins Schlafzimmer tragen würde.“
„Und dann, Paul?“
„Dann habe ich meinen Gürtel um die Teppichrolle geschlungen und sie zum Swimmingpool geschleppt. Du muß das mal versuchen, Heinz, du kannst da keinen Finger mehr bewegen. Da sitzt du so fest wie der Korken in einer Flasche.“
„Aber . . . aber hat denn Lotte nicht geschrien?“ ächzte Heinz. „Sie muß doch gemerkt haben, was du mit ihr machst.“
Das Lächeln in Pauls hagerem Gesicht vertiefte sich.
„Hat sie auch. Aber erst, als ich sie ins Wasser warf und es für sie zu spät war. Begreifst du jetzt, warum die Polizei keinerlei Spuren von Gewaltanwendung finden konnte und deshalb annahm, Lotte

habe einen Schwächeanfall erlitten und sei dabei ertrunken? Natürlich habe ich sie erst wieder aus dem Teppich ausgewickelt, bevor ich die Polizei rief. Jedenfalls hat kein Mensch jemals daran gedacht, daß ich bei Lottes Tod die Hand im Spiel gehabt haben könnte. Ich war immer und für jeden der trauernde Ehemann."

Heinz tastete nach der Hand seines Freundes.

„Paul", sagte er leise und schluckte, „Paul, ich . . ."

„Nein, du brauchst nichts zu sagen, Heinz", unterbrach ihn Paul. „Ich weiß auch so, daß du mich verstehst. Im Grunde bist du ja bei deiner Karin der gleiche arme Hund wie ich es bei meiner Lotte war — und einmal erträgt man das nicht mehr. Ich jedenfalls konnte es nicht mehr ertragen, ich konnte es einfach nicht mehr ertragen. Ich hätte nicht einen Tag länger so leben können."

***

Die Erkenntnis, daß Karin recht behalten hatte und Paul ein Mörder war, hatte sich Heinz derart auf den Magen geschlagen, daß er nach seinem Krankenbesuch erst einmal einen Kognak brauchte. Aus einem wurden zwei und dann drei, und als er weit nach Mitternacht in seinen Heimathafen einlief, war er in einem Zustand, der automatisch einen Angriff Karins auslöste.

„Du versoffener Kerl!" schrie sie ihm entgegen und hob schnuppernd die Nase. „Daß du dich nicht schämst, in solch einem Zustand nach Hause zu kommen! Und sowas nennst du Krankenbesuch? Die haben wohl für dich extra eine Bar eingerichtet, wie?"

Heinz grinste schief und hielt sie mit beiden Händen an der Wohnwand fest.

„In einer Bar war ich auch", lallte er. „Aber erst hin . . . hinterher. Ich mußte sch . . . schließlich auf meinen Freund Paul ei . . . einen heben. Er war ein guter Freund und ein großer Mann zugleich!"

Karin verzog angewidert den Mund.

„Hoffentlich hat er dir auch deine Zeche bezahlt, der Herr Brauereibesitzer“, giftete sie.
Heinz sah sein Eheglück aus zusammengekniffenen Augen an.
„Er hat mehr als das bezah ... zahlt“, stotterte er. „Er hat mich zu seinem Erben gemacht! Paul hat mir alles vermacht, was ihm gehört!“
Karins Augen weiteten sich.
„Alles?“ fragte sie atemlos. „Sein Haus, die Brauerei, sein Vermögen — wirklich alles?“
Heinz löste sich von der Wohnwand, machte einige tappende Schritte und ließ sich auf die Couch fallen.
„Alles!“ bestätigte er. „Bis auf den letzten Na ... Nagel! Weil ich immer sein gu ... guter Freund war — deshalb!“
Karin kam eilig zu ihm herüber, zog ihm die Schuhe aus und setzte sich dann neben ihn.
„Oh Liebster, das ist ja herrlich!“ jubelte sie. „Endlich können wir uns auch einmal etwas leisten. Wir werden natürlich in Pauls Haus ziehen, und dann werden wir Reisen machen, werden uns neue Möbel und einen neuen Wagen kaufen und ...“
Heinz hob abwehrend die Hand. Plötzlich sah er seinen Freund Paul vor sich, müde, alt und verbraucht, wie er sich selbst oft fühlte, sah seine eigenen neunzehn tristen Ehejahre an sich vorüberziehen, hörte Karins ständiges Keifen und Nörgeln, und dachte dabei ganz intensiv an Pauls Swimmingpool.
„Das hat al ... les Zeit“, behauptete er. „Zuerst ziehen wir in Pauls Bungalow ein und dann kaufen wir uns einen sch ... schönen großen Teppich! So mind ... mindestens drei mal vier Meter!“

Am Morgen, kurz vor der Dämmerung . . .

Ich erinnere mich noch, daß es an jenem Morgen gerade fünf Uhr geschlagen hatte, als ich von Willis Gebrüll geweckt wurde. Zunächst dachte ich zwar, Harras, unseren Bernhardiner, gehört zu haben, aber als ich aufstand und zum Fenster ging, sah ich Willi unten im Hof stehen.

„Heh, Robert,“ grölte er, eine Flasche schwenkend, „komm’ mal runter. Ich habe Sigrid gefunden — Sigrid Hergard, meine ich.“

Es war, als griff eine eiserne Hand an meine Kehle.

„Du hast . . . was hast du? stammelt ich. „Wo . . .?“

Willi deutete mit dem Daumen über seine Schulter.

„Da oben, in alten Steinbruch. Sie liegt nur zwei Handbreit tief im Boden und der Regen hat ziemlich viel Erde weggespült.“

Ich knallte das Fenster zu, raste die Treppe hinab und riß die Tür auf, und Willi kam in einer Alkoholwolke über die Schwelle gesegelt.

„Ich hab’ ja immer gesagt, daß man sie umgebracht hat“, brabbelte er. „Immer wieder hab’ ich das gesagt, aber ihr Dummköpfe habt ja nicht auf mich gehört.“

Ich faßte ihn an der Schulter und riß ihn herum.

„Hör mal, Willi“, sagte ich, „das ist doch Quatsch, was du da er-

zählst. Fräulein Hergard ist doch schon vor zwei Wochen wieder abgereist. Sie ist nach Hause gefahren, Mann! Du hast mir doch selbst die Karte gezeigt, die sie dir aus Hamburg geschrieben hat."
Er stierte mich von unten herauf an und schüttelte den Kopf.
„Du bist blöd, Robert", brummte er. „Du bist genauso blöd, wie unser Wachtmeister. Der hat mir nicht mal richtig zugehört, wie ich dem meine Meinung wegen Sigrid gesagt hab'. Und jetzt, wer hat jetzt recht behalten? Ich natürlich!"
Ich zuckte mit den Schultern.
„Du kannst es Wachtmeister Heilmann gar nicht mal übelnehen, wenn er dir nicht glaubt", erwiderte ich. „Immerhin hast du ihm ja schon mal so einen Bären aufgebunden. Ich sage dir, wenn du jetzt wieder so ein Märchen erzählst, sitzt du garantiert zum drittenmal in der Heilanstalt. Warum läßt du bloß das Saufen nicht, Willi?"
Er warf mir einen kläglichen Blick zu und begann zu zittern.
„Mit dem Bären, da meinst du doch die Sache mit Kurt, nicht?" stotterte er und kraulte seinen Bart. „Das meinst du doch, oder?"
„Ja, genau das meine ich! Das ganze Dorf hast du damals rebellisch gemacht. Glaubst du vielleicht, Heilmann möchte sich von dir noch einmal zum Narren halten lassen?"
Er wandte sich kopfschüttelnd von mir ab und lehnte sich an die Wand.
„Gut, ich gebe ja zu, daß das damals blinder Alarm war," meinte er rülpsend. „Aber was hättest denn du dir gedacht, wenn du nachts um drei durch das Dorf gehst und auf einmal siehst du ein zerbrochenes Fenster vor dir, das über und über mit Blut beschmiert ist? Hätt'ste da nicht auch an Mord und Totschlag gedacht? Wie hätte ich denn wissen können, daß Kurt bloß seinen Hausschlüssel vergessen und sich in die Pfote geschnitten hatte, als er durch das Fenster kletterte. Bin ich vielleicht ein Hellseher?"
Ich klopfte ihm besänftigend auf die Schulter.
„Nein, Willi, das bist du natürlich nicht. Aber es ist doch schon etwas eigenartig, daß du jetzt wieder mit einem Mord kommst."

Sein Kopfschütteln verstärkte sich.
„Aber diesmal ist es ein wirklicher Mord, Robert", stammelte er. „Ein echter! Oder glaubst du mir etwa nicht?"
Ich stützte die Arme in die Hüften und holte tief Luft.
„Schau mal, Willi", sagte ich nachsichtig. „Bisher hat noch kein Mensch behauptet, daß Fräulein Hergard ermordet wurde — außer dir natürlich. Selbst wenn ich dir nun glauben wollte, wie erklärst du dir dann ihre Karte an dich? Und du bist nicht der einzige hier, der einen Gruß von ihr erhalten hat."
Auf seiner Stirn bildeten sich tiefe Falten.
„Ach, weiß du, Robert", meinte er dann, „das ist doch wohl klar, daß das Fälschungen sind. Oder begreifst du das etwa nicht? Die stammen doch allesamt von der Hand ihres Mörders!"
Ich warf einen hilfesuchenden Blick nach oben.
„Mann Gottes, jetzt halt aber mal die Luft an!" fuhr ich ihn an. „Dann ist der Mörder wohl auch die achthundert Kilometer bis nach Hamburg gefahren und hat sie dort zur Post gebracht, wie?"
Er blinzelte mir listig zu.
„'türlich, Robert, so war's auch! Ein Trick war das, ein hundsgemeiner Trick! Aber ich bin nicht darauf hereingefallen — ich nicht! Nur dieser Idiot von Wachtmeister, der hat das natürlich überhaupt nicht kapiert, hat der das."
Langsam begann ich mir echte Sorgen zu machen. Willi war nicht mehr der Jüngste, so an die Sechzig und seit gut drei Jahrzehnten ein Gewohnheitssäufer. Das Gericht hatte ihm zwar schon zweimal eine Entziehungskur verpaßt, aber geholfen hatten sie nicht das geringste. Kaum war Willi wieder zu Hause, soff er noch mehr als zuvor und geriet dabei innerhalb einer Stunde in ein Stadium, in dem er Illusion und Wirklichkeit nicht mehr auseinanderhalten konnte. Aber Geschichten erzählte er dann, die einem die Haare zu Berg stehen ließen. Sigrid Hergard, eine knapp zwanzigjährige Blondine, hatte ihm stets voll Begeisterung zugehört und ihm dabei einen Schnaps nach dem anderen spendiert; und natürlich war

das der Grund, warum er in den vergangenen zwei Wochen wie ein Verrückter nach ihr gesucht hatte.
„Also, was is' jetzt, Robert", plärrte er plötzlich in meine Gedanken hinein. „Rufst du jetzt Wachtmeister Heilmann an oder nicht, ha?"
Ich nickte ihm beruhigend zu.
„Mache ich Willi, mache ich", sagte ich. „Aber zuvor können wir doch mal ganz ernsthaft darüber reden, oder? Wenn also Fräulein Hergard wirklich da oben liegt, wer, denkst du, hat sie denn dann umgebracht und warum?"
Er starrte mich aus verschleierten Augen an.
„Weiß ich doch nicht, Robert. Irgend so ein Mistkerl halt, der nicht bei ihr landen konnte. Vielleicht hat er's nicht mal absichtlich getan, vielleicht hat sie sich nur so'n bißchen gewehrt und er hat Angst bekommen und . . . Na ja, du weißt schon, wie so was passiert, nicht?"
Mir lief es eiskalt über den Rücken.
„Mensch, Willi", sagte ich, „Überleg dir das mit dem Wachtmeister lieber nochmal. Wenn Heilmann das hört, legt er dich garantiert zum drittenmal trocken. Der glaubt dir doch kein Wort von dieser Geschichte! Schau mal, Fräulein Hergard hat hier doch nur ihren Urlaub verbracht. Sie wollte doch gar nicht für immer hierbleiben. Daß sie dann bei Nacht und Nebel abgereist ist . . . Mein Gott, dafür kann es viele Gründe geben."
Willi zerrte eine halbvolle Flasche Steinhäger aus der Tasche und ließ ihren Inhalt gluckernd in sich hineinlaufen.
„Sie ist aber nicht abgereist", ächzte er dann. „Sie liegt dort oben im Steinbruch. Irgend jemand hat sie umgebracht und eingebuddelt. Nur nicht tief genug, verstehst du? Der Regen war ja ziemlich stark . . ."
Ich nahm ihm die Flasche aus der Hand und griff nach meinem Hut. Es hatte keinen Sinn, weiter mit ihm darüber zu reden. Willi würde sich um nichts in der Welt davon abbringen lassen, daß Sigrid Hergard ermordet im Steinbruch lag. Und wenn er mit dieser Geschichte erstmal im Dorf hausieren ging . . .?
„Na gut, Willi", sagte ich, „machen wir also Nägel mit Köpfen. Wir

fahren jetzt beide hinauf zum Steinbruch und du zeigst mir mal Fräulein Hergard, klar? Aber wehe dir, wenn es nur wieder mal eine von deinen Gruselgeschichten ist. Ich schwöre dir, daß du in diesem Fall die längste Zeit frei herumgelaufen bist. Los, komm jetzt!"
Er torkelte vor mir durch die Tür ins Freie und ließ sich seufzend und stöhnend in meinen Jeep fallen. Bis zum dem alten Steinbruch waren es höchstens zehn Minuten, aber Willi sprach die ganze Zeit über kein einziges Wort mehr. Mehr liegend als sitzend hing er neben mir im Wagen und erst, als wir die Anhöhe erreicht hatten und vor den dunklen Granitwänden standen, sah er mich scheu von der Seite an und deutete nach links.
„Ich geh' nicht mit hin, Robert" flüsterte er. „Du wirst sie schon allein finden. Sie liegt dort drüben, unter diesem Vorsprung in der Wand."
Ich stieg aus dem Wagen, warf ihm noch einen mißtrauischen Blick zu und ging dann langsam in die Richtung, die mir sein ausgestreckter Finger wies.

***

Als ich zurückkam, hatte er den Rest der Flasche geleert und lag laut schnarchend auf dem Rücksitz des Wagens. Ich faßte ihn an der Schulter und rüttelte ihn mühsam wach.
„Sag mal, Willi", knurrte ich ihn an, „wieviel hast du eigentlich seit gestern getrunken?"
Er hielt mir grinsend die leere Flasche entgegen.
„Das hier war die vierte", gluckste er. „Ich hab' dem Herrn Pfarrer seinen Gartenzaun gestrichen und er hat einen ganzen Fünfziger dafür springen lassen."
Ich griff nach seinem Arm und riß ihn hoch.
„Okay, dann komm mal mit und sieh dir an, was dir dein Fünfziger noch eingebracht hat!" brüllte ich. „Sie es dir an, du Narr! Morgen kannst du dir in der Heilanstalt überlegen, ob es sich für dich gelohnt hat!"

Er starrte mich fassungslos an.
„A . . . aber Robert“, stammelte er. „Was ist denn, was . . .“
Meine Faust traf ihn mitten ins Gesicht und ließ ihn taumeln.
„Halte jetzt bloß deinen Mund, Willi“, schrie ich ihn an. „Halte endlich deinen alten, versoffenen Mund, ja? Noch ein Wort von dir und du siehst mehr als Fräulein Hergards Leiche!“
Er stemmte sich mühsam in die Höhe.
„Ich versteh' das nicht, Robert“, schluchzte er. „Ich hab' sie doch gesehen, ganz genau hab' ich sie gesehen. Kreideweiß war sie im Gesicht und am Hals alles voll schwarzer Flecken. Sie kann doch nicht plötzlich verschwunden sein?“
Ich trat ihn mit voller Wucht in den Hintern.
„Sie war nie da, du Idiot! Hörst du — nie! Du hast wieder mal weiße Mäuse gesehen! Aber ich sage dir, diesmal kostet es Wachtmeister Heilmann nur ein Fingerschnippen und für dich ist Schnaps nichts als eine schöne Erinnerung!“
Sekundenlang spiegelte sich nacktes Entsetzen in seinem Gesicht, dann fiel er auf die Knie und umklammerte meine Beine.
„Mach' das nicht, Robert“, flehte er. „Bitte mach' das nicht! Nicht wieder in die Anstalt, Robert. Ich sag' auch nie wieder was. Wirklich nicht, ich schwör's dir!“
Ich wußte, daß er im nächsten Rausch jedes Versprechen vergessen haben würde, aber ich nickte und zog eine Flasche Kirschwasser aus meinem Parka.
„Na, schön“, sagte ich, „reden wir nicht mehr darüber. Hier, nimm einen Schluck. Ich glaube, jetzt hast du ihn wirklich nötig, was?“
Mit einem seligen Grinsen ließ er sich wieder zu Boden sinken.
„Bist'n feiner Kerl, Robert“, stotterte er glücklich. „Wirklich, ein feiner Kerl! Ein anderer hätte mich grün und blau geschlagen, aber du . . . du . . .“
„Rede nicht so viel“, fiel ich ihm ins Wort, „trink lieber. Oder kannst du etwa nicht mehr?“

Er sah mich empört an und ließ den Schnaps wie Wasser in sich hineinlaufen.
„Bist'n feiner Kerl“, wiederholte er noch einmal, und dann warf es ihn um, als hätte ihn eine Axt getroffen.
Ich zog meinen Parka aus und brannte mir eine Zigarette an. Jetzt hatte ich Zeit. Willi würde vor Mittag nicht mehr zu Bewußtsein kommen, und diese Zeit reichte dreimal aus, um den Spaten aus seinem Versteck zu holen und ein neues Loch in den Boden zu graben. Ein tiefes Loch. Ein wesentlich tieferes als das letzte. So tief, daß in Zukunft nicht mal mehr eine Sintflut Sigrid und Willi aus ihrem Grab spülen konnte. Fast eine Stunde arbeitete ich wie besessen, dann ging ich zu Willi zurück. Er lag immer noch so da wie es ihn umgehauen hatte, aber als ich mit nach ihm bückte, drang mir das Ratschen des Pistolenschlittens in meinem Rücken wie ein Donnerschlag in die Ohren.
„Laß ihn liegen, Robert“, sagte eine Stimme hinter mir. „Nach diesen Strapazen braucht er seinen Schlaf. Ich kann zwar nicht gerade behaupten, daß mich seine Sauferei glücklich macht, aber diesmal bin ich doch froh, das er so brav mitgespielt hat. Du warst nämlich von Anfang an Nummer eins auf Willis Liste, nur beweisen konnte er dir halt nichts. Dafür war er seit Tagen auf der Suche nach Fräulein Hergards Leiche. Er wußte, daß sie hier irgendwo liegen mußte, weil er dich damals gesehen hat, als du ihr nachgefahren bist, aber er konnte sie einfach nicht finden. Mit Cäsar, meinem Hund, ist es ihm schließlich gelungen, nur hatte er mit ihrer Leiche noch immer nicht den Mörder. Na ja, und da hat er sich eben diesen feinen Plan ausgedacht, um dich in die Pfanne zu hauen. Anscheinend hat er in seinem Suffkopf noch einige intakte Gehirnzellen, denn die Sache hat doch einwandfrei geklappt, nicht?“
Es war seltsam. Ich kannte Wachtmeister Heilmann seit meiner Kindheit und hatte mit ihm so manchen Skat geklopft, aber erst jetzt, als er lächelnd und mit gezogener Waffe auf mich zukam, erst jetzt sah ich, daß er die gleichen Augen wie Sigrid hatte.

Ein schönes Plätzchen für Sieglinde

Der Plan des Kraftfahrers Werner Barth war einfach perfekt. Länger als ein halbes Jahr hatte er darüber nachgegrübelt, wie er sich sein Hauskreuz Sieglinde unauffällig vom Hals schaffen und ihrem ständigen Nörgeln ein Ende bereiten konnte, aber erst im Frühsommer, als Sieglinde ihren diesjährigen Urlaubswunsch kundtat, kam Werner auf den richtigen Dreh.

„Glaub' ja nicht, daß du mich dieses Jahr wieder in den Bayerischen Wald schleppen kannst", maulte Sieglinde, als Werner eines Abends mit den ersten Reiseprospekten nach Hause kam. „In den schönsten Wochen des Jahres will ich Sonne und Wasser um mich haben. Ich will nach Spanien an die Costa Brava!"

Werner schwieg zunächst. Das heißt, er konnte gar nichts sagen, weil im gleichen Moment vor seinem geistigen Auge eine wild zerklüftete Küste mit einer weißgischtenden Brandung auftauchte. Und mittendrin in dieser Brandung sah er Sieglinde, reglos und mit dem Gesicht nach unten, langsam davontreiben und schließlich in der unendlichen Weite des Meeres verschwinden.

„Gar nicht schlecht, deine Idee", lobte er sie dann. „Wirklich, gar nicht schlecht. Da will ich doch gleich mal nachsehen, was sie in Bezug auf Spanien so alles anbieten."

Scheinbar angestrengt, in Wirklichkeit aber ziemlich interesselos blätterte er in den Prospekten und konnte sich noch immer nicht von dem schönen Bild der im Meer verschwindenden Sieglinde lösen. Nachts, im Bett, kamen Werner dann allerdings einige Bedenken. Zwar hatte er auch jetzt noch sein langsam davontreibendes Eheglück vor Augen, aber gerade, als sie nur noch ein winziger Punkt am Horizont war, durchfuhr ihn plötzlich ein eiskalter Schreck. Was war, wenn die Flut ihre Leiche vielleicht wieder an Land spülte? Was, wenn man dann an ihrem sehnigen Hals einige dunkle Flecken oder sonstige Spuren eines gewaltsamen Todes entdeckte?

Werner saß aufrecht im Bett, hörte Sieglindes lautes Schnarchen neben sich und suchte fieberhaft nach einer Lösung des Dilemmas, aber erst lange nach Mitternacht kam ihm der erlösende Gedanke. Wozu muß ich sie denn erst bis an die Costa Brava schleppen, dachte er. Es reicht doch haushoch, wenn ich mit ihr über der Grenze bin. Da wird sich dann doch um Himmelswillen irgendwo ein Plätzchen finden, wo sie in aller Ruhe dem jüngsten Tag entgegenschlummern kann? Na, und wenn ich dann der Polizei erzähle, daß sie von einem abendlichen Bad nicht zurückgekehrt ist, kann ja kaum jemand an meiner Aussage zweifeln. Wo keine Leiche ist, ist eben auch kein Mörder.

***

Knapp zwei Monate später brachen sie zu ihrer großen Reise auf und Werner entdeckte schon kurz nach Figueras eine wahrhaft königliche Ruhestätte für Sieglinde. Sie lag etwa zehn Meter von der Straße nach Barcelona entfernt in einer Senke und war halbkreisförmig von dichten Büschen umgeben.

„Ich denke, wir machen mal eine kleine Pause“, schlug er vor und trat auf die Bremse. „Allmählich spüre ich meine Bandscheiben wieder und Durst habe ich auch.“

Sieglinde, die in der brütenden Hitze eingenickt war, fuhr aufgeschreckt in die Höhe.
„Du bist wohl verrückt!“ zischte sie. „In einer halben Stunde ist es stockdunkel und du willst dich hier auf den Bauch legen? Außerdem haben wir nichts mehr zu trinken.“
Werner dachte an die Thermosflasche im Kofferraum, die neben eiskalter Limonade auch jenes Pflanzengift enthielt, mit dem er im vergangenen Jahr den Feldzug gegen Gartenschädlinge geführt hatte.
„Wir haben noch Limonade, Sieglinde“, sagte er gähnend. „Ich habe in Frankreich die Thermosflasche damit füllen lassen. Na, komm schon, setzen wir uns dort unter die Büsche, wir bleiben ja nur ein paar Minuten.“
Murrend und brummend wuchtete Sieglinde ihre zwei Zentner aus dem Wagen, wankte zu den Büschen hinüber und ließ sich ächzend zu Boden sinken. Werner hingegen wieselte eilfertig um den Wagen herum, holte die Flasche aus dem Kofferraum und goß den Becher voll.
„Hier, trink mal inzwischen“, sagte er und reichte ihr sein Gebräu. „Ich hole nur noch schnell meine Zigaretten aus dem Wagen. Bin gleich wieder da, Schatz.“
Er wandte sich um, hörte hinter sich Sieglindes gierige Schluckgeräusche und wußte, daß sein Plan aufgegangen war. Es würde nun nicht mal mehr Minuten dauern, bis das Gift seine Wirkung getan hatte. Was dann noch blieb, war eine knappe Stunde Arbeit, um ihr Grab auszuheben. Danach konnte er gelassen zur nächsten Polizeistation fahren und dort den verzweifelten Ehemann spielen, dessen Frau ins Meer hinausgeschwommen und nicht mehr zurückgekommen war.

***

Enrique Hernandez, Chef der Guardia Civil in Gerona, warf einen kurzen Blick auf Sieglindes sorgsam zusammengefaltete Kleidung am Strand und schüttelte dann den Kopf.

„Ich kann Ihnen da leider nicht sehr viel Hoffnung machen, Senor Barth“, sagte er langsam, „Wenn Ihre Frau, wie Sie sagen, schon vor fast einer Stunde ins Wasser gegangen ist ... es ist sehr unwahrscheinlich, daß sich ein Mensch da draußen solange halten kann. Warum haben Sie denn das überhaupt zugelassen?“
Werner starrte mit brennenden Augen in die Dunkelheit und zuckte mit den Schultern.
„Sieglinde ... sie ... sie ist eine sehr energische Frau“, flüsterte er. „Ich hätte sie gar nicht zurückhalten können. Sie hat schon immer getan, was sie wollte. Außerdem ist sie eine hervorragende Schwimmerin.“
Hernandez stieß einen verächtlichen Laut aus.
„Das waren sie angeblich alle, dir wir dann später tot am Strand gefunden haben“, erwiderte er. „Aber was für Ihr Freibad zu Hause gilt, hat hier keinerlei Bedeutung. Man muß das Meer kennen, um mit ihm fertig zu werden. Wir können nur hoffen, daß Ihre Frau von einem Boot aufgenommen wurde, sonst sehe ich schwarz.“
Werner knetete verzweifelt seine Finger.
„Und ... und was soll ich jetzt tun?“
Der Beamte zuckte mit den Schultern.
„Abwarten“, sagte er dann. „Sie können nichts anderes tun als abwarten, Senor Barth. Ich habe die Küstenwache verständigt und werde Sie sofort benachrichtigen, falls ich etwas höre. Am besten wird sein, Sie bleiben in Ihrem Hotel, dann kann ich Sie jederzeit erreichen.“
Hernandez Anweisung erwies sich als völlig überflüssig, denn vier Tage lang tat sich nicht das geringste und Werner erntete bei seinen täglichen drei oder vier Besuchen im Büro des Polizeichefs immer nur ein bedauerndes Schulterzucken. Am Morgen des fünften Tages erschien dann allerdings Senor Hernandez mit einem Kollegen in Werners Hotel und ließ sich neben ihm am Frühstückstisch nieder.
„Essen Sie ruhig zu Ende, Senor Barth“, sagte er lächelnd. „Es wird

lange dauern, bis Sie sich wieder mal Schinken mit Ei schmecken lassen können. Der Service in unseren Gefängnissen ist ziemlich miserabel."

Werner glitt klirrend die Gabel aus der Hand.

„Ge . . . Gefängnis?" stammelte er. „Sind Sie denn jetzt total verrück geworden? Wie kommen Sie denn dazu, mir mit Gefängnis zu drohen und . . ."

„Regen Sie sich nicht auf", unterbrach ihn der andere Beamte grinsend. „Wir wissen schon, wovon wir reden und wir klären Sie auch gerne auf. Da ist nämlich gestern auf der Straße nach Barcelona ein Tankwagen umgekippt und dabei sind fast 30 000 Liter Heizöl in den Boden gesickert. Na ja, und weil man inzwischen auch bei uns einiges vom Umweltschutz hält, hat man natürlich sofort damit begonnen die verseuchte Erde auszubaggern. Können Sie sich vorstellen, was für einen Schock der Baggerführer erlitt, als er heute morgen einige Büsche aus dem Boden riß und dabei . . . Wollten Sie vielleicht eben etwas sagen, Senor Barth?"

Werner rang krampfhaft nach Luft und setzte zu einer Erwiderung an, aber Hernandez dauerte die Prozedur zu lange.

„Er kann sich jedes Wort sparen", knurrte er. „Aber wenn er etwas sagen will, dann kann es ohnehin nur ein Geständnis sein und das kann er auch auf der Wache ablegen. Also los gehen wir, Senor Barth. Ich hoffe, Sie genießen unsere Gastfreundschaft."

Lügen haben kurze Beine

Als Dieter Waldner lange nach Mitternacht das STARDUST verließ und sich auf den Heimweg machte, war ihm fast übel vor Zorn und Enttäuschung. Was sollte er jetzt Brigitte sagen? Wie sollte er ihr erklären, daß er in einem Anfall von Leichtsinn diesen Spielclub betreten und von dem kurz zuvor von der Bank abgehobenen Urlaubsgeld soviel verspielt hatte, daß es jetzt noch nicht einmal mehr für ein Taxi reichte? Verdammt, warum mußte ihm auch ausgerechnet an diesem Abend sein Arbeitskollege Berthold über den Weg laufen und ihn zu einer Pokerpartie überreden? Und gerade Berthold, dieser Angeber, hatte dabei mehr Glück als Verstand gehabt und ihn bis aufs Hemd ausgezogen.
Dieter blieb stehen, lehnte sich an eine Hauswand und steckte sich eine Zigarette an. Ich muß mir etwas einfallen lassen, dachte er verzweifelt. Ich brauche jetzt eine wirklich gute Ausrede. Brigitte dreht doch völlig durch, wenn sie die Wahrheit erfährt. Die bringt es in ihrer Rage fertig und knallt mir den nächstbesten Blumentopf auf den Kopf. Wo sie sich doch schon so auf den Urlaub gefreut und jeden Pfennig dafür gespart hat! Himmel nochmal, was mache ich jetzt nur? Ich kann doch nicht mit völlig leeren Taschen nach Hause gehen!

Fieberhaft überlegend starrte er in den nachtschwarzen Himmel über sich, als ob ihm von dort oben irgendeine Erleuchtung winken könnte, und dann hatte er plötzlich einen Gedanken, der ihm geradezu genial erschien. Na klar, dachte er, das ist es! Ich sage ihr einfach, ich bin überfallen und beraubt worden. Was kann denn ein Mann schon tun, wenn plötzlich ein anderer vor ihm steht und ihm eine Pistole vor die Nase hält? Nichts kann er tun — nicht das geringste! Seine Brieftasche kann er dem Gangster in die Hand drükken und froh sein, wenn er mit heiler Haut davonkommt. In solch einer Situation bleibt selbst dem stärksten Mann nichts anderes übrig als klein beizugeben und das Handtuch zu werfen.
Es war die Lösung! Aufatmend schnibbte Dieter seine Zigarette auf die Straße und machte sich dann mit schnellen Schritten auf den Weg zur Bushaltestelle. Ich werde eben morgen mit Berthold reden und versuchen, daß er mir das Geld leihweise zurückgibt, dachte er dabei. Wenn er will, stottere ich es bei ihm gerne ab, aber auf diese Weise ist wenigstens unser Urlaub gerettet und ich muß mir von Brigitte nicht bis an mein Lebensende vorwerfen lassen, daß ich eine Niete bin.

***

Brigitte saß aufrecht im Bett und starrte ihr Eheglück aus weit aufgerissenen Augen an.
„Heißt das . . . ich meine, willst du damit sagen, daß das Geld weg ist?“ stotterte sie nach seiner Beichte. „Die ganzen fünftausend Mark? Das darf doch nicht wahr sein, das gibts doch einfach nicht! Und du hast dir das Geld so mir nichts dir nichts abnehmen lassen?“
Dieter zuckte hilfos mit den Schultern.
„Aber was hätte ich denn tun sollen?“ wehrte er sich. „Als ich heute nachmittag das Geld von der Bank holte, wußte ich ja noch nicht, daß ich solange im Büro bleiben und Überstunden machen

würde. Na, und kaum war ich endlich auf der Straße, da tauchte plötzlich dieser Kerl aus der Dunkelheit auf und drückte mir sein Schießeisen an den Bauch. Ich hatte gegen den doch gar keine Chance, Schatz."

Brigitte fuhr sich mit beiden Händen in die Lockenwickler.

„Aber das war unser Urlaubsgeld, Dieter!" jammerte sie. „Drei Wochen Korsika mit Halbpension waren das! Was hat denn die Polizei dazu gesagt?"

Er warf ihr einen unsicheren Blick zu.

„Polizei . . .?"

„Ja, die Polizei! Jetzt sag nur noch, du hast den Überfall überhaupt nicht gemeldet, wie?"

Dieter schüttelte resignierend den Kopf.

„Wozu denn, die finden den Kerl ja doch nicht. Es war ja stockdunkle Nacht und ich könnte nicht mal eine Beschreibung von ihm abgeben."

Brigitte sprang mit einem Satz aus dem Bett, murmelte etwas von einem kompletten Idioten und griff aufgeregt nach dem Telefon.

„So", sagte sie, während sie den Notruf wählte, „jetzt wirst du den Leuten haarklein erzählen was passiert ist, dann sehen wir weiter. Wozu haben wir denn eigentlich eine Polizei? Los jetzt, mach' denen mal die Hölle heiß!"

Dieter nahm folgsam den Hörer in die Hand und setzte zu einer weitschweifenden Erklärung an, aber schon nach wenigen Sätzen wurde er von dem Beamten unterbrochen.

„Na, dann kommen Sie mal schnellstens zur Wache, Herr Waldner", tönte es aus dem Hörer. „Wir haben den Täter nämlich bereits gefaßt. Er hat in einer Bar mit ihrem Geld nur so herumgeworfen und ist dadurch aufgefallen."

Dieter hatte plötzlich das Gefühl, als sei ihm ein Hammer auf den Kopf gefallen.

„Aber das ist . . . das ist doch nicht möglich", stammelte er. „Da haben Sie aber mit Sicherheit den falschen Mann erwischt, Herr

Wachtmeister. Das kann gar nicht der richtige Räuber sein, da lege ich meine Hand dafür ins Feuer."
„Da würden Sie sich aber ganz schön verbrennen", lachte der Polizist. „Wir haben bei dem Kerl nämlich nicht nur fast seine gesamte Beute sichergestellt, sondern er hat den Überfall auf Sie auch bereits gestanden. Also, ich schicke Ihnen einen Streifenwagen vorbei, dann sind Sie in zehn Minuten hier und können Ihren Zaster in Empfang nehmen".
Natürlich bestand Brigitte darauf mitzukommen und nahm Dieter damit seine letzte Chance, den Beamten in aller Ruhe und von Mann zu Mann alles zu erklären. Nur mit ihrem Bademantel über dem Nachthemd und Hausschuhen an den Füßen kletterte sie in den Streifenwagen und stürmte eine knappe Viertelstunde später aufgebracht in die Wache.
„Wo ist unser Geld?" zischte sie. „Und wo ist dieser Straßenräuber? Ich will den Typ mal sehen und ihm meine Meinung sagen. Also bringen Sie ihn mal her, Herr Wachtmeister!"
Der diensthabende Beamte betrachtete sekundenlang schweigend die reichhaltige Sammlung von Lockenwicklern auf Brigittes Kopf, dann hob er abwehrend die Hand.
„Eins nach dem anderen, gnädige Frau", sagte er ruhig. „Zuerst nehmen wir mal die Aussage Ihres Mannes zu Protokoll und dann stellen wir ihm den Täter gegenüber. Bitte, nehmen Sie solange Platz, ja?"
Brigitte saß noch nicht richtig, als plötzlich die Tür aufgerissen wurde und ein Mann erschien, der bei Brigittes und Dieters Anblick erstaunt die Augen aufriß.
„Na sowas", sagte er verwundert, „was macht ihr zwei Hübschen den mitten in der Nacht bei der Polizei? Hat sie dich etwa verprügelt, Dieter?"
Dieter schüttelte den Kopf und schluckte heftig.
„Bert ... Berthold", ächzte er. „Ich dachte, du ... du bist schon längst zu Hause?"
Berthold nickte wütend.

„Wäre ich ja auch, Dieter, wäre ich ja auch! Aber irgend so ein Mistkerl muß uns heute im STARDUST beim Pokern beobachtet und mitbekommen haben, daß runde fünf Mille von deiner Tasche in meine gewandert sind. Na, und was soll ich dir viel sagen? Kaum hatte ich mich von unserer Runde verabschiedet und ging auf der Straße etwas auf und ab, um auf ein Taxi zu warten, da steht der doch plötzlich mit einer Pistole in der Hand vor mir und verlangt das Geld. Was kann ein Mann in solch einer Situation tun, frage ich dich? Nichts kann er tun, wenn du es genau wissen willst! Seine Brieftasche kann er herausrücken und froh sein, wenn er mit heiler Haut davonkommt. Also habe ich ihm die Mäuse gegeben und mich dabei an das alte Sprichwort erinnert, nach dem etwas ebenso schnell zerronnen wie gewonnen sein kann. Danach hat mich der Kerl gefesselt und geknebelt hinter eine Hecke gezogen. Ich würde noch immer dort liegen, wenn nicht vor einigen Minuten ein Liebespärchen gekommen wäre und nach einem ruhigen Plätzchen gesucht hätte. Zum Glück sind die nicht vor lauter Angst davongelaufen, sondern haben sofort die Bul ... die Polizei verständigt. Aber nun sag doch endlich, was macht ihr denn hier? Ihr seid doch nicht etwa in Schwierigkeiten?"
Dieter schwieg. Er sah zu dem Polizisten hinüber, der ihn mit offenem Mund anstarrte und dann plötzlich zu grinsen begann, wagte einen Blick in Richtung Brigitte, die ihn zornfunkelnd musterte und einem kochenden Vulkan glich, dann schloß er resignierend seufzend die Augen und ließ sich wortlos auf einen Stuhl sinken.

Tod eines Callgirls

Kriminalobermeisterin Susanne Krönert hatte sich an diesem Morgen gerade die zweite Tasse Kaffee eingeschenkt, als das Telefon in ihrer Diele läutete.
„Wollten Sie nicht schon immer mal einen Blick ins sogenannte Milieu werfen?" meldete sich Kommissar Hammerand, als sie den Hörer abnahm. „Jetzt könnte ich Ihnen eine exzellente Gelegenheit dazu bieten. Heute nacht wurde nämlich Sissy Hayer ermordet. Haben Sie schon mal von ihr gehört?"
Susanne schüttelte unwillkürlich den Kopf.
„Nein, noch nie. Wer ist denn die Dame?"
Hammerand lachte leise.
„Sissy Hayer war hier das, was in Wien einmal Josefine Mutzenbacher war", erwiderte er. „Sozusagen die allererste Adresse für einsame Herren aus gehobenen Kreisen. Wenn Sie mal herkommen wollen, die Adresse ist Klenzestraße 34, neunte Etage. Es ist das Hochhaus neben dem Stadtpark."
„Kenne ich", nickte Susanne. „Ich bin in zehn Minuten dort."

* * *

Die Tote lag auf dem Teppich im Wohnzimmer und starrte aus weitaufgerissenen Augen ins Nichts. Kommissar Hammerand nickte Susanne zu und nahm dann ein Kissen auf, das neben der Leiche lag.
„Sie wurde erstickt", sagte er zur Erklärung. „Vermutlich mit diesem Kissen hier."
Susanne betrachtete ungeniert die elegante Einrichtung.
„Und was läßt sich in bezug auf den Täter sagen?" fragte sie dann. „Bei Damen in diesem Gewerbe gibt es doch meist so ein ominöses Notizbuch mit Namen und Telefonnummern, nicht?"
Hammerand zuckte mit den Schultern.
„Kann sein, daß es so etwas gibt, aber bisher haben wir es leider nicht gefunden", erwiderte er. „Trotzdem ist klar, daß der Mörder unter ihren Kunden zu suchen ist."
„Und da dürfte der Kreis der Verdächtigen ziemlich groß sein, oder?"
Der Kommissar machte eine unsichere Handbewegung.
„Ich weiß nicht so recht. Kollege Berger vom Sittendezernat meinte jedenfalls, daß sie nicht mehr als ein gutes Dutzend Verehrer hatte — und das waren Dauerkunden."
Susanne seufzte neidvoll.
„Wenn ich mir hier so die Einrichtung betrachte, dann müssen die aber verdammt gut bei Kasse gewesen sein", sagte sie. „Da ist ja wirklich alles vom Feinsten. Wie lange hat sie sich denn ihre Brötchen auf diese Weise schon verdient?"
Inspektor Helm, der bisher damit beschäftigt gewesen war, mit Kreide die Umrisse der Leiche auf den Teppich zu zeichnen, richtete sich auf und holte sein Notizbuch aus der Tasche.
„Etwas länger als ein Jahr", gab er Auskunft. „Davor war sie die wohlbehütete Ehefrau eines Architekten in Karlsruhe. Der Mann ist übrigens auf dem Weg hierher. Wie er mir am Telefon sagte, ist seine Frau damals bei Nacht und Nebel verduftet. Er hat erst durch uns erfahren, wo und wie sie gelebt hat. War ein ziemlicher Schlag für ihn."

Susanne betrachtete nachdenklich das maskenhaft wirkende Gesicht der Toten.
„Für wen wäre es das wohl nicht", sagte sie leise." „So ein Ende wünscht man nicht mal einem Fremden, geschweige denn seinem ehemaligen Partner. Wann wird Herr Hayer hier sein?"
Der Kommissar warf einen Blick auf die Uhr und griff dann zum Telefon.
„Wenn er sich beeilt hat, könnte er bereits hier sein", erwiderte er. „Ich habe ihm empfohlen im Hotel Kaiserhof abzusteigen und versprochen, ihn von dort abholen zu lassen. Das könnten übrigens Sie tun, Susanne. Warten Sie, ich frage mal an, ob er schon eingetroffen ist."
Sekunden später hatte er Gewißheit und nickte Susanne zu.
„Sie können losziehen, Mädchen, Herr Hayer muß wie der Teufel gefahren sein. Sind ja doch so an die achtzig Kilometer von Karlsruhe bis hierher, oder?"
„Zweiundachtzig", lächelte Susanne und eilte zur Tür. „Ich habe die Strecke einmal genau in neunundzwanzig Minuten geschafft. Also, dann bis später!"

***

Norbert Hayers Gesicht blieb unbewegt, als ihm Susanne ihr Beileid aussprach. Schweigend folgte er ihr zu ihrem Wagen und ließ sich auf den Beifahrersitz fallen.
„Zum Glück hatten wir keine Kinder", sagte er dann plötzlich aus seinen Gedanken heraus. „Allein . . . allein kommt man doch über so manches leichter hinweg."
Susanne warf ihm einen kurzen Seitenblick zu.
„Meinen Sie jetzt das Verlassenwerden durch Ihre Frau oder ihren Tod?" fragte sie behutsam.
Hayer machte eine resignierende Handbewegung.
„Eigentlich beides. Nur läßt das Verlassenwerden immer noch ein bißchen Hoffnung zu. Der Tod . . . er ist so . . . so endgültig."

Susanne setzte den Blinker und bog in die Klenzestraße ein. „Vielleicht hätten Sie versuchen sollen, Ihre Frau zurückzuholen“, sagte sie dann. „Warum haben Sie sich denn nie mit ihr Verbindung gesetzt? Ein Brief, ein Anruf oder ein Besuch hätte vielleicht . . .“
Er fuhr unwillig mit der Hand durch die Luft.
„Es wäre sinnlos gewesen — absolut sinnlos“, fiel er ihr ins Wort. „Elisabeth . . . sie hieß ja eigentlich Elisabeth und nicht Sissy . . . also, Elisabeth zu irgend etwas überreden, was sie selbst nicht wollte, war schon immer ein Ding der Unmöglichkeit. Außerdem hatte ich ja keine Ahnung, wo sie lebte. Sie hatte mich bei unserer Trennung damals ausdrücklich gebeten sie in Ruhe zu lassen und diesen Wunsch habe ich ihr erfüllt. Ist es etwa dieses Haus hier?“
Susanne ließ ihren Golf in eine Parklücke gleiten und nickte. „Das ist es. Kommen Sie bitte, Herr Hayer.“
Er folgte ihr wortlos in die Halle, ließ ihr am Lift höflich den Vortritt und drückte dann auf den Knopf für die neunte Etage. Der Lift setzte sich in Bewegung, trug sie leise surrend nach oben, aber Susanne registrierte es kaum. Sie sah zu Hayer hinüber, der unmittelbar neben der Tür stand und mit gesenktem Kopf zu Boden starrte. Warum hat er das nur getan, dachte sie fassungslos. Warum hat er seine Frau umgebracht? Er hat sie doch geliebt, seine Trauer ist doch echt, er leidet doch wirklich. Er ist doch nicht so ein eiskalter Mörder wie viele andere. Warum hat er das nur getan?
„Warum, Herr Hayer?“ fragte sie stockend. „Warum haben Sie Ihre Frau ermordet? Haben Sie so geliebt oder so gehaßt?“
Er hob ruckartig den Kopf.
„Aber was reden Sie denn da?“ fuhr er auf. „Warum hätte ich Sie denn ermorden sollen — jetzt, nach über einem Jahr!“
Susanne zuckte mit den Schultern.
„Ich kenne Ihr Motiv nicht“, flüsterte sie. „Aber ich weiß, daß Sie Ihre Frau getötet haben. Warum, Herr Hayer?“

Er griff sich mit beiden Händen an den Kopf.
„Aber wie hätte ich denn das überhaupt tun können?“ schrie er sie an. „Ich sagte Ihnen doch bereits, daß ich bis heute nicht mal wußte, wo sie lebte. Wie kommen Sie . . .“
„Und doch haben Sie eben ganz in Gedanken den Knopf für die neunte Etage gedrückt“, unterbrach sie ihn. „Sie wissen zwar nicht, wo Ihre Frau lebte. Sie kennen weder die Stadt, noch die Straße oder das Haus, und Sie haben seit der Trennung nichts mehr von Ihrer Frau gesehen oder gehört, aber Sie drücken genau auf den richtigen Knopf. Ziemlich merkwürdig, nicht?“
Norbert Hayer starrte Susanne sekundenlang entsetzt an und öffnete den Mund zu einer Erwiderung, aber dann senkte er langsam den Kopf und schwieg. Es gab nichts mehr zu sagen.

Rache für Jaqueline

Kommissar Gilbert Auriac verfolgte aufmerksam das Anlegemanöver des Küstenwachbootes, winkte dann Inspektor Sarrin, ihm zu folgen und sprang mit einem elastischen Satz an Bord.
„Wo habt ihr ihn?" fragte er leise.
Legrier, der Kommandant des Bootes, deutete mit dem Daumen über seine Schulter.
„Ich habe ihn nach unten bringen lassen, Kommissar", erwiderte er. „Wußten Sie schon vor unserem Funkspruch davon?"
Auriac nickte und zwängte sich die enge Treppe hinab.
„Ich habe es zumindest vermutet. Sein Boot wurde gestern abend bei St. Mathieu angetrieben. Wo habt ihr ihn gefunden?"
„Ziemlich weit draußen — etwa zwanzig Meilen westlich vor Quessant. Er heißt Roger Grevette und kam aus Angers. Wie wir erfahren haben, hat er hier seinen Urlaub verbracht. Dulgot, von der Wasserschutzpolizei sagte, er habe sich gestern morgen eine Jolle gemietet und ..."
Auriac hob abwehrend die Hand.
„Das wissen wir inzwischen auch, Legrier", fiel er ihm ins Wort. „Ich würde aber viel lieber wissen, wer ihm da draußen auf See begegnet ist — ihm und Meunier, Farrel und Thuraux. Mit diesem

Grevette hier sind das nun vier Tote innerhalb von noch nicht mal zwei Monaten, und es gibt weder ein ersichtliches Motiv für diese Morde, noch irgendeine Spur zu dem Täter."

Inspektor Sarrin beugte sich über den Toten, zog mit spitzen Fingern die Plane von seinem Körper und spürte, wie sich sein Magen hob. Sekundenlang starrten die drei Männer schweigend auf die faustgroße Wunde in der Brust Roger Grevettes, dann nahm Auriac dem Inspektor die Plane aus der Hand und ließ sie wieder über die leblose Gestalt vor ihnen fallen.

„Keine Spur und kein Motiv", murmelte er und wandte sich ab. „Ich würde ein ganzes Monatsgehalt opfern, wenn ich wenigstens eins davon hätte."

Sarrin hastete wortlos und mit abgewandtem Gesicht die Treppe empor und beugte sich weit über die Reeling.

„Entschuldigung, Chef", sagte er dann, als Auriac und Legrier an Deck erschienen. „Ich . . . es sind nur die Nerven. Ich kann mich einfach an so einen Anblick nicht gewöhnen."

Auriac zuckte gleichmütig mit den Schultern.

„Wenigstens einer in meiner Mannschaft, der ein weiches Gemüt hat", erwiderte er, mit einem Blick auf Legrier. „Allerdings, wenn wir jetzt nicht bald fündig werden, dann wird dir wahrscheinlich auch in Zukunft ein derartiger Anblick nicht erspart bleiben, Pierre. Ich möchte nur wissen, was hinter diesen Morden eigentlich steckt."

Der Inspektor griff dankbar lächelnd nach der Kognakflasche, die ihm Legrier entgegenstreckte und nahm einen tiefen Schluck.

„Ich weiß, daß Sie anderer Meinung sind, Chef", sagte er dann hustend. „Aber ich glaube nach wie vor, daß es sich hier um ganz gewöhnliche Raubmorde handelt. Sehen Sie, die Opfer kamen alle als Touristen hierher, verbrachten hier ihren Urlaub oder machten für einige Tage Station, und sie alle mieteten sich ein Segelboot. Es brauchte sie dabei doch nur jemand zu beobachten. Jeder weiß, daß Urlauber meist ihr ganzes Geld mit sich herumschleppen, und

wir haben ja bei allen auch nicht einen einzigen Franc mehr gefunden. Mich würde wesentlich mehr interessieren, welche Waffe derart große Wunden verursacht. Konnten Sie darüber noch nichts in Erfahrung bringen?"
Auriac lehnte sich mit dem Rücken gegen die Kajütentür und schüttelte den Kopf.
„Jedenfalls nichts Eindeutiges", erwiderte er mißmutig. „Außer Thonnet von der Surete habe ich zwar noch drei weitere Sachverständige befragt, aber sie sprechen alle nur von einer großkalibrigen Schrotwaffe und überlassen mir die Wahl zwischen ihren vier Gutachten. Allerdings, so wie das hier aussieht, könnte Thonnet durchaus recht haben. Er meint, die Segler wurden mit einer Kanone erschossen."
Sarrins Unterkiefer klappte schlagartig nach unten.
„Mit einer Kanone?" wiederholte er verblüfft. „Sagten Sie tatsächlich, mit einer Kanone, Chef?"
„Ja, mit einer Modellkanone — aus Messing oder so. Thonnet sammelt diese Dinger und hat nach den ersten beiden Morden damit Schießversuche an toten Schweinen gemacht. Die Wunden sehen fast so aus wie diese hier."
Der Inspektor tippte sich an die noch immer blasse Stirn.
„Dieser Thonnet ist ein Spinner, Chef", sagte er überzeugt. „Mit einer Kanone! Warum denn nicht gleich mit einer Saturn 5? Glauben Sie etwa, diese Männer waren so dämlich und haben sich so eine Donnerbüchse in aller Ruhe an die Brust halten lassen?"
Der Kommissar zwirbelte gedankenverloren an seinem Schnurrbart.
„Vielleicht haben sie es überhaupt nicht bemerkt", meinte er schließlich. „Vielleicht war ihnen gar nicht bewußt, was da ihr Mörder in der Hand hielt."
Sarrin schloß für einen Moment die Augen, als zwei Matrosen die Bahre mit Grevette die Treppe heraufbrachten.
„Nicht bemerkt!" sagte er spöttisch. „Die müßten dann ja alle

blind gewesen sein. Wenn Dr. Villiers recht hat, dann standen die Opfer in allen drei Fällen unmittelbar vor ihrem Mörder — und bei Grevette wird es nicht anders gewesen sein. Weniger als einen Schritt entfernt und in gebückter Haltung, heißt es in seinen Gutachten. Ich möchte doch wirklich wissen, wie . . .“

„Das ist auch etwas, worüber ich mir andauernd Gedanken mache“, fiel ihm Auriac ins Wort. „Wieso in gebückter Haltung? Können Sie sich eine Situation vorstellen, in der so etwas möglich ist, Pierre?“

Inspektor Sarrin sah mit verbissenem Gesicht dem dunklen Wagen nach, in dem eben die Leiche Victor Grevettes abtransportiert wurde.

„Doch“, sagte er dann, „das kann ich, Chef. Sowas kann nämlich dann passieren, wenn der Täter im Wasser ist. Ein Schwimmer zum Beispiel. Der Täter kreuzt, sagen wir mal, den Kurs des Bootes, und so weit draußen wird wohl jeder Segler . . . Ah, sehen Sie mal, wir bekommen Besuch.“

Durch die Hafeneinfahrt kam in rasantem Tempo ein dunkelblauer Citröen geschossen und hielt mit quietschenden Bremsen neben dem Kutter.

„Mon Dieu“, ächzte Auriac. „Staatsanwalt Petit! Der hat mir jetzt gerade noch gefehlt.“

Sarrin warf seinem Chef einen aufmunternden Blick zu.

„Lassen Sie sich von dem bloß nicht verrückt machen“, beschwor er ihn. „Ist doch alles nur Wichtigtuerei bei ihm. Von Verbrechensaufklärung hat der sowieso keine Ahnung.“

Die rundliche Gestalt des Staatsanwaltes kam wie ein Tennisball über die Laufplanke gehüpft.

„Nun, Kommissar“, dröhnte er und nickte Legrier kurz zu. „Schöne Schweinerei, die da wieder passiert ist. Haben Sie schon irgendwelche Hinweise auf den Täter?“

Auriac schob gemächlich seinen Hut in den Nacken.

„Wir sind erst seit zehn Minuten hier, Herr Staatsanwalt“, erwi-

derte er sanft, „und uns liegt bisher weder der Bericht Dr. Villiers', noch der von der Spurensicherung vor. Ich glaube auch nicht, daß uns das etwas nützen wird. Grevette wurde auf die gleiche Art ermordet wie die anderen drei Opfer vor ihm, aber wie immer vergaß der Täter auch diesmal seine Visitenkarte."
Petit starrte den Kommissar durch seine dickwandigen Brillengläser zornig an.
„Nun hören Sie mir mal zu, Kommissar", zischte er. „Meinen Sie etwa, ich lasse mich von Ihnen noch länger zum Narren machen? Seit zwei Monaten gibt es hier einen Toten nach dem anderen und Sie sind nicht fähig, einen verrückt gewordenen Raubmörder zu fassen?"
Auriac schüttelte seufzend den Kopf.
„Ich glaube nicht, daß es sich hier um Raubmord handelt, Monsieur le Procurator", wandte er ein. „Und schon gar nicht, daß diese Verbrechen von einem Verrückten begangen wurden. Sicher, den Opfern wurde ihr Geld und sämtliche Wertsachen abgenommen, aber ich halte das nur für eine Tarnung. Man will damit das eigentliche Motiv vertuschen."
Petit schlug wütend nach einer kreisenden Fliege über seinem Kopf.
„Wir werden sehen", brummte er ungnädig. „Wenn wir den Kerl erstmal gefaßt haben, wird sich ja zeigen, wer hier recht hat."
Der Inspektor warf dem Staatsanwalt einen angewiderten Blick zu.
„Wenn, Monsieur", konterte er. „Wenn wir ihn gefaßt haben! Vorläufig sieht es aber gar nicht danach aus. Und ob der Täter nun verrückt ist oder nicht, er ist jedenfalls raffiniert genug, keinerlei Spuren zu hinterlassen."
Gaston Petit wandte sich ruckartig zu Sarrin um.
„So, keine Spuren", höhnte er. „Wenn Sie sich da bloß nicht irren, Inspektor! Ich sage Ihnen, der Kerl hinterläßt Spuren — ihr beide seht sie nur nicht! Aber das heißt nun nicht, daß auch andere Leute mit Blindheit geschlagen sind. Auriac, ich schwöre Ihnen, wenn Sie mir nicht innerhalb einer Woche den Täter vor meinen Schreib-

tisch legen, dann hatten Sie diesen Fall die längste Zeit in Händen. Ist das klar genug?"
Der Kommissar preßte die Lippen zusammen und sah über Petit hinweg.
„Vollkommen, Monsieur le Procurator", erwiderte er kühl. „Aber Drohungen helfen da auch nicht weiter. Wenn Sie mal in aller Ruhe darüber nachdenken würden, dann müßten Sie zugeben, daß wir letztlich nur zwei Chancen haben, um der Täter zu fassen und . . ." Petits Augenbrauen schoben sich interessiert in die Höhe.
„Zwei Chancen?" schnappte er. „Was für Chancen?"
Inspektor Sarrin grinste ihn von der Seite her freundlich an.
„Nun, im Grunde können wir nur auf den berühmten Zufall warten", dozierte er.
„Oder . . ."
„Oder was?"
„Oder darauf, daß er beim fünften Mord solche Spuren hinterläßt, die selbst so Hornochsen wie wir nicht übersehen können!"

***

Gregory Leclerc zurrte das Ruder der BLANDINE fest, warf noch einen Blick auf das vom Wind prallgefüllte Segel und ließ sich dann zufrieden auf die Luftmatratze am Boden des Bootes sinken. Er empfand es als wohltuend, endlich einmal nichts anderes um sich zu haben als Wind, Wasser und Sonne, und er genoß es geradezu, dabei nicht von der quengelnden Stimme Luciennes gestört zu werden, der es entweder zu kalt, zu windig oder zu warm war. Soll sie sich ruhig bei dieser dämlichen Modenschau amüsieren, dachte er schmunzelnd, ich weiß mit meiner Zeit etwas Besseres anzufangen. Schließlich hat man nur einmal im Jahr Urlaub. Er griff nach seinem Kriminalroman und begleitete Lieutenant Griffith auf seiner Jagd nach einem Entführer, dann wehte plötzlich der Schrei zu ihm herüber und ließ ihn erschrocken zusammenfahren. Verblüfft richtete er sich auf, warf einen Blick in die Runde, und dann sah er die Motoryacht. Sie lag etwa hundert Meter vor ihm in der leicht kabbeligen See, drehte sich langsam um ihre Längsachse und wurde dabei immer mehr nach Westen abgetrieben. Gregory band hastig das Ruder los, steuerte auf die Yacht zu, und dann sah er auch die Frau. Sie war etwa Anfang Vierzig, winkte aufgeregt mit beiden Händen, und beugte sich erleichtert lächelnd über die Reeling, als er längsseits kam.

„Gott sei Dank, daß Sie mich gehört haben", sagte sie. „Ich dachte schon, ich müßte die Küstenwache um Hilfe bitten. Meine Maschine tut's nicht mehr."

Gregory warf ihr die Bugleine seines Bootes zu und kletterte an Bord.

„Ich hoffe, ich kann Ihnen helfen", erwiderte er. „Ein bißchen verstehe ich schon etwas von Motoren, aber ein Experte bin ich leider auch nicht. Was hat er denn?"

Sie zuckte die gebräunten Schultern.

„Ich weiß nicht, er blieb plötzlich ganz einfach stehen. Kann eigentlich keine große Sache sein, aber für technische Dinge fehlt mir jede Begabung. Übrigens, das Werkzeug befindet sich unter der Sitzbank dort."

Er nickte und ging darauf zu, aber dann ließ ihn das flappende Motorgeräusch eines Hubschraubers herumfahren. Tief über dem Wasser fliegend kam eine Alouette auf die Yacht zu, blieb über ihr in der Luft stehen und dann schob sich die unverkennbare Gestalt Inspektor Sarrins aus der Luke und schwang sich an den Kufen entlang hinab auf das Deck der Yacht.

„Madame Peronne", sagte er kopfschüttelnd und winkte dem Piloten zu, „warum machen Sie denn das? Begreifen Sie denn nicht, daß Sie damit auch nicht einen einzigen Schritt weiterkommen? Sie wissen doch, daß wir seit Wochen einen offensichtlich wahnsinnigen Mörder suchen, nicht? Was glauben Sie, was passiert, wenn der Sie hier draußen findet?"

Gregory beugte sich neugierig vor.
„Um was geht es denn hier eigentlich, Monsieur?“ fragte er. „Gehören Sie zur Küstenwache oder so?“
„Kriminalpolizei“, klärte ihn Sarrin auf. „Ich bin Inspektor Sarrin — und was machen Sie hier an Bord?“
Gregory deutete auf die Frau.
„Sie hat mich gerufen“, erwiderte er. „Irgend etwas an ihrem Motor ist defekt. Aber was ist denn los? Stimmt etwas nicht?“
Der Inspektor faßte ihn am Arm und zog ihn beiseite.
„Sie ist ein armer Teufel, Monsieur“, sagte er leise. „Ihre Tochter Jaqueline, ein junges hübsches Ding wurde vor einigen Monaten auf dieser Yacht hier tot aufgefunden — ein Sexualmord. Zeugen wollen gesehen haben, daß ein Segelboot bei der Yacht angelegt hat, aber es hat sich natürlich niemand weder Nummer noch Namen gemerkt. Ob sein Skipper auch Jaquelines Mörder war, wissen wir nicht. Wir konnten ihn bisher nicht ermitteln.“
Gregory Leclerc riß die Augen auf.
„Mon Dieu“, ächzte er. „Jetzt verstehe ich. Sie hofft also darauf, daß der Mörder ihrer Tochter wieder mal hier herumschippert und sich dann auch an sie heranmacht, wie?“
Sarrin zuckte mit den Schultern.
„Wir haben schon oft versucht, sie davon abzubringen, aber es ist sinnlos“, erwiderte er. „Wir können sie nur ein bißchen überwachen, und als ich Sie von da oben bei ihr anlegen sah, da befürchtete ich schon . . .“
Gregory winkte ab.
„Begriffen, Inspektor“, sagte er. „Na, dann will ich mich lieber doch mal um ihren Motor kümmern.“
Nathalie Peronne war plötzlich voll hektischer Nervosität.
„Oh, lassen Sie nur, Monsieur“, wehrte sie ab. „Inspektor Sarrin ist ein wirklicher Fachmann und wird sich das Ding gerne mal ansehen. Sie können ruhig auf Ihr Boot zurückgehen.“

„Vielleicht finden wir den Fehler zu zweit schneller", lächelte Gregory. „Vier Augen sehen bekanntlich mehr als zwei."
Er ging auf die Sitzbank zu, beugte sich darüber, und einen Herzschlag lang durchzuckte Sarrin der Gedanke, daß sich Leclerc nun in der gleichen Stellung befand, in der Meunier, Farrel, Thuraux und Grevette die tödliche Ladung empfangen hatten. Weniger als einen Schritt entfernt und in gebückter Haltung, dachte er, und dann zerriß die Erkenntnis wie ein grelleuchtender Blitz seine Gedanken.
„Nicht aufmachen!" schrie er und rannte auf Leclerc zu. „Gehen Sie weg, Monsieur, gehen Sie weg!"
Gregory sah ihm verständnislos entgegen, zerrte dabei an dem Riegel der Sitzbank, und Sarrin legte seine ganze Kraft in einen einzigen Satz, warf sich auf ihn, riß ihn zu Boden, und dann schien sich über ihnen der Himmel in einer riesigen Explosion aufzulösen.
Nein, dachte Sarrin verzweifelt, nein und nochmals nein! Ich sehe es, ich höre es, aber ich kann es nicht begreifen. Ich kann es einfach nicht begreifen!
Leclerc wälzte sich unter ihm hervor und richtete sich auf.
„Die Ba . . . Bank", stammelte er. „Was war denn unter der Sitzbank? Ich wollte doch nur das Werkzeug . . .?"
Sarrin gab ihm keine Antwort. Auf den Knien liegend starrte er stumm in den Kasten der Sitzbank, starrte auf den schräg aufgerichteten Lauf der Waffe und auf ihren Abzug, von dem ein dünnes Plastikseil über eine Rolle an der Rückwand lief, das durch den leicht federnden Deckel der Bank immer noch gestrafft und wieder gelockert wurde.
„Bleiben Sie hier sitzen, Leclerc", sagte er schließlich und stemmte sich empor. „Sie brauchen nicht mitzugehen. Tragödien haben nur im Theater ihre Zuschauer."
Mit zitternden Beinen ging er zu der Frau hinüber, die noch immer an der Reeling stand und ihm gelassen entgegensah.
„Warum, Madame Peronne?" fragte er leise. „Warum haben Sie das getan? Eine tödliche Falle für vier Männer, die Sie nie zuvor

gesehen haben und die Ihnen nicht das geringste getan haben. Um ein Haar hätten Sie . . .“
Sie warf einen kurzen Blick auf den entsetzt schauenden Gregory. „Sie können es alle gewesen sein“, sagte sie kalt. „Es ist nicht schade um die Kerle!“
Sarrin verkrampfte schweigend die Hände ineinander. Plötzlich und unvermittelt schien sich eine eisige Kälte um ihn auszubreiten. Eine Kälte, die sich über ihn legte, in ihn eindrang und ihn in seinem Innersten erzittern ließ. Aber als er aufsah und dabei Nathalie Peronnes Blick begegnete, wußte er, daß diese Kälte nicht von der See her kam.
„Gehen wir in die Kajüte, Madame“, sagte er müde. „Ich glaube, Sie haben Funk an Bord, nicht war? Ich rufe jetzt einen Arzt für Sie.“
Dann faßte er sie sanft am Arm und führte sie behutsam die Treppe hinab.

Rüdigers Motiv

An diesem Morgen war es das erstemal seit acht Jahren, daß Rüdiger Eggert beim Anblick der Geldbündel im Tresor der „Westkredit Bank“ feuchte Hände bekam. Früher hatte es ihm nicht das geringste ausgemacht, den Tagesbedarf an Banknoten auf ein Tablett zu stapeln und sie unter den wachsamen Augen von Siegermann und Haller in die Schalterhalle der Bank zu tragen, aber vor etwa sechs Wochen war etwas in Rüdigers Leben getreten, das schon ganz andere Leute wie ihn aus den Stiefeln geworfen hatte. Etwas, das Kriminalisten in ähnlichen Fällen ein Motiv zu nennen pflegten.
Rüdigers Motiv war blauäugig, dunkelhaarig, hörte auf den verführerisch klingenden Namen Nicole, und war darüber hinaus mit einer Figur ausgestattet, die jedem normalen Mann schlaflose Nächte bereiten konnte. Rüdiger, klein, schmächtig, und mit der Unbeholfenheit des jahrzehntelangen Junggesellen versehen, hätte nicht einmal im Traum geglaubt, daß eine so strahlende Schönheit wie Nicole Hayer ausgerechnet an ihm Gefallen finden würde, aber genauso war es. An einem verregneten Sonntagnachmittag hatte er sie in dem kleinen Cafè am Stadtrand kennengelernt, und von dem Augenblick an, als Nicole durch die Tür und nach einigem

Zögern zu ihm an den Tisch kam, hatte Rüdiger das Gefühl, in einer völlig anderen Welt zu leben.
Nicole war herrlich! Sie brachte Wärme und Zärtlichkeit in sein Leben, liebte ihn mit der ganzen unverbrauchten Leidenschaft ihrer zweiundzwanzig Jahre, nannte ihn ihren Schnuckiputz und Herzkönig und gab ihm all das, wonach sich Rüdiger einundvierzig einsame Jahre lang gesehnt hatte.
Nur, wie alles Schöne im Leben, hatte auch die Schönheit Nicole ihren Preis. Einen hohen Preis sogar. So immens hoch, daß er auf die Dauer nicht vom Gehaltskonto eines Bankkassiers beglichen werden konnte. Und als sich Nicole nach einiger Zeit mit Rüdiger als zu unterbezahlt empfand, begann sie ihn behutsam auf die Annehmlichkeiten einer zwar illegalen, aber dringend erforderlichen Vermögensumverteilung aufmerksam zu machen. Sie erntete bei Rüdiger zunächst erschrockenes Erstaunen und dann ein mildes, nachsichtiges Lächeln.
„Ach, du kleines Dummerchen", sagte er und spielte in ihrem Haar, „als ob das so einfach wäre. Da gibt es aber leider einze ganze Reihe von Sicherheitsmaßnahmen, über die man nicht so einfach hinwegkommt."
Nicoles schlanke Finger beschäftigten sich intensiv mit seiner Gürtelschnalle.
„Erzähl mir mal welche", bat sie.
Und Rüdiger berichtete von den Fernsehkameras in der Bank, berichtete von den Alarmanlagen, von den ständigen Kassenkontrollen und all den anderen heimtückischen Dingen, die einen Griff nach den Banknotenbündeln von vornherein zum Scheitern verurteilten. Nicole allerdings schien das noch immer nicht so ganz einzusehen.
„Okay, das mag ja alles so sein", meinte sie am Ende von Rüdigers Ausführungen. „Aber du wirst mir doch nicht erzählen wollen, daß da überhaupt nichts zu machen ist? Ich frage mich nur, wieso du in all den Jahren noch kein Loch im Zaun gefunden hast. Du bist doch ein intelligenter Kerl!"

Rüdiger zuckte hilflos mit den Schultern.
„Bei der „Westkredit“ gibt es eben kein Loch“, murmelte er. „Da hilft mir meine Intelligenz nichts. Bei uns hat doch jeder den anderen ständig im Auge!“
Nicole hatte seine Gürtelschnalle endlich überwältigt und seufzte leise.
„Na schön, aber das gilt schließlich nur für den Tag, nicht? Und in der Nacht, wie sieht es dann da aus? Gibt es da keine Chance, an die Mäuse heranzukommen?“
Rüdiger winkte ab.
„Überhaupt nicht. Da ist erstens das große Gittertor am Eingang und die Tür zur Schalterhalle, die beide nur elektrisch geöffnet werden können, und dann kommt noch die Tür an der Treppe zum Tresorraum und schließlich der Tresor selbst. Außerdem haben wir in der Nacht noch einen Wächter in der Bank, der mit einer MPi bewaffnet ist. Hat was los, der Junge, sage ich dir! Ein ehemaliges Mitglied von der GSG 9. An dem kommt keine Maus vorbei.“
Nicole beschäftige sich jetzt mit seinen Hemdknöpfen und sah ihn aus verschleierten Augen an.
„An Hindernissen geht man nicht vorbei, man beseitigt sie“, sagte sie sanft.
Rüdiger starrte sie entsetzt an.
„Meinst du etwa, ich soll . . . ich soll ihn er . . . erledigen?“ stotterte er.
Sie warf ihm einen spöttischen Blick zu.
„Hast du etwa Angst? Was ist schon dieser Kerl gegen die zwei oder drei Millionen, die dort zu holen sind? Ein Nichts, sage ich dir, ein absolutes Nichts! Das gleiche Nichts, das du dein ganzes Leben lang bleiben wirst, wenn du deine Chance nicht endlich einmal wahrnimmst. Oder willst du tatsächlich immer nur anderer Leute Geld zählen?“
Er schüttelte verwirrt den Kopf.
„Nein, natürlich nicht. Ich dachte immer, ich könnte mal ein Häuschen im Grünen . . .“

„Ein Häuschen im Grünen!“ unterbrach ihn Nicole unwillig. „Wieso träumst du von einem Häuschen im Grünen, wenn du dir einen Bungalow an jedem Punkt der Welt leisten könntest? Oder bin ich dir das etwa nicht wert?“
Rüdiger beeilte sich, ihr das Gegenteil zu versichern.
„Sag doch nicht so etwas“, bat er. „Natürlich bist du mir das wert. Aber wie soll ich denn das eigentlich machen? An diesen Walter Reich, so heißt der Wachmann, komme ich doch nachts gar nicht heran! Und selbst wenn: ohne die Tresorschlüssel wäre ich ohnehin aufgeschmissen, und die befinden sich nachts im Panzerschrank von Direktor Schilling.“
Nicole lächelte sanft und kraulte seine spärlichen Brusthaare.
„Und wo ist der Schlüssel zu den Schlüsseln?“ fragte sie.
„Der Schlüssel zum Panzer . . . Ja, den trägt Schilling ständig mit sich herum.“
Sie nickte befriedigt und hauchte einen Kuß auf seine Stirn.
„Dann kannst du dieses Problem getrost mir überlassen“, beruhigte sie ihn. „Soviel ich weiß, ist dein Direktor ja Stammgast im „Starlight“, nicht? Und was euren Wächter anbelangt, diesen Walter Reich, da hörst du mir jetzt bitte mal ganz genau zu, ja?“

***

Wie bereits gesagt, war es an jenem Morgen das erste Mal, daß Rüdiger beim Anblick der Banknotenbündel feuchte Hände bekam; und als er sich am späten Abend mit Nicole am Steuer auf den Weg zur Bank machte, passierte ihm das gleiche wieder. Sorgsam auf die Verkehrszeichen achtend bog Nicole in die Kaiserstraße ein, fand einen Parkplatz und trat behutsam auf die Bremse.
„Jetzt liegt alles an dir, Rüdiger“, sagte sie verhalten. „Du hast es nun ganz allein in der Hand, ob wir den Rest unseres Lebens miteinander oder allein verbringen werden. Viel Glück!“

Rüdiger schraubte hastig den Schalldämpfer auf die Pistole, die Nicole aus irgendwelchen dunklen Quellen beschafft hatte, nickte ihr noch einmal stumm zu und pirschte sich dann vorsichtig an den Eingang der Bank heran. Schon Sekunden nach seinem Läuten sah er das Gesicht des Wachmanns hinter den Gitterstäben auftauchen.

„Oh, Herr Eggert, Sie sind es?“ sagte er erstaunt. „Ist etwas passiert?“

Rüdiger räusperte sich verlegen.

„Nein, ich ... also, es ist mir furchtbar peinlich, Herr Reich“, stotterte er. „Aber ich glaube, mir ist heute bei der Abrechnung ein Fehler unterlaufen. Sie wissen ja, daß ich Direktor Schilling jeden Morgen die Abrechnung des vergangenen Tages vorlegen muß, nicht wahr? Na ja, und da dachte ich, bevor ich mir einen Anpfiff einhandle ...“

„Aber Sie können das doch jetzt nicht noch einmal nachrechnen, Herr Eggert“, unterbrach ihn Reich. „Es ist doch niemand da, der den Computer bedient.“

Rüdiger schüttelte lächelnd den Kopf.

„Dazu brauche ich keinen Computer“, erwiderte er. „Ich müßte nur die betreffenden Unterlagen haben, dann kann ich das auch zu Hause machen. Ich will nur sicher sein, verstehen Sie?“

Reich nickte schmunzelnd.

„Na, und ob ich das verstehe, Herr Eggert. Wer läßt sich auch schon gern eine Zigarre vom Chef verpassen? Warten Sie, ich mache Ihnen auf, dann können Sie sich den Kram holen. Ich muß nur erst die Alarmanlage ausschalten. Augenblick, bitte.“

Er ging in das Gebäude zurück und schon Sekunden später schob sich vor Rüdiger das Gittertor zur Seite und hinter ihm wieder ins Schloß.

„Kommen Sie, Herr Reich“, sagte er heiser. „Begleiten Sie mich doch.“

Reich nickte und wandte sich um, aber dann hörte er plötzlich ein leises „Plop“, sah eine grelle Stichflamme auf sich zurasen, und dann breitete sich der Schmerz wie flüssiges Feuer in ihm aus und

ließ alles um ihn herum in einer endlosen, undurchdringlichen Dunkelheit versinken.
Rüdiger stieg über ihn hinweg und hetzte die Treppen empor in den Schaltraum. Reich hat die Alarmanlage zwar ausgeschaltet, dachte er nervös, aber wenn sie innerhalb von drei Minuten nicht endgültig unterbrochen wird, dann wimmelt es hier in Kürze von Bullen.
Im matten Schein der Kontrollampen betrachtete er die große Armaturentafel an der Wand, die eine Vielzahl von Schaltern und Hebeln aufwies, aber die beiden Zuleitungskabel vom Stromnetz und den Akkumulatoren fand er sofort. Sie steckten in grauen Plastikrohren und verschwanden nach knapp einem Meter im Boden. Ich muß beide abtrennen, hämmerte es in ihm, beide! Nur wenn beide Kabel unterbrochen sind, bleibt hier alles ruhig. Er zerrte eine dickisolierte Zange aus Tasche und machte sich daran, die Muttern abzuschrauben. Sie saßen wie festgenietet und Rüdiger hatte erst zwei von ihnen gelöst, als sein Blick auf die Uhr fiel und ihm klar machte, daß er es nicht mehr schaffen konnte. Noch sechzehn Sekunden und die Alarmanlage würde sich wieder einschalten, die Sirenen würden losheulen und im knapp einen Kilometer entfernten Polizeirevier 9 würden Polizisten nach ihren Waffen greifen.
Zitternd vor Aufregung lehnte er an der Wand, betrachtete den hüpfenden Sekundenzeiger seiner Uhr, und dann griff er in jäher Panik in den Feuerschutzkasten neben der Tur, riß die breitflächige Axt heraus und schlug die beiden Kabel mit einem einzigen wuchtigen Hieb durch. Eine Stichflamme schoß empor und füllte den kleinen Raum mit einem scharfen, brenzligen Geruch, dann herrschte tiefe Stille und Dunkelheit.
Rüdiger ließ sich zu Boden sinken und wischte sich den Schweiß von der Stirn. Geschafft, dachte er aufatmend. Ich habe es buchstäblich in letzter Sekunde geschafft. Jetzt habe ich mehr Zeit als nötig sein wird, um das Sparschwein der „Westkredit“ zu leeren.

Wird eine hübsche Überraschung für den pedantischen Direktor Schilling werden.
Er stemmte sich hoch, brannte sich eine Zigarette an und stieg dann die Treppe zur Schalterhalle empor. Als erstes mußte er nun die Tresorschlüssel aus Schillings Panzerschrank holen. Nicole hatte nicht zuviel versprochen und war, auf welche Weise auch immer, tatsächlich an Schillings Panzerschrankschlüssel herangekommen. Für zwei Hunderter hatte ihr dann ein alter Freund ohne viel Fragen ein Duplikat angefertigt, das vom Original nicht zu unterscheiden war. Es würde jetzt nur noch Minuten dauern und der Bungalow irgendwo auf der Welt war ein für allemal gesichert. Als er vor der Gittertür zur Schalterhalle stand und vergeblich daran rüttelte, traf ihn die Erkenntnis wie ein Schlag in die Magengrube. Er hatte sein Ziel erreicht, er war in der Bank — aber er kam nie wieder hinaus! Verschmort und zerrissen hingen die beiden Kabel zwölf Stufen tiefer unter ihm an der Wand, aber nur sie hatten den Strom, der alle Türen öffnete. Die zur Schalterhalle und zu den Millionen im Tresor, und die hinaus in die Freiheit und zu Nicole.

Dem Nachwuchs eine Chance

Es gibt ja Leute, die träumen schon mit dreißig vom Ruhestand und einer dicken Pension, die sie dann in irgendeinem südländischen Kaff auf den Kopf hauen oder in einen so lächerlichen Zeitvertreib wie zum Beispiel Kaffeefahrten stecken können.
Ich muß sagen, ich bin da ganz anderes. Zwar bin ich schon beinahe sechzig und eigentlich das, was man in Heiratsanzeigen eine gutsituierte Witwe nennt, aber wer wie ich sein ganzes Leben lang selbständig und in seinem Beruf aktiv war, der kommt da auch nicht so schnell davon los. Da bedarf es schon anderer Gründe als das Alter, um das Handtuch zu werfen. Da müssen Dinge geschehen wie neulich, an diesem ungemütlichen Novemberabend, als ich es mir gerade in einem Sessel gemütlich machen wollte und dann ganz abrupt in meiner Ruhe gestört wurde.
Es war ohnehin ein ganz mieser Tag gewesen. Bittere Kälte, Regen, Sturm und Graupelschauer bis tief in die Nacht hinein, und alles in allem ein Wetter, bei dem man keinen Hund vor die Tür setzen würde. Ich hatte mich gerade vor der Frisierkommode niedergelassen und probierte vor dem Spiegel aus, wie einer Frau in meinem Alter eine dreireihige Perlenkette zu Gesicht stand — sehr gut übrigens — als mich ein leises, klirrendes Geräusch an der Ter-

rassentür aufgeschreckt herumfahren ließ. Sekundenlang blieb mir vor lauter Angst beinahe die Luft weg und ich stellte meine Ohren wie ein Kaninchen auf, aber nun war nichts mehr zu hören. Und doch war da eben durch das Fauchen des Windes hindurch eindeutig ein leises Klirren zu hören gewesen, das auf eine zerbrochene Glasscheibe schließen ließ. Na, was hätten Sie jetzt an meiner Stelle getan — allein in einer alten Villa und mitten in der Nacht? Mir jagte der Gedanke, daß vielleicht ein Einbrecher vor der Tür stehen und innerhalb von Sekunden hier bei mir sein konnte, jedenfalls einen Schauer nach dem anderen über den Rücken und ließ mich für einen kurzen Moment in eine regelrechte Panik verfallen. Hastig löschte ich das Licht und versuchte über den Flur die Haustür zu erreichen — und lief genau in den grellen Lichtstrahl einer Taschenlampe!

„Bleib mal stehen, Oma", kam eine Stimme aus der Dunkelheit. „In deinem Alter brauchst du vor keinen Mann mehr wegzulaufen. Nur ruhig muß du sein. Ruhig und friedlich, dann passiert dir auch nichts. Und jetzt geh zurück ins Wohnzimmer oder in den Salon, wie du das wahrscheinlich nennst, und gib mal als allererstes diese Perlenkette her."

Wer weiß, wie lange mich der Kerl schon beobachtet hatte! Mir saß jedenfalls der Schrecken in allen Knochen und ich spürte, wie meine Zähne aneinanderschlugen und rang verzweifelt nach Luft.

„Bitte . . . bitte tun Sie mir nichts", ächzte ich. „Von mir haben Sie bestimmt nichts zu befürchten. Ich bin eine alte Frau und . . ."

„Halt den Mund, Oma, ich weiß, wer du bist!" zischte der Mann hinter mir. „Oder glaubst du etwa, ich bin nur zufällig oder aus Versehen in deine Burg eingestiegen? Nee, du grauhaariger Engel, in meinem Beruf ist exakte Planung alles. Da informiert man sich erstmal und dann handelt man. Na, siehst du, und weil ich das getan habe, deshalb weiß ich auch, daß du die stinkreiche Witwe des Herrn Süßwarenfabrikanten Lutschbach bist. Und nun verzieh dich endlich ins Wohnzimmer, verdammt nochmal!"

Am liebsten hätte ich ihm voll eine geklebt, aber seine Stimme klang ziemlich brutal und entschlossen und ließ es mir geraten erscheinen, keinen Widerstand zu leisten. Mit zitternden Knien und ausgestreckten Händen tastete ich mich durch die Dunkelheit zurück ins Wohnzimmer und schloß geblendet die Augen, als der Einbrecher das Licht einschaltete.
„Setz dich, Oma", grinste er und zog ein Messer aus seiner Hosentasche. „Setz dich hier auf die Couch und verrate mir mal, wo du so deine Moneten versteckt hast — oder muß ich mit meinem Freund hier etwas nachhelfen? Wäre sehr unklug von dir, Oma, sehr, sehr unklug. Ich nehme an, du möchtest noch einige Jährchen lang am Leben bleiben, wie?"
Ich schluckte, rang noch immer nach Luft und starrte ihn wütend an. Der Kerl war noch nicht mal Mitte Zwanzig, aber offensichtlich schon ein alter Routinier und ohne jede Hemmungen.
„Wetten, daß du noch sehr gesprächig wirst?" sagte er zynisch. „Dreizehn Zentimeter Edelstahl lösen jede Zunge — auch deine! Da kannst du jetzt mit dem Gebiß klappern soviel du willst, am Ende machst du ja doch den Mund auf. Also, wie hättest du es denn nun gerne, Oma?"
Ich wußte, daß ich ihm hilflos ausgeliefert war und beschloß, alles auf eine Karte zu setzen. Mit einem schmerzerfüllten Laut griff ich mir plötzlich ans Herz und ließ meinen Kopf nach hinten sinken. „Mir wird schlecht", stöhnte ich und verdrehte die Augen. „Ich brauche meine Tropfen. Mein Herz . . . ich bin schwer herzkrank und . . . Bitte, geben Sie mir doch meine Tropfen! Gleich dort hinter Ihnen, auf dem Sideboard!"
Er sah mich einen Augenblick unsicher an, dann wandte er sich langsam nach dem Sideboard hinter ihm um, und im gleichen Moment griff ich nach meiner Handtasche und riß meine Pistole heraus.
„So, Freundchen, und jetzt drehen wir den Spieß einmal um", sagte ich und erhob mich. „Hast wohl gedacht, es wäre ganz einfach,

eine alte Frau wie mich zu überfallen. Ein Coup ohne Risiko, sozusagen. Aber wer etwas zu verlieren hat, der schützt sich auch. Ganz besonders vor solchen Typen wie dich. Also, nun laß mal dein Messer fallen und zeig der Oma, wie groß du bist. Na los, Hände hoch, habe ich gesagt!"

Er starrte mich so fassungslos an, daß er mir schon fast wieder leid tat.

„Bitte, las ... lassen Sie mich doch gehen", stammelte er. „Ich habe Ihnen doch nichts getan und ... und ich dachte doch auch gar nicht daran, ich ..."

„Ja, ja, ich weiß, du bist die Nächstenliebe persönlich", unterbrach ich ihn. „Der Teufel soll dich holen, mir so eine Angst einzujagen. Der Schlag hätte mich dabei treffen können, aber das wäre dir natürlich völlig egal gewesen. Hauptsache, du bekommst deine Beute, nicht wahr?"

Er schüttelte heftig den Kopf und warf mir einen beschwörenden Blick zu.

„Nein, wirklich nicht, gnädige Frau — ganz bestimmt nicht", beteuerte er. „Ich wollte ja auch sofort ihre Tropfen holen, das haben Sie doch gesehen und ..."

„Du hast dich dabei aber verdammt langsam bewegt", stellte ich fest. „Es war dir völlig egal, wie es mir ging."

„Aber wenn ich mich nicht nach Ihren Tropfen umgedreht hätte, säße ich jetzt nicht in der Falle", wandte er ein. „Sie hätten mich doch sonst nie überrumpeln können."

Ganz so unrecht hatte er damit natürlich nicht, aber ich konnte ihn trotzdem nicht so einfach laufenlassen.

„Halte keine Volksreden, Freundchen", fuhr ich ihn an. „Für deine Gesundheit ist es am besten, wenn du dich jetzt auf dem Boden und deine Hände auf den Rücken legst. Also los!"

Er kam meinem Befehl widerspruchlos nach und machte mir die Sache damit leicht. Zwei Minuten später hatte ich ihm mit der eiligst herabgerissenen Gardinenschnur Hände und Füße gefesselt und ein Taschentuch in den Mund gestopft.

„Wenn du ein bißchen clever bist, hast du die Fesseln in einer Stunde wieder ab", sagte ich tröstend. „Dann kannst du dich meinetwegen verziehen."

Er gurgelte etwas durch das Taschentuch, aber ich kümmerte mich nicht mehr darum. Lächelnd knipste ich das Licht aus, griff nach meiner, vom Lutschbach'schen Schmuck prallgefüllten Handtasche, und trat den Rückzug an. Im Vorübergehen warf ich noch einen Blick ins Schlafzimmer, wo die Witwe des Herrn Süßwarenfabrikanten in ihren Fesseln zappelte und mir dabei giftige Blicke zuwarf, dann eilte ich hinaus und ließ ganz langsam die Tür hinter mir ins Schloß gleiten.

Das war knapp, dachte ich aufatmend und holte mein Fahrrad aus den Büschen, das war verdammt knapp. Noch so ein Erlebnis und ich bin reif für die Nervenklinik. Ist vielleicht doch besser, wenn ich meinen Beruf so allmählich an der Nagel hänge und nach einem ruhigen Plätzchen Ausschau halte. Schließlich werde ich jeden Tag älter und irgendwann muß sowieso Schluß sein. Und außerdem soll man ja auch mal dem Nachwuchs eine Chance geben, nicht?

Tödliche Panik

Schon nach den ersten drei Minuten war es Kommissar Glöckler klar, daß er es bei der knapp fünfzigjährigen Isolde Schwarz mit einer Hysterikerin zu tun hatte.

„Sie sind also davon überzeugt, daß Ihr Mann Sie ermorden will, Frau Schwarz", sagte er langsam. „Haben Sie dafür auch irgendwelche Beweise?"

Isolde warf ihm einen empörten Blick zu.

„Beweise? Glauben Sie etwa, Heinz ist so dämlich und liefert mir auch noch Beweise? Mir genügt, daß er es schon zweimal versucht hat!"

Glöcklers Augenbrauen hoben sich interessiert.

„Tatsächlich? Ihr Mann hat also wirklich versucht ... Wie denn?"

„Nun, das erste Mal stand ich gerade im Garten auf einer Leiter und wollte Äpfel pflücken", klärte ihn Isolde auf. „Ich war kaum drei Minuten bei der Arbeit, da kam Heinz aus dem Haus und fragte mich, ob ich eine Tasse Kaffee haben möchte. Na, ich dachte an nichts Böses und drehte mich zu ihm um, und im gleichen Augenblick fängt die Leiter an zu wackeln und stürzt mit mir zu Boden. Ist doch wohl klar, daß das sein Werk war, oder?"

Glöckler unterdrückte ein Seufzen.

„Und beim zweitenmal, wie war es da?“ fragte er abwartend. „Hat es Ihr Mann wieder beim Äpfelpflücken versucht?“
Isolde sah ihn unsicher an.
„Nein, mit meinem Wagen“, sagte sie dann. „Heinz hat an meinem Wagen herumgebastelt. Wissen Sie, ich hatte da letzte Woche eine kleine Panne. Das heißt, ich hatte einen Platten gefahren. Und da weit und breit kein Mensch auf der Straße war, mußte ich das Rad eben selbst wechseln. Natürlich verspätete ich mich und erzählte Heinz von meinem Pech, als er mich nach dem Grund meines langen Ausbleibens fragte. Na, was soll ich Ihnen sagen, Herr Kommissar? Am nächsten Tag verlor ich auf der Fahrt zum Friseur genau dieses Rad — und das bei gut sechzig Kilometer in der Stunde!“
Der Kommissar zuckte leicht mit den Schultern.
„Vielleicht hatten Sie die Muttern nicht richtig festgezogen, Frau Schwarz“, erwiderte er. „Sie sind ja nun keine besonders kräftige Frau und da kann es schon vorkommen, daß . . .“
„Genauso würde Heinz argumentieren“, unterbrach ihn Isolde wütend. „Ganz genauso! Eine Frau ist natürlich zu schwach und zu dämlich, um ein Rad zu wechseln, nicht? Na schön, dann will ich Ihnen jetzt etwas sagen, was Sie nicht so einfach vom Tisch fegen können: Heinz hat sich Gift besorgt! Tetranoxin, wenn Ihnen der Name etwas sagt.“
Glöckler griff nach einem Buch und begann darin zu blättern.
„Das ist ein hochwirksames Pflanzenschutzmittel und noch giftiger als E 605“, sagte er dann nachdenklich. „Aber das muß ja nun noch lange nicht heißen, daß Ihr Mann Sie damit ermorden will. Vielleicht braucht er es für den Garten?“
Isolde stieß einen verächtlichen Laut aus.
„Für den Garten? Daß ich nicht lache! Heinz hat noch nie irgendwelche Pflanzenschutzmittel für den Garten gebraucht. Nein, Herr Kommissar, ich sage Ihnen, das Zeug ist für mich bestimmt und wenn Sie nun nichts unternehmen, dann . . .“
„Aber ich kann ja gar nichts unternehmen, Frau Schwarz“, fiel er

ihr ins Wort. „Was Sie mir hier sagen, sind doch bestenfalls nur Indizien, verstehen Sie? Sehr schwache Indizien sogar. Ich kann doch damit nicht bei Ihrem Mann aufkreuzen, der lacht mir doch glatt ins Gesicht!“
Isoldes ohnehin dünne Lippen wurden zu einem schmalen Strich. „Also gut“, sagte sie und erhob sich. „Dann werde ich eben dafür sorgen, daß aus den Indizien Beweise werden. Ich hoffe nur, ich erlebe das noch. Sie hören wieder von mir, Herr Kommissar.“

***

Kommissar Ulrich Glöckler brauchte nicht lange zu warten, bis Isolde ihr Versprechen wahr machte, denn schon vier Tage später tauchte sie erneut bei ihm auf. Zwar fehlte ihr auch diesmal jeder Beweis dafür, daß ihr Ehemann Heinz unablässig mit Mordplänen beschäftigt sei, aber von nun an verging keine Woche ohne ihren Besuch, und Glöckler geriet allmählich an den Rand eines Nervenzusammenbruchs. Dann aber, an einem Freitagabend, läutete das Telefon auf seinem Schreibtisch und Glöckler wußte schon beim Abheben, daß es nur Isolde sein konnte.
„Heinz ist tot, Herr Kommissar“, meldete sie mit einem unüberhörbaren Triumpf in der Stimme. „Er hat sich in seiner eigenen Falle gefangen. Jetzt kommen Sie mal mit Ihren Leuten schnellstens her und nehmen Sie die Sache zu Protokoll!“
Der Kommissar hatte sekundenlang ein Gefühl, als ob ihn eine Faust in den Magen getroffen hätte.
„Rühren Sie nichts an, Frau Schwarz“, sagte er, mühsam beherrscht. „Lassen Sie alles so wie es ist. Wir sind in zehn Minuten bei Ihnen.“

***

Der Tote lag am Fuße der Kellertreppe und starrte mit weit aufgerissenen Augen in den hellen Schein der Deckenlampe. Glöckler

betrachtete ihn einige Sekunden lang ohne ein Wort zu sagen, dann gab er den Männern der Spurensicherung einen Wink und stieg langsam die Treppe hinauf.
„Also, wie ist es passiert, Frau Schwarz?“ sagte er zu Isolde. „Sie müssen mir das jetzt ganz genau erzählen.“
Isolde warf einen verächtlichen Blick die Treppe hinab.
„Viel gibt es da gar nicht zu erzählen, Herr Kommissar“, erwiderte sie. „Sie wissen ja, daß Heinz und ich seit langem nur noch das Allernötigste miteinander gesprochen haben. Na, und heute abend kam er doch glatt damit an, daß wir unseren ganzen Ärger einfach vergessen und uns wieder vertragen sollten.“
„Was, er wollte sich mit Ihnen wieder versöhnen?“ staunte der Kommissar.
„Ach was! Weichkriegen wollte er mich, damit ich ein Glas Wein mit ihm trinke — vergifteten Wein natürlich, das war mir sofort klar. Aber ich war auf Draht, ich habe ihm etwas gehustet. Zum Schein habe ich mich zwar auf sein Süßholzgeraspel eingelassen, aber kaum hatte er mir das gefüllte Glas in die Hand gedrückt, habe ich ihn nach Untersetzern in die Küche geschickt und hopplahopp mein Glas mit seinem vertauscht.“
„Und dann?“ fragte Glöckler atemlos.
Über Isoldes Gesicht lag ein Ausdruck tiefster Zufriedenheit.
„Dann haben wir gemütlich unser Glas geleert und ich habe Heinz gebeten, aus dem Keller noch ein Fläschchen zu holen“, kicherte sie. „Er war noch nicht mal richtig unten, da hatte ich auch schon die Tür hinter ihm abgesperrt, einen Schrank davor geschoben und das Licht ausgeknipst, und dann habe ich ihm gesagt, daß Gift und Rotwein eine sehr ungesunde Mischung ergeben und ihm jetzt höchstens noch ein paar Minuten bleiben. Na ja, und so kam es ja auch. Zuerst hat er natürlich gebrüllt und getobt, hat versucht die Tür aufzubrechen und mich dabei das Miststück rauf und runter genannt, aber dann hat er nur noch gestöhnt und geröchelt und nach einer knappen Viertelstunde war auch das vorbei. Mehr gibt es dazu nicht zu sagen.“

Der Kommissar sah Isolde kopfschüttelnd an.
„Der Staatsanwalt wird dazu noch einiges sagen, Frau Schwarz", sagte er bedächtig. „Aber wenn Sie mich fragen, dann werden Sie um ein Strafverfahren nicht herumkommen."

***

Der Gerichtsarzt bereitete Kommissar Glöckler zwei Tage später allerdings eine herbe Enttäuschung.
„Ihren Mordfall Schwarz können Sie vergessen, Kommissar", schmunzelte er. „Der Mann ist an einem Infarkt und nicht an Gift gestorben."
Glöckler starrte ihn an.
„An einem In ... Infarkt?" stotterte er. „Aber das gibt's doch gar nicht, wir haben doch die Aussage seiner Frau, daß sie ..."
„Eine Dame mit etwas zuviel Fantasie", unterbrach ihn der Arzt. „Vermutlich hat sie sich die angeblichen Mordversuche ihres Mannes genauso eingebildet wie jetzt die Sache mit dem vergifteten Wein. Wir haben jedenfalls weder in der Leiche, noch im Weinglas irgendwelche Spuren von Gift gefunden."
Der Kommissar lockerte nervös seine Krawatte.
„Und wie erklären Sie sich den Tod von Schwarz, Herr Doktor? Für seine Frau ist er ja direkt wunschgemäß gestorben."
Der Arzt lachte leise.
„Panik, nichts als Panik, Kommissar. Sehen Sie, der Mann sitzt im dunklen Keller, die Tür versperrt und die Fenster vergittert, und von draußen keift ihm seine Angetraute zu, daß er vergifteten Wein getrunken hat und in wenigen Minuten sterben wird. Glauben Sie nicht, daß Sie da ebenfalls in Panik geraten würden? Und genau das hat Schwarz umgebracht — nur das! Also, regen Sie sich in Zukunft besser nicht mehr auf. Wie Sie sehen, kann das tödlich sein."

Nichts als Unglück

Steve hörte sich mein Loblied auf Cynthia Albright äußerst skeptisch an.
„Laß bloß die Weiber in Ruhe, Butch", sagte er mißmutig. „Bringen einem doch nur Unglück. Ich brauche da nur an meine Verflossene zu denken, dann läuft es mir immer noch kalt über den Rücken."
„Aber Cynthia ist ein wirklicher Glückstreffer", behauptete ich. „Bildhübsch, noch keine vierzig und stinkreich. Da mache ich doch wirklich keinen Fehlgriff."
Steve schüttelte widerspenstig den Kopf, und bis zu einem gewissen Grad verstand ich das auch. Sein letzter Coup war nämlich wegen seiner Angetrauten total in die Binsen gegangen und hatte ihm nichts außer sieben Jahre Knast eingebracht — und dort hatten wir uns auch kennengelernt. Steve saß wegen eines Überfalls auf die Mitland Bank in Pasadena und ich wegen Einbruchs in ein Juweliergeschäft.
„Bist du herauskommst, habe ich für uns ein prima Ding an Land gezogen", hatte er mir am Tag seiner Entlassung versprochen. „Sieh zu, daß du Bewährung bekommst, ja?"
Knapp zehn Monate später hatte ich die Bewährungskommission von meinen redlichen Absichten überzeugt und feierte mit Steve

zwei Tage lang unser Wiedersehen. Er verschaffte mir dann noch zur Tarnung einen Job als Auslieferungsfahrer bei einer Getränkefirma, und so kam ich eines Tages auch in das Haus von Mrs. Cynthia Albright.

Cynthia, ein echtes Texasgirl, zweimal geschieden und zuletzt verwitwet, hatte sich ein Vermögen erheiratet und machte nicht viel Federlesens mit mir. Obwohl sie meine Vergangenheit kannte, hatte sie ein Faible für mich und ging nach knapp vier Wochen zum Angriff auf mich über.

„Hören Sie, Butch", sagte sie in ihrer direkten Art und hielt mich am Hemdkragen fest. „Wenn Sie heute Ihre Tour hinter sich haben, dann hängen Sie sich nicht erst in eine Kneipe, sondern laufen hier wieder ein, klar? Wollen uns dann mal einen vergnügten Abend machen."

Natürlich hatte ich bei einer Frau wie Cynthia nicht das geringste dagegen, und so machten wir uns erst einen vergnügten Abend, dann eine vergnügte Nacht und am nächsten Morgen auch noch einen vergnügten Vormittag.

„Du gefällst mir, Butch", sagte sie dann, als ich schließlich ging. „Du bist keiner von diesen geschniegelten Affen, die hier tagtäglich um mich herumtanzen und nur an mein Scheckbuch wollen. Mit dir könnte ich mir einiges vorstellen, wenn du es genau wissen willst. Aber so halbe Sachen waren noch nie mein Fall. Also, ich meine, du kennst mich jetzt, du weißt wie ich bin und nun hast du die Wahl. Entweder trittst du innerhalb von vier Wochen mit einem Blumenstrauß bei mir an oder die erste Nacht mit mir war auch zugleich die letzte. Und mit irgendwelchen krummen Dingen ist dann auch Schluß, kapiert?"

Ich war sofort bereit auf beides zu schwören, aber angesichts des Gezeters, das Steve veranstaltete, als ich ihm am Abend von meiner Eroberung berichtete, wurde ich doch wieder unsicher.

„Du bist wohl verrückt geworden?" fauchte er. „Du wirst dir doch nicht wegen einer einzigen Nacht gleich ein Lebenslänglich einhandeln? Was wird denn dann mit dem Tresor in der Albany Bank, wenn du plötzlich solide wirst und deine Nächte bei diesem Weib verbringst? Ziehen wir doch lieber endlich diese Sache durch, dann kannst du dir jede Nacht eine andere leisten und bleibst obendrein ein freier Mann."

Ganz so unrecht hatte Steve ja nun auch wieder nicht und ich biß mir vor Aufregung fast die Fingernägel ab. Was sollte ich nur tun? Da war auf der einen Seite Steve, der mir in meiner Knastzeit ein treuer Kumpel gewesen war und den ich jetzt nicht so einfach im Stich lassen konnte, und da war auf der anderen Seite Cynthia, in die ich mich total verknallt hatte.

„Okay, Steve", sagte ich, nachdem er mich eine ganze Woche lang genervt hatte, „okay, wir drehen das Ding in der Albany Bank. Du sollst nicht sagen können, daß ich gekniffen habe. Aber wenn die Sache gelaufen ist, will ich von solchen Dingen nichts mehr wissen, klar? Danach ist für mich endgültig Schluß!"

Steve nickte erleichtert.

„Für mich auch, Butch, für mich doch auch. Sieh mal, ich brauche ja nur ein bißchen Moos, um wieder auf die Beine zu kommen. Zehn oder zwanzig Mille und ich habe meine eigene Tankstelle. Mehr will ich ja gar nicht."

Also trafen wir die Vorbereitungen für unseren Coup und ich war sicher, daß nichts dabei schiefgehen konnte. Als es dann soweit war, hatte ich nur noch das Problem, Cynthia meine Abwesenheit in dieser Nacht zu erklären. Zum Glück fiel mir dann noch rechtzeitig ein, daß man zum Heiraten eine Geburtsurkunde benötigt und so sagte ich ihr, daß ich nach Blixton fliegen und mir den Wisch dort besorgen müsse.

„Nach Blixton in Arizona?" staunte Cynthia. „Verdammt nochmal, warum läßt du dir das Ding nicht einfach mit der Post schikken? Oder hast du etwa die Absicht, dich mit irgendeinem Flittchen von früher im Bett herumzuwälzen? Laß mich bloß hinter sowas kommen, Freundchen!"

Ich schwor ihr bei meinen sämtlichen Vorfahren, daß das nicht der Fall war, begründete meine Reise damit, daß ich gerne wieder einmal meine alte Tante Lizzy sehen würde, und schließlich erloschen Cynthias Zweifel und sie ließ mich ziehen.
Steve atmete sichtbar auf, als ich bei ihm antanzte.
„Na, Gott sei Dank", seufzte er. „Ich hatte schon befürchtet, daß dich dieses Raubtier von einem Weib doch noch weichkocht. Aber anscheinend ist deine Verwandlung von einem Wolf in einen zahmen Kettenhund doch noch nicht ganz abgeschlossen. Also gut, dann wollen wir mal!"
So kurz nach Mitternacht zogen wir dann los und wie sich zeigte, hatte ich von meinem Handwerk noch nichts verlernt. Ich brauchte gerade zwanzig Minuten, um in die Bank einzudringen, die Alarmanlage lahmzulegen und bis zum Tresor vorzustoßen. Dann allerdings schwitzten wir eine ganze Stunde, bis sich dessen Tür mit einem satten Schmatzen öffnete.
„Für deine Tankstelle reicht das dreimal", sagte ich mit einem Blick auf die aufgestapelten Notenbündel.
„Das reicht zehnmal", behauptete Steve. „Wenn ich noch einigermaßen schätzen kann, dann liegen hier über 500 000 Bucks. Na, komm schon, gib die Tasche her!"
Wir stopften die Geldbündel in aller Eile in die Tasche und kletterten dann abenso eilig wieder auf die Straße hinaus. Als wir vor meinem Wagen standen und gerade einsteigen wollten, gingen rund um uns Lichter an und von allen Seiten her kamen Cops auf uns zu.
„Sieh an, sieh an", strahlte Sergeant Calhoun, „der gute alte Steve ist mit von der Partie. Und dieser Playboy hier kann es anscheinend auch nicht lassen. Na, dann gebt mal eure Händchen her, ihr Vögel."
Ich wußte sofort, daß uns nur Cynthia diese Suppe eingebrockt haben konnte und Steve wußte es natürlich auch.
„Habe ich dir nicht gesagt, daß Weiber nur Unglück bringen?" knurrte er, als wir in Calhouns Wagen saßen.

Ich zuckte hilflos mit den Schultern.
„Woher hätte ich denn wissen können, daß sie so gemein ist?"
Calhoun wandte sich zu uns um.
„War sie gar nicht, Butch. Sie war nur mißtrauisch. Sie dachte, dein angeblicher Trip nach Blixton ist nur ein Vorwand, um dich von ihr abzusetzen. Na ja, und weil sie dich eben gerne behalten wollte, hat sie einen Privatdetektiv beauftragt, dir ein bißchen auf die Finger zu schauen. Den Rest kannst du dir denken, oder?"
Das konnte ich in der Tat. Ziemlich mürrisch betrat ich deshalb Minuten später das Polizeirevier und hielt unwillkürlich den Atem an, als uns Calhoun die Tür zu seinem Büro öffnete. Cynthia, ganz feine Dame, saß in Calhouns Sessel und funkelte mich wütend an.
„So, Freundchen, das war dein letzter Streich!" zischte sie. „Warte nur, bis wir zu Hause sind, dann kannst du was erleben!"
Diesmal war ich im Vorteil, denn die nächsten drei Jahre würde ich nicht nach Hause kommen. Also zuckte ich gelassen mit den Schultern.
„Tut mir leid, Cynthia, aber du wirst keine Gelegenheit haben, mich an den Ohren zu ziehen. Sergeant Calhoun wird mir . . ."
„Ich werde dir und deinem sauberen Kumpel jetzt einen Tritt in den Hintern geben und dann seid ihr verschwunden", unterbrach mich der Sergeant. „Ihr beide habt nämlich mehr Glück als Verstand, weil die Albany Bank Mrs. Albright gehört und sie gegen euch keine Anzeige erstattet. Also, wo kein Kläger ist, ist auch kein Richter — kapiert? Und jetzt raus mit euch!"
Cynthia schnellte empor, faßte mich am Kragen und stieß mich durch die Tür auf die Straße hinaus, und Steve stolperte ächzend hinterher und warf mir mitleidige Blicke zu.
„Bringen nur Unglück, die Weiber", japste er. „Nichts als Unglück. Und sowas nennt sich dann das schwache Geschlecht!"

Nachrichten von BBC

Als Constable Anthony Bixby die Einfahrt von Elton House durchfahren hatte und den Vauxhall in einer eleganten Kurve um den großzügig angelegten Swimming-Pool herumzog, sah er zu seinem Erstaunen Dawn Harrington am Fuß der Freitreppe.
„Das ist Lady Harrington, Sir", sagte er zu Inspektor Graham, der mit friedlich über dem Bauch gefalteten Händen im Fond des Wagens saß und genüßlich an seiner Pfeife saugte.
Graham beugte sich erwartungsvoll vor.
„Eine Lady, Bixby?" fragte er. „Sie meinen, sie ist 'ne richtige Lady?"
Der Constable wandte lächelnd den Kopf.
„Nicht, was den Titel angeht, Sir. Sie ist zwar die Tochter eines Lords, aber sie hat einen Bürgerlichen geheiratet — eben diesen John Harrington. Die Leute hier nennen sie nur Lady."
Aus Grahams Pfeife dampfte es unternehmungslustig.
„Na, hoffentlich erwartet sie das nicht auch von mir", brummte er. „Ich hab' noch nie was von diesem Firlefanz gehalten."
Das Lächeln im Gesicht des Constable vertiefte sich.
„Keine Sorge, Sir", beruhigte er Graham, „Lady Harrington ist eine durch und durch natürliche Frau, die selbst nicht sehr viel von irgendwelchen Titeln hält. Aber Sie werden sie ja kennenlernen."

Mit quietschenden Bremsen brachte er den Wagen zum Stehen und riß Grahams Tür auf.
„Darf ich Ihnen Inspektor Graham von Scotland Yard vorstellen, gnädige Frau?“ fragte der hoheitsvoll. „Wir sind so schnell gekommen wie wir konnten.“
Sie nickte freundlich und reichte Graham die Hand.
„Ich bin sehr froh, daß sie hier sind, Inspektor“, sagte sie erleichtert. „Es ist eine scheußliche Situation. Einer meiner Gäste wurde tot in seinem Zimmer aufgefunden — erschossen.“
Graham schlug fröstelnd seinen Mantelkragen hoch.
„Das sagten Sie bereits am Telefon, Mrs. Harrington“, erwiderte er steif. „Wenn Sie uns jetzt zum . . . hm, Tatort bringen würden?
Sie wandte sich wortlos um und ging ihnen voran die Treppe hinauf. Graham trabte gemächlich hinter ihr her und warf ihr hin und wieder einen bewundernden Blick zu. Nicht, daß Dawn Harrington eine ausgesprochene Schönheit gewesen wäre, aber es ging ein so eigenartiger Reiz von ihr aus, daß sich ihm selbst der eingefleischte Junggeselle Walt Graham nicht ganz entziehen konnte.
„Darf man fragen, wer der Tote ist, Mrs. Harrington?“ tastete er sich an sie heran.
Sie nickte lächelnd.
„Natürlich dürfen Sie, Inspektor. Er heißt Mortimer Starr und wohnte drüben in Shraffordshire. Constable Bixby kennt ihn sicherlich.“
Bixby klemmte sich seinen Helm unter den Arm.
„So ist es, Sir“, bestätigte er. „Mr. Starr war ja schon öfter hier zu Gast, nicht wahr, Mylady?“
„Oh ja, Mr. Starr kam immer wieder mal vorbei. Er hatte ja viel freie Zeit, nachdem er aus der Armee ausgeschieden war.“
Graham stocherte mißmutig in seiner Pfeife herum.
„Und welcher Anlaß hat ihn diesmal in Ihr Haus geführt, Mrs. Harrington?“ fragte er schließlich.

Sie sah über die Schulter zu ihm zurück.
„Nun, eigentlich gab es dafür zwei Gründe", erwiderte sie. „Mr. Starr hatte nach seiner Pensionierung eine Firma für Alarmanlagen gegründet und ich ließ mir von seinen Leuten einige Videokameras mit dem dazugehörigen Monitoren einbauen."
„Hier im Haus?" staunte Graham und sah sich suchend um. „Man sieht ja gar nichts davon."
„Das soll man auch nicht", lächelte sie. „Ich möchte niemandem das Gefühl geben, daß er überwacht wird. Aber von der Bibliothek aus können Sie ganz Elton House kontrollieren — sogar die Außenfronten des Parks."
„Ach, deshalb warteten Sie bereits an der Treppe auf uns", nickte der Inspektor. „Sie haben uns kommen sehen, nicht wahr?"
Dawn schüttelte ihre dunkeln Locken.
„Nein, das konnte ich gar nicht. Die Anlage wurde nämlich erst gestern fertiggestellt und Mr. Starr wollte sie heute selbst exakt einstellen. Im Augenblick sieht man nur ein wirres Flimmern auf den Bildschirmen. Das heißt, momentan sieht man nicht mal das, weil wir seit heute morgen neun Uhr Stromsperre haben — irgendwelche Reparaturarbeiten."
„Na schön", brummte Graham, „dazu kam er also nicht mehr. Sie sagten aber, es gebe noch einen zweiten Grund für seine Anwesenheit in Ihrem Haus, Mrs. Harrington. Welchen, bitte?"
Ihre Hand bewegte sich mit der Anmut einer aufsteigenden Möwe.
„Eine Fuchsjagd", sagte sie. „Ich hatte ihn mit sechzehn anderen Gästen zu einer Fuchsjagd eingeladen."
„Man konnte ihn also durchaus als einen engen Freund Ihrer Familie bezeichnen, ja?"
Dawn Harrington hob die schmalen Schultern.
„Wenn Sie so wollen, Inspektor — ja. Er war ein Kriegskamerad meines Mannes."
Graham nickte schweigend und entschloß sich, endlich auf seine Pfeife zu verzichten.

„Ich verstehe, Mrs. Harrington“, sagte er dann langsam. „Übrigens, Ihr Mann, ist er nicht hier? Ich meine, weil Sie ...“
Dawn hatte die Hand auf der Türklinke von Mortimer Starrs Zimmer und sah ihn aus grauverschleierten Augen an.
„Ich bin seit drei Jahren Witwe, Inspektor“, erwiderte sie kurz und stieß mit einem Ruck die Tür auf.

***

Was man auch immer über die Häßlichkeit des Todes sagen mochte, Mortimer Starr bot einen geradezu erfreulichen Anblick. In einem dunkelblauen Bademantel lag er quer über dem breiten Bett, und eine Sekunde lang hatte Inspektor Graham sogar den Eindruck als schliefe er nur. Erst, als Constable Bixby mit spitzen Fingern den Gürtel des Mantels löste, sah er die kaum pencegroße Schußwunde in seiner Brust und beugte sich interessiert darüber.
„Kaliber 22, wenn Sie mir diese Bemerkung erlauben, Sir“, wisperte Bixby und warf einen mißbilligenden Blick auf ein laut plärrendes Kofferradio am Kopfende des Bettes.
Graham richtete sich seufzend auf.
„Ich erlaube Ihnen noch viel mehr, Constable“, knurrte er bissig. „Rufen Sie die Spurensicherung und Dr. O'Hanlon — und dann trommeln Sie mir sämtliche Anwesenden unten in der Halle zusammen, klar? Wieviel Personen gehören zu Ihrem Haushalt, Mrs. Harrington?“
Sie wandte zögernd den Blick von dem Toten ab.
„Mit dem Personal sind wir sieben“, erwiderte sie. „Da ist zunächst meine Tochter Isabel, dann Mrs. Anderson, unsere Köchin, Betsy, das Mädchen für alles, Mr. Haigh, der Chauffeur und Gärtner, Mr. Charles Rubbet, der Elton House verwaltet, seine Frau und schließlich ich selbst.“
Graham deckte den toten Mortimer Starr wieder zu.
„Zusammen mit den Gästen also dreiundzwanzig Verdächtige“,

rechnete er nach. „Na gut, fangen wir gleich mal mit Ihnen an, Mrs. Harrington. Haben Sie von dem Schuß etwas gehört?“
Dawn deutet mit dem Kopf auf das Radio.
„Bei diesem Krach? Außerdem liegt Mr. Starrs Zimmer ja ziemlich weit von unseren Räumen entfernt, da konnte ich gar nichts hören. Da konnte niemand etwas hören.“
„Und wann haben Sie den Toten gefunden?“ bohrte Graham weiter. „Sie haben ihn doch gefunden, nicht wahr?“
Sie machte eine hilflose Handbewegung.
„Ja, allerdings. Wir vermißten ihn beim Lunch, und da Betsy beim Servieren alle Hände voll zu tun hatte, ging ich selbst und da . . .“
„Wann war das genau?“
„Ich weiß nicht, Inspektor — so gegen halb zwei, denke ich.“
Bixby deutete auf eine Stelle in seinem Notizbuch.
„Ihr Anruf ging um 13.46 Uhr bei der Polizeistation Betham ein, Mylady“, verkündete er feierlich. „Dürfen wir annehmen, daß Sie unmittelbar nach Entdeckung des Verbrechens zum Hörer gegriffen haben?“
Sekundenlang huschte der Anflug eines Lächelns über ihr Gesicht, dann war es wieder ernst.
„Ja, so war es“, sagte sie. „Es ist keine Minute dazwischen vergangen.“
Graham legte die Hände auf den Rücken und nickte ihr zu.
„Schön, Mrs. Harrington“, blaffte er, „dann wollen wir Sie jetzt nicht länger von Ihren Hausfrauenpflichten fernhalten. Mr. Bixby und ich . . . wir kommen schon allein zurecht. Gehen Sie ruhig.“

***

Zwei Stunden später saß Inspektor Walt Graham mit acht vollgeschriebenen Seiten seines Notizbuches und enttäuschtem Gesicht in Mrs. Harringtons Bibliothek.
„Tja, Bixby“, sagte er resignierend, „entweder haben sie ihn alle

miteinander umgebracht oder keiner von ihnen. Was sagt übrigens der Doktor?"

„Dr. O'Hanlon ist der Überzeugung, daß Mr. Starr zwischen 12.45 Uhr und 13.15 Uhr vom Tod ereilt wurde, Sir", meldete Bixby.

Graham betrachtete sehnsuchtsvoll seine leere Pfeife.

„Und jeder von den Leuten hier hat für diese Zeit ein hieb- und stichfestes Alibi", sinnierte er.

Bixbys Zeigefinger stand in der Luft wie die Siegessäule am Trafalger Square.

„Außer Miß Abigail Rawson und Mr. James Bettingworth, Sir! Die beiden haben sich angeblich während der fraglichen Zeit im Zimmer von Miß Rawson aufgehalten und ... äh ... äh ..."

„... und Mr. Bettingworth hat Miß Rawson den Hof gemacht", erlöste ihn Graham. „War es so, Bixby?"

„So war es, Sir", sagte der Constable aufatmend.

Der Inspektor winkte ab.

„Dann können wir die beiden vergessen. Wenn ein Mann einer Frau den Hof macht, denkt er nicht an Mord — oder hatten Sie dabei jemals derartige Gedanken?"

Bixbys Gesicht nahm die Farbe einer überreifen Tomate an.

„Nein, Sir. Ich ... ähem, niemals, Sir."

„Na also, außerdem kannten die beiden Mr. Starr überhaupt nicht. Sie sahen ihn heute zum ersten Mal. Haben Sie nichts Besseres zu bieten?"

Der Constable hob müde die Schultern.

„Nichts, was uns weiterbringen könnte. Bei den Gästen hier handelt es sich durchwegs um ehrenwerte Leute, und das Personal kenne ich persönlich seit Jahren. Der einzige, der nicht ganz hierher zu passen schien, war Mr. Starr selbst."

Grahams Augenbrauen schoben sich interessiert in die Höhe.

„Ach, tatsächlich?" schnappte er. „War er etwa vorbestraft?"

„Nein, Sir, das nicht", klärte ihn Bixby auf. „Aber er stand insgesamt fünfmal vor einem Gericht ihrer Majestät. In zwei Fällen

konnte Mr. Starrs Anwalt einen Freispruch erzielen, in den anderen drei wurde das Verfahren eingestellt."
Von Grahams Lippen kam ein anerkennender Pfiff.
„Alle Achtung! Scheint ja ein cleverer Zeitgenosse gewesen zu sein, dieser Mr. Starr. Weswegen war er denn angeklagt?"
Bixbys Gesicht trug den Ausdruck äußerster Mißbilligung.
„Unter anderem warf man ihm Nötigung, Betrug und sogar einmal Erpressung vor, aber zu einer Verurteilung hat es nie gereicht."
„Dann wundert mich nur, daß ihn Ihre Lady Harrington in ihrem Haus geduldet hat", sagte Graham kopfschüttelnd. „Wie paßt denn das zusammen, ha?"
Der Constable neigte sich zu Grahams Ohr hinab.
„Mr. Starr hat sehr viel für Lady Harrington und Elton House getan", flüsterte er. „Wenn er nach dem Tod ihres Mannes nicht gewesen wäre . . . sie hätte das Gut nicht halten können. Harrington war ein Spieler, wissen Sie?"
Der Inspektor griff wütend nach seinem Hut.
„Na, damit ist dann wenigstens sie aus dem Schneider", ärgerte er sich. „Aus lauter Dankbarkeit wird sie ihn ja nicht gerade umgebracht haben."
Bixby wehrte entsetzt ab.
„Aber Sir! Ich hatte nicht mal eine Sekunde lang daran gedacht, daß Lady Harrington mit dem Tod von Mr. Starr etwas zu tun haben könnte", sagte er gekränkt. „Sie ist eine wirkliche Dame, Sir!"
Der Inspektor faßte nach Bixbys Arm.
„Ich weiß es ja", beruhigte er ihn, „ich weiß es ja, Bixby. Also, kommen Sie, verabschieden wir uns von ihr als wirkliche Gentlemen."

***

Ein feiner Lavendelduft stieg von ihrer Hand auf, als sich Graham galant darüberbeugte.

„Hoffentlich können Sie den Fall bald aufklären, Inspektor“, sagte Dawn leise. „Als Gastgeberin muß mir natürlich alles daran liegen, daß . . . nun, Sie verstehen schon, nicht wahr? Es ist ja doch ein ungutes Gefühl zu denken, daß unter meinen Gästen . . .“
„Wir werden tun, was wir können, Mrs. Harrington“, versprach Graham. „Hätten Ihre Videokameras heute schon funktioniert, dann wüßten wir wenigstens, ob sich nicht ein Fremder in Elton House eingeschlichen hat.“
Sie verschränkte die Arme über der Brust und nickte versonnen.
„Ich kann mir jedenfalls nichts anderes vorstellen“, meinte sie. „Vor allem wüßte ich bei niemanden hier ein Motiv für diese Tat. Es muß einfach ein Fremder gewesen sein. Wenn Sie mehr darüber wissen, dann kommen Sie doch bitte noch einmal hierher, ja? Jetzt allerdings fahren Sie besser über Shraffordshire zurück, Inspektor. Die Straße nach Rochester ist seit heute mittag gesperrt.“
Es traf Graham wie ein Schlag ins Genick.
„Ich weiß, Mrs. Harrington“, sagte er langsam. „Aber woher wissen Sie es?“
Sie lächelte amüsiert.
„Aus dem Radio, Inspektor — es kam in den Nachrichten durch“.
Er fieberte fast vor Aufregung.
„Und mit welchem Radio hörten Sie die Nachrichten?“
Sie lächelte immer noch.
„Oh, wir haben im Salon einen ganz modernen Apparat.“
Graham schüttelte widerspenstig den Kopf.
„Sie haben aber auch seit heute morgen neun Uhr Stromsperre. Mrs. Harrington“, sagte er verhalten. „Und wie ich mich vorhin überzeugt habe, dauert sie immer noch an. Das einzige Radio, das mit Batterien läuft, steht in Mr. Starrs Zimmer.“
Auf ihren Wangen erschienen plötzlich rote Flecken.
„Oh ja, das ist möglich. Doch, ich erinnere mich, als ich Mr. Starr fand, da . . .“
Grahams Kopfschütteln verstärkte sich.

„Es ist leider nicht möglich, Mrs. Harrington“, widersprach er. „Sie fanden Mr. Starr gegen 13.45 Uhr und BBC bringt nur zu jeder vollen Stunde Nachrichten. Zwanzig Minuten später waren wir aber bereits hier, nicht wahr? Also können Sie die Meldung nur um 13 Uhr gehört haben. Genau zu der Zeit, zu der Mr. Starr ermordet wurde.“

Sie sah ihn an, sah ihn wortlos und starr vor Entsetzen an, dann schlug sie die Hände vor das Gesicht und begann haltlos zu weinen.

„Er wollte alles“, schluchzte sie. „Einfach alles! Zuerst mich, dann Elton House und zuletzt Isabel — und er hat sich auch alles genommen!“

Graham wandte sich ab, öffnete die Wagentür und ließ sich schwer in den Sitz fallen.

„Wenn Sie jetzt vielleicht Ihren Anwalt rufen wollen“, sagte er „dann tun Sie es bitte. Mr. Bixby wird Sie begleiten, Madam.“

Eine völlig problemlose Sache

Rob McCollum brachte sanft den Wagen zum Stehen und deutete nach links.
„Da, schau hinüber, Lefty", wisperte er. „Die Kleine dort drüben, das ist sie!"
Lefty Slane wandte den Kopf und warf einen Blick auf das acht- oder neunjährige Mädchen, das eben aus der Tür des Friseursalons kam, mit hastigen Schritten den Gehsteig entlang ging und nach einigen hundert Yards in einer Eisdiele verschwand. Seltsam, dachte er, auf den Fotos hat sie eigentlich viel älter ausgesehen.
Er erinnerte sich an die Fotoserie über ihren Vater, den Großindustriellen Daniel Ryan, die vor einigen Wochen in „Life" erschienen war und Rob eigentlich erst auf den Gedanken einer Entführung gebracht hatte. Wenn man es richtig betrachtet, hatte Rob damals gemeint, dann war es die einfachste Sache der Welt — ungefährlich und völlig problemlos.
Lefty allerdings, der als Höhepunkt seiner kriminellen Laufbahn bisher lediglich eine Serie geknackter Automaten vorweisen konnte, hatte bei Robs Plan gewisse Bedenken.
„Nee, nee, Rob, das mache ich nicht mit", hatte er gezetert. „Sowas kann voll ins Auge gehen, und ich will nicht auf dem elektri-

schen Stuhl landen oder der Rest meines Lebens in einer ausbruchsicheren Zelle versauern."
Rob hatte gelassen abgewunken.
„Na, deshalb brauchst du noch nicht gleich mit den Zähnen zu klappern, Mann! Ich sage dir, das ist eine todsichere Sache! Wir kassieren erst die Kleine, dann das Geld, und alles wird so einfach sein wie einen Scheck einzulösen."
Lefty ließ sich nur schwer überzeugen.
„Ja ja, da magst du schon recht haben, Rob", hatte er eingeräumt. „Vielleicht klappt die Sache wirklich reibungslos. Aber danach werden uns die Bullen wie zwei Hasen jagen und . . ."
„Gar nichts werden die Bullen", war ihm Rob ins Wort gefallen. „Die werden von unserem Unternehmen nämlich überhaupt nichts mitbekommen. Du wirst doch nicht glauben, daß dieser Großkapitalist Ryan davon auch nur ein einziges Wort verlauten läßt. Der hat doch viel zu sehr Angst um sein Honey-Baby! Hast du etwa nicht gelesen, was der damals für einen Zirkus veranstaltet hat, als das Kind mit einer Lungenentzündung in der Klinik lag? Sogar einen Arzt aus Europa hat er für sie einfliegen lassen! Und da denkst du, Ryan wird das kostbare Leben seiner Tochter durch die Bullen in Gefahr bringen lassen? Nie, sage ich dir! Der wird schön zahlen und den Mund halten."
Lefty war sich da zwar nicht so sicher, aber Rob hatte das Feuer am Brennen gehalten und ihn allmählich weichgekocht.
„Also gut", hatte er schließlich nachgegeben. „Ich mache mit, Rob. Aber erst peilen wir mal gründlich die Lage, okay?"
Seit einer Woche taten sie nun nichts anderes mehr, als die Straße und den Bungalow der Ryans zu beobachten, aber die kleine Susan hatte einen Privatlehrer und verließ das Haus nur, um in dem parkähnlichen Garten zu zu spielen, der von einer fast vier Meter hohen und elektronisch gesicherten Mauer umgeben war. Dann aber hatte Rob erfahren, daß Susans Mutter jeden Freitag ihren Friseur besuchte und dabei auch die Locken ihrer Tochter einer

Behandlung unterwarf. Wenn es also eine Chance gab, um an das Mädchen heranzukommen, dann war es das beste, vor dem Friseursalon auf sie zu warten.
„Fahr doch rüber, Rob!“ flüsterte Lefty nervös. „Die holt sich doch wahrscheinlich nur ein Eis und geht dann zu ihrer Mami zurück. Wir hätten sie doch in Nullkommanichts im Wagen.“
Rob warf einen Blick in den Rückspiegel und ließ den Motor an. „Sie darf nicht schreien, Lefty“, sagte er und gab Gas. „Denk daran, sie darf unter keinen Umständen schreien. Wenn sie dazu kommt, auch nur einen einzigen Laut von sich zu geben, dann wird dein Alptraum von einer ausbruchsicheren Einzelzelle ganz schnell Wirklichkeit.“

***

Rob hielt den Telefonhörer ans Ohr gepreßt und gebot Lefty mit einer Handbewegung Schweigen. Drei-, viermal ertönte das Freizeichen, dann meldete sich eine dunkle Frauenstimme.
„Salon Majorie . . .?“
„Ich hätte gerne Mrs. Ryan gesprochen“, krächzte Rob. „Sie ist doch noch bei Ihnen, oder?“
„Doch, Mrs. Ryan ist noch hier“, kam es aus dem Hörer. „Aber sie sitzt gerade unter der Haube. Können Sie nicht später nochmals anrufen, Sir?“
„Nee, kann ich nicht“, wehrte Rob ab. „Ich muß sie jetzt haben. Also holen Sie die Lady mal an den Apparat, ja?“
Es dauerte einige Sekunden, dann knackte es im Hörer.
„Ryan . . .?“
„Sind Sie es selbst, Mrs. Ryan?“ vergewisserte sich Rob.
„Ja, ich bin am Apparat. Wer sind Sie denn?“
„Das tut im Moment nichts zur Sache, Madam. Aber Sie haben sich vielleicht schon gefragt, wo denn wohl Ihr blonder Engel geblieben ist, nicht wahr?“

„Ja, allerdings, ich . . .“
„Die Frage kann ich Ihnen beantworten, Gnädigste“, kicherte Rob. „Wir haben ihn nämlich ganz zufällig auf der Straße aufgelesen und in Sicherheit gebracht. Natürlich bringen wir ihn gerne zu Ihnen zurück, aber da wir doch einige Unkosten hatten, wäre ein Wort darüber vielleicht . . .“
Maureen Ryan begriff sofort.
„Wieviel wollen Sie, Mister?“ fragte sie hastig.
Rob zeigte Lefty grinsend den erhobenen Daumen.
„Na, ich denke, so runde 500 000 müßte Ihnen das Baby schon wert sein“, schnatterte er. „Oder irre ich mich da?“
Nur ein leises Summen war im Hörer.
„Heh, Madam“, schrie Rob aufgebracht. „Haben Sie keine Ohren? Ich sagte fünfhunderttausend!“
„Ich habe Sie verstanden, Mister“, antwortete Maureen. „Ich werde mit meinem Mann sprechen; Sie bekommen das Geld. Wohin sollen wir es bringen?“
Robs Mundwinkel sagte den Ohren guten Tag.
„Kratzen Sie die Mäuse bis heute abend erstmal zusammen, Lady“, wies er sie an. „Aber in gebrauchten Scheinen, wenn ich bitten darf! Ich rufe Sie dann wieder an, allright? Aber keine faulen Tricks und kein Wort zu den Bullen, ja?“
„Nein, ganz gewiß nicht, Mister“, beteuerte sie. „Ich werde . . . Direktor Bayles von der Morrison Bank ist unser Freund und . . .“
„Hören Sie, Madam“, fiel ihr Rob ins Wort. „Mich interessiert nicht, mit wem Sie Ihre Weekends verbringen. Besorgen Sie das Geld und lassen Sie vor allem die Bullen aus dem Spiel. Sonst reichen nicht mal mehr 500 Millionen, um Ihren Engel heil nach Hause fliegen zu lassen. Ich hoffe, wir haben uns verstanden.“
„Ganz genau, Mister“, sagte Maureen schnell. „Wir werden uns in allem an Ihre Anweisungen halten. Aber bitte, tun Sie unserem Kind nichts.“
Rob schneuzte sich lange und geräuschvoll.

„Halten Sie Ihren Teil der Abmachung, dann halten wir auch den unseren, Lady", beschied er sie. „Das war's dann also!"
Er warf den Hörer auf die Gabel und sah Lefty triumphierend an.
„Na, was habe ich gesagt? Das Ding läuft wie geschmiert."
Lefty deutete schüchtern auf das Telefon.
„Den nächsten Anruf startest du aber doch besser von einer Telefonzelle aus, Rob", sagte er. „Könnte doch sein, daß sich ihr Alter die Sache durch den Kopf gehen läßt und so einen FBI-Trottel einschaltet. Bis heute abend ist es eine lange Zeit."
Rob schüttelte überzeugt den Kopf.
„Wird er mit Sicherheit nicht tun, Lefty. Aber damit du beruhigt bist, werde ich mir eben den Weg machen — zufrieden? Also, dann gib mal die Karten her, ja? Bis heute abend ist eine lange Zeit, hast du gesagt, und die wollen wir uns mal mit einem harten Poker vertreiben, okay?"

***

Die Polizei brauchte nicht bis zum Abend. Zehn Minuten nach Robs Anruf stürmte Lieutenant Ernest Vance die Treppe hinauf und warf sich mit drei Cops so heftig gegen Robs Wohnungstür, daß sie krachend aus den Angeln flog.
„Ach, verdammt", sagte er überrascht. „Rob und Lefty ... ihr Dummköpfe wart das? Wo habt ihr die Kleine?"
„Im Nebenzimmer, Lieutenant", stotterte Lefty. „Aber wir haben ihr nichts getan, Sir."
Vance nickte grimmig und deutete auf das Dollarhäufchen zwischen Rob und Lefty.
„Na, dann steckt mal die Scheinchen ein und erhebt euch", grinste er. „Euere Pokerpartie könnt ihr in der Zelle fortsetzen. Viele, viele Jahre lang!"
Rob schleuderte wütend die Karten auf den Tisch.
„Wissen möchte ich nur, was da falsch gelaufen ist", brüllte er.

„Wieso sind Sie überhaupt so schnell auf uns gestoßen?“
Der Lieutenant rieb sich die Hände.
„Na ja, ich will gerne zugeben, daß wir diesmal eine gewaltige Portion Glück hatten“, sagte er. „Im Grunde war es nämlich reiner Zufall. Außer euch gibt es ja noch andere miese Typen und einer davon erzählt Miß Majorie, der Besitzerin des Friseursalons, seit Wochen am Telefon schmutzige Dinge. Na, und da hat sie uns eben gebeten, mal eine Zeitlang ihren Anschluß zu überwachen, kapiert? Nein? Hergott, seid ihr dämlich! Ihr seid wie zwei hungrige Mäuse in eine aufgestellte Falle spaziert, Freunde! Dabei war die gar nicht mal für euch gedacht.“

Freunde muß man haben!

Natürlich konnte unser alter Briefträger nicht ahnen, daß in meinem Innern sämtliche Glocken zu läuten begannen, als er mir von der Münzsammlung des Herrn Generaldirektors a. D. Dr. Gustav Weber erzählte. Wieso denn auch? Schließlich wußte kein Mensch in meiner Umgebung, daß ich neben meinem wenig einträglichen Job als Versicherungsvertreter den wesentlich lukrativeren Beruf eines Einbrechers ausübte. In meiner ganzen, nun schon mehr als zehn Jahre dauernden Karriere hatte mich die Polizei noch nie geschnappt und folglich hatte ich auch eine absolut reine Weste vorzuweisen.

Meine Pleite begann damit, daß mir unser Postrat eine Nachnahmesendung ins Haus brachte und mir nach dem Bezahlen wieder eine Münze in die Hand drückte.

„Nee, nee, Herr Gabler, die behalten Sie mal besser selbst", sagte er kopfschüttelnd. „Das ist leider kein Markstück. Da hat Ihnen wohl jemand den Rest von seinem Urlaubsgeld untergeschoben."

Ich warf einen Blick auf die Münze und mußte ihm recht geben. Sie war zwar so groß wie eine Mark und glänzte auch silbern, aber sie trug irgendwelche asiatische Schriftzeichen und war mir vermutlich irgendwo als Wechselgeld angedreht worden.

„Na sowas", staunte ich. „Wo kommt denn die her? Haben Sie schon mal so ein Ding gesehen, Herr Baumann?"
Sein Kopfschütteln verstärkte sich.
„In meinem Urlaub fahre ich doch immer nur an den Bodensee", erwiderte er. „Aber wenn Sie das so interessiert, dann gehen Sie doch mal zu Dr. Weber hoch, der kann Ihnen das ganz genau sagen. Der hat ja selbst eine riesengroße Münzsammlung. Gold und Silbermünzen aus allen Ländern und Jahrhunderten. Ist ein echter Experte, der Mann. Wissen Sie, wo er wohnt? Na, dann machen Sie doch mal einen kleinen Spaziergang zu ihm. Aber nehmen Sie sich dabei bloß vor Rex, seinem Schäferhund, in acht. Das Vieh ist bissig wie ein Krokodil."
Ich gab meinem Briefträger ein nettes Trinkgeld, bedankte mich für seinen Ratschlag und war eine halbe Stunde später bereits unterwegs. Dr. Gustav Weber wohnte oben am Hang in einem sehr komfortablen Bungalow, der von einem parkähnlichen Garten umgeben war. Weber war bis zu seiner Pensionierung Generaldirektor eines Warenhauskonzerns gewesen und hatte natürlich immer genug Geld gehabt, um sich im Lauf der Jahre eine Spitzensammlung an Münzen zuzulegen.
Ich schlich also um das von mannshohen Hecken umgebene Grundstück herum und versuchte vor allem herauszufinden, ob der Bungalow durch irgendwelche Alarmanlagen oder Videokameras abgesichert war. So auf den ersten Blick hin konnte ich davon zwar nicht das geringste bemerken und hoffte bereits auf ein leichtes Spiel, aber dann sah ich durch eine Lücke in der Hecke plötzlich einen riesigen Schäferhund, der mich aufmerksam beobachtete und bedenklich knurrte, wenn ich mich etwas zu tief in die Hecke beugte.
Seufzend trat ich einige Schritte zurück. Ich kannte Hunde. Bei meinen nächtlichen Unternehmungen hatte ich bereits zweimal sehr schmerzhaft ihre Bekanntschaft gemacht und wußte deshalb genau, daß dieser einsame Wächter im Garten des Herrn General-

direktors das einzige echte Hindernis zwischen dessen Münzsammlung und mir war. Also brach ich meinen Erkundungsgang kurz entschlossen ab und kam am Abend mit einigen lecker duftenden Bratwürsten wieder zurück.
Der Hund war noch immer im Garten. Obwohl es bereits ziemlich dunkel war, nahm er mich sofort wahr und kam knurrend an die Hecke gelaufen. Ich holte die Bratwürste aus meinem Matchsack, warf sie ihm zu und konnte zu meiner Freude feststellen, daß er sie sich nach einer Schrecksekunde schmatzend schmecken ließ. Der Kumpel ist also bestechlich, dachte ich zufrieden. Also werde ich ihn in nächster Zeit eben ein bißchen verwöhnen, denn damit gewinnt man Freunde und Freunde muß man haben.
Ich verwöhnte meinen neuen Freund zwei Wochen lang nach besten Kräften und konnte einen Erfolg nach dem anderen verzeichnen. Nach drei Tagen registrierte Rex mein Erscheinen bereits ohne jedes Knurren, nach weiteren zwei gönnte er mir ein freundliches Schwanzwedeln, und nach einer Woche hatte ich ihn soweit, daß er seinen Kopf durch die Hecke steckte und mir aus der Hand fraß. Nach zehn Tagen konnte ich es schließlich wagen, zu ihm in den Garten zu steigen, um ein gemeinsames Picknick abzuhalten, und die restlichen vier Nächte verbrachte ich damit, mit ihm Ballwerfen zu spielen.
Nachdem wir also sozusagen ein Herz und eine Seele waren, startete ich in der fünfzehnten Nacht die große Offensive und stieg, unter den aufmerksamen Blicken meines Freundes Rex, in Dr. Webers Keller ein und arbeitete mich von dort lautlos in sein Arbeitszimmer vor. Der hinter einem Gemälde verborgene Safe — oh Gott, wie einfallslos! — war mindestens ebenso alt wir Dr. Weber selbst, und der Rest war dann nur noch reine Routine. Mit ungefähr fünf Kilo Münzen in meinem Matchsack und ein bißchen Bares verabschiedete ich mich, spendierte dem brav am Kellerfenster wartenden Rex noch eine saftige Krakauer und verzog mich dann eiligst in Richtung Heimat. Wenn ich mich nicht sehr täuschte, hat-

te ich den Coup des Jahres gelandet. Zwar waren meine Kenntnisse in Bezug auf antike Münzen mehr als gering, aber im Schein meiner Taschenlampe hatte ich doch eine ganze Reihe von Goldmünzen gesehen, die noch von den Römern oder den alten Griechen stammen mußten und deshalb vermutlich einen erheblichen Wert hatten. Natürlich konnte ich nun meine Beute nicht einfach unter dem Bett oder im Kleiderschrank verstecken, denn bei der weltweit bekannten Putzsucht meiner Barbara wäre sie ihr spätestens nach zwei Tagen in die Hände gefallen. Nach längerer Überlegung entschloß ich mich deshalb, den Matchsack nebst Inhalt im Garten, und zwar genau zwischen den frisch gesetzen Stiefmütterchen zu vergraben. Der nächtliche Himmel war wolkenlos und der Mond spendete mir soviel Licht, daß ich mein Werk in Ruhe verrichten und sämtliche Spuren meiner Buddelei beseitigen konnte. Bei meiner Barbara redete ich mich dann betreffs meines späten Nachhausekommens damit heraus, daß ich mit einigen Freunden Skat gespielt und dabei eine echte Glückssträhne gehabt hätte. Wie immer hegte mein Eheglück keinerlei Zweifel an meinen Ausführungen und so konnte ich mich morgens um drei Uhr endlich zur wohlverdienten Ruhe begeben.
Wer ein dickes finanzielles Polster sein eigen nennt, schläft bekanntlich gut und träumt noch besser. Bei mir war es in dieser Nacht nicht anders, und so dauerte es am nächsten Morgen doch eine ganze Weile, bis das laute Rufen und das aufgeregte Hundegebell vor meinem Haus in mein Bewußtsein drang. In böser Vorahnung sprang ich aus dem Bett, rannte auf nackten Füßen ans Fenster und blieb dann wie von Donner gerührt stehen. Unten im Garten, zwischen den Stiefmütterchen, stand mein Freund Rex, hatte meinen Matchsack zwischen den Zähnen und schüttelte ihn, vermutlich in Erwartung weiterer Wurstlieferungen, so wild hin und her, daß die Gold- und Silbermünzen heraus und in alle Richtungen flogen. Er mußte dieses schöne Spielchen schon eine ganze Weile betreiben, denn neben dem rotweingesichtigen Dr. Weber

hatte sich inzwischen eine größere Zuschauermenge am Gartenzaun eingefunden, die jeden neuen Münzenregen mit lauten „Ah" und „Oh" Rufen begleiteten und Rex immer mehr anfeuerten. Leider standen aber auch zwei Polizisten in der Menschenmenge, und gerade, als ich eiligst in die Hose schlüpfte, die Treppe hinab rannte und die Tür aufriß, stiegen die Gentlemen über den Zaun und kamen mit grimmigen Gesichtern auf mich zu.

„Tut mir leid, wenn wir Sie stören, Herr Gabler", sagte einer von ihnen in ihrer bekannten falschen Freundlichkeit und hielt mir eine spanische Dublone unter die Nase. „Aber Sie wissen wohl nicht zufällig, wie diese Dinger hier in Ihren Garten kommen, wie?"

Ich schüttelte in fassungslosem Staunen den Kopf und starrte auf die Münze.

„Nee, keine Ahnung, wie sollte ich auch? Mir gehören sie jedenfalls nicht."

Der Polizist grinste schief.

„Wem sie gehören, wissen wir ja", meinte er und fixierte mich. „Wir hätten aber auch gerne gewußt, wer sie geklaut und in Ihrem Garten vergraben hat. Wo waren Sie denn heute Nacht, Herr Gabler?"

Ich hakte beide Daumen hinter meine Hosenträger und blies empört die Backen auf.

„Also, jetzt reicht es aber", polterte ich los. „Verlangen Sie von mir etwa ein Alibi?"

„Wäre nicht schlecht, wenn Sie eins hätten", nickte der andere Polizist. „Ansonsten müssen wir annehmen . . ."

„Annehmen?" schrie ich. „Annehmen? Für sich persönlich können Sie annehmen was sie wollen, aber wenn Sie mir was ans Zeug flicken wollen, dann brauchen Sie Beweise. Ich bin ein unbescholtener Bürger und muß vor Ihnen keine Rechenschaft über mein Tun und Lassen ablegen. Eine Unverschämtheit, von mir ein Alibi zu verlangen. Schaffen Sie lieber endlich mal diesen Hund aus mei-

nem Garten, der verwüstet ja die ganzen Beete. Wem gehört denn der eigentlich?"
„Der gehört zu den Münzen", sagte einer der Gesetzeshüter. „Ein ganz bissiges Vieh ist das. Nur mit dem Kerl, der heute Nacht bei Dr. Weber eingebrochen hat, mit dem muß er gut Freund gewesen sein. Wenn wir wüßten, wer das war, dann hätten wir auch den Täter."
Ich zuckte gelassen mit den Schultern.
„Ich war's jedenfalls nicht". erklärte ich. „Ich habe den Hund noch nie gesehen."
Man soll seine Freunde nicht verleugnen. Rex jedenfalls nahm mir das ausgesprochen übel. Gerade, als ob er in aller Öffentlichkeit beweisen wollte, welch gute Freunde wir waren, ließ er in diesem Moment meinen Matchsack fallen, kam schwanzwedelnd auf mich zu und leckte mir freudig winselnd die Hand.
Die Polizisten begannen zu grinsen.
„Sie haben recht, Herr Gabler", sagte einer der beiden. „Um Ihnen etwas ans Zeug zu flicken, brauchen wir Beweise. Sie werden aber zugeben, daß wir die jetzt auch haben, nicht? Also, dann kommen Sie mal mit, Sie . . . Sie . . . Tierfreund!"

Besuch in Seven Oaks

Für die Autofreaks in Massachusetts und den angrenzenden Staaten war der Landsitz Seven Oaks nicht nur der Wohnsitz des pensionierten Präsidenten der Middlewest Bank Corporation, Joshua Greeley, sondern auch Stand- und Ausstellungsort einer der reichhaltigsten Sammlungen von Oldtimern. In weiten Hallen standen hunderte von Fahrzeugen aller Marken und Epochen, und unter Kennern flüsterte man sich hinter vorgehaltener Hand zu, daß Mr. Greeley in seine Sammlung derart verliebt sei, daß er jede Nacht in einem anderen Wagen schlafen würde.
Ob dies nun zutraf oder nicht, richtig war, daß Joshua Greeley sein ganzes Herz an die Maybachs, Horchs, Rolls Royces und Daimlers gehängt hatte und nicht einmal zur Pflege jemand an sie heranließ. Ob es nun darum ging, einem baufälligen Autowrack in wochenlager Arbeit wieder zu seinem früheren Aussehen zu verhelfen oder von seinen Prachtstücken nur den Staub zu entfernen und sie mit einem selbst entwickelten Spezialwachs zu konservieren, Mr. Joshua Greeley erledigte diese Aufgaben höchstpersönlich und nahm jede Störung dabei ausgesprochen übel. Er reagierte deshalb auch ziemlich ungehalten, als eines Tages ein Besucher erschien, der keinen Blick auf seine Lieblinge warf, sondern schnurstracks auf ihn zumarschierte.

„Ich nehme an, Sie sind Mr. Greeley", begrüßte er ihn und lächelte freundlich. „Man hat mir gesagt, ich würde Sie hier finden."
Joshua richtete sich langsam von einem funkelnden De Soto auf.
„Was wollen Sie?" fragte er unwirsch.
Das Lächeln des Mannes vertiefte sich.
„Eine klare Frage verdient eine klare Antwort", erwiderte er und rieb sich die Hände. „Ich hätte gerne 100 000 Dollar von Ihnen."
Greeley starrte den Mann vor ihm mit offenem Mund an.
„Sind Sie verrückt oder ist sonst was mit Ihnen?" fuhr er dann auf.
Der Fremde winkte ab.
„Aber keineswegs, Sir, keineswegs. Es ist nur . . . nun, als ehemaliger Bankpräsident gehören Sie ja bestimmt nicht zu den Armen im Lande, nicht wahr? Tja, und wenn Sie sich auch weiterhin an Ihrer hübschen Sammlung von Oldtimern erfreuen wollen, dann kostet Sie das eben hundert Riesen, verstehen Sie? Benzin ist nämlich eine sehr explosive Flüssigkeit, und davon ein paar Gallonen nachts hier auf den Boden geschüttet . . ."
Greeleys Gesicht lief rot an.
„Verschwinden Sie!" brüllte er. „Hauen Sie ganz schnell ab oder ich rufe die Polizei!"
Der Mann vor ihm schüttelte den Kopf.
„Die Polizei kann Ihnen leider nicht helfen, Mr. Greeley", sagte er ruhig. „Sie konnte ja auch Ihren Golfpartnern Brubaker und Finch nicht helfen. Erinnern Sie sich noch, wie Brubakers Reifenfabrik plötzlich brannte und einige Wochen später Finchs Chemiewerk in die Luft flog? Tja, denen waren Hunderttausend ebenfalls zuviel."
Plözlich wußte Joshua, daß er hier nicht ungeschoren davonkam.
„Auch wenn ich wollte, ich könnte Ihnen das Geld gar nicht geben", sagte er stockend. „Soviel Geld hat doch kein Mensch im Haus, das müssen Sie doch einsehen."
Der Fremde nickte kurz.
„Na, sicher, Mr. Greeley, sicher. Ist auch weiter kein Problem für

mich. Schicken Sie die Mäuse in den nächsten zwei Tagen einfach an dieses Postfach hier.“
Er drückte Joshua einen Zettel in die Hand und verbeugte sich spöttisch.
„Nachdem wir uns einig sind, will ich Sie nicht länger stören“, schmunzelte er und ging zu Tür. „Einen schönen Tag noch, Mr. Greeley!“
Joshua sah ihm nach, bis er die Halle verlassen hatte, dann rannte er ans nächste Telefon und rief die Polizei an.
„Tja, ich fürchte, die ganze Sache ist etwas seltsam, Mr. Greeley“, sagte Sergeant Watters, der zehn Minuten später bei Joshua eintraf. „Vielleicht war das nur ein dummer Scherz von diesem Kerl?“
„Und Brubaker und Finch?“ fuhr Joshua auf. „Der Brand bei dem einen und die Explosion bei dem anderen, waren das etwa auch nur dumme Scherze?“
„Das waren weiter nichts als bedauerliche Unglücksfälle, Sir. Unsere Experten haben in beiden Fällen nicht den geringsten Hinweis auf Fremdeinwirken gefunden. Aber wenn Sie tatsächlich der Meinung sind, Sie hätten etwas zu befürchten . . .“
„Ich?“ fiel ihm Joshua ins Wort. „Der Kerl hat doch nicht mich bedroht, Sergeant. Es geht hier einzig und allein um meine Sammlung von einzigartigen und unersetzlichen . . .“
„Ja ja, ich weiß“, winkte Watters ab. „Es ist ja weit und breit bekannt, daß Ihr ganzes Herz an Ihren alten Autos hängt. Aber wenn Sie wirklich glauben, Sie hätten von dem Mann etwas zu befürchten, dann schicken Sie doch das Geld einfach an das Postfach und wir greifen uns den Typ, wenn er es abholen will. Könnten wir es so machen, Mr. Greeley?“
Joshua nickte erleichtert.
„Okay, das ist ein Vorschlag“, erwiderte er. „Ich lasse mir den Betrag noch heute von meiner Bank hierher bringen.“

***

Vier Tage später meldete sich Sergeant Watters am Telefon.
„Es ist nicht zu fassen, aber wir haben den Mann, Mr. Greeley", sagte er. „Der war doch tatsächlich so dämlich und glaubte, er bräuchte sich das Geld nur abzuholen. Könnten Sie mal herkommen und ihn identifizieren?"
Zwanzig Minuten danach starrte Joshua durch das Guckloch in der Zellentür.
„Das ist er", bestätigte er. „Was passiert nun mit ihm?"
Watters zuckte unbehaglich mit den Schultern.
„Na ja, das läßt sich jetzt nicht so ohne weiteres sagen, Sir", erwiderte er. „Der Mann behauptet nämlich, Sie schuldeten ihm diese hundert Riesen — er hätte Ihnen dafür einen alten Bugatti verkauft. Haben Sie denn einen Bugatti in Ihrer Sammlung?"
Joshua nickte mit offenem Mund.
„Ja ja, schon, sogar mehrere, aber . . ."
„Damit steht also Aussage gegen Aussage und mit einem cleveren Anwalt ist der Kerl spätestens morgen wieder auf freiem Fuß."
Joshua schnappte entsetzt nach Luft.
„Aber dann wird er seine Drohung wahrmachen!" stöhnte er. „Jetzt doch erst recht! Ich verlange ab sofort Polizeischutz, Sergeant. Als Bürger dieses Landes habe ich ein Recht darauf!"
Watters versuchte zwar, in der nächsten halben Stunde Greeley davon abzubringen und wies darauf hin, daß ihm der Erpresser, nachdem er identifiziert war, in keiner Weise mehr gefährlich werden konnte, aber Joshua ließ nicht locker.
„Also gut, Sie sollen Ihren Polizeischutz haben", gab Watters schließlich nach. „Aber das geht nicht offiziell, weil Sie persönlich ja nicht bedroht sind. Der Mann hat ja nur ein Attentat auf Ihren Fahrzeugpark . . ."
„Nur sagen Sie?" empörte sich Joshua. „Nur? Mein genzes Leben, mein ganzes Vermögen steckt in dieser Sammlung und Sie sagen nur?"
Watters zuckte gleichmütig die Schultern.

„Ein Menschenleben wäre allemal wichtiger als Ihre Autos", erwiderte er. „Aber ich kann Ihnen hier auch helfen. Ab morgen beginnt nämlich mein Urlaub und ich wollte ihn ohnehin zu Hause verbringen. Also werde ich persönlich meine schützende Hand über Ihre Ausstellung halten und vielleicht kann ich Ihnen ja auch ein bißchen bei der Arbeit an den Autos helfen. Einverstanden, Mr. Greeley?"

„Na, und ob!" atmete Joshua auf. „Sie sind mir herzlich willkommen, Sergeant!"

Noch am gleichen Abend bezog Watters das Gästezimmer in Greeleys Bungalow und stand am nächsten Morgen neben ihm in einer der Ausstellungshallen.

„Schätze, wenn wir kräftig die Finger rühren, könnten wir mit dem Oldtimer hier in spätestens zwei Tagen eine Probefahrt machen", sagte er und betrachtete fachmännisch einen Hispano-Suiza aus dem Jahr 1928. „Viel scheint daran nicht mehr zu fehlen."

„Da fehlt überhaupt nichts mehr", behauptete Joshua stolz. „Nur noch ein paar Handgriffe und das Schmuckstück fährt von alleine. Gehen Sie doch bitte mal nebenan in die Werkstatt, dort liegen die beiden Scheinwerfer. Ich mache mich inzwischen über die Ölwanne her."

Watters trabte folgsam davon und Joshua legte sich rücklings auf eine Decke, schob sich vorsichtig unter den aufgebockten Wagen und vertiefte sich in seine Arbeit. Als er plötzlich leise Schritte hörte, durchfuhr ihn ein eisiger Schrecken.

„Sind Sie es, Mr. Watters?" krächzte er.

„Ja, natürlich, wer denn sonst, Mr. Greeley?"

Joshua atmete erleichtert auf.

„Mann, Sie können einen aber auch erschrecken", sagte er und schluckte. „Ich dachte schon, unser 100 000-Dollar-Freund wäre hier am Werk. Kommen Sie mir jetzt nur nicht dem Wagenheber zu nahe!"

Das Gesicht des Sergeanten war unbewegt und verriet nichts von dem Kampf, den er in diesen Sekunden mit sich ausfocht. Einen Herzschlag lang zögerte er noch, dann ging er hastig auf den Wagen zu und trat mit aller Wucht gegen den Wagenheber.

***

Der Mann, der einige Tage zuvor Mr. Greeley besucht und 100 000 Dollar gefordet hatte, sah Sergeant Watters kopfschüttelnd an.
„Also, ich hätte ja nie gedacht, daß du ihn wirklich töten würdest, Howard“, sagte er verhalten. „Als du damals zu mir gekommen bist und verlangt hast, daß ich dir Greeley auf diese Weise in die Hände spiele, hielt ich das Ganze nur für einen makabren Scherz. Ich dachte, du wolltest ihm nur mal richtig Angst einjagen.“
Watters preßte die Lippen zusammen.
„Dieser Bastard hat Robert soviel Angst eingejagt, daß er sich umgebracht hat“, sagte er dann rauh. „Er hat ihm wegen 10 000 Dollar die Hypothek gekündigt und sein Haus versteigern lassen. Glaubst du, mir ist nach Scherzen zumute, wenn ich wegen läppischer 10 000 Bucks meinen einzigen Sohn verliere? Weißt du, was Roberts Tod seiner Frau, mir und Mabel gekostet hat? Weißt du das, Phil?“
Der Mann neben Watters holte tief Luft und legte ihm sanft die Hand auf die Schulter. „Ich weiß es“, sagte er leise. „Ich bin doch dein Bruder.“

Eine Frau mit solchen Augen

Beatrix Schubert war sozusagen eine alte Sandkastenbekanntschaft vom mir. Sie war einige Jahre jünger als ich und wohnte in der gleichen Straße, aber ich erinnere mich noch genau, daß sie schon damals diese unglaublich blauen treublickenden Unschuldsaugen hatte, mit denen sie später die Männer reihenweise auf's Kreuz legte. Allerdings ahnte damals noch niemand etwas von ihren kriminellen Neigungen. Man hielt die kleine Lehrerstochter ganz allgemein für ein schüchternes, hilfloses Wesen, das mit der Welt nicht sonderlich gut zurechtkam und dem man einfach helfen mußte. Später dann, als ich in München das Gymnasium besuchte und von dort aus direkt zur Bundeswehr ging, verloren wir uns zwar aus den Augen, aber einige Jahre später begegnete ich ihr ganz unverhofft wieder.

Ich war nach meinem Gastspiel als Vaterlandsverteidiger zur Polizei gegangen und nach einigem Hin und Her beim Diebstahlsdezernat gelandet, und eines schönen Morgens ging bei mir die Tür auf und ein Polizist schob Beatrix im mein Zimmer.

„Wir haben sie vorläufig festgenommen, Herr Inspektor", sagte er mit einem mißbilligenden Blick auf Beatrix, die mich mit ihren Vergißmeinnichtaugen treuherzig ansah. „Sie hat einem Freier die Brieftasche geklaut. Aber glauben Sie ja nicht, daß sie so ein Ding

zum erstenmal gedreht hat. Die Dame ist eine ausgesprochene Expertin für Beischlafdiebstahl. Da brauchen Sie nur mal einen Blick in ihre Akten zu werfen. Sechs Vorstrafen, Chef!"
Ich holte erstmal tief Luft, dann holte ich Beatrix einen Kaffee und betrachtete sie stumm. Eine Frau mit solchen Augen kann einfach nicht total verdorben sein, dachte ich. Wer weiß, durch welche Umstände sie auf die schiefe Bahn geraten ist. Wahrscheinlich bräuchte sie nur jemand, der sich ein bißchen um sie kümmert.
„Trixi", sagte ich schließlich nach einer Weile, „dir ist doch hoffentlich klar, daß du ganz schön in der Tinte sitzt, oder? Mit sechs Vorstrafen im Rücken wird das Gericht diesmal kurzen Prozeß mit dir machen."
Ihre blauen Augen schienen noch blauer zu werden.
„Ach, Werner", seufzte sie und schüttelte ihre dunklen Locken, „das war doch gar nicht so, wie dieser Bul ... Polizist behauptet hat. Soll ich dir mal erzählen, wie ..."
„Schieß los", unterbrach ich sie und hoffte von ganzem Herzen, daß es wirklich nicht so gewesen war. „Ich bin ja dazu da, um die Wahrheit herauszufinden. Also?"
„Also, das war so", begann sie und schlug die Beine übereinander. „Ich sitze da gestern abend im „Flashdance" und trinke gerade einen Piccolo, als plötzlich ein Kerl hereinkommt. Sah gar nicht mal so schlecht aus, der Typ. Natürlich nicht so gut wie, Gott hab ihn selig, Rock Hudson oder wie du, Werner, aber ..."
„Trixi", sagte ich streng, „ich bin hier dein Vernehmungsbeamter und nicht dein Verehrer, klar?"
Sie sah mich so vielsagend an, daß mir plötzlich der Hemdkragen zu eng wurde.
„Aber du hättest mal mein Verehrer sein können", flüsterte sie. „Warum hast du es mit mir eigentlich nie versucht, Werner?"
Blaue Augen können ein echter Fluch sein.
„Weil ich dazu nie Zeit hatte", versuchte ich mich aus der Affäre zu ziehen. „Also, wie war das nun mit dem Mann?"

Sie zuckte mit den Schultern.
„Na ja, er kam eben herein und setzte sich zu mir an den Tisch und fragte, ob er mich zu einer Flasche Sekt einladen dürfe. Na gut, sagte ich, warum nicht? Aber ich trinke nur Heidsieck oder Mumm extra dry und der ist hier nicht gerade billig. Dem Kerl war das aber egal und er hat auch gleich eine Mummy geordert. Später dann noch eine zweite und dritte, und dann fing er an, an mir herumzugrapschen. Hör auf, Anton, sagte ich, weil er nämlich Anton heißt, hör auf, so in der Öffentlichkeit mag ich das gar nicht. Er meinte dann, wir könnten auch in sein Hotel gehen, wo wir ganz unter uns wären. Viel Zeit hätte er sowieso nicht, weil er morgen in aller Frühe mit dem Flieger nach New York müsse und da sei es doch schade, wenn wir in so einem Bums wie dem „Flashdance“ herumsitzen würden. Also bin ich eben mitgegangen und... und...“
„Und was?“
Sie warf einen hilfesuchenden Blick an die Zimmerdecke.
„Mein Gott, jetzt laß mich doch mal etwas nachdenken, Werner! Ich war ja ziemlich eingeweicht und kann mich an alle Einzelheiten gar nicht mehr erinnern. Jedenfalls bin ich irgendwann eingeschlafen und als ich wieder erwachte, war Anton verschwunden. Na, so ein Schuft, denke ich, nicht mal verabschiedet hat er sich, und da sehe ich im gleichen Moment seine Brieftasche auf dem Nachttisch liegen.“
„Und die hast du dir dann unter den Nagel gerissen, oder?“
Beatrix schoß aus ihren Augen zwei blaue Blitze auf mich ab.
„Na, das mußte ich doch!“ fauchte sie. „Ich dachte, der arme Teufel steht jetzt ohne Paß und Ticket am Flughafen und hat Gott weiß welchen Schaden, wenn er nun seinen Flieger nicht mehr kriegt. Also habe ich mich in meine Klamotten geworfen, bin die Treppe runter, zur Tür hinaus und auf den nächsten Taxistand zu, und wie ich dort gerade einsteigen will, reißt mich jemand ganz brutal zurück. Ich drehe mich um und da steht Anton mit dem Ho-

telportier. Er sei nur mal kurz im Bad gewesen, schreit er, und ich hätte die Gelegenheit benützt, um mit seiner Brieftasche abzuhauen. Was sagst du nun zu einer derartigen Unverschämtheit, Werner?"
Ich sagte erstmal gar nichts, sondern ließ mir ihre Geschichte durch den Kopf gehen. So auf den ersten Blick klang sie zwar etwas unwahrscheinlich, aber ganz von der Hand zu weisen war sie auch nicht. Beatrix mußte nicht gewußt haben, daß ihr Galan im Bad war. Sie konnte durchaus geglaubt haben, daß er bereits Leine gezogen hatte.
„Na schön", sagte ich nach einer Weile, „ich will dir mal glauben, Trixi. Aber beim nächstenmal ist der Ofen aus. Ist dir das klar?"
Sie erhob sich aufatmend.
„Und ob Werner, und ob! Ich will es ja schließlich nach sechs Justizirrtümern nicht noch zu einem siebten kommen lassen. Besuchst du mich einmal?"
Blaue Augen können nicht nur ein Fluch, sondern auch ein Magnet sein, und so stand ich bereits zwei Tage später vor ihrer Tür. Von da an blieben wir miteinander in Verbindung und Beatrix schien sich wegen mir ernsthaft zusammenzureißen und von einer weiteren kriminellen Karriere meilenweit enfernt zu sein. Dann aber läutete sie eines Abends bei mir Sturm.
„Werner", sagte sie zitternd und klammerte sich an mich. „ich glaube, ich habe heute eine fürchterliche Dummheit gemacht — ich habe eine Leiche beseitigt."
Sekundenlang war ich versucht, die Tür einfach wieder zu schließen, aber dann nickte ich nur.
„Komm rein", sagte ich. „Erzähl mir erstmal alles."
Sie ließ sich in einen Sessel fallen und schluckte.
„Also, das war so", stotterte sie. „Ich gehe da heute morgen an der Isar spazieren und plötzlich sehe ich einen grauen BMW zwischen den Büschen. Ein Liebespärchen, denke ich noch, und da sehe ich auch schon einen Gummischlauch vom Auspuff her ins Wagenin-

nere ragen — und dann habe ich auch den Toten gesehen. Der Mann hat sich einwandfrei vergiftet, Werner."
„Und warum hast du dann nicht die Polizei gerufen?"
Sie biß sich auf die Lippen.
„Weil ... weil, na ja, er hatte fast zwölftausend Mark in der Tasche und diese goldene Armbanduhr hier."
Ich starrte auf das Geld und die Uhr des Toten und fragte mich, wo Beatrix wohl seine Leiche hingebracht hatte, und dann fragte ich sie selbst.
„Ach, das war kein Problem", erwiderte sie. „Ich bin mit ihm in seinem Wagen zu mir nach Hause gefahren, habe dort mein ganzes überflüssiges Gerümpel zusammengesucht und dann habe ich einen Schuttcontainer bestellt. Na ja, und heute nachmittag haben sie den Container wieder abgeholt und hinaus zur Müllverbrennung gebracht. Von dem findet man kein Haar mehr, Werner."
Ich brannte mir langsam eine Zigarette an.
„Und warum kommst du jetzt mit dieser Geschichte zu mir?" fragte ich dann. „Wo ist denn der Haken dabei?"
Beatrix zerrte hastig einen Brief aus der Tasche.
„Hier, den hatte er in der Tasche", sagte sie. „Der Mann hieß Alfred Schneider und war Buchhalter bei einer Baufirma. Er gibt hier zu, rund zwei Millionen unterschlagen zu haben und für morgen war bei ihm eine Buchprüfung angesetzt. Nun bin ich aber mit seinem Wagen ein bißchen herumgefahren und dabei haben mich ein paar schräge Vögel aus dem Milieu gesehen. Na, was glaubst du, was passiert, wenn die von Schneiders Unterschlagung in der Zeitung lesen? Die denken doch glatt, daß ich den Zaster habe. Wie einen Hasen würden die mich jagen!"
Ich betrachtete den Brief und betrachtete Beatrix, und war eigentlich geneigt, ihr zu glauben. Gut, sie war ein leichtes Mädchen, ein Nachtvogel, aber bestimmt keine Mörderin — nicht mit solchen Augen!
„Okay", sagte ich schließlich, „wir werden das überprüfen. Komm

morgen zu mir und dann gehen wir gemeinsam zum Staatsanwalt. Um ein Verfahren wirst du zwar nicht herumkommen, aber du wirst mit Sicherheit Bewährung erhalten. Daß du zu mir gekommen bist, ist so etwas wie tätige Reue und das ist ein ganz erheblicher Milderungsgrund."
Sie fiel mir vor Erleichterung um den Hals.
„Ich danke dir, Werner. Bist ein wirklich guter Freund. Ich werde dir das nie vergessen."
Ich nickte ihr zu und brachte sie zur Tür, und dann griff ich nach meiner Jacke und schlich hinter ihr her. Ich wußte zwar nicht so recht warum, aber irgend etwas trieb mich, ihr zu folgen.
Beatrix lief hastig die Straße entlang, winkte einen Taxi, und ich hatte Mühe ein zweites zu bekommen, und fuhr dann quer durch die Stadt hinüber nach Bogenhausen. Vor einem Bungalow hielt der Wagen an und mein blauäugiger Engel marschierte schnurstracks auf die Haustür zu.
Ich hetzte hinterher, erwischte ein offenes Fenster und tastete mich gerade durch den nachtdunklen Flur, als ich ihre Stimme aus einem Zimmer hörte.
„Es hat alles geklappt, Alfred", kicherte sie. „Dieser Trottel Werner geht morgen mit mir zum Staatsanwalt und erzählt ihm genau das, was ich ihm heute an den Bart geklebt habe. Er meint, ich würde sicher Bewährung bekommen, weil ich tätige Reue gezeigt hätte. Na ja, damit wäre die Sache gelaufen und niemand wird weiter nach dir oder den zwei Millionen suchen, die du bei deiner Firma an Land gezogen hast. Also werden wir in den nächsten Tagen die Koffer packen und uns in Rio ein schönes Leben machen."
„Das werden wir, Baby", grunzte Schneider voll Vorfreude. „Du wirst unter den Senoritas dort eine hervorragende Figur abgeben."
Ich riß mit einem Ruck die Tür auf.
„Im Frauenfängnis von Aichach aber auch", grinste ich. „Eine Frau mit solchen Augen ist dort eine wahre Königin."

Schneider ließ sich nach einer Schrecksekunde mit einem herzhaften Fluch auf das Bett fallen und streckte die Hände zur Zimmerdecke empor, aber Beatrix stand wie erstarrt mitten im Zimmer und sah mich aus ihren tiefblauen Unschuldsaugen nur stumm und vorwurfsvoll an.

Verräterische Spuren

Ingrid Sondermann beugte sich lächelnd über den neben ihr liegenden Mann und streichelte sanft seinen Rücken.
„Warum sagst du nichst, Wolfgang?“ fragte sie leise. „Habe ich dich etwa so müde gemacht?“
Er sah sie an, sah sie mit diesem nachdenklichen, etwas geistesabwesend wirkenden Blick an, der schon viele seiner Gegner getäuscht und in einer für sie oft vernichtenden Sicherheit gewiegt hatte. Es gab in der Straubinger Justizvollzugsanstalt eine ganze Reihe von Männern, die, wenn sie vor Gericht ihre Auseinandersetzung mit Staatsanwalt Wolfgang Beyer einigermaßen gut überstanden hatten, sich mit Schaudern daran erinnerten, wie schnell aus dem scheinbar vor sich hindösenden Wolfgang eine lebensgefährliche Viper geworden war, die sämtliche Argumente ihrer Verteidiger in Grund und Boden gestampft hatte.
„Was ist denn los, Schatz?“ flüsterte Ingrid ungeduldig. „Warum sprichts du nicht mit mir?“
Wolfgang schob seinen Arm unter sie und zog sie zu sich heran.
„Gibt es denn noch etwas zu sagen?“ erwiderte er. „Ich dachte, zwischen uns wäre alles klar?“
Ingrid verzog unwillig den Mund.

„Ist es ja auch", erwiderte sie verhalten. „Aber mir geht eben dauernd die Sache mit deiner Frau im Kopf herum, verstehst du? Ich will zwar nicht daran denken, aber wenn du so still daliegst, dann gehen meine Gedanken ganz automatisch in diese Richtung."
Seine Hände umspannten mit einem unnachgiebigen Druck ihre Taille.
„Gewissensbisse, Ingrid?"
Sie stemmte sich hoch und strich mit den Fingern über seine Lippen.
„Nein, das ganz bestimmt nicht", wehrte sie ab. „Was geht mich im Grunde deine Frau an? Ihr Tod ist mir so gleichgültig wie der jedes anderen Menschen. Ich bin mir nur nicht absolut sicher, ob du genug Mut hast, sie ins Jenseits zu befördern."
Über Wolfgangs Gesicht lag wieder dieser geistesabwesende Ausdruck.
„Eine Scheidung wäre natürlich wesentlich einfacher", sagte er langsam. „Aber darauf würde sich Waltraud nie einlassen. Dazu genießt sie es viel zu sehr, nicht einfach Frau Müller oder Frau Huber zu sein, sondern die Frau des bekannten Staatsanwalts Wolfgang Beyer. Außerdem habe ich sie nicht umsonst vor vier Jahren für eine halbe Million versichern lassen und du weißt, daß ich das Geld brauche."
Ingrid verspürte plötzlich eine leichte Unsicherheit in sich. Dieses verdammte Geld wird ihm doch nicht wichtiger sein als ich, dachte sie und erinnerte sich, wie sie zum erstenmal behutsam das Gespräch auf Waltrauds Tod gelenkt hatte. Wolfgang hatte sie zwar für Sekunden völlig entsetzt angesehen, war aus dem Bett gesprungen und hatte nach seinen Schuhen gegriffen, aber als er sie angezogen hatte und aus dem Zimmer stürmen wollte, war Ingrid vor der Tür gestanden, nackt und eine einzige Versuchung, und Wolfgang war stehengeblieben und hatte seine Schuhe seufzend wieder fallenlassen.
„Versprich mir, daß du es tun wirst, Wolfi", hauchte sie und preßte sich an ihn. „Schwöre es mir!"

Sie spürte, wie er zu zittern begann und verstärkte ihren Druck.
„Hörst du, Wolfgang? Schwöre es mir!“
„Ich schwöre es dir“, stammelte er und schlang die Arme um sie.
„Ich habe sogar schon gewisse Vorbereitungen dafür getroffen.“
Über Ingrids Gesicht huschte ein geringschätziges Lächeln.
„Oh, Wolfgang, jetzt werde aber nicht komisch“, fuhr sie auf.
„Wenn du so daherredest, erinnerst du mich an meinen alten Verehrer Herbert, als er mich mit sechzehn heiraten wollte. Der kam auch freudestrahlend an und hatte die Vorbereitungen dafür getroffen. Und dann, als es schließlich ernst wurde, was war dann? Nichts war dann! Weil seine Mami dagegen und Herbert ein folgsamer Junge war. Also, rede mit mir nicht über irgendwelche Vorbereitungen, ja?“
Für einen Augenblick lockerte sich sein Griff.
„Ich bin nicht Herbert, Ingrid“, sagte er dann energisch. „Gerade du solltest das am besten wissen. Wenn ich sage, ich habe die Vorbereitungen dafür getroffen, dann bedeutet das den Anfang der Aktion, klar?“
Ihre Zungenspitze spielte an seinen Ohrläppchen.
„Nun sei doch nicht gleich böse, Wolfi“, versuchte sie einzulenken. „Ich habe das doch gar nicht so gemeint. Ich möchte ja nur, daß es zwischen uns keine Hindernisse mehr gibt, daß Stunden wie diese jetzt nicht wegen einer anderen Frau ein Ende haben müssen. Mich macht dieses ewige Warten einfach fertig und außerdem teile ich nicht gern.“
„Es wird bald keine Hindernisse mehr zwischen uns geben“, beruhigte er sie. „Und dann wirst du mit deinem dicken alten Wolfi zufrieden sein. Aber mit Hast und Ungeduld erreicht man leider gar nichts — höchstens einen Freiplatz im Knast. Solche Dinge müssen geplant, überlegt, wieder geplant und dann erst ausgeführt werden. Ich habe in meinen sechzehn Jahren als Staatsanwalt genügend Menschen kennengelernt, die sich nicht an diese Reihenfolge hielten und dann ein Leben lang Gelegenheit hatten, darüber

nachzudenken. Nein, alles braucht seine Zeit, Ingrid — laß mir diese Zeit, bitte.“
Ingrid seufzte leise.
„Von mir aus hast du alle Zeit der Welt dazu“, erwiderte sie dann. „Nur, wann wird sie einmal zu Ende sein?“
„Du wirst es rechtzeitig erfahren, Schatz.“
„Wann, Wolfi?“
„Nun, genau gesagt, am kommenden Sonnabend.“
„Und wie . . . wie willst du es machen?“
„Mußt du das wissen?“
Sie richtete sich auf und schüttelte ihre blonde Haarmähne.
„Nein, ich muß nicht, aber ich will es wissen, mein großer starker Wolf. Ich will wissen, welches Risiko du dabei eingehst.“
Er winkte gelassen ab.
„Mach' dir darüber keine Gedanken, es ist kein Risiko dabei“, erwiderte er. „Ich habe alles genau geplant, und mein Plan wird hundertprozentig hinhauen. Aber ich will jetzt nicht mehr davon reden, verstehst du? Nicht jetzt! Ich bin nicht deshalb zu dir gekommen, um mit dir . . .“
Ihre Hände wühlten in seinem Haar.
„Oh, ich weiß, warum du gekommen bist, Wolfi“, fiel sie ihm ins Wort. „Aber wer hindert dich denn daran, endlich das zu tun, weshalb du gekommen bist? Ich bin doch nicht Waltraud, ich werde dich nie daran hindern, Liebster.“
Wolfgang fühlte die Wärme ihres Körpers, fühlte ihre Hände in seinem Nacken und ihre tastenden Lippen an seinem Hals, und mit einem erlösenden Seufzen zog er sie zu sich heran und glitt langsam, aber unaufhaltsam mit Ingrid davon und in eine strahlende Helligkeit hinein.

***

Der Schuß fiel im gleichen Augenblick, in dem Kriminalmeister Eberhard Kraus seinen Wagen besteigen wollte und überraschte ihn derart, daß er noch sekundenlang seinen Fuß in der Luft hängenließ, bevor er ihn wieder auf den Boden setzte. Dem Nachhall lauschend sah er die Straße hinauf und hinab, aber von dem Schützen war weit und breit nichts zu sehen. Kraus nagte nachdenklich an seiner Unterlippe. Er hatte sich mit Sicherheit nicht getäuscht, es war ein Schuß gewesen und er war aus einem Gewehr abgefeuert worden. Diesen peitschenden, bösartig klingenden Knall kannte er viel zu gut, um sich da einen Irrtum hinzugeben. In irgendeinem der umliegenden Häuser oder Gärten war der Schuß gefallen, aber jetzt war alles wieder ruhig. Niemand schrie um Hilfe, niemand rannte auf die Straße, und niemand außer ihm schien den Schuß gehört zu haben.

Kraus überlegte, wer von den Bewohnern der Straße ein Gewehr hatte, aber der einzige, von dem er es sicher wußte, war Wilfried Schneider, der irgendwo im Spessart eine Jagdpachtung hatte. Aber Schneiders Haus lag fast am Ende der Straße und war viel zu weit entfernt, um dafür in Frage zu kommen.

Schulterzuckend wandte er sich schließlich ab und stieg in seinen Wagen, und dann traf ihn der Schrei hinter ihm wie ein Stein zwischen die Schulterblätter.

„Kraus . . .! Herr Kraus . . .!“

Eberhard fuhr herum, blickte irritiert um sich und starrte in das vor Schrecken und Entsetzen verzerrte Gesicht von Wolfgang Beyer, der eben hinter einer Hecke auftauchte.

„Was ist los, Herr Staatsanwalt?“ fragte er zögernd. „Haben Sie eben geschossen?“

Wolfgang stützte sich schwer atmend auf die Wagentür und schüttelte den Kopf.

„Nein, ich . . . holen Sie einen Arzt, Kraus“, keuchte er. „Sie haben doch Funk in ihrem Wagen, fordern Sie einen Notarzt an. Meine Frau . . . jemand hat auf meine Frau geschossen!“

Eberhard riß das Mikrophon aus der Halterung und setzte einen Notruf ab, dann sprang er aus dem Wagen, wuchtete sich durch

die Hecke und rannte hinter Beyer den schmalen Weg zu dessen Haus empor. Trotzdem wußte er schon jetzt, daß er und jeder Arzt zu spät kommen würde. Es gab Schüsse, die auf irgendein Ziel abgegeben wurden und dann irgendwo im Blauen landeten, und dann gab es wiederum Schüsse, bei denen schon der Knall verriet, daß sie treffen würden. Genauso, wie dieser Schuß Waltraud Beyer getroffen hatte. Kraus sah es, als er mit keuchenden Lungen die Terrasse von Beyers Haus erreicht hatte. Leicht zur Seite geneigt saß Waltraud in einem bequemen Korbsessel vor dem Frühstückstisch, und erstaunlicherweise blutete die Wunde an ihrer linken Schläfe kaum. Eberhard betrachtete sie einige Sekunden stumm, dann wandte er sich langsam zu Wolfgang um, der unter einem Schock zitternd neben ihm stand.
„Ich muß meinen Chef, Kommissar Winkler anrufen. Herr Staatsanwalt", sagte er leise. „Ihre Frau . . . ich fürchte, ein Arzt kann für Ihre Frau nichts mehr tun."

***

Kommissar Rudolf Winkler erschien mit seinem Stab genau sieben Minuten nach Eberhards Anruf. Winkler, ein großer, sonnengebräunter Mann von wirbelnder Lebendigkeit und einem altmodischen Borsalino als unverkennbarem Merkmal, stürmte die Auffahrt herauf und schien seinem Ruf, bisher noch jeden Fall aufgeklärt zu haben, auch diesmal gerecht werden zu wollen.
„Ich kann mir natürlich vorstellen, daß Ihnen im Augenblick alle Fragen ziemlich lästig sind, Herr Staatsanwalt", sagte er nach einem ersten Rundblick. „Aber ich muß sie Ihnen trotzdem stellen. Sie sind ja sozusagen vom Fach und verstehen das, nicht war? Na schön, dann kommen Sie bitte, wir setzen uns dort unter die Bäume."
Er schleppte für Wolfgang einen der drei Korbsessel zu der kleinen Birkengruppe hinüber und ließ sich daneben auf den Rand eines Zierbrunnens sinken.

„Wie ist es passiert, Herr Staatsanwalt?“ fragte er ruhig. „Haben Sie vor dem Schuß etwas Außergewöhnliches gesehen oder gehört?“
Wolfgang stützte den Kopf in beide Hände und sah zu Boden.
„Etwas Außergewöhnliches?“ wiederholte er dann langsam. „Nein, ich ... ich wüßte nichts. Es war so ... so ...“
Winkler hob beschwichtigend die Hand.
„Lassen Sie sich ruhig Zeit mit den Antworten. Fangen Sie ganz am Anfang an, ja? Erzählen Sie mir einfach, wie der Tag für Ihre Frau und Sie begonnen hat. Was haben Sie nach dem Aufstehen gemacht?“
Wolfgang zuckte mit den Schultern.
„Eigentlich nichts besonderes. Wir haben Kaffee getrunken ... auf der Terrasse. Wir machen ... wir haben das immer so gemacht, wenn das Wetter gut war. Waldtraud saß sehr gerne hier draußen. Sie hat soviel ... sie hatte soviel Freude an ihrem Garten, verstehen Sie?“
Der Kommissar nickte bedächtig.
„Natürlich verstehe ich das“, erwiderte er. „Sie saßen also mit Ihrer Frau hier am Tisch und dann, was geschah dann?“
„Dann? Ja, dann sagte Waldtraud plötzlich, ich solle doch mal den Schirm etwas mehr zu ihr rücken und ...“
„Den Sonnenschirm dort?“
„Ja, den Sonnenschirm. Die Sonne schien ihr direkt ins Gesicht und allmählich wurde ihr das zuviel.“
„Na gut, weiter! Haben Sie den Wunsch Ihrer Frau erfüllt?“
Wolfgang schüttelte langsam den Kopf.
„Nein, ich ... ich kam gar nicht mehr dazu. Ich bin aufgestanden und wollte um den Tisch herumgehen, aber im gleichen Augenblick fiel der Schuß. So im ersten Moment habe ich gar nicht darauf geachtet, aber dann hörte ich ein Geräusch hinter mir und ...“
„Was für ein Geräusch?“ fragte Winkler aufgeregt. „Waren es vielleicht Schritte oder so?“
Wolfgangs Kopfschütteln verstärkte sich.
„Nein, Kommissar, keine Schritte. Es war einfach irgendein Geräusch.“

„Und woher kam es?“
Wolfgang machte eine schwache Bewegung zur Terrasse hin.
„Von Waltraud . . . es kam von Waltraud. Sie . . . sie hielt mit beiden Händen ihren Kopf, schwankte hin und her, und plötzlich sah ich, daß sie blutete und da . . . und da . . .“
Winkler legte ihm sanft die Hand auf den Arm.
„Ist gut, Herr Staatsanwalt, ist gut, beruhigen Sie sich bitte. Wir sind ohnehin gleich fertig. Sagen Sie mir nur noch, was Sie dann getan haben.“
Der starre Blick Wolfgangs ging an Winkler vorbei.
„Getan habe?“ stotterte er. „Ja, ich . . . ich wollte einen Arzt rufen und dann sah ich gerade Herrn Kraus in seinen Wagen steigen und da habe ich . . . da habe ich . . .“
„Und da haben Sie ihn gerufen“, versuchte ihm der Kommissar zu helfen. „War es so?“
Wolfgang knetete geistesabwesend seine Hände.
„Ja, da habe ich ihn gerufen.“
Winkler wandte sich um.
„Heh, Kraus, kommen Sie mal, bitte!“‘
Eberhard setzte zu einem Indianertrab an und kam über den Rasen auf sie zu.
„Kommissar . . .?“
„Sie waren gerade auf der Straße, als der Schuß fiel? Ist das richtig so?“
Kraus nickte.
„Das ist richtig. Ich war gerade auf dem Weg zum Dienst. Na ja, plötzlich knallte es und . . .“
„Haben Sie jemanden gesehen?“
Der Kriminalmeister schüttelte den Kopf.
„Überhaupt niemand. Jedenfalls stand ich in diesem Moment völlig allein auf der Straße.“
Winkler kaute nachdenklich an seiner Unterlippe und sah dabei zur Straße hinab.

„Also, dann versuchen wir mal den Fall zu rekonstruieren“, sagte er schließlich. „Die Ausgangsposition kennen wir ja. Das Ehepaar Beyer sitzt beim Frühstück auf der Terrasse, wie es die beiden immer machen, wenn es die Witterung zuläßt. Frau Beyer sitzt dabei, wie wir hier sehen, mit Blickrichtung auf das Haus und hat ihre linke Körperseite der Straße zugewandt. Ihr Mann sitzt rechts von ihr und hat die Straße im Blickfeld. Der Schuß trifft nun seine Frau in die linke Schläfe und kann also nur von der Straße her auf sie abgegeben worden sein. Stimmen Sie mir da zu, Kraus?“
„Natürlich, Kommissar — es kann ja gar nicht anders gewesen sein, würde ich sagen.“
Winkler nickte befriedigt.
„Gut, soweit wäre das also klar. Sie haben aber nun auf der Straße niemand gesehen und Herr Beyer selbst hat auch niemand gesehen. Bleibt also als einziger Standort für den Schützen dieser halbfertige Neubau auf der anderen Straßenseite. Wer baut da übrigens?“
Kraus zuckte mit den Schultern.
„Genau weiß ich das auch nicht“, erwiderte er. „Meine Frau hat mir mal gesagt, daß sich hier Arzt niederlassen will. Glauben Sie wirklich, daß der Schuß aus diesem Neubau abgefeuert wurde?“
Der Kommissar hob die Schultern.
„Etwas anderes könnte ich mir im Augenblick jedenfalls nicht vorstellen“, erwiderte er. „So ein halbfertiger Neubau ist doch ein geradezu idealer Schlupfwinkel für einen Mörder. Zudem ist heute Samstag, niemand arbeitet an dem Haus und so kann ihn auch niemand stören. Wenn er die Gewohnheiten der Beyers kannte, mit Frühstück auf der Terrasse und so, dann war es für ihn doch ein Kinderspiel, den geeigneten Zeitpunkt abzuwarten, oder?“
„Aber er muß das Haus dann doch irgendwie verlassen haben“, gab der Inspektor zu bedenken.
Winkler nickte tiefsinnig.
„Natürlich, das hat er auch. Er kann es in dem Augenblick getan haben, als Sie mit Herrn Beyer auf die Terrasse rannten oder er hat

sich nach hinten, durch den Garten abgesetzt. Jedenfalls werde ich mir die Sache mal ansehen, vielleicht hat er irgendwelche Spuren hinterlassen."

„Also gut, gehen wir mal hinüber", sagte Kraus eifrig und setzte sich in Bewegung, aber der Kommissar hielt ihn zurück.

„Ich gehe hinüber", bremste er ihn. „Sie schnappen sich Müller II und befragen mal inzwischen die Nachbarn. Kann sein, daß da jemand etwas gesehen oder gehört hat. Kennen Sie die Leute?"

Der Inspektor kratzte sich am Kinn.

„Nicht besonders", erwiderte er dann. „Ich wohne zwar schon seit elf Jahren in dieser Straße, aber ich hatte kaum Kontakt mit ihnen. Ich weiß nur, daß rechts von den Beyers eine Familie Ronninger und links von ihnen Fräulein Altmann, eine pensionierte Lehrerin wohnt."

„Fräulein Altmann ist nicht da", warf Wolfgang ein. „Sie ist letzte Woche zu ihrer Schwester nach Düsseldorf gefahren. Ich weiß das, weil ich ihre Vögel versorge."

„Na, dann hören Sie sich eben bei den anderen ein bißchen um", sagte der Kommissar mißmutig. „Es wird sich schon ein Interviewpartner finden lassen. Ich gehe jetzt jedenfalls mal zu diesem Neubau hinüber."

Er wandte sich um und stieg die Terrassenstufen hinab, aber dann blieb er stehen und sah über die Schulter zurück.

„Ah ja, eine Frage noch an Sie, Herr Staatsanwalt", sagte er bedächtig. „Haben Sie einen Verdacht, wer der Mörder Ihrer Frau sein könnte? Sehen Sie irgendwo ein Motiv für diese Tat?"

Wolfgang machte ein hilflose Handbewegung.

„Weder noch", erwiderte er. „Ich kann mir nicht denken, wer auf Waltraud geschossen haben könnte und ebenso wenig, wer sie derart gehaßt hat. Sie war eine durch und durch gutmütige Frau, der niemand böse sein konnte. Wäre es denn nicht möglich, daß jemand ein ganz anderes Ziel hatte und sie nur zufällig getroffen hat? Ein verirrter Schuß, sozusagen?"

Winkler sah nachdenklich zu dem Neubau hinüber, dann zuckte er mit den Schultern.
„So ganz ausschließen kann man das natürlich nicht", räumte er ein. „Aber ich glaube nicht daran. Die ganze Sache sieht mir ja nun nicht gerade nach einem Zufallstreffer aus. Nein, ich bin mir da ziemlich sicher, daß jemand mit voller Absicht auf Ihre Frau geschossen hat, Herr Staatsanwalt. Die Frage ist nur, welches Motiv der Täter hatte. Können Sie sich in dieser Richtung überhaupt nichts vorstellen?"
Wolfgang sah den Kommissar unsicher an.
„Ich weiß nicht, es ist nur so eine Idee von mir und ich sollte vielleicht gar nicht darüber reden", erwiderte er zögernd. „Aber andererseits . . ."
„Sie müssen sogar darüber reden", fiel ihm Winkler ins Wort. „Sie wissen doch selbst, daß für uns jeder kleine Fingerzeig wichtig sein kann. Also, an was hatten Sie gedacht?"
Wolfgang kaute nervös auf seiner Unterlippe herum.
„Na ja, mir ist eben eingefallen . . . also, ich meine, ich dachte eben daran, daß ich ja zur Zeit mir der Anklageerhebung gegen Manfred Keller und Harald Lutz beschäftigt bin, die vor einigen Monaten die „Südkredit Bank" überfallen und beraubt hatten. Ich weiß jetzt natürlich nicht, wie weit Sie diesen Fall kennen, Kommissar, aber sowohl Keller als auch Lutz gehören der Terroristenszene an und da . . ."
„Himmel nochmal", schnappte Winkler. „Sie denken an den Fall Klammroth in Bochum, was? Da stand auch einer von diesen Untergrundtypen vor Gericht und plötzlich wurde der Sohn des vorsitzenden Richters erschossen aufgefunden. Meinen Sie das?"
„Ich könnte es mir zumindest vorstellen", nickte Wolfgang. „Vielleicht ist der Mord an meiner Frau eine Warnung, mich nicht weiter mit Keller und Lutz zu beschäftigen. Landgerichtsdirektor Klammroth hatte man ja damals auf die gleiche Weise unter Druck gesetzt."

Der Kommissar brannte sich eine Zigarette an und sah schweigend vor sich hin.
„Nein“, sagte er dann nach einer Weile, „im Fall Ihrer Frau ist es bestimmt nicht so. Wir wissen, daß alle terroristischen Gruppen ihr Opfer erstmal warnen, bevor sie zuschlagen. Haben Sie eine Warnung oder Drohung im Zusammenhang mit Keller und Lutz erhalten?“
„Nein, das nicht, aber . . .“
„Dann geht der Mord an Ihrer Frau auch nicht auf deren Konto“, unterbrach ihn der Kommissar. „Dr. Klammroth hatte man damals wiederholt Drohbriefe geschickt und bei Ihnen hätten sie das nicht anders gemacht. Nein, hier müssen wir nach einem anderen Motiv suchen.“
„Aber nach welchem, Herr Kommissar?“
Winkler breitete die Hände aus und ließ sie wieder fallen.
„Tja, wenn wir das wußten, dann wären wir dem Täter schon ein ganzes Stück näher“, sagte er langsam. „Aber wer das auch immer getan hat und warum er es auch immer getan hat, wir werden ihn finden, Herr Staatsanwalt. Wir werden ihn ganz sicher finden, das schwöre ich Ihnen!“

***

Kommissar Winkler hatte sich geirrt. Vier Tage nach dem Mord an Waltraud Beyer mußte er sich eingestehen, daß die Ermittlungen der Mordkommission im Sand verlaufen waren und er mit seinem Latein am Ende war.
„Dabei bräuchten wir nur einen kleinen Hinweis, nur ein winziges Indiz“, sagte er mit säuerlicher Miene zu Inspektor Kraus. „Dann wäre uns zunächst schon mal geholfen. Aber es ist, als ob man gegen eine Mauer läuft. Dabei stimmt meine Vermutung mit diesem Neubau. Der Schuß auf Frau Beyer wurde von dort abgegeben. Dr. Reiter schreibt in seinem Bericht, daß er aus einer Entfernung

von 25 bis 30 Meter abgefeuert wurde und der Schußkanal schräg von oben nach unten verläuft. Das heißt also, daß der Täter höher gestanden sein muß, als sein Opfer gesessen war. Na, und da kommt eben nur der erste Stock dieses Neubaus in Frage. Oder sind Sie anderer Meinung, weil Sie das Gesicht so verziehen?"
Kraus schüttelte langsam den Kopf.
„Nein, das ist es nicht", erwiderte er. „So wie Frau Beyer getroffen wurde, kann der Schuß nur von dort gekommen sein. Aber trotzdem habe ich irgendwie ein ungutes Gefühl dabei. Mir ist immer so, als hätten wir etwas vergessen oder übersehen."
Winkler schlug mit der Faust wütend auf den Tisch.
„Na, jetzt schlägt aber dreizehn", fuhr er auf. „Was sollen wir denn hier vergessen oder übersehen haben? Mensch, Kraus, Sie wissen doch selbst, daß wir hier so gründlich wie selten vorgegangen sind, nicht? Schon allein deshalb, damit uns Staatsanwalt Beyer nicht irgendwann den Vorwurf fehlerhafter Ermittlungen machen kann."
Der Inspektor hob abwehrend beide Hände.
„Ja ja, weiß ich doch, Chef, weiß ich doch. Und trotzdem ... also, ich komme zwar nicht darauf, was mich an der ganzen Sache stört, aber irgendwo ist da etwas."
Irmgard Bauer, die Sekretärin des Kommissars, deutete auf einen vollen Aschenbecher.
„Wenn Sie sich hier den Krebs an den Hals rauchen, kommen Sie erst recht nicht drauf, Inspektorchen", lächelte sie. „Da, sehen Sie mal, da liegt ein gutes Dutzend Kippen im Aschenbecher und das innerhalb von noch nicht mal zwei Stunden."
Kraus warf ihr einen bissigen Blick zu.
„Und vier davon stammen von Ihnen, Süße", knurrte er. „Ich benütze ja schließlich keinen Lippenstift, oder? Na, dann kehren Sie erstmal vor Ihrer eigenen Tür, bevor Sie ... Wartet mal, wartet mal, was habe ich da eben gesagt? Lippenstift ...? Kommissar, geben Sie mir doch mal kurz die Tatortfotos, ja?"

Winkler zog sie mit einem verächtlichen Lächeln aus der Schublade und schob sie ihm zu.
„Was Neues sehen Sie darauf auch nicht“, brummte er. „Oder meinem Sie etwa, wir hätten auch den Täter mit aufgenommen?“
Der Inspektor winkte ruhegebietend ab.
„Nein, das meine ich nicht, Chef“, sagte er und betrachtete die Fotos. „Aber ich . . . ich muß mal schnell runter ins Labor.“
Zwei Minuten später fegte er dort durch die Tür und warf die Bilder auf den Tisch.
„Von diesen beiden hier brauche ich eine Vergrößerung, Hubert“, sagte er aufgeregt zu dem Fotografen. „Und zwar so groß wie möglich, so scharf wie möglich und vor allem so schnell wie möglich, klar?“
Hubert Neubauer war nach mehr als dreißig Dienstjahren nicht mehr bereit, seine wohlverdiente Pension durch einen Herzinfarkt aufs Spiel zu setzen.
„Ich bin Beamter“, grinste er, „und bei mir geht alles so langsam wie möglich. Was willst du eigentlich mit den Fotos, hä? Du wirst doch nicht die Absicht haben, deinem Chef den Lorbeer streitig zu machen?“
Der Inspektor faßte ihn am Arm.
„Versuch dich jetzt nicht als Prophet, Hubert, sondern mach ein bißchen Dampf auf“, drängte er. „Ich brauche die Bilder sofort und nicht erst übermorgen.“
Brummend und murrend zog sich Neubauer in die Dunkelkammer zurück und ließ sich erst nach einer halben Stunde wieder blicken.
„Da hast du deinen Mist“, sagte er und legte Kraus die Fotos auf den Tisch. „Größer ging’s nicht, schärfer auch nicht und schon gar nicht schneller. Nützen sie dir wenigstens was?“
Kraus schob sie unter eine Lampe und betrachtete sie aufmerksam.
„Und ob, Hubert“, nickte er dann erleichtert. „Und ob sie mir was nützen! Los, häng dich mal ans Telefon und sag dem Kommissar, er soll schnellstens hierher kommen.“

Es dauerte keine fünf Minuten, dann wirbelte Winkler durch die Tür.
„Gnade Ihnen Gott, wenn Sie mich auf den Arm nehmen, Kraus“, dröhnte er und zog sich einen Stuhl heran. „Da müßte ja wahrhaftig die gesamte Mordkommission mit Blindheit geschlagen sein, wenn Sie jetzt ...“
Der Inspektor klopfte mit dem Zeigefinger auf die Fotos.
„Vielleicht sollten Sie sich das hier erstmal ansehen, Chef“, unterbrach er ihn. „Es gibt da jedenfalls zwei Dinge, die ein völlig anderes Licht auf die Sache werfen. Betrachten Sie mal das Frühstücksgeschirr der Beyers.“
Sekundenlang starrte Winkler schweigend auf die Fotos, dann hob er den Kopf.
„Geben Sie mir eine Lupe, Neubauer“, sagte er heiser.
Das Ticken der großen Wanduhr war der einzige Laut in dem Raum und Kraus schien es, als würde es von Sekunde zu Sekunde lauter werden.
„Habe ich micht geirrt, Chef“, fragte er schließlich.
Der Kommissar erhob sich langsam.
„Großer Gott“, sagte er stockend. „Was hatten wir bloß für ein Brett vor dem Kopf? Können Sie sich vorstellen, wie der Mord an Frau Beyer verübt wurde, Kraus?“
Der Inspektor nickte kurz.
„Doch, das kann ich“, erwiderte er. „Und zwar nicht nur wie, sondern auch von wem. Aber morgen früh brauche ich mir nichts mehr vorzustellen, da weiß ich es nämlich ganz genau!“

***

Ingrid Sondermann entzog sich kichernd und quietschend den suchenden Händen Wolfgangs.
„Ach, Mensch, Wolfi, jetzt hör doch einmal auf“, gluckste sie und

zog die Bettdecke über sich. „Wir können uns doch jetzt nicht nochmal eine Stunde herumbalgen, ich muß doch nach Hause."
Er zerrte mit beiden Händen an der Bettdecke.
„Du mußt gar nichts", behauptete er. „Ich habe erst um ein Uhr einen Termin und bis dahin sind es noch über 5 Stunden."
„Aber . . . aber die Leute, deine Nachbarn", gab sie zu bedenken. „Ich kann doch nicht erst am hellichten Tag aus dem Haus gehen, die sehen mich doch. Was denkst du, was die sich zusammenreimen, wenn ich . . ."
Das helle Ding-Dong der Türglocke ließ sie erschrocken verstummen.
„Wer kann denn das sein?" fragte sie leise. „So früh am Morgen?"
Wolfgang zuckte mit den Schultern, wälzte sich aus dem Bett und ging zum Fenster.
„Es ist die Polizei", sagte er dann verblüfft. „Kommissar Winkler und Inspektor Kraus. Bleib ruhig liegen, Ingrid, es kann nicht lange dauern."
Er griff nach dem Bademantel, schlüpfte in die Hausschuhe und eilte die Treppe hinab.
„Oh, Herr Kommissar", spielte er den Überaschten. „So früh schon auf den Beinen? Haben Sie etwa . . ."
„Wir haben nur eine Frage, Herr Staatsanwalt", fiel ihm Winkler ins Wort und schob sich durch die Tür. „Sagen Sie mal, haben Sie nach dem Mord an Ihrer Frau auf der Terrasse alles so gelassen wie es war? Nichts verändert, nichts in die Hand genommen oder auch nur berührt?"
Wolfgang schüttelte entschieden den Kopf.
„Aber nein, Kommissar, ganz bestimmt nicht. Ich bin doch vom Fach und weiß genau, wie wichtig ein unberührter Tatort für die Polizei ist. Und dann hatte ich ja auch gar keine Zeit dazu, ich bin ja sofort auf die Straße gerannt."
Winkler sah über ihn hinweg.
„Ziehen Sie sich an, Herr Beyer", sagte er kühl. „Packen Sie ein

paar Sachen zusammen und kommen Sie mit, ich verhafte Sie wegen Mordes an Ihrer Ehefrau Waltraud."
Wolfgangs Gesicht wurde kreideweiß.
„Sie . . . Sie sind wohl wahnsinnig?" brüllte er los. „Wissen Sie denn überhaupt, was Sie da sagen, Kommissar?"
Der Inspektor hielt ihm die Fotos entgegen.
„Wir wissen es nicht nur, wir können es auch beweisen", sagte er gelassen. „Wir wissen, daß Ihre Frau ursprünglich nicht dort saß, wo ich sie gefunden habe, sondern auf ihrem eigenen Platz. Das heißt, sie saß zunächst mit Blickrichtung zur Straße. Nach dem Mord an ihr haben Sie aber die Plätze vertauscht und Ihre tote Frau auf Ihren Stuhl und damit mit Blickrichtung auf das Haus gesetzt, so daß ihre linke Körperhälfte der Straße zugewandt war. Sie versuchten uns dadurch glauben zu machen, daß der Schuß von der Straße her auf sie abgegeben worden sei."
„Und so war es auch!" schrie Wolfgang unbeherrscht. „Sie haben das doch selbst festgestellt!"
Kommissar Winkler betrachtete mißbilligend seinen Borsalino.
„Wir haben uns geirrt, Herr Beyer", sagte er mit einem verlegenen Lächeln. „Wir irren uns zwar selten, aber hier ist es nun leider mal passiert. Der Schuß auf Ihre Frau, das wissen wir jetzt, kam nämlich nicht von der Straßenseite her, sondern aus dem Haus von Fräulein Altmann, deren Vögel Sie so schön versorgen. Sie haben das natürlich auch an jenem Morgen getan, aber danach haben Sie von dort aus auf Ihre Frau geschossen. Na, nun widersprechen Sie doch nicht, wir haben das doch längst überprüft, Herr Beyer! Die Entfernung von Fräulein Altmanns Haus und von diesem Neubau dort drüben zu Ihrer Terrasse ist fast gleich — einmal 24 Meter und einmal 27 Meter. Außerdem haben wir an einem der Fenster bei Fräulein Altmann Schmauchspuren und Ihre Fingerabdrücke gefunden, und von diesem Fenster aus sieht man direkt auf Ihre Terrasse."
„Und die Waffe?" stieß Wolfgang hervor. „Wo ist dann die Waf-

fe? Haben Sie die etwa auch am Fenster bei Fräulein Altmann gefunden?"
„Nein, die lag in Ihrem Garten unter dem Komposthaufen", sagte der Inspektor mit einem entschuldigenden Schulterzucken. „Wir haben fast zwei Stunden nach ihr gesucht und wissen jetzt, daß Sie nach dem Schuß auf Ihre Frau durch Fräulein Altmanns Garten in den Ihren gelaufen sind, die Grundstücke haben ja eine gemeinsame Grenze, und das Gewehr unter den Gartenabfällen versteckt haben. Danach sind Sie auf die Terrasse gegangen und haben Ihre tote Frau auf Ihren eigenen Platz gesetzt. Damit ergab sich für uns ein anderer Schußwinkel und auch ein anderes Gesamtbild. Sie haben aber dabei doch eine Kleinigkeit übersehen, Herr Beyer. Sie haben nämlich vergessen, auch die Tasse Ihrer Frau mit Ihrer zu vertauschen. Eine dieser Tassen weist deutliche Lippenstiftspuren auf, wurde also von Ihrer Frau benützt, aber sie steht auf Ihrem Platz. Also?"
Wolfgang Beyer reagierte nicht mehr. Er starrte über Winkler und Kraus hinweg auf die Büsche im Garten, dann sank er langsam in sich zusammen und setzte sich auf die Treppenstufen. Sekundenlang blieb es zwischen den drei Männern absolut still, dann klappte im Haus eine Tür.
„Da ist noch jemand im Haus, Chef", sagte Kraus und sah nach oben. „Wer ist denn das, um Himmelswillen?"
Der Kommissar warf einen Blick auf Ingrid, die oben an der Treppe stand und mit entsetzt aufgerissenenen Augen zu ihnen herabsah, dann zog er ein Paar Handschellen aus der Tasche und ließ sie um Wolfgangs Handgelenke einrasten.
„Na, wer wird das schon sein", grinste er und zog Wolfgang von seinem Sitz hoch. „Ich nehme an, sie war Herrn Beyers Motiv. Habe ich recht, Herr Staatsanwalt?"

Wirst du schreien, Berenice?

Der Mann stand bereits im Lift, als Berenice in der Tiefgarage aus ihrem Wagen stieg. Er sah, wie sie eilig auf den Lift zuhastete und hielt ihr lächelnd die Tür auf. Berenice dankte ihm mit einem leichten Kopfnicken und drückte den Knopf für die neunte Etage, aber als sich die Kabine in Bewegung setzte, drehte sich der Mann plötzlich zu ihr um und preßte ihr eine Pistole in die Hüfte.

„Bleib ruhig, Mädchen", sagte er heiser. „Bleib ganz ruhig, ja? Falls du jetzt auch nur einen Millimeter weit den Mund aufmachst, war das deine letzte Bewegung. Habe ich mich klar genug ausgedrückt?"

Auf der Nummerntafel vor ihnen leuchtete die Neun auf und der Lift hielt mit einem sanften Ruck an.

„Aber wa . . . warum denn?" stammelte Berenice und spürte, wie ihre Beine zu zittern begannen. „Was wollen Sie von mir? Ich . . ."

„Wo geht es zu deiner Wohnung?" unterbrach er sie. „Links, rechts?"

Sie machte erschrocken eine Kopfbewegung nach links und der Mann schob sie vor sich her den Flur entlang.

„Schließ auf", sagte er, als sie vor ihrer Tür stehenblieb. „Und etwas Beeilung, wenn ich bitten darf!"

Hastig und ungeschickt schob sie den Schlüssel ins Schloß und fühlte, daß der harte Druck der Waffe an ihrer Hüfte nachließ.
„Okay, du warst bisher ein folgsames Mädchen, und nun wollen wir einmal vernünftig miteinander reden“, sagte der Mann und schloß die Tür hinter sich. „Wenn du weiterhin so folgsam bist, hast du von mir nicht das geringste zu befürchten. Ich brauche nur für heute Nacht ein sicheres Dach über dem Kopf und ich hoffe, du verweigerst mir das nicht, wie?“
Zum erstenmal wagte Berenice, den Mann voll anzusehen. Er war großgewachsen, hatte tiefbraune Augen und fast schwarzes Haar, und wirkte alles in allem nicht unsympathisch. Sie betrachtete ihn sekundenlang und dann erinnerte sie sich plötzlich an die Radiodurchsage, die sie auf dem Heimweg im Auto gehört hatte. Danach hatte ein bisher unbekannter Täter am späten Nachmittag eine Bank überfallen, hatte dabei den Kassierer und einen Kunden erschossen und war dann mit einer Beute von fast 200 000 Dolar geflüchtet.
„Sie . . . Sie werden von der Polizei gesucht“, flüsterte sie und warf einen Blick auf den Campingbeutel in seiner Hand. „Sie haben zwei Menschen erschossen, nicht wahr?“
Der Lauf seiner Waffe zielte genau auf ihr Herz.
„Du könntest der dritte sein, falls du Schwierigkeiten machst“, sagte er statt einer Antwort. „Würde mir jedenfalls verdammt leid tun, wenn ich deine hübsche Figur etwas verunstalten müßte. Lebst du allein hier?“
Berenice fühlte die Angst wie eine heiße Welle in sich emporsteigen und schüttelte hastig den Kopf.
„Nein, ich . . . mein Freund . . . er lebt mit mir zusam . . .“
Er rammte ihr die Waffe so hart in den Magen, daß sie aufstöhnend verstummte.
„In deiner Lage sind Lügen äußert gesundheitsschädlich!“ zischte er ihr ins Ohr. „Also, lebst du allein?“
Sie nickte und bemühte sich, ihre Tränen zurückzuhalten.

„Na fein, dann steht einem gemütlichen Abend ja nichts mehr im Weg", sagte der Mann und ließ die Pistole sinken. „Wie heißt du eigentlich?"
„Be . . . Berenice. Berenice Cooley."
Er hob mit dem Pistolenlauf ihr Kinn an und griff in ihr Haar.
„Berenice", wiederholte er. „Ein hübscher Name, er gefällt mir. Er gefällt mir genau so gut wie du selbst. Du hast doch nichts dagegen, daß du mir gefällst, oder?"
Sie versuchte verweifelt ihre Angst zu unterdrücken.
„Nein, Mister, ich bin nur . . ."
„Nenne mich Ralph, Berenice."
„Nein, Ralph, es ist nur . . . ich habe wirklich einen Freund und Sie haben . . . ich hätte von Ihnen nichts zu befürchten, haben Sie gesagt und . . ."
„Nichts Böses, meinte ich", unterbrach er sie lächelnd. „Und Sex ist doch nichts Böses, oder? Na also! Irgendwie müssen wir uns doch die Zeit vertreiben, ich kann ja vor morgen früh nicht weg. Die Bullen haben leider gesehen, daß ich hier in die Tiefgarage geflüchtet bin und vermutlich haben sie den ganzen Block umstellt. Wäre für mich ziemlich gefährlich, jetzt aus dem Haus zu gehen."
Es war ein winziger Hoffnungsschimmer.
„Aber die Polizei . . . sie wird nicht so lange warten", flüsterte sie und spürte immer noch das kalte Metall des Pistolenlaufs an ihrer Kehle. „Sie wird das Haus durchsuchen, Mis . . . Ralph. Sie wird von Wohnung zu Wohnung gehen und auch hierher . . ."
„Vielleicht wird sie das tatsächlich" fiel er ihr ins Wort. „Aber das hier ist ein Haus mit über vierhundert Wohnungen, und die Bullen können nicht alle auf den Kopf stellen. Also werden sie vermutlich nur an den Türen läuten und die Leute fragen, ob sie etwas gesehen oder gehört haben. Na, und du brauchst dann nur ganz einfach „Nein" zu sagen und der Spuk ist vorüber. Und du sagst doch nein, oder?"
Sie nickte so heftig, daß ihr das Haar ins Gesicht fiel.

„Ja, ja, natürlich ... Ralph. Ich ... ich werde alles tun, was Sie sagen, wenn Sie ... wenn Sie mich in Ruhe lassen."
Seine Augen verengten sich und der Druck der Waffe an ihrem Hals nahm ihr fast den Atem.
„Du wirst auch so alles tun oder mein Partner hier hilft nach", stieß er hervor. „Los, zieh dich aus!"
In ihre Angst mischte sich die Wut.
„Wenn Sie mich anfassen, schreie ich", warnte sie ihn. „Ich schreie das ganze Haus zusammen und ... und man wird mich hören!"
Die Pistole fiel polternd zu Boden und seine Hände legten sich wie zwei Klammern um ihren Hals.
„Jetzt schrei!" grinste er. „Schrei, so laut du kannst und du wirst nie wieder einen Ton von dir geben! Wirst du schreien, Berenice?"
Sie wußte, daß sie keine Chance gegen ihn hatte, wußte, daß sie ihm hilflos ausgeliefert war, und die Angst in ihr wurde übermächtig und ertränkte ihren Mut.
„Nein, Ralph, ich ... ich werde nicht schreien", röchelte sie. „Ich werde ganz bestimmt nicht schreien ... wirklich nicht! Ich schwöre es!"
Er nickte und bückte sich nach der Pistole.
„Okay, dann geh jetzt ins Schlafzimmer!"
Berenice stand reglos mitten im Raum, und fast schien es, als ob sie ihn gar nicht gehört hätte, aber als er sie mit dem Lauf der Waffe kurz antippte, ging sie wie willenlos vor ihm her, ließ sich auf das Bett fallen und schloß die Augen. Sie hörte sein erregtes Atmen über sich und spürte sein ungeduldiges Zerren am Gürtel ihrer Jeans, aber als er sich dann in einer fast schmerzhaften Heftigkeit über sie warf, wußte sie mit absoluter Sicherheit, daß sie ihn dafür töten würde.

***

Er saß mit dem Rücken zu ihr auf dem Bettrand und schien beinahe verlegen zu sein.

„Du hättest dich nicht so anzustellen brauchen“, sagte er leise. „So schlimm war es doch gar nicht, oder?“
Berenice richtete sich langsam auf und strich ihr Haar glatt.
„Das kannst du gar nicht beurteilen“, erwiderte sie. „Aber es läßt sich ja nun nicht mehr rückgängig machen, also reden wir nicht mehr davon. Es ist nur . . .“
„Ja . . .“
Sie zuckte leicht mit den Schultern.
„Nun, du bist in meine Wohnung eingedrungen, du hast mich vergewaltigt und du hast gedroht, mich zu töten“, sagte sie verhalten. „Ich finde, ich sollte das alles nicht einfach so hinnehmen.“
Ralph sah sie verständnislos an.
„Wie meinst du das? Was willst du damit sagen?“
Sie stand auf und schlüpfte in ihre Schuhe.
„Ich will damit sagen, daß ich nicht mit leeren Händen dastehen sollte, wenn du morgen früh gehst“, sagte sie hart. „Die Polizei ist hinter dir her, du brauchst meine Hilfe und ich nehme damit ein ziemliches Risiko auf mich. Um es genau zu sagen: ich will dafür eine Entschädigung, ich will einen Anteil an deiner Beute! Du hast dir doch fast 200 000 Dollar unter den Nagel gerissen, nicht?“
Ralp starrte sie sekundenlang verblüfft an, dann begann er lautlos zu lachen und griff nach dem Campingbeutel.
„Warum hast du das nicht schon früher gesagt?“ fragte er und zog den Reißverschluß der Tasche auf. „Mir kommt es doch auf einige Scheine wahrhaftig nicht . . .“
„Ich will mehr, als nur ein paar Scheine“, unterbrach sie ihm. „Ich will 50 000 Dollar, Ralph.“
„Du bist verrückt, Berenice. Du mußt einfach verrückt sein! Du kannst doch nicht erwarten, daß ich . . .“
Sie fuhr so heftig mit der Hand durch die Luft, daß er abrupt verstummte.
„Und ob ich das erwarte! Du bist dir anscheinend über deine Lage

immer noch nicht klar, wie? Natürlich kannst du mich auch jetzt noch ermorden, aber was würde dir das helfen? Die Polizei hat das Haus umstellt, du kannst nicht hinaus und morgen früh wird sie von einer Wohnung zu anderen gehen. Was willst du dann tun? Der Hausmeister kennt alle Bewohner und er wird mit Sicherheit dabei sein. Willst du dann sagen, daß du mein Freund bist und ich noch im Bett liege? Oder willst du vielleicht gar nicht erst die Tür öffnen? Du wärst so oder so dran. Ich bin deine einzige Chance, daß du hier mit heiler Haut herauskommst, und es wäre gut für uns beide, wenn du das einsehen würdest."
Er hatte plötzlich die Pistole wieder in der Hand.
„Ich . . . ich kann dich immer noch fesseln und knebeln und dann einfach gehen", sagte er stockend. „Vielleicht ist das Haus überhaupt nicht umstellt, vielleicht haben die Bullen meine Spur längst verloren?"
Seine Unsicherheit ließ den letzen Rest ihrer Angst erlöschen.
„Dann geh!" lächelte sie. „Fessle und kneble mich und geh! Laß es einfach darauf ankommen!"
Er starrte sie immer noch an, unschlüssig und voller Zweifel, dann ließ er die Pistole sinken und griff mit einem Fluch in den Campingbeutel.
„Hier", sagte er und drückte ihr einige Banknotenbündel in die Hand, „das dürften sogar etwas mehr als 50 000 sein. Ich hoffe nur, du bist genauso clever, wenn vielleicht die Bullen an deiner Tür läuten. Jetzt müßtest du ja selbst daran interesiert sein, daß sie mich nicht fassen."
Berenice schob die Notenbündel unter das Kopfkissen.
„Bin ich auch", nickte sie. „Und ich verspreche dir, daß sie dich nicht kriegen. Falls sie tatsächlich kommen sollten, und es für dich brenzlig wird, kletterst du einfach hier durchs Fenster auf den Balkon und von dort zur Nachbarwohnung. Der Mieter ist zur Zeit verreist und du brauchst nur eines seiner Fenster hochzuschieben und bist in Sicherheit. Alles klar jetzt?"

„Alles klar“, grinste er. „Wenn es so ist, können die Bullen von mir aus ruhig kommen.“

***

Die Polizei kam tatsächlich. Allerdings wartete sie nicht bis zum nächsten Morgen, sondern begann sofort mit der Durchsuchung des Hauses, nachdem Ralphs Fluchtwagen in der Tiefgarage entdeckt worden war. Gegen Mitternacht wurde es dann auch auf Berenices Etage unruhig und Minuten später läutete es an ihrer Tür. Sie griff hastig nach Ralphs Arm und zog ihn ins Schlafzimmer.
„Hör zu, was sie sagen“, flüsterte sie. „Falls ich sie doch nicht aufhalten kann, verzieh dich auf den Balkon. Auf dieser Seite des Hauses ist es nachts stockdunkel und kein Mensch kann dich dort sehen.“
Ralph nickte hastig und Berenice eilte zur Tür.
„Dürfen wir einen Augenblick hereinkommen, Miß Cooley?“ fragte einer der drei Polizisten auf dem Flur. „Wir wissen, daß sich in diesem Haus ein flüchtiger Bankräuber versteckt hält und . . .“
„Und den suchen Sie bei mir?“ fuhr Berenice auf. „Und noch dazu um diese Zeit? Haben Sie überhaupt einen Haussuchungsbefehl?“
„In diesem Fall brauchen wir ihn nicht“, erwiderte der Polizist. „Außerdem dauert es ja nur einige Minuten. Also?“
Berenice lauschte angestrengt hinter sich, hörte schließlich das leise Quietschen des Schlafzimmerfensters und Sekunden danach einen weit entfernt klingenden Schrei.
„Sie brauchen nicht mehr hereinzukommen“, flüsterte sie. „Gehen sie runter auf die Straße, dort finden sie ihn.“
Dann spürte sie, wie ihre Beine versagten und ließ sich langsam zu Boden sinken.

***

Irgendwann danach kam ein Mann zu ihr ins Zimmer.
„Ich bin Captain Hollows“, sagte er ruhig und bot ihr eine Zigarette an. „Sie haben erstaunlichen Mut bewiesen, Miß Cooley. Wenn ich daran denke, daß Sie stundenlang in der Gewalt eines skrupellosen Mörders waren und trotzdem die Nerven behalten haben — alle Achtung! Hat er Ihnen etwas getan?“
Es war nur ein kurzer Impuls, der sie veranlassen wollte alles zu sagen und herauszuschreien, was in dieser Nacht mit ihr geschehen war, aber dann schüttelte sie nur den Kopf.
„Nein, er hat mir nichts getan“, sagte sie leise. „Nicht das geringste. Er hat von Anfang an gesagt, daß ich nichts zu befürchten hätte.“
Hollows nickte verständnisvoll.
„Na klar, der war ja auch nur noch darauf bedacht, seine Haut zu retten“, erwiderte er. „Ich verstehe nur nicht, warum er dann doch aufgegeben hat. Wir hatten ja mit allem gerechnet, aber daß er vor unserer Nase aus dem Fenster springt und auf diese Weise Selbstmord begeht, hätten wir bei diesem Typ nie vermutet.“
Berenice zog gierig an ihrer Zigarette.
„Er wollte keinen Selbstmord begehen“, flüsterte sie. „Er wollte über den Balkon in die Nachbarwohnung.“
Der Captain sah sie kopfschüttelnd an.
„Über den Balkon?“ wiederholte er verblüfft. „Aber dieses Haus hat doch gar keine Balkons, Miß Cooley. Das wissen Sie doch!“
Sie drückte mit einer energischen Bewegung ihre Zigarette aus und nickte.
„Natürlich weiß ich das, Captain. Aber zum Glück wußte er es nicht.“

Sieben Jahre mit Monique

Vermutlich war es der unpassendste Moment, den man sich überhaupt vorstellen konnte, aber als Kommissar Gilbert Marty die Treppe in meinem Motorboot hinabstieg, die Kajütentür öffnete und sich über Moniques Leiche in der Koje beugte, erinnerte ich mich unwillkürlich an unseren Hochzeitstag vor acht Jahren — und ich erinnerte mich an unsere Hochzeitsnacht! Damals war Monique neunzehn und eine hinreißende, dunkelhaarige Schönheit gewesen, die sich vor Verehrern kaum retten konnte. Jetzt aber, nachdem sie nach Dr. Sabells Meinung mindestens vier Stunden mit einer Plastikschnur um den Hals in der brütendheißen Kajüte verbracht hatte, war von dieser Schönheit nicht mehr sehr viel übriggeblieben. Marty nahm die Decke von ihrem Gesicht und betrachtete sie einige Sekunden lang stumm und ohne jede Regung, aber ich sah es seinem Gesicht an, daß Moniques Anblick selbst für einen so alten Routinier wie ihn ein Schock war.

„Monsieur Bailot", sagte er schließlich und wandte sich zu mir um, „Sie sagten zu Inspektor Granville, daß Sie Ihre Frau heute morgen zum letztenmal gesehen hätten. Ist das richtig so?"

Ich starrte ihn an und nickte.

„Ja, das ist richtig", erwiderte ich dann langsam. „Monique . . .

sie . . . sie wollte zum Friseur, und ich nahm sie deshalb mit in die Stadt, als ich ins Büro fuhr. Ich glaube, es war so kurz nach neun Uhr."

Inspektor Granville nickte zustimmend.

„Wir haben das bereits überprüft, Chef", sagte er zu Marty. „Madame Bailot war für halb zehn dort angemeldet und hat den Salon gegen zwölf Uhr wieder verlassen. Danach verliert sich allerdings ihre Spur."

Der Kommissar deutete auf die Taschen und Päckchen am Boden. „Offensichtlich war sie dann noch einkaufen", sagte er nachdenklich. „Wissen Sie, welche Geschäfte Ihre Frau bevorzugte, Monsieur?"

Ich zuckte mit den Schultern.

„Ich glaube nicht, daß sie das überhaupt tat, aber sicher bin ich mir natürlich nicht. Monique . . . sie war sehr . . . sehr sprunghaft, wenn Sie wissen, was ich meine. Man konnte ihr Verhalten nie so richtig vorausberechnen. Was für sie in einem Augenblick direkt lebensnotwendig war, konnte schon im nächsten keinerlei Bedeutung mehr haben. Ich weiß deshalb auch nur, daß sie noch ein Geschenk für Armand Ducaux, meinen Teilhaber, besorgen und dann hinüber nach Honfleur zu seiner Geburtstagsparty kommen wollte — so wie ich auch."

Gilbert Marty betrachtete interessiert seine schwarzglänzenden Schuhspitzen.

„Und als sie dann nicht kam, hat Sie das nicht beunruhigt?" fragte er schließlich.

„Aber natürlich hat es das", mischte sich meine Schwester Gabrielle ein. „Es hat uns alle beunruhigt, Kommissar. Roger hing dann ja auch die meiste Zeit am Telefon und hat Gott und die Welt angerufen und nach Monique gefragt, aber es war alles vergeblich. Keiner unserer Freunde hatte etwas von ihr gesehen oder gehört. Deshalb haben wir dann ja auch Armands Party verlassen und sind mit dem Boot nach Le Havre zurückgefahren."

Marty hob abrupt den Kopf.
„Monsieur Bailot“, sagte er knapp. „Die Tote ist Ihre Frau und sie wurde in Ihrem Boot gefunden. Ich kann mir natürlich vorstellen, daß Ihnen meine Fragen im Augenblick ziemlich auf die Nerven gehen, aber ich muß Sie trotzdem bitten, mir eine genaue Schilderung Ihres Tagesablaufs zu geben. Sie verstehen das sicherlich, ja?“
Ich machte eine hilflose Handbewegung.
„Verstehen schon“, erwiderte ich. „Aber es gibt da nicht sehr viel zu schildern. Wie gesagt, bin ich kurz nach neun Uhr in mein Büro gefahren, habe dort bis Mittag gearbeitet und bin dann anschließend . . .“
„Die Werft hier gehört Ihnen, nicht wahr?“ unterbrach er mich. „Sie bauen Motorboote, ja?“
„Wir bauen Motorboote, Kommissar“, berichtigte ich ihn. „Ich meine damit, die Werft gehört mir nicht allein. Monsieur Ducaux und ich sind gleichberechtigte Teilhaber.“
„Schon lange?“
Ich zuckte mit den Schultern.
„Etwas mehr als zwölf Jahre. Wir haben sie damals gemeinsam gekauft. Ist das wichtig für Sie?“
Er schüttelte lächelnd den Kopf.
„Nein, überhaupt nicht. Es war nur so eine Frage. Erzählen Sie ruhig weiter, Monsieur. Sie haben also bis Mittag im Büro gearbeitet — und dann?“
„Dann bin ich hierher zu meinem Boot gegangen und habe auf Armand und meine Schwester gewartet.“
Marty drehte sich behäbig zu Gabrielle um.
„Und wo waren Sie und Monsieur Ducaux zu dieser Zeit, Mademoiselle?“ fragte er. „Noch in der Firma?“
Gabrielle schüttelte ihre blonden Locken.
„Nein, wir waren gemeinsam beim Mittagessen“, lächelte sie. „Wir sind etwa gegen 14 Uhr zurückgekommen und dann zusammen mit Roger hinüber nach Honfleur gefahren. Armand . . . ich meine,

Monsieur Ducaux wohnt ja dort drüben und wollte seinen Geburtstag zu Hause und im kleinen Kreis feiern. Leider ist dann doch nicht sehr viel daraus geworden, weil er bereits eine knappe Stunde später wieder zurück in die Firma mußte."
Der Kommissar sah mich überrascht an.
„Er ist noch einmal hierher gefahren?" fragte er verblüfft. „An seinem Geburtstag und mit einem Haus voller Gäste? Warum?"
„Armand war für den Verkauf der Boote zuständig und für 16 Uhr hatte sich ein wichtiger Kunde angemeldet", klärte ich ihn auf. „Wir hatten zwar noch am Morgen vereinbart, daß ich ihn diesmal vertreten würde, aber nachdem wir wegen Monique doch ziemlich besorgt waren, ließ er es nicht zu und meinte, ich solle mich lieber um sie kümmern. Er ist dann mit meinem Boot zurückgefahren."
„Mit diesem Boot hier?"
„Ja, genau, Kommissar."
Marty nickte stumm und trat beiseite, um den Leuten von der Spurensicherung Platz zu machen.
„Wenn ich Sie richtig verstanden habe", sagte er nach einer Weile, „dann sind nur Sie, Ihre Schwester und Monsieur Ducaux gegen 14 Uhr von hier nach Honfleur gefahren, ja? Und Ihre Frau? Warum haben Sie nicht auf Ihre Frau gewartet, Monsieur?"
Ich hob die Hände und ließ sie wieder fallen.
„Weil ich annahm, daß sie bereits in Honfleur sei. Als ich sie am Morgen vor ihrem Friseur absetzte, wußten wir ja beide nicht, wie lange es dort dauern würde. Monique sagte mir aber, daß sie unmittelbar danach hinüberfahren würde."
„Und womit?"
Ich machte eine Kopfbewegung zu dem Fenster hinter mir.
„Mit einem unserer Boote da draußen. Wir haben im Augenblick fast vierzig Stück hier liegen und Monique kannte sich bestens damit aus. Sie sind ja alle fahrbereit."
Der Kommissar knabberte an seinem Daumennagel und sah

Dr. Sabell zu, der sich noch immer mit Moniques Leiche beschäftigte.
„Nun, Doktor", sagte er schließlich, „was wissen Sie bis jetzt?"
Der Arzt sah kurz zu ihm hoch.
„Nun, es sieht jedenfalls so aus, als habe ein Sittenstrolch Madame überfallen und ermordet. Der Zustand ihrer Kleider läßt auf eine versuchte Vergewaltigung schließen. Ob dem wirklich so war, kann erst die Obduktion zeigen."
„Die Tatzeit", schnappte Marty. „Können Sie dazu etwas sagen?"
Dr. Sabell nahm seine Brille ab.
„Tja, auf die Minute genau wird sich das nicht mehr ermitteln lassen, fürchte ich. Die Tote lag einige Stunden direkt hier unter dem Fenster, war also dauernd der Sonne ausgesetzt, und wir hatten heute ja einen der heißesten Tage dieses Sommers. Ich nehme an, daß in der Kajüte eine Temperatur von gut vierzig Grad geherrscht hat, und das macht eine genaue Bestimmung der Tatzeit fast unmöglich. So auf Anhieb würde ich sagen, daß sie zwischen 15 Uhr und 15.30 Uhr ermordet wurde."
Der Kommissar wandte sich ruckartig zu mir um.
„Dann muß also Monsieur Ducaux um diese Zeit bereits hier gewesen sein!" sagte er aufgeregt. „Der Täter hätte Ihre Frau ja sonst nicht hier überfallen und ermorden können, wenn das Boot um diese Zeit nicht bereits hier gelegen hätte. Richtig, Monsieur?"
„Ganz genau", erwiderte ich. „Armand ist kurz nach 15 Uhr in Honfleur aufgebrochen und für die Fahrt hierher braucht er höchstens eine Vierlstunde. Es könnte also durchaus sein ..."
„... daß Ducaux Ihre Frau getroffen hat", unterbrach er mich. „Vielleicht kam sie gerade in die Werft, als Monsieur Ducaux hier anlegte, und wollte mit Ihrem Boot hinüber nach Honfleur fahren. Das würde auch erklären, wieso sie ihr Mörder auf dem Boot überfallen konnte. Kann sein, daß es ein Penner, ein Landstreicher war, der sich auf dem Werftgelände herumgetrieben hat. Er sieht

Madame Bailot an Bord gehen, folgt ihr und ... Na, jedenfalls müssen wir jetzt erstmal festellen, ob Monsieur Ducaux Madame Bailot noch gesehen hat. Ist er immer noch mit diesem Kunden zusammen?"
Gabrielle sah erst mich, dann Marty an.
„Das wissen wir leider selbst nicht, Herr Kommissar", sagte sie dann. „Jedenfalls ist er nicht mehr in seinem Büro. Wir haben mehrfach dort angerufen, aber er hat sich nicht gemeldet. Deshalb sind wir ja schließlich selbst herübergefahren, weil wir weder von Monique, noch von ihm etwas hörten. Monsieur Lejeune war so liebenswürdig, uns mit seinem Boot herüberzubringen."
Der Kommissar sah Gabrielles Verehrer an, als sähe er ihn zum erstenmal.
„Ach ja", sagte er, „ich verstehe — und dann?"
„Dann sah ich mein Boot hier liegen und mir fiel auf, daß die Tür zum Niedergang offenstand", meldete ich mich zu Wort. „Also bin ich an Bord gegangen und habe mich umgesehen, und da habe ich dann ... da habe ich ..."
„Da haben Sie dann Ihre tote Frau gefunden", versuchte mir Marty zu helfen. „War es so, Monsieur?"
Ich verkrampfte die Hände ineinander und nickte.
„Ja, so war es", flüsterte ich. „Gabrielle hat dann die Polizei gerufen."
Marty warf seinem Inspektor einen Blick zu.
„Sieh zu, daß du Ducaux findest, Pierre", sagte er. „Wenn er tatsächlich nicht mehr in seinem Büro ist, dann frag seine Sekretärin nach ihm. Er hat doch eine Sekretärin, Monsieur?"
Ich schloß die Augen und nickte.
„Natürlich. Aber Mademoiselle Berliet ist jetzt nicht mehr da. Freitags arbeiten wir nur bis 15 Uhr und heute ist doch Freitag. In der Firma ist jetzt kein Mensch mehr."
Er schlug sich mit der Hand an die Stirn.
„Himmel, ja", sagte er verdutzt. „Das hatte ich glatt vergessen. Na,

dann laß in der Stadt nach ihm suchen. Vielleicht ist er mit seinem Kunden ein Glas Wein trinken gegangen. Verständige mich auf jeden Fall, sobald du ihn gefunden hast. Ich warte dann draußen am Wagen auf dich."

Der Inspektor schien froh zu sein, endlich etwas tun zu können und stolperte hastig die Treppe hinauf. Ich erhob mich, trat ans Fenster und sah auf die spiegelglatte See hinaus, über die langsam die Dämmerung niedersank. Heute könnte ich nicht mehr sagen, wie lange ich dort gestanden war, aber ich erinnere mich, daß entlang der Küstenstraße bereits die Lichter brannten, als Marty und der Inspektor wieder zu uns in die Kajüte kamen.

„Monsieur Bailot", sagte der Kommissar langsam, „ich fürchte, wir bringen Ihnen keine gute Nachricht. Wir haben Monsieur Ducaux zwar gefunden, aber wir sind zu spät gekommen. Ihr Teilhaber hat sich in seinem Büro vergiftet."

Ich fuhr herum und starrte ihn und Granville fassungslos an.

„Er hat ... Armand hat sich ... aber das ist doch unmöglich!" stammelte ich. „Warum sollte er ... ich meine, er hatte doch überhaupt kein Motiv dafür!"

Marty faßte mich am Arm und führte mich zu meinem Stuhl zurück.

„Ducaux hatte ein Motiv", sagte er leise. „Er hat Ihre Frau ermordet, Monsieur. Ist Ihnen denn nie aufgefallen, daß die beiden ein Verhältnis miteinander hatten?"

Ich rang nach Luft.

„Ein ... ein Verhältnis?" ächzte ich. „Monique und Armand ein Verhältnis? Aber das ... das kann doch gar nicht sein, das gibt es einfach nicht! Monique und ich, wir ... wir haben uns doch geliebt!"

Der Kommissar sah über mich hinweg.

„Es tut mir leid für Sie, Monsieur", sagte er verhalten. „Aber es gibt weder daran, noch an Ducaux' Täterschaft irgendeinen Zweifel. Wir haben nämlich neben seiner Leiche nicht nur eine Flasche

Cognac und ein Glas mit Rückständen von Blausäure gefunden, die nur seine Fingerabdrücke aufweisen, sondern auch ein gutes Dutzend Fotos von Ihrer Frau und ihm. Sie sind eindeutig. Wollen Sie sie sehen?"

Ich beugte mich vor und stützte den Kopf in beide Hände.

„Nein, ich will sie nicht sehen", flüsterte ich. „Aber warum hat er Monique dann umgebracht?"

„Das hätte uns nur Ducaux selbst sagen können", meldete sich der Inspektor zu Wort. „Aber denkbar sind viele Gründe. Fest steht jedoch, daß Ducaux nur deshalb zur Werft gefahren ist, um sich hier mit Ihrer Frau ungestört treffen zu können. Die Gelegenheit war ja auch außerordentlich günstig. Es war Freitagnachmittag, die Werft war leer, und sämtliche Freunde und Bekannte befanden sich in Honfleur — einschließlich Ihnen, Monsieur Bailot. Jedenfalls kann von einem Sexualmord nicht die Rede sein. Die beiden haben sich absichtlich hier getroffen, das ist so sicher wie das Amen in der Kirche und erklärt alles."

Ich fuhr abrupt von meinem Stuhl hoch.

„Das erklärt gar nichts!" widersprach ich. „Armand kann Monique gezwungen haben, mit ihm auf das Boot zu gehen. Sie muß nicht unbedingt freiwillig mit ihm gegangen sein."

Marty zog einige Fotos aus der Tasche und schob sie mir zu.

„Sehen Sie sich die Bilder an und Sie wissen, daß Sie irren, Monsieur", sagte er kühl. „Von Zwang kann hier keine Rede sein."

Ich warf keinen Blick auf sie Fotos, aber Gabrielle nahm sie auf und betrachtete sie.

„Diese kleine Hure", sagte sie nach einer Weile, heiser vor Wut. „Diese kleine, billige Hure! Ich habe ja noch nie viel von ihr gehalten, aber das hier hätte ich mir nicht träumen lassen."

Ich fühlte, wie ich rot wurde und ging wortlos durch die Kajüte und den Niedergang hinauf, aber Marty kam mir nach und legte mir die Hand auf die Schulter.

„Monsieur Bailot“, sagte er ruhig, „ich weiß natürlich, daß Ducaux’ Tod für Sie kein Trost sein kann. Aber ich bin trotzdem froh, daß wir den Mörder Ihrer Frau so schnell gefunden haben.“

***

Kommissar Gilbert Marty hatte Moniques Mörder nicht gefunden. Aber das lag nicht an ihm oder Inspektor Granville, die beide hervorragende Kriminalisten sind. Es lag ganz einfach daran, daß ich für den Mord an Monique und Armand eine Strategie entwickelt hatte, die niemand durchschauen hätte können. Dabei brauchte ich zu ihrer Verwirklichung nur einen heißen Tag und ein zweites Boot, das meinem eigenen wie ein Ei dem anderen glich. Das Boot zu beschaffen war für mich überhaupt kein Problem — wir bauten sie ja. Es fiel dann auch überhaupt nicht auf, als ich meinen eigenen Kahn renovieren und ein anderes Boot aus unserer Produktion genauso ausrüsten und anstreichen ließ. Und daß wir an Armands Geburtstag mindestens dreißig Grad im Schatten haben würden, wußte ich schon am Abend zuvor.
Noch länger wußte ich allerdings, daß Monique und Armand ein Verhältnis miteinander hatten. Ich hatte zwar lange gebraucht, bis ich dahinter gekommen war, aber als ich absolute Gewißheit hatte, stand mein Entschluß bereits fest. Ich begann zu planen, traf alle erforderlichen Vorbereitungen, verfolgte und fotografierte sie bei ihren Liebespielen, und dann, an Armands Geburtstag, schlug ich zu.
Monique ging am Morgen brav zum Friseur, besorgte danach noch ein Geschenk für ihren Galan und holte sich dann noch Geld von der Bank. Aber als sie von dort wieder herauskam, fuhr ich wie zufällig die Straße entlang. Ich sagte ihr, daß Armand noch einen Kunden hätte und wir inzwischen allein hinüber nach Honfleur fahren würden. Monique war zwar völlig arglos, aber ich sah ihr an, wie enttäuscht sie war, auf ihren Liebhaber noch etwas warten

zu müssen. An sich hatte ich ja geplant, mit ihr an Bord zu gehen und alles so schnell wie möglich hinter mich zu bringen, aber als sie in der Kajüte aus ihrer Jacke schlüpfte und ich die hauchdünne Bluse sah, die sie als Augenweide für Armand angezogen hatte, beschloß ich noch etwas zu warten.

„Weißt du, was wir jetzt machen, Cherie?“ sagte ich lächelnd und nahm sie in die Arme. „Wir klappen jetzt die Betten herab und gönnen uns eine heiße Viertelstunde, bien?“

Sie schob unwillig die Unterlippe vor und versuchte, sich aus meinen Armen zu befreien.

„Aber doch nicht jetzt!“ protestierte sie. „Ich komme doch gerade vom Friseur! Du ruinierst mir ja die ganze Frisur und ... und es kann ja auch jemand kommen.“

„Es kommt niemand“, beruhigte ich sie und zerrte an ihr. „Und von deiner Frisur lasse ich die Finger. Also, komm schon!“

Sie wehrte sich wie eine Wahnsinnige und ich zerriß ihr dabei auch noch die Bluse, aber dann ließ ich sie los.

„Na schön, dann laß es eben“, sagte ich und angelte nach der Schnur in meiner Tasche. „Du mußt ja nicht mit mir schlafen, wenn du nicht willst. Aber dieser Schweinehund Armand wird auch nicht mehr mit dir schlafen!“

Dann warf ich ihr die Schlinge über den Kopf und zog mit aller Kraft zu.

***

Der Rest verlief genau nach Plan. Ich wußte, daß niemand mehr in der Firma war, wußte, daß Armand und Gabrielle jetzt beim Essen saßen und danach mit mir nach Honfleur fahren wollten. Hastig rannte ich in Armands Büro, legte die Fotos zwischen die Pläne für einen neuen Bootstyp und kippte dann das Zyankali in seine Cognacflasche. Wer jetzt davon einen Schluck nahm, war innerhalb von dreißig Sekunden ein toter Mann — und wenn Armand die

Fotos entdeckte, dann würde er einen Schluck nehmen! Na ja, und das hat er ja dann auch getan.
Später habe ich mich zwar manchmal gefragt, ob ich nicht einfach nur Armand ermorden hätte sollen, weil Monique eben doch eine tolle Frau war, aber wenn ich dann hinaus auf meine florierende Werft sah, verwarf ich diesen Gedanken ganz schnell wieder. Ohne Moniques Tod wäre ich nämlich längst pleite gewesen. Ich hatte mich mit einem neuen Bootstyp ganz schön verspekuliert und ohne die Versicherungssumme von fünf Millionen Francs, die mir der Mord an ihr einbrachte, hätte ich damals glatt Konkurs anmelden müssen. Zwei Jahre danach war ich über den Berg, und das Geschäft lief und lief, aber so allmählich hatte ich überhaupt keine Freude mehr daran. So ist es bis heute geblieben und ich hätte diese Geschichte zwar nie jemandem erzählt, aber nachdem mir Dr. Auriac vor einigen Wochen sagte, daß die weißen Stäbchen mit dem Filtermundstück daran bei mir nicht nur blauen Rauch erzeugt hätten und mir jetzt höchstens noch ein halbes Jahr bleiben würde, kann ich ja ruhig darüber reden. Und außerdem möchte ich nicht, daß ein Unschuldiger für mich büßen muß. Sollte nämlich einmal Kommissar Marty eines Tages wirklich so einen Sittenstrolch fassen und ihn für Moniques Mörder halten, dann soll er ruhig wissen, daß er den falschen hat.

Blumen für William

Nun sagen Sie mal, ist das nicht ein herrlicher Tag? Wir sind ein bißchen zeitig dran, nicht? Wissen Sie was? Gehen wir doch in das kleine Cafe dort drüben, bis der Pfarrer kommt, und die Trauerfeier beginnt. Ich muß Ihnen unbedingt die Geschichte von William Sheppert erzählen. Die Leute meinen ja alle, es wäre William nur um die kleine Pearl aus dem Büro gegangen, als er sich entschloß, seine Frau Gladys umzubringen. Aber ich sage Ihnen, das Hauptmotiv war Gladys' Lebensversicherung. Mit einer satten Million Dollar war die Gute versichert, und natürlich hätte William mit diesen Mäusen und der kleinen Pearl neben sich ein weit angenehmeres Leben gehabt als mit seiner zänkischen Angetrauten. Aber so gut sein Plan auch war, letztlich ist er damit an Gladys' Faulheit gescheitert. So, wie ich es sehe, wollte William einen astreinen Unfall herbeiführen — zahlen da die Versicherungen nicht den doppelten Betrag aus? — und sich dann mit Pearl einen feinen Lenz machen.

Aha, da kommen ja schon die ersten Trauergäste. Na, das wird eine schöne Beerdigung geben! Wo war ich jetzt stehengeblieben? Ach ja, bei William und Pearl. Tja, wie lange es die beiden schon miteinander getrieben hatten, weiß ich natürlich auch nicht. Rosalie und ich wurden ja erst hineingezogen, als uns William einlud, das Wochenende mit ihm und Gladys am Silver Lake zu verbringen. Also stiegen wir alle am Freitagnachmittag in seinen Kombi und fuhren zum See. William hatte zwei Bungalows gemietet, die etwa fünfzig Yards auseinanderlagen, und kaum waren wir angekommen, da bereitete er auch schon sein Alibi vor. Es war schon ziemlich kühl geworden und William stellte deshalb den Gasofen an. Dabei machte er mich darauf aufmerksam, daß der Schlauch zwischen der Gasflasche und dem Ofen bereits ziemlich brüchig war. Er war tatsächlich brüchig, ich habe es selbst gesehen. Propan ist ja ein hochexplosives Gas, wie Sie wissen, und wenn das erst mal Feuer fängt — schrecklich!

Am Abend also, als wir vier noch etwas beieinander saßen, fragte uns William, was wir am nächsten Morgen tun wollten. Na ja, was tut man schon an einem Wochenende? Vielleicht ein bißchen rudern nach dem Frühstück. William schlug uns jedenfalls vor, wir sollten schon mit ihm in aller Frühe auf den See hinausfahren, um Barsche zu angeln. Mir war das zwar recht, aber Gladys maulte und meinte, es käme gar nicht in Frage, daß sie schon so zeitig aufstehen und Frühstück machen würde. William aber lächelte ihr ganz freundlich zu und sagte, das müsse sie auch nicht, weil wir alle erst hinterher frühstücken würden.

Er hatte das ganz schlau eingefädelt. Er sagte zu Gladys, daß er die elektrische Heizplatte mit dem Kaffeetopf darauf an das Weckerradio anschließen würde. Auf diese Weise stehe für Gladys schon eine heiße Tasse Kaffee bereit, wenn sie aufwacht. Und so hat er es dann auch gemacht, und ich hatte gar keine andere Wahl, als das alles unter Eid zu bezeugen. Punkt für Punkt, bis es zur Explosion kam. Am nächsten Morgen klopfte also William pünktlich um 6 Uhr gegen die Tür unseres Bungalows und hatte es verdammt eilig, auf den See hinauszufahren. Nun, meine Theorie ist folgende: William stand an diesem Morgen auf, zog sich an und stellte dann den Radiowecker so ein, daß der wiederum ganz genau eine

Stunde später die Kochplatte und das Radio einschaltete. Das kann ich natürlich nur vermuten, aber es muß so gewesen sein. Ich denke mir nun, daß William einen Fetzen Papier zwischen Kaffeetopf und Heizspirale eingeklemmt hatte, und der Fetzen Feuer fing. Ein Funke hätte schon genügt. Und nachdem er alles vorbereitet hatte, ging er in die Küche und bastelte so lange an dem schadhaften Schlauch des Ofens herum, bis das Gas in den Raum strömte. Und Gladys würde nichts merken, bis sich genug Gas angesammelt hatte, um — na ja. Und William wäre der lustige Witwer, der endlich seine Pearl heiraten könnte.

Also, um nun wieder auf den Punkt zu kommen: William klopfte um 6 Uhr an unsere Tür und wir fuhren mit dem Boot los. Nun, wir hängten die Angeln ins Wasser und eine Stunde lang war es recht beschaulich. Dann wurde er nervös, sah dauernd zum Ufer hinüber und meinte schließlich, wir sollten jetzt zurückfahren. Er hatte eben Angst, verstehen Sie? Irgend etwas hatte nicht geklappt. Na gut, wir fuhren also wieder zurück. Dazu brauchten wir fast noch eine halbe Stunde, weil der verdammte Außenbordmotor nicht mehr anspringen wollte. Es waren inzwischen zwei Stunden vergangen, seit wir vom Ufer abgelegt hatten. William sprang an Land und starrte zu seinem Bungalow hinüber. Es muß kurz vor acht gewesen sein. Ich fragte ihn, warum er sich so komisch aufführe, aber er gab mir gar keine Antwort, sondern spurtete plötzlich los und riß die Tür zu seinem Bungalow auf. Der Luftzug war wohl schuld — und die Zeiteinstellung: Der Bungalow ging hoch, als William noch auf der Schwelle stand. Es war einfach unglaublich!

Alles in allem hat er nur zwei kleine Schnitzer gemacht. Er hatte übersehen, wie faul seine Frau war. Offensichtlich war sie aufgewacht, während William sich anzog. Sie wartete, bis er den Bungalow verließ und stellte dann den Wecker um eine Stunde zurück — also auf fünf, um noch zusätzlichen Schlaf zu ergattern. Meiner Vermutung nach ist sie dann aufgewacht, kurz bevor der Bungalow hochgehen sollte — also gegen acht (wobei der Wecker fast auf sieben stand!), und merkte, daß mit dem Gas etwas nicht in Ordnung war. Sie bekam es natürlich mit der Angst und ging hinüber zu unserem Bungalow. Ironie des Schicksals, sage ich Ihnen, denn Gladys lief gerade aus unserem Bungalow, um William zu warnen, als er die Tür seines Bungalows aufmachte. Die Heizspiralen begannen gerade zu glühen, der Luftzug durch die offene Tür, ich glaube, das war's. Das Papier entzündete sich rasch, und das war dann Williams Himmelfahrt.

Ah, die Orgel spielt schon. Wir müssen hinein! Die da vorn, die mit dem langen schwarzen Schleier, das ist Gladys. Sie ist ganz gebrochen, ahnt immer noch nichts. Die da drüben, nein, die in der vorletzten Bank, hübsch, was? Das ist Pearl. Habe gehört, daß es sie arg getroffen hat.

Kommen Sie, wir setzen uns gleich hierher. Mein Gott, was für wunderschöne Kränze! Aber was nützen die herrlichsten Blumen, wenn sie einem auf den Sarg gelegt werden?

Es ist nichts so fein gesponnen . . .

Mit einem sanften Druck auf das Bremspedal brachte Alfred Johannsen seinen alten VW zum Stehen und deutete auf die silbrig schimmernde Wasserfläche der Unterelbe hinaus.
„Da, schau, Hein“, sagte er aufgeregt. „Da draußen, das ist die ARIANA. Ein Superkahn, was?“
Heinz-Günter Bostert nahm bedächtig ein Fernglas aus dem Handschuhfach und betrachtete nachdenklich das riesige Containerschiff, das sich in der Mitte des Stromes langsam auf den Hamburger Hafen zuschob.
„Ganz schöner Brummer“, sagte er nach einer Weile und ließ das Glas wieder sinken. „Und du bist sicher, daß da wirklich etwas läuft? Ich meine, daß da bei jeder Fahrt etwas läuft?“
Alfred machte eine ärgerliche Handbewegung.
„Na, wenn ich es dir doch sage! Der Kerl, von dem ich diesen Tip habe, ist ein astreiner Knabe! Der macht keine Sprüche. Ich kenne ihn immerhin schon länger als meine eigene Frau. Nee, nee, auf Ralf Grootsens Aussage können wir uns hundertprozentig verlassen.“
Heinz-Günter nagte intensiv an seinem Daumennagel.
„Wenn ich dich also richtig verstanden habe“, sagte er endlich,

„dann kommt also die ARIANA alle acht Wochen von Hongkong hier herauf und . . .“
„. . . und genau an dieser Stelle hier fällt dabei jedesmal ein Stahlbehälter mit fünfzig Kilo Heroin ins Wasser“, unterbrach ihn Alfred nervös. „Ein Millionenschatz, Hein!“
„Und wer wirft ihn hinein?“
Alfred zuckte mit den Schultern.
„Das konnte mir Ralf auch nicht sagen. Vielleicht der Kapitän höchstpersönlich, vielleicht auch nur der Schiffsjunge. Es ist jedenfalls ein Besatzungsmitglied, das Verbindungen zu einem Dealerring haben muß. Die Bergung des Behälters erfolgt nämlich auf eine so raffinierte Art und Weise, daß das ein einzelner gar nicht organisieren kann. Ralf sagt, das Ding sei mit einem Empfänger ausgerüstet, der es auf ein Funksignal hin wieder an die Oberfläche steigen läßt. Wahrscheinlich sind da Gewichte angebracht, die auf ein entsprechendes Signal hin abfallen. Irgendwann in der Nacht fährt da also ein Boot hinaus, ein Mann drückt auf einen Knopf, und schon kommen die Millionen angerauscht. Ganz schön raffiniert, was?“
Heinz-Günter stieß seufzend die Luft aus.
„Raffiniert oder nicht, uns nützt das einen Pfifferling“, murrte er. „Wie sollen wir denn an das Schatzfaß rankommen? Da müßten wir doch erstmal die Frequenz kennen, auf die dieser Empfänger eingestellt ist. Oder hat dir das dein Freund Ralf auch verraten?“
Alfred schüttelte den Kopf.
„Nee, das weiß er ja selbst nicht. Aber im Grunde ist es auch gar nicht erforderlich. Der Behälter wird hier vor Heideducht über Bord geworfen und da wirst du eben nach ihm suchen müssen — du wirst nach ihm tauchen, Hein.“
Heinz Günter Bostert riß es herum.
„Nach ihm tauchen?“ stotterte er. „Ich und tauchen? Sag mal, hast du vielleicht Würmer im Gehirn? Ich habe das doch noch nie getan, ich habe doch davon nicht die geringste Ahnung, Alfred!“
Alfred winkte gelassen ab.

„Na, dann wirst du es eben lernen“, bestimmte er. „Bis die ARIANA das nächstemal wieder hier heraufdampft, hast du immerhin acht Wochen Zeit, und bis dahin müßtest du eigentlich so weit sein. Jedenfalls, ich habe dich gestern schon mal vorsichtshalber in einer Tauchschule angemeldet. Morgen nachmittag gehts los!“

Heinz-Günter wehrte mit beiden Händen entsetzt ab.

„Aber das wird doch nichts“, protestierte er. „Das ist doch heller Wahnsinn, Alfred! Selbst wenn ich wie ein Weltmeister tauchen könnte, woher willst du denn wissen, daß das Zeug immer hier über Bord geht?“

„Weil Ralf es gesagt hat“, belehrte ihn Alfred. „Er hat zweimal beobachtet, daß das Bergungsboot genau hier an dieser Stelle gekreist hat und dann, nach ein paar Minuten, wieder an Land zurückgekehrt ist. Meinst du etwa, die Jungs auf dem Kahn haben nur eine nächtliche Spritzfahrt gemacht? Nee, die haben sich ihre Mäuse aus dem Wasser gefischt, sage ich dir. Also, was bleibt da für ein Schluß?“

„Daß du recht haben könntest“, räumte Heinz-Günter ein. „Aber trotzdem, du stellst dir das anscheinend leichter vor, als es in Wirklichkeit ist. Diese Kerle auf dem Boot haben natürlich keine Mühe, den Behälter zu finden. Aber ich? Mensch, Alfred, ich müßte da ja jeden Quadratmeter Grund absuchen. Das dauert doch Stunden, so lange kann doch kein Mensch schwimmen! Warum, zum Teufel, machst du das eigentlich nicht selbst, wenn alles so einfach ist?“

Alfred nahm eine Seekarte zur Hand und breitete sie über dem Lenkrad aus.

„Weil ich zwanzig Jahre älter bin als du und außerdem Asthma habe“, sagte er so nebenbei. „Und schwimmen? Mein Gott, Hein, mach dir doch nicht schon gleich wieder in die Hosen! Ich habe schon dafür gesorgt, daß du deinen kostbaren Körper nicht überanstrengen mußt. Die Leute in der Tauchschule haben da nämlich ein Gerät, das die ganze Sache wesentlich erleichtern wird.“

„Was für ein Gerät?“ fragte Heinz-Günter neugirig. „Kann es etwa für uns das Heroinfaß finden?“

„Nein, das zwar nicht, aber es kann uns eine ganze Menge Zeit und dir viel Mühe ersparen“, klärte ihn Alfred auf. „Das ist nämlich so eine Art Tauchgleiter, wenn du weißt, was ich meine. Ein Preßlufttank, ein Propeller und zwei Handgriffe dran. Na, und die nimmst du in deine Patschhändchen, schaltest das Ding ein, und ab geht die Post. Ob über oder unter Wasser, du kannst eine volle Stunde durch die Wellen schlittern. Bist du jetzt beruhigt?“

Heinz-Günter war es zwar noch nicht, aber allmählich fand er Gefallen an der Sache.

„Und wie hast du dir den Ablauf des Unternehmens im einzelnen vorgestellt?“ fragte er schließlich statt einer Antwort. „Wollen wir etwa in acht Wochen hier warten, bis die ARIANA an uns vorbeigedampft ist und dann . . .“

„Ach was!“ fiel ihm Alfred ins Wort. „Doch nicht so! Wenn der Kahn das nächstemal hier lang kommt, wirst du längst da draußen sein. Wir werden uns ein Boot chartern, ich werde dich hinausfahren und dort absetzen. Na ja, und dann wirst du das Schiff an dir vorbeiziehen lassen und aufpassen, ob du unseren Schatz vielleicht sogar fallen siehst. Wer ihn auch immer ins Wasser wirft, er kann das nicht von Deck aus tun, weil man ihn dabei sehen könnte. Also fliegt das Ding wahrscheinlich durch irgendein Bullauge, und da brauchst du nur ein bißchen genau hingucken. Hast du das begriffen?“

Heinz-Günter warf seinem Freund einen giftigen Blick zu.

„Na klar, habe ich das begriffen“, maulte er. „Ich bin ja schließlich nicht doof. Aber wieso willst du mich eigentlich schon vorher da draußen absetzen? Wir könnten doch beide gemütlich vom Boot aus . . .“

„Können wir eben nicht“, winkte Alfred ab. „Du wirst doch nicht glauben, daß da irgend jemand auch nur eine Apfelsinenschale ins Wasser fallen läßt, wenn sich ein Boot in der Nähe herumtreibt. Nee, Hein, das müssen wir schon so machen, wie ich es dir gesagt

habe. Du gehst mit diesem Tauchgleiter über Bord und wartest, bis die ARIANA an dir vorbeigezogen ist, dann machst du dich sofort an die Suche. Sobald du den Behälter gefunden hast, tauchst du auf und winkst mir. Ich werde dich von Land aus im Auge behalten und komme dann sofort wieder zu dir hinaus. Am besten wird sein, du hängst so ein Perlonseil an den Kasten, dann brauchen wir ihn nur noch hochziehen. Also, sind wir uns jetzt endlich einig, Partner?"
Heinz-Günter zog Alfreds Seekarte zu sich heran, blickte von ihr hinaus auf den Strom und nickte.
„Und ob wir das sind!" grinste er. „Ich hab zwar für Wasser im allgemeinen nicht sehr viel übrig, aber für so einen Coup mache ich mich gerne mal naß. Wann, hast du gesagt, soll ich in dieser Tauchschule antreten?"
„Morgen nachmittag", erwiderte Alfred und ließ den Motor an. „Aber wir fahren jetzt gleich mal auf einen Sprung dort vorbei, dann kannst du dir in Ruhe alles mal ansehen. Und gib dir bloß Mühe, hörst du? Ich investiere nämlich nicht gerne umsonst."

***

Heinz-Günter Bostert gab sich Mühe. Zwei Wochen lang verging kein Tag, an dem er sich nicht mit seinem Tauchlehrer in den Fluten herumgetrieben hätte, und selbst der kritische Alfred mußte zugeben, daß Heinz-Günter von den insgesamt neun Teilnehmern des Tauchkurses der eifrigste und mit vollem Herzen bei der Sache war. Nur Elisabeth, Heinz-Günters bessere Hälfte, begriff seine plötzliche Leidenschaft für den Tauchsport nicht im geringsten und interpretierte sie dann auch völlig falsch.
„Wahrscheinlich steckt da irgendein Weibsbild dahinter", giftete sie ihn an, als er wieder einmal zum Unterricht fuhr. „Du und dieser Gauner Alfred . . . ihr habt doch nichts anderes im Kopf! Oder willst du etwa behaupten, es sind nur Männer in diesem Tauchkurs?"

Heinz-Günter mußte zugeben, daß drei seiner Mitschüler dem weiblichen Geschlecht angehörten und in den eng anliegenden Tauchanzügen einen überaus appetitlichen Anblick boten, aber das war natürlich neues Wasser auf Elisabeths Mühle.

„Bilde dir bloß nicht ein, daß du da landen kannst, Heinz-Günter", warnte sie ihn. „Ich lasse mir von dir jedenfalls keine Hörner aufsetzen. Wenn du auch nur einmal die Pfoten nach einem dieser Weiber ausstreckst, dann bist du die längste Zeit getaucht — das schwöre ich dir!"

Heinz-Günter schwor zwar seinerseits, daß er daran auch nicht eine einzige Sekunde lang gedacht habe, aber Elisabeth ließ sich von seinen redlichen Absichten einfach nicht überzeugen. Mißtrauisch betrachtete sie ihn beim Weggehen und beim Heimkommen, versuchte ihn mit Fangfragen in die Falle zu locken und schnüffelte intensiv in seinen Taschen herum. Aber als das alles nicht zum Ziel führte, und an Heinz-Günters Kleidung weder fremde Haare, noch Lippenstiftspuren zu entdecken waren, beschloß sie, der Sache höchstpersönlich auf den Grund zu gehen.

Es traf sich gut, daß Heinz-Günter gerade zu diesem Zeitpunkt seine Prüfung abgelegt und ihr am nächsten Morgen erklärt hatte, daß er nun seine frisch erworbenen Fähigkeiten in der Praxis erproben werde und in einigen Tagen mit seinem Freund Alfred zu einer ganztägigen Tauchfahrt aufbrechen wolle. Na warte, Freundchen, dachte Elisabeth grimmig, jetzt werden wir mal sehen, was du wirklich treibst. Wenn du mit so einem Flittchen angebändelt hast, dann wird sie natürlich mit von der Partie sein wollen. Aber freu dich da bloß nicht zu früh! Ich werde dir jedenfalls auf die Finger schauen und dir im Ernstfall die Suppe so versalzen, daß du von Seitensprüngen ein für allemal die Nase voll hast! Mach dich ruhig auf zu deiner Tauchfahrt, Heinz-Günter Bostert. Du wirst in mir eine aufmerksame Zuschauerin haben!

Innerlich fiebernd, aber nach außen hin gelassen wartete sie ab, bis Heinz-Günter eines Morgens Tauchanzug, Preßluftflaschen und Atemmaske im Wagen verstaute, dann begann sie ihm auf den Zahn zu fühlen.

„Sag mal, findest du es heute nicht ein bißchen windig?" fragte sie scheinheilig. „Ich könnte mir jedenfalls vorstellen, daß einem da im Wasser ganz schön die Zähne klappern."

Heinz-Günter winkte souverän ab.

„Da klappert gar nichts", behauptete er. „Ich tauche ja nicht draußen in der Nordsee, sondern in der Elbe — und da ist das Wasser warm!"

Elisabeth wickelte sich spielerisch eine Haarsträhne um den Zeigefinger.

„Aber dann könnte ich doch mitkommen, wenn du nur runter zur Elbe fährst", meinte sie. „Dein Freund Alfred hat bestimmt nichts dagegen."

Sie sah ganz deutlich, wie er zusammenzuckte.

„Ach, für dich ist das doch eine ganz langweilige Angelegenheit", wehrte er ihre Bitte ab. „Da siehst du doch nichts mehr, wenn ich mal im Wasser bin. Außerdem hast du eben doch selbst gesagt, daß es heute windig ist. Nee, bleib du nur zu Hause, du hast ja ohnehin dauernd mit deiner Bronchitis zu tun."

Elisabeth preßte wütend die Lippen zusammen. Also doch, dachte sie, er hat ein Weib! Aber jetzt kann er mich mal kennenlernen, dieser elende Schuft. Dem werde ich jetzt mal zeigen, daß er mit mir nicht nach Belieben Fußball spielen kann! Widerwillig nahm sie seinen Abschiedskuß hin, sah ihm nach, wie er die Treppe hinabpolterte, aber kaum war die Haustür hinter ihm ins Schloß gefallen, eilte sie in die Wohnung zurück, griff zum Telefon und wählte die Nummer der Taxizentrale.

„Schicken Sie mir bitte einen Wagen zum Bienenweg", sagte sie hastig, als auf der anderen Seite der Leitung abgehoben wurde. „Bienenweg achtzehn, zu Bostert. Sagen Sie aber dem Fahrer, er soll sich beeilen, ja?"

Genau sechs Minuten später saß sie im Fond des Wagens und deutete aufgeregt nach links.
„Fahren Sie runter zur B 431", sagte sie zu dem Fahrer. „Und dann weiter in Richtung Heideducht. Irgendwo da unten muß mein Mann sein. Er ist Sporttaucher, wissen Sie?"
Der Fahrer warf einen Blick zum wolkenbedeckten Himmel und schüttelte den Kopf.
„Bei diesem Wetter wüßte ich mir aber auch was Besseres", erwiderte er und gab Gas. „Aber Sportler sind eben Fanatiker, die lassen sich von nichts abhalten — stimmt's, Gnädigste?"
„Stimmt", nickte Elisabeth. „Die lassen sich von nichts abhalten."

***

Alfred Johannsen drosselte den Motor des kleinen Bootes, legte das Ruder fest und kam zu Heinz-Günter ins Heck.
„Los, Hein", sagte er, „jetzt ist es soweit. Die ARIANA muß jeden Augenblick über den Horizont kommen, an Brunsbüttel ist sie schon vorbei. Halte dich am besten hier in der Nähe auf, dann liegst du sicher richtig. Die Fahrtrinne ist hier nicht sonderlich breit, und so ein Riesenkahn wie die ARIANA muß sich zwangsläufig in ihrer Mitte halten. Wahrscheinlich wird sie so nahe an dir vorbeilaufen, daß du mit dem Glas alles genau sehen kannst. Sobald du den Behälter gefunden hast, tauchst du auf und winkst mir. Ich gehe dort drüben am anderen Ufer vor Anker, klar? Also dann: viel Glück, Partner!"
„Glück brauchen wir beide, Alfred", grinste Heinz-Günter und ließ sich ins Wasser fallen. „Sieh zu, daß du hier verschwindest!"
Alfred gab Gas und jagte das Boot dem Ufer entgegen, und Heinz-Günter schob sich auf seinen Tauchgleiter und suchte mit dem Fernglas den Horizont ab. Nach etwa fünfzehn Minuten tauchten dort die ersten Aufbauten der ARIANA auf, wurden größer und deutlicher, und dann glitt der Frachter in seiner ganzen Länge an

ihm vorüber. Nur knapp das Fernglas über dem Wasserspiegel verfolgte ihn Heinz-Günter auf seiner Bahn, und als der Behälter schließlich tatsächlich aus einem Bullauge ins Wasser geworfen wurde, hatte er ihn voll im Visier. Na also, dachte er erregt, da wäre ja unsere Schatzkiste. Jetzt aber nichts wie ran!
Die Abwurfstelle im Auge behaltend, steuerte er seinen Tauchgleiter darauf zu, schob sich das Mundstück des Atemgeräts zwischen die Lippen und ließ sich in die graubraune Tiefe sinken. Der Behälter lag auf der Seite und keine fünf Meter von ihm entfernt, als er den Grund erreicht hatte. Er legte das Perlonseil in einer Doppelschlinge um ihn herum, befestigte das andere Ende an seinem Gürtel und strampelte sich langsam nach oben. Jetzt, dachte er dabei, jetzt haben wir es endgültig geschafft. Jetzt nur noch ein paar Stunden Geduld, und wir haben das große Geld in der Tasche. Was für ein Glück, daß Alfred Gott und die Welt kennt, und sofort Abnehmer für das Zeug gefunden hat. Gespannt bin ich nur, was Elisabeth zu dem plötzlichen Segen sagen wird. Bisher mußte sie ja jede Mark zweimal umdrehen und ... wann hat sie sich eigentlich das letzte Kleid gekauft?
Er durchbrach die Wasseroberfläche und begann aufgeregt zu winken, aber Alfred konnte ihn gar nicht sehen. Ihm war auf der Rückfahrt nämlich der beunruhigende Gedanke gekommen, daß es bei dem Abwurfmanöver vielleicht auch noch andere Zuschauer geben konnte. Es wäre ja möglich, hatte er sich gedacht, daß sich die Empfänger der Sendung so schnell wie möglich vergewissern wollten, ob auch alles glatt gegangen war. Deshalb marschierte Alfred in diesem Augenblick, als harmloser Spaziergänger getarnt, an der Uferstraße entlang und hielt ein wachsames Auge auf die Gegend.
Dafür sah aber Elisabeth ihren winkenden Heinz-Günter. Sie saß noch immer im Taxi und starrte angestrengt auf den Fluß hinaus, und wenn sie auch noch viel zu weit von ihm entfernt war, um sein Gesicht zu erkennen, nach Lage der Dinge konnte die winkende Gestalt im Wasser nur ihr sportbegeisterter Ehemann sein.

„Da, sehen Sie mal“, sagte sie aufgeregt zu dem Fahrer und deutete nach vorn. „Da stimmt doch was nicht, oder? Der winkt ja, als ob es um sein Leben ginge.“
Der Fahrer warf einen kurzen Blick auf Heinz-Günter, dann trat er auf die Bremse und griff nach dem Mikrophon seines Funkgeräts.
„Hallo, Wasserschutzpolizei“, sagte er heiser. „Wasserschutzpolizei, hören Sie mich? Hier ist Taxi 42. Ich bin kurz vor Heideducht und in der Elbe ist offensichtlich ein Mann in Seenot — ein Taucher. Er winkt jedenfalls wie verrückt um Hilfe.“
Sekundenlang herrschte absolute Stille, dann knackte es im Lautsprecher.
„Hier ist Sierra Alpha 19“, sagte eine Stimme. „Der Hubschrauber der Wasserschutzpolizei. Wir haben Sie gehört, Taxi 42 und sind bereits im Anflug. Machen Sie sich keine Sorgen, wir haben den Kerl in zwei Minuten am Haken — Roger.“
„Roger“, erwiderte der Fahrer, legte das Mikrophon zurück und wandte sich zu Elisabeth um.
„So wie der strampelt, hält er sich bestimmt noch länger als zwei Minuten über Wasser“, versuchte er sie zu beruhigen. „Sie brauchen keine Angst zu haben.“
Elisabeth schüttelte lächelnd den Kopf.
„Ich habe keine Angst“, sagte sie in das Dröhnen des näherkommenden Hubschraubers hinein. „Jetzt jedenfalls nicht mehr.“
Sie lehnte sich aufatmend in die Polster zurück und sah zu, wie sich die Maschine langsam über Heinz-Günter herabsenkte. Was bin ich nur für eine dumme Gans, dachte sie und verspürte ein Gefühl der Scham in sich. Da bringt sich der arme Kerl mit seiner dämlichen Taucherei sogar noch in Lebensgefahr, und ich hatte ihn doch tatsächlich in Verdacht, daß er mit einem Weib etwas hat!

Mitten am hellen Tag

Es sah zwar so aus, als sei Rodney Tyler in einem Liegestuhl auf dem Sonnendeck der MS CALYPSO lediglich etwas eingenickt, aber als Teniente Roberto Guccione von der Hafenpolizei Genuas etwas näher an ihn herantrat, sah er die Schußwunde in seiner Brust und seufzte leise.
„Er ist seit mindestens zwei Stunden tot, und sein Mörder war keine drei Schritte von ihm entfernt", sagte er verhalten. „Die Frage ist jetzt nur, wer von den dreihundert Passagieren und den gut hundertfünfzig Mann Besatzung ein Motiv dafür hatte."
Sargento Barelli zuckte leicht mit den Schultern.
„Theoretisch könnte es jeder von ihnen gewesen sein", erwiderte er. „Aber ich glaube nicht, daß wir alle und jeden überprüfen müssen. Sehen Sie, Teniente, die CALYPSO liegt jetzt seit zwei Tagen hier im Hafen und sie hat ausschließlich Amerikaner an Bord. Es sind verschiedene Reisegesellschaften, die einen Mittelmeertrip machen und alle erst hier an Bord zusammengekommen sind. Tyler kam aus Boston, und ich glaube, wir sollten vor allem mal die Leute unter die Lupe nehmen, die ebenfalls von dort kommen."
„Gibt es denn da welche?" fragte Guccione skeptisch.
Der Sargento nickte eifrig.

„Aber ja! Sogar mehr als zwei Dutzend — und sie haben alle Tyler recht gut gekannt. Er ist nämlich ein stinkreicher Mann gewesen, Besitzer mehrerer Fabriken und so. Soviel ich weiß, war er in seinen Kreisen nicht gerade beliebt. Soll ziemlich skrupellos gewesen sein."
Guccione wandte sich ruckartig zu ihm um.
„Und woher wissen Sie das, Barelli? Steht das etwa in der Passagierliste?"
Barelli schüttelte den Kopf.
„Nein, aber ich habe inzwischen mit fast allen Leuten gesprochen, die ihn kannten. Das meiste über ihn habe ich von einer Miß Marcia Fawcett erfahren, die mit seiner früheren Frau befreundet ist. Tyler hat sich vor einem Jahr scheiden lassen. Dann gibt es aber auch noch Mr. Warren, Mr. Kirby und Freundin, Mr. Haigh und Mr. Hammond mit Gattin, die ihn näher kannten."
Der Teniente betupfte sich mit einem Taschentuch das schweißnasse Gesicht.
„Und als Täter?" fragte er. „Könnte einer von diesen Leuten als Täter in Frage kommen?"
Barelli winkte müde ab.
„Nein, Teniente, sie scheiden alle aus. Zur Tatzeit war keiner von ihnen an Bord, das steht einwandfrei fest. Die CALYPSO soll ja morgen nacht auslaufen und da wollten die meisten Passagiere natürlich noch soviel wie möglich von der Stadt sehen."
„Tyler nicht?"
„Nein, anscheinend nicht. Er hatte es sich mit einem Stapel Zeitungen hier im Liegestuhl bequem gemacht."
Guccione betrachtete mißmutig die Zeitungen neben dem Toten.
„Ich frage mich nur, warum man ihn nicht früher gefunden hat", sagte er schließlich. „Die Tatwaffe hatte sicherlich einen Schalldämpfer, so daß der Schuß wohl kaum zu hören war. Aber daß man ihn erst zwei Stunden danach findet? Kam denn die ganze Zeit über hier niemand vorbei?"
Der Sargento brannte sich eine Zigarette an und nickte.

„Aber sicher kamen hier Leute vorbei", erwiderte er. „Aber sie dachten alle, daß Tyler eingeschlafen sei. Sogar der Steward, der ihn schließlich fand, dachte . . ."
„Aber die Wunde", unterbrach ihn Guccione. „Die Wunde ist doch gar nicht zu übersehen, so klein sie auch ist."
Barelli beugte sich vor und legte Tylers Krawatte auf die Einschußstelle.
„Er hat kaum Blut verloren und sein Mörder hat ihn so zurückgelassen", erwiderte er. „Die Krawatte verdeckte die Wunde vollkommen."
Teniente Guccione trat an die Reeling und sah auf das Menschengewimmel am Kai hinab. Ich werde die Mordkommission einschalten müssen, dachte er verbittert. Dieser großkotzige Kommissar Bertini wird mir natürlich nicht zutrauen, Tylers Mörder zu finden. Aber wie soll ich denn das auch, wenn es nichts gibt, was mich auf seine Spur bringen könnte?
„Gibt es etwas, was uns weiterhelfen könnte, Sargento?" fragte er schließlich hoffnungsvoll. „Gibt es irgendwelche Spuren, Indizien oder so etwas?"
Barelli deutete mit dem Kopf auf einen hastig näherkommenden Mann in Uniform.
„Das ist der Schiffsarzt, Dr. Russo", sagte er. „Fragen Sie ihn mal. Er hat Tyler untersucht und meint, etwas gefunden zu haben, aber ich bin da nicht so sicher."
Guccione fächelte sich mit seiner Mütze Kühlung zu und ging dem Arzt einige Schritte entgegen.
„Nun, Dottore", begrüßte er ihn. „Gibt Ihnen der Tod Tylers irgendwelche Rätsel auf?"
Dr. Russo rückte verlegen an seiner Brille.
„Nein, sein Tod selbst nicht", erwiderte er. „Mr. Tyler wurde nach meinen Feststellungen zwischen 13.45 Uhr und 14.15 Uhr erschossen, und ich nehme an, daß er mit seinem Mörder noch gesprochen hat."

„Er hat mit ihm gesprochen?“ wiederholte Guccione verblüfft. „Wie kommen Sie darauf, Dottore?“

Der Arzt deutete auf die Zeitungen am Boden.

„Nun, Mr. Tyler hatte ja hier Zeitung gelesen, nicht wahr? Sie sehen aber selbst, daß die Zeitung ordentlich zusammengefaltet am Boden und Mr. Tylers Brille auf der Seitenlehne des Liegestuhls liegt. Wahrscheinlich ist also, daß jemand auf ihn zukam und ihn ansprach, und Tyler daraufhin die Zeitung weglegte und seine Brille abnahm. Dann ist da aber noch etwas. Neben der Kugel in seiner Brust habe ich an seinem linken Oberschenkel eine etwa erbsengroße Brandwunde entdeckt, die ihm nachweislich erst nach seinem Tod beigebracht wurde. Hier, sehen Sie mal, Teniente.“

Guccione beugte sich vor und betrachtete kopfschüttelnd das kleine Loch in Tylers Hose.

„Tatsächlich“, staunte er, „das hatte ich bis jetzt glatt übersehen. Und Sie sagen, es ist eine Brandwunde? Woher kann er sie haben?“

Dr. Russo breitete die Arme aus und ließ sie wieder fallen.

„Keine Ahnung. Es sieht aber so aus, als ob sich jemand mit einer brennenden Zigarette über Tyler gebeugt und dabei die Glut abgestreift hätte. Jedenfalls hat sich da irgend etwas tief durch den Stoff der Hose in seine Haut gebrannt. Es sieht also so aus, als ob außer dem Mörder noch jemand an Bord wäre, der lange vor dem Auffinden Tylers von dessen Tod wußte.“

Gucciones Augenbrauen schoben sich ruckartig in die Höhe.

„Und da fragt man sich natürlich, warum er das Verbrechen nicht gemeldet hat“, schnappte er. „Barelli, wer hat Tyler überhaupt als letzter lebend gesehen? Wissen Sie das?“

Der Sargento kratzte sich überlegend an der Nase.

„Das könnte Miß Marcia Fawcett gewesen sein“, erwiderte er. „Sie sagte mir, daß sie Tyler gegen halb zwei Uhr gesehen habe, als er mit seiner Zeitung zum Sonnendeck hinaufging. Aber ob nun sie die letzte war?“

Guccione stürmte bereits auf die Treppe zu.
„Das wird sich zeigen", bellte er. „Wir werden sie noch einmal danach fragen. Vielleicht hat sie noch jemand gesehen, der zum Sonnendeck hinaufging, dann kämen wir der Sache schon einen Schritt näher. Ist diese Signorina Fawcett eine zuverlässige Zeugin?"
Barelli schnalzte mit der Zunge.
„Sie ist vor allem eine sehr hübsche Zeugin", seufzte er sehnsuchtsvoll. „Eine echte Traumfrau ist das, Teniente. Na, Sie werden es ja sehen."
Guccione sah es zwei Minuten später und gab seinem Sargento innerlich recht. Marcia Fawcett war groß, schlank und blond, und sah ihm mit einem samtweichen Lächeln entgegen, als er ihre Kabine betrat.
„Tut mir leid, Lieutenant", sagte sie leise, „aber ich kann Ihnen nicht mehr sagen, als ich schon Mr. Barelli gesagt habe. Ich sah Mr. Tyler ja nur ganz zufällig, als ich auf Mr. Warren wartete. Wir hatten uns zu einem Einkaufsbummel verabredet und ich klopfte gerade an Mr. Warrens Tür, als Mr. Tyler an mir vorbei und die Treppe zum Sonnendeck hinaufging."
„Wissen Sie noch, wie spät es da war?" fragte Guccione.
Marcia nickte.
„Aber sicher, sogar ganz genau. Ich hatte mich mit Mr. Warren für halb zwei Uhr verabredet und bemühte mich, einigermaßen pünktlich zu sein. Als ich meine Kabine verließ, war es vier Minuten vor halb zwei Uhr."
Guccione nickte enttäuscht.
„Und sonst haben Sie niemanden gesehen?"
Sie schüttelte ihre blonden Locken.
„Nein, jedenfalls nicht in der kurzen Zeit, die ich vor Mr. Warrens Kabine stand."
Der Teniente legte die Hände auf den Rücken und ging langsam in der Kabine auf und ab.

„Sie kannten Mr. Tyler näher, Signorina?“ fragte er nach einer Weile. „Sie waren mit ihm befreundet?“
Ihr Lächeln vertiefte sich.
„Eigentlich mehr mit seiner früheren Frau, Lieutenant. Mit ihm selbst war es nicht ganz leicht, Kontakt zu bekommen. Er war ein ziemlicher Einzelgänger.“
„Und doch machte er eine Gruppenreise?“ wunderte sich Barelli.
Ihre Hände bewegten sich mit der Anmut eines Schwingenpaares.
„Es ist eine Clubreise, Sergeant“, klärte sie ihn auf. „Wir gehören in Boston alle demselben Reitclub an, und Mr. Tyler war unser Vorsitzender, er konnte sich da schlecht ausschließen.“
Guccione setzte zu einer neuen Frage an, aber dann klopfte es plötzlich an die Tür und ein kleiner, grauhaariger Mann schob sich in die Kabine.
„Man sagte mir, daß ich Sie hier finden würde, Teniente“, sagte er schmunzelnd. „Erlauben sie, daß ich diesen Fall jetzt übernehme?“
Guccione zuckte resignierend mit den Schultern.
„Das ist Kommissar Bertini von der Mordkommission, Signorina“, sagte er zu Marcia. „Würden Sie ihm bitte jetzt alles nochmal erzählen?“

***

Marcias Aussage brachte Bertini keinen Schritt weiter; und Roberto Guccione konnte ein schadenfrohes Grinsen nicht unterdrükken, als er am nächsten Tag mit Barelli in Bertinis Büro kam und dessen mißmutiges Gesicht sah.
„Nun, Kommissar“, sagte er heiter, „ich dachte, Sie würden den Fall im Nullkommanichts lösen?“
Bertini warf ihm einen bissigen Blick zu.
„Warum haben Sie es denn nicht getan?“ knurrte er. „Ich kam ja leider erst auf die CALYPSO, als Sie und Ihr Trottel Barelli längst

sämtliche Spuren verwischt hatten. Sie konnten ja nicht mal ermitteln, von wem Tyler diese Brandwunde hatte."
Gucc
iones Zeigefinger zielte auf Bertinis Brust.
„Genau deshalb sind wir hier", sagte er kurz. „Wir haben uns nämlich darüber einige Gedanken gemacht und würden uns gerne noch einmal die Tatortfotos ansehen."
Bertini holte sie aus einer Schublade und schob sie Guccione zu.
„Mehr als ihr schon gesehen habt, könnt ihr darauf auch nicht sehen", brummte er. „Aber bitte, wenn es was bringt . . ."
Guccione und Barelli betrachteten sekundenlang die Fotos, dann sahen sie sich an.
„Es könnte so gewesen sein", sagte Guccione heiser. „Los, wir gehen nochmals auf die CALYPSO. Kommen Sie mit, Bertini, vielleicht erleben Sie eine Überraschung."
Zehn Minuten später standen sie auf dem Sonnendeck des Schiffes.
„So", sagte der Teniente, „setzen Sie sich hier in den Liegestuhl, Kommissar. Sie sind jetzt Tyler, klar? Links von Ihnen müssen die Zeitungen auf dem Boden liegen und auf der rechten Seitenlehne Tylers Brille, okay?"
„Okay, Sherlock Holmes", grinste Bertini. „Und jetzt?"
„Jetzt warten wir, Kommissar", kicherte Guccione. „So dreißig, vierzig Minuten, schätze ich — falls unsere Theorie stimmt."
Bertini legte sich kopfschüttelnd zurück und ließ sich von der Sonne bescheinen. Unendlich langsam verging die Zeit, aber plötzlich riß ihn ein stechender Schmerz an seinem Oberschenkel in die Höhe.
„Haben Sie es gespürt, Kommissar?" schrie Guccione. „Haben Sie es gespürt? Wissen Sie nun, wie diese Wunde entstanden ist?"
Bertini sah zur Seite auf Tylers Brille, in der sich die grellen Sonnenstrahlen brachen und ein scharfes Lichtbündel auf seine Hose warf, von der eben noch eine winzige Rauchfahne aufstieg.
„Sehen Sie auf die Uhr, Barelli", bellte Guccione. „Wie spät ist jetzt?"

„Genau 13.11 Uhr."
Der Teniente packte Barelli an der Schulter und sah Bertini an. „Wissen Sie, was das bedeutet?" stieß er hervor. „Das bedeutet, daß die Tatzeit nicht stimmt und Tyler gestern um 13.11 Uhr bereits tot war. Und wer sah ihn angeblich kurz vor halb zwei Uhr noch auf das Sonnendeck gehen? Wer war das, Barelli?"
Der Sargento zuckte mit den Schultern.
„Signorina Marcia Fawcett", sagte er leise. „Ich hätte nie gedacht, daß sie . . . Aber Mr. Warren sagte mir, sie habe immer gehofft, die zweite Frau Tylers zu werden und sie wäre es wahrscheinlich auch geworden, wenn er nicht vor drei Wochen eine andere kennengelernt hätte. Tja, dann werden wir sie wohl suchen müssen. Sie hat uns kommen sehen und weiß sicher, was wir hier gespielt haben. Also, los, machen wir uns auf den Weg."

***

Sie fanden Marcia schließlich in Tylers Kabine, aber sie schrie und weinte nicht. Bequem über das breite Bett gestreckt sah sie ihnen mit dem gleichen weichen Lächeln entgegen, mit dem sie ihnen am Tag zuvor begegnet war. Aber erst, als Guccione sie sanft an der Schulter berührte und ihr Kopf dabei kraftlos zur Seite sank, erst da begriffen sie, daß sie zu spät gekommen waren und das Rätsel ihres Lächelns nicht mehr lösen konnten.

Eberhards Versuchung

Als an seinem Lastzug ein türkischer Sattelschlepper mit defektem Auspuff vorbeirollte, fuhr Eberhard Reinig in seiner Schlafkabine aufgeschreckt hoch. Er zog den Vorhang zurück, warf einen Blick auf die Uhr am Armaturenbrett und schwang sich hastig hinter das Lenkrad. Verdammt, jetzt habe ich doch länger geschlafen, als ich eigentlich wollte, dachte er verärgert. Dabei hatte ich Beate versprochen, wenigstens heute einmal früher als sonst zu Hause zu sein. Na, jetzt aber nichts wie los!

Er ließ den Motor an, warf einen Blick in den Rückspiegel und zog dabei seinen Zug aus der langen Reihe parkender Fahrzeuge schwungvoll heraus, und sah deshalb den Mann vor sich auf der Fahrbahn erst im allerletzten Augenblick. Mit aller Kraft trat er auf die Bremse und brachte den Zug nach wenigen Metern zum Stehen.

„Sie sind wohl lebensmüde?“ schrie er wütend. „Oder haben Sie etwa Tomaten auf den Augen?“

Der Mann trug einen schmalen Aktenkoffer in der linken Hand und winkte Eberhard mit der rechten beruhigend zu.

„Entschuldigen Sie, bitte“, sagte er und lächelte. „Aber ich mußte Sie einfach aufhalten. Fahren Sie zufällig in Richtung Hannover?“

Eberhard kratzte sich verblüfft am Hinterkopf.

„Also, das gibts doch einfach nicht!“ explodierte er dann. „Da rennen Sie mir beinahe in den Wagen und dann fragen Sie so einfach, ob ich nach Hannover fahre? Ist bei Ihnen eine Schraube locker?“
Der Mann auf der Straße lächelte noch immer.
„Nein, aber ich muß dringend nach Hannover“, erwiderte er. „Ich werde um 16 Uhr dort erwartet und ich bin mit meinem Wagen hier liegengeblieben — irgend etwas am Getriebe, glaube ich. Jedenfalls stehe ich jetzt schon fast eine Stunde hier herum und Ihr Wagen hat als einziger hier ein Nummernschild aus Hannover. Nehmen Sie mich mit?“
In Eberhard erwachte seine angeborene Hilfsbereitschaft.
„Na ja, gerne nehme ich ja keine Anhalter mit“, sagte er langsam. „Aber in einem Notfall, und wenn Sie in Hannover schon so dringend erwartet werden . . . also gut, steigen Sie ein!“
Der Mann lief um den Wagen herum und ließ sich auf den Beifahrersitz fallen.
„Danke“, sagte er aufatmend, „vielen Dank! Vielleicht schaffe ich jetzt meinen Termin doch noch.“
Eberhard nickte ihm zu.
„Den schaffen Sie sogar ganz bestimmt“, erwiderte er. „Ich bin nämlich auf dem Heimweg und fahre nach Großburgwedel — also an Hannover vorbei. Aber wir kommen noch zur Raststätte Wülferrode, und die hat auch eine Autovermietung. Sie können sich dort also einen Wagen mieten und sind dann wesentlich schneller als ich. Woher kommen Sie eigentlich?“
Eberhards Gast deutete mit dem Daumen über die Schulter.
„Aus Kassel. Ich hatte schon beim Wegfahren gemerkt, daß an meinem Wagen einiges nicht in Ordnung war, aber . . . na ja, man hofft eben immer, daß alles glatt geht.“
„Jetzt dürfte alles glatt gehen“, nickte Eberhard. „In knapp einer Stunde sind wir in Wülferrode und dann sind Sie aus dem Schneider. Wohnen Sie in Hannover?“
Der Mann schüttelte den Kopf.

„Nein, wir bauen dort nur ein Hotel — meine Firma, meine ich. Ich bin Architekt."

Eberhard schaltete einen Gang höher und warf seinem Gegenüber einen kurzen Blick zu.

„Architekt sind Sie? Na, schade, daß ich Sie nicht früher kennengelernt habe, Herr . . .?"

„Winter — Reinhold Winter. Warum hätten Sie mich schon früher kennenlernen wollen?"

„Na, weil ich dann vielleicht einiges gespart hätte", schmunzelte Eberhard. „Ich baue nämlich zur Zeit und wenn ich dabei an das Architektenhonorar denke . . . Junge, Junge, Ihre Kollegen nehmen es aber auch von den Lebenden. Übrigens, mein Name ist Eberhard Reinig."

Winter öffnete lachend seinen Aktenkoffer, griff hinein und steckte Eberhard dann einen Hundertmarkschein in die Brusttasche seines Hemdes.

„Nehmen Sie das mit dazu, Herr Reinig", erwiderte er. „Für einige Striche auf dem Plan meines Kollegen reicht es bestimmt."

Eberhard wollte bereits protestieren und darauf hinweisen, daß er sich seine Hilfsbereitschaft nicht bezahlen lasse, aber dann ließ er es. Wie war das eben gewesen? Winter hatte seinen Aktenkoffer auf den Knien liegen, er hatte ihn geöffnet, hineingegriffen und den Hunderter herausgeholt. Er hatte nicht mal einen Blick hineingeworfen oder nach dem Geldschein gesucht. Er hatte einfach hineingegriffen und ihn herausgeholt. In Eberhards Kopf begannen wilde Gedanken zu kreisen. Wenn er sich nun nicht ganz gewaltig irrte, dann konnte das nur eines bedeuten: in dem Koffer war noch mehr Geld! In dem Koffer mußte soviel Geld sein, daß Winter auf Anhieb einen Schein in der Hand hatte. Und wenn das so war, wieviel war es dann insgesamt? Zehn-, Zwanzig-, Fünfzig- oder sogar Hunderttausend? Oder vielleicht das drei-, vier- oder fünffache dieser Summe? Winter war Architekt, seine Firma baute ein Hotel, und vielleicht hatte er die Gelder für verschiedene Firmen in

seinem Koffer? Vielleicht mußte er deshalb so dringend nach Hannover?
Eberhard dachte plötzlich daran, daß auch bei ihm am nächsten Ersten einige Rechnungen fällig waren, für die er das Geld noch lange nicht beisammen hatte. Er würde wieder einmal zur Bank gehen und um Aufstockung seines Kredits bitten müssen, und damit kletterten auch die monatlichen Raten in neue Höhen.
Ich möchte nur mal einen Blick in Winters Koffer werfen, ging es ihm durch den Kopf. Nur mal sehen, ob da wirklich Geld drin ist. Herrgott, am Ende sitze ich da neben einem Riesenhaufen Geld und bei mir brennen an allen Ecken und Enden die roten Lampen. Ich schufte mich ab, rattere Kilometer um Kilometer herunter, und dieser junge Kerl da hat in seinem Koffer vielleicht mehr, als ich in fünf Jahren verdienen kann.
Und wenn es so wäre, meldete sich eine Stimme in seinem Inneren, was würdest du dann tun? Gleichsam als Antwort zuckte Eberhard mit den Schultern. Nein, er wußte nicht, was er dann tun würde, er hatte keine Ahnung. Vielleicht ergab sich das einfach aus der Situation heraus. Wichtig zu wissen war ja im Augenblick nur, ob seine Vermutung zutraf oder ob er sich nur etwas einredete.
„Ich halte auf dem Parkplatz da vorne mal kurz an“, sagte er plötzlich aus seinen Gedanken heraus. „Sind Sie so nett und sehen mal nach, ob am Hänger die Bremsleuchten funktionieren?“
Winter stellte seinen Koffer auf den Boden.
„Klar, mache ich. Kein Problem, Herr Reinig.“
Eberhard spürte eine wachsende Nervosität in sich und mußte sich gewaltsam zur Ruhe zwingen. Nur jetzt nicht die Nerven verlieren, dachte er und ließ seinen Zug in den Parkplatz hineinrollen. In zwei Minuten weiß ich Bescheid und vielleicht war ohnehin alles nur Einbildung von mir.
Er trat auf die Bremse und warf seinem Fahrgast einen kurzen Blick zu.
„Wenn Sie jetzt so freundlich wären, Herr Winter . . .“

Winter nickte, kletterte aus dem Wagen und lief nach hinten, und Eberhard beugte sich hastig vor und zog den Koffer zu sich heran. Als er ihn öffnete, spürte er, wie seine Kehle trocken wurde. Fein säuberlich nebeneinander geschichtet lagen dicke Banknotenbündel im Koffer und Eberhard sah auf den ersten Blick, daß es weit über hunderttausend Mark sein mußten. Sekundenlang war er wie gelähmt und zu keiner Reaktion fähig. Jetzt hatte er es in der Hand, wie es weiterging. Jetzt brauchte er nur noch einen Funken Mut und das Geld gehörte ihm. Jetzt konnte er . . .
„Machen Sie den Koffer wieder zu, Herr Reinig", riß ihn Winters Stimme aus seiner Erstarrung. „Machen Sie ihn zu und steigen Sie aus. Es ist mir etwas zu gefährlich, mit Ihnen weiterzufahren."
Eberhard hob langsam den Kopf und starrte entsetzt auf den mattschimmernden Lauf der Pistole, die Winter auf ihn gerichtet hielt.
„Hören Sie", stotterte er. „Ich . . . ich wollte Ihnen das Geld nicht . . . Ich meine, es . . . es war nur Neugier von mir und . . ."
„Steigen Sie aus!" sagte Winter noch einmal. „Sie werden jetzt hier im Gebüsch ein kleines Schläfchen abhalten und ich werde mit Ihrem Laster allein weiterfahren. Wenn Sie vernünftig sind, finden Sie Ihre Kiste in Wülferrode wieder. Sie sagten ja selbst, daß ich mir dort einen Wagen mieten könne. Also los, raus jetzt mit Ihnen!"
Eberhad spürte, wie jeder Widerstand in ihm erlosch. Folgsam schloß er den Koffer, stellte ihn auf den Boden zurück und stieg aus dem Wagen.
„Ich nehme an, Sie haben eine Rolle Leukoplast in Ihrem Verbandskasten", sagte Winter. „Wo ist der?"
Eberhand deutete über seine Schulter.
„Hier, unter dem Beifahrersitz."
„Holen Sie ihn heraus!"
Eberhard wandte sich um, spürte das kalte Metall des Handgriffs zwischen seinen Fingern und setzte alles auf eine Karte. Er riß den Kasten blitzschnell aus seiner Halterung, schwang ihn herum und

schlug ihn seinem Gegner mitten ins Gesicht. Winter ließ mit einem Aufschrei die Pistole fallen und ging taumelnd in die Knie, und dann traf ihn Eberhards zweiter Schlag mit voller Wucht am Hinterkopf und ließ ihn bewußtlos zu Boden sinken. Eberhard griff hastig nach der Waffe und öffnete den Verbandskasten. Mit zitternden Händen holte er das Leukoplast heraus und hatte gerade den ersten Streifen um Winters Hände gelegt, als ein Streifenwagen mit zukkendem Blaulicht in den Parkplatz einfuhr und mit blockierenden Rädern zum Stehen kam. Der Schreck ließ Eberhard erstarren. Aus, dachte er resignierend, es ist aus und vorbei. Mein Gott, warum habe ich nur diesen Koffer angefaßt? Warum konnte ich meine Neugier nicht unterdrücken? Warum mußte ich das alles tun?
Er sah reglos den vier Polizisten entgegen, die mit Maschinenpistolen bewaffnet aus dem Wagen stiegen und hastig auf ihn zukamen.
„Saubere Arbeit“, lobte ihn einer der Beamten mit einem Blick auf den immer noch Bewußtlosen. „Sie haben ihn natürlich sofort erkannt, nicht wahr?“
„Erkannt?“ ächzte Eberhard „Sie . . . ich . . .“
„Der Wirt an der Raststätte hatte ihn auch erkannt“, fiel ihm der Polizist ins Wort. „Aber leider erst, als er das Lokal bereits wieder verließ. Na, immerhin hat er noch mitbekommen, daß er in Ihren Wagen eingestiegen ist und hat sich Ihr Kennzeichen notiert.“
„Er . . . er hat gesagt, daß sein Wagen defekt ist und er dringend nach Hannover muß“, stammelte Eberhard. „Er ist Architekt.“
Die Beamten sahen sich an und grinsten.
„Der Kerl hat früher mal Architektur studiert“, klärte ihn einer der vier Polizisten auf. „Aber seit zwei Jahren wird er von uns wegen einer ganzen Reihe von Banküberfällen gesucht. Heute morgen hat er sich in Kassel wieder einmal die Taschen gefüllt und ist mit über hunderttausend Mark abgezogen, aber das war nun sein letzter Coup. Übrigens, auf Winter sind insgesamt vierzigtausend Mark Belohnung ausgesetzt und dazu kann man Ihnen jetzt schon gratulieren.“

In der Ferne wurde plötzlich das flappende Dröhnen eines Hubschraubers laut und schon Sekunden später kreiste die Maschine über ihnen und sank langsam herab.
„Das ist unser Chef“, schrie ihm der Polizist zu. „Er wird sich freuen, Ihnen die Hand drücken zu können. Sie müssen ja tatsächlich einen echten Schutzengel haben. Winter ist nämlich ein eiskalter Typ und die ganze Sache hätte auch anders enden können.“
Eberhard richtete sich langsam auf.
„Ja, das hätte sie“, sagte er leise. „Das hätte sie wirklich.“

Sehen wir mal im Keller nach!

Die Augen der Gäste auf der Gartenparty des Herrn Bankiers Donald Irving richteten sich gespannt auf den Hausherrn, als dieser mit einem Löffel an sein Glas klopfte und um Ruhe bat.
„Liebe Freunde, verehrte Gäste", begann er, „wir haben die Terrasse meines Hauses zu einer kleinen provisorischen Bühne umfunktioniert und dort darf ich Ihnen nun in den nächsten Minuten einen ganz besonderen Leckerbissen präsentieren. Erleben Sie einmal ganz im privaten Rahmen den Star der Stars — Jennifer Haigh!"
Sekundenlang herrschte unter den Gästen verblüffte Stille, dann brach tosender Beifall los. Donald Irving, immer für eine Überraschung gut, war hier ein echter Coup gelungen. Wer nämlich den Showstar Jennifer Haigh auf der Bühne erleben wollte, mußte entweder über sehr gute Beziehungen verfügen oder sich Monate vorher um Karten bemühen.
Nur einer der Gäste, der Juwelier Frank Brady, hatte schon vorher gewußt, wer an diesem Abend auf der Terrasse von Irvings Bungalow auftreten würde. Brady, sozusagen Haus- und Hoflieferant des Bankiers, hatte erst zwei Tage zuvor an seinen besten Kunden ein Brillantcollier verkauft, das dieser seiner ehemaligen Geliebten

Jennifer nach ihrem Auftritt als kleines Dankeszeichen um den Hals legen wollte.
Aber auch Frank Brady hoffte, an diesem Abend nicht leer auszugehen und alle seine Probleme mit einem Schlag aus der Welt schaffen zu können. Probleme, die dadurch entstanden waren, daß sich Brady zu gewagten Börsenspekulationen hatte verleiten lassen, die ihn innerhalb eines Jahres um fast zwei Millionen Dollar ärmer gemacht und seine Firma an den Rand des Ruins getrieben hatten. Seitdem war Brady unentwegt am Grübeln gewesen, wie er den Verlust wieder ausgleichen konnte, und nach einer endlosen Reihe schlafloser Nächte war er zu der Überzeugung gelangt, daß dies nur durch einen Versicherungsbetrug möglich sei. Er mußte bei sich selbst einbrechen, mußte den Tresor ausräumen und dann der Versicherung den Raub von Juwelen melden, die längst nicht mehr vorhanden waren. Irvings Gartenparty, bei der die Aufmerksamkeit der Gäste mindestens eine Stunde lang Jennifer Haigh gelten würde, war ihm als der geeignetste Zeitpunkt dafür erschienen. Als schließlich die Lichter ausgingen und nur ein einzelner Spot die Terrasse erhellte, eilte Brady durch den dunklen Garten davon und lief zu seinem Wagen, den er in einer Nebenstraße abgestellt hatte. Am Tag zuvor hatte er eine Art Generalprobe durchgeführt und getestet, wie lange er für die Fahrt zu seinem Geschäft, für den Einstieg durch das rückwärtige Kellerfenster, das Aufbrechen von zwei Zwischentüren, das Sprengen des Tresors und den Rückweg zu Irvings Bungalow brauchen würde. Er war auf knapp 47 Minuten gekommen und war sich sicher, daß es im Ernstfall nicht wesentlich länger dauern würde. In rascher Fahrt fuhr er nun stadteinwärts, beachtete sorgsam alle Verkehrszeichen und stellte schließlich seinen Wagen auf dem Parkplatz einer Wohnanlage ab. Er warf noch einen kurzen Blick auf seine Uhr, nahm dann das Päckchen mit dem Sprengstoff aus dem Handschuhfach und ging mit schnellen Schritten auf seinen Laden zu.

***

Frank Brady zögerte noch einen Augenblick, bevor er die Zündschnur in Brand setzte. Er hatte den Plastiksprengstoff tief in das Schlüsselloch des Tresors gedrück und wußte, daß die Explosion das Schloß sprengen und die Tür aus ihren Angeln reißen würde. Er wußte aber auch, daß im gleichen Augenblick die Alarmglocke auf dem nächsten Polizeirevier anschlagen und schon Sekunden später die ersten Streifenwagen hierher unterwegs sein würden. Tastend maß er mit den Fingern noch einmal die Länge der Zündschnur ab und nickte zufrieden. Etwa drei Minuten würde sie brennen und diese Zeit reichte aus, um aus dem Haus und zurück zu seinen Wagen zu kommen. Wahrscheinlich wird mein Büro hinterher ein einziger Trümmerhaufen sein, dachte er lächelnd. Aber neben den zwei Millionen für die verschwundenen Juwelen wird die Versicherung eben auch noch einige tausend für Renovierungskosten auf den Tisch legen müssen und die Putzfrau zahle ich dann gern aus meiner eigenen Tasche.
Er knipste sein Feuerzeug an, hielt die Flamme an das Ende der Zündschnur und überzeugte sich, daß sie gut brannte. Dann eilte er hastig zur Tür und trat seinen Rückzug durch den Keller an. Bei seinem Kommen hatte er mit dem Hebel des Wagenhebers nahezu geräuschlos das Schloß am Fenstergitter gesprengt, hatte die Scheibe eingedrückt und war dann problemlos durch die Öffnung in den dunklen Raum geglitten. Als er aber jetzt in den Keller zurückkam und das von einer Straßenlampe matt erleuchtete Fenster über sich sah, traf es ihm wie ein Schlag ins Genick. Es war alles bestens gelaufen. Er hatte keine Fehler gemacht, keine Spuren hinterlassen und er lag gut in der Zeit. Aber er hatte übersehen, daß das Fenster hoch oben an der Decke lag. Viel zu hoch, um es mit den Händen oder durch einen Sprung erreichen zu können. Ein Stuhl, dachte er in jäh aufsteigender Panik, ich brauche einen Stuhl, eine Leiter oder sonst irgendwas, mir bleiben ja höchstens noch zwei Minuten! Mit fliegenden Händen zerrte er an einem Aktenschrank in der Ecke, der mit Geschäftspapieren aus den vergan-

genen Jahren vollgestopft war, kippte ihn unter das Fenster und hatte gerade den ersten Fuß darauf gestellt, als über ihm die Sprengladung detonierte.
Der Sprengstoff, den Frank aus irgendwelchen dunkeln Kanälen bezogen hatte, war von hervorragender Qualität gewesen. Er riß nicht nur die Tür des Tresors aus ihrer Verankerung und verwandelte das Büro in eine einzige Wüste, sondern er ließ auch die hintere Hauswand in sich zusammenstürzen und mit ihren Steinen das Kellerfenster begraben.
Frank brauchte einige Sekunden, bis er sich den Staub aus den Augen gewischt hatte, dann begann er in verzweifelter Angst zu graben. Zitternd und keuchend riß er die Steine aus dem Trümmerberg, wühlte sich immer tiefer in ihn hinein, aber genauso schnell wie er die Steine neben sich zu Boden fallen ließ, rutschten sie von außen wieder nach und verstopften jede noch so kleine Lücke. Trotzdem arbeitete er fieberhaft weiter und kämpfte mit letzter Kraft um seine Freiheit, aber als von der Straße her die ersten Töne der Polizeisirenen an sein Ohr drangen, lauter und lauter wurden und dann vor seinem Laden abrupt verstummten, ließ er sich mit einem resignierenden Seufzen zu Boden sinken und stützte den Kopf in beide Hände.

***

Sergeant Ben Watters, der mit seinem Kollegen Shriver das Haus umkreist hatte und schließlich durch das Loch in der Hauswand in Franks Büro gelangt war, betrachtete verblüfft den zerstörten Tresor.
„Donnerwetter, das war mal ein Knaller“, sagte er anerkennend. „Da steht ja kein Stein mehr auf dem anderen, und der Tresor ist natürlich ebenso leer wie die Schnapsflasche eines Alkoholikers. Na, sehen wir mal im Keller nach, vielleicht finden wir da noch was.“

Eine hervorragende Idee

Also, genaugenommen war es ja eigentlich Richter Jonathan F. Clark, der Anthony Farrow wieder auf die schiefe Bahn brachte. Hätte nämlich seine Ehren Anthonys Antrag auf vorzeitige Entlassung aus dem Gefängnis nicht davon abhängig gemacht, daß er in Zukunft wieder einem seriösen Broterwerb nachging, Anthony wäre von sich aus nie auf den Gedanken gekommen, sein Glück wieder in seinem erlernten Beruf zu versuchen und anderer Leute Wohnungen zu tapezieren. So aber, nach vier Jahren im Knast und zwei weiteren zur Bewährung ausgesetzten im Rücken, blieb ihm gar nichts anderes übrig als in den sauren Apfel zu beißen und sich einen Job zu suchen.

Er fand ihn schließlich bei der Firma Crowland & Son, deren Seniorchef schon immer eine ausgeprägte soziale Ader und ein Herz für verkrachte Existenzen gehabt hatte, und war bereits am nächsten Tag mit einem kleinen Lieferwagen und fünf Musterbüchern zu seinem ersten Kunden unterwegs.

Nach acht Tagen harter Arbeit verfluchte Anthony Gott und die Welt, hoffte auf ein Erdbeben, auf den dritten Weltkrieg oder zumindest auf eine Invasion aus dem All, die ihn aus seiner Knechtschaft befreien und der Aufsicht durch seinen Bewährungshelfer

entziehen konnten. Dann aber stand er eines schönen Morgens im Bungalow von Miß Abigail Hainsworth und dachte voll Dankbarkeit an seine Ehren, Richter Jonathan F. Clark.
Miß Hainsworth, eine auf jugendlich getrimmte Endvierzigerin, Erbin einer Brauereikette und seit kurzem zum fünftenmal geschieden, war nämlich wegen ihrer Juwelen genauso berühmt wie wegen ihrer Affären. Anthony hatte zwar auf Pressefotos schon wiederholt Gelegenheit gehabt, sich von deren Exclusivität zu überzeugen, aber so nahe wie jetzt war er ihnen noch nie gekommen. Als er nämlich unter Miß Hainsworths munterem Gezwitscher deren Schlafzimmer betrat, um sich über die erforderliche Zahl der Tapetenrollen zu informieren, sah er an der Wand den zurückgeklappten Spiegel und dahinter die graugrüne Wand des Safes. Miß Hainsworth brachte zwar den Spiegel mit einem verlegenen Lächeln sofort in die richtige Lage und tat, als ob nichts gewesen wäre, aber was Anthony gesehen hatte, hatte er gesehen und konnte nicht verhindern, daß in seinem Hinterkopf eine Glocke zu läuten begann.
Sieh an, sieh an, dachte er erfreut, endlich mal ein Lichtblick in diesem trüben Dasein. Der Teufel soll mich holen, wenn hinter dieser Tür nicht wenigstens ein Teil von Miß Hainsworths Klunkern zu finden ist. Die wird doch um Himmelswillen nicht erst jedesmal zur Bank rasen, wenn sie eine Party schmeißt? Da muß doch mindestens ein bißchen was für den Hausgebrauch zu finden sein. So ganz nackt läuft die doch nicht durch die Welt!
Der Gedanke, einem Vermögen so nahe wie nie zuvor zu sein, machte Anthony mehr als nervös und wirkte sich recht nachteilig auf seinen Arbeitseifer aus. Wie kam man an die Dinger ran? Zwar wohnte außer Miß Hainsworth nur noch ein Dienstmädchen im Haus, aber, das stellte Anthony im Lauf des Tages fest, an einen Einbruch nach klassischer Manier war hier nicht zu denken. Die gute Abigail mochte so lebenslustig sein wie sie wollte, aber sie war nicht dumm und hatte den Bungalow in eine regelrechte Fe-

stung verwandelt, die jeden derartigen Versuch im Keim erstickte. Mißfällig registrierte Anthony, daß selbst im Bad eines jener kleinen schwarzen Kästchen angebracht war, die unsichtbare Strahlen aussandten und bei der geringsten Bewegung im Raum Alarm auslösten. Hier mit Taschenlampe und Schweißgerät sein Glück zu versuchen, hieß sämtliche elektronische Teufel auf einen Schlag herauszufordern.
Anthony überlegte, ob er nicht einen alten Freund mit diesem Coup beauftragen und nur als stiller Teilhaber fungieren sollte, aber diesen Gedanken verwarf er sofort wieder. Ein Teilhaber bekam eben nur einen Teil der Beute und im Fall von Miß Hainsworth war das entschieden zu wenig. Aber, wie zum Teufel, konnte er das Ding drehen? Jetzt, wo ihn Miß Hainsworth kannte, konnte er ja schließlich nicht einfach ins Haus stürmen und ihr den Safeschlüssel aus dem prallen BH holen.
Mürrisch und in sich versunken beendete Anthony sein Tagewerk und nahm sich vor, den Hunderter Trinkgeld von Miß Hainsworth im „Splendid" auf den Kopf zu hauen und weiter über dieses Problem nachzudenken. Mit einigen Whiskys im Leib war ihm schon so mancher guter Gedanke gekommen und Anthony hoffte inständig, daß es auch diesmal so sein würde.
Der gute Gedanke kam ihm diesmal allerdings schon beim Betreten des Lokals, als er hinter der Theke die über Nacht erblondete Laureen sah.
„Na, sag mal", entfuhr es ihm, „was ist dir denn in den Kopf gekommen? Wieso hast du dir die Haare färben lassen?"
Laureen zwinkerte ihm kokett zu.
„Ist doch nur eine Perücke, Tony. Willst du mal probieren?"
Er nahm ihr lächelnd den künstlichen Skalp vom Kopf, drückte ihn sich auf den frisch gekämmten Scheitel und starrte verblüfft in den Spiegel an der Wand. Das ist es, durchfuhr es ihn. Ganz genau, das ist es! Ich sehe ja glatt wie eine Frau aus! Noch ein bißchen Schminke, Lippenstift und Wimperntusche, und ich kann

Laureen Konkurrenz machen. Himmel, und wenn ich mir noch ein paar elegante Klamotten an Land ziehe ...? Schlank und rank wie ich bin, wird mich doch jeder für eine Frau halten!
Es war die Lösung! Er würde Miß Hainsworth als Dame einen Besuch abstatten und die müßte dann schon hellseherisch begabt sein, um ihn unter seiner Maske erkennen zu können. Das Ding war jetzt schon so gut wie gelaufen!
„Laureen", sagte er aufatmend und gab ihr die Perücke zurück, „ich bin dir sehr zu Dank verpflichtet. Jetzt holst du mal eine von den Flaschen mit dem Drahtverschluß und dann feiern wir ein bißchen, okay?"
Das Mädchen strahlte ihn an.
„Mit dir immer, Tony. Was feiern wir denn?"
Anthony grinste breit.
„Eine Idee", erklärte er. „Eine ganz hervorragende Idee!"

***

Miß Hainsworths Mädchen hatte am Mittwoch immer ihren freien Tag, und als Anthony am Nachmittag auf ihren Bungalow zusteuerte und den Knopf der Sprechanlage drückte, wäre bei seinem Anblick so manch einsamen Wanderer ein sehnsuchtsvoller Seufzer entfahren. Der rosefarbene Hosenanzug saß wie angegossen, der dazu passenden Handtasche sah man schon von weitem ihren Preis an, und die halbhohen Pumps verliehen seinem Gang eine ausgesprochen sinnliche Note.
„Wer ist da?" krächzte es aus dem Lautsprecher und Anthony spitzte die Lippen.
„Oh, verzeihen Sie, Miß Hainsworth", säuselte er, „ich bin Mrs. James Carner. Könnte ich Sie vielleicht einmal unter vier Augen ..."
Es knackte im Lautsprecher und fast gleichzeitig schwang die Tür auf. Anthony grinste und tänzelte durch den Garten auf das Haus zu. Seine Rechnung war voll aufgegangen. Neugier ist immer noch

der beste Schlüssel, dachte er und lächelte Miß Hainsworth zu, die ihn an der Haustür bereits erwartete und ihm aus tiefblauen, etwas kurzsichtig wirkenden Augen gespannt entgegensah.
„Sie sind Mrs. Carner?“ fragte sie verwundert. „Die Frau meines ehemaligen Mannes?“
Anthony nickte verschämt.
„Ihres vorletzten, Miß Hainsworth. James und ich haben am letzten Wochenende geheiratet — es war himmlisch!“
Abigail verzog spöttisch die Lippen und machte eine einladende Handbewegung.
„Na, dann kommen Sie mal herein und lassen Sie hören, welche Lügen dieser Mistkerl über mich verbreitet hat“, sagte sie entschlossen. „Oder wollten Sie von mir Ratschläge für den Umgang mit einem Trunkenbold?“
Anthony griff in seine Handtasche und holte eine Pistole heraus.
„Oh nein, Mrs. Hainsworth“, lächelte er. „Im Grunde interessiert mich nur Ihr Safeschlüssel.“
Dann holte er aus und schlug hart und gezielt zu. Abigail Hainsworth stieß einen gurgelnden Schrei aus, verdrehte die Augen und sank dann im Zeitlupentempo zu Boden, und Anthony fesselte ihr in fliegender Eile Hände und Füße, klebte ihr einen dreifachen Heftpflasterstreifen auf den Mund und machte sich dann auf die Suche nach dem Safeschlüssel. Nach zehn Sekunden fand er ihn genau dort, wo er ihn ohnehin vermutet hatte.

***

Als Anthony Miß Hainsworts Bungalow wieder verließ, machte sich die Anspannung der letzten halben Stunde mit aller Macht bemerkbar. Mit zitternden Beinen ging er die Albany Avenue entlang, überquerte die Rochester Lane und Oakland Square, und vermochte trotz aller Nervosität ein tiefes Glücksgefühl nicht zu unterdrücken. Er hatte es geschafft! Es würde Stunden, vielleicht sogar bis morgen dauern, bis man Miß Hainsworth gefunden und aus ihrer unangenehmen Lage befreit hatte. Und was er in ihrem Safe an Schmuck und Bargeld gefunden hatte, reichte für mindestens drei Jahre auf den Bahamas. Er hatte es wirklich und tatsächlich geschafft!

Stolpernd überquerte er die Ellis Street und entschied sich dann dafür, am Robson Center auf ein Taxi zu warten und sich nach Hause fahren zu lassen. Er mußte jetzt so schnell wie möglich aus diesen Klamotten heraus, sonst drückten ihm die engen Schuhe noch sämtliche Hühneraugen ab.

Immer noch aufgeregt trippelte er auf dem Gehsteig auf und ab, schwenkte dabei ungeduldig die mit Miß Hainsworths Kostbarkeiten prall gefüllte Handtasche und verrenkte sich fast den Hals nach einem Taxi, aber die Fahrer schienen gerade alle Kaffeepause zu machen. Als er auf seinem Marsch wieder mal eine Kehrtwendung machte, sah er den Mann hinter sich. Er lehnte an einer Plakatwand, rauchte eine Zigarette und konnte anscheinend kaum den Blick von Anthonys schlanker Gestalt wenden.

Anthony grinste in sich hinein. Er konnte sich die Gedanken des Mannes sehr gut vorstellen. Wahrscheinlich hält er mich für ein Strichmädchen, dachte er erheitert und lächelte zu ihm hinüber. Mal sehen, ob ich den Jungen noch ein bißchen anheizen kann. Hoffnung ist ja schließlich das halbe Leben.

Mit gekonntem Hüftwackeln schwebte er an ihm vorüber, lächelte verführerisch und ließ dabei seine Zunge über die tiefroten Lippen gleiten. Der Mann schluckte erregt und schien etwas sagen zu wollen, aber im gleichen Augenblick sah Anthony ein Taxi die Straße herabkommen und hob winkend die Hand. An seinem Bewunderer vorbei stolzierte er auf den Wagen zu, öffnete die Tür und beschloß, dem Mann noch einen Brikett zum Warmhalten zu verpassen.

„Na, Süßer, was ist?“ flötete er und ließ sich in die Polster sinken. „Möchtest du nicht mitkommen? Mit ’nem Hunderter bist du dabei.“

Der Mann löste sich blitzschnell von der Wand, kam herüber und ließ sich neben Anthony in den Wagen fallen.
„Na, und ob ich das will, Miß“, sagte er grinsend. „Wir sind ja mitten im Sperrbezirk und da ist Prostitution verboten. Darf ich Sie also bitten, mich zum nächsten Polizeirevier zu begleiten? Ich bin Detectiv-Sergeant Flaherty.“

Ganz langsam rantasten, Dudley!

Der Überfall auf die „Eastern Chase Bank" in Fulham war für Eddy McCraw völlig problemlos verlaufen. Der Kassierer hatte nur einen kurzen Blick auf Eddys abgesägte Schrotflinte geworfen und ihm dann mit zitternden Händen widerspruchslos die Banknotenbündel über die Theke geschoben. Eddy war hinausgestürmt, hatte sich die Maske vom Gesicht gerissen und war dann mit dem gestohlenen Chrysler hinüber nach Farley West, zum Parkplatz des Flughafens geflüchtet. Hier, unter Hunderten von abgestellten Fahrzeugen, hatte er den Chrysler geparkt, hatte seine Waffe, Handschuhe und Maske in dessen Kofferraum gestopft und nach einigem Suchen einen unversperrten Camarro gefunden.
Der Umstieg klappte reibungslos. Selbst der Parkplatzwächter, an dem er Minuten später mit aufgedrehtem Radio vorbeifuhr, wäre nie auf den Gedanken gekommen, daß der junge Farbige vor ihm eine halbe Stunde zuvor die „Eastern Chase" mit einem Selbstbedienungsladen verwechselt hatte.
Eddy warf einen liebevollen Blick auf die prallgefüllte Segeltuchtasche neben sich und grinste zufrieden. Diesmal hatte es sich wenigstens gelohnt. Noch eine knappe Woche zuvor hatte er sich bei einem ähnlichen Unternehmen mit schäbigen achttausend Dollar

begnügen müssen, die innerhalb von zwei Tagen in Duffys Spielhölle den Weg alles Irdischen gegangen waren, aber diesmal hatte er einen totalen Volltreffer gelandet. So wie es aussah, hatte er weit über hunderttausend Dollar an Land gezogen, und damit stand einem ausgiebigen Urlaub in Las Vegas nichts mehr im Weg.
Mit sich und der Welt im Einklang jagte Eddy den Wagen an der tief abfallenden Tallahassa-Schlucht entlang, ging steil in eine weitgeschwungene Linkskurve, und dann sah er plötzlich den Jeep vor sich. Eddy trat verzweifelt auf die Bremse und riß das Steuer nach rechts, aber im gleichen Moment versuchte auch der andere Fahrer nach rechts auszuweichen und rammte ihn voll an der Vorderachse. Der Camarro sprang in die Luft, schleuderte herum, knallte auf den Jeep und schob ihn vor sich her über die Leitplanke. Eddy spürte wie er fiel, immer tiefer fiel, aufprallte und weiterstürzte, dann riß ihn eine unwiderstehliche Kraft aus dem Wagen, schleuderte ihn gegen den Stamm einer Kiefer, und das letzte, was in sein Bewußtsein drang, war eine hellodernde Stichflamme aus dem Jeep, deren heißer Atem bis zu ihm heraufwehte.

***

Lange, bevor er wieder zu sich kam, fühlte er den Schmerz. Er hämmerte in seinem Hinterkopf, zog sich über Nacken und Schultern bis hinab zu den Hüften und rollte in langgezogenen Wellen durch seinen Körper. Aber es war nicht allein dieser lähmende Schmerz, der ihn zurückholte, sondern die schleppende Stimme eines Mannes neben ihm. Eddy blinzelte vorsichtig durch die halbgeschlossenen Lider, erkannte, daß er auf einer Tragbahre am Straßenrand lag und betrachtete dann den Polizisten, der neben seinem Wagen stand und in das Mikrophon des Funkgerätes sprach.
„Da ist leider nichts mehr zu machen, Sheriff", hörte er ihn sagen. „Die beiden Fahrzeuge sind frontal aufeinander geprallt und dann in die Schlucht gestürzt und ausgebrannt. Augenzeugen für den

Unfall gibt es nicht, dafür aber zwei Tote und ein Schwerverletzter. Keine Ahnung, wie der dran ist."
„Haben Sie die Personalien, Dudley?" quäkte es aus dem Lautsprecher.
Der Cop kratzte sich am Hinterkopf.
„Habe ich, Sir. Ist aber 'ne verdammt unangenehme Sache, wenn ich mich mal vorsichtig ausdrücken will. Die Fahrerin des Jeeps war Mrs. Gulver, die Frau des Pfarrers von St. Paul."
„Ach, verflucht!"
„Ja, Sir, habe ich auch gesagt, aber das ist nicht das Problem. Das Problem sind die andern beiden, der Tote und der Verletzte, meine ich. Es sind beides Farbige und etwa im gleichen Alter. Der Verletzte ist ein gewisser Edward McCraw und wohnt in Detroit, aber von dem anderen wisssen wir gar nichts, weil der keinerlei Papiere bei sich hatte."
Sekundenlang blieb es im Lautsprecher still, dann war die Stimme des Sheriffs wieder da.
„Na, dann hängen Sie dem Mann doch einfach einen Zettel an den großen Zeh und schreiben darauf, daß das ein unbekannter Toter ist. Wo ist denn da ein Problem, Dudley?"
Der Cop hob kurz seine Mütze an.
„Na ja, genau gesagt ist es eine Segeltuchtasche voll Dollars, Sir", sagte er zögernd. „Wir haben sie unten in der Schlucht gefunden und ich schätze, daß es so gut und gern hunderttausend Bucks sind."
„Was?" brüllte der Sheriff. „Haben Sie da eben etwas von hunderttausend Bucks gesagt, Dudley?"
„Also, gezählt haben wir sie noch nicht, Sir, aber so ungefähr dürfte es hinkommen. Officer Brooks und ich dachten nun, daß es sich bei den Mäusen vielleicht um die Beute aus der „Eastern Chase" handelt, weil doch dort vor einer Stunde . . ."
„So ist es auch, Dudley!" unterbrach ihn der Sheriff. „Der Täter hat sich dort rund 140 000 Dollar unter den Nagel gerissen und ist damit getürmt."

Dudley seufzte tief.
„Dann hat Officer Brooks gewonnen, Sir. Er hat nämlich mit mir gewettet, daß es über 120 000 sind. Aber welcher von den beiden Jungs hat da nun hingelangt? Der Tote oder der Verletzte?“
„Na, beide, Dudley, beide! Die beiden Blackys haben den Coup gemeinsam gedreht, sage ich Ihnen!“
Dudleys Brust hob sich unter einem neuen Seufzer.
„Kann nicht gut möglich sein, Sir“, erwiderte er. „Erstens reden die Leute in der Bank nur von einem Täter und zweitens ist erwiesen, daß einer der beiden Briketts im Wagen von Mrs. Culver saß. Officer Brooks ist ihr nämlich auf dem Weg zum Dienst noch begegnet. Sie fuhr stadtauswärts und Brooks hat gesehen, daß sie an Jeffersons Tankstelle einen Anhalter aufgelesen hat. Sie wissen ja, daß Mrs. Culver so ’ne soziale Ader hatte und alles bei sich einsteigen ließ, was nur mal kurz den Daumen hob, nicht? Die Frage ist jetzt nur . . .“
„Na, wenn Brooks den Kerl gesehen hat, dann muß er ihn doch jetzt auch identifizieren können“, fiel ihm der Sheriff ins Wort.
Dudley betrachtete angewidert den Schweißrand an seiner Mütze.
„Kann er eben nicht, Sir“, sagte er dann. „Brooks war ja in einem Rutsch an den beiden vorbei, nicht? Er hat nur gesehen, daß ein Farbiger zu Mrs. Culver in den Jeep stieg. Aber welcher von den beiden, welcher, Sir?“
„Ja, können Sie denn aus der Lage der Leiche keine Schlüsse ziehen, Dudley?“
Der Cop spähte nachdenklich in die Schlucht hinab.
„Nee, kann ich leider nicht, Sir. Den Verletzten haben wir nämlich so etwa in halber Höhe von einem Baum gepflückt und den anderen haben wir unten in der Schlucht gefunden — aber so gut dreißig Yards von den beiden Fahrzeugen entfernt. Theoretisch könnte also jeder von ihnen den Camarro gefahren haben. Verstehen Sie jetzt unser Problem, Sir?“
Das Knacken des Lautsprechers dröhnte förmlich in Eddys Ohren.

„Und ob ich das verstehe, Dudley“, bellte der Sheriff. „Und ob! Aber im Augenblick läßt sich das nicht lösen. Also, schaffen Sie den Mann erstmal in eine Klinik und wenn er seine fünf Sinne wieder beisammen hat, dann knöpfen wir ihn uns mal vor. Da finden wir schon noch den richtigen Dreh. Weiß er eigentlich, daß er der einzige Überlebende ist?“
„Nein, Sir, das weiß er nicht. Er ist immer noch bewußtlos.“
„Na, dann kriegen wir ihn auch“, tönte der Sheriff zuversichlich. „Ist er nämlich der Bankräuber, dann wird er gar nicht erst auf den Gedanken kommen, die Sache abzustreiten. Ist er es aber nicht, dann wird er uns erzählen, daß er mit Mrs. Culver im Jeep saß. Wir müssen uns an den Kerl nur langsam herantasten, Dudley. Ganz langsam herantasten! Alles klar jetzt?“
„Alles klar, Sir“, strahlte Dudley. „Sie sind doch wirklich der Größte, Sheriff.“
Er warf das Mikrophon in den Wagen zurück und beugte sich über Eddy.
„Hey, Mister, können Sie mich hören?“ fragte er erwartungsvoll.
Eddy lag starr und steif wie ein Baumstamm auf der Bahre. Nicht um alles in der Welt hätte er jetzt einen Laut von sich gegeben. Die Unterhaltung Dudleys mit dem Sheriff war viel zu aufschlußreich gewesen, um sich jetzt bemerkbar zu machen. Im Geist hatte er sich schon für die nächsten Jahre hinter Gittern gesehen, aber nun hatte sich da ganz unverhofft eine Tür aufgetan. Er brauchte jetzt nur noch in die Haut des anderen zu schlüpfen und zu behaupten, daß er mit dieser Pfarrersfrau im Jeep gesessen war, und schon hatte er den Kopf aus der Schlinge gezogen.
„Hello, Mr. McCraw“, sagte Dudley noch einmal und tätschelte sein Wange, aber als Eddy noch immer nicht reagierte, winkte er die beiden Sanitäter herbei.
„Zieht mit ihm los, Jungs“, sagte er und wandte sich ab. „Aber beeilt euch ein bißchen, ja? Dem Knaben hier scheint es nicht sonderlich zu gehen. Der gibt ja keinen Mucks mehr von sich und

Sheriff Sloane legt großen Wert darauf, daß er am Leben bleibt. Also, drückt mal auf die Tube!"
Eddy spürte, wie er hochgehoben und weggetragen wurde und rieb sich innerlich die Hände. Okay, die Mäuse waren weg, aber es ließen sich jederzeit neue beschaffen, wenn er erstmal die Klinik wieder verlassen hatte. An ihn brauchte sich dieser dämliche Sheriff jedenfalls gar nicht erst heranzutasten.

***

Sheriff Steward Wilbur versuchte es trotzdem. Kaum hatte der behandelnde Arzt seine Genehmigung zu einem kurzen Verhör gegeben, tauchte er mit Officer Dudley an Eddys Krankenbett auf. „Hello, Mr. McCraw", dröhnte er und schüttelte ihm die Hand. „Mein Name ist Wilbur — Steward C. Wilbur. Und das hier ist Officer Dudley. Erinnern Sie sich an ihn? Er war damals der erste an der Unfallstelle."
Eddy bewegte matt den Kopf hin und her.
„Tur mir leid, Sheriff" flüsterte er. „Aber ich bin erst hier in der Klinik wieder aufgewacht."
Wilbur setzte sich auf die Bettkante und nickte.
„Kann ich mir denken, Mr. McCraw, kann ich mir denken. Sah ja auch ziemlich übel aus mit Ihnen, nicht wahr? Wie ist denn das alles eigentlich passiert? Ich meine, die Straße ist doch breit und auch gut ausgebaut. Wie kann es denn da zu einem derartigen Unfall kommen?"
Eddy versuchte ein schwaches Schulterzucken.
„Keine Ahnung, Sheriff. Der Wagen fuhr auf der falschen Straßenseite und . . ."
„Der Jeep?" unterbrach ihn Wilbur hinterlistig, aber Eddy war auf der Hut.
„Nein, dieser Camarro. Im Jeep saßen ja Mrs. Culver und ich. Aber ich könnte nicht sagen, daß Mrs. Culver zu schnell . . ."

„Sie kannten Mrs. Culver?“ fiel ihm Dudley ins Wort.
Eddys Kopf rollte erschöpft hin und her.
„Nein, jedenfalls nicht näher. Genau gesagt, hatte ich sie erst zehn Minuten vor diesem Unfall kennengelernt. Wissen Sie, ich hatte einen kleinen Trip nach Eaglehill gemacht und wollte per Anhalter zurück nach Detroit. Na ja, und da hat sie mich an einer Tankstelle aufgelesen. Sie hat mir dann nur ihren Namen genannt und gesagt, daß ihr Mann Pfarrer an einer Kirche hier wäre.“
Wilbur und Dudley warfen sich einen Blick zu.
„Genau das, was Brooks gesehen hat“, wisperte Dudley. „Der Bankräuber muß also der andere Kerl gewesen sein. Wahrscheinlich hatte er auch deshalb keine Papiere bei sich.“
Der Sheriff nickte gedankenvoll und erhob sich.
„Tja, das wär's dann auch schon, Mr. McCraw“, sagte er mißmutig. „Wir wollten von Ihnen nur mal hören, ob vielleicht Mrs. Culver den Unfall verursacht hat. Also, dann weiterhin gute Besserung, nicht?“
Eddy tastete nach Wilburs Arm.
„Und ... und Mrs. Culver?“ ächzte er. „Was ist mit ihr? Ist sie auch hier in der Klinik?“
Wilbur drehte verlegen seinen Hut zwischen den Fingern.
„Nein, Mr. McCraw“, sagte er dann. „Mrs. Culver hat den Unfall leider genauso wenig überlebt wie der Fahrer des Camarro. Der Kerl war übrigens ein flüchtiger Bankräuber.“
Eddys Augen weiteten sich entsetzt.
„Ein ... ein Bankräuber?“ stotterte er. „Na, großes Bedauern vermag ich da aber trotzdem nicht zu empfinden, Sheriff. Wer sich in Gefahr begibt, kommt darin um, heißt das Sprichwort. Aber um Mrs. Culver tut es mir aufrichtig leid. So eine feine Lady wie sie, und dann ein solches Ende. Mich hat es direkt gewundert, daß sie mich überhaupt mitgenommen hat.“
Der Sheriff und Dudley waren bereits an der Tür.
„Warum sollte sie denn nicht?“ fragte Wilbur über die Schulter zu-

rück. „Ich kannte Susan Culver seit ihrer Kindheit und sie war schon immer ein hilfsbereites Mädchen. Warum sollte sie da bei Ihnen eine Ausnahme machen?“
Über Eddys Gesicht lag ein sanftes Lächeln.
„Na ja, immerhin war sie die Frau eines Pfarrers und ich bin nur ein kleiner Verkäufer in einem Drugstore — und noch dazu ein Farbiger. Sie wissen ja selbst, wie das oft zwischen den Weißen und den Farbigen hier ist, nicht?“
Wilbur riß es auf dem Absatz herum.
„Mr. McCraw“, sagte er leise und ging zu Eddy zurück, „wir hier in Eaglehill kennen keine Rassenprobleme. Bei uns lebt Schwarz und Weiß friedlich zusammen. Sie werden es feststellen, wenn Sie in unser Gefängnis kommen.“
Eddy saß plötzlich kerzengerade im Bett.
„Ins . . . äh, Gefängnis?“ stammelte er. „Wieso, warum denn?“
„Weil Sie nie der Beifahrer von Mrs. Culver waren“, grinste der Sheriff. „Wären Sie nämlich auch nur eine einzige Sekunde lang bei ihr im Wagen gesessen, dann wüßten Sie, daß auch Susan Culver eine Farbige war.“

Als hätte es dich nie gegeben . . .

Vom ersten Tag ihrer Ehe an war Emery Washburn das, was Frauen einen idealen Partner nennen. Allerdings hätte man ihn locker auch als Pantoffelheld bezeichnen können, denn Emery war Putzfrau, Köchin und Dienstmädchen in einer Person und tat in allen Bereichen sein Bestes, um seiner Gwendolyn das Dasein zu erleichtern.

Daß Emery überhaupt Gwendolyns Ehemann geworden war, hatte er Mr. Simmens, seinem Brötchengeber, zu verdanken. Dieser war nämlich der Ansicht gewesen, daß man einen so jungen Dachs wie Emery bei der Arbeit etwas auf die Finger sehen müsse, und die sechs Jahre ältere und etwas energische Miß Gwendolyn Faithfull war in seinen Augen genau die richtige Aufpasserin. Emery hatte gegen seine neue Kollegin auch nicht das geringste einzuwenden. Sie gefiel ihm sogar über alle Maßen und so dauerte es nicht lange, bis Gwendolyn den etwas schüchternen Emery von den Annehmlichkeiten des Ehestandes überzeugt hatte.

Gwendolyn zumindest wurden diese Annehmlichkeiten auch in vollem Maß zuteil, denn der bis über beide Ohren verliebte Emery las ihr jeden Wunsch von den Augen ab. Leider zeigte sich jedoch Gwendolyn nicht besonders dankbar dafür, sondern entwickelte sich in kürzester Frist zu einem ausgewachsenen Hausdrachen. Und so dauerte es nicht einmal ein Jahr und Emery dachte immer öfter darüber nach, wie schön das Leben ohne Gwendolyn war und was er tun könnte, um es wieder so schön werden zu lassen. Er kam allerdings nie zu einem Entschluß, weil ihm Gwendolyn gar nicht die Zeit zu intensivem Nachdenken ließ, doch dann geschah eines Tages ein geradezu unglaubliches Wunder.

„Meine Mutter ist krank", verkündete Gwendolyn eines Abends, als Emery nach Hause kam. „Ich werde morgen mit dem Dampfer zu ihr fahren und mich um sie kümmern. Du wirst also etwa zwei Wochen lang ohne mich auskommen müssen. So, und nun hole mir meinen Koffer aus dem Keller!"

Schon morgens gegen fünf Uhr verließ Gwendolyn dann ihren Herrschaftsbereich und Emery rieb sich bei dem Gedanken, daß nun zwei Wochen absoluter Ruhe vor ihm lagen, innerlich die Hände. Er hatte sich allerdings etwas zu früh gefreut, denn kaum hatte sein Eheglück einige Schritte auf dem dunklen Gartenweg getan, als sie mit einem lauten Schmerzensschrei zusammenbrach.

„Du Trottel, ich habe dir doch ausdrücklich gesagt, daß du die Steine nicht auf dem Weg liegen lassen sollst", schimpfte sie, als er sie ins Haus trug. „Ich glaube, ich habe mir den Fuß gebrochen."

Wie sich dann zeigte, war er zwar nur verstaucht, aber Emery wollte trotzdem einen Arzt holen.

„Nichts da!" bestimmte Gwendolyn. „Ärzte sind teuer! Mach mir einen Umschlag mit essigsaurer Tonerde, dann ist es bis morgen wieder gut."

Wütend über ihr Mißgeschick wickelte sie sich in ihren hellblauen Morgenrock, schlurfte ins Schlafzimmer und schlug mit einem unüberhörbaren Knall die Tür hinter sich zu.

***

Am Abend saß Emery müde und mißgelaunt vor dem Fernseher und verfolgte die Nachrichtensendung. Vom Schlafzimmer her

drang Gwendolyns tiefes Schnarchen an sein Ohr und das verdüsterte Emerys Stimmung nur noch mehr. Ob sie nun morgen fahren wird? dachte er hoffnungsvoll. Zumindest an den Kühlschrank ist sie ja heute Abend schon gegangen und da müßte sie doch . . .
„. . . ist heute morgen das Küstenmotorschriff „Rosalynn“ nach einer Kollision mit einem einlaufenden Tanker gesunken“, riß ihn plötzlich die Stimme des Moderators aus seinen Gedanken. „Es muß befürchtet werden, daß bei dem Unglück alle vierundsiebzig Passagiere den Tod gefunden haben und, soweit sie nicht im Innern des Schiffes eingeschlossen sind, von der starken Strömung ins Meer getrieben wurden.“
Emery saß wie erstarrt im seinem Sessel. Dieser Stein, dachte er, dieser verfluchte Stein! Warum mußte sie nur ausgerechnet über diesen Stein stolpern? Ohne diesen Stein wäre sie mit der „Rosalynn“ gesunken und ich wäre sie für immer los gewesen — ganz abgesehen von den 100 000 Dollar, die mir aus ihrer Lebensversicherung zugeflossen wären. Nein, Gwendolyn hatte schon recht: ich bin ein Idiot! Warum muß ich die Steine auch immer auf den Weg werfen.
Doch dann durchzuckte ihn plötzlich eine Idee. Wer wußte denn, daß Gwendolyn nicht mit dem Schiff gefahren war? Sie hatte die Reise gebucht und bezahlt, und demnach stand sie auch auf der Passagierliste. Er brauchte sie also nur irgendwie verschwinden lassen und . . .
Emery schoß aus seinem Sessel empor und schlich in das Schlafzimmer. Sekundenlang betrachtete er noch sein schnarchendes Eheglück, dann griff er entschlossen nach einem Kissen und drückte es ihr ins Gesicht. Gwendolyn schlug mit den Armen um sich und zappelte etwas mit den Beinen, dann hörten ihre Bewegungen auf und Emery holte tief Luft. Er war frei! Er war wirklich und endgültig frei!
So, dachte er mit einem Blick auf ihr erschlafftes Gesicht, jetzt suche ich dir noch ein gemütliches Plätzchen in deinem geliebten

Garten und dann ist ein für allemal Ruhe! In den nächsten Tagen und Wochen werde ich eben den gramgebeugten Witwer spielen, der in dieser Welt keinen Trost mehr finden kann, und so ganz allmählich wirst du aus meinen Gedanken verschwinden, als hätte es dich nie gegeben.

***

Gwendolyn verschwand wirklich sehr schnell aus Emerys Gedanken. Schon einige Monate nach ihrem Tod war die Erinnerung an sie in ihm beinahe verblaßt, und nur manchmal, wenn er zu dem Apfelbaum hinübersah, unter dem er sie damals begraben hatte, glaubte er plötzlich ihre keifende Stimme zu hören. Aber auch das hörte schließlich auf und es vergingen fast drei Jahre, bis Emery wieder an sie erinnert wurde. Schuld daran war der Hurrikan Linda, der sich über dem Meer gebildet hatte und der Küste immer näher kam. Aus dem Radio kamen immer neue Warnungen, und die Bevölkerung wurde aufgefordert, Fenster und Türen fest zu verschließen, aber Emery rührte keinen Finger. Sein Haus war aus Felssteinen gebaut und hatte in fast vierzig Jahren mehr als einen Hurrikan erlebt. Gelassen ging er deshalb nach den letzten Nachrichten zu Bett und stand am nächsten Morgen ebenso gelassen auf. Als er die Fensterläden öffnete und sich hinausbeugte, prallte er entsetzt zurück. Vor seinem Haus hatte sich eine größere Menschenmenge angesammelt, die beinahe stumm in seinen Garten und auf den vom Hurrikan umgerissenen Apfelbaum starrte, in dessen Wurzelwerk Gwendolyns skelettierte Leiche hing und höhnisch zu ihm herüber zu grinsen schien.

Diskretion ist alles!

Dorothys grüne Augen wurden fast schwarz vor Aufregung, als sie im Schaufenster von Winslow das Smaragdcollier sah.
„Oh Billy“, flüsterte sie andächtig, „und das willst du mir wirklich schenken?“
William S. Greer, seit vier Jahren Dorothys Ehemann und Experte für illegale Vermögensübertragung, nickte entschlossen.
„Du mußt nur sagen, ob es dir gefällt“, erwiderte er sanft.
Dorothys Blick war voller Sehnsucht.
„Es ist wunderbar“, sagte sie leise. „Aber können wir uns denn das auch leisten? So ein Collier kostet doch mindestens dreißigtausend Dollar, nicht?“
Billy wippte auf den Fußballen auf und ab.
„Bei diesem hier kannst du ruhig noch zehntausend drauflegen“, klärte er sie auf. „Aber das ist doch jetzt unwichtig. Ich will nur wissen, ob du es haben möchtest.“
Dorothys Seufzer schien aus ihrem tiefsten Innern zu kommen.
„Oh Gott, natürlich möchte ich es haben“, flüsterte sie. „Aber ich kann mir nicht denken . . .“
„Mußt du auch nicht“, unterbrach er sie und zog sie vom Schaufenster weg. „Das Denken kannst du getrost mir überlassen. Laß

mir nur noch einige Tage Zeit, dann werde ich es dir eigenhändig um deinen bezaubernden Hals legen, okay?"

***

Zwei Tage später betrat Billy, angetan mit seinem besten Anzug und einem seriös wirkenden Aktenkoffer in der Hand, die Geschäftsräume der Firma Winslow.

„Fogarty", schnarrte er hochmütig, als der Juwelier auf ihn zugeeilt kam. „Mein Name ist Roland C. Fogarty. Ich bin der persönliche Sekretär des Gouverneurs und möchte ..."

„Oh, dann darf ich Sie in mein Büro bitten. Mr. Fogarty", fiel ihm Winslow ins Wort und riß die Tür auf. „Sie wissen ja: Diskretion ist die Seele vom Geschäft."

Billy nickte und marschierte durch die Tür.

„Auch in der Politik, Mr. Winslow", erwiderte er und ließ sich in einen Sessel sinken. „Und mein Besuch hat in gewisser Weise auch damit zu tun. Sie wissen ja, daß sich Gouverneur Archer gerade mitten im Wahlkampf befindet, nicht? Wahrscheinlich wissen Sie aber nicht, daß Mrs. Archer in Kürze ihren fünfzigsten Geburstag feiert. Nun hat sie vor einigen Tagen in Ihrem Schaufenster ein Smaragdcollier gesehen und ..."

Winslow hatte bereits die Hand an der Glocke.

„Das Collier aus Fenster vier", befahl er der eintretenden Angestellten. „Aber schnell, bitte!"

Nach zwei Minuten lag es vor ihnen auf dem Tisch.

„Mrs. Archer kann nur dieses Collier meinen", sagte Winslow. „Ein wirklich erlesenes Stück."

Billy musterte es fachmännisch.

„Und was würde es kosten?" fragte er dann. „Ich meine, wieviel würde es für den Gouverneur kosten?"

Winslow bekam einen schamhaften Blick.

„Nun, ausgezeichnet ist es ja für 43000 Dollar", erwiderte er

schließlich. „Aber für Mr. Archer würde ich einen runden Preis machen. Sagen wir ... ja, sagen wir 40 000?"
Billy nickte zustimmend.
„Okay, soweit reicht mein Limit. Das Collier ist also gekauft. Es gibt da nur noch ein kleines Problem, Mr. Winslow. Mr. Archers Wahlkampft läuft ja unter dem Motto: „Sparsamkeit ist erste Pflicht", nicht? Natürlich wäre es nun äußerst schädlich, wenn in diesen Zeiten gerade Mr. Archer einen derartigen Kauf tätigen und damit mit schlechtem Beispiel ..."
Winslow hob abwehrend beide Hände.
„Es wäre tatsächlich schädlich, Mr. Fogarty", räumte er ein. „Es könnte Mr. Archer eine ganze Menge Stimmen kosten. Aber wie gesagt: Diskretion ist alles. Sie haben mein Wort darauf!"
Auf Billys Gesicht lag tiefe Zufriedenheit.
„Ich danke Ihnen, Mr. Winslow", sagte er aufatmend. „Darf ich Sie dann bitten, das Collier morgen selbst zum Amtssitz von Mr. Archer zu bringen? Vielleicht kann er Sie sogar empfangen."
Winslow nickte aufgeregt.
„Aber natürlich, Mr. Fogarty, selbstverständlich, Sir. An welche Zeit hatten Sie gedacht?"
„Nun, sagen wir gegen drei Uhr? Sie brauchen nur beim Pförtner nach mir zu fragen, er wird mich dann rufen lassen."
Winslow verbeugte sich tief.
„Ich werde pünktlich sein, Mr. Fogarty", versprach er. „Darf noch fragen, welche Art von Bezahlung der Herr Gouverneur vorgesehen hat? Ich meine, möchte er bar, mittels Scheck oder per Überweisung ...?"
Billy neigte sich zu ihm hinab.
„Legen Sie einfach eine Karte mit Ihrer Bankverbindung zu dem Collier", flüsterte er. „Wir haben nämlich einen ziemlichen Überschuß in unserer Wahlkampfkasse und ... Sie verstehen?
Der Juwelier zog hörbar die Luft ein.
„Aber vollkommen, Sir, vollkommen! Und falls Mr. Archer nach seiner Wiederwahl irgendwelchen Bedarf haben sollte ..."

Billy war bereits an der Tür.
„Dann wird er an Sie denken, Mr. Winslow“, lächelte er. „Mr. Archer wird ganz bestimmt an Sie denken — mein Wort darauf!“

***

Der Pförtner am Amtssitz des Gouverneurs schüttelte hartnäckig den Kopf.
„Und wenn Sie hundertmal der Vorsitzende der Liga für ein sauberes Amerika sind, Mr. Fogarty“, sagte er entschieden. „Der Herr Gouverneur kann Sie jetzt nicht empfangen. Bei uns jagt eine Konferenz die andere.“
Billy seuftze enttäuscht.
„Na schön, dann eben ein andermal“, gab er nach. „Das dumme an der Sache ist jetzt nur, daß ich mich hier mit meinem Stellvertreter, einem Mr. Winslow verabredet habe. Er wollte so gegen drei Uhr hier sein.“
Der Pförtner deutete auf eine Sesselgruppe im Hintergrund.
„Sie können dort gerne auf ihn warten, Mr. Fogarty“, sagte er. „Es sind ja nur noch ein paar Minuten bis drei Uhr.“
Billy nickte dankbar.
„Sehr nett von Ihnen, Mister“, strahlte er. „Wirklich, sehr nett. Bei diesem Mistwetter draußen . . . Ah, da kommt ja Mr. Winslow bereits.“
Er eilte zur Tür und nahm einen total verschüchterten Joshua Winslow in Empfang.
„Tja, Mr. Winslow“, sagte er bedauernd und zog ihn zu der Sesselgruppe. „Der Herr Gouverneur ist mitten in einer Konferenz und hat nicht mal für mich Zeit. Aber wir brauchen ihn ja auch nicht unbedingt, oder? Haben Sie das Collier dabei?“
Der Juwelier nickte und holte das Etui aus der Tasche.
„Mit den besten Empfehlungen an den Herrn Gouverneur“, flüsterte er, mit einem Blick auf den Portier. „Ich habe die Karte mit meiner Bankverbindung dazu gelegt.“

Billy drückte ihm warm die Hand.
„Und Ihrer Diskretion dürfen wir sicher sein?"
Winslow schloß hingebungsvoll die Augen.
„In jeder Beziehung, Sir. Ich habe die ganze Sache bereits vergessen."
„Dann vergessen wir sie auch", strahlte Billy. „Kommen Sie, ich bringe Sie zu Ihrem Wagen. Sie haben sicher kleinen Schirm dabei."
Dem Pförtner freundlich zunickend stolzierte er neben Winslow durch die Tür und hinüber zum Parkplatz.
„Bis zum nächstenmal, Mr. Winslow", sagte er und hielt ihm die Autotür auf. „Es hat mich wirklich gefreut, Ihre Bekanntschaft zu machen."
Winslow verbeugte sich, stieg in seinen Cadillac und fuhr gemächlich durch den Regen davon, und Billy rieb sich grinsend die Hände und ging dann mit tänzelnden Schritten auf seinen Wagen zu.

***

Etwa drei Monate später stürmte Dorothy in Mr. Winslow Geschäft und verlangte den Chef persönlich.
„Entschuldigen Sie, Mr. Winslow", sagte sie aufgeregt, als er vor ihr stand. „Aber ich brauche ganz dringend Ihre Hilfe. Mein Mann hat doch vor kurzen dieses Collier hier bei Ihnen gekauft. Na, und weil ich es heute abend in der Oper tragen wollte, habe ich es mal probehalber umgelegt und dabei ist mir doch glatt der Verschluß kaputtgegangen. Meinen Sie, daß Sie es mir rasch reparieren könnten? Ich möchte nämlich nicht, daß mein Mann davon etwas erfährt. Er sagt ohnehin immer, ich sei ungeschickt wie ein Kind."
Winslow warf einen Blick auf das Collier und schluckte.
„Oh, das kann ich Ihnen sofort machen, Madam", sagte er dann. „Wenn Sie inzwischen hier Platz nehmem wollen, ich muß nur noch ganz schnell mal telefonieren, ja?"

Nichts als ein Irrtum

Also, ehrlich gesagt, hatte ich eigentlich erwartet, daß der Himmel über dem Bodensee so blau und die Luft von jener seidigen Frische sein würde, wie ich das von meinen früheren Besuchen her kannte. Aber als ich nach einer langen Nachtfahrt in Konstanz aus dem Zug stieg und mit dem Taxi in mein altes Hotel fuhr, regnete es in Strömen und es sah fast so aus, als ob sich das schlechte Wetter auch noch die nächsten Tage über halten würde.

Enttäuscht und mißmutig bezog ich deshalb mein Zimmer im Insel Hotel, saß eine knappe Stunde später mit kaum besserer Laune im Speisesaal, aus dem mich schon nach kurzer Zeit das laute Stimmengewirr einer amerikanischen Reisegesellschaft wieder vertrieb, und verbrachte schließlich den Rest des Tages damit, mit dem Keeper der Hotelbar eine Flasche Armagnac zu leeren und dabei von alten Zeiten zu plaudern. Ziemlich frühzeitig ging ich dann auf mein Zimmer, vertiefte mich in alle erreichbaren Zeitungen und machte es mir schließlich mit einem Kriminalroman gemütlich. Irgendwann in der Nacht war ich dann eingeschlafen, hatte von schneebedeckten Bergen und rauschenden Wasserfällen geträumt, aber als ich dann am Morgen erwachte, war das monotone Trommeln des Regens verstummt, und der Himmel über dem See

war so blau und wolkenlos, wie ich ihn von früher her in Erinnerung hatte. Zwanzig Minuten später hatte ich bereits mein Frühstück eingenommen und war auf dem Weg hinab zum See und zu den Liegeplätzen der Segelboote, von denen nun eins für die nächsten drei Wochen mir gehören sollte. Schon von zu Hause, von Köln aus, hatte ich es über mein Reisebüro gemietet und alles, was mich jetzt noch interessierte, war die Frage, ob das wechselhafte Wetter dieses Sommers lange Törns zulassen würde.
Es lag dann allerdings nicht am Wetter, daß mich eine knappe Viertelstunde später diese Frage kaum noch beschäftigte. Denn inzwischen war ich unten am See, hatte das Büro des Bootsverleihers betreten, und da sah ich zum erstenmal Susanne. Sie stand neben ihrem Schreibtisch, hielt in der einen Hand einen schmalen Aktenordner und in der anderen den Telefonhörer, in den sie lächelnd hineinsprach, und für mich war ihr Anblick fast genauso schmerzhaft wie ein mit aller Wucht geführter Schlag in die Magengrube. Was waren da Gabys kastanienbraun gefärbte Haare gegen diese Flut aus schwarzer Seide, die ihr bis hinab zu den Hüften hing. Was die grünen, immer etwas kalt wirkenden Augen meiner Freundin gegen die großen, tiefblauen Sterne Susannes? Was war überhaupt jede Frau, die mir in meinen fünfundvierzig Jahren begegnet war, gegen dieses junge, vielleicht achtzehnjährige Mädchen, das in weißen, hautengen Jeans vor mir stand und ein Gefühl in mir aufsteigen ließ, wie ich es in meinem Leben bisher nur einmal empfunden hatte?
Es war wie ein Nebel, in den ich bei ihrem Anblick hineintaumelte. Wie ein leuchtender, dunkelroter Nebel, der von irgendwoher aufstieg, der sich über mich legte, mich einhüllte und mich nichts mehr außer ihr sehen ließ. Und es war sinnlos, sich dagegen zu wehren oder aufzulehnen. Susanne stand vor mir, sah mich an, und ich fühlte sie wie ein loderndes Feuer in meinem Blut.
Nur einmal, vor Jahren, war mir hoch in der Eifel etwas Ähnliches passiert, aber im Grunde war es nur ein Abklatsch dessen, was ich

jetzt beim Anblick Susannes empfand. In einer kleinen Pension mitten in den Wäldern hatte ich damals meinen Urlaub verbracht, machte tagtäglich weite Spaziergänge durch die frühlingshafte Landschaft, und auf einem davon begegnete mir Claudia. Das heißt, genaugenommen war ich es, der ihr begegnete. Sie saß auf einer Bank am Wegrand, hatte einen Korb mit frischgepflückten Schlüsselblumen neben sich, und zunächst zuckte sie erschrocken zusammen, als sie mich so unverhofft aus dem Wald auftauchen sah. Dann aber erkannte sie mich und sah mir lächelnd entgegen.
„Sie sind Herr Reimann, nicht wahr?“ sagte sie und machte mir auf der Bank Platz. „Sie wohnen bei Lorscheiders, ja? Ich habe Sie nämlich schon ein paarmal gesehen, wenn ich am Morgen die Milch dorthin brachte.“
Ich konnte mich zwar nicht erinnern, ihr jemals über den Weg gelaufen zu sein, aber den kleinen Pferdewagen, der jeden Morgen rasselnd und scheppernd in den Hof fuhr, kannte ich natürlich.
„Dann sind Sie es also, die mich jeden Tag mit diesem Krach aus dem Bett wirft“, erwiderte ich und setzte mich neben sie. „Gibt es eigentlich keine Milchkannen aus Gummi?“
Sie schüttelte mit einem belustigten Lächeln den Kopf.
„Nein, bisher noch nicht, Herr Reimann — jedenfalls hier bei uns noch nicht. Hier gibt es überhaupt nicht viel. Nur Wälder, Wiesen und Wild. Ein bißchen wenig für ein Mädchen, das auch mal etwas von der großen Welt erleben möchte.“
Ich machte eine kreisende Handbewegung.
„Aber Ihre Welt hier gefällt mir viel besser“, sagte ich heiter. „Hier findet man nämlich noch das, was man in der sogenannten großen Welt oft schmerzlich vermißt — Ruhe, Stille und Geborgenheit. Wenn ich könnte wie ich wollte, ich glaube, ich würde für immer hier bleiben.“
„Na, dann bleiben Sie doch“, lachte sie. „Niemand verwehrt es Ihnen. Sie müßten sich nur an das Geräusch scheppernder Milchkannen gewöhnen.“

Ich wandte ihr langsam das Gesicht zu.
„Und an junge hübsche Mädchen, die im Wald auf Bänken sitzen, vor sich hinträumen und ...“
„... und genau wissen, daß keiner ihrer Träume jemals in Erfüllung gehen wird“, fiel sie mir ins Wort. „Das ist es ja eben, daß es immer nur bei Träumen bleibt. Eigentlich schade, nicht wahr?“
Sie sagte es so eigenartig, daß ich einen Augenblick lang das Gefühl hatte, die Erfüllung ihrer Träume würde nur durch mich möglich sein, aber dann nannte ich mich innerlich einen Narren. Was sollte, was konnte ich einem Mädchen bedeuten, das vom Alter her jederzeit meine Tochter hätte sein können? Irgendwie war es vermessen von mir, etwas Derartiges überhaupt zu denken, aber ich konnte mich trotzdem nicht der stummen Verlockung erwehren, die von ihr ausging und wie ein Magnet auf mich wirkte.
„Träume“, sagte ich und ärgerte mich, daß meine Stimme plötzlich so heiser klang. „Träume sind wie Früchte. Sie brauchen lange, bis sie reif werden, man muß einfach warten können.“
Sie lachte hellauf und erhob sich.
„Hier habe ich jedenfalls lange genug gewartet“, erwiderte sie und streckte sich. „Wer rastet, der rostet, sagt das Sprichwort, und zum Rosten bin ich noch etwas zu jung. Gehen wir ein Stück zusammen, Herr Reimann?“
Ich hatte es nicht erwartet, hatte es nicht einmal zu hoffen gewagt, aber nun nickte ich nur stumm und folgte ihr den schmalen Weg, der uns weiter von der Ortschaft weg und in ein dichtbewaldetes Tal hinabführte. Und als sie dabei einmal über eine Baumwurzel stolperte, und erst danach habe ich erfahren, daß sie absichtlich gestolpert war, gegen mich fiel und ich für Sekunden die Wärme und Weichheit ihres jungen Körpers spürte, da war vor mir zum erstenmal dieser dunkelrote, wehende Nebel aufgestiegen, in den ich hilflos hineintaumelte.
Einen Herzschlag lang lag sie lächelnd und reglos in meinen Armen, und das Rot des Nebels um mich herum vermischte sich mit

dem Rot ihrer Lippen vor mir, dann richtete sie sich langsam auf, strich sich eine Haarsträhne aus dem Gesicht und tastete dabei nach meiner Hand.

„Komm, Stefan“, flüsterte sie und zog mich an sich. „Komm doch, komm mit mir ...“

Und ich ging mit ihr, willenlos und unfähig ihr zu widerstehen, folgte ihr durch dichtes Unterholz auf eine kleine, moosbewachsene Lichtung, streifte ihr das Kleid und die knisternde Unterwäsche ab und sank mit ihr auf den grünen Samt unter uns, der so weich und warm war wie der Körper Claudias.

„Claudia“, stammelte ich und nahm sie in die Arme, „Claudia ...“

Sie schüttelte den Kopf und legte ihre Hand auf meinen Mund.

„Sag nichts, Liebster“, flüsterte sie und preßte sich an mich. „Sag jetzt überhaupt nichts.“

Ich konnte auch nichts mehr sagen. Ich spürte ihre Arme um meinen Nacken, spürte ihr Drängen, hörte ihr leises Seufzen, und dann kam es wie eine riesige Woge auf mich zu, dunkelrot leuchtend und mit unwiderstehlicher Gewalt.

„Stefan“, sagte sie noch einmal, und es war nur noch ein Hauch, ein hingewehter Laut, und dann erfaßte uns diese Woge, nahm uns auf, und ließ uns davontreiben, sanft und leicht wie die Wolken im Wind.

***

Ich könnte heute beim besten Willen nicht mehr sagen, wie viele Stunden wir damals auf dieser kleinen Lichtung verbrachten, so wie ich überhaupt nur noch wenig über Claudia und mich sagen kann. Aber als wir uns endlich voneinander lösten, warfen die Bäume um uns bereits lange Schatten und der warme Atem des Windes hatte sich in einen kühlen Hauch verwandelt, der mich frösteln ließ. Claudia aber schien nichts davon zu spüren. Sie lag stumm und lächelnd vor mir im Moos, sah reglos zu den schwankenden Wipfeln der Bäume empor, aber ihr Lächeln und ihr

Schweigen verrieten mir, daß sie immer noch wartete, daß dieser Tag für sie noch nicht zu Ende und ihr Hunger nach Zärtlichkeit noch lange nicht gestillt war.
Ich beugte mich über sie, küßte ihre Lippen, ihre Wangen, preßte meinen Mund in die sanfte Rundung ihres Nackens, aber sie lächelte und schwieg noch immer, und plötzlich überfiel mich ein Gefühl der Scham. Ich schämte mich, daß ich, der soviel Ältere, ihr nicht mehr geben konnte und dem Feuer der Leidenschaft dieses knapp siebzehnjährigen Mädchens nicht gewachsen war.
Ihr Lächeln erschien mir plötzlich wie Spott und Hohn, drang wie ätzende Säure in mein Innerstes und löste eine Art Fluchtreaktion in mir aus. Ich konnte jetzt nicht mehr bei ihr bleiben. Ich konnte dieses trumphierende und zugleich spöttisch, abschätzige Lächeln in ihrem Gesicht einfach nicht mehr ertagen, und Claudia schien mein Bleiben auch gar nicht zu erwarten. Sie wandte nicht einmal den Kopf nach mir, als ich mich aufrichtete, sah mich nicht einmal an, als ich in meine Kleider schlüpfte, und sie blieb sogar stumm und reglos liegen, als ich durch die dichten Büsche davonstürmte und sie allein zurückließ. Aber trotzdem fühlte ich ihren Blick in meinem Rücken, fühlte ihr Lächeln, und mit jedem Schritt wuchs in mir der Zorn über mein Versagen.
Zum Glück habe ich Claudia danach nie wieder gesehen, und auch sie selbst schien diesen Tag aus ihrem Gedächtnis streichen zu wollen, denn sie kam nie wieder zu meiner Pension. Am nächsten Morgen wartete ich vergeblich auf das Rasseln und Scheppern der Milchkannen, und als es mich zwei Tage später wieder aus dem Schlaf riß und ich hastig zum Fenster rannte, saß ein junger Mann auf dem Bock des Wagens. Geblieben von jenem Nachmittag mit Claudia ist mir aber die Erinnerung an ihre Zärtlichkeit und ihre Leidenschaft, aber auch an ihr Lächeln, an dieses spöttische, geringschätzige Lächeln, das ich nun so überraschend bei Susanne wiederfand.
Sie telefonierte immer noch, und allem Anschein nach hatte sie ei-

nen Mann am anderen Ende der Leitung, aber sie sah dabei unentwegt zu mir herüber, sah meine Befangenheit und ahnte sicher, wie es in mir in diesem Augenblick aussah. Sie sah aber auch, daß zwischen ihr und mir ein gutes Vierteljahrhundert lag, und vielleicht war das der Grund für Claudias Lächeln in ihrem Gesicht.

„Mein Name ist Reimann", stotterte ich dann, als sie nach endlos scheinenden Minuten den Hörer auflegte. „Stefan Reimann aus Köln. Ich habe ein Boot bei Ihnen gemietet."

Susanne nickte mir zu, griff nach einem Formular und legte es vor mir auf den Tisch.

„Ich weiß", sagte sie geschäftsmäßig. „Wir haben für Sie bereits alles vorbereitet, Herr Reimann. Wenn Sie hier noch unterschreiben wollen, ich zeige Ihnen dann das Boot."

Ich setzte meine Unterschrift auf das Papier, gab es ihr zurück und folgte ihr dann hinaus auf den Bootssteg. Folgte ihr wie ein Hund seinem Herrn und konnte dabei nicht den Blick von dieser gertenschlanken Gestalt vor mir lösen. Ich sah ihr Haar, sah ihre Augen und Lippen, und hatte in diesem Moment nur den einen Wunsch, sie in die Arme zu nehmen, die weißen Jeans von ihren Hüften zu streifen, die Wärme ihres Körpers zu spüren und damit Claudias Lächeln aus ihrem Gesicht zu vertreiben.

Am Ende des Stegs blieb sie stehen und deutete mit einer Kopfbewegung auf eine Sieben-Meter-Yacht.

„Ich nehme an, Sie kennen sich aus", sagte sie und verschränkte die Arme über der Brust. „Falls Sie aber trotzdem irgendwelche Fragen oder Probleme haben, können Sie sich jederzeit an mich wenden. Ich bin den ganzen Tag über da."

Ich hätte schon an diesem Morgen viele Fragen an sie gehabt und auch am nächsten, übernächsten und an allen anderen in diesen drei Urlaubswochen, aber es kam zwischen uns niemals irgendeine Art von Vertraulichkeit auf. Nie wagte ich ihr etwas zu sagen, was über das rein Geschäftliche hinausgegangen wäre und uns vielleicht etwas näher gebracht hätte. Denn immer, wenn ich am Morgen zu ihr ins Büro kam und sie dabei so ansah, wie ein Mann eine begehrenswerte Frau ansieht, immer dann erschien in ihrem Gesicht jenes leicht spöttische, abschätzige Lächeln, das sich mir seit jenem Nachmittag mit Claudia tief in mein Innerstes gebrannt hatte, und das mir mit aller Deutlichkeit sagte, daß ich bei ihr nichts zu hoffen hatte.

Ich wußte es, aber ich war trotzdem unfähig, mich gegen diese Leidenschaft für Susanne zu wehren. Es war wie ein Fieber, das mich bei ihrem Anblick von einer Sekunde auf die andere überfallen hatte, das mich schwach und willenlos machte, und gegen das es kein Heilmittel außer sie selbst gab.

Natürlich wußte ich sehr bald, wer sie war und wo sie wohnte, und es verging nicht ein einziger Abend, an dem ich nicht in dem kleinen Lokal gegenüber ihrer Wohnung saß, Türen und Fenster im Auge behielt, und erst in mein Hotel zurückkehrte, wenn hinter ihnen das Licht erloschen war. Dann ging ich langsam durch die schmalen Gassen, warf mich in meinem Zimmer auf das Bett und sprach mit ihr. Sprach mit ihr und sah sie dabei so vor mir, wie ich sie tagsüber gesehen hatte, und alle meine Träume wurden in diesen Stunden Wirklichkeit. Ich fühlte ihre Hände über mein Haar streichen, fühlte ihre Lippen auf meinem Mund, ihre Brüste in meinen Händen, prall und voll, wie sie sich unter dem dünnen Stoff ihrer Bluse abzeichneten, und durch den dunkelroten Nebel um mich herum preßte ich mein heißes Gesicht in ihr nachtschwarzes Haar, dessen Duft mir den Atem stocken ließ. Dann verschwand dieses spöttische Lächeln in ihrem Gesicht, war wie weggewischt, und zusammen glitten wir dann unaufhaltsam in eine warme, strahlende Tiefe hinein, in der sie mir ganz allein gehörte.

Aber nach diesen Nächten kam wieder ein Morgen, und dann stand ich auf, müde und zerschlagen, betrachtete im Spiegel die dunklen Ringe unter meinen Augen und fragte mich, wie lange ich mich noch quälen, wie lange ich das noch durchhalten mußte. Eigenartigerweise zweifelte ich nämlich nie daran, daß ich sie eines

Tages besitzen und sich ihr abwertendes, geringschätziges Lächeln in ein zärtliches, gewährendes verwandeln würde. Es mußte ja einmal so kommen, es konnte ja gar nicht anders sein. Es war doch einfach unmöglich, daß diese fünfundzwanzig Jahre Altersunterschied zwischen uns eine so unüberbrückbare Kluft waren, daß sie durch meine Liebe zu ihr nicht aufgefüllt und geschlossen werden konnte. Einmal, da war ich mir absolut sicher, einmal würde sie auf mich zukommen, würde die Hand nach mir ausstrecken und ihre Arme um mich schlingen, so wie es damals Claudia getan hatte, und ich würde ihr dann endlich all das sagen können, was ich ihr bei unseren täglichen Begegnungen ohnehin immer wieder sagte. Ich sagte es ihr zwar stumm und nur für sie allein verständlich, aber inzwischen bedurfte es gar keiner Worte mehr zwischen uns. Ich kam morgens zu ihr ins Büro, blieb still neben ihrem Schreibtisch stehen und sah sie an, und an der Art, wie sich dann ihre Stimme veränderte, erkannte ich, daß sie mich auch ohne jedes Wort genau verstand.

Aber trotz allem lächelte sie nur. Sie lächelte sogar, als ich ihr von Gaby, dieser kühlen, herben Schönheit erzählte, die hin und wieder eine Nacht mit mir verbrachte, viel Verständnis für mich hatte und mich doch in den sieben Jahren unserer Bekanntschaft ein halbes Vermögen gekostet hatte. Aber gerade von Gaby zu erzählen fiel mir plötzlich unheimlich schwer, weil ich mich seltsamerweise kaum noch an sie erinnern konnte. Gab es sie überhaupt wirklich? War es tatsächlich Gaby gewesen, die sich noch vor ganz kurzer Zeit auf dem Kölner Hauptbahnhof von mir verabschiedet und mir versprochen hatte, bei meiner Rückkehr wieder dort auf mich zu warten? Irgend etwas mußte ich da durcheinander gebracht haben, denn wenn es in meinem Leben je eine Gaby gegeben hatte, dann mußte sie eine völlig unbedeutende Episode gewesen sein, die schon eine unendlich lange Zeit zurücklag. Nein, es war einfach unmöglich, eine Gaby konnte gar nicht auf mich warten.

Aber Susanne wartete! Ich spürte es immer stärker, wenn ich am

Morgen die Leinen meines Bootes löste und auf den See hinausfuhr. Natürlich versuchte sie ihr Verlangen nach mir zu verbergen und sah gelangweilt aus dem Fenster ihres Büros, wenn ich ablegte, aber sie lächelte schon lange nicht mehr so spöttisch wie am Anfang. Im Gegenteil! Ihr Gesicht blieb unbewegt wie der See bei absoluter Windstille, aber ich spürte, daß sie wartete und wußte, daß sie mich nun ebenso begehrte wie ich sie.
Trotzdem verging fast mein ganzer Urlaub, bevor ich sie endlich besitzen durfte. Dann aber, an meinem vorletzten Tag in Konstanz, geschah das, wonach ich schon von der ersten Sekunde an gefiebert hatte. Am Abend zuvor hatte ich das Boot zurückgebracht und ihr gesagt, daß ich am nächsten Morgen bereits in der Dämmerung auf dem See sein wollte, und als ich nun den längst vertrauten Weg hinabging, stand sie bereits wartend neben einem Kajütkreuzer.
„Komm“, sagte sie, so wie es damals Claudia gesagt hatte und faßte nach meiner Hand. „Komm, um diese Zeit ist noch niemand auf dem See. Wir werden allein sein, Stefan. Du wolltest doch mit mir allein sein, nicht wahr? Sag, wolltest du das?“
Ich nickte und spürte kaum, daß ich das Schiff betrat und mit ihr den Niedergang hinabstieg. Susanne öffnete die Kajütentür und zog sie hinter uns wieder sanft ins Schloß, und nun lächelte sie. Lächelte mir mit geschlossenen Augen zu, und es war jenes zärtliche, gewährende Lächeln, auf das ich von Anfang an gehofft und nach dem ich mich so unendlich gesehnt hatte.
„Komm“, sagte sie wieder, und sie sagte es mit dieser seltsam veränderten Stimme, wie ich sie nur einmal, damals in den Wäldern der Eifel von Claudia gehört hatte. Unbeweglich und lächelnd stand sie vor mir, als ich die Knöpfe ihrer Bluse öffnete, half mir, als ich ihr die Jeans von den Hüften streifte, und preßte mich seufzend an sich, als ich mein Gesicht in dem weichen Tal zwischen ihren Brüsten vergrub.
„Komm, Stefan“, sagte sie noch einmal, und ihre Stimme klang so, wie ich sie immer in meinen Träumen gehört hatte. „Komm doch, mein Herz . . .“

Und ich sank mit ihr zu Boden und spürte wie ich davonglitt, weit weg von diesem Morgen und in jenen dunkelroten Nebel hinein, der sie und mich vor aller Welt verbarg und uns in eine Tiefe sinken ließ, die ohne jedes Ende war.

***

Ich weiß wirklich nicht, ob diese Frau namens Gaby damals tatsächlich auf dem Kölner Hauptbahnhof auf mich gewartet hat. Aber falls es sie überhaupt gibt und sie dort gewesen sein sollte, dann hat sie inzwischen sicher auch erfahren, daß mich die Polizei schon am Nachmittag zuvor von Bord des Kreuzers geholt hat, der mit Susanne und mir steuerlos auf den See hinausgetrieben war. Natürlich ist es gelogen und vollkommener Unsinn, daß ich Susanne ermordet habe. Warum hätte ich denn das tun sollen? Warum, um Himmelswillen, hätte ich denn ausgerechnet jene Frau ermorden sollen, die für mich und nur für mich bestimmt war? Ich habe sie doch geliebt! Wie kann man da nur derart dämlich sein und behaupten, ich hätte sie in ihrem Büro überfallen, hätte sie gezwungen auf das Boot zu gehen und sie dann dort ermordet, als sie sich gegen mich wehrte? Sie hatte doch am Steg auf mich gewartet, hatte mich an der Hand genommen und geführt, so, wie mich damals Claudia auf jene Lichtung geführt hatte, hatte mich umarmt und sich mir in einem Sturm von Leidenschaft hingegeben, wie ich ihn bisher nur einmal erlebt hatte. Und sie war auch nicht tot, als die Polizei an Bord unseres Bootes kam — genauso wenig wie Claudia tot war. Susanne hatte sich nur etwas hingelegt, hatte geschlafen, so zwei oder drei Stunden lang, und sie war so müde gewesen, daß sie nicht einmal von dem Geschrei und Gebrüll der Polizisten erwachte. Vielleicht hat sie sich aber auch nur schlafend gestellt, als diese Kerle an Bord kamen, weil sie eben nicht wollte, daß unsere Liebe von den Bullen in den Schmutz gezogen wurde. Aber sie war nicht tot gewesen! Kann eine Tote vielleicht so lächeln, wie sie es im Schlaf getan hat? Auch Claudia hat so gelächelt, als ich durch die Büsche davongestürmt war, und auch sie hatte nur geschlafen. Tote, das weiß jeder, Tote können nicht mehr lächeln, aber Susanne und Claudia haben es getan! Haben beide genauso gelächelt wie in jenem Moment, als ich sie in die Arme genommen und mit ihnen in diesem dunkelroten Nebel versunken war.

Natürlich habe ich das auch dem Kommissar, dem Untersuchungsrichter und später dem ganzen Schwurgericht gesagt, aber die wollten mir ja nicht mal zuhören. Besonders der Vorsitzende des Gerichts — wenn ich mich richtig erinnere, hieß er Koob — war ein Schweinehund allerersten Kalibers. Wissen Sie, das war einer von jenen Richtern, die unter der Mittelmäßigkeit ihrer Persönlichkeit leiden, sich aber trotzdem für unfehlbar halten und hysterische Anfälle bekommen, wenn der Bundesgerichtshof mal eines ihrer Urteile aufhebt. Also, dieser Miesling führte die ganze Bande von Richtern an, und da konnte ich sagen, was ich wollte, die haben immer nur ihre schlauen Köpfe geschüttelt und meinen Verteidiger angesehen, der ohnehin nicht so recht auf meiner Seite war. Daß ich unter diesen Umständen einen Kampf gegen Windmühlen führen und um ein Lebenslänglich nicht herumkommen würde, war mir von Anfang an klar gewesen — und so ist es dann ja auch gekommen. Aber noch ist nicht alles verloren, denn ich habe Revision gegen dieses Schandurteil eingelegt und freue mich heute schon auf den Nervenzusammenbruch dieses Mistkerls von Vorsitzendem, wenn sein Urteil aufgehoben und kassiert wird — und das wird es! Das ist so sicher wie das Amen in der Kirche!

Leider dauert das natürlich seine Zeit, und ich muß eben so lange warten. Inzwischen habe ich es mir hier im Gefängnis einigermaßen gemütlich gemacht und kann Ihnen sagen, daß das Leben hier gar nicht so übel ist. Die Wärter sind sehr höflich zu mir, haben schicke weiße Mäntel an und kümmern sich fast den ganzen Tag um mich. Und der Oberwärter, der den Spitznamen Professor trägt, kommt sogar jeden Morgen extra zu mir ins Zimmer und will wissen, ob ich irgendwelche Wünsche oder Beschwerden habe. Wir spielen dann meist einige Partien Schach miteinander, rauchen eine seiner Fünf-Mark-Zigarren und unterhalten uns über das, was draußen in der Welt so alles passiert. Er ist ein sehr angenehmer Gesellschafter, der Professor, und ich freue mich immer über seinen Besuch. Nur die kleinen gelben Pillen, die er mir jeden Tag mitbringt, also, die schmecken mir überhaupt nicht. Ich habe schon versucht, sie heimlich auszuspucken, aber der Professor achtet streng darauf, daß ich sie auch nehme und versteht in dieser Beziehung nicht den geringsten Spaß. Sie würden mich beruhigen, meint er, aber wenn er kommt, bin ich überhaupt nicht aufgeregt. Das werde ich erst in der Nacht, wenn Claudia und Susanne mich besuchen.

Ja ja, so ist es — und genau das ist ja das Verrückte an der ganzen Sache! Mir brummen sie ein sattes Lebenslänglich auf, weil ich die beiden angeblich ermordet habe, und dabei sind sie so lebendig wie eh und je. Ich weiß zwar bis heute noch nicht, wie und auf welchem Weg sie eigentlich ins Gefängnis kommen, aber immer, wenn es dunkel wird, sind sie plötzlich da. Sie kommen in mein Zimmer, sehen mich an, und dann ist es wieder so wie an jenem Nachmittag auf der Lichtung in der Eifel und wie an jenem Morgen auf dem Boot vor Konstanz. Ruhig und lächelnd stehen sie vor mir und warten darauf, daß ich sie ausziehe, und ich sehe dann wieder diesen dunkelroten Nebel vor mir, der sich wie ein wärmender Mantel um mich legt. Dann streife ich Claudia das Kleid und Susanne die Jeans ab, nehme sie beide in die Arme und höre ihr leises Flüstern an meinem Ohr.

„Komm, Stefan“, sagen sie und drängen sich an mich, fordernd, verlangend, und mit dem ganzen Feuer ihrer Jugend und Schönheit, die dann eine ganze Nacht wieder mir allein gehören. Natürlich habe ich auch schon dem Professor bei seinen täglichen Besuchen von meinen Nächten mit Claudia und Susanne erzählt, aber der hat nur gelächelt und den Kopf geschüttelt. Geglaubt hat er mir kein Wort. Muß er ja auch nicht, oder? Gegen mein Urteil kann er ja sowieso nichts machen. Aber diesem Trottel von Richter habe ich es geschrieben. Wenn der sich jetzt nicht wieder einmal unheimlich blamieren will, dann sollte er sich mal schnellstens auf die Socken machen und nachts zu mir ins Zimmer kommen. Dann würde er nämlich selbst sehen, daß das Lebenslänglich gegen mich ein glatter Justizirrtum war!

***

Übrigens, das hätte ich jetzt fast vergessen, Claudia und Susanne sind nicht die einzigen Mädchen, die mich hier besuchen. Es gibt da noch eine, aber die kenne ich noch nicht lange genug. Sie kommt manchmal mit dem Professor zu mir und hört unseren Unterhaltungen zu. Der Professor sagte mir, sie wäre Psychologin und sehr an meiner Geschichte interessiert, aber ich bin da etwas anderer Ansicht. Mag sein, daß sie wirklich ein gewisses Interesse an meiner Geschichte hat, aber das ist dann nur ein Nebenzweck. Ich werde jedenfalls das Gefühl nicht los, daß sie nur eine Möglichkeit sucht, mit mir allein zu sein. Sie sieht mich nämlich nicht nur so an, wie es Claudia und Susanne getan haben, sie lächelt auch so. Etwas spöttisch, geringschätzig und nach außen hin nur Abwehr, aber doch voll verborgener Neugier und Erwartung. Ja, doch, sie wartet! Ich spüre es ganz deutlich. Sie heißt Tamara, ist groß, schlank und dunkelblond, und hat schöne volle Lippen, die so rot sind wie dieser Nebel, der bei ihrem Anblick um mich herum aufsteigt. Nein, es gibt keinen Zweifel, sie wartet. Und bald, schon sehr bald, werde ich sie besitzen. Nächste Woche will sie nämlich mit mir einen von diesen neumodischen Tests machen, und dann werde ich mit ihr über eine Stunde ganz allein sein. Es wird schön werden mit ihr, vielleicht sogar schöner als mit Claudia und Susanne, aber danach wird auch sie mich in der Nacht besuchen — genauso, wie es die anderen beiden tun!

Kein Problem für Pierre

Gianelli war mit ihm in die Rue Baron d'Auriac gefahren. Neben einem Feinkostladen hatte er seinen Wagen geparkt und war dann mit ihm langsam die Straße entlanggeschlendert, bis vor ihnen das achtzehnstöckige Bürohochhaus der ICC auftauchte.
„Die ICC selbst nützt nicht alle Etagen", hatte er gesagt. „Sie hat eine ganze Reihe davon an andere Firmen vermietet. Frenards Büros liegen in der vierzehnten. Der Chef will, daß sie morgen abend nicht mehr existieren — genauso wenig wie Frenard selbst. Dürfte für dich doch kein Problem sein, oder?"
Pierre hatte den Kopf geschüttelt und sich jede Frage verkniffen, warum der Immobilienmakler Roger Frenard ins Jenseits geschickt werden sollte. Erstens sagte Gianelli ohnehin nie mehr als unbedingt nötig war, und zweitens wußte Pierre auch ohne weitere Aufklärung, daß Frenard schon wiederholt mit den diversen Strohmännern des Syndikats aneinandergeraten war. Ganz offensichtlich hatte er nun den Bogen überspannt, und Roncour hatte sich entschlossen, das Problem Frenard ein für allemal aus der Welt zu schaffen.
„Ich sehe mir das alles mal aus der Nähe an", hatte er schließlich zu Gianelli gesagt. „Vor allem muß ich wissen, wie ich da problemlos rein und raus komme."

„Und wie stark die Bombe sein muß", hatte Gianelli erwidert. „Der Chef will, daß von Frenards Burg hinterher nur noch die Mauern stehen. Soll ich hier auf dich warten?"
Einen Augenblick lang hatte Pierre überlegt, aber dann hatte er den Kopf geschüttelt.
„Laß mal, ich rufe den Chef an, wenn ich einen Überblick habe. Ich brauche mindestens eine halbe Stunde und ich will nicht, daß dein Gesicht solange hier in der Gegend herumhängt. Also, verzieh dich!"
Gianelli hatte auf dem Absatz kehrtgemacht und war innerhalb von Sekunden verschwunden, und Pierre hatte das Gebäude erstmal gelassen umrundet und war dann hinab in die Tiefgarage gegangen und erst eine knappe Stunde später wieder aufgetaucht. Fröstelnd trat er nun von einem Fuß auf den anderen und betrachtete nachdenklich die glatte Fassade des Hochhauses.
Ich werde die Mittagspause dazu benützen, dachte er. Nach Roncours Informationen läßt sich Frenard sein Essen immer ins Büro bringen und macht danach ein kleines Nickerchen. Auf diese Weise haben seine Angestellten wenigstens eine Chance, mit heiler Haut davonzukommen. Die werden ohnehin nicht schlecht staunen, wenn sie bei ihrer Rückkehr nur noch Trümmer und Frenard selbst als Ketchup vorfinden.
Er schob die Hände in die Taschen seines Trenchcoats und eilte auf eine nur wenige Meter entfernte Telefonzelle zu.
„Ich sehe keine Probleme", sagte er, als er Roncour in der Leitung hatte. „Die Sache ist im Grunde etwas für Anfänger. Man kann mit dem Lift von der Tiefgarage aus direkt bis zu Frenards Etage fahren — non stop, sozusagen."
„Und dann?" fragte Roncour gespannt.
Pierre lächelte in den Hörer hinein.
„Dann ist Frenard dreißig Minuten später ein toter Mann", erwiderte er. „In dem Gebäude hängen in jeder Etage zwei Feuerlöscher an der Wand. Also werde ich mir zwei von diesen Dingern beschaffen, werde sie mit Plastiksprengstoff füllen und gegen die bei-

den auf Frenards Etage austauschen. Vermutlich wird von ihm und seinen Büros nur noch Staub übrigbleiben."
Eine Weile herrschte Stille, dann war Roncours Stimme wieder da.
„Und wie willst du die Dinger zünden?" fragte er. „Über Funk?"
„Nein, die gehen ganz von selbst hoch. Ich werde Säurezünder benützen, die sind immer noch am zuverlässigsten. Ich brauche dann nur noch wie bei einem richtigen Feuerlöscher die Spitze kurz auf den Boden schlagen und es ist nichts mehr aufzuhalten."
Roncour brummte zufrieden.
„Okay, ruf mich an, wenn es geklappt hat, ja?"
Pierres Lächeln vertiefte sich.
„Wird kaum nötig sein, Chef. Ich schätze, es gibt so einen Riesenknall, daß Sie es bis hinüber in Ihre Villa hören. Au revoir!"

***

Die Uhr an Pierres Handgelenk zeigte genau auf 12.08 Uhr, als er am nächsten Tag, bekleidet mit einem Monteuranzug und zwei Feuerlöschern in der Hand, den Lift in der Tiefgarage betrat und den Knopf für die vierzehnte Etage drückte. Am besten wird sein, ich mache die Dinger gleich jetzt scharf, dachte er, während er nach oben schwebte. Sieht doch etwas auffällig aus, wenn mir da oben vielleicht jemand zufällig über den Weg läuft und ich muß sie dann vor seinen Augen auf den Flur knallen.
Er faßte die Feuerlöscher fester, stieß sie mit einer ruckartigen Bewegung auf den Liftboden und wußte, daß jetzt in ihrem Innern die kleinen Ampullen zerbrochen waren und sich die Säure ihren Weg unaufhaltsam durch die dünne Metallmembrane fraß. Etwa dreißig Minuten würde es dauern, dann war der Kontakt hergestellt und die Feuerlöscher würden sich in zwei feuerspeiende Vulkane verwandeln, die alles um sich herum in kleinste Partikel zerlegten. Zufrieden grinsend richtete sich Pierre auf, und dann stoppte jäh und unvermittelt der Lift und ließ ihn mit seiner Last

gegen die Wand taumeln. Verblüfft und verärgert zugleich drückte er sämtliche Knöpfe, dann riß er wütend den Telefonhörer aus seiner Halterung.

„Hören Sie, ich stecke hier in einen Ihrer verdammten Lifts", brauste er auf, als sich die Zentrale meldete. „Irgendwo zwischen der neunten und zehnten Etage. Das Ding ist ganz plötzlich stehengeblieben. Sehen Sie mal schleunigst zu, daß Sie es wieder flott kriegen!"

Die Stimme der Telefonistin war die Ruhe selbst.

„Regen Sie sich nicht auf, das kommt schon hin und wieder mal vor", versuchte sie ihn zu besänftigen. „Das ist völlig ungefährlich. Ich schicke Ihnen gleich mal unseren Hausmeister, der kennt sich damit bestens aus. Einen Augenblick bitte, ja?"

Pierre ließ sich in die Hocke sinken und warf einen mißtrauischen Blick auf sie beiden Feuerlöscher. Noch hatte er gut siebenundzwanzig Minuten Zeit, und sie würden wohl ausreichen, um ihn aus diesem Käfig herauszuholen. Verdammt, vielleicht hätte ich doch warten sollen, bis ich auf Frenards Etage angekommen wäre, dachte er mißmutig. Wo bleibt bloß dieser Idiot von Hausmeister? Er betrachtete den hüpfenden Sekundenzeiger seiner Uhr und dann hörte er plötzlich hastig näherkommende Schritte.

„Hallo, Sie, hören Sie mich?" dröhnte eine Stimme über ihm. „Sie müssen sich leider noch etwas gedulden, bis jemand von der Aufzugfirma hier ist."

„Aber ich kann nicht solange warten!" schrie Pierre aufgebracht. „Ich muß hier raus — jetzt, sofort! Sie werden doch um Himmelswillen eine Möglichkeit haben, diesen Stall hier zu öffnen?"

Der Hausmeister räusperte sich bedächtig.

„Leider nicht, Monsieur. Es ist zwar schon vorgekommen, daß mal die Sicherung durchgebrannt ist und da war es natürlich eine Kleinigkeit, aber ich habe nachgesehen und die Sicherungen sind alle in Ordnung. Also muß es diesmal etwas anderes sein. Vielleicht ist ein Relais ausgefallen."

Pierre spürte, wie seine Kehle austrocknete.
„Dann lassen Sie doch den Aufzug mit der Handkurbel herab!“ brüllte er. „Gehen Sie ganz nach oben in den Schaltraum und lassen Sie die Kiste ein Stück nach unten gleiten — nur bis zur nächsten Tür! Oder sind Sie etwa zu dämlich dazu?“
Der Hausmeister schwieg beleidigt.
„Nein, das nicht“, sagte er dann. „Ich habe nur keinen Schlüssel für den Schaltraum. Den hat die Aufzugfirma, weil auf der ganzen Anlage noch Garantie ist. Da lassen die niemand dran. Ich habe aber schon mit den Leuten telefoniert, und die schicken auch sofort einen Monteur her, haben sie gesagt. Nur wird es bei dem Verkehr jetzt schon eine halbe Stunde dauern, bis der Mann hier ist.“
„Aber das ist zu lange!“ ächzte Pierre. „Hier geht es doch um Minuten, Mann! Ich muß hier endlich raus!“
„Sie kommen ja auch raus“, versprach der Hausmeister. „Sie müssen nur noch etwas Geduld haben. Jetzt seien Sie doch nicht so aufgeregt, es kann Ihnen ja nichts passieren. Wenn der Monteur erstmal hier ist, haben wir Sie in zwei Minuten befreit.“
Das Entsetzen sprang Pierre wie eine tollwütige Ratte an und ließ ihn in besinnungsloser Angst und Panik an die Tür hämmern, und dann begann er zu schreien. Gellend und langgezogen waren seine Schreie, und sie endeten erst, als ein grelleuchtender Blitz aufflammte und das berstende Dröhnen der Explosion alles andere unter sich begrub.

Jeremys letzte Chance

Als mir Scott Henderson sagte, daß mich Burt McKinney für einen Coup haben wollte, konnte ich mein Glück zunächst gar nicht so richtig fassen. Ich meine, McKinney war immerhin der große Macher in der hiesigen Unterwelt und ich ... ich war ein kleiner Wicht gegen ihn. Ein ehemaliger Tresorknacker, nahe an die Fünfzig und seit gut zehn Jahren aus dem Geschäft. Wie zum Teufel kam McKinney gerade auf mich?

„Ja, weißt du, Jeremy", sagte Scott und spendierte mir den vierten Whisky im GLOBEMASTER, „Burt kann das Ding ohne dich gar nicht drehen. Die Moneten liegen nämlich nicht hier irgendwo in einen Safe herum, sondern so gut dreißig, vierzig Meter unter Wasser — draußen in der Rafferty-Bucht."

Mir ging mit einem Schlag ein ganzer Kerzenleuchter auf.

„Die SEAWITCH?" fragte ich zögernd. „Geht es um diesen Kahn?"

Scotty nickte stumm.

„Erraten", sagte er nach einer Weile, „aber halt bloß den Mund, Jeremy. Eigentlich hättest du das erst erfahren sollen, wenn wir zu diesem Coup gestartet wären — vorausgesetzt, du machst mit."

Ich drehte nachdenklich mein Glas zwischen den Fingern.

„Mach dir darüber keine Sorgen, Scotty“, sagte ich dann. „Ich halte da absolut dicht. Wissen möchte ich nur, was sich Burt von der Sache erhofft? Die SEAWITCH ist vor zwei Tagen da draußen in die Luft geflogen, und soweit ich informiert bin, gibt's da nicht mal ein bißchen Kleingeld zu holen.“

„Da gibt's fünfhunderttausend Dollar zu holen!“ zischte mir Scotty erregt zu. „Eine halbe Million, Jeremy!“

„Eine ...? Wie denn das?“

Er schob sein Glas beiseite und beugte sich zu mir über den Tisch.

„Hör zu, Partner“, flüsterte er heiser. „Ich will dir die Sache erklären. Du weißt, daß die SEAWITCH Ron Tyler gehörte, nicht wahr? Du weißt auch, daß Tyler hier an der Küste den ganzen Drogenhandel in der Hand hatte, oder?“

„Ja ja, schon, aber ...“

„Gar nichts aber“, unterbrach er mich. „Hör doch erst mal zu! Also, McKinneys Frau ist nun wiederum eine gute Freundin von Tylers Betthäschen, und die hat sich nach der Explosion der Yacht und Tylers überraschender Himmelfahrt sehr ausgiebig bei Phyllis McKinney ausgeweint.“

„Tztztz“, machte ich. „Ausgerechnet bei diesem eiskalten Luder Phyllis!“

Scotty winkte unwillig ab.

„Eiskalt oder nicht, jedenfalls hat Phyllis dabei erfahren, daß Tyler an jenem Abend mit einer runden halben Million in See gegangen ist. Wie sein blonder Zeitvertreib sagte, wollte er sich etwa dreißig Meilen vor der Küste mit einem Frachter treffen und eine Ladung Hasch übernehmen.“

„Und dabei hat er sich selbst übernommen“, grinste ich. „Kennt man eigentlich schon die Ursache für diese Explosion?“

Scotty zuckte mit den Schultern.

„Die Jungs vom FBI sind noch am Schnüffeln. Vielleicht war es nur ein technischer Defekt, vielleicht war Tyler aber auch jemandem im Weg. Wer weiß das schon? Für uns ist nur wichtig, daß da draußen eine halbe Million im Bach liegt und außer uns niemand was davon weiß."

„Wenn man den Kahn erstmal gehoben hat, dann wissen es viele", sagte ich sehnsüchtig. „Mir würde im Augenblick eine Finanzspritze jedenfalls mehr als gut tun. Bin ziemlich abgebrannt, weißt du? Genauer gesagt, ich bin pleite."

Scotty nickte verständnisvoll.

„Weiß ich doch, Jeremy, seh ich doch! Aber mit dieser Sache bist du aus dem Schneider! Tyler hatte die Mäuse in einem Bordsafe gebunkert, sagt sein Trauerengel. Soll ein Abernathy Fabrikat sein. Traust du dir zu, das Sparschwein aufzuschweißen?"

Ich grapschte mir das Glas mit dem fünften Whisky und nickte siegessicher.

„Und ob ich mir das zutraue! Mann, Scotty, Abernathy Fabrikate waren früher geradezu meine Spezialität! Gut, ich bin ein wenig aus der Übung, aber wenn ich genügend Zeit habe, mache ich dir sogar denen ihren CR 300 auf. Ich kann nur immer noch nicht begreifen, wieso McKinney dabei gerade an mich gedacht hat."

„Na, weil du doch bei der Navy als Taucher gearbeitet hast", klärte mich Scotty auf. „Ein ausgebildeter Taucher und ein routinierter Safeknacker, wo gibt es denn so eine Kombination nochmal? Ich wüßte wahrhaftig nicht, wer dir da das Wasser reichen könnte."

Ich fand, daß das auch gar nicht nötig war, denn Wasser hatte ich sowieso mehr als genug um mich herum. Es stand mir im Augenblick sogar bis zum Hals, und McKinneys Angebot war vielleicht die letzte Chance in meinem Leben, endlich mal wieder festen Boden unter die Füße zu bekommen.

„Also gut", sagte ich schließlich und schielte demonstrativ auf mein inzwischen wieder leeres Glas. „Wenn sich die Sache lohnt, stehe ich ab sofort auf McKinneys Gehaltsliste. Was schaut denn für mich dabei heraus?"

„Zehn Prozent von der Beute“, erwiderte Scotty und winkte dem Kellner. „Wir bekommen alle drei zehn Prozent, Jeremy. Das sind pro Nase fünfzigtausend Eier! Ist das was oder ist das nichts?“
„Das ist was“, bestätigte ich. „Aber was heißt hier alle drei? Wer ist denn da noch mit von der Partie?“
Scotty deutete zunächst auf mich, dann auf sich und dann auf einen Mann an der Bar.
„Du, ich und Hank Riley, der Juniorchef der SUNNY STATE DIVERS SCHOOL. Ein As im Tauchen, aber von Safeknacken versteht er leider nichts. Dafür brauchen wir dich. Also, bist du dabei?“
Ich streckte ihm wortlos meine Hand entgegen.
„Wann?“ fragte ich nur.
Scotty warf einen Zehner auf den Tisch und erhob sich.
„Heute nacht, gegen ein Uhr“, erwiderte er. „Wir treffen uns drüben bei Lynn Rock. McKinney hat dort ein Boot mit zwei kompletten Taucherausrüstungen an Land gezogen — und Gas, Sauerstoff und Schweißbrenner bringe ich selbst mit. Riley geht dann mit dir runter und hilft dir, das Zeug an Ort und Stelle zu schleppen, aber die Seele vom ganzen bist du. Können wir uns auf dich verlassen, Jeremy?“
„Das könnt ihr“, nickte ich. „Für fünfzigtausend Mäuse schlage ich mir gerne mal eine Nacht um die Ohren. Ich weiß zwar nicht wie du das siehst, aber für mich ist das Ding schon jetzt so gut wie gelaufen!“

***

Zuhause erzählte ich dann meiner Paula davon. Sie wissen nicht, wer Paula ist? Also, dann muß ich etwas weiter ausholen. Als ich damals von Korea zurückkam und feststellen mußte, daß sich Ginny mit diesem Windhund von Barmixer aus dem TRAIL davongemacht hatte, da war es Paula gewesen, die mich vor dem Abrutschen bewahrte. Sie war Friseuse, ein junges hübsches Ding von zweiundzwanzig, und als ich sie an einem schönen Augustmorgen kennenlernte, hatte ich gerade noch ein paar Dollar in der Tasche und meinen Seesack mit alten Militärklamotten in der Hand. Von meinen wenigen Mäusen ließ ich mir dann von ihr einen eleganten Haarschnitt verpassen, weil ich da gerade eine Anstellung in Aussicht hatte und bei meinem zukünftigen Chef ein bißchen Eindruck schinden wollte. Also, um es kurz zu machen: ich bekam zwar nicht den Job, dafür aber Paula. Irgendwie hatte sie gefühlt, daß ich total am Boden war, und da brachte sie es einfach nicht fertig, mich so wieder gehen zu lassen. Das mit großer Liebe und so, das kam alles erst sehr viel später, aber dann kam es mit Donnerhall und hat Gott sei Dank auch bis zum heutigen Tag angehalten.

Scottys Vorschlag gefiel ihr allerdings ganz und gar nicht.

„Mensch, Jerry, mach dir doch nichts vor", sagte sie kopfschüttelnd. „Das ist doch alles nur Blabla. Dieser Gauner McKinney denkt doch gar nicht daran, dich mit zehn Prozent zu beteiligen. Das wären ja runde fünfzigtausend Eier. Hat dir schon mal irgend jemand ein derartiges Honorar bezahlt?"

Ich mußte zugeben, daß das noch nie der Fall gewesen war. Wenn man mich in früheren Tagen für so einen Coup angeheuert hatte, dann immer nur zu festen Preisen — und die lagen nie über zehntausend.

„Aber Burt kann gar keinen besseren Mann wie mich kriegen", versuchte ich McKinney's Großzügigkeit zu begründen. „Die SEAWITCH soll ja schon übermorgen gehoben werden und da bleibt ihm gar keine Zeit mehr, einen anderen zu engagieren. McKinney steckt in einer Zwangslage und weiß genau, was ich im Augenblick für ihn wert bin."

Paulas Kopfschütteln verstärkte sich.

„Er weiß genau, daß du nichts machen kannst, wenn er dich mit einem Trinkgeld abspeist", meinte sie. „Ein anderer würde ihm vielleicht dafür ein Loch in den Anzug pusten, aber du . . . mein Gott, Jerry, du weißt doch selbst, daß du nicht der Typ für sowas bist. Du

kriegst ja schon Zustände, wenn du mal'ne Mausefalle im Keller ausstellen sollst. Nee, nee, laß lieber die Finger von diesem Geschäft, McKinney haut dich ja doch nur über's Ohr."
Ehrlich gesagt, war mir dieser Gedanke auch schon gekommen. Wer konnte zum Beispiel Burt McKinney daran hindern, uns alle drei auf die Nase fallen zu lassen? Was konnten wir schon tun, wenn wir nach dem Coup wieder an Land gingen und statt zehn Prozent von der Beute, zehn Tritte in den Hintern bekamen? Schließlich konnten wir dann nicht die Bullen rufen und uns beschweren, und wir konnten McKinney auch nicht ans Messer liefern. So gesehen, schien das Mißtrauen meiner Paula gar nicht mal so abwegig zu sein.
„Tja, also", sagte ich schließlich mißmutig, „ich kann mir ja die Sache immer nochmal durch den Kopf gehen lassen. Möglich wäre es schon, daß mich McKinney dabei auf's Kreuz legen will, da möchte ich dir gar nicht mal ernsthaft widersprechen. Die Frage ist nur, ob ihm das auch gelingt. Ich meine, ganz dämlich bin ich ja nun auch wieder nicht, und da werde ich halt mal darüber nachdenken, wie sich so ein Reinfall vermeiden läßt, nicht?"
Und genau das tat ich dann auch!

***

Nachts lief dann allerdings alles wie am Schnürchen. Scotty und Riley kamen kurz nach mir nach Lynn Rock, und dann holten wir das Boot aus dem Schuppen und fuhren die knapp vier Meilen bis zur Untergangsstelle der SEAWITCH hinaus. Die Küstenwache hatte dort eine Schwimmboje angebracht, aber Scotty brauchte sie gar nicht mal. Er steuerte das Boot zielsicher zur richtigen Stelle, half mir dann in den Anzug und drückte Riley den Sack mit meinem Werkzeug in die Hand.
„Jeremy hat das Kommando, Hank", sagte er zu ihm. „Du bist nur sein Wasserträger, klar?"

Ich nickte Scotty zu, ließ mich rücklings über Bord fallen und schaltete nach etwa zehn Metern meine Lampe ein. Nach weiteren fünfzehn Metern hoben sich bereits die ersten schwachen Umrisse der SEAWITCH aus der Dunkelheit, und dann dauerte es nur noch wenige Minuten, und wir waren in Tylers Kajüte. Ronald Tyler, Gott hab'ihn selig, war zwar durch und durch ein Gauner gewesen, aber er hatte auch etwas von einem Romantiker an sich gehabt und ein Bild mit badenden Nixen über seinen Safe gehängt. Jetzt allerdings hatten weder ich noch Hank einen Blick für diese Wasserschönheiten. Hank legte mir mein Werkzeug griffbereit, schraubte den Schweißbrenner an die Schläuche, und dann zeigte ich dem Jungen mal, wie ein erstklassiger Experte arbeitet. Mein alter Rekord für einen Abernathy Safe hatte einmal elf Minuten betragen, aber jetzt brauchte ich doch glatte siebzehn, bis ich das Ding offen hatte. Und dann war mir, als würde Hanks enttäuschtes Ächzen bis zu mir herüberdringen. Der Safe war leer! Nichts war drin außer den Schiffspapieren, einigen Verrechnungsschecks, die man sowieso nicht gebrauchen konnte, und ein geradezu erbärmlich dünnes Häufchen Fünfziger.
Ich wandte mich ab, leuchtete Hank an, der mir mit kreisrunden Augen entgegenstarrte, und deutete dann mit dem Daumen nach oben. Ohne uns um unseren Werkzeugkrempel zu kümmern, schwebten wir zurück an die Wasseroberfläche, und dann knallte ich Scotty wütend das Häufchen Fünfziger auf die Bordwand.
„Zähl nach!" zischte ich. „Wenn das eine halbe Million ist, dann fresse ich einen Besen. Mehr war aber nicht drin."
Scotty sprang vor Wut förmlich in die Luft und Hank fluchte zum Steinerweichen, aber davon wurden die paar Scheine vor uns auch nicht mehr. Ich krallte mir die Moneten, teilte sie in drei gleiche Häufchen und schob meinen Anteil in die Tasche.
„Schönen Gruß an McKinney", sagte ich verächtlich und ließt den Motor an. „In Zukunft soll er sich für seine Superdinger einen anderen Trottel suchen. Los, fahren wir zurück, Scotty!"

Stumm und niedergeschlagen gingen wir Minuten später an Land. Scotty versetzte dem Boot einen Tritt, der es langsam wieder auf See hinausgleiten ließ, dann wandte er sich schulterzuckend zu mir um.

„Ich kann nichts dafür, Jeremy“, entschuldigte er sich. „Ich hab' ja nur getan, was McKinney mir angeschafft hat. Diese Pleite geht voll zu seinen Lasten. Ich an seiner Stelle hätte mich sowieso nicht auf diese dämliche Kuh Phyllis verlassen. Alles nur Weibergequatsche. Soll ich dich noch nach Hause fahren?“

Ich winkte ab und sah zu, wie er und Hank in ihre Kisten stiegen und davonrauschten, dann marschierte ich um die nächste Ecke zu meinem alten Chevrolet und zu Paula. Na klar, Paula war mit von der Partie gewesen. Sie hatte mich ja zu unserem großen Coup hergefahren. Sogar schon gut zwei Stunden, bevor Scotty und Hank überhaupt aufgetaucht waren. Warum? Na, weil ich diese Zeit einfach brauchte, um hinauszufahren, runter zur SEAWITCH zu gehen und den Safe auszuräumen. Allein und auf kalte Tour. Nur mit meinem Werkzeug, dem Stethoskop und ein bißchen Fingerspitzengefühl. Seit ich mit meiner Paula zusammen bin, habe ich davon nämlich eine ganze Menge!

Eine ideale Ehe

Ich weiß zwar nicht, wie das bei Ihnen ist, aber ich selbst mag keine rothaarigen Männer; und der Typ von der ELITE VERSICHERUNG, der seit einer halben Stunde auf meinem Besucherstuhl herumrutschte, war rothaarig!

„Sagen Sie mal, worauf stützen Sie eigentlich Ihre Vermutung, daß es sich im Fall Eirich um Mord handeln könnte?“ fragte ich ihn schließlich. Er kaute nervös auf seiner Unterlippe herum.

„Nun, es ist doch schon sehr eigenartig, wenn da jemand seine Frau für eine glatte Million versichert und dann stirbt die Dame ein halbes Jahr später“, erwiderte er. „Da wird man doch ganz automatisch hellhörig — noch dazu, wenn der Ehemann Arzt und alleiniger Begünstiger ist.“

Ich zuckte mit den Schultern.

„Es gibt Zufälle.“

„Aber solche Zufälle, Frau Kommissar?“

„Gibt es“, nickte ich. „Die Welt ist voll von Zufällen. Oder wollen Sie Anzeige erstatten?“

Er ringelte sich wie ein Wurm an der Angel.

„Nun, ich meine, wir haben zwar keine Beweise dafür, daß Dr. Eirich seine Frau umgebracht hat, aber angesichts der Sachlage liegt dieser Verdacht doch nahe, nicht wahr?“

„Wollen Sie nun Anzeige erstatten oder nicht?“ versuchte ich ihn festzunageln.
Er hob abwehrend die Hand.
„Soweit möchten wir im Augenblick noch nicht gehen“, erwiderte er. „Ich wollte Sie nur darauf aufmerksam machen, daß hier unter Umständen ...“
„Sie haben es getan, Herr Stenger“, unterbrach ich ihn. „Ich werde mich um die Sache kümmern. Sie hören dann von mir, okay?“
Er schnaufte dankbar, griff nach seiner Aktentasche und watschelte zur Tür hinaus. Als er sie hinter sich geschlossen hatte, blätterte ich in dem schmalen Akt, den er mir hinterlassen hatte und der alles Wissenswerte über den Tod von Frau Regina Eirich enthielt. Danach war die Arztgattin vor knapp zwei Wochen im blühenden Alter von 39 Jahren einem plötzlichen Herzversagen erlegen. Den Totenschein hatte ein Dr. Ziegler ausgestellt, der gerade die Urlaubsvertretung einer benachbarten Praxis von Dr. Eirich übernommen hatte. Von daher gesehen, kam so etwas wie kollegiale Kumpanei wohl kaum in Betracht. Wenn dieser Dr. Eirich seine Frau tatsächlich ermordet hatte, dann auf eine so raffinierte Art und Weise, daß nicht mal ein Fachmann stutzig wurde. Aber mußte jetzt ausgerechnet dieser Rothaarige recht haben? Ich beschloß, mich lieber auf meine Menschenkenntnis zu verlassen und Dr. Eirich einen Besuch abzustatten. Noch am gleichen Tag machte ich mich dann zu ihm auf den Weg.

***

Dr. Robert Eirich hatte seine Praxis draußen in Altenbuch, einer Marktgemeinde mit knapp 4000 Einwohnern. Er war ein sportlicher und gut aussehender Mittvierziger, der nicht nur einer Kriminalbeamtin gefallen konnte.
„Also, das ist nicht nur vollkommener Unsinn, das ist unfair, Frau Kommissar“, sagte er, als ich ihm den Grund meines Besuches genannt hatte. „Jeder hier im Ort wußte, daß unsere Ehe nicht nur

intakt, sondern ausgesprochen glücklich war. Wenn es so etwas wie eine ideale Ehe gibt, dann war es unsere."

Er sah mich mit seinen tiefbraunen Augen so intensiv an, daß mir dabei ganz komisch wurde.

„Nun, Sie verstehen sicher, daß ich solchen Andeutungen, wie sie mir von diesem Versicherungsvertreter gemacht wurden, nachgehen muß", sagte ich schließlich. „Aber ganz persönlich möchte ich Ihnen sagen, daß ich Ihnen meinen Besuch gerne erspart hätte."

Er lächelte und schüttelte den Kopf.

„Aber ich bitte Sie, Frau Kommissar! Ihr Besuch ist doch für mich keine Belästigung — im Gegenteil! Seit dem Tod meiner Frau bin ich ohnehin meist allein und da freue ich mich über jeden, der den Weg zu mir findet. Und ganz besonders dann, wenn es sich dabei um eine so reizende und charmante Dame wie Sie handelt."

Ich spürte plötzlich wie meine Kehle trocken wurde und deutete schnell auf ein Foto auf seinem Schreibtisch, das eine dunkelhaarige und sehr hübsche Frau zeigte.

„Ist das ... war das Ihre Frau?" fragte ich.

Er nahm es behutsam in beide Hände und nickte langsam.

„Ja, das war Regina", sagte er leise. „Das Foto ... wir haben es in unserem letzten Urlaub gemacht — in Irland war das. Wer hätte damals ahnen können, daß ..."

Seine Stimme klang brüchig, verstummte schließlich ganz, und in mir stieg eine tiefe Welle des Mitleids auf. Nein, da war ich mir jetzt ganz sicher, dieser Mann war kein Mörder. Ein Mann, der das Foto seiner Frau so zärtlich und voll sichtbarer Sehnsucht berührte, konnte einfach kein Mörder sein. Der Rothaarige würde von mir einiges zu hören bekommen!

„Sie können gerne noch Dr. Ziegler befragen", sagte Dr. Eirich in meine Gedanken hinein. „Er hat ja damals den Totenschein ausgestellt."

Ich winkte zwar mit beiden Händen ab, aber Dr. Eirich hatte bereits seine Nummer gewählt und Sekunden später hatte ich den Arzt am Apparat.

„Hören Sie, gnädige Frau“, dröhnte er. „Ob es nun der Versicherung paßt oder nicht: Frau Eirich ist an einem so eindeutigen Herzversagen gestorben, daß es jeder Medizinstudent im zweiten Semester erkannt hätte — und ich bin ein alter Praktiker.“
„Ich auch, Herr Doktor“, sagte ich, bedankte mich höflich und legte auf.
Danach trank ich mit Dr. Eirich die dritte Tasse Kaffee, dann fuhr ich zurück ins Präsidium und rief den Rothaarigen an.

***

Es war seltsam, aber seit meinem Besuch bei Dr. Eirich hatte ich immer Irland im Kopf, wenn ich an Urlaub dachte. Folgerichtig stand ich dann auch an einem schönen Julitag am Flughafen von Dublin und riß verblüfft die Augen auf, als plötzlich Dr. Robert Eirich am Arm einer dunkelhaarigen und sehr hübschen Frau an mir vorüberging.
„Herr Doktor?“ stotterte ich. „Herr Doktor Eirich? Und auch die Gemahlin? Ja, sehe ich denn Gespenster?“
Er erkannte mich sofort und reagierte wie ein echter Profi.
„Aber keineswegs, Frau Kommissar, keineswegs“, lächelte er. „Ich freue mich, daß ich Ihnen meine Frau nun auch in natura vorstellen kann. Sieht sie nicht genau wie auf dem Foto aus?“
Ich nickte und schluckte gleichzeitig.
„Doch, natürlich. Aber könnten Sie mir vielleicht erklären . . .“
„Aber da gibt es gar nicht viel zu erklären“, unterbrach er mich. „Ich habe Regina nur gut versichert und dann sterben lassen — so einfach war das.
„Und . . . und der Totenschein?“ ächzte ich. „Oder war Dr. Ziegler etwa mit von der Partie?“
Dr. Eirich und seine Frau lächelten sich verschmitzt zu.
„Ach was“, erwiderte er dann. „Dr. Ziegler war ja nur eine Urlaubsvertretung für den Kollegen Koch und kannte meine Frau

überhaupt nicht. Er hat sie erst gesehen, als sie bereits tot war. Aber damit er jetzt nicht in ein schiefes Licht gerät, will ich Ihnen die Sache kurz schildern. Ich hatte da . . ."
„Mein Mann hatte da eine mit mir etwa gleichaltrige Patientin, die seit langem an Herzschwäche litt", ergriff die hübsche Frau Eirich das Wort. „Die Dame war Lehrerin gewesen, lebte völlig allein und war wegen ihres Herzleidens vorzeitig pensioniert worden. Robert wußte, daß sie jeden Tag sterben konnte und da kam ihm der Gedanke, mich versichern zu lassen. Na ja, und als er dann eines Abends zu ihr kam, sah er sofort, daß sie die Nacht nicht mehr überleben würde — und so ist es dann ja auch gekommen, nicht wahr, Schatz?
„Genauso", bestätigte Dr. Eirich. „Also holte ich zunächst meine Frau, rief dann Dr. Ziegler an und sagte ihm, daß meine Frau bei einem gemeinsamen Patientenbesuch plötzlich an Herzversagen gestorben wäre. Als er kam, stelle ich ihm Regina als die tote Lehrerin und die tote Lehrerin als meine Frau vor. Er untersuchte sie, bestätigte meine Diagnose und schrieb den Totenschein aus, und das gleiche tat ich dann im Fall der Lehrerin. Regina schickte ich dann einstweilen hierher nach Irland, weil die Auszahlung der Versicherungssumme doch noch einige Zeit dauerte, aber dank Ihres Besuches gab es dann keinerlei Probleme mehr."
Ich sah die beiden kopfschüttelnd an.
„Die wird es aber geben", prophezeite ich. „Ich rufe jetzt sofort meine Dienststelle an und diese wird die irische Polizei . . ."
„Wir fliegen in zwanzig Minuten in ein Land, das weder mit Irland noch mit Deutschland einen Auslieferungsvertrag hat", unterbrach er mich lächelnd. „Und Eirich heißen wir schon lange nicht mehr. Was sagen Sie jetzt, Frau Kommissar?"
Ich wußte, daß es nichts mehr zu sagen gab. Also schüttelte ich den beiden nur noch seufzend die Hand, griff nach meinem Koffer und ging langsam auf den wartenden Bus zu.

Westlich von Stack Skerry

Noch am Tag zuvor hatte es so ausgesehen, als ob sich das heitere Wetter der letzten Wochen auch noch über Ostern halten würde, aber dann hatte es in der Nacht zum Karsamstag ganz überraschend zu regnen begonnen.
Don war davon erwacht, daß der aufkommende Wind die Tropfen gegen die Scheiben trieb, und als er aufstand, die Vorhänge zurückzog und das Fenster öffnete, sah er unten im Hof die gebeugte Gestalt Jennifers. In Gummistiefeln und mit einem alten Regenmantel bekleidet, versuchte sie einen Graben um die Hütte von Bubble, dem Bernhardiner, zu ziehen, und das große, braunweiß gefleckte Tier stand mit schiefgeneigtem Kopf neben ihr und belohnte ihre Bemühungen mit einem wohlwollenden Schwanzwedeln.
„Hey, Jenny, soll ich Ihnen helfen?" rief er, sich aus dem Fenster beugend.
Sie wandte sich um und hob lachend sie Hand.
„Nein, bleiben Sie, wo Sie sind, ich bin gleich fertig. Haben Sie gut geschlafen?"
Er warf ihr übermütig einen Handkuß zu.
„Bestens, Mylady, ich habe sogar von Ihnen geträumt."

Jennifer strich sich eine Strähne ihres durchnäßten Haares aus dem Gesicht und deutete auf den wolkenverhangenen Himmel.
„Von Sonne zu träumen wäre besser gewesen, Don", sagte sie lächelnd. „Der Winter war ja lange genug, nicht? Übrigens, falls Sie Appetit auf ein herzhaftes Frühstück haben, kommen Sie herunter, ja?"
Don legte salutierend die Hand an die Stirn.
„Aye, aye, Sir! In spätestens fünf Minuten werden Sie sehen, welcher Fehler es war, mich als Ihren Gast hier aufzunehmen."
Einen Augenblick lang sah er ihr noch zu, wie sie mit Hilfe der Schaufel den Schmutz von ihren Schuhen enfernte, dann schloß er das Fenster und kleidete sich hastig an. Als er in seine Schuhe schlüpfte, erinnerte er sich, daß es eigentlich die Schuhe von Jennifers Vater waren, und plötzlich sah er sie wieder so vor sich, wie er sie damals, am Strand von Roven Island gesehen hatte . . .

***

Das Wasser hatte seine Farbe verändert. Noch Stunden zuvor, als sich Don aus dem überfluteten Cockpit der F-16 in das unter ihm tanzende Schlauchboot hatte fallen lassen, war es von einer dunkelgrünen, fast schwarzen Undurchsichtigkeit gewesen. Aber jetzt, in Sichtweite der kleinen Insel, hatte es die Farbe eines hellen Aquamarins angenommen, die den Blick bis hinab zu dem muschelübersäten Grund freigab. Und nicht nur seine Farbe hatte gewechselt. Don schien es seltsamer Weise auch, als sei es etwas wärmer geworden, doch das mochte eine Täuschung sein. Vielleicht war er nur durch das stundenlange Treiben unempfindlicher gegen seine Kälte geworden. Er haßte Kälte, hatte sie immer gehaßt; und als er über den Bug der F-16 abwärts und dieser kalten, grünschimmernden Unendlichkeit entgegengeglitten war, war seine Angst vor der Berührung mit ihr größer, als vor allem Kommenden gewesen. Don seufzte leise und drehte sich auf den Rücken.

Obwohl der Strand nun fast greifbar nahe war, und er sich ohne Schwierigkeit erheben und die letzten Meter zu Fuß gehen konnte, zog er es doch vor, liegenzubleiben und sich treiben zu lassen. Erst, als das Boot den Grund streifte und das sanfte Dahingleiten unterbrach, richtete er sich auf und betrachtete erstaunt seine Füße. Er konnte sich nicht erinnern, daß er irgendwann seine Stiefel ausgezogen hatte, aber sie waren nicht mehr da. Waren genauso verschwunden wie die Strümpfe, die ihm Berenice noch am Morgen zurechtgelegt hatte. Er wandte sich um und blickte auf die schimmernde Wasserfläche zurück, über die er an diesen Strand geglitten war und an deren anderem Ende Norwegen und Algard Air Base lag.
Ob Berenice schon wußte, daß er Thurso Field nicht erreicht hatte? Sie mußte es eigentlich wissen. Denn als dieser gigantische Schlag die F-16 erschüttert und sich das dumpfe Dröhnen ihrer beiden Triebwerke in einen kreischenden, nervenzerfetzenden Diskant verwandelt hatte, stand er bereits seit sieben Minuten in Kontakt mit Stronsay Tower und den Jungs dort konnte es gar nicht entgangen sein, daß er plötzlich aus dem Radar gefallen war.
Nein, Berenice mußte es wissen. Natürlich würde sie sich jetzt Sorgen machen, würde sich überlegen, was sie tun sollte, wenn er nicht zurückkam, aber weinen würde sie sicher nicht. Vielleicht würde sie das später bei der Trauerfeier tun, wenn ihr General Kirby sein Beileid aussprach und die Kameras der Presseleute auf sie gerichtet waren. In der Öffenflichkeit hatte Berenice ja schon immer Wert darauf gelegt, als die liebevolle, fürsorgliche Gattin zu gelten; und irgendwie würde es doch ein schiefes Bild von ihr ergeben, wenn sie dabei genauso kalt und gleichgültig blieb, wie sie das in den vierzehn Jahren ihrer Ehe ihm gegenüber gewesen war.
Er ging langsam den sanft ansteigenden Strand hinauf, lächelte bei dem Gedanken, welche Enttäuschung seine Rückkehr für Berenice sein würde und dann, ganz plötzlich und unvermittelt sah er das Mädchen. Es saß auf einem Felsen, sah ihm ruhig und mit unbewegtem Gesicht entgegen, aber als er stehenblieb und überrascht

zu ihr hinaufsah, glitt es von seinem Sitz herab und kam mit raschen Schritten auf ihn zu.
„Tag, Miß", sagte er, als sie ihn erreicht hatte. „Das sieht ja fast so aus, als ob Sie auf mich gewartet hätten."
Der Wind kam vom Land her, erfaßte ihr Haar und ließ es für Sekunden zu einer kastanienbraunen Wolke werden, deren Duft bis zu ihm herüberdrang.
„Das habe ich auch, Major", erwiderte sie und lächelte. „Ich sagte mir, wenn Sie es überhaupt schaffen würden, dann müßten sie mit der Flut hier irgendwo an Land treiben — bei Ebbe hätten Sie ohnehin keine Chance gehabt."
Don nickte gedankenvoll und sah auf das Meer hinaus, aber dann riß es ihn herum.
„Aber woher . . . woher wußten Sie überhaupt von mir?" fragte er verwundert. „Gibt es vielleicht doch so etwas wie Telepathie?"
Ihre Augen waren so grün wie die See.
„Vielleicht gibt es das", sagte sie schulterzuckend, „ich weiß nicht. Meine Information stammt jedenfalls aus dem Radio. Die halbe Nato ist auf der Suche nach Ihnen."
Von den Shetlands kam im Tiefflug eine Grumman Tomcat herunter, umkreiste die Insel und zog pfeifend in Richtung Westen davon. Don deutete mit dem Daumen auf die langsam verwehende Rauchfahne über ihnen.
„Wenn es die Jungs so eilig haben, werden sie mich nie finden", meinte er sarkastisch. „Mich wundert sowieso, daß hier nicht ein bißchen mehr Betrieb ist."
Das Mädchen machte eine kreisende Handbewegung.
„Hier sucht man Sie auch nicht, Major", sagte sie mit einem nachsichtigen Lächeln. „Sie sind doch ziemlich weit abgetrieben worden und wenn man hier nicht zu Hause ist, denkt man gar nicht an die Strömung um Roven Island."
Don nickte enttäuscht. Was sie gesagt hatte, war eine Erklärung dafür, warum der Himmel über ihm bisher so ruhig geblieben war,

aber sie ließ auch gleichzeitig die Befürchtung in ihm aufkommen, daß er nun bis zum Abend hier festsaß.

„Okay“, sagte er und machte einige vorsichtige Schritte, „bringen Sie mich bitte zum nächsten Telefon, Miß ... ääh ...?“

„Kinross — Jennifer Kinross, Major.“

Don streckte ihr grinsend die Hand entgegen.

„Freut mich, Miß Kinross, freut mich ungeheuer. Meinen Namen kennen Sie ja sicher schon, stimmt's?“

Im Hintergrund ihrer Augen glitzerten tausende kleiner Lichter. „Ich kenne Ihren ganzen Lebenslauf, Mister Donald Fitzroy“, erwiderte sie mit einem leisen Lachen. „BBC hat ausführlich über Sie berichtet. Ihre Frau ... sie ... sie mußte in eine Klinik gebracht werden, als sie von Ihrem Absturz erfahren hatte.“

Er stieß hörbar die Luft aus.

„Ein Besuch in der nächsten Boutique hätte sie schneller wieder auf die Beine gebracht“, brummte er grimmig. „Aber vielleicht holt sie das nach, wenn ich ... Ah ja, wo kann ich telefonieren, Miß Kinross?“

Sie deutete mit dem Kinn auf die See in seinem Rücken.

„Springen Sie wieder hinein und schwimmen Sie nach Süden oder Norden“, sagte sie heiter. „Die Shetland und Orkney Inseln sind von hier etwa gleich weit entfernt. Auf Roven Island gibt es leider kein Telefon.“

Don starrte sie fassungslos an.

„Es gibt ... Sie haben keine Verbindung zum Festland?“ stammelte er. „Aber wie ... was tun Sie denn in einem Notfall? Was machen Sie, wenn jemand krank wird?“

Jennifer bewegte leicht die Schultern.

„Ach, so tragisch ist das nicht“, meinte sie gelassen, „Roven Island wird ja nur von vier Familien bewohnt und Mrs. McCulloch hat mal ein bißchen Medizin studiert. Wenn es ganz schlimm wird, haben wir immer noch Ted Falkirks Boot. Es verfügt über ein Funkgerät.“

Es war ein Hoffnungsschimmer.

„Gut“, sagte er entschlossen, „wo ist das Haus von Mr. Falkirk?“

Ihre Hand hob sich wie die Schwinge einer Möwe.
„Sein Haus ist dort drüben, hinter der Düne, aber Ted ist nicht da. Er ist über Ostern nach Westray zu seiner Tochter gefahren. Vor Dienstag oder Mittwoch wird er kaum zurückkommen."
Er spürte plötzlich, wie ihm der Wind die Kälte unter die Haut trieb.
„Hören Sie, Miß Kinross", schnaufte er, „heißt das etwa, daß wir hier von Gott und der Welt solange abgeschnitten sind, bis dieser Ted Falkirk wieder hier ist?"
An ihren Wangen bildeten sich kleine Grübchen.
„Mit Gott weiß ich nicht so gut Bescheid", sagte sie langsam, „nur, was die Welt anbelangt, da haben Sie recht. Es kann natürlich sein, daß Ihre Glückssträhne anhält und zufällig ein Boot der Küstenwache vorbeikommt, aber die grasen jetzt wahrscheinlich weiter nördlich die See nach Ihnen ab."
Don sah sich hilflos nach allen Seiten um.
„Ich kann also im Augenblick nichts tun, als zu warten, wie?"
Jennifer nickte ernsthaft.
„Das ist das einzige, Major. Aber ich würde vorschlagen, Sie tun das in meinem Haus. Ich nehme nicht an, daß Ihnen sonderlich viel an einer Lungenentzündung liegt, oder?"
Er schüttelte so heftig den Kopf, daß sich eine Unzahl winziger Wassertropfen aus seinem Haar löste und auf ihr Gesicht fiel.
„Nein, wahrhaftig nicht", seufzte er. „Aber andererseits ... ich möchte Ihnen keine Umstände machen. Es kann ja Tage dauern, wie Sie sagten, Miß Kinross."
Sie schob mit dem Fuß kleine Steine zu einem Häufchen zusammen.
„Hier draußen können Sie sie jedenfalls nicht verbringen", sagte sie entschieden. „Und Umstände machen Sie mir auch nicht. Außerdem habe ich sogar ein Recht auf Sie. Strandgut gehört immer noch dem, der es findet; und im Augenblick sehen Sie nach nichts anderem aus. Also, kommen Sie schon, es sind nur ein paar Minuten."

***

Das leise Knarren der Tür hinter ihm ließ ihn aufgeschreckt zusammenfahren.
„Hallo, Don", sagte Jennifer amüsiert, „sind Sie etwa wieder eingeschlafen? Ich dachte, Sie wollten in fünf Minuten unten sein?"
Ihre Stimme brach so unvermittelt in seine Gedanken, daß er sie sekundenlang verwirrt und zugleich verträumt ansah.
„Ja, ich . . . entschuldigen Sie, Jenny", sagte er hastig. „Ich habe nur gerade an etwas gedacht. Entschuldigen Sie, bitte."
Sie lehnte sich an den alten, mit Schnitzereien verzierten Kleiderschrank neben der Tür und lächelte.
„Oh, kein Grund zur Aufregung, wir haben ja mehr Zeit als uns lieb ist. Ich weiß nur nicht, ob Sie kalten Kaffee mögen. Übrigens, an was haben Sie denn gedacht, Don? An Ihre Frau?"
Er war gerade dabei in den zweiten Schuh zu schlüpfen und ihre Frage traf ihn wie ein Guß kalten Wassers. Es war nicht die Frage selbst, die ihn überraschte, sondern die Antwort, die er sich darauf geben mußte und die in dem Eingeständnis bestand, daß er seit seiner Ankunft auf Roven Island nicht ein einziges Mal mehr an Berenice gedacht hatte. Sie war in den zwei Tagen seines Hierseins so vollständig aus seinen Gedanken verschwunden, als hätte es sie nie gegeben.
„Nein, Jenny", sagte er schließlich und zog mit einem energischen Ruck die Schnürsenkel zu, „es war nicht meine Frau. In dieser Beziehung gibt es nur wenig Anlaß zu irgendwelchen Gedanken."
Auf ihrem Gesicht machte sich Betroffenheit breit.
„Oh, das wußte ich nicht", sagte sie leise. „Es tut mir leid, Don. Ich wollte nicht an etwas rühren, was . . ."
Er machte einen Schritt auf sie zu und legte ihr die Hand auf den Mund.
„Reden wir nicht davon, Jenny", lächelte er. „Es gibt so viele Dinge, die wesentlich interessanter als Berenice und meine Ehe sind. Ich frage mich zum Beispiel schon seit zwei Tagen, wieso ein so hübsches Mädchen wie Sie nicht schon längst verheiratet ist, son-

dern allein mit einem Hund und dreihundert Schafen auf einer einsamen Insel lebt."

Sie senkte so hastig den Kopf, daß sich ihr Haar wie ein rotgoldener Schleier über ihr Gesicht legte. Sekundenlang stand sie stumm und ohne jede Regung vor ihm, dann zuckte sie leicht mit den Schultern.

„Sie haben sich verzählt, Don", sagte sie in gespielter Munterkeit. „Es sind nicht dreihundert, sondern nur zweihundertsechsundachtzig Schafe. Und allein ... ich war es ja nicht immer. Solange Vater noch lebte ..."

„Ihr Vater ist seit zwei Jahren tot, Jenny", unterbrach er sie, „und damals waren Sie erst siebzehn. Ich könnte mir doch denken, daß Sie auf dem Festland ganz andere Möglichkeiten als hier gehabt hätten — oder wollen Sie etwa ihr ganzes Leben hier verbringen?"

Sie schwieg und sah an ihm vorbei, dann nickte sie.

„Doch", sagte sie, „das will ich, Don. Ich war ja auf dem Festland—vor drei Jahren. Nachdem Vater nicht mehr heiraten wollte, sollte ich richtig kochen lernen und ... nun ich habe es gelernt. Aber kommen Sie jetzt, gehen wir hinunter, Bubble hofft auf einen Anteil an Ihrem Frühstück."

Der Bernhardiner erwartete sie schweifwedelnd am Fuß der Treppe und folgte ihnen dann auf leisen Pfoten in die Küche.

„Gibt es irgendwelche Neuigkeiten?" fragte Don, auf das kleine Radio deutend. „Haben Sie die Nachrichten gehört, Jenny?"

Sie hantierte geschäftig am Herd.

„Ja, habe ich", sagte sie über die Schulter zurück, „und es gibt auch Neuigkeiten — aber keine sonderlich guten. Man hat die Suche nach Ihnen eingestellt, Don."

Er zuckte leicht mit dem Schultern.

„Nach drei Tagen war das auch gar nicht anders zu erwarten", erwiderte er. „Ich muß dann eben tatsächlich warten, bis dieser Ted Falkirk zurückkommt. Glauben Sie wirklich, daß es bis nächste Woche dauern wird?"

Sie goß ihm den dampfenden Kaffee in die Tasse und setzte sich neben ihn.
„Angst vor Langeweile?“ lächelte sie. „Wenn es das ist, dagegen läßt sich etwas tun. Ted wird sicher nicht früher zurückkommen, und bis dahin könnten wir eine ganze Menge unternehmen. Hätten Sie Lust, mal mit mir zum Loch Maree zu gehen? Es gibt dort eine Tropfsteinhöhle, die wirklich sehenswert ist. Haben Sie so etwas schon überhaupt mal gesehen, Don?“
Vor Jahren, als Kind fast noch, hatte er einmal mit seinem Vater eine Wandertour durch Montana unternommen und dabei die riesigen Stalaktiten in der McClellan-Höhle bewundert, aber das war schon zu lange her, um noch real in seiner Erinnerung zu haften.
„Ich würde sie mir gerne ansehen“, sagte er genußvoll an seinem Schinkensandwich kauend. „Aber ich möchte natürlich nicht, daß Sie Ihre ganze Zeit für mich opfern. Vielleicht kann ich Ihnen zum Ausgleich dafür bei Ihrer Arbeit helfen. Haben Sie keine Verwendung für einen großen, starken Mann in den sogenannten besten Jahren, Jennifer?“
Die Doppeldeutigkeit seiner Worte wurde ihm erst bewußt, als er ihr blutübergossenes Gesicht sah. Verlegen blickte er zur Seite und begann Bubble zu füttern, aber dieses stumme Tun ließ die plötzlich zwischen ihnen enstandene Befangenheit nur noch drückender werden. Wieder einmal spürte Don fast schmerzlich wie sehr er sich belog, wenn er in ihr nichts als seine zufällige Gastgeberin sehen wollte. Jennifer, das war kein Mädchen, wie er sie vom College oder irgendwelchen Partys her kannte. Jennifer war eine Frau, die ihn auf geheimnisvolle Weise in seinem Innersten berührte, die ihn anzog, faszinierte und ein Gefühl in ihm hervorrief, für das er letztlich keinen Namen fand. Manchmal dachte er daran, wie es wohl sein mochte, sie in die Arme zu nehmen, ihren Körper zu spüren und den Duft ihrer Haut, ihrer Haare einzuatmen, aber immer, wenn er in seinen Träumen an diesem Punkt angelangt war, begannen seine Gedanken zu verblassen, begannen sich aufzulö-

sen und ließen das Bild Jennifers in einer dämmrigen Unendlichkeit versinken, in der sie für ihn unerreichbar wurde.
„Geben Sie Bubble bloß nicht zuviel Futter. Don", sagte sie plötzlich in seine Gedanken hinein und lächelte. „Der Kerl hat ohnehin mehr Fett auf den Rippen, als für ihn gut ist."
Dankbar, daß sie das zwischen ihnen lastende Schweigen gebrochen hatte, nickte er und versetzte Bubble einen leichten Stups auf die schnüffelnde Nase.
„Ich könnte ihm ja ab und zu das zuteil werden lassen, was man beim Militär als Grundausbildung bezeichnet", bot er ihr an.
„Manchmal bewirkt das wahre Wunder."
Sie warf dem Tier einen skeptischen Blick zu.
„Bei ihm, fürchte ich, ist alle Mühe vergebens", meinte sie zweifelnd. „Er hat zu lange in einer Art Schlaraffenland gelebt. Aber Sie können ja mal versuchen, ihn auf Trab zu bringen. Heute nachmittag vielleicht, wenn wir zum Loch Maree gehen. Oder macht Ihnen der Regen etwas aus?"
Er machte ihm gar nicht aus — im Gegenteil! Don war froh, mit ihr die kleine Insel durchwandern zu können und sie so nahe neben sich zu haben, wie das in ihrem kleinen, hinter dichten Hecken versteckten Haus immer nur für Sekunden möglich war. Er genoß jeden Schritt neben ihr, jede Berührung ihrer Schultern, wenn sie beim Gehen aneinander streiften, und er genoß die Wärme ihres Körpers, als sie in der Höhle nebeneinander auf dem Boden saßen und gemeinsam Dons letzte Zigarette rauchten.
„Was würden Sie tun, wenn jetzt die Decke über uns einstürzen und den Eingang für alle Zeiten verschütten würde?" fragte sie mit einem Blick auf die Unzahl der Stalaktiten über ihnen.
Er zog die Beine an und schüttelte den Kopf.
„Gar nichts. Wenn der Eingang für alle Zeiten verschüttet ist, könnte ich mir ja jede Mühe ersparen, nicht?"
„Aber hätten Sie denn keine Angst vor dem . . . vor dem Tod, Don?"
Der Ernst, mit dem sie ihm diese Frage stellte, ließ ihn erkennen,

daß sich Jennifer nicht zum erstenmal mit diesem Gedanken beschäftigte. Gleichzeitig aber wurde ihm auch bewußt, daß es ihre eigene Angst war, die sie hinter der Frage nach der seinen verbarg und auf die sie von ihm eine Antwort erhoffte. Unvorbereitet wäre sie ihm sehr schwer gefallen, aber Jennifer hatte damit an etwas gerührt, worüber er sich längst eine Meinung gebildet hatte.
„Nein", sagte er ruhig, „ich hätte keine Angst, Jenny. Der Tod ist etwas so Natürliches, daß wir uns davor nicht fürchten sollten."
„Aber er ist das Ende, Don!"
Er stand auf, faßte nach ihrer Hand und zog sie zu sich empor.
„Das ist ein Irrtum, Jenny", sagte er leise und versank fast in den flußgrünen Augen vor ihm, „es gibt kein Ende. Alles, was mit uns geschieht, wird immer nur ein Anfang sein."

***

Gegen Abend kam Sturm auf. Gleich mittelalterlichen Galeonen zogen die dickbäuchigen Wolken über Roven Island hinweg, überschütteten das Land mit immer neuen Wassermassen, und der Wind, der den ganzen Tag über nur als leichte Brise spürbar gewesen war, beugte die Kronen der wenigen Bäume bis an die Grenze ihrer Belastbarkeit. Jennifer schloß hastig die Fensterläden und zuckte resignierend mit den Schultern.
„So bald hört das nicht wieder auf", sagte sie seufzend. „Wir werden wieder mal ein verregnetes Ostern haben."
Don stellte die beiden Wassereimer ab, die er draußen am Brunnen gefüllt hatte und strich sich über das regennasse Gesicht.
„Aber es wird trotzdem Ostern sein, Jenny", erwiderte er lächelnd. „Spielt da das Wetter eine Rolle? Für mich wird es jedenfalls das schönste Ostern sein, das ich mir vorstellen kann."
Sie bückte sich und warf einen neuen Torfklumpen in das offene Feuer.
„Ja", sagte sie, in die Flammen starrend, „und danach werden Sie

gehen. Sie werden Roven Island verlassen, werden in Ihre Welt zurückkehren und keinen Gedanken mehr an die Zeit verschwenden, die Sie hier verbringen mußten."
„Die ich hier verbringen durfte, Jenny!"
Sie schüttelte leicht den Kopf.
„Machen Sie sich nichts vor, Don", sagte sie leise. „Zu einem Leben hier muß man geboren sein. Später werden Sie feststellen, daß es für Sie eine verlorene Zeit war."
Er wollte es nicht, wollte nichts tun, was sie erschrecken oder unsicher machen könnte, aber seine Hände faßten nach ihr und zogen sie an sich.
„Glauben Sie das wirklich, Jenny?" fragte er und ärgerte sich, daß seine Stimme so heiser klang. „Glauben Sie wirklich, daß von dieser Zeit hier auch nur eine einzige Minute eine verlorene Zeit für mich sein könnte?"
Sie gab ihm keine Antwort, sondern sah an ihm vorbei zu Bubble hinab, der neben ihnen am Boden saß und seinen Kopf an Dons Bein rieb.
„Er mag Sie", sagte sie schließlich, statt einer Antwort. „Er hat Sie wirklich gern, Don."
„Sie auch, Jennifer?"
Sie schwieg, so wie sie fast immer und auf alle Fragen nach ihren Gedanken und Empfindungen geschwiegen hatte, aber Don spürte, wie sie unter seinen Händen zu zittern begann.
„Sie auch, Jennifer?" fragte er wieder, und dann war es, als hätte er mit seiner Frage eine Mauer durchstoßen, hinten der sich die ganze unverbrauchte Leidenschaft ihrer neunzehn Jahre aufgestaut hatte.
„Oh, Don", stammelte sie und das Grün ihrer Augen wurde fast schwarz vor Zärtlichkeit, „Don, Don, Don . . ."
Sie fand kein anderes Wort mehr als seinen Namen und sagte ihn immer wieder. Leise, kaum hörbar und mit einem dunklen Singen in der Stimme kam er über ihre Lippen, flutete über ihn hin und

vermischte sich mit dem Trommeln des Regens und dem lauten Atem des Windes.
„Don, Don, Don . . .“
Sie sagte es, als er sie aufnahm und in ihr Schlafzimmer trug, sagte es, als er ihr das Kleid vom Körper streifte, und sie sagte es wieder, als er sie auf das breite Bett zurückgleiten ließ und sein heißes Gesicht in den dunklen Samt zwischen ihren Schenkeln preßte.
„Don, Don, Don . . .“
Ein Flüstern war es nur noch, ein hingewehter Hauch, aber Don spürte, wie sie sich unter ihm öffnete, spürte ihre Beine, die ihn umklammerten, und er spürte den leichten Widerstand, den ihm ihre Unberührtheit entgegensetzte.
„Jennifer“, sagte er und kannte seine eigene Stimme nicht mehr, „Jennifer . . .“
Ihre Arme hoben sich zu ihm empor, umschlangen seinen Nacken und rissen ihn zu ihr hinab. Rissen ihn mitten hinein in eine riesige Woge, die ihn erfaßte und davontreiben ließ, sanft und leicht wie jene, die ihn vor Tagen an den Strand von Roven Island getragen hatte.

***

Das erste, was Don am Morgen bemerkte, waren die hellen, tanzenden Sonnenflecke, die durch die durchbrochenen Vorhänge auf die gegenüberliegende Wand fielen. Sie umkreisten einander, vermischten und lösten sich, schwebten schwerelos bis zur Zimmerdecke empor und sanken sanft wieder hinab. Don verfolgte ihr Spiel aus halbgeschlossenen Augen und lauschte dabei auf das an- und abschwellende Rauschen des Meeres, das über die Klippen herauf zu ihm ins Zimmer drang und ihn geweckt hatte. Gähnend richtete er sich auf und tastete nach seiner Uhr, und dann sah er Jennifer. Eingehüllt in einen hellblauen Morgenrock saß sie am Fußende des Bettes und betrachtete ihn stumm.

„Hallo, Jenny“, sagte er heiter und griff nach ihr, „was sagst du zu diesem Wetter? Eine Überraschung, nicht?“
Sie überließ sich seinen Händen und legte den Kopf auf seine Brust.
„Es sind zwei Überraschungen, Don“, flüsterte sie und schloß die Augen. „Sie sind da.“
Er warf ihr einen verdutzten Blick zu.
„Sie sind . . . wer?“
„Deine Leute. Sie sind mit einem großen Schiff gekommen. Es liegt draußen vor Anker — vielleicht eine halbe Meile von hier.“
Vor Tagen, als er Roven Island betreten hatte, war es sein einziger Wunsch gewesen, so schnell wie möglich wieder von der Insel fortzukommen und er hatte sich ausgemalt, wie man ihn abholen und in einer Art Triumphzug nach Algart Air Base zurückbringen würde. Aber jetzt, da all dies Wirklichkeit werden konnte, verspürte er weder Freude noch Erleichterung in sich, sondern nichts als Trauer und Schmerz.
„Sie sind nicht wegen mir hier“, sagte er schließlich und drückte sie fester an sich, „sie können nicht wegen mir hier sein. Wenn sie irgend etwas von mir wüßten, wären sie längst gekommen.“
Jennifer richtete sich auf und schüttelte langsam den Kopf.
„Sie sind jetzt gekommen und sie wissen von dir“, erwiderte sie sanft. „Sie haben ein Boot herübergeschickt.“
„Ein . . . ein Boot?“
Zögernd und ohne den Blick von ihr zu lassen erhob er sich, trat ans Fenster und sah hinaus auf die glatte, im Sonnenlicht schimmernde Wasserfläche, in deren Hintergrund die dunkle Silhouette des Schiffes wie der drohende Schatten eines Urzeittieres wirkte.
„Siehst du es?“ fragte Jennifer leise.
Er nickte, ohne sich nach ihr umzudrehen.
„Ja“, sagte er dann, „es ist die Hartford — ein Zerstörer. Sie ist in Tynemouth stationiert.“
„Ich meine, siehst du das Boot? Es sind fünf Männer an Bord.“

Noch bevor er es unten in der kleinen Bucht entdeckt hatte, wußte er plötzlich, daß nun alles vorbei war. Jennifer, Roven Island, Bubble . . . es war vorbei, so wie der Regen der letzten Tage vorbei war. Nichts davon würde er wiedersehen und nichts würde diese Tage jemals zurückbringen. Es war ein für allemal vorbei.
Jennifers Atem streifte seine Wange.
„Siehst du das Boot?“ fragte sie wieder und lehnte sich an ihn. Er hatte nicht gehört, daß sie aufgestanden und zu ihm ans Fenster gekommen war, aber bereits jetzt, in diesen wenigen Sekunden des Alleinseins, hatte er sie mit einer Schmerzlichkeit vermißt, die ihn fast taumeln ließ.
„Sie suchen nicht mich“, sagte er gepreßt. „Sieh doch, sie gehen ja nicht mal an Land, sie bleiben im Boot.“
Ihre Arme schlossen sich um seine Hüften.
„Sie brauchen nicht an Land zu gehen. Don“, murmelte sie. „Sie wissen, daß du kommst.“
Die Beklemmung, die er beim Anblick der Hartford und des wartenden Bootes empfunden hatte, schlug in lähmende Angst um.
„Ich will aber nicht“, schrie er. „Hörst du, Jennifer, ich will nicht! Ich will nicht in dieses Boot, nicht auf dieses Schiff, ich will . . .“
„Du mußt, Don.“
Sie sagte es so ruhig und beherrscht, wie sie immer mit ihm gesprochen hatte, und es war gerade diese Sanftheit in ihrer Stimme, die ihn verwirrt innehalten und verstummen ließ.
„Du mußt, Don“, wiederholte sie und löste ihre Arme von ihm.
„Du kannst ihnen nicht ausweichen — niemand kann das.“
Er wandte sich langsam zu ihr um und zog sie an sich.
„Ich weiß es, Jennifer“, flüsterte er und klammerte sich an sie. „Oh Gott, ich weiß es ja!“
Dann legte er den Kopf auf ihre Schulter und begann haltlos zu weinen.

***

Unten, in der kleinen, windgeschützten Bucht lag das Boot; und es lag fast an der gleichen Stelle, an der er vor Tagen an Land gegangen und Jennifer begegnet war. Ruhig und wartend lag es da, und einen Augenblick lang schien es Don, als sei es, wie ein Hund seinem Herrn, über die Weite des Meeres hinweg seiner Spur gefolgt und nun von der absoluten Gewißheit erfüllt, daß er nirgends anders als nur hier zu finden war. Leise seufzend lehnte er sich an den Stamm einer verkrüppelten Kiefer und schloß die Augen. Er wußte, daß ihm letzlich nichts anderes übrig blieb, als den schmalen, vom Regen ausgewaschenen Weg hinabzugehen, in das Boot zu steigen und mit ihm hinüber zur wartenden Hartford zu fahren, aber er wußte auch, daß er sich mit jedem weiteren Schritt immer weiter von Jennifer entfernen würde und es nichts gab, was ihn jemals zu ihr zurückbringen konnte.
Warum fahren sie nicht weg, dachte er verbittert. Warum wenden sie nicht ihr Boot und kehren damit zu ihrem Schiff und in eine Welt zurück, an der mir nicht das geringste liegt? Warum lassen sie Jennifer und mich nicht in jenem Frieden leben, der hier jedem Stein, jedem Grashalm und allen Menschen von Roven Island zu eigen ist? Warum sind sie überhaupt gekommen? Er wandte den Kopf und sah zu dem kleinen, halb hinter Hecken verborgenen Haus empor, unter dessen Tür Jennifer noch immer in der gleichen starren Haltung stand, in der er sie verlassen hatte, und plötzlich erinnerte er sich an einen anderen Abschied. Vor Jahren war das gewesen, als er den Versetzungsbefehl nach Vietnam erhalten hatte. So wie jetzt Jennifer, war damals auch Berenice unter der Tür ihres Hauses in Akron gestanden und hatte ihm nachgesehen, aber dann, noch bevor er in seinen Wagen gestiegen war, hatte sie sich umgedreht und war zurück ins Haus gegangen; und Don wußte, daß sie ihn im gleichen Augenblick vergessen hatte, in dem die Tür hinter ihr ins Schloß fiel.
Natürlich hatte sie ihm dann geschrieben und sie hatte ihn auch besucht, als er nach seiner Verwundung nach Okinawa gebracht

wurde, aber ihr Besuch war nicht anders gewesen als es ihre Briefe waren. Kühl, gleichgültig und von einer unübersehbaren Langeweile geplagt, war sie an seinem Bett gesessen, hatte ihm von irgendwelchen Leuten und irgendwelchen Partys berichtet und schließlich sichtlich aufgeatmet, als die Besuchszeit zu Ende war. Sie würde mich nicht vermissen, wenn ich nicht zurückkäme, dachte er. Ganz im Gegenteil. Sie würde die Rolle der schmerzgebeugten Witwe mit der gleichen Hingabe spielen, mit der sie die liebevolle Ehefrau gespielt hatte, und das Bedauern oder Mitleid, das man ihr entgegenbringen würde, wäre für sie das gleiche Stimulans wie für andere ein Glas Sekt. Nein, sie würde mich nicht vermissen. Nicht Berenice!

Von Bord der Hartford blitzten helle Lichtsignale zu ihm herüber und rissen ihn aus seinen Gedanken, aber Don machte sich nicht die Mühe, sie zu entziffern. Er wußte, daß sie ihm galten, daß sie ihn zur Eile drängten und keine andere Wahl ließen, als seinen Weg fortzusetzen.

Zögernd blickte er zu dem Boot hinab, das seine Lage nicht verändert hatte und dessen Besatzung keinerlei Anstalten machte, an Land zu gehen. Reglos, die Ruder umklammernd, saßen die Männer auf ihren Bänken und sahen zu ihm empor, und plötzlich fühlte Don, wie die Angst von ihm wich und jeder Widerstand in ihm erlosch.

„Hello, Boys“, schrie er und winkte ihnen zu, „wartet auf mich, ich komme! Wartet . . .!“

Er sah nicht mehr zurück. Mehr rutschend als gehend eilte er den Hang hinab, lief über den hellschimmernden Sand auf das Boot zu und griff mit beiden Händen nach der Bordwand.

„Schön, daß ihr da seid“, sagte er schweratmend. „Hat ja verdammt lange gedauert. Ich dachte schon, ihr kommt überhaupt nicht mehr.“

Im Hintergrund des Bootes erhob sich einer der Männer und verdeckte mit seinem Körper die aufgehende Sonne. Einen Augen-

glick sah es aus, als sei der Mann von einem feurigen Strahlenkranz umgeben, dann war er bei Don, beugte sich zu ihm herab und streckte ihm die Hand entgegen.
„Wir vergessen keinen, Major", sagte er und lächelte. „Willkommen an Bord, Sir."

***

Das durchdringende Kreischen der Winde, die den leblosen Körper aus dem Schlauchboot hob und ihn langsam auf das Deck der Hartford niedergleiten ließ, verstummte wie abgeschnitten. Kapitän Jerry Willis bedeutete seinem IO mit einer Kopfbewegung, ihm zu folgen und polterte die Treppe auf das Deck hinab.
„Nun, Doc, wie sieht es aus?" fragte er erregt. „Hat er noch irgendeine Chance?"
Der Arzt warf ihm einen kurzen Blick zu und schüttelte den Kopf.
„Seit zwanzig Minuten nicht mehr, Captain."
Willis starrte ihn an.
„Heißt das ... heißt das etwa, er ist hier drei Nächte in diesem Gumminapf umhergetrieben und jetzt direkt vor unseren Augen ...?"
Dr. Randfield richtete sich auf.
„So ist es, Sir — tut mir leid. Ich weiß nicht, warum sein Sender nicht funktioniert hat, aber wäre nicht die ganze Zeit absolute Windstille gewesen, hätten wir ihn vermutlich überhaupt nicht mehr gefunden."
Captain Willis faßte den Arzt am Arm und riß ihn herum.
„Können Sie jetzt noch schlafen, Doc?" zischte er wütend. „War es nicht Ihre verdammte Idee, diesen neuen Kampfstoff ausgerechnet an Fitzroy zu testen? Bewußtseinserweiterung, halluzinöse Störungen und irreales Wahrnehmungsvermögen — wozu sollte das alles gut sein? Sie haben einen Menschen auf dem Gewissen

und in meinen Augen ist das Mord. Fitzroy wußte ja nicht einmal, was ihr mit ihm vorhattet."
Über Dr. Randfields Gesicht flog ein leichtes Lächeln.
„Machen Sie mir keine Vorwürfe, ich hatte meine Befehle", erwiderte er knapp. „Irgendeiner mußte das Zeug ja testen und bei Fitzroy konnten wir sicher sein, daß er am längsten durchhält."
„Mord ist es trotzdem, Doc!"
„Es ist ein Unglücksfall, Captain, nichts weiter! Und Sie können sicher sein, daß Fitzroy davon nicht das geringste gemerkt hat. Er hat sogar noch etwas von einem Mädchen gemurmelt, als wir ihn heraufholten. Können Sie sich einen schöneren Tod vorstellen?"
Willis starrte ihn an.
„Ja", sagte er dann, heiser vor Zorn. „Nämlich Ihren und den der ganzen Bande im Pentagon! Aber ihr seid ja alle längst tot."
Er wandte sich ab und sah seinen IO an.
„Setzen Sie einen Funkspruch ab, Markham", sagte er leise. „USS HARTFORD an Befehlshaber Atlantik: Major Donald Fitzroy achtzig Meilen westlich Stack Skerry tot geborgen."

Ein Killer ist unterwegs

Der Mann, der an einem sonnigen Septembermorgen an der Tür von Mortimer Clyde läutete, war klein, nahe an die Sechzig und trug das übliche Vertreterlächeln auf seinem Gesicht.

„Tut mir leid, Mister“, knurrte Mortimer ungehalten, „aber ich kaufe nichts an der Tür. Versuchen Sie Ihr Glück doch mal eine Etage höher, bei Mrs. McGillis. Die ist immer froh, wenn sie jemanden zum Quatschen hat.“

Mortimers Besucher hob abwehrend die Hand.

„Oh, Sie irren sich, Sir“, sagte er und hüstelte verlegen, „ich will Ihnen gar nichts verkaufen, ich wollte nur . . . Ja, also, ich meine, ich hätte einen Auftrag für Sie.“

Mortimer war mit einem Schlag hellwach.

„Einen . . . einen Auftrag?“ stotterte er und öffnete einladend die Tür. „Sind Sie sicher, daß Sie zur mir wollen, Sir?“

Sein Gegenüber nickte lächelnd.

„Aber ja, Mister Clyde, man hat Sie mir empfohlen — wärmstens empfohlen sogar. Wie es heißt, haben Sie eine recht glückliche Hand in gewissen Dingen.“

Mortimer sah den Alten lauernd an.

„In gewissen . . . in welchen Dingen, bitte?“

„Nun, ich würde sagen, in Dingen delikater Art, Mister Clyde. Wenn Sie mir freundlicherweise gestatten würden, Ihnen das etwas näher zu ..."
„Aber natürlich, selbstverständlich, Sir", schnatterte Mortimer und gab den Eingang endgültig frei. „Kommen Sie doch bitte herein. Wer hat Sie denn an mich verwiesen?"
Das Lächeln im Gesicht seines Besuchers vertiefte sich.
„Aber Mister Clyde, wir wollen hier doch keine Namen nennen", kicherte er und betrachtete interessiert Mortimers elegante Einrichtung. „Aber da Ihre Adresse ja schließlich nicht auf der Straße gehandelt wird, können Sie sich sicher denken, daß ich nur über einen Ihrer Auftraggeber an Sie geraten bin — über einen sehr zufriedenen Auftraggeber übrigens, wenn Sie das beruhigt. War schon eine Meisterleistung, wie Sie das in Manhattan gemacht haben. Alle Achtung!"
Mortimer warf ihm einen prüfenden Blick zu.
„Ich weiß nicht, wovon Sie reden, Sir", wehrte er ab. „Sie müssen sich da wahrscheinlich doch in der Adresse geirrt haben. Oben, in der vierzehnten Etage wohnt noch ein Clyde. Vielleicht wollten Sie zu dem?"
Um die Augen von Mortimers Besucher bildeten sich winzige Fältchen.
„Ich bin schon richtig", sagte er langsam und ließ sich in einen Sessel sinken, „vollkommen richtig. Mister Clyde. Sie sollten Ihr Licht nicht so unter den Scheffel stellen. Aus einem fahrenden Wagen heraus einen Bullen mitten ins Herz zu treffen ... das ist schon beinahe echte Kunst, das macht Ihnen so schnell keiner nach."
Mortimer ging schweigend zu seiner mahagonifarbenen Wohnwand hinüber und öffnete das Barfach.
„Wenn Sie damit vielleicht diesen Mitchell vom Rauschgiftdezernat meinen", sagte er dann, „ich habe davon nur in der Zeitung gelesen. Glauben Sie etwa, ich wäre so verrückt, mir das FBI auf den

Hals zu hetzen? Nicht mal für einen Million Dollar würde ich das tun! Wie man so hört, soll dieser Schnüffler von einem Syndikat umgelegt worden sein; und ich gehöre keiner Organisation an — ich arbeite sozusagen freiberuflich."

Der Alte nickte stumm und legte artig seinen Hut in den Schoß.

„Ich weiß, Mister Clyde", erwiderte er ruhig, „ich weiß. Deshalb komme ich ja zu Ihnen. Aber Sie haben vollkommen recht, reden wir nicht über Dinge, die längst Vergangenheit und für niemanden mehr von Interesse sind — außer für die Polizei natürlich, die geradezu fieberhaft nach dem Täter sucht."

Mortimer betrachtete genießerisch das Etikett einer dickbauchigen Whiskyflasche.

„Ich glaube nicht, daß sie da sehr viel Erfolg dabei hat", meinte er gelassen. „Wer so ein Ding dreht, der ist nicht auf den Kopf gefallen, Sir. Der sichert sich erstmal nach allen Seiten hin ab."

Der Zeigefinger seines Besuchers stand aufrecht in den Luft wie die Freiheitsstatue am New Yorker Hafen.

„Genau das habe ich mir auch gesagt, Mister Clyde", lächelte er. „Genau das! Deshalb war ich ja auch so darauf versessen, mit Ihnen in Verbindung zu kommen. Ich habe mir gesagt, wer sich auf diese Weise mit den Bullen anlegt, der muß ein echter Könner sein und seinen Job aus dem Effeff heraus verstehen — und genau so einen Mann brauche ich".

Mortimer betrachtete immer noch seine Whiskyflasche.

„Na ja, wir könnten ja immerhin mal darüber reden", stimmte er zu und hob dem Alten die Flasche entgegen. „Mögen Sie einen Whisky?"

„Nein, danke, ich trinke keinen Alkohol."

„Überhaupt nicht?"

„Überhaupt nicht! Für mich ist Trinken Selbstmord auf Raten — und ich lebe recht gern, müssen Sie wissen."

Mortimer griff nach einem Glas und lachte leise.

„Ich kann es mir vorstellen, Mister Unbekannt", sagte er heiter.

„Wenn ich Sie so betrachte ... ich schätze, Sie sitzen in irgendeiner Chefetage — richtig?"
Der Alte schob unwillig die Unterlippe vor.
„Sie sollten nicht anfangen zu spekulieren, Mister Clyde", nörgelte er. „Wer und was ich bin, spielt doch in diesem Zusammenhang keine Rolle. Ich habe ... äh, gewisse Probleme am Hals und man hat Sie mir zu deren Lösung ..."
„Ja, ja, ich weiß", unterbrach ihm Mortimer hastig, „Sie sagten es ja bereits. Ich habe eine recht glückliche Hand in gewissen Dingen. Die Frage ist nur, ob Ihnen diese Hand nicht vielleicht zu teuer ist. Sie kennen meinen Preis?"
„Mir wurde etwas von zwanzigtausend Dollar gesagt, Mister Clyde."
Mortimer ließ zwei Eiswürfel in sein Glas plumpsen und grinste.
„Das ist richtig, Sir. Sobald dieser Betrag hier auf dem Tisch liegt, bin ich Ihr Mann — ich mache keine Ratengeschäfte."
Die blaugeäderte Hand seines Besuchers zerrte einen Umschlag aus der Tasche und ließ ihn auf den Tisch fallen.
„Er liegt auf dem Tisch, Mister Clyde", sagte er verhalten, „und sogar in kleinen Scheinen. Soviel ich weiß, ist das eine Ihrer Bedingungen."
Mortimer grapschte nach dem Umschlag und drehte ihn zwischen den Fingern.
„Ich sehe, Sie sind gut unterrichtet, Sir", schmunzelte er zufrieden. „Und nachdem nun die geschäftliche Seite dieser Angelegenheit geklärt ist, können wir endlich in medias res gehen. Darf ich Sie zunächst fragen, ob Ihr ... äh, Problem männlich oder weiblich, weiß oder farbig ist?"
„Hat das Einfluß auf Ihre Geschäftsbedingungen?"
„Aber nein, Sir. Ich will mich nur von Anfang an darauf einstellen. Also?"
Der Alte wich Mortimers Blick aus und zögerte.
„Es ist weiblich!" preßte er dann hervor. „Weiß und weiblich! Hier, ich habe Ihnen ein Foto von ihr mitgebracht."

Mortimer erwischte es noch im Flug und stieß einen anerkennenden Pfiff aus.
„Donnerwetter, Sir, das ist ja eine echte Schönheit!" staunte er. „Ist sie ... ist sie Ihre Geliebte!"
Die dünnen Lippen seines Gegenübers wurden zu einem schmalen Strich.
„Bitte, Mister Clyde, ich bezahle Sie nicht dafür, daß Sie mir irgendwelche Fragen stellen", wehrte er ab. „Wie ich privat zu der ... hrrrm, Dame stehe, sollte für Sie völlig unerheblich sein."
Mortimer hob beschwichtigend beide Hände.
„Aber natürlich, Sir", räumte er ein, „selbstverständlich. Es geht mich ja auch wirklich nichts an. Ich wollte mit meiner Frage lediglich mein Verständnis für Sie ausdrücken."
„Ihr Verständnis?"
Mortimer wand sich wie ein Regenwurm.
„Na ja, also, ich meine, es ist doch ganz offensichtlich, daß Ihnen die Kleine nicht ganz gleichgültig ist, Sir", stotterte er. „Und da ein Mann in Ihrer Position und ..."
„... in meinem Alter, ja?" schnappte der Alte. „Wollten Sie das etwa sagen, Mister Clyde?"
„Nicht direkt, Sir, nicht direkt! Es ist nur ... ich meine, ich wollte sagen, ich bin mit meinen vierunddreißig Jahren ja auch nicht mehr so ganz taufrisch und habe vollstes Verständnis, wenn ..."
Mortimers Besucher gab sich einen Ruck.
„Ich bin zweiundsechzig, wenn Sie das meinen, Mister Clyde", fiel er ihm ins Wort. „Ich kann Ihnen aber versichern, daß ich mich wesentlich jünger fühle. Manchmal habe ich sogar das Gefühl, als sei die Zeit irgendwie stehengeblieben, und ich bin noch immer ein Mann in Ihrem Alter."
Mortimer nickte begeistert.
„Sehen Sie, das ist es, Sir", sagte er erleichtert, „genau das! Man fühlt sich oft sehr viel jünger, als man es den Jahren nach ist und

meint dann, andere müßten das auch so empfinden. Da lernt man dann irgendwie und irgendwo so eine gerade erblühte Schönheit kennen, glaubt mit ihr den zweiten oder dritten Frühling zu erleben und stellt dann eines Tages fest, daß man für sie nichts weiter als ein ertragreicher Spätherbst ist. Das tut weh, Sir, verdammt weh, ich verstehe das vollkommen."

Die Hände des Alten krampften sich um seinem Hut.

„Bitte lassen wir dieses Thema, Mister Clyde", wehrte er ab. „Ich bin schließlich kein Mann, der seine Gefühle in der Öffentlichkeit ... Also, wie ist es nun, wollen Sie Ihre ... ääh, Fähigkeiten auch für mich einsetzen?"

„Aber ja, Sir — warum denn nicht?" staunte Mortimer. „Sie müßten mir nur sagen, wann und wo, und ob Sie besondere Wünsche bezüglich meiner Arbeit haben. Soll es schon bald sein?"

Die schmächtige Gestalt vor ihm reckte sich.

„Ja, sehr bald! Sie finden das Mädchen tagtäglich ab zwanzig Uhr draußen in Brians Park. Genauer gesagt, Brians Park 2109 — kennen Sie die Gegend?"

Mortimer nickte.

„Natürlich, Sir. Ist 'ne nette kleine Bungalowsiedlung für Touristen und so. Wäre Ihnen morgen abend recht?"

Die Augenlider des Alten senkten sich zustimmend.

„Ich sehe, wir verstehen uns, Mister Clyde", sagte er sanft. „Die beste Zeit für Ihren ... hm, Auftrag wäre übrigens so kurz nach Mitternacht, und in Anbetracht der dort draußen herrschenden Stille wäre Ihnen ein Schalldämpfer sicherlich von Nutzen."

Mortimers schmale Hände legten sich fast zärtlich um das Foto des Mädchens.

„Machen Sie sich darüber keine Sorgen, Sir", lächelte er. „Sowas gehört zu meinem Handwerkszeug. Ist sie allein im Haus?"

„Wenn ich nicht da bin — ja! Und morgen abend werde ich nicht da sein. Ich gedenke mal wieder meinem Club einen Besuch abzustatten — so ab 21 Uhr etwa. Übrigens ist die Hintertür des Bunga-

lows nie abgeschlossen, sondern nur eingeklinkt. Ein Messer oder etwas Ähnliches würde Ihnen also gute Dienste leisten."
„Ich werde daran denken, Sir", versprach Mortimer. „Zerbrechen Sie sich bitte nicht den Kopf über derartige Nebensächlichkeiten. Sie haben bezahlt, und ich werde entsprechend Ihren Wünschen für Sie arbeiten."
Der Alte sah ihn einen Augenblick lang unentschlossen an, dann stülpte er seinen Hut auf den Kopf und erhob sich.
„Gut", sagte er, „ich verlasse mich auf Sie, Mister Clyde. Über den Erfolg Ihrer . . . äh, Bemühungen werde ich mich wohl durch die Presse informieren können. Seien Sie aber bitte sehr vorsichtig und sehr leise, ja? Die Kleine hat einen recht leichten Schlaf. Ihr Schlafzimmer ist übrigens gleich die zweite Tür links — vom Eingang aus gesehen, meine ich."
Mortimer hastete an ihm vorbei und riß die Tür auf.
„Ich werde sie schon finden, Sir", grinste er. „Sie können da ganz beruhigt sein. Und falls Sie mal wieder irgendwelche Probleme haben . . . oder vielleicht einer Ihrer Freunde . . . Na ja, Sie wissen ja, ich arbeite für jeden, der mich bezahlen kann."
Sekundenlang blieb Mortimers Auftraggeber wie erstarrt in der offenen Tür stehen, dann schob er entschlossen die Hände in die Taschen seines Trenchcoats und nickte.
„Ich werde es nicht vergessen, Mister Clyde", sagte er über die Schulter zurück. „Wirklich, ich verspreche es Ihnen, ich werde an Sie denken. Guten Tag."
Mortimer hob grüßend die Hand und sah dem Alten nach, wie er langsam den Flur entlang zum Lift ging, dann schloß er schulterzuckend die Tür und legte behutsam die Sperrkette vor.

***

Die langgeschwungenen Peitschenlampen an der Straße nach Brians Park konnten den aufgekommenen dichten Nebel zwar kaum durchdringen, aber Mortimer kannte die Strecke wie seine Hosentasche und hätte die Abzweigung zu der kleinen Feriensiedlung selbst im Schlaf gefunden. Behutsam steuerte er seinen Wagen in einen der heckenumsäumten Seitenwege, stellte den Motor ab und lauschte. Minutenlang blieb er reglos hinter dem Steuer sitzen, dann nahm er die großkalibrige Waffe aus dem Seitenfach, schraubte bedächtig den Schalldämpfer auf und öffnete leise die Tür. Es gab ein kaum wahrnehmbares Knirschen, als sein Fuß den Boden berührte, aber dann war Mortimer mit einem lautlosen Satz auf dem überall wuchernden Rasen und schlich in gebückter Haltung auf den Bungalow des Mädchens zu.

Trotz der herabgelassenen Jalousien erkannte er, daß es im Innern des Hauses völlig dunkel war. Nach allen Seiten sichernd hastete er durch den Vorgarten zur Hintertür und schob vorsichtig sein Messer in den schmalen Spalt des Rahmens. Der Alte hatte sich nicht getäuscht. Die Tür war nur eingeklinkt und sprang auf den ersten Druck der Klinge hin auf. Mortimer drückte sie Zoll für Zoll nach innen, schob sich unhörbar in den nachtdunklen Flur hinein und zog behutsam den Schlitten seiner Pistole zurück.

Laut meinem Kunden ist ihr Schlafzimmer gleich die zweite Tür links, dachte er und tastete sich an der Wand entlang, also kann es nur diese hier sein. Er fühlte ihr glattes Holz unter den Fingern, lauschte sekundenlang, glaubte tiefe Atemzüge zu vernehmen und drehte langsam den runden Messingknopf. Millimeter für Millimeter drückte er sie auf, ließ den bleistiftdünnen Strahl seiner Taschenlampe durch den Raum gleiten, und dann sah er das Mädchen, das aufrecht im Bett saß, ihn aus entsetzt aufgerissenen Augen anstarrte und hob blitzschnell die Waffe . . .

***

Lieutenant Charles S. Thinner warf noch einen nachdenklichen Blick auf den Blechsarg, in dem Mortimer eben hinausgetragen

wurde, dann wandte er sich leise seufzend ab und legte sanft die Hand auf die Schulter des Mädchens.
„Miß Corey“, sagte er weich, „der Doktor meint, Sie wären inzwischen wieder soweit in Ordnung, daß Sie mir einige Fragen beantworten könnten. Was meinen Sie, geht es?“
Berenice Corey sah starr an die gegenüberliegende Wand ihres Schlafzimmers und nickte langsam.
„Doch, ich bin schon okay, Lieutenant“, erwiderte sie leise. „Fragen Sie nur.“
Thinner ließ sich neben ihr auf das Bett sinken und lächelte ihr beruhigend zu.
„Über die Sache selbst brauchen wir uns ja gar nicht lange unterhalten“, meinte er und blätterte in seinem Notizbuch. „Der Fall ist ja eindeutig genug. Clyde ist nachts bewaffnet in Ihr Haus eingedrungen, und selbst wenn er nur ein Glas Wasser gewollt hätte, Sie haben mit Recht von der Waffe Gebrauch gemacht. Der Staatsanwalt wird deshalb nicht mal pro forma ein Ermittlungsverfahren gegen Sie einleiten. Mich würde nur interessieren, wie die ganze Sache überhaupt abgelaufen ist. Können Sie mir das sagen?“
Berenice zuckte mit den Schultern.
„Sehr viel gibt es da gar nicht zu sagen, Lieutenant“, flüsterte sie. „Ich bin durch irgendein Geräusch aufgewacht und sah, daß langsam die Tür geöffnet wurde und da ...“
„Konnten Sie den Mann erkennen?“ fiel ihr Thinner ins Wort.
Sie schüttelte langsam den Kopf.
„Aber nein, es war ja völlig dunkel. Aber der Mann hatte eine Taschenlampe in der Hand und in ihrem Schein sah ich die Waffe und ...“
„... da haben Sie geschossen, nicht wahr?“
„Ja, da habe ich geschossen“, hauchte sie. „Seit der Sache mit Jonny habe ich immer eine Pistole auf dem Nachttisch liegen.“
Thinner sah sie verblüfft an.

„Seit der Sache mit Jonny?“ wiederholte er verblüfft. „Verzeihen Sie, Miß Corey, aber im Augenblick ... wer ist Jonny?“
„Jonny hieß mit vollem Namen Jonathan B. Mitchell und war Special Agent des Rauschgiftdezernats drüben in Manhattan und außerdem Miß Coreys Verlobter“, sagte in diesem Augenblick eine Stimme hinter ihm.
Thinner fuhr überrascht herum und starrte in das lächelnde Gesicht von Captain Matthew Gregg.
„Oh, hello, Matt“, strahlte er, „wie kommst du denn hierher? Ich dachte, du hast heute dienstfrei und bist beim Angeln?“
Matthew grinste und gab Berenice die Hand.
„Hab‘ ich auch, war ich auch“, sagte er und ließ sich auf der anderen Seite von Berenice nieder, „aber auf dem Heimweg hörte ich über Funk von der Sache hier, und als dabei die Namen Clyde und Corey genannt wurden, fiel bei mir natürlich sofort der Groschen. Sie hatten sagenhaftes Glück, Miß Corey.“
Thinner sah verständnislos von ihm zu Berenice.
„Also, jetzt begreife ich überhaupt nichts mehr“, stotterte er verwirrt, „Ihr kennt euch?“
Greggs Mundwinkel näherten sich verdächtig den Ohren.
„Ich würde sogar sagen, wir sind alte Freunde — nicht wahr, Berenice?“
Sie nickte stumm und tastete nach seiner Hand.
„Ich bin sehr froh, daß Sie hier sind, Matt“, hauchte sie. „Es ist ... das alles hier ist ...“
Gregg legte tröstend den Arm um ihre Schulter.
„Es ist vorbei, Berenice“, sagte er sanft. „Sie brauchen sich vor nichts mehr zu fürchten.“
Thinner rieb sich verdutzt die Nase.
„Ja, würde jetzt vielleicht einer von euch mal so freundlich sein, mir die ganze Sache etwas näher zu ...“
„Aber ich bin doch gerade dabei, Charlie“, unterbrach ihn Gregg heiter, „du brauchst doch nur zuzuhören. Erinnerst du dich nicht

mehr an den Mord drüben in Manhattan? Das war Mitchell. Er wurde auf offener Straße von einem bis heute unbekannten Täter erschossen, aber wir waren uns schon damals ziemlich sicher, daß es Clyde war. Von ihm wissen wir, daß er als bezahlter Killer für ein Syndikat arbeitete, und Mitchell war einer Drogensache auf der Spur, die in diese Richtung wies. Also, zwei und zwei zusammengezählt, ergibt doch immer noch vier, oder?"

Thinner nickte nachdenklich.

„Soweit es Mitchell selbst betrifft . . . alles klar. Aber warum wollte er nun auch Miß Corey ermorden? Wußte sie irgend etwas, das ihm gefährlich hätte werden können?"

Gregg schüttelte sich eine Zigarette aus Thinners Packung, brannte sie an und ließ gekonnt einige Rauchringe gegen die Decke steigen. „Sie war dabei, als es passierte", sagte er dann. „Mitchell und Miß Corey waren von einem Theaterbesuch auf dem Weg nach Hause und Mitchell stieg an einer Tankstelle nur mal kurz aus, um sich Zigaretten aus dem Automaten zu ziehen. Na ja, den Rest kennst du."

Der Lieutenant pfiff leise durch die Zähne.

„Dann muß Clyde also befürchtet haben, daß Sie ihn irgendwie identifizieren . . . Hätten Sie das gekonnt, Miß Corey?"

Berenice machte eine resignierende Handbewegung.

„Aber nein, Lieutenant — nicht mal seinen Wagen. Es war ja Nacht, und ich hatte auch gar nicht auf Jonny geachtet, als er ausstieg. Ich hörte nur einen Wagen von hinten auf uns zukommen, dann einen Schuß und . . . ich konnte nicht mal das Nummernschild erkennen."

Thinner fuhr aufgeregt in die Höhe.

„Ja, verdammt nochmal, Matt, wenn Miß Corey eine unmittelbare Tatzeugin war, dann hätte man sie doch unter Polizeischutz stellen müssen", polterte er. „Clyde konnte doch beim besten Willen nicht wissen, ob sie nun etwas gesehen hat oder nicht. Warum hat man denn . . ."

„Man hat ja, Charlie", unterbrach ihn Gregg lachend. „Man hat Berenice sogar zwei Wächter vor die Tür gesetzt, aber vor einer Woche ist das kleine Mädchen bei Nacht und Nebel einfach abgehauen. Bis heute abend wußte nicht einmal ich, wo sie sich aufhielt — niemand wußte das."
Berenice preßte die Lippen zusammen.
„Es brauchte auch niemand zu wissen, Matt", sagte sie entschieden. „Mir hat diese ununterbrochene Bewachung jedenfalls gereicht. Tag und Nacht die Polizei im Haus, bei jedem Schritt und Tritt einen Beobachter im Rücken ... Ich brauchte mal wieder ein bißchen Ruhe."
Thinner stieß hörbar die Luft aus.
„Mannomann, Miß Corey, Sie sind mir vielleicht ein Leichtsinnskind", stöhnte er. „Um ein Haar hätten Sie mehr Ruhe gehabt, als Ihnen lieb gewesen wäre. Clyde hat nicht mal eine Woche gebraucht, um Sie zu finden. Na, zum Glück ist ja nochmal alles gut gegangen. Was werden Sie jetzt tun?"
Sie zog den dünnen Morgenmantel enger um sich.
„Ich weiß noch nicht, Lieutenant — vielleicht mache ich eine Reise", sagte sie langsam. „Im Augenblick ... ich muß erst mit allem innerlich fertig werden."
Der Lieutenant betrachtete sie mitleidig.
„Das verstehe ich", erwiderte er und nickte. „Eine Reise wäre vielleicht im Augenblick wirklich das beste. Aber ob Sie da auf andere Gedanken kommen, wenn Sie so alleine in der Welt herumgondeln? Haben Sie denn niemanden, der Sie begleiten könnte?"
Berenice hob den Kopf und lächelte schüchtern.
„Doch", sagte sie erleichtert, „da kommt er gerade."
Durch die Gruppe der Cops an der Tür drängte sich ein alter Mann ins Zimmer und kam mit ausgebreiteten Armen auf Berenice zu.
„Berenice, Liebes", rief er und zog sie an sich, „das ist ja furchtbar! Die Polizei hat mich angerufen und ... Oh, mein Gott, wie leicht hätte dir etwas passieren können. Guten Abend, Gentlemen."

Gregg nickte dem Alten zu.
„Guten Abend, Senator. Ziemlich harte Sache, wie?"
„Das kann man wohl sagen, Captain. Ich frage mich nur, wie so etwas überhaupt passieren konnte. Außer mir wußte doch niemand, wo Berenice sich versteckt hielt. Dieser Clyde konnte doch unmöglich . . ."
„Da irren Sie sich aber gewaltig, Sir", fiel ihm Thinner ins Wort. „Leute wie Clyde haben ihre Verbindungen — und manchmal sogar bessere wie wir selbst. Wie Sie sehen, war es für ihn kein Problem, Miß Berenice zu finden."
Der Senator schüttelte fassungslos den Kopf.
„Ich begreife das nicht", sagte er erschüttert. „Wirklich, ich begreife das alles nicht. Ich dachte, hier bist du in Sicherheit, Berenice, und nun . . ."
„Aber jetzt bin ich es ja", lächelte Berenice, „mach' dir doch bitte weiter keine Gedanken mehr."
Die Hände des Senators verkrampften sich ineinander.
„Hören Sie sich das an, Gentlemen", seufzte er mit einem Blick auf Gregg und Thinner. „Mach dir weiter keine Gedanken, sagt sie. Als ob ein Mordanschlag so etwas wie ein Picknick wäre! Dabei habe ich gehört, daß es um Sekunden ging."
Thinner nickte ihm zu.
„Es ging sogar um Bruchteile von Sekunden, Senator", sagte er. „Als wir Clyde fanden, hatte er immer noch den Finger am Abzug seiner Waffe — es war wirklich hauchdünn. Aber jetzt wollen wir nicht länger stören. Wir sind soweit hier fertig und das Protokoll kann Ihnen auch morgen jemand von unseren Leuten zur Unterschrift vorbeibringen. Einverstanden, Miß Corey?"
Sie schloß sekundenlang die Augen.
„Aber ja, Lieutenant, machen Sie das ruhig so, wie Sie es für richtig halten", meinte sie dann und sah Gregg an. „Müssen Sie auch schon gehen, Matthew?"
Er zuckte bedauernd mit den Schultern.

„Leider, Berenice, leider. Clydes Tod macht mir nämlich jetzt eine ganze Menge Arbeit, aber morgen sehe ich mich mal nach Ihnen um, ja? Also dann, bis morgen. Wiedersehen, Senator.“
Der Alte sprang auf und schüttelte Gregg und Thinner die Hand.
„Wiedersehen, Gentlemen, wiedersehen. Kommen Sie, ich bringe Sie hinaus.“
Er begleitete sie bis zu ihrem Wagen, kam dann zurück und schloß sorgfältig die Tür des Bungalows. Einen Augenblick lang blieb er überlegend im Flur stehen, dann ging er mit raschen Schritten in Berenices Schlafzimmer.
„Berenice“, sagte er leise und griff nach ihren Händen, „Berenice, war das nun wirklich nötig? Gab es keinen anderen Weg? Hättest du nicht vielleicht doch warten sollen, bis die Polizei genügend Beweise gegen Clyde gehabt hätte? Es hätte uns zumindest die zwanzigtausend Dollar erspart, die ich ihm geben mußte.“
Ihr Gesicht nahm einen eisigen Ausdruck an.
„Nein, es gab keinen anderen Weg“, erwiderte sie hart. „Sie hätten ihn nie überführt — niemals! Irgendwie hätte ihnen immer der letzte Beweis gegen ihn gefehlt. Aber ich . . . ich brauchte keine Beweise. Ich wußte auch so, daß Clyde Jonnys Mörder war — er hätte es dir gegenüber gar nicht mehr zugeben brauchen.“
Der Senator zog sie sanft an sich.
„Aber allein das hätte vielleicht genügt, um . . .“
Sie schnitt ihm mit einer entschiedenen Handbewegung das Wort ab.
„Es hätte nicht genügt!“ sagte sie kalt. „Clyde hätte alles abgestritten und du hättest nie beweisen können, daß er es dir gegenüber zugegeben hatte. Ich wollte aber, daß er für Jonnys Tod bezahlt — endlich dafür bezahlt!“
Der alte Mann holte tief Luft.
„Er hat bezahlt, Berenice“, murmelte er. „Bist du nun zufrieden?“
Sie schlang die Arme um seinem Nacken und ließ ihren Kopf an seine Brust sinken.
„Ja, Vater . . .“

Nichts als ein Fremder

Carolyns hübsches Gesicht war vor Zorn fast dunkelrot geworden.

„So, du kannst dich also nicht scheiden lassen, James", fuhr sie ihren Freund an. „Du mußt auf deine Frau Rücksicht nehmen, auf eure Kunden, auf euer Geschäft und auf Gott weiß wen sonst noch. Warum nimmst du nicht auch endlich auf mich Rücksicht? Denkst du denn, es ist für mich ein Vergnügen, ein Kind zur Welt zu bringen, dessen Vater niemand kennen darf?"

James Coogan holte tief Luft.

„Carry, du mußt das Kind ja gar nicht zur Welt bringen", versuchte er sie zu beruhigen. „Ich kann dir die Adresse einer kleinen Privatklinik geben und das ganze Problem ist in einer Stunde erledigt."

Ihre Hand traf sein Gesicht mit solcher Wucht, daß sein Kopf gegen die Sessellehne prallte.

„Du Miststück", sagte sie, heiser vor Wut. „Du elendes, gemeines Miststück! Glaubst du wirklich, daß ich das tun würde? Oh nein, Mr. James Coogan, ich werde das nicht tun! Das Kind ist auch mein Kind. Vor allem ist es mein Kind und ich will es haben. Ich will es haben, verstehst du?"

James rieb sich sein schmerzendes Auge und versuchte, ruhig zu bleiben.
„Sieh mal, Carry", begann er wieder. „Ich kann für dich doch nicht noch mehr tun, als ich schon getan habe. Was wäre denn, wenn ich mich von Beverley scheiden lassen würde? Ich könnte meine Koffer packen und abmarschieren. Das Haus, das Geschäft, das Vermögen . . . du weißt doch, daß das alles ihr gehört. Ich wäre von heute auf morgen ein armer Mann."
Carolyn ließ sich auf die Couch sinken und verkrampfte die Hände ineinander.
„Du bist ein Feigling, James", sagte sie verächtlich. „Ein ganz erbärmlicher Feigling! Du hast das alles ja auch vor einem Jahr gewußt, nicht? Aber damals hast du große Töne gespuckt, weil du mich nicht schnell genug ins Bett kriegen konntest. Für einen Mann mit fast vierzig muß es ja auch ein Erfolgserlebnis ganz besonderer Art sein, wenn er eine Siebzehnjährige an Land ziehen kann, oder?"
„Carry!"
„Ach was, so war es doch! Ich war für dich doch nur ein schönes Spielzeug! Aber nun habe ich genug davon. Ich will nicht länger nur für dein Vergnügen da sein, verstehst du? Ich habe genug davon, zweimal in der Woche in dieses Motel hier zu fahren und eine Nacht mit dir zu verbringen. Ich mache das einfach nicht mehr länger mit!"
James rutschte unbehaglich in seinem Sessel hin und her.
„Mein Gott, Carry", sagte er schließlich. „Sieh doch mal die Situation so wie sie ist und nicht so, wie du sie gerne haben möchtest. Ich kann dir Geld geben, ich kann dir eine Wohnung einrichten, wir können ein ganzes Leben lang gute Freunde bleiben, aber ich kann mich nicht scheiden lassen und dich heiraten. Wenn Beverley von unserem Verhältnis jemals etwas erfahren würde, dann . . ."
„Und ob sie davon erfahren wird", unterbrach ihn Carolyn entschlossen. „Natürlich wird sie davon erfahren! Und wenn du es ihr nicht selbst sagst, dann werde eben ich es tun. Ich werde mich vor

euren feinen Bungalow hinstellen und es so laut hinausschreien, daß es durch die ganze Straße hallt.“
In James schoß die Angst wie eine Stichflamme empor. Nein, dachte er, während er zum Fenster ging und in die Nacht hinaussah, das kann sie nicht, das darf sie nicht tun. Sie hat einfach kein Recht dazu. Wer ist sie eigentlich? Gut, sie ist jung, hübsch und zärtlich, und alles in allem eine Geliebte, nach der sich fast jeder Mann die Finger lecken würde, aber trotz allem kein Mensch, der einen anderen unter Druck setzen kann. Hätte ich geahnt, was da auf mich alles mal zukommt, dann hätte ich mich nie mit ihr eingelassen. Aber damals . . .
Damals war alles anders gewesen. Vor etwa einem Jahr hatte Carolyn in einem von Beverleys Friseursalons als Lehrling gearbeitet, und schon nach einigen Wochen hatte zwischen ihm und ihr eine für James unvergeßliche Romanze begonnen. Ganz zufällig hatte er Carolyn abends an einer Tankstelle getroffen, hatte sie zum Essen eingeladen und war danach mit ihr in jenes Motel gefahren, das seither zu ihrem Liebesnest geworden war. Damals hatte für James ein völlig neues Leben begonnen. Carolyn liebte ihn mit der ganzen Kraft und Leidenschaft ihrer siebzehn Jahre, und James erlebte in ihren Armen Dinge, an die er bei Beverley nicht einmal gedacht hatte. Und jetzt? Jetzt war alles aus und vorbei — und nicht nur das. Wenn er nun nicht genau aufpaßte und schnell reagierte, dann würde er neben Carolyn auch alles andere verlieren, wofür er in den vierzehn Jahren Ehe mit Beverley geschuftet hatte. Beverley würde ihm diese Affäre nie verzeihen. Sie würde ihm eiskalt lächelnd die Koffer vor die Tür stellen und im übrigen auf ihren Anwalt verweisen, der in ihm, als Beverleys ehemaligen Angestellten, schon immer nur einen Emporkömmling gesehen hatte. Und alles nur deshalb, weil ein junges Mädchen den Kopf verlor und zu drohen begann. Ich bringe sie um, dachte er in jäh aufsteigender Panik, ich schaffe sie mir vom Hals! Ich lasse mir doch von so einem kleinen Flittchen nicht das zerstören, wofür ich jahrelang ge-

kämpft und Beverleys Herrschsucht ertragen habe! Ich lasse mich doch von ihr nicht auf die Straße werfen!
„Carolyn", sagte er langsam und wandte sich zu ihr um, „du mußt mir noch etwas Zeit lassen. Ein paar Tage nur. Ich meine, wenn es zwischen Beverley und mir zum großen Knall kommt, dann ... also, ich möchte da einige Vorbereitungen treffen, verstehst du? Es ist auch in deinem Interesse."
Sie warf ihm einen zögernden Blick zu, dann nickte sie.
„Gut, bis Freitag also", erwiderte sie. „Aber das ist nun deine allerletzte Chance, James. Versuche also gar nicht erst, mich noch länger hinzuhalten. Ich lasse mich nicht für dumm verkaufen."
Mit einer wütenden Bewegung riß sie ihren Mantel vom Bügel, griff nach den Autoschlüsseln und ging zur Tür.
„Das Frühstück mit mir kannst du dir heute schenken", sagte sie über die Schulter zurück. „Es ist ohnehin schon fast fünf Uhr und ich möchte zu Hause sein, bevor es Tag wird. Ich sehe dich am Freitag!"
James sah ihr nach, wie sie mit hastigen Schritten zum Parkplatz ging, in ihren alten VW-Käfer stieg und mit dröhnendem Motor in der Dunkelheit verschwand, dann zuckte er resignierend mit den Schultern, löschte das Licht und verließ ebenfalls das Motel.
Als er in seinem Wagen saß und den Berg hinabrollte, überfiel ihn die Panik mit voller Wucht. Was jetzt, dachte er verzweifelt, was mache ich jetzt? Bis Freitag sind es ja nur noch drei Tage und Carolyn wird nicht eine Sekunde lang zögern, ihre Drohung wahr zu machen. Ich hätte sie gar nicht mehr von hier weglassen dürfen. Verdammt nochmal, warum habe ich sie überhaupt noch wegfahren lassen? Hier in den Wäldern hätte man sie weder gesucht noch gefunden, und ich säße jetzt nicht so bitterböse in der Klemme. Warum habe ich bloß nicht schneller reagiert?
Verärgert über sich selbst trat er das Gaspedal bis zum Anschlag durch und jagte den schweren Wagen die Straße entlang, und dann sah er plötzlich Carolyns Käfer vor sich. Er stand vor einem

Bahnübergang, dessen rotes Blinklicht rhythmisch durch die Nacht zuckte und sie zum Anhalten gezwungen hatte. James erinnerte sich, daß um diese Zeit immer der Nachtexpress nach St. Louis den Übergang passierte und im gleichen Atemzug schoß ihm ein Gedanke durch den Kopf, der ihm in seiner Einfachheit fast schon wieder genial erschien. Das Problem Carolyn Haigh ließ sich jetzt, sofort, und im wahrsten Sinn des Wortes mit einem einzigen Schlag lösen. Der Bahnübergang hatte keine Schranken und Carolyns Wagen stand nicht weiter als eine halbe Wagenlänge von den Schienen entfernt. Hinter ihm und auf der anderen Seite des Übergangs war kein weiteres Fahrzeug zu sehen, und auf dieser abgelegenen Straße war um diese Zeit auch nicht damit zu rechnen. Er mußte jetzt nur ganz dicht an den Käfer heranfahren und abwarten bis der Zug kam, dann konnte er sie mit einem einzigen Druck auf das Gaspedal auf die Schienen schieben. James kannte ihre Fahrweise und wußte, daß sie nie die Handbremse anzog. Sie nahm immer nur den Gang heraus und hielt den Wagen gegebenenfalls mit der Fußbremse fest. Diesmal allerdings würde sie viel zu überrascht sein, um noch reagieren zu können. Und bis der Zug abgebremst hatte und zum Stehen kam, konnte er längst gewendet haben und in der Dunkelheit verschwunden sein.
Er schob sich mit seinem Wagen so dicht an den Käfer heran, daß seine Scheinwerfer das satte Rot der Rücklichter vor ihm verblassen ließen und wartete. Unendlich langsam verging die Zeit und ließ die Spannung in ihm immer mehr ansteigen, aber dann hörte er plötzlich in der Ferne die heulende Sirene des Zuges und machte sich bereit.

***

Carolyn lächelte leicht, als sie James Wagen im Rückspiegel erkannte. Du brauchst mir erst gar nicht nachzufahren, dachte sie amüsiert, es gibt zwischen uns nichts mehr zu reden. Ich habe dir

gesagt, was ich will, und wenn du jetzt nicht handelst, dann werde eben ich es tun. Na, hoffentlich kommt der Zug bald, sonst fängt er noch hier auf der Straße mit mir zu diskutieren an.
Sie steckte sich eine Zigarette an, bemerkte verwundert, daß James in seinem Wagen blieb und dachte an die Zeit zurück, als sie ihn kennengelernt hatte. Wie ein Märchenprinz war er damals in ihr Leben getreten. In ein Leben, in dem es vor ihm keine Männer, sondern nur harmlose Flirts gegeben hatte. Bei James war alles ganz anders gewesen. Ihn hatte sie geliebt, an ihn hatte sie sich geklammert, und als sie wußte, daß sie schwanger war, hatte sie darin den Gipfel ihres gemeinsamen Glücks gesehen.
Und was war jetzt? Carolyn warf wütend die halbgerauchte Zigarette aus dem Fenster und preßte die Lippen zusammen. Sie spürte, wie der Boden unter ihr leicht zu zittern begann, hörte die gellende Sirene der Lokomotive und fühlte fast gleichzeitig den leichten Anprall in ihrem Rücken. Es dauerte zwar Sekunden, bis sie die Kraft wahrnahm, die sie vorwärts und mit unwiderstehlicher Gewalt auf die Schienen schob, aber dann handelte sie ganz instiktiv. Sie hörte das metallisch klingende Knirschen, mit dem sich die Stoßstangen der beiden Fahrzeuge ineinander verhakten, sah von rechts die drei Scheinwerfer der Lokomotive auf sich zurasen, warf den Gang hinein und trat das Gaspedal mit voller Wucht durch. Der Käfer sprang mit den Vorderrädern in die Luft, schleppte sich in grotesken Sätzen mit seiner Last über die Schienen, und dann war die Lokomotive heran, erfaßte ihn am Heck, riß ihn aus seiner Verklammerung und schleuderte ihn auf der anderen Seite die Böschung hinab.
Carolyn fühlte, wie sie herumgewirbelt wurde und sich ihr Wagen mehrfach um die eigene Achse drehte, aber noch lange, nachdem er an einigen Bäumchen zum Stehen gekommen war, hörte sie in ihrem Innern den dumpfen Aufprall und das alles durchdringende schleifende Klirren, mit dem die Lokomotive den Wagen von James erfaßt und vor sich her die Schienen entlanggeschoben hatte.

Irgendwann kam der Lokführer bei ihr vorbei und betrachtete kopfschüttelnd das zerfetzte Heck ihres Käfers.
„Mein Gott, Miß, da haben Sie aber wirklich Glück gehabt", sagte er. „Ist Ihnen etwas passiert?"
Carolyn betastete vorsichtig ihre schmerzende Stirn.
„Nein, jedenfalls nicht viel. Aber der Fahrer des anderen Wagens, was ist mit ihm?"
Der Mann warf einen Blick nach vorn.
„Ich glaube nicht, daß der noch viel gespürt hat", erwiderte er. „Der muß ja stockbetrunken gewesen sein. Ich habe ja gesehen, wie er auf Ihren Wagen aufgeprallt ist, aber ich konnte nicht das geringste tun, ich war schon viel zu nahe dran, verstehen Sie? Wissen Sie vielleicht, wer der Trottel war?"
Sie schüttelte leicht den Kopf.
„Nein", sagte sie und wandte sich ab. „Ich habe ihn nicht gekannt. Er ist für mich genauso ein Fremder wie für Sie. Ich habe ihn nie zuvor gesehen."
Dann beugte sie sich in den Wagen, griff nach ihrer Handtasche und stieg langsam die Böschung hinauf.

Raub im Dunkeln

Der Streifenbeamte erwartete Kommissar Lutz und Inspektor Scheller am Eingang der Cafeteria.
„Gott sei Dank, daß Sie da sind, Herr Kommissar", begrüßte er ihn aufatmend. „Da drin ist direkt die Hölle los. Diese Frau Grüber, also, ich sage Ihnen, die Dame hat eine Stimme . . . eine Luftschutzsirene ist dagegen ein sanftes Säuseln."
Lutz lächelte verhalten.
„Vielleicht sollten Sie mir erstmal sagen, was da eigentlich passiert ist", meinte er gelassen. „Wir wissen bis jetzt ja nur, daß eine Frau überfallen wurde. Ist das diese Frau Grüber?"
Der Beamte nickte.
„Und ob sie das ist, Herr Kommissar! Karola heißt sie mit dem Vornamen. Ihr Mann ist dieser Immobilienmakler, der im vergangenen Jahr das Hochhaus neben unserem Präsidium verkauft hat. Erinnern Sie sich? Na ja, eben Leute aus der sogenannten High Society."
Inspektor Scheller stieß einen leisen Pfiff aus.
„Und so etwas Vornehmes sitzt in einer ganz gewöhnlichen Cafeteria?" wunderte er sich. „Wie kommt denn das? Die hätte ich eher an der Bar des CARLTON vermutet."

„Na, da sind sie wahrscheinlich auch normalerweise zu finden", stimmte der Polizist zu. „Aber Frau Grüber hat morgen Geburtstag, und da haben sie heute so einen kleinen Stadtbummel gemacht und die Geschenke eingekauft. Allerdings hat sie diesmal dabei kräftig draufgezahlt."
„Warum?" grinste Lutz. „Hat man ihr die Handtasche geklaut?"
Der Beamte beugte sich zu ihm herab.
„Ein Brillantenkollier", sagte er leise. „Ein Brillantenkollier im Wert von fast siebzigtausend Mark — jedenfalls ist es so hoch versichert. Aber ich erzähle Ihnen mal besser die ganze Geschichte von Anfang an, ja? Also, wie gesagt, das Ehepaar machte einen Einkaufsbummel und wollte dann vor der Heimfahrt hier noch eine Kleinigkeit essen. Na, die beiden hatten gerade ihren Hawai-Toast intus, da geht plötzlich im ganzen Lokal das Licht aus, und Frau Grüber wird brutal das Kollier vom Hals gerissen. Natürlich schreit sie jetzt Zeter und Mordio und will ihr Kollier wiederhaben, aber wie soll man das bei so vielen Gästen finden? Das Lokal ist ja bis auf den letzten Platz besetzt."
Der Kommissar kaute nachdenklich an seiner Unterlippe.
„Also, ich werde mir da zunächst mal die Gäste an den Nebentischen etwas näher ansehen", entschied er dann. „Wenn da einer dabei ist, der ein Auge für Schmuck hat, dann brauchte er ja nur zuzugreifen, nicht? Oder hat jemand inzwischen das Lokal verlassen?"
Der Polizist schüttelte den Kopf.
„Der Wirt sagt nein. Und wir waren ja schon nach drei Minuten hier und haben darauf geachtet, daß sich da keiner verdrückt. Mein Kollege Schäfer steht immer noch am Hintereingang und hält die Augen auf. Aber von Frau Grübers Tischnachbarn kann es keiner gewesen sein, denn die Dame war gerade zur Toilette gegangen, als das Licht ausging. Sie sagt, sie habe nur einen kurzen Ruck am Hals gespürt und dann gehört, wie die Tür geschlossen wurde. Etwa zwei Minuten später ging das Licht wieder an und da habe sie die Bescherung erst gesehen."

Lutz seufzte leise.
„Na ja, soweit also der Sachverhalt", sagte er mißmutig. „So wie es aussieht, muß es sich mindestens um zwei Täter handeln. Der eine ist Frau Grüber in die Toilette gefolgt und hat den Raub ausgeführt, und der andere hat im richtigen Moment das Licht ausgeschaltet. Wo ist übrigens Frau Grüber jetzt?"
Der Beamte deutete mit dem Daumen über seine Schulter.
„Immer noch da hinten in der Toilette — und zwar fix und fertig! Ist ja auch kein Wunder, nicht? Da steht man vor dem Spiegel und pudert sich die Nase, und mit einem Schlag herrscht tiefste Finsternis und man spürt eine fremde Hand an seinem Hals. Na, wem da nicht die Nerven durchgehen, der hat wahrhaftig eine gottgesegnete Natur. Frau Grüber hat sie jedenfalls nicht, sondern einen überdimensionalen Schreikrampf. Wollen Sie mal mit ihr sprechen, Herr Kommissar?"
Lutz winkte ab.
„Das hat noch Zeit", meinte er. „Vielleicht hat sie sich dann etwas beruhigt. Ich möchte mir zunächst mal einen Überblick über die Örtlichkeiten hier verschaffen. Konnten Sie feststellen, von wo aus das Licht ausgeschaltet wurde?"
Der Polizist winkte einen kleinen, dicklichen Mann heran.
„Das ist Herr Neubauer, der Besitzer der Cafeteria", erklärte er. „Er wird es Ihnen zeigen, Herr Kommissar."
Neubauer wieselte eifrig um sie herum.
„Bitte hier entlang, die Herren", dienerte er. „Wir müssen in den Hausflur. Über dem Lokal befinden sich ja Wohnungen, und die gesamte Stromversorgung ist im Flur konzentriert. Für den Täter war es natürlich einfach, vom Lokal her in den Flur zu gehen und die Sicherung herauszudrehen. Das dauert nicht mal eine Minute. So, bitte sehr, hier sind wir schon."
Inspektor Scheller öffnete eilfertig die beiden Flügeltüren des Sicherungskastens und starrte dann verblüfft auf Dutzende von Sicherungen, die neben-, über- und untereinander angebracht waren.

„Himmel nochmal“, sagte er respektvoll. „Da muß sich der Täter aber bestens ausgekannt haben. So auf Anhieb die richtige zu erwischen, dürfte doch gar nicht so einfach sein.“
Der Kommissar schüttelte den Kopf.
„Im Gegenteil, Walter, die Sache war für ihn ein Kinderspiel. Hier, sieh mal, die Dinger sind doch alle beschriftet. Da steht doch überall dran, wozu sie gehören. Das hier ist die Außenbeleuchtung, das der Hausflur, der Keller, die Küche, das Lokal selbst, die Herrentoilette, die Damentoilette, die Klimaanlage, die . . .“
Er brach so abrupt ab, daß Scheller erschrocken zusammenfuhr.
„Was ist denn, Chef?“ fragte er verwundert. „Was haben Sie denn?“
Lutz wandte ihm langsam das Gesicht zu.
„Vielleicht die Lösung dieses Falles“, lächelte er. „Schau dir mal die Sicherungen genau an. Ich möchte wissen, ob du das gleiche wie ich siehst.“
Der Inspektor sah unsicher von ihm zu den Sicherungen.
„Was soll ich denn da sehen?“ fragte er zögernd. „Die sehen doch alle gleich aus, da gibt's doch keine Unterschiede.“
Das Lächeln des Kommissars vertiefte sich.
„Und ob es die gibt, mein Lieber. Siehst du nicht, daß auf allen Sicherungen oben eine feine Staubschicht liegt? Nur die Sicherung vom Lokal selbst glänzt wie eine Christbaumkugel, nicht war? Na, und was bedeutet das?“
Scheller zuckte hilflos mit den Schultern.
„Mein Gott, was soll es denn schon bedeuten“, wich er der Frage des Kommissars aus. „Die muß ja glänzen, wenn sie der Täter angefaßt hat, oder?“
Lutz verdrehte enttäuscht die Augen.
„Du wirst nie Kriminalrat werden“, prophezeite er. „Dabei ist genau das der Beweis, daß hier kein Raub, sondern ein Versicherungsbetrug vorliegt. Na komm, nehmen wir uns mal die beiden Grübers vor, vielleicht geht dir dann ein Licht auf. Bringen Sie uns hin, Herr Neubauer?“

Zwei Minuten später standen sie vor dem Häufchen Elend namens Karola Grüber, das schluchzend auf dem Stuhl der Toilettenfrau saß und ihnen aus tränennassen Augen entgegensah.
„Gnädige Frau“, sagte Lutz mit einem Seitenblick auf ihren Mann, „wir können es jetzt einfach oder umständlich machen. Umständlich wäre es, wenn wir Sie jetzt beide mit auf das Präsidium nehmen und Sie dort einer Leibesvisitation unterziehen würden. Einfacher wäre es, Sie würden das Kollier ohne viel Trara auf den Tisch legen. Aber wie Sie sich auch entscheiden, das Spiel haben Sie so oder so verloren.“
Der Inspektor riß die Augen auf.
„Aber Chef“, stotterte er, „Sie können doch nicht ... Wieso sind Sie denn so sicher, daß ...“
„Weil nur die Sicherung für die Lokalbeleuchtung Griffspuren aufweist“, unterbrach ihn der Kommissar. „Auf allen anderen und auch auf der Sicherung für die Toiletten liegt diese dünne Staubschicht. Sie beweist, daß der Täter diese Sicherung nicht einmal berührt hat. Das Licht ging also nur im Lokal selbst, aber nicht in den Toiletten aus. Wäre aber Frau Grüber dort überfallen worden, dann hätte sie den Täter auch sehen müssen. Also, Herrschaften, machen wir es jetzt einfach oder umständlich? Vielleicht können Sie sich entschließen, wenigstens gute Verlierer zu sein.“
Karola Grüber wischte sich mit einer energischen Bewegung die Tränen ab und warf ihrem Mann einen bissigen Blick zu.
„Ich bin ein guter Verlierer“, zischte sie und holte das Kollier aus ihrem Ausschnitt. „Mit so einem Trottel wie meinem Mann kann man ja auch nicht gewinnen.“

Suchen Sie etwas Bestimmtes?

Also, wenn ich ganz ehrlich bin, dann muß ich zugeben, daß ich schon als Lehrling in der Kreissparkasse den heißen Wunsch verspürt hatte, einmal einen richtig vollen Griff in den Tresor zu tun. Nun wird ein Mensch ja nicht so ohne weiteres kriminell, sofern er das nicht schon von Natur aus ist — und so etwas gibt es nicht, sagen die Psychologen. Vielleicht dauerte es auch deshalb bei mir volle achtzehn Jahre, bis ich mich wirklich dazu entschließen konnte, aber dann ging ich aufs Ganze. Ich hatte einfach genug von allem. Da war Becker, mein Chef, der mich nun schon zum zweitenmal bei einer Beförderung übergangen hatte, da war Gabriela, die sich in elf Ehejahren von einem flotten Teenager in eine ständig keifende und mit allem unzufriedene Xanthippe verwandelt hatte, und da war vor allem die Aussichtslosigkeit meines Daseins. Ich konnte mir heute schon ausrechnen, was ich in zehn Jahren verdienen würde und wie weit ich dann unser Haus abgezahlt hatte, ich wußte, daß Gabriela dann noch mindestens zehn Kilo mehr auf den Rippen haben und noch zänkischer sein würde, und am allermeisten ärgerte mich, daß ich bis meiner Pensionierung auf ein und demselben Stuhl sitzen und dann den Rest meines Lebens unter dem Terrorregime meiner Frau verbringen mußte.

Ich hatte genug von allem. Ich hatte einfach die Nase bis oben hin voll und ich wollte raus aus meiner Misere und irgendwo im Ausland noch einmal ganz von vorn anfangen. Das Problem war nur, daß ich das ohne Geld nicht konnte und sich auf unserem Sparkonto nur ein Bruchteil von dem befand, was ich vermutlich dazu brauchen würde. Wenn ich also meinen Plan in die Tat umsetzen wollte, dann konnte ich das nur mit dem Geld der Bank tun, und inzwischen hatte ich keinerlei Skrupel mehr, meinen Brötchengeber um einige Notenbündel zu erleichtern. Nicht, wenn ich mir damit meine Freiheit erkaufen konnte! Nachdem ich mit meinen Überlegungen soweit war, begann ich mit den dafür erforderlichen Vorbereitungen und stieß dabei auf ein zunächst unüberwindlich erscheinendes Hindernis. An das Geld im Tresor kam ich zwar ohne weiteres heran, aber ich bekam es nicht aus der Bank hinaus. Natürlich verließen wir auch während der Arbeitszeit mal hin und wieder das Haus, um irgendwelche Besorgungen zu erledigen, aber spätestens am Abend, bei der Tagesabrechnung würde die Bombe platzen und dann waren alle verdächtig, die an diesem Tag auch nur einen Fuß vor die Tür gesetzt hatten. Ich kannte mich und wußte genau, daß ich einer stundenlangen Vernehmung nicht gewachsen war. Gabriela hatte mein Nervenkostüm in den vergangenen Jahren derart strapaziert, daß inzwischen schon Kleinigkeiten genügten, um mich aus der Fassung zu bringen. Sollte also mein Traum von der goldenen Freiheit Wirklichkeit werden, brauchte ich erstmal ein bombensicheres Versteck für meine Beute, in dem sie den ersten Sturm überstehen konnte. Später, wenn das Gewitter vorüber war, konnte ich sie ja von dort wieder herausholen und ohne jedes Problem mit nach Hause nehmen. Die Frage war jetzt nur, wo ich in unserem Glas- und Betonkasten ein solches Versteck finden konnte.
Er war dann schließlich Fräulein Beate Gerlich, die mich auf die richtige Idee brachte. Mitten in meine Grübeleien hinein kam sie eines Tages an meinen Schreibtisch und ließ mißmutig einen Stapel staubbedeckter Akten auf meine Briefablage fallen.

„Können Sie sich an einen Vorgang mit der Firma Interbau erinnern, Herr Seiferlein?" fragte sie mich. „Ich sitze jetzt schon fast zwei Stunden unten im Keller, suche mich dumm und dämlich und finde doch nichts. Wann war denn das überhaupt, mit dieser Interbau?"
Ich kaute auf meinem Kugelschreiber herum und versuchte mich zu erinnern, aber so ganz gelang mir das auch nicht.
„Sehen Sie mal in den Jahrgängen 83 und 84 nach", sagte ich schließlich. „Könnte sein, daß Sie da etwas finden."
Beate schob unwillig die Unterlippe vor.
„Wissen möchte ich nur, warum man das ganze Zeug nicht endlich mal auf Mikrofilm aufnimmt, dann hätte man so etwas auf Anhieb", murrte sie. „Diese ewige Sucherei hält doch den ganzen Betrieb auf."
Ich zuckte gelassen mit den Schultern.
„Fragen Sie das mal seine Hoheit, Herrn Direktor Becker", grinste ich. „Der ist doch sonst so für Rationalisierung. Aber auch wenn wir den ganzen Mist auf Film hätten, die Originallbelege müssen wir trotzdem fünf Jahre lang aufheben. Also, dann suchen Sie jetzt mal schön weiter."
Sie schnappte sich verärgert ihren Aktenstapel und verzog sich in Richtung Keller, und bei mir schlug im gleichen Augenblick ein grelleuchtender Blitz ein. Die Aktenablage im Keller war doch ein geradezu ideales Versteck für meine Beute! Hunderte von Ordnern standen dort über-, neben- und untereinander, und niemand würde jemals auf den Gedanken kommen, gerade dort nach den verschwundenen Scheinchen zu suchen. Ich brauchte das Geld nur in einen Umschlag zu stecken, zwei Löcher einzustanzen und ihn dann in einen der Ordner einzuhängen, dann war er so sicher aufbewahrt wie im Tresor selbst.
Ich atmete auf und bemerkte an diesem Tag zum erstenmal, daß draußen die Sonne schien. Ungeduldig und immer mit einem Auge auf der Uhr verbrachte ich den Rest des Tages und marschierte nach Dienstschluß schnurstracks ins Reisebüro. Die Welt war

wirklich groß, wie ich nun an den verschiedensten Angeboten sah, aber ich hatte schon als kleiner Junge immer von Südamerika geträumt und buchte schließlich einen Flug nach Caracas in Venezuela.

***

Ich weiß nicht, wie es anderen Menschen geht, wenn sie sich zu irgend etwas entschlossen haben, aber bei mir kommt vor dem endgültigen Handeln immer noch eine längere Phase des Denkens. Und so brauchte ich auch jetzt noch einige Tage, um mir noch einmal alles durch den Kopf gehen zu lassen, aber dann schlug ich zu und entwendete aus unserem Tresor rund 800 000 Mark. Ganz klar, daß das Verschwinden dieser Summe wie eine Bombe in unsere Bank einschlug und wir innerhalb von zehn Minuten die Polizei im Haus hatten.

Natürlich drehten die Beamten jeden einzelnen von uns durch die Mangel, befaßten sich ganz besonders intensiv mit jenen Kollegen, die an diesem Tag außer Haus gewesen waren und verschafften auf diese Weise selbst unserer Chefsekretärin einen längeren Weinkrampf, aber nachdem die Überprüfung der persönlichen Verhältnisse kein Verdachtsmomente erbracht hatte, räumten sie schließlich nach einer knappen Woche geschlagen das Feld. Ich saß innerlich grinsend hinter meinem Schreibtisch, beobachtete ihren Abzug und gratulierte mir dabei immer wieder zu meiner guten Idee mit den Aktenordnern, auf die während der ganzen Zeit weder unser Chef, noch die Polizei auch nur einen Blick geworfen hatte. Sie hatten sich alle so in den Gedanken verrannt, daß das Geld längst aus der Bank geschafft worden war, daß sie für nichts anderes mehr Augen und Ohren hatten.

Mit Sicherheit würde ich also heute in Venezuela sitzen und mir von einer hübschen Landestochter das Leben versüßen lassen, wenn mir nicht eine knappe Woche vor meiner geplanten Abreise

ein Backenzahn ein derart geschwollenes Gesicht verschafft hätte, daß sich sogar der Chef davon beeindruckt zeigte und mich für zwei Tage nach Hause schickte.
„Sie können sich ja in diesem Zustand nicht unseren Kunden präsentieren“, bemerkte er kopfschüttelnd. „Gehen Sie zum Zahnarzt und sehen Sie zu, daß Sie so schnell wie möglich wieder fit sind, Seiferlein.“
Ich tat sowohl das eine wie das andere, aber als ich dann wieder zum Dienst erschien und zum erstenmal unsere Aktenablage betrat, prallte ich verblüfft zurück. Früher war der Raum bis unter die Decke mit Aktenordnern vollgestopft gewesen und man hatte sich kaum noch umdrehen können, aber jetzt herrschte auf allen Regalen gähnende Leere.
„Ja sagen Sie mal, wo sind denn die ganzen Akten?“ fragte ich Fräulein Gerlich, nachdem ich mich von meinem ersten Schrecken einigermaßen erholt hatte.
Beate strahlte mich an.
„Ach, die hat so eine Fotofirma gestern abgeholt“, erwiderte sie glücklich. „Das ganze Zeug wird jetzt endlich gefilmt und dann wandern die Dinger in den Reißwolf. Den Chef hat nämlich damals meine Sucherei derart genervt, daß er sich nun doch dazu entschlossen hat. Sie suchen doch nicht etwas Bestimmtes, Herr Seiferlein?“
Ich schüttelte den Kopf, wankte zu meinem Schreibtisch und ließ mich auf einen Stuhl fallen. Eine Woche später fand ich in der Zeitung ein Rieseninserat der Firma Foto-König, daß man wegen Geschäftsaufgabe einen Totalausverkauf starten würde.

Ein Auftrag für Burt

Sie saß hinter ihm auf dem Rücksitz, rauchte hastig eine Zigarette nach der anderen, und wenn sie sich hin und wieder zu ihm vorbeugte, umwehte ihn der Duft eines sündhaft teueren Parfüms. Burt O'Hanlon beobachtete sie im Rückspiegel und grinste innerlich. Natürlich, dachte er, jetzt wird sie allmählich nervös. Muß ja auch ein verdammt ungutes Gefühl sein, wenn der Geliebte vor Gericht um seinen Kopf kämpft, und alles davon abhängt, ob ihn nun dieser überraschend aufgetauchte Zeuge der Staatsanwaltschaft identifizieren kann oder nicht. Da knistern natürlich die Nerven und selbst so stolze Schönheiten wie Laureen Gerity verwandeln sich innerhalb von Stunden in ein erbärmliches Häufchen Elend.

Burt hatte Laureen nie sonderlich gemocht. Er respektierte sie zwar als die Geliebte von Vittorio Arese, der zusammen mit seinem Bruder Giovanni das Syndikat im Staate Michigan regierte, bewunderte auch gebührend ihre makellose Schönheit, aber ein Gefühl der Sympathie oder so hatte er nie für sie empfunden. Sie hatte ihn immer nur kühl und von oben herab behandelt, und ihn bei jeder Gelegenheit spüren lassen, daß er für sie nur ein kleiner, mieser Killer war, der die Dreckarbeit für die Arese Brothers zu er-

ledigen hatte. Jetzt wäre eine Gelegenheit, ihr das heimzuzahlen, dachte Burt. Ich bin sicher, wenn ich sie jetzt antippen und ein bißchen unter Druck setzen würde, ich würde nicht eine Spur von Widerstand bei ihr finden. Frauen wie sie schlafen nicht aus Liebe mit Männern, sondern aus reinen Nützlichkeitserwägungen heraus, und im Augenblick ist für sie keiner so nützlich wie ich.
Er beobachtete sie, wie sie in einer fast hektischen Geschäftigkeit ihre Lippen nachzog und fühlte eine warme Welle der Erregung in sich aufsteigen. Doch, ich sollte es einfach probieren, dachte er wieder. Gar nicht lange hin und her reden, sondern sie einfach vor die Wahl stellen, ob sie . . .
Ihre Stimme riß ihn jäh aus seinen Überlegungen.
„Wie lange kann es noch dauern, Burt?“ fragte sie sanft und beugte sich so weit zu ihm vor, daß eine ihrer dunklen Locken seine Wange streife. Burt zuckte mit den Schultern und sah über die Büsche hinweg zum Highway hinüber, der sich in einer weitausholenden Kurve von den Bergen herabzog.
„Ich weiß nicht, Miß Laureen“, erwiderte er heiser. „Carter und Briggs werden uns informieren, wenn es soweit ist.“
„Warum fragen Sie nicht?“ bohrte sie weiter. „Zu was haben Sie eigentlich das Funkgerät dabei?“
Er spürte ihren Atem im Nacken und nahm seufzend das Mikrophon aus seiner Halterung.
„Der Boß hat verboten, daß wir hier herumquatschen“, sagte er widerwilig. „Carter und Briggs sollen mir damit nur Bescheid geben, wenn der Truck anrollt.“
Laureen stieß einen verächtlichen Laut aus.
„Der Boß, der Boß!“ höhnte sie. „Der Boß ist immer noch Vittorio! Giovanni sitzt nur so lange auf seinem Stuhl, bis er wieder frei ist. Also los, fragen Sie schon!“
Burt drückte den Rufknopf, murmelte seine Kennung und wartete, bis die krächzende Stimme von Jeremy Briggs aus dem Lautsprecher kam.

„Was ist los, wann geht die Sendung ab, Jerry?" fragte er zögernd. „Meine Süße hier will es genau wissen."
Sekundenlang war nur ein leises Rauschen zu vernehmen, dann war Jeremys Stimme wieder da.
„Kann noch' ne Stunde oder so dauern", verkündete er. „Die sind immer noch dabei den Truck zu beladen. Ich werd's dir rechtzeitig sagen."
Burt legte das Mikrophon zurück und wandte sich um.
„Sie haben es gehört, Miß Laureen?"
Sie nickte ungehalten.
„Habe ich. Und ich habe auch gehört, was Sie gesagt haben, Burt. Ich bin nicht Ihre Süße — merken Sie sich das!"
Er grinste verbissen.
„Was nicht ist, kann ja noch werden, oder? Zeit genug hätten wir ja und der Wagen hat sehr bequeme Liegesitze, Laureen."
Sie wich vor ihm zurück und sah ihn aus schmalen Augen an.
„Sie sind ein Schwein, Burt", zischte sie. „Ein ganz mieses Schwein sind Sie! Giovanni hat Ihnen Zwanzigtausend bezahlt und Sie . . ."
„Ich hätte gegen eine kleine Zugabe nichts einzuwenden", unterbrach er sie kichernd.
Einen Augenblick lang war sie zu verblüfft, um ihm zu antworten, dann hatte sie sich wieder in der Gewalt und lehnte sich gelassen in den Polster zurück.
„Sie werden auf Ihre kleine Zugabe verzichten müssen, O'Hanlon", sagte sie kühl. „Ich bin seit fast einem Jahr mit Vittorio zusammen und ich schlafe mit keinem anderen Mann."
Burt griff nach hinten und umspannte ihr Knie mit seiner breiten Hand.
„Ohne mich werden Sie mit Vittorio überhaupt nicht mehr schlafen", knurrte er. „Sie sollten sich endlich mal darüber klar werden, daß der Ausgang seines Verfahrens von mir abhängt, Laureen."
Sie sah ihn mit zitternden Lippen an.

„Heißt ... heißt das, Sie werden diesen Trucker nicht umlegen?“ stotterte sie.
Burt zog die Augenbrauen hoch.
„Ich könnte vorbeischießen, Laureen. Einen Mann in einem fahrenden Wagen zu erwischen ist ohnehin keine Kleinigkeit.“
„Aber ... aber Giovanni hat Sie dafür bezahlt!“
„Nicht gut genug, Laureen.“
Sie atmete heftig und preßte die Beine zusammen.
„Vittorio wird Sie ... er wird Sie in Stücke schießen lassen, wenn er davon erfährt“, stammelte sie. „Er wird nicht eher Ruhe geben, bis Sie ein toter Mann sind, O'Hanlon!“
Burt grinste gelassen.
„Vittorio wird auf dem elektrischen Stuhl landen, wenn du dich nicht endlich dazu entschließt, deine Jeans auszuziehen und die Rückenlehnen nach hinten zu klappen“, warnte er sie. „Und du solltest dir mal überlegen, was dann aus dir wird. Giovanni jedenfalls ist mit Weiblichkeit reich versorgt und darunter machst du es ja nicht, oder?“
Ihr Widerstand erlosch wie eine ausgebrannte Kerze.
„Ist das ... ist das deine Bedingung, Burt?“
„Das ist sie, Laureen!“
Sie hielt seinen Blick fest. Reglos und mit angehaltenem Atem starrte sie ihn sekundenlang an, dann tasteten sich ihre Hände zum Reißverschluß ihrer Jeans.
„Es wird einmal geschehen,“ flüsterte sie und streifte sie über die Hüften. „Einmal und nie wieder. Versuche es danach nie wieder, Burt. Ich warne dich!“
Burt klappte die Rückenlehne herab und glitt neben sie.
„Honorar kassiere ich immer nur einmal“, sagte er heiser. „Vorausgesetzt, es fällt entsprechend gut aus — und das liegt ganz allein bei dir, Sweety.“
Er fühlte eine Welle von Gier und Triumpf in sich, als er in sie eindrang, und als er spürte, daß sie seine Bewegungen langsam zu er-

widern begann, erstarrte er fast vor Verwunderung. Himmel nochmal, dachte er verblüfft, die ist ja gar nicht so kalt, wie sie immer tut. Die ist ja gar nicht so kalt . . .'

***

Selbst einem so abgebrühten Killer wie Burt O'Hanlon fiel es schwer, sich danach wieder in der Wirklichkeit zurechtzufinden. Er warf einen Blick auf Laureen, die nackt und mit geschlossenen Augen neben ihm lag, und brannte sich eine Zigarette an.
„Wie ist das eigentlich passiert?" fragte er verhalten. „Das mit Vittorio, meine ich."
Laureen richtete sich auf und schlüpfte in ihre Jeans.
„Wie so etwas eben passiert", erwiderte sie schulterzuckend.
„Wir . . . Vittorio und ich waren auf dem Heimweg vom „Silver Club". Es war nachts und plötzlich bemerkte Vittorio, daß er nicht mehr genug Benzin im Tank hatte. Na ja, wir fuhren die nächste Tankstelle an und da stand ein Wagen."
„Was für ein Wagen?"
„Ein Packard. Ein blauer Packard. Er gehörte Enfield."
Burt hielt sekundenlang die Luft an.
„Hank Enfield? Dem ehemaligen Buchhalter von Vittorio?"
Sie nickte langsam.
„Ja, genau. Hank hatte sich vor knapp einem Jahr mit fast zwei Millionen aus Vittorios Kasse aus dem Staub gemacht. War einfach irgendwo untergetaucht, ohne eine Spur zu hinterlassen."
„Ach, verflucht", ächzte Burt. „Den Rest kann ich mir denken. Hank sehen und den Colt ziehen wird bei Vittorio eins gewesen sein, wie?"
Laureen fuhr sich mit der Hand gedankenvoll durch das Haar.
„Nicht sofort. Vittorio ist auf ihn zugegangen und hat ihn angesprochen, aber Hank hat natürlich sofort Lunte gerochen und versuchte zu flüchten."

„Und war zwei Sekunden später ein toter Mann“, nickte Burt. „Soweit ist also alles klar. Aber dieser Trucker, den ich jetzt umlegen soll, was hatte der damit zu tun?“
Sie seufzte leise.
„Er bog gerade in die Tankstelle ein, als wir wegfahren wollten. Ich konnte mich im Wagen ja noch bücken, aber Vittorio saß hinter dem Steuer und der Kerl hatte ihn mit seinen Scheinwerfern voll im Visier.“
Burt warf die Zigarette aus dem Fenster und rieb sich nervös am Kinn.
„Aber warum hat Vittorio den Trucker dann nicht gleich miterledigt?“ fragte er. „Wäre doch ein Aufwaschen gewesen.“
Laureen schüttelte langsam den Kopf.
„Das konnte er nicht mehr. Er hatte seine Waffe schon in den Müllcontainer geworfen. Wir hatten gerade noch Zeit uns davonzumachen, aber der Trucker hatte natürlich die Nummer von Vittorios Wagen. Es war dann zwar für Vittorio eine Kleinigkeit, sich ein entsprechendes Alibi zu verschaffen, aber Captain Willys hat nie daran geglaubt. Er versuchte ja seit langem, Vittorio und Giovanni irgendwie festzunageln. Also hat er eben so lange herumgeschnüffelt, bis er auf diesen Trucker gestoßen ist.“
Burt sah sie verblüfft an.
„Wieso gestoßen ist?“ fragte er. „Ich dachte, der Kerl hat die Bullen angerufen?“
„Hat er auch“, nickte sie. „Aber anonym. Er hat nur die Nummer von Vittorios Wagen genannt und dann eingehängt.“
„Und sonst gab es keine Zeugen?“
Ihr Kopfschütteln verstärkte sich.
„Nein, niemand. Ich sagte ja schon, es war mitten in der Nacht und die Tankstelle war geschlossen. Die hatten da nur so einen Münzautomaten in Betrieb. Aber neben der Tankstelle ist ein kleiner Park, in dem ein Penner geschlafen hat. Er ist von der Knallerei aufgewacht und hat gesehen, wie der Truck angekommen und

wieder weggefahren ist. Auf diese Weise konnte Willys und seine Mordkommission den Fahrer ermitteln. Na ja, und gestern, als Willys im Zeugenstand war, hat er ihn plötzlich aus dem Hut gezogen und für morgen um seine Vernehmung gebeten."
„Und wie heißt er?"
Sie hob die Schultern.
„Das weiß keiner von uns, die Staatsanwaltschaft hält seinen Namen noch geheim. Captain Willys hat nur gesagt, daß der Mann mit seinem Truck auf dem Weg nach Phönix ist und von dort zur Verhandlung nach Detroit fliegen würde. Soll so ein Kleinunternehmer sein, der seinen Truck selbst fährt. Ein blauweißer Kenworth ist es. Briggs und Carter haben ihn heute morgen in Blaise Fallow aufgestöbert. Na ja, und dann hat Giovanni dich angerufen."
Burt nickte nachdenklich. Giovanni hatte ihn in aller Hergottsfrühe aus dem Bett geworfen und mit den nötigen Instruktionen versehen.
„Du fliegst sofort mit Laureen nach Phönix", hatte er entschieden. „Carter und Briggs sind bereits in der Gegend. Sie haben den Truck gefunden, der damals an die Tankstelle kam. Sieben oder acht Meilen außerhalb von Phönix kommt die Straße in einem weiten Bogen von den Bergen herab und da beziehst du Stellung. Der Kerl kann nur von da kommen, klar? Laureen wird ihn identifizieren und du legst ihn um. Alles kapiert?"
Burt hatte nur kurz an seine Hutkrempe getippt und sich mit Laureen auf den Weg gemacht. In Phönix wurden sie bereits von Carter und Briggs mit einem fast neuen Mercury erwartet, in dem Burt neben einem Präzisionsgewehr auch ein weitreichendes Funkgerät vorfand.
„Auf diese Weise können wir jederzeit miteinander Verbindung aufnehmen", hatte Briggs erklärt. „Der Truck steht immer noch vor Blaise Fallow und soll heute morgen beladen werden. Wir fahren jetzt wieder rüber und melden uns, sobald er sich in Bewegung

setzt. Du hast dann noch etwa eine Viertelstunde, um dich vorzubereiten. Reicht das?"
Burt hate herablassend gegrinst.
„Haushoch — und danach?"
„Danach fährst du mit Laureen sofort zum Flughafen und machst dich auf den Rückweg. Den Rest kannst du uns überlassen. Wir werden etwa eine halbe Meile vor dem Truck hergondeln, und sobald du unsere Kiste erblickst, kannst du in Position gehen. Noch was?"
„Nichts mehr", hatte Burt erwidert und den Mercury gestartet. „Ich sehe euch dann bei Giovanni wieder, okay?"
Etwa zehn Minuten lang war er dann mit Laureen durch die Stadt und hinter Briggs und Carter hergefahren, dann waren sie in einen Feldweg eingebogen, und Burt hatte den Wagen hinter einer Hekke geparkt. Es war ein guter Platz. Bis hinüber zur Straße waren es nicht mal hundert Yards, und die dichte Hecke vor ihnen verhinderte, daß man von dort aus den Wagen bemerkte.
Das aufgeregte Piepsen des Funkgeräts unterbrach Burts Gedanken und ließ ihn hastig nach dem Mikrophon greifen.
„Mach dich fertig, er ist unterwegs", tönte Carters Stimme aus dem Lautsprecher. „In zehn Minuten kommt er den Berg herab."
Burt schaltete das Gerät aus und griff nach dem Gewehr.
„Laureen", sagte er langsam und wandte sich nach ihr um, „es ist besser, du gehst jetzt rüber an die Straße. Bleib neben diesem Felsen dort stehen und heb' die Hand, wenn du ihn erkannt hast."
Sie stieß die Tür auf und schob sich aus dem Wagen.
„Burt", sagte sie angstvoll, „du hast nur Gelegenheit zu einem einzigen Schuß. Du mußt ihn auf Anhieb erwischen. Weißt du das?"
Er strich mit den Fingerspitzen liebevoll über den Gewehrschaft.
„Mach dir keine Sorgen", lächelte er. „Ich habe sie noch alle auf Anhieb erwischt. Du kannst ganz beruhigt sein."
Laureen nickte und wollte die Tür schließen, aber Burt hielt sie zurück. „Ich wollte dir noch etwas sagen, Laureen", murmelte er.

„Wegen vorhin. Nimm mir das nicht übel, vergiß die ganze Sache."
Sie preßte die Lippen zusammen und zog hörbar die Luft ein.
„Ist schon vergessen", sagte sie dann. „Aber versuche das nie wieder, hörst du? Versuche es nie wieder!"
Burt sah ihr nach, wie sie langsam zur Straße hinüberging, dann riß er das Gewehrschloß auf und begann hastig die Waffe zu laden.

***

Briggs und Carter waren mit ihrem grauen Lincoln bereits unten im Tal, als auf der Anhöhe endlich der Sattelschlepper auftauchte. Dichte Qualmwolken ausstoßend setzte er zur Talfahrt an, und Burt sprang eilig aus dem Wagen und lehnte sich mit der Waffe über die Motorhaube. Aus den Augenwinkeln heraus sah er die winkende Hand Laureens und preßte das Gewehr an die Wange. Na schön, dachte er, alles okay, also bringen wir es hinter uns. Er zielte auf das Führerhaus der Zugmaschine, hatte plötzlich das Gesicht des Fahrers im Fadenkreuz seines Zielfernrohres und spürte, wie er erstarrte. Für Sekunden fühlte er eine eisige Kälte in sich und blieb reglos auf der Motorhaube des Mercury liegen, dann richtete er sich auf, ließ achtlos das Gewehr zu Boden fallen und lehnte sich mit dem Rücken gegen den Wagen.
Er kannte das Gesicht hinter dem Steuer des Trucks. Vor Jahrzehnten, vor einem halben Menschenalter, war der Mann, dem dieses Gesicht gehörte, jeden Tag bei und um ihn gewesen. Er hatte ihn auf seinen Schultern hinab an das Ufer des Lake Grove getragen, hatte mit ihm Sandburgen gebaut und dabei Geschichten von Seeräubern und verborgenen Schätzen erzählt, und abends war dann dieser Mann neben seinem Bett gesessen, hatte ihm sanft über das Haar gestrichen und war bei ihm geblieben, bis Bruce in einem Gefühl tiefer Geborgenheit endlich eingeschlafen war.

Und auch später war dieser Mann bei ihm gewesen. Er hatte ihm bei seinen Schularbeiten geholfen, war bei der Abschlußfeier im College in der ersten Stuhlreihe gesessen, hatte ihm, verständnisvoll zuzwinkernd, die Autoschlüssel in die Hand gedrückt, wenn Burt mit Jennifer, seiner ersten Flamme zum Tanzen oder hinauf in die Rockys fahren wollte, und er war auch dann bei ihm gewesen, als diese unbeschwerte Zeit ihr Ende gefunden hatte und Burt auf dem Weg nach Fort Bragg zu den Fallschirmjägern gewesen war.
Stumm und reglos war dieser Mann neben ihm im Bus gesessen, hatte hin und wieder tief geseufzt, und ihn dann vor dem Kasernentor unbeholfen an sich gezogen.
„Burt", hatte er mit brüchiger Stimme gesagt und über ihn hinweggesehen, „dieses Vietnam ... ich weiß nicht mal richtig, wo das ist. Und ich weiß auch nicht, ob du jemals wieder von dort zurückkommst. Aber du sollst wissen, daß ich auch dort bei dir bin. Ich bin immer bei dir, mein Junge."
Burt war schließlich, blind vor Tränen, durch das Tor gestolpert und hatte tief in seinem Innersten gefühlt, daß die Jahre mit dem Mann vor dem Tor unwiderruflich vorbei waren und nie wiederkehren würden. Jetzt fuhr dieser Mann mit seinem Sattelschlepper langsam ins Tal hinab. Burt starrte mit brennenden Augen hinter ihm her und reagierte erst nach Sekunden, als Laureen auf ihn zugestürmt kam, ihn am Arm faßte und herumriß.
„Warum hast du nicht geschossen?" schrie sie wütend. „Warum hast du verdammter Idiot ihn nicht umgelegt? Du hast Vittorio damit auf den Stuhl gebracht, du hast ..."
Er streifte ihren Arm ab und stieß sie zurück.
„Geh zum Teufel, Laurie", sagte er kalt. „Ich werde deinem Itaker erklären, warum ich nicht geschossen habe."
Sie schlug mit ihrer Handtasche nach ihm.
„Du brauchst ihm überhaupt nichts erklären", zischte sie. „Du kommst gar nicht mehr dazu. Briggs und Carter haben deine Show

gesehen und werden dich abknallen wie einen Hund! Wozu, glaubst du, daß die beiden hier sind? Nur um diesen Trucker aufzuspüren? Was bist du doch für ein gottverdammter Idiot, Burt O'Hanlon! Sie sind hier, um dich umzulegen, falls du versagst — und du hast versagt!"

Burt sah wieder ins Tal hinab, sah dem immer kleiner werdenden Sattelschlepper nach, dann ließ er sich in den Wagen fallen, drehte das Fenster hoch und nahm das Mikrophon aus der Halterung.

„Polizei", sagte er ruhig. „Ich brauche die Polizei. Bitte nehmen Sie auf Kanal acht Verbindung mit mir auf."

Es dauerte keine zwanzig Sekunden, dann dröhnte eine laute Männerstimme aus dem Lautsprecher.

„Hier ist der Helikopter der City Police, Sir. Was können wir für Sie tun?"

Burt räusperte sich.

„Fliegen Sie zur Straße nach Blaise Fallow. Etwa sechs Meilen vor Phönix fährt ein Sattelschlepper stadteinwärts. Eine blauweiße Zugmaschine mit silbergrauem Auflieger. Stellen Sie den Fahrer unter Polizeischutz. Er ist Belastungszeuge im Mordfall Vittorio Arese und sollte eben umgelegt werden."

Es knackte und rauschte im Lautsprecher, dann kam die Stimme wieder.

„Machen Sie Scherze, Sir? Woher wollen Sie denn das alles wissen?"

Burt holte tief Luft.

„Weil ich der Mann bin, der ihn umlegen sollte", sagte er und legte das Mikrophon zurück.

Draußen stand Laureen und starrte mit kalkweißem Gesicht zu ihm in den Wagen, aber Burt kümmerte sich nicht darum. Er stieg aus, schob sie beiseite und brannte sich eine Zigarette an.

„Geh nach Hause, Laurie", sagte er leise. „Nimm den Wagen und fahr zum Flughafen."

Sie schüttelte widerspenstig den Kopf.

„Nein, ich will sehen, wie du stirbst, Burt", fauchte sie. „Ich will sehen, wie du hier im Dreck krepierst! Glaub ja nicht, daß du noch eine Chance hast. Da, sieh hinüber zur Straße, Briggs und Carter kommen zurück. Sie werden es dir heimzahlen. Burt. Sie werden auf dich Jagd machen, sie . . .“

Er bückte sich, hob das Gewehr auf und drückte es ihr in die Hand.

„Beteilige dich daran, du hast sogar einen Grund dafür.“

Sie sah von ihm auf die Waffe in ihrer Hand, dann warf sie sie angewidert zu Boden.

„Ich nehme den beiden ihre Arbeit nicht ab“, stieß sie hervor. „Ich sehe nur zu. Ich sehe zu, wie du zur Hölle fährst, Burt!“

Burt sah die Straße hinüber, sah Carter und Briggs aus dem Lincoln springen und beschloß, es ihnen leicht zu machen. Er nickte Laureen kurz zu, wandte sich dann um und ging langsam den Abhang hinab, der sonnenüberflutet vor ihm lag. Vielleicht, dachte er und empfand fast so etwas wie Befriedigung bei diesem Gedanken, vielleicht kann ich dadurch einiges von dem wieder gutmachen, was bei mir so falschgelaufen ist. Vielleicht habe ich doch noch eine Chance. Es muß ja nicht immer und überall zu spät sein.

Er hob sein Gesicht der Sonne entgegen, betrachtete erstaunt eine einzelne Wolke am Himmel, die für Sekunden einen Schatten über ihn warf, dann traf ihn die Kugel im Rücken und warf ihn nach vorn in den Staub der Erde.

Frankie's Feuerwerk

Der Mann im grünen Buick stieß seinen Wagen rückwärts in eine Parklücke und stellte den Motor ab. Sekundenlang blieb er noch reglos hinter dem Steuer sitzen und sah zu dem Bungalow auf der anderen Seite hinüber, dann stieg er aus, überquerte die Fahrbahn und läutete an der Haustür.

„Sind Sie Mr. Wright?" fragte er, als vor ihm ein verschlafenes Gesicht auftauchte. „Mr. Ronald Wright?"

Zwei tiefbraune Augen blinzelten ihn mißtrauisch an.

„Ja, bin ich — und Sie?"

„Ich? Oh, ich bin ... äh ich bin ein Kunde, Mr. Wright. Ein sehr zahlungskräftiger, aber auch ein sehr diskreter Kunde. Nennen Sie mich einfach Frankie."

Ronald Wright sah seinen Besucher zögernd an.

„Na, dann kommen Sie mal herein, Frankie", sagte er und trat beiseite. „Aber stören Sie sich nicht an der Unordnung hier, ich bin eben erst aufgestanden."

Frankie hob dozierend den Zeigefinger.

„Womit wieder einmal erwiesen ist, daß nicht nur Morgenstund Gold im Mund hat", lächelte er. „Manchmal kann auch der frühe Nachmittag sehr ertragreich sein."

Ronald kratzte sich ungeniert am Rücken und deutete auf eine Polstergruppe im Wohnzimmer.
„Das möchte ich aber auch schwer hoffen", brummte er. „Jedenfalls heute müssen Sie schon einen glatten Tausender auf den Tisch legen, um mich munter zu machen."
Ronalds Gast zog mit spitzen Fingern einen Umschlag aus der Tasche und ließ ihn auf den Tisch fallen.
„Es sind fünf", sagte er und schmunzelte. „Fünf Tausender, Mr. Wright. Genügt das, um Sie aufzuwecken!"
Ronald warf Frankie einen verdutzten Blick zu, griff nach dem Umschlag und begann hastig zu blättern.
„Aber total", nickte er dann und schluckte. „Wo ist denn der Haken dabei, Mister . . . eh, Frankie? Ich meine, Sie bringen mir doch die Mäuse nicht als verspätetes Weihnachtsgeschenk, wie?"
Frankie baute aus seinen Fingern ein Zelt.
„Nicht ganz, Mr. Wright, nicht ganz. Einen kleinen Gegendienst erwarte ich schon von Ihnen. Aber das dürfte für Sie kein Problem sein, Sie sind ja Fachmann."
Ronald legte den Umschlag auf den Tisch zurück.
„Fachmann für was?" fragte er gespannt. „Für Versicherungen? Sie wissen, daß ich als Versicherungsvertreter arbeite?"
Das Lächeln seines Besuchers vertiefte sich.
„Ich weiß, daß Sie das nur zur Tarnung machen, Mr. Wright", erwiderte er. „In Wirklichkeit arbeiten Sie für ein Syndikat als Sprengstoffspezialist. Immer dann, wenn irgendwo was in die Luft fliegen soll, wenn eine Explosion Ihren Auftraggebern als das richtige Mittel zur Lösung eines Problems erscheint, immer dann treten Sie in Aktion — und Sie machen Ihre Sache gut, muß ich sagen. Das Öllager bei Lorain zum Beispiel war eine echte Meisterleistung."
Ronald Wright angelte sich mit dem Fuß einen Stuhl heran.
„Ich möchte wissen, wer Ihnen diesen Unsinn erzählt hat, Mister", sagte er heiser. „Die Öltanks hatten sich selbst entzündet, das hat

die Polizei einwandfrei festgestellt. Lesen Sie denn keine Zeitungen?"
Frankie winkte ab.
„Wozu? Ist doch verlorene Zeit. Die Wahrheit steht da sowieso nicht drin. Aber könnten wir jetzt nicht endlich mal offen miteinander reden, Mr. Wright?"
„Worüber, Frankie?"
„Nun, über unser Geschäft, würde ich sagen. Ich habe da nämlich auch ein ziemliches Problem am Hals und man sagte mir, daß Sie gegen einen kleinen Nebenverdienst nichts einzuwenden hätten — und fünftausend Dollar sind doch ein ganz schöner Batzen, oder?"
Ronalds Augen glitten von Frankie zu dem Umschlag auf dem Tisch.
„Und wer hat Ihnen das gesagt?" fragte er verhalten. „Woher wissen Sie überhaupt von mir?"
Sein Besucher hob abwehrend beide Hände.
„Aber Mr. Wright", sagte er seufzend, „wir wollen hier doch keine Namen nennen. Verschwiegenheit ist doch schon der halbe Erfolg, oder?"
Ronald sah Frankie nachdenklich an. Er kann es eigentlich nur von einem Spitzenmann des Syndikats wissen, dachte er. Wenn er über die Sache in Loraine Bescheid weiß, dann kommt dafür nur Forella, Guccione oder Targini in Betracht. Er muß also ein Freund von einem der Bosse sein.
„Okay, Frankie", sagte er schließlich, „legen wir mal die Karten auf den Tisch. Was soll ich für Ihre 5 000 Bucks tun? Auch ein paar Öltanks in die Luft jagen?"
Frankie schüttelte lächelnd den Kopf.
„Nein, Mr. Wright, keine Öltanks — ein Motorboot. Ich brauche einen Sprengsatz für ein Motorboot."
Ronald Wright zog hörbar die Luft ein. Also doch, dachte er, der Mann steht in Verbindung mit dem Syndikat. Das ist ja die gleiche Art von Himmelfahrt, wie ich sie damals diesem Bullen Brooks

vom Rauschgiftdezernat mitsamt seiner Freundin Susan verschafft habe. War ein hübsches Ding, die Kleine und völlig unschuldig, aber warum mußte sie sich auch mit einem Bullen abgeben? Aber Haare hatte die! Ein richtiges Goldblond war das."

„Nun, Mr. Wright, können Sie mir so eine Höllenmaschine anfertigen?" fragte Frankie in seine Gedanken hinein. „Ich bräuchte sie für die Sylvesternacht."

Ronald schnippte lässig mit den Fingern.

„Klar kann ich das", nickte er. „Das ist überhaupt kein Problem für mich. Sagen Sie mir nur wo das Boot liegt und wie es heißt, und Sie bekommen Schlag zwölf Uhr ihr ganz privates Feuerwerk, sozusagen. Ist der Kerl um diese Zeit an Bord, dem Sie an den Kragen wollen?"

Um Frankies Mund lag plötzlich ein harter Zug.

„Er wird an Bord sein", sagte er verbissen. „Er ist Mitglied im Marineclub von Cleveland und die Jungs werden zu Sylvester ein Feuerwerk auf dem Eriesee veranstalten. Mein Mann wird mit seinem Boot draußen auf dem See sein und darauf achten, daß nicht irgendwelche Betrunkene in das Feuerwerk hineinfahren."

Ronald schlug sich klatschend auf das Knie.

„Verdammt nochmal, dann müßte ich ihn doch kennen", platzte er heraus. „Ich bin ja auch Clubmitglied und gehöre ebenfalls zu dieser Sicherungsmannschaft. Wir sind zwar mehr als dreißig Boote, die im Abstand von hundert Yards einen Halbkreis bilden werden, aber ... Sagen Sie mal, Frankie, wer ist denn eigentlich Ihr Mann?"

Frankie legte den Zeigefinger an die Lippen und kicherte leise.

„Das werden Sie sehen, wenn er zur Hölle fährt, Mr. Wright. Im Augenblick brauche ich von Ihnen nur das erforderliche Mittel dazu. Wann kann ich die Bombe bei Ihnen abholen?"

„Sie wollen sie ihm selbst unter den Hintern legen?"

Frankies Augen waren nur noch zwei schmale Schlitze.

„Genau das will ich", sagte er entschlossen. „Das lasse ich mir

nicht nehmen. Ich will den Kerl höchstpersönlich aus dem Weg räumen. Also, wann kann ich das Ding haben?“
„Übermorgen, Frankie. Kommen Sie übermorgen nachmittag, ja? Ich werde sie Ihnen so einstellen, daß sie genau um 0.10 Uhr hochgeht. Da ist nämlich das Feuerwerk noch im vollen Gang, verstehen Sie? Und falls Sie noch besondere Wünsche haben, dann . . .“
„Ich will ihn nur zum Teufel schicken“, unterbrach ihn Frankie hart und erhob sich. „Dahin, wohin er gehört! Guten Tag dann, Mr. Wright. Bis übermorgen also.“
Ronald eilte vor seinem Gast zur Tür und griff nach der Klinke.
„Guten Tag, Frankie“, nickte er. „Sie können sich auf mich verlassen. Und sollten Sie wieder mal meine Dienste brauchen oder einer Ihrer Freunde . . . ich hoffe, Sie denken an mich, ja?“
Frankie wandte sich um und lächelte.
„Das werde ich, Mr. Wright“, sagte er verhalten. „Das werde ich sogar ganz bestimmt. Auf mich können Sie sich nämlich ebenfalls verlassen. Wiedersehen . . .“

***

Der Mann im grünen Buick ließ seinen Wagen langsam an der Uferstraße ausrollen, stellte dann den Motor ab und stieg aus. Er stützte sich mit beiden Armen auf das Wagendach und sah auf das dunkle Wasser des Eriesees hinaus. Weit draußen leuchtete die Lichterkette der Boote, die in weitem Abstand voneinander darüber wachten, daß während des Feuerwerks niemand in das fragliche Gebiet einfahren konnte.
Der Mann warf einen Blick auf die Uhr an seinem Handgelenk und seufzte leise. Noch acht Minuten, dachte er, immer noch acht Minuten. Und wenn Wright exakt gearbeitet hat, dann muß ich fast noch achtzehn Minuten warten. Aber das ist nicht weiter schlimm, die Zeit wird vorübergehen. Ich habe fast ein Jahr auf

diesen Augenblick warten müssen und werde die restlichen achtzehn Minuten auch noch überstehen.
Unten am Strand legte das Boot der Feuerwehr ab und nahm Kurs auf das Zentrum des abgesperrten Gebiets, aber der Mann neben dem grünen Buick achtete nicht darauf. Er sah starr hinüber zu den Wachbooten und warf dazwischen wieder einen kurzen Blick auf die Uhr.
Noch eine Minute, schoß es ihm durch den Kopf, noch knapp eine Minute, dann ist Mitternacht und dann beginnt ein neues Jahr. Es wird ein anderes Jahr sein als das, das nun zu Ende geht, und doch wird es dem alten sehr ähnlich sein. Es wird den gleichen Schmerz für mich bringen, die gleiche Verzweiflung und die gleiche Trauer. Nur meinen Zorn, meinen Haß und meine Ohnmacht wird es nicht mehr haben. Nicht, wenn Wright gut gearbeitet hat.
Hinter dem Mann begannen die Glocken der Kirchen zu läuten und fast gleichzeitig stieg draußen auf dem See die erste Rakete in den Himmel. Sie fuhr zischend in die Höhe, zerplatzte, ließ Kaskaden von bunten Tropfen niederfallen und verglühte in dem Meer der hochschießenden Feuerwerkskörper, die den See in allen Farben aufleuchten ließen. Minutenlang war die Luft ein einziges dröhnendes Beben, dann zuckte auf einem der Boote draußen ein greller Blitz auf, wuchs sich zu einer lodernden Feuersäule aus, und dann kam wie ein Hammerschlag der Donner der Explosion über das Wasser. Der Mann neben dem Buick ließ aufatmend den Kopf auf seine Arme sinken und dachte an ein Mädchen mit goldblondem Haar, dem er vor fast zwanzig Jahren den Namen Susan gegeben hatte. Um ihn herum gellten die entsetzten Schreie der Menschen, jaulten die Sirenen der Wasserschutzpolizei, die mit ihren Booten auf das brennende Schiff zujagten, aber der Mann nahm es nur am Rande war. Er war so in seinen Erinnerungen versunken, daß er Sekunden brauchte, um auf die Stimme des Polizisten in seinem Rücken zu reagieren.
„Mister Haggerty“, sagte der Cop aufgeregt, „gut, daß ich Sie tref-

fe. Draußen auf dem See ist das Boot von Ronald Wright in die Luft geflogen und da dachte ich, weil doch im letzten Jahr auch Lieutenant Brooks mit Ihrer Tochter auf diese Weise . . . ich wollte Sie eben anrufen. Übernehmen Sie die Ermittlungen?"
Der Mann schüttelte langsam den Kopf und dachte an einen Tag im Frühling, an dem er ebenfalls am Ufer des Sees gestanden war und mit brennenden Augen auf die beiden leblosen, von einer Plane gnädig verhüllten Körper gestarrt hatte, die noch Minuten zuvor ein fröhliches Liebespaar gewesen waren. Es war nicht schwer gewesen, die Spur zu dem Täter hin aufzunehmen und die Hintergründe für diesen Mord aufzudecken, aber es gab keine Beweise und es hätte nie welche gegeben.
„Nein, Sergeant", sagte er aus seinen Gedanken heraus, „ich will mich da nicht einmischen, ich habe heute dienstfrei. Rufen Sie lieber McCollums, ja?"
Der Cop nickte und legte grüßend die Hand an die Mütze.
„Okay, Sir, wird gemacht. Also dann: ein gutes neues Jahr, Herr Staatsanwalt!"

Rechnung mit einem Unbekannten

Später, als alles vorüber war und sich der kleine Marktflecken Heroldsberg wieder in jenen freundlichen Ort verwandelt hatte, der er noch vor seiner Ankunft gewesen war, fragte sich Bernd Haller immer wieder, ob Walter Sommerfeld wohl noch am Leben wäre, wenn er nicht den Fehler begangen hätte, ihm einen Job anzubieten. Damals aber, an jenem glutheißen Julinachmittag, als er von Nürnberg aus in einem altersschwachen Taxi hinaus nach Heroldsberg und zum Besitz der Sommerfelds gefahren war, waren ihm ganz andere Gedanken durch den Kopf gegangen.
Im Fond des Wagens sitzend hatte er staunend auf den riesigen Park mit seinen jahrhundertalten Ahornbäumen gestarrt und sich verblüfft gefragt, auf welche gottverdammte Art und Weise ein einzelner Mensch soviel Geld verdienen konnte, um so etwas wie das Haus Luisenhöhe an Land zu ziehen.
Er fragte es sich noch mehr, als er über den leicht ansteigenden Kiesweg zum Haus hinaufging, an der Tür läutete und Petra ihm nach wenigen Sekunden öffnete.
Einen Augenblick lang sah sie ihn fragend und etwas distanziert an, dann erkannte sie ihn wieder und streckte ihm impulsiv die Hand entgegen.

„Oh, hallo, Herr Haller, das ist aber eine Überraschung!" lächelte sie und trat beiseite. „Schön, daß Sie schon da sind. Wir hatten nämlich erst für nächste Woche mit Ihrer Entlassung gerechnet, aber ... na, nun kommen Sie erst mal herein, ja?"
Ihre unbefangene Art machte ihn unsicher und verlegen, und er war überrascht, wie wenig sie der Vorstellung entsprach, die er sich damals von ihr gemacht hatte.
Damals, vor sechs Wochen etwa, hatte Direktor Burgheim sie und ihren Mann durch die JVA Straubing geführt, und dabei waren sie auch an seiner Zelle vorbeigekommen.
„Acht Jahre wegen Totschlags", hatte Burgheim gesagt und dabei auf ihn gedeutet. „Aber wenn er Glück hat, wird er in einigen Wochen bereits entlassen."
Frau Petra Sommerfeld hatte ihm eine Weile aufmerksam bei seiner Arbeit zugesehen, dann war sie, freundlich nickend und ohne ein Wort gesprochen zu haben, langsam weitergegangen.
Zwei Wochen später hatte ihn dann Burgheim in sein Büro rufen lassen und ihm über seinen Schreibtisch hinweg gönnerhaft zugenickt.
„Sie haben es geschafft, Haller", hatte er gegrunzt, „und das sogar in zweifacher Hinsicht. Heute morgen hat mich die Geschäftsstelle des Landgerichts München angerufen und mir mitgeteilt, daß die erste Strafkammer Ihre vorzeitige Entlassung bewilligt hat. Sie werden also übermorgen entlassen. Halten Sie sich aber stets vor Augen, daß Sie noch immer mehr als zwei Jahre zu verbüßen haben und das auch tun werden, falls Sie sich draußen in der Freiheit einen Schnitzer erlauben. Ist das klar?"
Bernd hatte geschluckt und genickt.
„Vollkommen, Herr Direktor."
Burgheim hatte ihn zwar etwas zweifelnd angesehen, dann aber wortlos seinen Akt beiseite gelegt und nach einem Brief gegriffen. „Dann habe ich Ihnen noch etwas zu sagen", hatte er getönt. „Ehrlich gesagt bin ich mir da nicht so sicher, ob ich für diese Sache

hier meine Einwilligung geben kann, aber ... Erinnern Sie sich an Herrn und Frau Sommerfeld?"

Bernds hageres Kinn war wie ein Gummiball auf- und niedergehüpft.

„Aber ja! Das waren doch die Leute, die Sie damals ..."

Burgheim hatte ihn gar nicht erst ausreden lassen.

„Sie erinnern sich also," war er ihm ins Wort gefallen und hatte ihm den Brief zugeschoben. „Na, dann lesen Sie das hier mal. Herr Sommerfeld ist Vorstandsvorsitzender der SÜDCHEMIE in Nürnberg und bietet Ihnen einen Job an."

Bernd hatte ungläubig auf das dicke Büttenpapier gestarrt.

„Ei ... einen Job, Herr Direktor?"

„Ja, als sein Privatchauffeur. Er tut das, wie er hier ganz deutlich schreibt, auf den Vorschlag seiner Frau hin, die der Ansicht ist, man müsse Ihnen eine Chance geben. Na, wäre das für Sie eine Chance, Haller?"

Bernd hatte sich aufgeregt die schweißnassen Hände an seiner Hose abgewischt.

„Aber natürlich, Herr Direktor! Das wäre ... also, das wäre sogar die Chance für mich! Etwa Besseres könnte ich ja gar nicht finden."

Burgheims buschige Augenbrauen hatten sich zweifelnd in die Höhe geschoben.

„Ich bin zwar der gleichen Ansicht wie Sie", hatte er gesagt, „aber ob Sie für diesen Posten der richtige Mann sind ...? Immerhin sind Sie bereits zweimal vorbestraft und ..."

„Kleinigkeiten, Herr Direktor."

„... und jetzt haben Sie sich mit der Sache Holweg sogar acht Jahre eingehandelt. Also, weiß der Teufel, wie ausgerechnet Sie zu der Ehre kommen, Herrn Sommerfeld durch die Gegend zu schaukeln."

Bernd wußte es zwar ebenso wenig wie Wilhelm Burgheim, aber das Schreiben Sommerfelds erschien ihm plötzlich wie die Eintrittskarte in ein nie gekanntes Paradies, in das er, koste es was es wolle, hinein mußte.

„Also, die Sache mit Holweg, Herr Direktor“, hatte er gestottert. „Sie wissen doch, daß das mehr ein Unfall war, nicht wahr? Es war doch eine ganz normale Rauferei . . .“

„In einem Bordell, Haller!“

„Ja ja, schon, aber was kann ich denn dafür, wenn Holweg dabei über einen Stuhl stolpert, hindonnert und sich dabei das Genick bricht? Das hätte doch jedem anderen auch passieren können, oder?“

Burgheims nikotingefärbter Zeigefinger hatte anklagend auf Bernds Akt gedeutet.

„Da steht aber ganz was anderes drin“, hatte er widersprochen. „Nach den Ermittlungen der Polizei ist ja Holweg nicht ganz freiwillig über seinen Stuhl . . . ah, gestolpert, nicht? Sie haben da ganz schön nachgeholfen, Freundchen!“

Bernd hatte sich von Burgheims grimmigem Gesichtsausdruck in keiner Weise abhalten lassen, weiter für seinen Logenplatz in der High Society zu kämpfen.

„Immerhin hatte Holweg einen abgebrochenen Flaschenhals in der Hand, Herr Direktor! Er hätte mir damit ganz gewiß nicht die Fingernägel schneiden wollen. Aber deswegen werden Sie mir doch jetzt nicht die ganze Zukunft verbauen?“

Burgheim hatte beruhigend abgewunken.

„Das ist auch nicht meine Absicht, Haller. Ich hoffe nur, Sie sind in Zukunft etwas klüger und gehen nicht immer gleich mit dem Kopf durch die Wand. Bei so feinen Leuten wie den Sommerfelds müssen Sie sich schon ein bißchen zusammenreißen. So, und nun trollen Sie sich! Den Brief von Herrn Sommerfeld können Sie mitnehmen und sich von mir aus einrahmen lassen.“

Bernd war aus Burgheims Büro gestolpert und wie blind den Gang zu seiner Zelle entlang gelaufen, aber dann war in seinem Gehirn der gleiche Gedanke aufgetaucht, den bereits Burgheim ausgesprochen hatte: Warum hatte Sommerfeld ausgerechnet ihm diesen Job angeboten? Auf den Vorschlag seiner Frau hin?

Diese schlanke, langbeinige Blondine, wie sie da vor seiner Zelle gestanden war und ihm bei seiner Arbeit zugesehen hatte ... also, die konnte doch nicht älter als dreißig sein. Und ihr Mann, na, der war doch mindestens doppelt so alt. Natürlich mußte das gar nichts besagen, aber so junge und vor allem so hübsche Frauen wie sie waren im allgemeinen nicht besonders sozial eingestellt — vor allem nicht gegenüber Leuten wie ihm.
„Aber nun nehmen Sie doch Platz, Herr Haller", riß ihn plötzlich Petras Stimme aus seinen Gedanken. „Sie müssen ja hundemüde sein. Ist doch ein ziemlich langer Weg von Straubing bis hierher, nicht?"
Bernd nickte und ließ sich zögernd in einen der bequemen Ledersessel sinken.
„Das ist richtig, Frau Sommerfeld. Aber die Zeit dort war noch länger."
Petra strich sich nachdenklich eine Haarsträhne aus dem Gesicht. „Ich kann es mir gut vorstellen", erwiderte sie langsam. „Annähernd sechs Jahre, das sind ... Mein Gott, das sind ja über zweitausend Tage!"
„Und Nächte, gnädige Frau."
„Ja, und ebenso viele Nächte. Also, ich glaube, ich würde verrückt werden, wenn ich auch nur eine einzige Nacht im Gefängnis verbringen müßte. Na, Sie haben es jetzt jedenfalls überstanden. Mögen Sie einen Drink?"
Bernd legte artig seinen Hut in den Schoß.
„Sehr gerne, gnädige Frau. Ich ... ich meine, wenn es Ihnen keine Umstände macht."
Petra schüttelte belustigt ihre blonden Locken.
„Aber nein, ganz gewiß nicht, Herr Haller. Und jetzt seien Sie doch nicht so steif und verlegen, ja? Sie sind doch nicht mehr in Straubing, wo Sie vor jedem Aufseher kuschen mußten — Sie sind wieder ein freier Mann!"
Bernds Hände krallten sich um seine Hutkrempe.

„Ja ja, ich ... hrrrm, ich weiß, gnädige Frau. Aber das kam alles etwas überraschend für mich. Im Grunde kann ich es immer noch nicht so recht begreifen, daß Ihr Mann ... daß Sie ..."
Petra warf ihm von der Seite her einen lächelnden Blick zu.
„Ach, reden wir nicht mehr davon, Herr Haller. Ich weiß, warum und wie lange Sie in Straubing waren, und ich weiß, daß Sie in dieser Sache mehr Pech als Schuld hatten. Aber das ist jetzt alles Vergangenheit und Sie sollten lieber an die Zukunft denken, nicht? Mögen Sie Eis oder Soda in Ihrem Drink?"
„Äh, Eis, bitte."
Sie ließ zwei Eiswürfel in sein Glas gleiten und schob es ihm zu. „Also dann: Auf die Zukunft und darauf, daß Sie sich bei uns wohlfühlen werden! Prost, Herr Haller!"
Bernd nickte verwirrt, griff nach dem Glas und hob es Petra entgegen. „Auf Ihr Wohl, gnädige Frau", stotterte er. „Und ... und vielen Dank auch für alles!"

***

Petra Sommerfelds gute Wünsche gingen in den nächsten Wochen in jeder Beziehung in Erfüllung. Bernd fühlte sich so wohl wie nie zuvor in seinem Leben, und manchmal fragte er sich sogar, warum ihn der Boß der SÜDCHEMIE überhaupt eingestellt hatte.
Noch in Straubing hatte er sich ausgemalt, daß er als Sommerfelds Fahrer weite Reisen mit ihm unternehmen müsse, aber nichts von alledem war der Fall. In der Regel hatte er nichts weiter zu tun, als den stets etwas geistesabwesend lächelnden Vorstandsvorsitzenden am Morgen nach Nürnberg ins Werk zu fahren, ihn gegen Mittag wieder von dort abzuholen und nach dem Essen wieder dorthin zu bringen. Petra Sommerfeld selbst benötigte seine Dienste noch weniger. Sie verbrachte ihre Tage damit, in ein Nichts von Bikini gehüllt und hinter einer riesigen Sonnenbrille verborgen, am Rand des Swimming pools zu liegen und gelangweilt in irgendwelchen

Illustrierten zu blättern oder gedankenschwer in den azurblauen Himmel zu starren, der sich schon seit Wochen über Heroldsberg wölbte.

Manchmal aber fühlte Bernd auch ihren nachdenklich-prüfenden Blick auf sich gerichtet. Sie sah ihm lächelnd und schweigend zu, wie er Sommerfelds 600er Mercedes polierte, betrachtete versonnen die kunstvollen Figuren, die er in die Hecken der Auffahrt schnitt, aber dann, nach oft endlos scheinenden Minuten, ging sie genauso schweigend davon, wie sie gekommen war und ließ einen total verwirrten Bernd zurück, der Gott und die Welt und am allermeisten sich selbst verfluchte.

Warum sprach er sie nicht an?

Warum sagte er ihr nicht klipp und klar, daß sie für ihn längst mehr als nur die Frau seines Brötchengebers war? Oder wußte sie das etwa schon? Kam sie etwa deshalb in immer winzigeren Bikinis auf die Terrasse und in den Park? Wollte sie vielleicht sogar, daß er . . .? Es gab Augenblicke, in denen Bernd mit Freuden eines der großzügigen Monatsgehälter Sommerfelds für die Gedanken geopfert hätte, die sich hinter Petras Stirn verbargen.

Aber Petra Sommerfeld ließ trotz aller Freundlichkeit nicht in sich hineinschauen. Verträumt lächelnd schwebte sie durch die Tage und Bernds Nächte, verriet jedoch weder durch ein Wort noch durch eine Geste, wie und was sie über ihn dachte.

Dann aber, an einem Samstagmorgen, als Frau Heckel, die Haushälterin, zu ihrer kranken Schwester nach Würzburg und Walter Sommerfeld schon in aller Herrgottsfrühe zur Jagd in die Fränkische Schweiz gefahren war, wendete sich plötzlich das Blatt. Wie immer war Petra gegen neun Uhr auf der Terrasse erschienen, hatte dort ihr Frühstück eingenommen und war danach wieder ins Haus gegangen. Aber zehn Minuten später stand sie plötzlich auf dem Balkon ihres Schlafzimmers und winkte ihm zu.

„Oh, hallo Bernd“, zwitscherte sie. „Können Sie wohl mal kurz zu mir heraufkommen? Die Dusche funktioniert wieder mal nicht. Scheint irgendwie verstopft zu sein."

Bernd, der sich gerade mit dem Rasenmäher beschäftigte, sah auf und nickte.

„Sekunde, gnädige Frau", erwiderte er und spürte, wie heiser seine Stimme klang. „Ich hole nur schnell den Werkzeugkasten aus dem Schuppen."

Sie erwartete ihn in Hot Pants und einer fast durchsichtigen Bluse an der Badezimmertür.

„Ich weiß nicht, was los ist", sagte sie schulterzuckend, „aber es kommen nur ein paar Tropfen aus der Leitung."

Bernd stellte den Werkzeugkasten ab und suchte nach einem Schraubenzieher.

„Das liegt am kalkreichen Wasser hier", erwiderte er und bemühte sich verzweifelt, das Zittern in seiner Stimme zu unterdrücken. „Da setzt sich eben viel davon in den Rohren ab. Doch das haben wir gleich."

Petra beugte sich vor und sah ihm zu, wie er geschickt die Armaturen abschraubte, sie säuberte und dann mit kraftvollen Bewegungen wieder befestigte.

„Sie . . . Sie sind sehr stark, Bernd", sagte sie in das Quietschen der Armaturen hinein. „Sie haben eine ganze Menge Kraft."

Bernd schluckte verlegen und vermochte nicht, den Blick von der goldbraunen Haut ihres Busenansatzes zu lösen.

„Äääh, na ja, es geht", stotterte er. „Ein bißchen Kraft muß ein Mann schon haben."

Petra lächelte und fuhr mit ihren rotlackierten Fingernägeln über die Muskelsträge an seinem Oberarm, und Bernd durchzuckte es wie ein elektrischer Schlag.

„Ein bißchen?" kicherte sie. „Sie haben sehr viel davon und nicht nur ein bißchen. Wissen Sie das, Bernd?"

Bernd hielt sich mit beiden Händen an den Wasserhähnen fest und schluckte.

„Ja, ich ... hrrrm, ich glaub' schon, gnädige Frau. Ich trainiere ja auch sehr viel, wissen Sie?"
Sie legte die Hände auf seine Schultern, sah ihn aus halbgeschlossenen Augen an und schob ihn rückwärts auf ihr Schlafzimmer zu.
„An verstopften Wasserhähnen, Bernd?"
Bernd spürte, wie sie sich an ihn drängte, spürte die Wärme ihres Körpers und fühlte einen Taumel in sich aufsteigen, der den letzten Rest seiner Beherrschung hinwegfegte.
„Nein, nicht nur an verstopften Wasserhähnen", stammelte er und riß sie an sich. „Nein, ich ... nein, jetzt ganz bestimmt nicht mehr, Petra ... jetzt nicht mehr ..."
Und dann war es so, wie er es sich in diesen Wochen immer wieder erhofft und erträumt hatte. Seine Hände schälten sie aus ihrer Bluse, glitten tiefer, ließen die engen Hot Pants zu Boden fallen und zogen sie in einer fast schmerzhaften Heftigkeit an ihn heran.
„Oh Gott", stammelte er, als er sie aufnahm und in ihr Schlafzimmer hinüber trug, „Petra, oh Gott ...!"
Sie erwiderte nichts, lag nur still und zitternd in seinen Armen, und ihr leises Seufzen vermischte sich mit dem sanften Raunen des Windes zu einer alles übertönenden Melodie, die sich wie ein Mantel um sie legte und sie langsam in eine endlose Weite davontreiben ließ.

***

Es hätte die uralte Geschichte sein können, die es schon immer gegeben hat und die es immer wieder geben wird, aber diesmal war es anders — ganz anders! Es war so anders, daß Bernd schon Sekunden danach wie von der Tarantel gestochen in die Höhe fuhr und sie entgeistert anstarrte.
„Wa ... was hast du eben gesagt?" stotterte er.
Petras schlanke Arme zogen ihn wieder zu sich hinab.
„Ich sagte, so könnte es immer sein, wenn ..."

„Wenn was?“
„Wenn mein Mann nicht wäre.“
Bernd lachte verhalten und wühlte in ihrem Haar.
„Na, du bist mir aber ein Herzchen. Du wirst doch nicht etwa wegen mir daran denken, das hier alles aufzugeben!“
Petra schüttelte langsam den Kopf.
„Nein, tue ich auch nicht. Aber Walter ... Ich könnte recht gut auch ohne ihn leben.“
„Liebst du ihn denn nicht?“
Sie preßte die Lippen zusammen und sah über ihn hinweg an die Zimmerdecke.
„Ich hasse ihn“, sagte sie dann leise.
Bernd knabberte sanft an ihrem Ohrläppchen.
„Und warum trennst du dich dann nicht von ihm?“
„Weil ich nicht arm sein will — darum! Weißt du, was es heißt, arm zu sein, Bernd?“
Er nickte hastig.
„Und ob ich das weiß! Ich bin ja auch nicht gerade im Garten Eden aufgewachsen. Aber wenn dir dein Mann derartig auf den Wecker geht, dann müßtest du es eben so einrichten, daß er dir eine Abfindung, eine Entschädigung oder sonst was zahlt.“
Petra griff nach seiner Hand und legte sie an ihre Wange.
„Da gibt es keine Entschädigung“, murmelte sie. „Ich bin seine dritte Frau und alles, was er besitzt, hat er bereits seinen vier Kindern vermacht.“
„Aber er muß doch auch irgendwie an dich denken“, sagte Bernd kopfschüttelnd. „Was ist denn, wenn ihm heute etwas passiert? Eine Krankheit oder ein Unfall?“
„Oh, da hat Walter schon vorgesorgt“, erwiderte sie. „Bei unserer Hochzeit hat er eine Lebensversicherung von einer Million zu meinen Gunsten abgeschlossen und die bekomme ich bei seinem Tod natürlich ausbezahlt. Aber leider ist sein Gesundheitszustand so,

daß ihn so mancher Jüngere darum beneiden würde. Da müßte ihm schon, wie du gesagt hast, etwas passieren. Eine Krankheit, ein Unfall oder sonst was."

Mit einem Schlag war er hellwach.

„Du bist verrückt", sagte er erregt. „Du bist vollkommen verrückt! Willst du etwa den Rest deines Lebens hinter Gittern verbringen?"

Sie legte den Kopf auf seine Brust und seufzte leise.

„Ach, Bernd, es gibt Situationen, in denen man jedes Risiko eingeht — nur, um aus ihnen herauszukommen."

Bernd bückte sich und angelte nach seiner Hose.

„Ich nicht, Petra", fuhr er auf, „ich ganz bestimmt nicht! Mir hat meine Zeit im Knast gereicht — ein für allemal!"

Sie griff lächelnd nach seiner Hose und ließ sie wieder auf den Boden fallen.

„Und doch wirst du mir helfen, Walter loszuwerden, Bernd!"

Er sprang mit einem Satz aus dem Bett.

„Aber wirklich nicht, mein Schatz! Ich lasse mich von dir um keinen Preis in so eine Sache hineinziehen. Nicht mal, wenn ich dich dafür jeden Tag im Bett haben könnte."

„Du steckst schon drin, Bernd!"

„Ich . . . was?"

Ihr Mund verzog sich zu einem spöttischen Lächeln.

„Du steckst schon drin bis zum Hals, Bernd", wiederholte sie und erhob sich. „Du hast gar keine Chance mehr, mein Herz. Komm mal mit, ja?"

Bernd hatte plötzlich das Gefühl, als würde er bis über den Kopf in eisiges Wasser eintauchen.

„Ja, aber . . . wohin denn?"

„In Walters Zimmer!"

Er sah sie unsicher an.

„In Walter . . . Warum denn? Was soll ich denn dort?"

Petra schlang die Arme um seinen Nacken und preßte ihren nackten Körper an ihn.

„Du sollst sehen, wie tief du schon drinsteckst. Na komm, worauf wartest du noch?“
Ohne ihn aus den Augen zu lassen, zog sie ihn hinter sich her über den Flur zu Sommerfelds Arbeitszimmer und stieß die Tür auf.
„Geh rein, Bernd!“
Er machte einen Schritt nach vorn und sah in das Zimmer. Entsetzt starrte er auf die zusammengekrümmte Gestalt Walter Sommerfelds am Boden. Auf den ersten Blick verriet nur der dünne Blutfaden am linken Mundwinkel, daß etwas Außergewöhnliches mit ihm geschehen war, aber als Bernd langsam nähertrat, sah er den breiten Griff des Messers aus dem Rücken des Toten ragen und spürte, wie seine Beine zu zittern begannen.
„Du hast ... du hast ihn umgebracht?“ ächzte er. „Du hast ... Mein Gott, Petra, warum hast du das getan?“
„Du hast es getan, Bernd.“
Er starrte sie mit offenem Mund an.
„Ich habe — was?“
Sie zuckte fast gelangweilt mit den Schultern.
„Du hast Walter umgebracht! Du hast mich vergewaltigt und dann Walter ermordet, als er mir zu Hilfe kommen wollte — jedenfalls werde ich das aussagen.“
Sein Atem kam in kurzen, fast schmerzhaften Stößen.
„Du wirst ... aber du hast doch freiwillig mit mir geschlafen! Du wolltest es doch! Ich hätte doch nie gewagt, dich anzurühren oder auch nur ...“
Petra verschränkte die Arme über ihren Brüsten und sah ihn von unter herauf an.
„Kannst du das beweisen?“ kicherte sie. „Nein, das kannst du nicht, mein Lieber! Aber ich kann beweisen, was ich sage. Ich brauche mich nur untersuchen zu lassen, und jeder Arzt wird bestätigen, daß ich erst vor kurzem ... daß du mich ... Oder hast du etwa geglaubt, ich möchte ein Kind haben?“
In Bernd stieg es heiß auf.

„Damit kommst du nicht durch!“ schrie er los. „Damit nicht! Eine vergewaltigte Frau sieht anders aus als du! Die hat Kratzer, Striemen, blaue Flecken, die hat sich nämlich gewehrt!“
Ihre Stimme war kalt wie ein Eiszapfen.
„Nicht, wenn man ihr ein Messer an die Kehle gehalten hat!“
Bernd stürzte sich schweratmend gegen den Türrahmen.
„Ein ... ein Messer?“
„Ja, ein Messer — das da, mit dem du Walter ermordet hast!“
Seine Hand zuckte so unvermittelt hoch, daß Petra den Schmerz im Gesicht erst spürte, als er sich bereits wieder abgewandt hatte. Einen Herzschlag lang fühlte er so etwas wie Panik in sich aufsteigen und fürchtete, sie würde nun hysterisch zu schreien beginnen, aber Petra strich sich nur kurz über die anschwellenden Lippen.
„Um so besser“, sagte sie gelassen, „mach ruhig so weiter. Du schaffst damit nur Beweise gegen dich selbst.“
Bernd spürte, wie sich sein Magen zusammenzog und ließ sich auf einen Stuhl sinken.
Sie hat ja recht, dachte er verbittert, sie hat ja vollkommen recht. Ich kann tun und lassen was ich will, ich kann sie verprügeln oder es sein lassen, ich kann weglaufen oder hierbleiben, es spricht in jedem Fall alles gegen mich. Ich bin ihr so total in die Falle gegangen, daß ich durch nichts und niemanden wieder herauskommen werde.
Petra schien seine Gedanken zu ahnen.
„Du brauchst dir gar nicht erst zu überlegen, was du nun tun sollst“, sagte sie in seine Gedanken hinein. „Da kannst nichts tun, Bernd. Inspektor Heinlein von der Landespolizei in Erlangen ist ein guter Freund von Walter und mir, und weder er noch jemand anders wird auch nur eine Sekunde lang an meiner Aussage zweifeln. Dir hingegen wird niemand auch nur ein Wort glauben — schließlich hast du schon mal einen Menschen umgebracht.“
Eine fast unendlich scheinende Zeit herrschte eine geradezu tödliche Stille zwischen ihnen, dann richtete sich Bernd auf und sah sie an.

„Warum, Petra?“ fragte er leise. „Warum gerade ich? Walters Tod ... du hast das schon lange geplant, nicht wahr? Ich bekam den Job bei euch doch nur deshalb ... ich meine, du hast dich doch nur deshalb bei Walter für mich eingesetzt, weil ...“
„... weil ich einen Täter brauchte“, nickte sie. „Du hast es voll erfaßt, Bernd. Du kannst gut kombinieren. Ich brauchte einen Täter, aber ich brauchte nicht irgendeinen x-beliebigen, verstehst du? Es mußte jemand sein, der in den Augen der Polizei und Justiz von vornherein schuldig war. Es mußte jemand so wie du sein.“
Seine Finger verkrampften sich so fest ineinander, daß die Knöchel weiß hervortraten.
„Und das mit uns, Petra? Vorhin ...?“
Sie zuckte kurz mit den Schultern.
„Es mußte eben sein, es gehörte zu meinem Plan, klar? Ich gebe allerdings zu, daß es mir auch wahnsinnig Spaß gemacht hat. Du bist ein guter Liebhaber, Bernd.“
Er verzog die Lippen.
„Herzlichen Dank für das Kompliment“, sagte er zynisch. „Aber das hättest du auch ohne den Mord an deinem Mann haben können. Ich war auf dich nämlich schon vom ersten Moment an scharf, aber ich hätte nie gedacht, daß mich eine Bettgeschichte mit dir wieder ins Gefängnis bringen könnte.“
An ihren Wangen erschienen kleine Grübchen.
„Aber du muß doch nicht ins Gefängnis, Bernd“, versuchte sie ihn zu beruhigen. „Das kommt doch jetzt nur auf dich selbst an. Mir liegt ja im Grunde gar nichts daran, dich hinter Gittern zu sehen. Ich wollte dir nur mal zeigen, daß ich dich wieder dorthin bringen kann. Wenn du allerdings bereit bist, mir zu helfen ... Wir könnten die Sache auch anders regeln.“
Bernd sah sie entschlossen an.
„Also, was soll ich tun?“ fragte er.
Petra entfernte ein imaginäres Stäubchen von seinem Hemd und lächelte.

„Sieh mal", sagte sie ruhig, „es ist doch alles gar nicht so schwierig, wie du es dir jetzt vielleicht vorstellst. Walter wollte doch heute morgen sowieso zur Jagd fahren, nicht?"
„Ja ja, schon, aber . . ."
„Na, er ist eben wirklich gefahren — begreifst du? Für uns und die Polizei ist er eben wirklich in die Fränkische Schweiz gefahren."
Bernd schüttelte verständnislos den Kopf.
„Also, ich komme da nicht mit, Petra."
„Aber es ist doch ganz einfach! Walter ist zur Jagd gefahren und kommt erst morgen früh zurück."
„Und wo bleibt er über Nacht?"
„Na, oben, in seinem Revier. Wir haben da ein recht komfortables Jagdhaus."
„Und dann, morgen früh, wenn er angeblich nach Hause fährt?"
„Dann . . . Nun, die Straße von Pottenstein nach Gräfenberg und weiter nach Heroldsberg ist ziemlich kurvenreich und hat kurz vor Wolfsberg eine fast 14prozentige Gefällstrecke. Links davon, aber gut hundert Meter tiefer fließt die Trubach, ein kleines, unbedeutendes Flüßchen. Ist es da nun so schwierig, sich vorzustellen, daß Walter auf dem Heimweg die Gewalt über den Jeep verloren hat und abgestürzt ist?"
„Nein, das nicht, aber . . ."
Petra hob abwehrend die Hand.
„Gar kein Aber, Bernd! Der Wagen ist frisch aufgetankt und brennt wie Zunder — und achtzig Liter Benzin lassen von einem Menschen nicht mehr viel übrig. Niemand wird jemals feststellen können, wann und woran Walter wirklich gestorben ist. Vor allem wird man gar nicht erst auf den Gedanken kommen, hinter seinem Tod etwas anderes als einen Unfall zu vermuten."
Bernd stieß einen erleichterten Pfiff aus.
„Mannomann", sagte er aufatmend, „du bist vielleicht ein raffiniertes Biest. Aber so könnte die Sache hinhauen. Wir müßten Walter also heute nacht . . ."
„Du müßtest das tun, Bernd", unterbrach sie ihn. „Ich allein kriege

ihn ja nicht mal hier vom Boden hoch. Du mußt ihn im Jeep heute nacht hinfahren und dann an dieser Gefällstrecke abstürzen lassen. Wenn der Karren nicht von allein Feuer fängt, hilfst du eben mit einem Streichholz nach. Die Straße wird um diese Zeit überhaupt nicht befahren, so daß dich dabei kaum jemand stören dürfte. Außerdem ist ringsherum Wald. Ich werde dir mit dem Mercedes folgen und in der Nähe von Gräfenberg in einem stillgelegten Steinbruch auf dich warten. Das Schlimmste an der ganzen Sache dürfte dann für dich nur der etwa vier Kilometer lange Fußmarsch zurück zu mir sein — und das ist doch nicht zuviel verlangt, oder?"

„Nein, Petra, gewiß nicht."

Sie legte die Arme um seinen Nacken und knabberte voll verhaltener Zärtlichkeit an seinem Ohrläppchen.

„Du hilfst mir also?" flüsterte sie.

Bernds Hände glitten an ihren Hüften entlang nach unten.

„Ich helfe mir selbst, Petra."

Petra lächelte zufrieden.

„Gut", sagte sie sanft, „dann schaffe ihn jetzt weg, schaffe ihn gleich in den Wagen. Wenn du damit fertig bist und mich suchst, ich bin in meinem Schlafzimmer — und ich kann sehr dankbar sein, Bernd . . ."

Er nickte stumm und sah ihr nach, wie sie leichtfüßig über den Flur huschte und in ihrem Zimmer verschwand, dann zuckte er resignierend mit den Schultern und näherte sich dem Toten.

***

Inspektor Heinlein und sein Kollege Gerber kamen gegen sechs Uhr morgens.

„Tut mir leid, daß ich Sie wecken mußte, Frau Sommerfeld", sagte er verlegen und sah an ihr vorbei. „Aber ich . . . äääh, ich . . ."

„Ja?"

„Ich muß Sie etwas fragen. Ist Ihr Mann zu Hause?"

Petra schüttelte verwundert den Kopf.
„Nein, noch nicht. Er ist gestern zur Jagd in die Fränkische Schweiz gefahren — warum?"
Heinlein räusperte sich mühsam.
„Nun, er... Wann wollte er denn zurück sein?"
„Heute morgen, so um diese Zeit etwa. Er könnte jetzt eigentlich jeden Moment kommen. Aber warum fragen Sie denn das alles, Herr Heinlein? Ist etwas passiert?"
Der Inspektor biß sich auf die Lippen.
„Na ja, also, Ihr Mann ... Also, er muß es sich anders überlegt haben und ... Oh, Sie haben Besuch, Frau Sommerfeld?"
Petra wandte sich nach dem langsam näherkommenden Bernd um.
„Aber nein, das ist nur unser Fahrer, Herr Haller", klärte sie Heinlein auf. „Er hat vor einigen Wochen bei uns angefangen."
Bernd nickte den beiden Polizisten zu.
„Ja, ich hörte Ihren Wagen vorfahren und als ich sah, daß es die Polizei war, da ..."
„Herr Heinlein, bitte, was ist mit Walter?" fuhr Petra erregt dazwischen. „Hat er ... Ist er ...?"
Heinlein sah über sie hinweg.
„Er ist ... also, sein Wagen ... er muß die Gewalt über seinen Wagen verloren haben", stotterte er. „Er ... er liegt bei Wolfsberg unten in der Trubach — vollkommen ausgebrannt."
Petra wurde kreidebleich.
„Und ... und Walter?" stammelte sie.
Heinlein hakte die Daumen in seinen Gürtel und zuckte mit den Schultern.
„Tut mir leid, daß ich es bin, der Ihnen das sagen muß", murmelte er. „Aber Ihr Mann ... er hatte keine Chance, er kam aus dem Jeep nicht mehr heraus."
Ihr trockenes Schluchzen zerrte an den Nerven der drei Männer.
„Heißt das ... heißt das etwa, daß Herr Sommerfeld ...?" stieß Bernd entsetzt hervor.

Heinlein nickte ihm zu.
„Das heißt es, Herr Haller", sagte er dann. „Walter Sommerfeld ist bis zur Unkenntlichkeit verbrannt. Wir konnten den Wagen nur noch an seinem Nummernschild identifizieren. Als wir hierher fuhren, hatten wir noch die leise Hoffnung, daß vielleicht jemand anderes mit dem Wagen unterwegs war, aber ..."
Er verstummte so abrupt, als hätte ihm jemand einen Stöpsel in den Mund gesteckt.
„Was ist denn, Inspektor?" fragte Bernd verblüfft. „Warum schweigen Sie denn plötzlich?"
Petra sah ihn aus tränennassen Augen an.
„Ist noch etwas, Herr Heinlein? Haben Sie mir nicht alles gesagt?"
Der Inspektor schüttelte hastig den Kopf.
„Nein, Frau Sommerfeld, es ist ... Mir fällt nur gerade ein, daß wir bei Ihrem Mann kein Gewehr gefunden haben. Wollte er denn wirklich zur Jagd?"
„Aber sicher wollte er das, Inspektor", sagte Bernd hastig. „Und er hat auch ein Gewehr mitgenommen. Vielleicht hat er es im Jagdhaus gelassen."
Auf Heinleins Stirn bildete sich eine steile Falte.
„Möglich wäre das natürlich schon", meinte er zweifelnd. „Aber so richtig vorstellen kann ich mir das nicht. Walter hat doch seine Waffen kaum aus der Hand gegeben. Sind Sie wirklich sicher, daß er ein Gewehr mitgenommen hat, Herr Haller?"
Bernd nickte heftig.
„Aber absolut! Ich habe doch noch selbst ..."
„Sehen Sie lieber erstmal in seinem Zimmer nach, dann wissen wir es mit Sicherheit", fiel ihm der Inspektor ins Wort. „Dürfen mir mal kurz reinkommen, Frau Sommerfeld?"
Petra nickte und tastete nach seinem Arm.
„Natürlich, kommen Sie nur", sagte sie leise. „Wenn sie mich etwas stützen würden ... Im Augenblick ist mir ..."
Heinlein legte mit einer väterlichen Geste den Arm um sie, führte

sie die Treppe hinauf und stieß die Tür zu Walters Arbeitszimmer auf, und dann schien der gellende, nicht endenwollende Schrei Petras bis in den letzten Winkel des Hauses zu dringen. Mit vor Entsetzen weit aufgerissenen Augen hing sie in Heinleins Arm und starrte auf die leblose Gestalt Walters, die noch immer an der gleichen Stelle wie gestern am Boden lag.
Heinlein zog mit dem Fuß einen Stuhl für Petra heran und nickte Bernd anerkennend zu.
„Das hätte geklappt, Haller", knurrte er. „Besten Dank für Ihren Anruf. Sie hätten da gar nichts Besseres tun können. Hätten Sie mich nicht angerufen, weder ich noch irgendein Gericht hätte Ihnen geglaubt, daß Petra ihren Mann auf dem Gewissen hat. Die Rechnung der Dame wäre aufgegangen wie eine mathematische Gleichung."
Bernd schloß aufatmend für einen Moment die Augen.
„Mit einem Unbekannten, Inspektor", murmelte er.
Heinlein sah verblüfft von ihm zu Petra.
„Mit . . . was sagten Sie eben?"
Über Bernds Gesicht huschte ein Lächeln.
„Ach, nichts, Inspektor, lassen Sie nur. Ich habe mit mir selbst gesprochen."
Heinlein deutete mit dem Daumen zur Tür.
„Na dann gehen Sie jetzt mal raus und sprechen mit den Kollegen von der Spurensicherung", bellte er. „Die Kerle sollen endlich hereinkommen und sich an die Arbeit machen. Es ist bloß gut, daß Sie sich an meine Anweisung gehalten und Walter nicht angerührt haben."
Bernd sah hinüber zu Petra und hielt ihren Blick fest.
„Es ist bloß gut, daß sie nicht nachgesehen hat, ob ich ihn wirklich im Jeep hatte", erwiderte er leise.
Dann wandte er sich um und ging langsam hinaus.

Der Zweck heiligt die Mittel

Es war im Grund reiner Zufall, daß Charlie Kudnik an jenem verregneten Aprilabend das „Chez Paulette" besuchte und dabei von dem geplanten Überfall auf die Filiale der „Südbank" erfuhr. Kaum hatte sich Charlie nämlich mit einem Whisky on the Rocks in einer Nische niedergelassen und damit begonnen, die Tänzerin auf der Bühne mit fachmännischen Blicken zu mustern, als von nebenan ein leises Flüstern an sein Ohr drang.

„Und ich sage dir, die Sache wird ein ganz toller Knaller", hörte er eine Stimme. „Bertie meint, wenn wir so kurz vor Feierabend in die Bank stürmen, rennen wir sozusagen offene Türen ein. Da haben die Angestellten nämlich das ganze Geld bereits gezählt und verpackt, und warten nur noch auf das Transportauto, das den Zaster zur Zentrale bringen soll."

„Und woher weiß Bertie das so genau?" flüsterte eine andere Stimme. „Woher kennt er die Verhältnisse in der „Südbank"?"

„Na, weil er sich vor einiger Zeit so eine kleine Maus geangelt hat, die dort arbeitet", kam die Antwort. „Ist doch klar, daß er der die Würmer aus der Nase gezogen hat. Da müßte so ein Mädchen schon das personifizierte Mißtrauen sein, wenn sie sich bei einem Mann wie Bertie Singer etwas denken sollte."

Charlie, der seine Kehle gerade mit Whisky ölte, hätte sich beinahe verschluckt. Das darf doch nicht wahr sein, dachte er verblüfft, da wird sich doch der gute alte Bertie nicht noch einmal die Finger verbrennen wollen? Haben dem seine letzten sechs Jahre Knast noch nicht gereicht oder hat er jetzt wirklich eine todsichere Sache angeleiert? Himmel, wenn mir vor zwanzig Jahren einer gesagt hätte, daß unser Klassenprimus einmal ein Bankräuber wird, ich hätte mich totgelacht.

„Und wann soll die Sache steigen?" unterbrach die Stimme von nebenan seine Gedanken.

Für Sekunden war nur ein leises Räuspern zu hören, dann wehte die Antwort zu ihm herüber.

„Am nächsten Montag. Am Samstag werfen nämlich die ganzen Geschäfte in der Gegend ihre Tageseinnahmen in den Nachttresor, und die sind ja allemal höher als an einem ganz gewöhnlichen Wochentag, nicht? Also ziehen wir das Ding am Montag ab — so kurz vor 17 Uhr. Bist du nun als dritter Mann dabei oder nicht?"

Charlies Ohren wurden immer länger.

„Und ob ich dabei bin!" wisperte es nebenan. „Ich lasse mir doch so eine Gelegenheit nicht entgehen! Sag also Bertie, daß er auf mich zählen kann, okay?"

„Okay, Klaus, alles klar. Wenn es sonst nichts mehr zu bereden gibt, dann verschwinden wir jetzt besser. Ich muß ohnehin noch zum Bahnhof."

Charlie, dessen kriminelle Karriere eine Unzahl von Autoeinbrüchen aufwies, die ihm zwar keine große Beute, dafür aber acht Vorstrafen eingebracht hatten, machte sich so klein wie möglich, als die beiden Männer im Halbdunkel vorbeigingen. Das will ich sehen, dachte er aufgeregt. Wenn Bertie mit seinen Kumpels bei der „Südbank" einen Coup landet, will ich wenigstens als Zuschauer dabei sein. Wer weiß, vielleicht verlieren die Jungs auf ihrer Flucht sogar ein paar Scheine. Im Augenblick kämen sie mir jedenfalls mehr als gelegen.

* * *

Charlie war ein vorsichtiger Mensch und bezog am Montag nachmittag bereits gegen 15 Uhr seine Wartestellung gegenüber der „Südbank". Aber so, wie er es im „Chez Paulette" gehört hatte, geschah bis kurz vor 17 Uhr überhaupt nichts. Dann aber glitt ein BMW an die Bank heran und fünf Sekunden später waren seine drei Insassen im Inneren der Bank verschwunden. Jetzt geht das Theater los, dachte Charlie und spürte, wie sein Mund plötzlich trocken wurde. Bin gespannt, ob sie es ohne großes Trara über die Bühne ziehen können.
Er schlenderte in scheinbarer Gelassenheit über die Straße und hatte gerade den Eingang der Bank erreicht, als die drei Männer bereits wieder herauskamen. Charlie erkannte seinen Schulfreund Bertie Singer trotz dessen Gesichtsmaske auf den ersten Blick und zwinkerte ihm grinsend zu, aber auch Bertie sah, wer da plötzlich vor ihm stand.
„Verschwinde, Charlie!" zischte er und versetzte ihm einen Rippenstoß. „Hau ab, Mann!"
Charlie machte unwillkürlich einige Schritte rückwärts, stolperte dabei über die Hundeleine eines Pekinesen und knallte mit voller Wucht auf den Boden. Er kam erst wieder zu sich, als ihm Kommissar Hassel sanft die Wangen tätschelte.
„Ich denke, du hast mir einiges zu erzählen, Charlie", lächelte der Kommissar. „Komm mit, in meinem Büro ist es gemütlicher."
Zehn Minuten später saß Charlie vor Hassels Schreibtisch und rauchte gelangweilt eine Zigarette.
„Ich wüßte nicht, wie ich Ihnen da helfen könnte, Herr Kommissar", erklärte er schulterzuckend. „Die drei Kerle kamen aus der Bank gestürmt, rannten mich über den Haufen und waren in Null Komma nichts verschwunden. Woher soll ich wissen, wer sie waren?"
Hassel beugte sich über den Tisch.
„Weil einer der drei „Verschwinde, Charlie!" und „Hau ab, Mann!" gerufen hat", knurrte er. „Wir haben vier Zeugen, die das bestäti-

gen. Willst du nun immer noch behaupten, du kennst die Gangster nicht?"
Charlie versuchte einen Lungenzug und begann prompt zu husten. „Ich bin eben ein bekannter Mann, und da kann es natürlich sein, daß mich die Herren Räuber ebenfalls kennen", sagte er mühsam. „Ich kenne sie jedenfalls nicht."
„Ein bekannter Mann bist du wirklich", gab er zu. „Acht Vorstrafen verschaffen einem schon einen gewissen Bekanntheitsgrad. Noch bekannter wirst du allerdings, wenn du weiterhin schweigst und dich die Gangster in die Finger kriegen. Da ist dann nämlich dein Foto mit der Überschrift „Rätselhafter Mord" in der Zeitung."
Charlie riß entsetzt die Augen auf.
„Mo . . . Mord?" stammelte er. „Wieso, was . . ."
„Na, nehmen wir doch mal an, du kennst die Kerle wirklich nicht", unterbrach ihn Hassel. „Aber zumindest einer kennt dich, sonst hätte er nicht deinen Namen gerufen. Also muß er doch jetzt damit rechnen, daß du ihn und seine Kumpels ans Messer lieferst und wird deshalb versuchen, dich zum Schweigen zu bringen, oder? Kannst du dir nicht vorstellen, auf welche Art und Weise? Immerhin haben sie sich in der „Südbank" über 400 000 Mark unter den Nagel gerissen und die sind schon einen kleinen Mord wert."
Charlie überlegte einen Augenblick, dann grinste er überlegen. Nein, von Bertie drohte ihm keine Gefahr. Ein alter Schulfreund bringt einen anderen nicht so leicht um. Im Gegenteil, Bertie würde sich sein Schweigen sogar einiges kosten lassen, er mußte nur erstmal mit ihm reden.
„Ich glaube, Sie sehen da Gespenster, Herr Kommissar", wehrte er ab. „Ich nehme dieses Risiko jedenfalls gern auf mich."
Hassel nickte resignierend.
„Okay, dann zieh Leine, Charlie. Aber sag hinterher nicht, ich hätte dich nicht gewarnt. Vielleicht läßt du mich gelegentlich wissen, wann deine Beerdigung ist, ich würde gern daran teilnehmen."

Charlie war bereits an der Tür.
„Ich an Ihrer auch, Herr Kommissar“, sagte er über die Schulter zurück. „Und bei unserem Altersunterschied stehen meine Chancen dafür jedenfalls wesentlich besser als Ihre!“

***

Wie immer war natürlich weit und breit kein Taxi zu sehen, als Charlie auf die Straße trat. Dabei hatte er es gerade jetzt so eilig wie noch nie in seinem Leben. Fast im Dauerlauf hastete er die Straße hinab und auf die nächste U-Bahn-Station zu, und warf keinen Blick auf den Wagen, der langsam an ihm vorbeifuhr und einige Meter vor ihm zum Stehen kam. Erst als sich ihm zwei Männer in den Weg stellten und ihn mit energischen Griffen in den Wagen zerrten, begriff er, daß Kommissar Hassel mit seiner Prophezeiung ins Schwarze getroffen hatte.
„Laß mich los, ich habe nichts gesagt!“ schrie er. „Kein Wort habe ich gesagt, ich haue doch nicht einen alten Schulfreund in die Pfanne. Da kann Bertie ganz beruhigt sein!“
Die Männer lockerten ihren Griff.
„Schau, schau, wie du plappern kannst“, sagte einer von ihnen. „Da wird sich Kommissar Hassel aber sehr freuen.“
„Kommissar Hassel?“ blubberte Charlie. „Wieso denn der?“
„Na, weil er unser Chef ist und auf die glorreiche Idee kam, dir mal ein bißchen Angst einzujagen“, klärte ihn der andere auf. „Hassel meinte eben, Angst lockert die Zunge, und in deinem Fall heiligt der Zweck auch jedes Mittel. Hat doch gut geklappt, oder?“

Besuch um Mitternacht

Schon wenige Sekunden, nachdem Emery Clark sein Zimmer im Malibu-Hotel betreten hatte, spürte er ganz instinktiv, daß er nicht allein war. Es war zwar nichts Auffälliges zu sehen, und es gab auch keine Unordnung, die die Anwesenheit eines Dritten verraten hätte, aber Emery hatte in seiner langjährigen und überaus erfolgreichen Karriere als Hoteldieb so etwas wie einen sechsten Sinn für Gefahr entwickelt und blieb deshalb im ersten Augenblick wie erstarrt stehen. Nur ruhig Blut, befahl er sich, nur jetzt keine Panik. Wer sich auch immer hier versteckt hat, ich darf mir nicht das geringste anmerken lassen. Bullen können jedenfalls nicht hier sein, denn die würden sich nicht hinter Vorhängen oder unter dem Bett verstecken. Also werde ich mich eben wie immer benehmen und meinen ungebetenen Gast damit in Sicherheit wiegen.

Er schlüpfte aus seiner Jacke und ließ dabei unauffällig den kleinen Browning in seine Hand gleiten, schob seine Schuhe so schwungvoll unters Bett, daß sie auf der anderen Seite wieder zum Vorschein kamen und damit bewiesen, daß niemand darunter liegen konnte, und als auch hinter dem Duschvorhang nichts zu finden war, riß er mit einem Ruck die beiden Türen des Kleiderschranks auf und prallte verblüfft zurück. Zwischen seinen beiden Anzügen und dem Trenchcoat stand eine umwerfend hübsche Blondine, die ängstlich ihre Handtasche an die Brust preßte und Emery aus tiefblauen Augen schreckerfüllt anstarrte.

„Bitte ... bitte, verraten Sie mich nicht“, flüsterte sie. „Ich kann Ihnen alles erklären.“

Emery betrachtete sie amüsiert und ließ seine Waffe in die Hosentasche gleiten.

„Na, das ist aber auch das mindeste“, grinste er und reichte ihr die Hand, um ihr aus dem Schrank herauszuhelfen. „Sie sind doch nicht etwa ein besonderer Service der Hotelleitung?“

Ihre Lider bewegten sich so sanft wie Schwingen einer Taube.

„Nein, ich ... ich sagte doch, ich kann Ihnen alles erklären“, stotterte sie. „Wenn Sie vielleicht einen Schluck Wasser für mich hätten?“

Emery ging rückwärts zu dem Mini-Kühlschrank und holte eine Flasche Selters heraus.

„Also, dann fangen Sie mal damit an“, sagte er und drückte ihr ein Glas in die Hand. „Wie sind Sie denn überhaupt in mein Zimmer gekommen?“

Sie trank in langen durstigen Zügen und deutete dabei auf die offenstehende Balkontür.

„Mein Mann und ich wohnen nebenan und ich kann gut klettern“, beantwortete sie dann seine Frage. „Wissen Sie, ich wollte ja eigentlich ...“

„Sind Sie etwa vor Ihrem Mann geflüchtet?“ unterbrach Emery sie und fühlte, wie sich sein Beschützerinstinkt regte. „Hat er Sie vielleicht bedroht oder sogar geschlagen?“

Sie schüttelte lächelnd ihre blonden Locken und füllte das Glas von neuem.

„Aber nein! Ich wollte nur noch etwas tanzen gehen, aber mein Mann ... na ja, er ist fast dreißig Jahre älter als ich und braucht seine Ruhe, wie er sagt.“

„Warum sind Sie denn nicht alleine gegangen, wenn Ihr Mann lieber ein Kissen als Sie im Arm hat?“ fragte Emery schmunzelnd.
Sie seufzte leise.
„Aber das wollte ich ja, nur hat mich mein Mann nicht gelassen“, sagte sie dann. „Also hat er die Tür abgeschlossen und den Schlüssel versteckt.“
Emery lachte leise in sich hinein.
„Und als er dann endlich eingeschlafen war, haben Sie . . .?“
„Also, ehrlich gesagt, habe ich etwas nachgeholfen und ihm ein Schlafmittel in seinen Nachttrunk gemischt“, gestand sie und lächelte verlegen. „Er hätte ja sonst die halbe Nacht kein Auge zugemacht. Leider fand ich dann den Zimmerschlüssel nicht und dachte, ich könnte durch Ihr Zimmer, aber Sie hatten ja ebenfalls zugesperrt. Tja, und als ich dann wieder zurück wollte, kamen Sie gerade zur Tür herein und ich konnte mich gerade noch im Kleiderschrank verkriechen.“
Emery sah sie an und rieb sich innerlich die Hände. Das war ein Tag heute, das war ein Tag! Zuerst diese ältliche Miß Elson, mit der er so intensiv getanzt und geflirtet hatte, daß es ihr völlig entgangen war, als er ihr das dicke Bündel Dollarscheine aus der Krokotasche gefischt hatte, und nun noch dieser blonde Engel, den er so schnell nicht wieder aus dem Zimmer lassen würde. Jung, unerfahren und schüchtern wie sie ganz offensichtlich war, würde sie für einen Routinier wie ihn eine leichte Beute werden. Er mußte sie nur erstmal ein bißchen auflockern, dann lief die Sache schon. Dieser verschlafene Dummkopf von Ehemann wußte ja gar nicht, welchen Schatz er in ihr hatte. Wahrscheinlich war er so ein versnobter Bankier oder Industrieller, der diese Schönheit ihren Eltern abgekauft hatte.
„Ja, also, Hausfriedensbruch ist nun mal Hausfriedensbruch und muß bestraft werden“, sagte er und tätschelte ihren Arm. „Ich verurteile Sie deshalb dazu, mit mir ein Fläschchen Sekt zu trinken — einverstanden?“

Sie wurde langsam rot und sah zu Boden.
„Einverstanden“, hauchte sie. „Ich heiße Marylou.“

***

Emerys Eroberung war dann mit einem zweiten und dritten Fläschchen Sekt ebenso einverstanden, wie mit allen anderen Ideen, die er in dieser Nacht hatte. Es, war deshalb nur allzu verständlich, daß um seine Lippen immer noch ein genüßliches Lächeln lag, als er am späten Vormittag erwachte. Erst als er nach einem prüfenden Blick feststellen mußte, daß neben Marylou auch seine Brieftasche, die goldene Rolex und sogar Mrs. Elsons Dollarbündel verschwunden waren, erlosch sein Lächeln von einer Sekunde auf die andere.
Na warte, du Flittchen, dachte er wütend und sprang aus dem Bett. So haben wir denn nun doch nicht gewettet. Wenn du vielleicht glaubst, du kannst dir für eine vergnügliche Nacht ein halbes Vermögen unter den Nagel reißen, dann hast du dich ganz gewaltig geirrt. Jetzt werde ich mal deinen verschlafenen Knaben munter machen und dann reden wir Tacheles!
Hastig schlüpfte er in Hose und Schuhe, raste aus dem Zimmer und begann wie wild an die Tür nebenan zu hämmern, aber dort blieb alles ruhig. Dafür kam eilig ein Zimmermädchen den Flur entlang und betrachtete ihn verwundert.
„Bitte, machen Sie doch nicht solch einen Lärm, Mr. Clark“, bat es. „Die meisten Gäste schlafen doch noch und . . .“
„Wie heißen denn die Herrschaften, die hier wohnen?“, unterbrach Emery sie erbost.
Das Mädchen sah ihn verblüfft an.
„Herrschaften?“ wiederholte es dann. „Hier hat nur eine sogenannte Lady gewohnt, und die hat es vorgezogen, in aller Heimlichkeit abzureisen — und sogar blitzschnell!“
Emerys Gesicht war ein einziges Fragezeichen.

„Würden Sie . . . ich meine, könnten Sie mir mal erklären, was das heißen soll?“ blaffte er. „Wieso ist die Lady aus Zimmer 1285 in aller Heimlichkeit abgereist, wie Sie sagen. Gab es dafür einen besonderen Grund?“

Das Mädchen warf einen vorsichtigen Blick den Flur entlang und trat dann einen Schritt näher an ihn heran.

„Eigentlich dürfen wir ja nicht darüber reden“, flüsterte sie ihm zu, „aber dieses Weibsstück ist eine seit langem gesuchte Hoteldiebin. Unser Detektiv hat sie zwar trotz ihrer blonden Perücke doch noch erkannt und natürlich sofort die Polizei verständigt, aber dieses Biest muß den Braten gerochen haben und war natürlich längst über alle Berge, als die endlich angerückt kam.“

„Und wohin?“ stotterte Emery.

Das Mädchen zuckte mit den Schultern.

„Das würde die Polizei auch interessieren, aber die hat sich leider von niemand hier verabschiedet. Wissen möchte ich nur, wie die aus ihrem Zimmer herausgekommen ist. Unser Detektiv schwört nämlich Stein und Bein, daß sie im Zimmer war und er die Tür ständig im Auge behalten hat. Aber als die Polizei dann schließlich die Tür aufbrach, war der Vogel natürlich ausgeflogen. Jedenfalls grübelt hier jetzt alles darüber nach, wie die das geschafft hat. Hätten Sie da vielleicht eine Idee, Mr. Clark?“

Eine Liebe wie jede andere?

Ehrlich gesagt, war ich damals ziemlich überrascht, als ich Elisabeths Wagen den schmalen Weg zu meinem Haus entlangfahren sah. Verblüfft fragte ich mich, woher sie überhaupt von mir wissen konnte. Später habe ich es dann erfahren. Es waren die Fotos gewesen, die Gerhard von mir hier fast jeden Tag gemacht hatte und die er, acht- und sorglos wie er war, im Wagen vergessen hatte. Damals aber, als ich den dunkelblauen Mercedes den Hang herab und auf mich zukommen sah, dachte ich gar nicht soweit. Ich dachte nur das eine: sie hat es aus ihm herausgepreßt! Sie hat ihn unter Druck gesetzt und er hat ihr von mir, von unseren Tagen und Nächten erzählt, und damit alles preisgegeben, was für mich diesen Herbst wieder zu einem Frühling, einem Sommer hatte werden lassen.

Ich sah ihr voll Haß entgegen, als sie aus dem Wagen stieg und über den kiesbestreuten Weg auf mich zukam. Elisabeth hatte hier nichts zu suchen! Und wenn Gerhard auch hundertmal gelogen, wenn er auch sie und mich betrogen hatte, mein Haus war der Ort einer Liebe gewesen, die noch immer in mir nachzitterte und an der kein anderer einen Anteil hatte. Nein, Elisabeth hatte hier nichts zu suchen!

„Ich will mich hier nicht mit Ihnen unterhalten", sagte ich kurz, als sie vor mir stand. „Ich will nicht, daß vielleicht jemand zuhört. Wenn Sie mit mir sprechen wollen, müssen Sie mit zum See hinab."
Sie folgte mir wortlos den Hang hinab. Zwischen Binsen und Schilf blieb ich stehen und wandte mich zu ihr um.
„Was wollen Sie von mir?" fragte ich und bemühte mich, das Zittern in meiner Stimme zu unterdrücken. „Sind Sie gekommen um mir Vorhaltungen zu machen oder wollten Sie nur Ihren Triumpf genießen?"
Sie schüttelte lächelnd den Kopf.
„Nein, Kind, weder das eine noch das andere", erwiderte sie ruhig. „Ich wollte nur einmal mit Ihnen sprechen."
Da, wo sie jetzt stand, hatte mich Gerhard zum erstenmal geküßt.
„Warum, was gibt es zwischen uns zu besprechen?" fuhr ich auf. „Sie sollten froh sein, daß ich aus Gerhards Leben verschwunden bin und er zu Ihnen zurückgekehrt ist. Genügt Ihnen das noch immer nicht?"
Sie bückte sich nach einem Stein und ließ ihn über die Wasserfläche schnellen.
„Sie irren sich, Fräulein Haller", sagte sie in ihrer kühlen, leidenschaftslosen Art, die ich so gut vom Fernsehen her kannte. „Gerhard ist nicht zu mir zurückgekehrt. Ich weiß auch nicht, wo er ist und dachte . . ."
„Dann haben Sie eben falsch gedacht", fiel ich ihr ins Wort. „Als er zum letztenmal bei mir war, hat er mir erklärt, daß Sie ihn unter keinen Umständen freigeben würden. Also habe ich es getan."
Um ihren vollen Mund lag plötzlich ein geringschätziges Lächeln und ließ meinen Zorn noch weiter ansteigen.
„Sie ihn freigeben?" höhnte sie. „Machen Sie sich doch um Himmelswillen nicht lächerlich! Sie konnten Gerhard gar nicht freigeben, weil Sie ihn nie wirklich besessen haben. Diese Geschichte mit Ihnen . . . das war eine Liebe wie jede andere für ihn. Ich habe mir deshalb nie irgendwelche Sorgen gemacht."

Ich starrte sie sekundenlang wie vor den Kopf geschlagen an. „Sie ... Sie wußten davon?“ stotterte ich dann. „Sie wußten, daß Gerhard und ich ...?“

Elisabeth sah mich mit einem schwer zu ergründenden Ausdruck an, dann wandte sie sich langsam um und sah auf die flirrende Wasserfläche des Sees hinaus. Es war, als ob sie auf die Geräusche des Waldes, auf das Singen des Windes und das leise Plätschern der Wellen lauschen würde.

„Ich habe alles vom ersten Tag an gewußt“, erwiderte sie nach einer Weile. „Ich habe es immer vom ersten Tag an gewußt — bei allen Frauen! Gerhard ... er ist kein Mensch, der irgendetwas für sich behalten kann. Seine Beichte, daß Sie von ihm ein Kind erwarten, wäre gar nicht nötig gewesen. Es ist ja alles nur deshalb passiert, weil ich so lange auf Tournee war. Sie selbst mögen sich ja vielleicht irgendwelche Hoffnungen gemacht haben, aber für Gerhard waren Sie wirklich nur eine von vielen. Ein willkommener Zeitvertreib, ein bißchen Abwechslung. Kein Grund, darüber zu schweigen.“

Ich biß mir fast die Lippen blutig.

„Und trotzdem wollten Sie ihn nicht freigeben?“ stammelte ich. „Sie wissen, daß er sie schon oft betrogen hat und Sie wollten ihn trotzdem nicht freigeben?“

Sie schloß für einen Moment die Augen, stand starr und ohne jede Regung in ihrem Gesicht, dann hob sie leicht die Schultern und verkrampfte die Hände ineinander.

„Ich kann nicht so handeln, wie Sie das getan haben. Sie wußten ja, daß er verheiratet war und ...“

„Aber das ist nicht wahr!“ schrie ich. „Ich hatte keine Ahnung davon, Gerhard ... er hat Sie nie mit einem Wort erwähnt. Woher hätte ich denn wissen sollen, daß Sie seine Frau sind?“

Ihre dunklen Augen lagen mit einem Ausdruck von Resignation und Müdigkeit auf mir, und plötzlich begriff ich alles. Elisabeth Lindstedt, die große Sängerin, der Star, dem die Menschen in allen

Konzertsälen der Welt zujubelten, war nicht als Siegerin gekommen. Sie war als Bittende zu mir gekommen, weil sie diesem großgewachsenen, dunkelhaarigen Schuft genauso verfallen war, wie ich ihm verfallen war — damals, als er mir hier am See zum erstenmal begegnet war und ein einziger Blick von ihm genügt hatte, um mich wie ein trunkener Falter in die Flamme taumeln zu lassen.
„Aber später hat er Ihnen doch von mir erzählt?" fragte sie dann. „Als Sie ihm sagten, daß Sie ... nun ja, daß Sie ein Kind erwarten, muß er Ihnen doch die Wahrheit gesagt haben, nicht wahr?"
Ich nickte verhalten.
„Doch, das hat er", erwiderte ich. „Am letzten Abend war das. Damals hat er mir auch gesagt, daß ein Kind für ihn kein Scheidungsgrund wäre und er zu Ihnen zurückkehren würde."
Elisabeth sah zu Boden und stieß mit ihrem Schuh kleine Steinchen beiseite. Sie war nicht mehr ganz jung, vielleicht Ende dreißig, aber in diesem Augenblick wirkte sie wie ein junges, verlegenes Mädchen.
„Er ist aber nicht zurückgekehrt", flüsterte sie. „Er hat mir versprochen Ihnen alles zu sagen und mit Ihnen Schluß zu machen, aber dann ist er nicht zurückgekommen. Ich wollte Sie nur bitten, falls er sich bei Ihnen meldet ... Ich meine, er kann doch nicht so einfach ... er muß mir doch eine Chance geben, er muß mich doch mit ihm reden lassen!"
Ich fühlte plötzlich eine Welle des Mitleids in mir aufsteigen und wandte mich gewaltsam ab. Stumm und schattenhaft ging sie neben mir her, und wir gingen zusammen den gleichen Weg, den ich in jenen Tagen so oft mit Gerhard gegangen war. Helle Sonnentage und warme Nächte waren es gewesen. Tage und Nächte, die sich wie ein Mantel um uns gelegt und vor den Blicken anderer verborgen hatten. Eine Zeit, die so voller Zauber und Zärtlichkeit gewesen war, daß ich sie noch immer in mir spürte und ein Leben lang spüren würde.
„Sie sollten sich damit abfinden, daß wir beide verloren haben, Frau Lindstedt", sagte ich, nur um diese lastende Stille zwischen

uns zu zerbrechen. „Frauen sind für Gerhard wahrscheinlich immer nur ein Spielzeug gewesen. Wenn ich so drüber nachdenke, dann habe ich doch das Gefühl, daß er außer sich selbst überhaupt niemand lieben kann.“
Sie beschleunigte ihre Schritte, ohne mir zu antworten, und einen Augenblick lang glich ihr Gehen fast einer Flucht. Ich blieb stehen und sah ihr nach, bis sie in ihrem Wagen eingestiegen und davongefahren war, dann wandte ich mich um und ging langsam zum See zurück. Damals, in jenen Tagen mit Gerhard, war er mir immer vorausgelaufen, hatte mich dann mit beiden Armen aufgefangen und an sich gezogen, aber jetzt war ich wieder allein, und es gab niemand, der mich festhielt und mich in seiner Zärtlichkeit ertrinken ließ. Die Bäume hinter mir warfen bereits lange Schatten auf das Wasser und aus dem Schilf kam ein kalter Hauch, der mich anwehte und bis in mein Innerstes hinein frösteln ließ — genau wie an unserem letzten Abend, an dem ich Gerhard erschossen und hier am Ufer des Sees begraben hatte!

Zimmermanns Trick

Ich erinnere mich noch, daß ich an jenem Septembermorgen gerade unter Dr. Adlers Landrover lag, als Bertie Weigel zu mir an die Tankstelle kam. Sie wissen nicht, wer Bertie ist? Na, da weisen Sie nicht gerade eine Bildungslücke auf — zumindest keine, die unbedingt gefüllt werden müßte. Aber, um Sie kurz aufzuklären: Bertie ist der anerkannt größte Rowdy im gesamten Regierungsbezirk Trier, verbringt seine meiste Zeit in Kneipen und Polizeirevieren, und hat ständig die Taschen voller Geld, weil er sich einen gutbetuchten Bauunternehmer als Vater ausgesucht hat, der ihm den Zucker kiloweise hinten reinbläst. So, jetzt wissen Sie, was für ein Früchtchen Bertie ist.

Bertie kam also in seinem silbergrauen Capri angerauscht, stieg fünf Meter vor den Zapfsäulen quietschend auf die Bremse und ließ zur Begrüßung ein paar Fehlzündungen knallen.

„He, Herr Weber, bewegen Sie sich mal ein bißchen", rief er mit seiner gicksenden Stimme. „Ich habe keinen Tropfen Sprit mehr im Tank."

Meine bis dahin einigermaßen gute Laune sank mit einem Schlag auf den absoluten Nullpunkt — und sogar noch ein gehöriges Stück darunter, wenn das überhaupt möglich ist. Nicht, daß ich was gegen die Jugend und die sogenannten Halbstarken hätte, nein, ganz und gar nicht — wir waren ja schließlich alle mal jung —, aber wenn da am frühen Morgen so ein stimmbruchgeschädigter Zwerg antanzt und einen Mann herumkommandieren will, der ohne jede Anstrengung sein Vater sein könnte, dann steigt es verdammt sauer in mir auf.

„Ich bitte Seine fürstlichen Gnaden noch um etwas Geduld", sagte ich deshalb spöttisch, ohne mich unter Dr. Adlers Landrover hervorzurühren. „Aber meine Hände sind im Augenblick derart voll Schmutz, daß ich damit nicht Dero Karosse berühren möchte. Außerdem, wenn es Euer Durchlaucht so eilig haben: Die Bedienung der Benzinpumpe ist auch einem Adligen möglich und erlaubt."

Na, ich sage Ihnen, der Junge ist original der gleiche Klotz wie sein Alter. Behäbig zurückgelehnt saß er hinter dem Lenkrad und grinste frech zu mir herüber.

„Bei Ihnen piept's wohl eine bißchen, Herr Weber?" schnatterte er. „Glauben Sie etwa, ich mache Ihre Arbeit? Für was werden Sie eigentlich bezahlt?"

Wie gesagt, ich habe nichts gegen die Jugend, überhaupt nichts. Aber irgendwo gibt es auch für die junge Generation Grenzen, und Bertie hatte sie nach meiner Meinung gerade um fünf Kilometer überschritten.

„Okay, okay", sagte ich wütend. „Wenn es so ist, dann kannst du von mir aus noch eine halbe Stunde in deiner Kiste schmoren. Die paar Pfennige, die wir durch dich verdienen, reißen mich jedenfalls nicht vom Stuhl, klar?"

Bertie Weigel sagte daraufhin gar nichts, sondern lehnte sich noch weiter zurück, schob seine Mütze nach hinten und ließ das linke Bein aus dem Seitenfenster baumeln. Verwundert reckte ich den Hals und sah zu ihm hinüber. Daß Bertie Weigel, der sonst immer die Schnauze vorne hatte, eine Niederlage so sang- und klanglos hinnahm, war etwas absolut Neues für mich. Ich ließ ihn noch einige Minuten zappeln, dann rutschte ich doch unter dem Wagen hervor, ging zu ihm hinüber und steckte den Benzinschlauch in seinen Tank.

„Vollmachen?“ fragte ich kurz, und Bertie nickte grinsend, schob seinen Kaugummi von der einen Seite auf die andere, und streckte mir durch das Fenster einige Scheine entgegen.

„Der Rest ist für Sie, Opa“, sagte er gönnerhaft. „Vielleicht kaufen Sie sich eine Rheumasalbe dafür, dann können Sie sich in Zukunft auch schneller bewegen.“

Er tippte mit dem Zeigefinger kurz an seinen Mützenschirm, warf den Gang hinein und donnerte mit röhrendem Motor davon. Ich starrte ihm voll Wut hinterher und überlegte noch, ob ich ihm nicht einen Schraubenschlüssel ins Rückfenster knallen sollte, aber dann fiel mein Blick auf die Geldscheine in meiner Hand, und ich hatte plötzlich das Gefühl, als ob in meinem Magen etwas explodieren würde.

Drei Scheine hatte mir dieser schräge Vogel gegeben. Einen Fünfziger, einen Zwanziger und einen Zehner, und der Fünfziger war an der Seite etwas eingerissen und neben dem linken Turm des Lübecker Holstentores mit einem daumengroßen Blutfleck verziert. Mit so einem Blutfleck, wie ihn nach den Ermittlungen von Kommissar Zimmermann auch alle anderen Scheine haben mußten, die aus dem Raubmord an Erich Klausner stammten.

Erich war mein Kollege hier an der Tankstelle, nahe der deutsch-luxemburgischen Grenze gewesen. Fast sechs Jahre lang hatten wir uns die Arbeit miteinander geteilt, wobei Erich meist den Nachtdienst übernommen hatte. Mir war das auch immer mehr als recht gewesen, denn meine Nächte brauchte ich für andere Dinge. Ich war ja schließlich noch nicht ganz so alt, wie mich dieser Flegel Bertie sah, und hatte schon noch meine Wünsche. Sie waren auch gar nicht schwierig zu erfüllen, denn eine Tankstelle nahe an der Grenze ist ein viel besuchter Ort, und da kam immer wieder mal eine alleinreisende Dame vorbei, die nicht nur Benzin, Luft oder Wasser wollte.

Andrea Hilgert, zum Beispiel, war eine jener Damen gewesen. Und als ich sie an einem verregneten Sonntagnachmittag kennenlernte, begann ich mich zum erstenmal in meinem Leben selbst zu hassen. Nicht, weil ich schon sechsundvierzig und sie erst vierundzwanzig war, sondern weil ich es in meinem Leben nicht weiter als bis zum Tankwart gebracht hatte. Sicher, ich hatte meinen Job und mein Auskommen, aber was war das schon gegen ein Mädchen wie Andrea?
In einem weißen Monza kam sie damals an die Tankstelle gefahren, und das erste, was ich überhaupt von ihr sah, waren zwei kerzengerade, endlos lange Beine, die sich aufreizend langsam aus dem Wagen schoben und mich sofort auf ganz eindeutige Gedanken brachten. Ich starrte sie an wie das achte Weltwunder, starrte auf die hauchdünne Bluse, die sich über den prächtigsten Busen spannte, den ich je gesehen hatte, und ich starrte auf den kurzen blauen Rock, der wie eine zweite Haut um ihre Hüften lag und gut drei Handbreit über den Knien endete.
„Brauchen Sie Benzin, Fräu ... Fräulein?" stotterte ich und hätte mich wegen meiner dämlichen Frage gleichzeitig ohrfeigen können. „Su ... Super oder normal?"
Sie lehnte sich mit dem Rücken gegen ihren Wagen, stützte das rechte Bein auf den Betonsockel der Zapfsäule und sah lächelnd zu mir herüber.
„Eigentlich sollten Sie selbst wissen, was ich brauche", erwiderte sie und ließ die Zungenspitze über die Oberlippe gleiten. „Aber manchmal hat halt auch ein Tankwart seinen schlechten Tag, nicht?"
Ich hatte bis zu diesem Moment einen verdammt guten Tag gehabt, aber dieses Weib warf mich einfach um. Zitternd vor Aufregung holte ich den Schlauch aus seiner Halterung und ließ ihn natürlich prompt fallen. Ich fühlte, wie mir das Blut ins Gesicht schoß, bückte mich hastig danach und sah gerade noch aus den Augenwinkeln, daß sie sich mühsam das Lachen verbiß.
„Nachmittags habe ich eben meine schwache Stunde", sagte ich

grinsend und ging langsam um den Wagen herum auf sie zu. „Zu meiner Hochform laufe ich erst am Abend auf."

Ihre rechte Hand lag ruhig auf ihrem Oberschenkel, aber die Finger bewegten sich streichelnd auf und ab.

„Komisch", lächelte sie, „bei mir ist das genau umgekehrt. Ich habe immer am Abend meine schwache Stunde, aber gerade da bin ich in Hochform."

Ein sanfter Windstoß kam die Straße entlang, wehte den Duft ihres Körpers zu mir herüber und ließ mich vor Verlangen fast verrückt werden.

„Aber dann sollten wir uns da mal treffen", sagte ich schweratmend und legte meine Hand auf ihr Knie. „Könnte vielleicht eine interessante Erfahrung sein."

Sie sah mich aus halbgeschlossen Augen an und ließ meine Hand, wo sie war.

„Das könnte es vielleicht", flüsterte sie. „Ich wohne in Echternach — für drei Wochen. Ich mache dort Urlaub. Kennen Sie das Hotel ARAMBOISE?"

Natürlich kannte ich das ARAMBOISE, und natürlich stand ich am gleichen Abend kurz vor 20 Uhr in seinem Foyer. Mit einem riesigen Blumenstrauß in der Hand wartete ich aufgeregt und ungeduldig darauf, daß sich der Lift in Bewegung setzen und mit Andrea nach unten kommen würde. Statt dessen kam nach fünf Minuten der Portier zu mir herüber.

„Mademoiselle Hilgert braucht noch ein paar Minuten", säuselte er. „Das Make up . . . Sie verstehen, Monsieur? Sie erwartet Sie in ihrem Zimmer."

Ich meinerseits wartete keine Sekunde länger auf diesen verdammten Lift, sondern sauste wie ein geölter Blitz die drei Treppen hoch, aber als ich dann in ihr Zimmer stürmte, da war mir klar, daß sie wesentlich länger als nur ein paar Minuten brauchen würde. Sie stand mitten im Zimmer, sah mir lächelnd entgegen und hatte lediglich einen hauchdünnen, durchsichtigen Bademantel an.

„Ho . . . Hoppla“, stotterte ich und hing mit den Augen wie festgeklebt an ihrer Mannequinfigur, „das ist aber eine Überraschung.“
Sie kam mit wiegenden Hüften auf mich zu und legte mir die Arme um den Nacken.
„Eine unangenehme?“ flüsterte sie und preßte sich gegen mich. „Wäre ich dir angezogen lieber gewesen?“
Ich schluckte, schüttelte den Kopf und schluckte noch einmal.
„Ganz bestimmt nicht“, sagte ich schließlich. „Für solche Überraschungen habe ich eine ausgesprochene Schwäche.“
Sie zog mich mit sich und ließ sich rückwärts auf das breite Bett fallen.
„Wo ist meine Überraschung?“ kicherte sie. „Ich hoffe, ich erlebe da keine Pleite.“
Sie erlebte keine Pleite. Aber ich erinnere mich, daß ich an diesem Abend immer nur das eine dachte: Herrgott, laß es so bleiben, laß es nicht wieder vergehen, halte für uns die Zeit an!

***

Natürlich dauerte es nur so lange wie ihr Urlaub, aber diese wenigen Wochen waren die schönsten in meinem Leben und haben für mich bis heute von ihrem Reiz nichts verloren. Ich begriff zwar selbst nicht, was Andrea ausgerechnet an mir fand, aber meine Chancen bei ihr waren Realität und wurden jede Nacht aufs neue bestätigt. Im Grunde waren wir ein unschlagbares Paar, sie mit dem Feuer der Jugend und ich mit der Erfahrung des reifen Mannes, aber um auf Dauer zusammenzubleiben, hätte ich eine anderen Job haben müssen. Mit 840 Mark in der Woche hebt man eben die Welt nicht aus den Angeln, und Andrea wollte nicht nur im Bett verwöhnt werden. Die Besuche in teuren Restaurants, in schicken Boutiquen, und hin und wieder bei einem Juwelier ließen meine Ersparnisse in einem Tempo dahinschmelzen, daß ich mit Bangen dem Tag entgegensah, an dem mir nur noch mein blankes Gehalt bleiben würde.

Ich hatte mir zwar immer wieder vorgenommen, mit ihr auch mal ein ernstes Wörtchen über die finanzielle Seite unserer Beziehung zu reden, aber wenn sie dann am Abend vor mir stand, wenn sie erstmal vor mir stand . . .

Es war nie zu diesem Gespräch gekommen. Ich wollte Andrea nicht verlieren, wollte sie um jeden Preis halten, und der Gedanke, mal einen Griff in die Kasse unserer Tankstelle zu tun, kam sozusagen zwangsläufig. Da war Andrea, für die es sich gelohnt hätte, die Bundesbank in Frankfurt zu stürmen, da war die gute Gelegenheit, aber da war leider auch Erich Klausner, ohne den die ganze Sache nicht zu machen war. Ich schwöre Ihnen, ich hätte nicht einmal im Traum daran gedacht, Erich irgend etwas anzutun, aber als ich bei ihm mal so beiläufig auf den Busch klopfte, merkte ich sofort, daß er sich mit Händen und Füßen dagegen sträuben würde.

„Aber wie denkst du dir das denn, Gerd?“ hatte er gesagt und mich durch seine randlose Brille ganz entsetzt angesehen. „Wir wären doch in so einem Fall die ersten, denen die Bullen auf die Füße treten würden. Wir sind doch keine hartgesottenen Gangster, die denen in Verhören standhalten können. Da haben wir doch gar nicht die Nerven dazu. Und außerdem, warum sollen wir denn so ein Risiko überhaupt eingehen? Was wir zum Leben brauchen, das verdienen wir doch, oder?“

Für sich gesehen, hatte Erich natürlich recht. Seit mehr als dreißig Jahren war er verheiratet, und Dora, seine Frau, hatte nicht mal in ihren besten Tagen etwas von Andreas Art und Aussehen an sich gehabt. Für mich allerdings sah die Sache anders aus. Ich mußte Geld haben, viel Geld sogar, und die beste Gelegenheit, eine gute Handvoll davon zu erwischen, war der Sonntagabend, wenn der Ausflugsverkehr von Luxemburg nach Deutschland zurückgeflutet war. So zwischen 20.000 bis 25.000 Mark hatten wir dann immer in der Kasse, und wenn das Wochenende schönes Wetter gebracht hatte, war es oft wesentlich mehr.

Nachdem also mit Erich in dieser Sache nicht zu rechnen war, begann ich auf eigene Faust zu planen. Und in jener Nacht, in der ich mich schließlich von Andreas Hotel über die Grenze zur Tankstelle schlich, hatte ich eigentlich nur vor, in der Nähe zu warten, bis ein Wagen kam und Erich beschäftigt sein würde.
Durch das rückwärtige Toilettenfenster, das nie richtig geschlossen war, konnte ich mit Leichtigkeit einsteigen und längst wieder verschwunden sein, bevor Erich zurückkam.
Es war dann einfach nur ein hundsgemeines Pech, daß der erste Fahrer, der von der Straße her bei uns einkurvte, kein Benzin, Wasser, Luft oder Öl wollte, sondern nur nach dem Weg fragte. Erich war zwanzig Sekunden später wieder im Häuschen und erwischte mich gerade in dem Moment, als ich die Kassenschublade aufzog — und er begriff sofort!
„Um Himmelswillen, laß das sein, Gerd", sagte er erschrocken. „Ich habe dir doch gesagt, daß wir dabei auf die Nase fallen."
Ich hielt immer noch den Griff der Schublade in der Hand.
„Du brauchst nur zu sagen, daß du von einem Kunden überfallen worden bist", versuchte ich ihn zu überreden. „Dem Chef macht das doch nichts aus. Der meldet das seiner Versicherung und haut noch ein paar Tausender drauf, der hat doch keinen Schaden, Erich!"
Er schüttelte stur den Kopf und ging auf mich zu.
„Bleib stehen!" warnte ich ihn noch. „Erich, mach doch keinen Quatsch! Du bist doch nicht der erste Tankwart, dem man die Kasse ausräumt. Hergott, Erich, bleib doch stehen, Mann!"
Aber da war er bereits neben mir und griff nach seiner alten 0,8 unter der Kasse.
„Ich kann das nicht, ich will das nicht, ich lasse das einfach nicht mit mir machen", sagte er entschlossen. „So was geht bei mir nur über meine Leiche, Gerd!"
Natürlich versuchte ich, ihm die Waffe zu entreißen, und eine Zeitlang kämpften wir darum wie zwei Hunde um einen Knochen,

aber wer schließlich von uns beiden den Finger am Drücker hatte, kann ich auch heute noch nicht sagen; und auch den Knall nahm ich damals nicht richtig wahr. Ich sah nur, daß Erich mich plötzlich ganz erstaunt und ungläubig anstarrte, in den Knien einknickte und dann auf die offene Kassenschublade fiel.
„Erich!" schrie ich. „Erich .. .!"
Was soll ich noch viel sagen? Ich hatte schon mehrfach Tote gesehen und wußte deshalb sofort, daß er mich gar nicht mehr hören konnte. Ich ließ ihn zu Boden gleiten, löschte das Licht und versperrte die Tür. Die ganze Nacht über saß ich dann neben ihm am Boden und überlegte, was ich nun tun sollte.
Was konnte ich überhaupt noch tun?
Kein Gericht der Welt würde mir abnehmen, daß ich Erich nicht töten wollte und es vielleicht auch gar nicht getan hatte. Letztlich machte das sowieso keinen Unterschied. Wer von uns beiden auch immer diesen Schuß abgeben hatte, Erich war tot, und er war es durch meine Schuld. Im Morgengrauen rief ich dann die Polizei an und sagte, daß ich eben gekommen sei, um Erich abzulösen und ihn ermordet aufgefunden hätte. Vier Minuten später kam Kommissar Zimmermann mit seinem Team angerast und betrachtete voll Jagdeifer den Tatort.
„Also, wie war das, Herr Weber", sagte er nach einer Weile zu mir. „Sie sind gekommen, um Ihren Kollegen abzulösen und haben ihn so vorgefunden, ja? Und die Kasse, das Geld?"
Ich deutete mit dem Kinn auf die offene Schublade.
„Da war kein einziger Schein mehr drin, Kommissar", erwiderte ich. „Nur das bißchen Kleingeld, das Sie da sehen. Ich habe mal vorsichtshalber alles so gelassen, wie es war."
Er bückte sich, betrachtete schweigend die Wunde in Erichs linker Brustseite und richtete sich dann kopfschüttelnd wieder auf.
„Wenn wir seinen Mörder fassen, dann hoffte ich nur, daß er Widerstand leistet", sagte er, heiser vor Wut. „Dieser Schweinehund hat Ihren Kollegen nämlich mit voller Absicht erschossen. Das war

ein aufgesetzter Schuß, verstehen Sie? Der Kerl hat ihm die Waffe direkt auf die Brust gedrückt."

Ich hätte ihm zwar sagen können, wie es wirklich gewesen war, aber was hätte es mir denn genützt? Zimmermann hätte mir ohnehin kein Wort davon geglaubt.

„Vielleicht irren Sie sich auch, Herr Kommissar", sagte ich darauf, um überhaupt etwas zu sagen. „Erich wurde ja mit seiner eigenen Waffe erschossen, nicht wahr? Könnte es denn nicht so gewesen sein, daß er den Räuber stellen und der ihm lediglich die Waffe aus der Hand reißen wollte? Vielleicht haben sie miteinander gekämpft und der Schluß hat sich ganz zufällig gelöst?"

Er schüttelte fast heftig den Kopf.

„Ach was", knurrte er. „Ein Mann von dreiundsechzig und kämpfen — daß ich nicht lache! So dämlich kann Ihr Kollege doch gar nicht gewesen sein, daß er sich im Ernst mit einem Kriminellen anlegt, oder?"

Ich wußte, daß Erich das wirklich nie getan hätte, ich wußte aber auch, daß er in seinen letzten Minuten anders als in seinem ganzen Leben gehandelt hatte.

„Wie es wirklich gewesen ist, werden wir wahrscheinlich nie erfahren", sagte ich schließlich schulterzuckend. „Oder haben Sie jetzt noch Hoffnung, den Täter fassen zu können, Kommissar?"

Er sah mich aus zusammengekniffenen Augen an.

„Und ob ich die habe", zischte er. „Das ist für mich so sicher wie das Amen in der Kirche. Ich sage Ihnen, eines Tages werde ich diesem Mistkerl Handschellen anlegen — das schwöre ich Ihnen! Im übrigen ist die Tankstelle geschlossen, bis die Jungs von der Spurensicherung hier fertig sind. Sie können nach Hause gehen, Herr Weber."

Ich nickte nur, schwang mich in unseren Abschleppwagen und fuhr langsam in Richtung Konz davon, aber als ich dann außer Sichtweite war, bog ich von der Bundesstraße ab und fuhr hinüber an die Sauer.

Die knapp 22.000 Mark, die ich aus der Kasse genommen und im

Werkzeugkasten des Wagens versteckt hatte, vergrub ich dann auf dem Campingplatz am Ufer der Sauer neben einem Fahnenmast.

***

Das Dröhnen eines überdrehten Motors riß mich aus meinen Gedanken. Erschrocken bemerkte ich, daß ich noch immer die blutbefleckten Scheine in der Hand hatte und stopfte sie hastig in die Kasse. Dann eilte ich geschäftig hinaus, um meinen Kunden zu bedienen, und wurde von einem grinsenden Bertie Weigel empfangen.
„He, Opa", gickste er. „Haben Sie vielleicht für einen schwer arbeitenden Mitmenschen 'ne kühle Cola?"
Ich deutete mit dem Daumen über meine Schulter.
„Dort drüben steht der Automat, Großmaul."
Er nickte boshaft zu mir herüber.
„Na, das seh ich doch, Opa. Ich hab' doch Augen im Kopf, Opa. Aber ich brauch' dazu ein paar Münzen. Können Sie vielleicht mal kurz wechseln, Opa?"
Ich riß ihm wortlos den Zehner aus der Hand, aber schon auf den ersten Blick sah ich, daß auch er Blutspuren aufwies. Nun gab es keinen Zweifel mehr. Durch irgendeinen blödsinnigen Zufall mußte Bertie, der immer und überall herumschnüffelte, das Geld auf dem Campingplatz gefunden haben. Natürlich war er viel zu clever, um damit zur Polizei zu gehen. Viel mehr als ein paar Prozent Belohnung gab es dafür sowieso nicht, und wenn das Geld im Zusammenhang mit einem Verbrechen stand, gab es nicht einmal die. Ob Bertie das nun wußte oder nicht, er hatte es anscheinend vorgezogen, seinen Fund mit vollen Händen auszugeben.
„Da", sagte ich und warf ihm sein Wechselgeld zu. „Zieh dir deine Cola, und troll dich, Früchtchen!"
Bertie grinste mich schief an und stelzte zum Automaten hinüber, und während er dort beschäftigt war, sah ich mir seinen Schein genauer an.

Ich hatte mich nicht getäuscht. Der Blutfleck auf seiner Rückseite war gar nicht zu übersehen; und woher sollte wohl ein Geldschein einen Blutfleck haben, wenn er nicht aus meiner Beute stammte, wenn Bertie das in einer Plastiktüte verpackte Bündel nicht ausgebuddelt hatte?
Kommissar Zimmermann von der Trierer Kripo hatte in den Tagen nach Erichs Tod wie verrückt nach dem Geld gesucht und dabei links und rechts der Mosel fast jeden Kramladen auf den Kopf gestellt, aber gefunden hatte er natürlich nichts.
Mich hatte er übrigens nicht mal in Gedanken in den Kreis der Verdächtigen einbezogen.
Warum auch?
Ich hatte mit Erich jahrelang ohne Probleme zusammengearbeitet, war mit ihm eng befreundet und hatte nicht das geringste Motiv für diese Tat. Und von Andrea, die ja nur ihren Urlaub in Luxemburg verbracht hatte und längst wieder zu Hause in Berlin war, hatte außer Erich ohnehin niemand etwas gewußt.
Zimmermann war nach erfolgloser Suche schließlich geneigt, die Sache einem durchreisenden Gangster in die Schuhe zu schieben, der sich inzwischen Gott weiß wo befinden mochte. Trotzdem gab er die Hoffnung nicht auf, durch irgendeinen Zufall dem Täter doch noch auf die Spur zu kommen und entwickelte sich zu einer Art Dauergast bei mir.
„Wir bräuchten nur das Geld, Herr Weber", sagte er dann immer wieder. „Nur einen einzigen Schein davon bräuchten wir, dann hätten wir auch Klausners Mörder. Bevor der nämlich damals zu Boden ging, ist er nach vorne auf die offene Kassenschublade gefallen, und es gibt überhaupt keinen Zweifel daran, daß auf den Banknoten Blutspuren sein müssen. Also, halten Sie die Augen auf, ob Sie vielleicht mal so einen Schein in die Hände bekommen, klar?"
Ich hatte dann zwar immer genickt und versprochen, wachsam wie ein Schäferhund zu sein, aber das war natürlich alles nur Schau.

Ich wußte ja am allerbesten, wo das Geld war und hütete mich, davon auch nur einen einzigen Schein auszugeben, aber der Teufel mochte wissen, wie ausgerechnet Bertie Weigel auf das Versteck gestoßen war. Ich warf einen kurzen Blick zu ihm hinüber, aber der Taugenichts stand immer noch neben dem Automaten und nuckelte gelangweilt an seiner Cola.
War vielleicht alles nur Einbildung von mir?
Hatten die Blutflecke auf den Scheinen eine andere, vielleicht völlig harmlose Ursache?
Oder war es etwa gar kein Blut? War es vielleicht nur irgendeine Farbe?
Nur die Ruhe, Gerd, sagte ich mir. Nur jetzt nicht den Kopf verlieren. Du brauchst ja nur hinzugehen und nachzusehen, ob das Geld noch da ist. Ist es weg, dann weißt du, wo es geblieben ist, und ist es noch an seinem alten Platz, dann sind deine Sorgen überflüssig. Also, reg dich jetzt bloß nicht voreilig auf.
Gelassen ging ich hinaus und machte mich wieder über den Landrover unseres Doktors her, aber trotz meiner selbstverpaßten Beruhigungspille war ich doch nicht so recht bei der Sache. Der Tod Erichs, den ich nicht gewollt und doch verursacht hatte, die Sache mit Andrea, für die ich nur ein angenehmes Abenteuer gewesen war und die seit ihrer Abreise nur Zeit für einen kurzen Kartengruß an mich gefunden hatte, das alles hatte mir in den vergangenen Wochen doch ziemlich viel zu schaffen gemacht und wurde in diesen Minuten in mir wieder so lebendig, daß ich nicht einmal bemerkte, wie Bertie in seiner Ratterkiste endlich davonfuhr.

***

Es begann bereits zu dämmern, als ich hinüber an die Sauer fuhr. Oberhalb des Campingplatzes hielt ich an, brannte mir eine Zigarette an und wartete, bis es völlig dunkel geworden war. Dann stieg ich aus dem Wagen und ging langsam zu dem Fahnenmast hinüber, neben dem ich meine Beute damals vergraben hatte. Ungefähr einen halben Meter tief hatte ich das Geld eingebuddelt, und in dem weichen Sandboden dauerte es nun nicht mal drei Minuten, und ich hielt es wieder in der Hand. Erleichtert atmete ich auf. Also hat sich Bertie seine Kohlen anscheinend doch anderswo besorgt, dachte ich. Von hier hat er sie jedenfalls nicht. Ich legte das Bündel wieder in die Grube zurück und begann, sie wieder zuzuschütten, doch dann ließ ich plötzlich wie erstarrt die Arme sinken.

Das leise Ratschen des Pistolenschlittens drang zwar nur gedämpft zu mir herüber, aber in der Stille der Nacht klang es wie eine Explosion und ließ mich aufgeschreckt hochfahren.

„Lassen Sie es liegen, Weber", sagte eine Stimme hinter mir. „Wir brauchen es als Beweisstück."

Ich fuhr herum und starrte in das grimmig lächelnde Gesicht von Kommissar Zimmermann.

„Das hätten Sie sich wohl nicht träumen lassen, wie?" sagte er kühl. „Dabei hatte ich Ihnen meine Theorie immer wieder erläutert, nicht wahr? Die Banknoten müssen Blutspuren aufweisen, habe ich immer gesagt. Na ja, und weil da eben nie und nirgends ein Schein davon aufgetaucht ist, habe ich halt ein bißchen nachgeholfen und Bertie Weigel angeheuert. Freute sich mächtig, daß er für mich den Detektiv spielen durfte, der Junge. Auch wenn Sie es nämlich nicht für möglich halten, aber Sie waren von Anfang an Nummer eins auf meiner Liste. Wollen Sie wissen, wieso?"

Ich starrte ihn immer noch an und war zu keiner Antwort fähig, aber der Kommissar schien auch gar nicht darauf zu warten.

„Wissen Sie", sagte er langsam, „im Grunde sind Sie über zwei Dinge gestolpert. Als Sie mich damals angerufen und mir das Märchen erzählt haben, Sie seien gerade zur Tankstelle gekommen und hätten Klausner erschossen aufgefunden, da trugen Sie einen sehr eleganten Straßenanzug. Na, ich frage Sie, welcher Tankwart hat bei seinem Job schon einen Anzug an? Vielleicht erinnern Sie sich,

daß ich später immer wieder zu Ihnen und meist schon am frühen Morgen gekommen bin, nicht wahr? Sie kamen niemals im Anzug zu Ihrer Arbeitsstelle, sondern hatten immer schon Ihren Overall an.
Das zweite aber war Ihr Wohnort. Sie wohnen ja drüben in Wasserbillig, und von dort bis zur Tankstelle sind es gut sieben Kilometer. Als ich Sie aber an jenem Morgen nach Hause schickte, da fuhren Sie mit dem Abschleppwagen davon. Ich frage mich in so einem Fall, wie sind Sie da erst zur Tankstelle gekommen? Auf dieser Strecke fährt kein Bus, und gelaufen sind Sie sicher auch nicht. Für mich war also klar, daß Ihre Aussage nicht stimmen konnte und ich in Ihnen wahrscheinlich Klausners Mörder vor mir hatte. Aber ich konnte es Ihnen nicht beweisen, verstehen Sie? Um Sie zu überführen, brauchte ich das Geld, und ich brauchte es in dem Moment, wo Sie es in der Hand hatten. Also habe ich eben einige Scheine präparieren lassen und den Tunichtgut Bertie damit zu Ihnen geschickt. Falls Sie nun doch nicht der Täter sind, habe ich mir gesagt, dann werden Sie mich sofort anrufen und von Ihrer Entdeckung berichten. Sind Sie aber Klausners Mörder, dann wird Sie das Auftauchen blutbefleckter Scheine verdammt unruhig machen, und Sie werden sich vergewissern wollen, ob Ihre Beute noch da ist. Na ja, und das haben Sie ja jetzt getan, nicht? Also, dann nehmen Sie jetzt die Hände über den Kopf und gehen schön langsam den Weg zurück. Vergessen Sie dabei aber um Himmelswillen nicht, daß ich diesmal den Finger am Drücker habe, klar?“

Ein rabenschwarzer Engel

Es war heiß in Palermo. Es war so heiß, daß man den Tag nur an einer Bar oder am Meer verbringen konnte, wenn man ihn überleben wollte. Aber da die meisten Bars am Vormittag noch geschlossen hatten, und ich in meinem Hotelzimmer allmählich zusammenschmolz, entschied ich mich für das Meer. Ich kannte da eine winzige Bucht, von Felsen umgeben und mit schneeweißem Sand, die abseits vom Touristenrummel lag und zu der kaum jemand hinfand.

Diesmal allerdings hatte jemand hingefunden. Sie saß in einem Hauch von Bikini auf einer Badematte, hatte schwarze, schulterlange Haare und Augen, die so blau waren wie der Himmel über uns.

„Ich ... ich möchte Sie nicht stören“, sagte ich zögernd und ärgerte mich, daß meine Stimme plötzlich so heiser klang. „Aber ich bin immer hier und bisher war da niemand ...“

Sie lächelte und klopfte mit der Hand auf den Sand.

„Aber Sie stören mich doch nicht, Mr ...“

„Tynemouth — James ... äh, Tynemouth, Miß.“

Ihre blauen Augen wurden fast schwarz vor Aufregung und Neugier.

„Doch nicht etwa Lord Tynemouth?“ fragte sie atemlos. „Sind

Sie etwa ... natürlich, jetzt erkenne ich Sie. Sie sind Lord Tynemouth, nicht wahr?"

Ich deutete eine scherzhafte Verbeugung an.

„Es läßt sich nicht leugnen, Mylady. Sie sind Engländerin?"

Sie lächelte immer noch.

„Nein, Amerikanerin, aber ich studiere in London. Ich bin Jessica Fairnwell. Aber wollen Sie sich endlich setzen, Sir?"

Na ja, was soll ich noch viel erzählen? Es gab ja schon einmal eine berühmte britisch-amerikanische Ehe, die inzwischen allerdings längst Geschichte geworden ist. Bei Jessica und mir lief es ganz genauso, und das erste Jahr unserer Ehe war ein einziger Honigmond. Dann aber schien sie das Leben auf Schloß Tynehall allmählich zu langweilen und sie fuhr nachmittags immer öfter in die Stadt. Ich kann nicht sagen, daß ich das gern gesehen hätte, aber ich ließ sie gewähren. Ich meine, wenn man mit fast fünfzig eine Schönheit heiratet, die rund dreißig Jahre jünger ist, dann gehört zu aller Liebe eben auch eine gehörige Portion Toleranz.

Von meiner Seite aus hätte es also daran gewiß nicht gefehlt, aber als sie von ihren Ausflügen immer später nach Hause kam, wurde ich stutzig und ging der Sache nach. Sehr schnell stellte ich dann fest, daß mein schwarzer Engel seine Nachmittags nicht beim Friseur, beim Schaufensterbummeln oder in irgendwelchen Tearooms verbrachte, sondern im Schlafzimmer von Philipp Connors, meinem Anwalt und Vermögensverwalter.

Im ersten Augenblick war ich wie vor den Kopf geschlagen und wußte nicht recht, was ich davon halten sollte. Connors, einen blendend aussehenden Mittdreißiger, der auf Tynehall ein- und ausging und Jessica vor meinen Augen mit größtem Respekt behandelte, kannte ich viel zu gut, um nicht zu wissen, daß er wegen einer Frau nicht alles aufs Spiel setzen würde — es sei denn, diese Frau hatte mehr als nur sich selbst zu bieten. Bei Jessica aber konnte das nur dann der Fall sein, wenn ... ja, wenn es mich nicht mehr gab.

Als ich mit meinen Überlegungen soweit war, übertrug ich die ganze Angelegenheit dem Detektivbüro Algarty & Newman und wußte einige Wochen später, daß Connors drauf und dran war, Jessica zur Witwe und sich selbst zu meinem Nachfolger zu machen.
„Er war nicht leicht, das herauszufinden, Sir James", sagte Nicholas Algarty zögernd. „Und ehrlich gesagt, war es auch etwas außerhalb der Legalität. Aber da wir mit der Beschattung Ihrer Frau allein nicht weiterkamen, blieb uns nichts anderes übrig, als einige Wanzen in Connors Wohnung anzubringen. Was werden Sie nun tun, Sir?"
Ich zuckte mit den Schultern.
„Darüber werde ich erst nachdenken müssen", erwiderte ich. „Ich halte es da mit dem Sprichwort: Kommt Zeit, kommt auch Rat."
Algarty beugte sich leicht zu mir vor.
„Falls Sie Ihren Urlaub in diesem Jahr wieder in Sizilien verbringen wollen, würde ich an Ihrer Stelle jedenfalls nicht im Meer baden", flüsterte er. „Connors wird dann nämlich auch in Palermo sein und Sie wissen, daß er ein hervorragender Schwimmer ist. Sie müssen damit rechnen, daß er sich an Sie heranpirscht und Sie unters Wasser zieht — zumindest ist das der Plan, den er mit Ihrer Frau ausgeheckt hat. Wollen Sie nicht vielleicht doch die Polizei einschalten?"
Ich wollte nicht. Ich zahlte Algarty ein fürstliches Honorar, nahm ihm sein Ehrenwort ab, daß er über alles schweigen würde und begann zu grübeln. Dann, am Monatsende, als mir Connors wie immer die Abrechnungen vorlegte, lud ich ihn kurzerhand zu unserem Urlaub auf Sizilien ein.

***

Es war heiß in Palermo. Es war genauso heiß wie vor zwei Jahren, als mir Jessica begegnet war. Und auch sonst war alles wie damals. Die kleine Bucht, der weiße Strand und der azurblaue Himmel

über uns. Jessica, Connors und ich verbrachten fast den ganzen Tag am Strand oder auf der Motoryacht, die ich gemietet hatte, und im Stillen amüsierte ich mich köstlich über ihre Versuche, mich zum Baden zu bewegen.
„Seit wann bist du eigentlich so wasserscheu, James?“ fragte mich Jessica schließlich verwundert. „Du bist doch früher auch gerne geschwommen, hast du mir erzählt.“
Ich streichelte sanft ihren Rücken.
„Früher hatte ich auch keine Kreislaufbeschwerden“, erwiderte ich lächelnd. „Aber in meinem Alter muß man vorsichtig sein. Ein Schwächeanfall, ein kleiner Kollaps ... und schon ist es passiert. Nein, ich gehe nicht weiter rein, als ich stehen kann.“
Die Enttäuschung auf ihren Gesichtern war nicht zu übersehen, aber ich tat, als ob ich nichts bemerken würde und gewöhnte sie so an meine Enthaltsamkeit. Dann, kurz vor dem Ende unseres Urlaubs, kam der Tag, an dem wir eine Angelpartie unternehmen wollten und ich fand, daß es nun des bösen Spiels genug wäre und stellte mich krank.
„Ich bleibe lieber im Hotel“, sagte ich beim Frühstück und tätschelte Jessicas Hand. „Ich fühle mich heute nicht besonders gut.“
Jessica sah mich aus ihren tiefblauen Augen vorwurfsvoll an.
„Aber dann müssen wir ja unsere Tour verschieben, James“, seufzte sie. „Geht es dir denn wirklich so schlecht?“
Ich schüttelte den Kopf.
„Nicht so schlecht, daß du dir um mich Sorgen machen müßtest“, erwiderte ich. „Aber auch nicht gut genug, um jetzt stundenlang hinter Fischen herzujagen. Nur mußt du wegen mir nicht auf dein Vergnügen verzichten, Darling. Mr. Connors wird dich sicher gern begleiten und auf dich aufpassen. Nicht wahr, Philipp?“
Er würgte hastig sein Ei hinab.
„Es ist mir ein Vergnügen, Sir James“, sagte er dann hustend. „Ein Vergnügen und eine Ehre. Darf ich bitten, Mylady?“
Jessica hauchte mir einen Kuß auf die Stirn und hüpfte dann ne-

ben Connors die Terrassentreppe hinab. Ich sah ihnen nach, wie sie zur Anlegestelle der Yacht gingen, die Leinen loswarfen und dann mit Vollgas auf die offene See hinaussteuerten. Als sie so etwa zwei Meilen hinter sich hatten, stieg plötzlich eine kirchenturmhohe Feuersäule von der Yacht auf und ließ den Himmel für Sekunden fast blaß erscheinen. Ich starrte hinüber, hörte den Donner der Explosion als dumpfes Grollen zu mir herüberdringen, sah, wie die Feuersäule langsam wieder in sich zusammensank und schließlich zu einem dunklen Rauchfaden wurde, dann nahm ich meinen Strohhut ab und griff nach dem Ei, das Jessica an diesem Morgen verschmäht hatte.

***

Leutnant Antonio Forella von den Carabinieris besuchte mich eine knappe Woche später und brachte mir den Bericht der Ermittlungskommission mit.

„Wir haben leider nur einige Wrackteile gefunden und von denen ist keines größer als meine Hand", sagte er bedauernd. „Unsere Experten meinen deshalb, daß für so eine verheerende Explosion eine Sprengstoffmenge von mindestens eintausend Kilogramm erforderlich war. Die einzige Erklärung dafür ist, daß eine treibende Mine aus dem letzten Krieg den Kurs der Yacht gekreuzt hat. Es gab ja damals vor unseren Küsten große Minenfelder, die danach zwar geräumt wurden, aber offensichtlich blieb eine trotz aller Mühe und Sorgfalt unentdeckt."

Ich nickte, schwieg und bot Forella einen Whisky on the Rocks an. Während ich die Eiswürfel in unsere Gläser gleiten ließ, dachte ich daran, wieviel Mühe und Sorgfalt es mich gekostet hatte, auf Sizilien eintausend Kilogramm Dynamit zu beschaffen und ungesehen an Bord der Yacht zu bringen.

Erben will gelernt sein!

Roger Aumont sah seinen Freund kopfschüttelnd an.
„Also, das verstehe ich ja nun wirklich nicht, Gilbert", sagte er. „Dein Onkel hat zwar nur ein kleines, aber sehr exklusives Juweliergeschäft, und du bist sein einziger Verwandter. Wieso fährst du dann noch so einen uralten Peugeot?"
Der schmächtige Gilbert Rovaix zuckte mit den Schultern.
„Das kannst auch nur du fragen", erwiderte er. „Weißt du, welches Gehalt mir Onkel Armand zahlt? Ich will es gar nicht erst sagen. Er vertröstet mich immer auf die Zeit nach seinem Tod. Dann bist du ein reicher Mann und trotz deiner Dummheit nimmt dich jede Frau mit Kußhand, sagt er stets."
Roger riß die Augen auf.
„Na, dem würde ich aber mal die Faust auf die Zähne legen", verkündete er. „Wo du in der Schule sogar eine ganze Zeit lang Primus warst! Erinnerst du dich noch?"
Gilbert lächelte leicht.
„Na klar, so lange ist das ja noch gar nicht her. Was hast du eigentlich seitdem gemacht? Es gab da mal ein Gerücht, daß du . . . na ja, daß du Schwierigkeiten mit der Polizei hattest?"
Roger nickte kurz.

„Da hast du richtig gehört“, gab er zu. „Weißt du, ich wollte eben auch mal aus dem Vollen schöpfen und habe eine Bank mit der Pistole besucht. Drei Jahre hat mich der Spaß gekostet.“

Gilberts Lächeln vertiefte sich.

„Und jetzt, was machst du jetzt? Bist du verheiratet?“

Roger zwinkerte ihm zu.

„Halb und halb“, erwiderte er. „Meine Chantal ist ja auch der Grund, warum ich dich besuche, Gilbert. Weißt du, sie könnte da nämlich ein wirklich nettes Bistro übernehmen, aber dazu müßte sie runde sechzigtausend auf den Tisch legen und da dachte ich, mein alter Freund Gilbert ... na ja, lassen wir das, ich wußte ja nicht, daß dich dein Onkel so kurz hält.“

Gilberts Gesicht nahm einen nachdenklichen Ausdruck an.

„Helfen könnte ich dir trotzdem“, sagte er verhalten. „Hast du den Mut, noch einmal lange Finger zu machen?“

„Was, ich soll ...? Bist du verrückt?“

„Keineswegs, ich will dir nur eine Chance geben. Mein Onkel kennt dich doch gar nicht, oder? Na, dann ist alles kein Problem. Im rechten Schaufenster liegt ein Collier im Wert von gut 150 000 Francs. Du gehst einfach rein und sagst, du möchtest ein kleines Geschenk für deine Freundin. Im gleichen Augenblick rufe ich Onkel Armand zu mir in den Nebenraum und das ist dann für dich der Moment, das Collier aus dem Fenster zu holen und zu verschwinden — kapiert?“

Roger nickte langsam.

„Kapiert, aber wer kauft mir das Ding dann ab? Und außerdem beklaue ich damit ja auch dich.“

Gilbert hob abwehrend die Hand.

„Mach dir darüber keine Sorgen, mein Onkel ist gut versichert“, erwiderte er. „Und wenn du nicht weißt wohin damit, ich kann dir eine Adresse geben. Also, willst du oder willst du nicht?“

Roger kaute überlegend auf seiner Unterlippe herum.
„Bon", sagte er dann, „ich will! Morgen 10 Uhr stehe ich im Laden deines Onkels!"

***

Es klappte alles vorzüglich. Es klappte sogar so gut, daß Roger sofort nach seinem Raubzug zu dem Hehler fuhr, dessen Adresse ihm Gilbert gegeben hatte.
„Ich weiß zwar nicht, wer Sie zu mir geschickt hat", sagte der Hehler, nachdem er das Collier kurz betrachtet hatte. „Aber der Mann muß ein echter Trottel sein. Das Stück ist so falsch wie Hitlers Tagebücher. Nichts als eine gute Imitation, mein Junge."
Roger riß wütend das Collier an sich, stürmte zur Tür hinaus und verbrachte den Rest des Tages im Bistro seiner Freundin. Am Abend fuhr er dann zur Wohnung von Gilbert.
„Dein Onkel hat vollkommen recht, wenn er dich einen Dummkopf nennt", begrüßte er ihn und warf das Collier auf den Tisch. „Du schimpfst dich Juwelier und weißt nicht mal, daß das hier eine Imitation ist?"
Gilbert nahm überrascht das Collier in die Hand.
„Du hast recht, es ist eine Imitation", räumte er ein. „Aber du kannst mir keine Schuld geben, Roger. Das Ding liegt schon so lange im Schaufenster, daß ich . . . also, ich habe es mir auch nie so genau angesehen und dann hat doch auch Onkel Armand . . . Himmel nochmal, er hat doch auch der Versicherung den Diebstahl gemeldet und kassiert in ein paar Tagen hundertfünfzigtausend Piepen dafür!"
Roger starrte ihn an.
„Ist das wahr?"
„Das ist wahr! Aber das kannst du jetzt ausnützen. Weißt du was? Du wartest bis er das Geld hat, dann gehst du zu ihm hin und drohst ihm mit einer Anzeige wegen Betrugs, wenn er die Moneten nicht mit dir teilt. Ich sage dir, er macht das."

„Das möchte ich ihm auch raten", knurrte Roger und steckte das Collier wieder ein. „Ruf mich an, wenn er die Mäuse hat, bien?"
„Tres bien", grinste Gilbert. „Du hörst von mir."
Bis zu Gilberts Anruf vergingen dann zwar noch fünf endlose Tage, aber am sechsten stampfte Roger in Onkel Armands Laden und Gilbert verzog sich bei seinem Kommen eiligst in den Nebenraum.
„Wir wollen nicht viele Worte machen, Monsieur Rovaix", sagte er. „Sie wissen, daß ich Ihnen ein Collier geklaut habe und Sie wissen, daß das nur eine wertlose Imitation war. Ich hingegen weiß, daß Sie der Versicherung einen wirklichen Verlust gemeldet und dafür hundertfünfzigtausend Francs kassiert haben. Ich bin dafür, daß wir uns den Betrag teilen — einverstanden?"
Armand Rovaix griff blitzschnell unter die Ladentheke und hatte plötzlich eine Pistole in der Hand.
„Den Teufel werde ich tun!" keuchte er. „Ich schicke dich zur Hölle und erzähle der Polizei, daß du mich überfallen wolltest."
Roger öffnete grinsend seine Jacke.
„Aber ich bin vollkommen unbewaffnet, womit hätte ich Sie überfallen sollen? Die Polizei wird Ihnen kein Wort glauben."
„Sie wird!" schnaufte Armand. „Ich habe unter der Theke noch eine Waffe liegen und die drücke ich dir in die Hand. Dann habe ich einwandfrei in Notwehr gehandelt. Siehst du, so!"
Roger öffnete den Mund zu einer Erwiderung, aber da trafen ihn bereits die Schüsse und warfen ihn rückwärts an die Wand.
Aus dem Nebenraum kam Gilbert hereingestürzt.
„Mon dieu, Onkel Armand, was hast du getan?" schrie er entsetzt. „Ich hatte gerade Kommissar Lebrune wegen des Diebstahls am Telefon und er hat alles mitgehört. Verstehst du, er hat alles mitgehört! Er wird in einigen Minuten hier sein!"
Armand Rovaix sah einen Neffen sekundenlang in panischer Angst an, dann setzte er wortlos die Waffe an seine Schläfe und

drückte ab. Gilbert warf einen kurzen Blick auf die beiden Toten, griff dann zum Telefon und wählte den Polizeinotruf. Erben will eben gelernt sein, dachte er und lächelte. Man braucht dazu nur einen vertrauensseligen Freund, einen habgierigen Onkel und einen guten Plan. Na, und wie gut meiner war, sieht man ja jetzt!

Ein Platz an der Sonne

Harald Sommer saß in seinem Wagen und wartete. Genauer gesagt, er wartete wieder. Seit vier Tagen verbrachte er nun schon seine Nachmittage damit, in seinem alten Rekord zu sitzen und den Eingang der „Südkredit Bank“ zu beobachten, und inzwischen wußte er alles, was er für einen erfolgreichen Fischzug wissen mußte. Was er nun noch brauchte, um für die nächsten Jahre einen Platz an der Sonne zu ergattern, waren ein spurtschneller Wagen und ein absolut wasserdichtes Alibi. Denn, daß spätestens am Morgen nach dieser Zwangsanleihe Kommissar Fischer vom Raubdezernat vor seiner Tür stehen würde, war bei Haralds amtsbekannter Vorliebe für illegale Bankbesuche so sicher wie das Amen in der Kirche. Zwar war es Kommissar Fischer bisher nur einmal gelungen, dem Gericht dafür hieb- und stichfeste Beweise vorzulegen, aber in drei anderen Fällen hatte ihm buchstäblich nur noch das Tüpfelchen auf dem i gefehlt, um Harald auf Jahre hinaus hinter Gitter zu bringen. Es war also vorauszusehen, daß Fischer bei einem neuen Coup alles daran setzen würde, um seine drei Niederlagen wieder wettzumachen.

Harald begann zu grübeln. Einen geeigneten Wagen zu beschaffen war zwar überhaupt kein Problem, denn in den Parkhäusern und

Tiefgaragen hatte man sozusagen freie Auswahl, aber mit einem maßgeschneiderten Alibi sah es schon anders aus. Da mußte eins zum anderen passen, da durfte nichts dem Zufall überlassen bleiben, da mußte ein Rad in das andere greifen. Kurz, die Sache mußte absolut perfekt sein.

Harald ließ im Geist sämtliche Tricks Revue passieren, überlegte sogar, ob er nicht seine alte Freundin Eva einweihen und dazu überreden sollte, im Ernstfall für ihn die Finger zu heben, aber dann kam er eines Morgens am Gloria Kino vorbei und sah sein Alibi gut drei Meter hoch an der Hauswand hängen.

Der gute alte James Dean, der ihn schon vor Jahrzehnten mit seinem „Jenseits von Eden“ begeistert hatte, feierte wieder einmal Auferstehung. Harald begriff sofort, daß er damit das Ei des Kolumbus gefunden hatte. Wer konnte ihm jetzt noch seinen Besuch in der „Südkredit“ nachweisen, wenn er etwas auffällig eine Karte kaufte, sich von der Platzanweiserin zu seinem Sessel führen ließ und nach der Vorstellung dafür sorgte, daß man ihn auch beim Hinausgehen nicht übersah? Selbst wenn dann Kommissar Fischer vor Wut an die Decke sprang, er konnte ihm nichts anhaben. Er mußte ihm einfach glauben, daß er sich diesen Film angeschen hatte, wenn ihm das von zwei Zeugen bestätigt wurde und Harald ihm jede einzelne Szene des Films erzählen konnte. Außer einem dringenden Tatverdacht blieb da nichts an ihm hängen, und damit allein bekam Fischer keinen Haftbefehl gegen ihn. Aufatmend lehnte er sich in seinem Wagen zurück und brannte sich eine Zigarette an. Jetzt kommen die Dinger ins Rollen, dachte er zufrieden. Jetzt noch schnell einen Wagen aufreißen, die Moneten kassieren und dann nichts wie ab in den sonnigen Süden! Wäre doch gelacht, wenn ich das nicht schaffen würde.

***

Die Sache im Kino ließ sich besser an, als er zuvor gedacht hatte. Die Platzanweiserinnen standen in einer kleinen Gruppe zusam-

men und unterhielten sich kichernd mit dem Mädchen im Kassenhäuschen.
„Hat der Film schon begonnen?“ fragte Harald hastig und zerrte einen Zehner aus der Tasche.
Die langhaarige Blondine lächelte ihm zu.
„Keine Sorge, Sie bekommen alles noch zu sehen“, erwiderte sie. „Im Augenblick läuft noch die Vorschau.“
Harald nickte erfreut und hastete in den Zuschauerraum. Einige Sekunden lang war tiefe Dunkelheit um ihn, dann sah er das rote Licht über der Toilettentür und schlich darauf zu. Mit fliegenden Händen zerrte er einen buschigen Schnurrbart aus der Tasche, stülpte sich eine weizenblonde Perücke über sein dunkles Haar und kletterte durch das Fenster in den Hinterhof hinaus. Vorbei an stinkenden Mülltonnen rannte er dann in die nahe Seitenstraße, in der er vor wenigen Minuten den gestohlenen BMW abgestellt hatte und schwang sich hinter das Steuer.
Okay, dachte er grinsend, der erste Akt hat reibungslos geklappt. Jetzt noch zehn Minuten Fahrt und im ersten Anlauf abkassieren, danach wieder zurück und auf dem gleichen Weg ins Kino, dann ist die Sache so gut wie er . . .
Der Gedanke, daß sich in seinem, so sorgsam ausgetüftelten Plan ein Fehler eingeschlichen hatte, schoß plötzlich wie eine Stichflamme in ihm empor und traf ihn mit der Wucht eines Hammerschlags. Verdammt, dachte er, ich kann ja mit dem Wagen gar nicht zurück zum Kino. Die Vögel in der Bank werden ihn den Bullen beschreiben, werden sich vielleicht sogar seine Nummer notieren, und dann wird er ausgerechnet dort gefunden, wo ich zur Tatzeit angeblich im Kino war. So dumm ist nicht mal mein alter Freund Fischer, um sich da nicht sofort etwas zusammenzureimen. Für ihn wäre das nicht nur ein Indiz, für ihn wäre es ein absoluter Beweis.
Fieberhaft nach einer Lösung dieses plötzlich Dilemmas suchend, steuerte Harald den Wagen nach Westen. Ich muß die Kiste an ei-

nem für mich völlig unverfänglichen Ort abstellen, sinnierte er. Am besten wäre zwar weit draußen vor der Stadt, aber dazu reicht die Zeit nie und nimmer. Sie wird jetzt wahrscheinlich ohnehin so knapp werden, daß ich gerade noch das Ende von Deans Spektakel mitbekomme. Himmel nochmal, was jetzt?
Plötzlich schoß ihm ein Gedanke durch den Kopf, der ihm in seiner Einfachheit schon wieder genial erschien. Wieso muß ich eigentlich den Wagen auf der Straße abstellen, dachte er. Genauso gut kann ich ihn zurück ins Parkhaus bringen. Eine Etage tiefer oder höher wird da gar nicht auffallen. Vielleicht bemerkt der Besitzer gar nicht, daß jemand damit gefahren ist. Wenn er seine Kiste sucht und sie dann an einem anderen Platz findet, wird er wahrscheinlich annehmen, daß er sich im Stockwerk geirrt hat. Kann ja mal vorkommen, sowas. Jedenfalls wird es auf diese Weise eine ganze Weile dauern, bis die Bullen den Wagen gefunden haben.
Erleichtert betätigte er den Blinker und rollte die Kaiserallee entlang, bis vor ihm das flache Gebäude der „Südkredit Bank" auftauchte. Harald ließ den Wagen in eine Parkbucht gleiten und sah sich um. Es war alles wie immer. Einige Kunden gingen hinein, einige kamen aus der Bank heraus, und nirgends war etwas zu sehen, das ihn jetzt noch aufhalten konnte. Dann mal los, dachte er grinsend und überprüfte den Sitz der Perücke, verschaffen wir dem Herrn Kommissar mal ein paar saftige Überstunden. Der weiß ohnehin nicht so recht, wofür er bezahlt wird. Nach der Waffe unter seiner Jacke tastend, stieg er die wenigen Stufen zum Eingang der Bank hinauf, warf noch einen kurzen Blick hinter sich auf die Straße, dann stieß er mit einem entschlossenen Ruck die Tür auf.

***

Kommissar Ernst Fischer und Inspektor Grüber kamen nicht erst am nächsten Morgen, sondern noch am selben Abend — und sie kamen mehr als ungelegen!

„Oh, Verzeihung“, schmunzelte Fischer, als er sich durch die Tür schob und Harald in trauter Zweisamkeit mit seiner Freundin Eva sah. „Wir stören doch nicht etwa?“

Harald nickte verbissen und zog Evas Rock gerade.

„Wenn Sie Wert darauf legen, können Sie das sogar schriftlich haben“, knurrte er. „Was wollen Sie denn?“

Der Kommissar winkte ab.

„Ach, nur eine kleine Auskunft, Harald“, beruhigte er ihn. „Da hat sich nämlich heute nachmittag irgend so ein Galgenvogel runde achtzigtausend Mark bei der ‚Südkredit Bank‘ unter der Nagel gerissen und . . .“

„. . .und da kommen Sie natürlich als erstes zu mir“, maulte Harald. „Einen feinen Charakter haben Sie, Herr Kommissar.“

„Nun, nun, ich will dir da gar nicht widersprechen“, meinte Fischer würdevoll. „Im Augenblick würde mich allerdings mehr interessieren, wo du heute nachmittag warst — so gegen 16 Uhr ungefähr.“

Haralds Mundwinkel sagten den Ohren guten Tag.

„Die Enttäuschung wird Sie umbringen, Sherlock Holmes“, feixte er. „Aber um diese Zeit war ich im Gloria-Kino. James Dean und ‚Jenseits von Eden‘. Ein Klassefilm, sage ich Ihnen!“

Fischer nickte lächelnd.

„Ein Klassefilm und ein Klassealibi“, sagte er ruhig. „Ich hoffe, du hast dich gut amüsiert, wie?“

„Mächtig, Herr Kommissar, mächtig sogar!“

„Aber einen Zeugen dafür hat so ein Einzelgänger wie du natürlich nicht, oder?“

Harald kratzte sich in gespielter Verwirrung am Ohr.

„Einen Zeugen?“ stotterte er. „Woher soll ich denn wissen, daß ich dafür einen Zeugen brauche? Ich war allein im Kino und mir ist auch niemand begegnet, der das bestätigen könnte. Aber die Platzanweiserinnen und das Mädchen an der Kasse . . . ja, fragen Sie die mal, ob sie sich an mich erinnern. Jedenfalls haben die

mich alle vor und nach der Vorstellung gesehen. Die von der Kasse war sogar direkt an der Tür gestanden, als ich hinausging."
Fischer warf seinem Inspektor einen schmerzlichen Blick zu.
„Ich vermute zwar, daß es nichts als Zeitverschwendung ist", sagte er säuerlich. „Aber er soll seine Chance haben. Also, fahr' mal rüber zum ‚Gloria' und überprüfe das, ich leiste den beiden Turteltauben hier solange Gesellschaft."
Grüber sah zögernd von ihm zu Harald.
„Ist das nicht ein bißchen riskant, Chef?" fragte er. „Sie mit ihm so ganz allein hier?"
Fischer lachte leise und deutete auf die zappelnde Eva.
„Mach dir um mich bloß keine Sorgen", wehrte er ab. „Du siehst ja, daß Harald alle Hände voll zu tun hat. Außerdem bin ich weit und breit als bester Schütze vom ganzen Präsidium bekannt. Also, zieh schon los und beeile dich, ja? Wir wollen schließlich das Abendprogramm der beiden nicht allzu lange unterbrechen."
Inspektor Grüber beeilte sich wirklich und war schon nach einer knappen halben Stunde wieder zurück.
„Leider negativ", sagte er mißmutig, „er war wirklich im Kino. Die drei Mädchen erinnern sich ganz genau an ihn und haben ihn auf dem Foto eindeutig identifiziert. Da ist leider nichts zu machen, Chef."
„Na bitte", strahlte Harald und streichelte genüßlich Evas Rücken. „Soll ich Ihnen vielleicht den Film jetzt auch noch erzählen, Kommissar?"
Fischer winkte enttäuscht ab und ging zur Tür, aber Inspektor Grüber nickte begeistert.
„Das wäre nett von dir, Harald", stimmte er zu. „Ich wäre daran sehr interessiert. Bei meinem Job kommt man ja nie ins Kino und so ein brandneuer Film . . ."
Kommissar Fischer, der bereits die Hand auf der Türklinke hatte, wandte sich kopfschüttelnd zu ihm um.
„Mein Gott, Herbert, in welcher Zeit lebst du denn eigentlich?"

fragte er verwundert. „‚Jenseits von Eden‘ ist doch schon ein uralter Schinken! Der lief ja bereits, als ich noch Assistent bei Kriminalrat Schuhmacher war.“
Der Inspektor sah zu dem selig grinsenden Harald hinüber.
„Aber Chef, wer redet denn davon?“ erwiderte er. „Seit heute läuft doch im ‚Gloria‘ ein ganz harter Thriller! ‚Am Morgen nach jener Nacht‘, heißt er. Aber anscheinend hatte unser Freund Harald den Kopf derart mit seinen finanziellen Problemen voll, daß ihm das entgangen ist. Dabei weiß doch schon jedes Kind, daß sich immer am Freitag das Programm in den Kinos ändert — und heute ist doch Freitag, nicht?“
Kommissar Fischer starrte seinen Inspektor sekundenlang mit offenem Mund an, dann drehte er sich schlagartig um und ging auf Harald zu.
„Also, wie wär’s jetzt, du Kinofan“, sagte er grimmig und löste die Handschellen von seinem Gürtel. „Erzählst du uns nun den Film? Jetzt wäre ich nämlich auch daran interessiert.“

Das Gesetz der Serie

Niemand hätte je an etwas anderes als einen bedauernswerten Unfall gedacht, als Gerda Zimmermann beim Fensterputzen von der vierten Etage aus in die Tiefe stürzte und sich dabei das Genick brach. Kommissar Fritz Gräppert begann sich darüber erst Gedanken zu machen, als ein knappes Jahr danach die zweite Frau Zimmermann auf die gleiche Weise ums Leben kam und, wie das erstemal, dem tieftrauernden Witwer mit einer hohen Lebensversicherungssumme über seinen Schmerz hinweghalf.
Von diesem Moment an war sich Gräppert sicher, daß er es bei Albert Zimmermann mit einem ebenso kaltbütigen wie raffinierten Mörder zu tun hatte und ordnete seine Überwachung an. Es dauerte nicht einmal drei Monate, dann drangen Gerüchte an sein Ohr, nach denen Albert erneut auf Freiersfüßen wandeln und mit der ganzen Leidenschaft seiner zweiundfünfzig Jahre um die Schwester seiner letzten Frau werben sollte.
Für Kommissar Gräppert war diese Nachricht das Signal, Albert einen Besuch abzustatten.
„Sagen Sie mal, wie machen Sie das eigentlich, Herr Zimmermann?“ fragte er ungeniert, als er Albert gegenübersaß. „Ich meine, wir haben ja in beiden Fällen alles überprüft und rekonstruiert,

und nur ein kompletter Narr würde an etwas anderes als an Unfälle denken, aber so ganz unter uns ..."
„So ganz unter uns?" lächelte Albert. „Was meinen Sie denn damit, Herr Kommissar?"
Gräppert ringelte sich wie ein Wurm an der Angel.
„Nun ja, so ganz unter uns denke ich, Sie haben da ein bißchen nachgeholfen", sagte er schließlich und warf dem heiratswütigen Witwer einen prüfenden Blick zu. „War es so, Herr Zimmermann?"
Alberts wasserblaue Augen richteten sich empört auf sein Gegenüber.
„Aber Herr Kommissar!" fuhr er auf. „Wollen Sie damit etwa sagen, daß ich ... heißt das vielleicht, Sie trauen mir zu, meine beiden Frauen ...? Also, das ist doch die Höhe! Zufälle waren das — ganz unglückliche Zufälle!"
Gräppert wiegte bedächtig den Kopf hin und her.
„Kann es denn überhaupt solche eigenartigen Zufälle geben?" zweifelte er. „Zweimal werden Sie auf die gleiche Weise Witwer und zweimal kassieren Sie eine saftige Lebensversicherung. Ist doch schon sehr merkwürdig, nicht?"
Albert rieb sich zufrieden die Hände.
„Bei einem Ehepaar ist das eigentlich die Regel", belehrte er den Kommissar. „Es sei denn, die Ehe war nicht besonders glücklich, aber davon konnte ja bei uns nun wirklich nicht die Rede sein. Jeder hier weiß, daß ich mit meinen beiden Frauen sozusagen ein Herz und eine Seele war. Und daß es oft ganz eigenartige Zufälle gibt, ist ja schließlich längst erwiesen, oder? Sie brauchen da nur mal einen Blick in die Geschichte zu werfen, Herr Kommissar. Da wimmelt es förmlich von Zufällen. Oder haben Sie noch nie etwas vom Gesetz der Serie oder von der Duplizität der Ereignisse gehört?"
Gräppert seufzte leise und beschloß, auf Albert einen weiteren Schuß abzufeuern.
„Wie ich hörte, wollen Sie wieder heiraten, Herr Zimmermann",

wich er einer Antwort aus. „Das heißt also, Sie wollen weitermachen, ja?“
Albert schlürfte genußvoll an seinem Bier.
„Weitermachen?“ wiederholte er dann kopfschüttelnd. „Wie soll ich denn das verstehen, Herr Kommissar? Wenn Sie damit sagen wollen, daß ich wieder eine Partnerin gefunden habe und beabsichtige, sie zu meiner Frau zu machen, dann haben Sie allerdings recht. Die Schwester meiner zweiten Frau — der Herr möge ihr ein gnädiger Richter sein — ist ja noch nicht in einem Alter, in dem man keine Wünsche mehr hätte. Gerade fünfzig geworden, hübsch, gebildet und ...“
„...und gut versichert, nehme ich an“, seufzte Gräppert.
„Das ist sie allerdings“, strahlte Albert. „Bei Liebenden ist es eben so, daß man sich Gedanken für die Zeit macht, in der man selbst nicht mehr da ist, nicht wahr? Das ist doch nichts Verwerfliches, oder?“
Der Kommissar warf einen hilfesuchenden Blick an die Zimmerdecke.
„Nein, das ist es nicht“, räumte er dann ein. „Aber es ist verwerflich, seinen Partner umzubringen. Und damit sich jetzt nicht wieder so eigenartige Zufälle ereignen, sobald Ihre Frau mal Fenster putzt, werde ich Ihrer Zukünftigen einen Besuch abstatten und ihr einige Vorsichtsmaßregeln einimpfen. Darf ich um die Adresse bitten, Herr Zimmermann?“
Albert nickte bereitwillig.
„Aber natürlich, Herr Kommissar, selbstverständlich! Sie können meine liebe Klara gerne besuchen. Sie wohnt draußen in Frohnberg, Akazienweg 9. Sagen Sie ihr einen lieben Gruß von mir!“
Gräppert setzte zu einer Erwiderung an, aber dann ließ er es und nickte nur. Eine knappe Stunde später saß er dann einer würdigen Matrone gegenüber, die ihn durch eine randlose Brille hindurch aufmerksam ansah.
„Gott ja, der arme Albert“, seufzte sie. „Da hat er sich nun mit

dem Heiraten so lange Zeit gelassen und dann verliert er beide Frauen auf so schreckliche Art und Weise. Eine Tragödie ist das. Eine wirkliche Tragödie!“
Der Kommissar räusperte sich lange und nachdrücklich.
„Nun, man soll zwar von den Menschen immer nur das Beste denken“, sagte er schließlich. „Aber bei Ihrem armen Albert habe ich irgendwie das dumpfe Gefühl, daß er sie verlieren wollte. Seine erste Frau und Ihre Schwester waren ja beide sehr hoch zu seinen Gunsten versichert, nicht wahr? Bei solch einer Konstellation hat schon so mancher den Status eines Witwers, dem eines Ehemannes vorgezogen — was natürlich auch für die Damenwelt gilt.“
Die Matrone faltete die Hände und lächelte nachsichtig.
„Aber doch nicht Albert, Herr Kommissar“, erwiderte sie. „Albert ... also, das ist doch der gütigste und ... und zärtlichste Mensch, den man sich vorstellen kann. Nein, da tun Sie ihm mit Ihrem Verdacht aber bitter unrecht. Er hat mir ja schließlich von Anfang an alles über diese beiden Unfälle erzählt und ich habe nicht den geringsten Zweifel daran, daß es auch wirklich so war — da lege ich sogar meine Hand dafür ins Feuer!“
Gräppert war bereits dabei das Handtuch zu werfen.
„Na schön“, sagte er und erhob sich. „Wenn Sie von Herrn Zimmermanns Unschuld überzeugt sind, ist jedes weitere Wort sinnlos. Gewarnt sind Sie jedenfalls, gnädige Frau. Bleibt mir also nur noch, Ihnen viel Glück im Ehestand zu wünschen.“
Sie nickte freundlich und begleitete ihn zur Tür.
„Vor allem im Namen Alberts herzlichen Dank, Herr Kommissar“, erwiderte sie. „Nach soviel Unglück in seinem Leben hat er ja wirklich ein bißchen Glück verdient — finden Sie nicht auch?“
Wie schon bei Albert Zimmermann setzte Gräppert auch hier zu einer Erwiderung an und verkniff sie sich im letzten Augenblick doch. Er warf noch einen unsicheren Blick auf die sanft lächelnde Braut unter der Haustür, dann ging er langsam auf seinen Wagen zu.

***

Es dauerte nicht mal ein halbes Jahr, dann erfuhr Kommissar Gräppert durch einen Anruf der neuen Frau Zimmermann, daß Albert, der gütigste und zärtlichste Mensch, den man sich vorstellen konnte, in Wirklichkeit ein vom Pech verfolgter Unglücksrabe war.

„Oh, Herr Kommissar", kam Klaras aufgeregte Stimme aus dem Hörer. „Wie gut, daß ich Sie erreiche. Sie müssen ganz schnell zu mir kommen. Mein Albert . . ."

In Gräppert flammte ein Hoffnungsstrahl auf.

„Hat er . . . hat er versucht Sie umzubringen?" unterbrach er sie. Aus dem Hörer kam ein leises Seufzen.

„Aber nein", flüsterte sie. „Ich sagte Ihnen doch schon, daß Albert keiner Fliege etwas zuleid tun kann. Es ist nur . . . also, er wollte mir eben beim Fensterputzen helfen, weil es doch heute endlich mal nicht regnet, und gerade, als er sich nach dem Wassereimer bücken wollte, rutscht er aus und stürzt hinab auf die Straße. Ich habe natürlich sofort den Notarzt alarmiert, und die Leute waren auch innerhalb von fünf Minuten hier, aber unsere Wohnung liegt ja in der vierten Etage und der Arzt meint, mein Albert hat nach dem Aufschlag nicht mal mehr Sekunden gelebt. Was meinen Sie, ich soll am Fenster nichts anfassen und nichts verändern? Aber nein, Herr Kommissar, keine Sorge, Albert hat das bei den anderen Unfällen ja auch nicht getan, nicht wahr? Also, dann bis gleich!"

Sie legte den Hörer auf die Gabel zurück, ließ sich auf eine Couch sinken und lächelte dem Foto ihrer Schwester zu, das unter einem mit Trauerflor umgebenen Rand an der Wand hing.

„Tja, das ist eben das Gesetz der Serie, Berta", sagte sie leise. „Albert wollte leider nicht einsehen, daß es auch für ihn gilt. Na, und da mußte ich doch etwas nachhelfen, nicht?"

Tod am Rio Guiaba

Die verbeulte Motorhaube des alten Mercedes-Bus, der noch kurz vor dem zweiten Weltkrieg seinen Weg nach Südamerika gefunden hatte, schob sich dröhnend auf der in Fels gehauenen Straße nach Potosi entlang, glitt um eine Kurve und schien plötzlich frei in der Luft zu hängen. Trotz des faszinierenden Anblicks, den das Tal von San Lorenzo von dieser Höhe aus bot, konnte ich mich eines jähen Gefühls der Angst ebenso wenig erwehren wie die anderen Passagiere, die aus einer Schar zerlumpter und stoisch dreinblickender Indios bestand. Felipe, der Fahrer, der mein Erschrecken bemerkt hatte, wandte sich langsam zu mir um und schüttelte lächelnd den Kopf.
„Sie brauchen keine Angst zu haben, Senor", schrie er mir zu. „Ich kenne die Strecke wie meine Hosentasche. Da kommen noch ganz andere Kurven."
Ich deutete auf die winzigen Häuser im Tal.
„Wenn hier die Bremsen versagen, nützt das auch nichts mehr", erwiderte ich und schluckte, aber Felipe winkte gelassen ab.
„Meinen Bus kenne ich durch und durch", lachte er. „Den halte ich höchstpersönlich in Ordnung. Die Kiste ist zwar schon mehr als zwanzig Jahre alt, aber bis bei dem mal eine Schraube abfällt, sind andere schon lange Schrott."

Manuel, der zweite Fahrer, beugte sich vom Nebensitz zu mir herüber.

„Ihnen müßte es doch eigentlich egal sein, wo Sie sterben, Senor“, meinte er. „Sie wollen ja noch weiter hinauf nach Brasilien — bis zum Amazonas! Glauben Sie etwa, die Indios dort lassen Sie ungeschoren? Keine Chance haben Sie, sage ich Ihnen, keine Chance!“

Ich hätte ihm nun zwar sagen können, daß ich schon zweimal heil und gesund von dort zurückgekehrt war, aber was hätte es schon genützt? Für Felipe und Manuel, die im Liniendienst die Strecke Tucaman—Potosi befuhren, war ich ein Verrückter, der irgendwie lebensmüde sein mußte. Verblüfft und ungläubig hatten sie mich angestarrt, als ich ihnen vor unserer Abfahrt von meinem Ziel erzählt hatte.

„Ich möchte nur wissen, was Sie da oben eigentlich wollen“, meldete sich Manuel wieder. „Oder ist Ihnen vielleicht die Polizei auf den Fersen? Wenn Sie vor den Bullen weglaufen, können Sie es uns ruhig sagen. Wir gehören nicht zu deren Freunden.“

Felipe drückte mir eine Thermosflasche mit heißem Tee in die Hand und deutete dann mit dem Daumen über seine Schulter.

„Machen Sie sich nichts aus seinem Gerede, Senor“, sagte er. „Dieser Trottel da hinten glaubt allen Ernstes, daß jeder was auf dem Kerbholz haben muß, der in den Dschungel geht. Dabei kann es dafür so viele Gründe wie Sterne am Himmel geben. Ich kannte mal einen, der hat fünfzehn Jahre am Rio Branco gelebt, nur weil er gewisse Zweifel hatte.“

„Ah, jetzt kommt wieder die Geschichte von den beiden Brüdern aus Porto Allegre“, schrie Manuel. „Na los, Felipe, erzähle sie mal dem Senor. Vielleicht kann der dir eine Antwort darauf geben.“

Felipe legte den nächsthöheren Gang ein, warf mir einen zögernden Blick zu und zuckte dann mit den Schultern.

„Da gibt es gar nicht soviel zu erzählen, Senor“, sagte er schließlich. „Es war in Brasilien und es ging um eine Frau ...“

„Ach, erzählen Sie ruhig“, unterbrach ich ihn. „Für Geschichten

mit Frauen hatte ich schon immer eine Schwäche — für die Frauen selbst leider auch."
Er lachte lautlos und trat voll aufs Gaspedal.
„Na, dann hören Sie mal, wie so etwas ausgehen kann", erwiderte er. „Als diese Geschichte passierte, war ich noch ein junger Dachs, anfangs der Zwanziger, und arbeitete bei einem Busunternehmen in Porto Allegre, das zwei Brüdern gehörte — Jaime und Roberto Argullez. Es war keine sonderlich große Firma, nur vier oder fünf Busse, aber die beiden Brüder hatten das Geschäft erst ein Jahr zuvor von ihrem Vater übernommen und hätten es sich leisten können, zu Hause zu bleiben und die Geschäfte vom Büro aus zu leiten. Nur hatten sie beide statt Blut Diesel in den Adern und waren von ihren Schlitten nicht herunterzubringen. Also überließen sie die Geschäfte einem Buchhalter und fuhren weiter gemeinsam ihre Touren. Vielleicht wäre das sogar noch heute so, aber dann hatten sie eines Tages in einer kleinen Stadt eine Panne und dabei begegneten sie Angeles."
„Schön wie eine Orchidee und heiß wie eine Ofenplatte, wie Felipe immer sagt", brüllte mir Manuel ins Ohr. „Stimmt's, Amigo?"
Ich warf Felipe einen fragenden Blick zu, aber er schien Manuels Bemerkung gar nicht gehört zu haben. Die Hände um das Lenkrad geklammert, jagte er den Bus die Serpentinen hinab und wandte sich erst nach der letzten Kehre wieder zu mir um.
„Roberto und Jaime", sagte er dann, „sie hatten keinerlei Erfahrungen mit Frauen. In dieser Beziehung waren sie noch richtige Tölpel und Angeles ... na ja, sie war Tänzerin in einer Bar und wußte natürlich, was sie wollte. Jedenfalls taten die beiden das Dümmste, was sie überhaupt tun konnten — sie blieben bei ihr!"
„Sie blieben bei dieser Angeles?" staunte ich. „Einfach so, von einem Tag auf den anderen?"
„Von einem Tag auf den anderen", nickte Felipe. „Sie mieteten sich in einem Hotel ein, vergaßen ihre Busse, vergaßen ihr ganzes bisheriges Leben und tanzten wie zwei Hähne um Angeles herum.

Noch nahm das keiner von ihnen so richtig ernst und sie waren beide davon überzeugt, daß sich alles wieder geben würde, wenn sich Angeles erstmal für einen von ihnen entschieden hatte, aber Angeles ließ sich damit Zeit und so verdichtete sich die Atmosphäre zwischen den Brüdern immer mehr. Wahrscheinlich wäre das noch einige Wochen so weitergegangen, aber dann ertappte Jaime eines Morgens seinen Bruder dabei, als der sich gerade aus dem Zimmer von Angeles schlich. Aus dem gleichen Zimmer, dessen Tür sich erst eine Nacht zuvor für ihn geöffnet hatte! Von diesem Augenblick an herrschte zwischen den beiden offener Krieg. Jaime verließ zehn Minuten später das Hotel, fuhr mit seinem Bus davon und verkündete laut, daß Robertos Leben von jetzt an keinen Peso mehr wert sei, und Robert rannte ihm gut hundert Meter hinterher und schrie, daß diese Erde ab sofort nur noch für einen von ihnen Platz hätte."
„War es ihnen ernst damit?" fragte ich. „Ich meine, wollten sie sich wegen diesem Weibsstück tatsächlich an den Kragen?"
„Und wie sie das wollten", lächelte Felipe. „Sie wollten es beide, aber Jaime machte damit den Anfang. Er fuhr nach Porto Allegre zurück, pfiff auf die Firma, machte sich mit einem Beifahrer selbständig und begann mit der Jagd auf Roberto. Wochenlang bekam allerdings keiner von ihnen den anderen zu Gesicht. Nur einmal, als Roberto auf einer Leerfahrt nach Vacaria im Bus übernachtete, am nächsten Morgen aus dem Wagen stieg und sich dabei gedankenvoll übers Haar strich, da knallte plötzlich ein Schuß und als Roberto wieder zu sich kam, fehlten ihm ein Büschel Haare und zwei Finger seiner linken Hand.
Nun ging endgültig der Vorhang für ein Drama hoch, dessen Ende für jeden vorhersehbar war. Trotzdem muß aber noch ein Funke ihrer alten Zuneigung füreinander in ihnen geglimmt haben, denn als ein gemeinsamer Freund den Vorschlag machte, sich doch zusammenzusetzen und die Sache von Mann zu Mann zu regeln, waren sie beide sofort damit einverstanden.

Allerdings hat keiner dem anderen mehr so richtig getraut, denn am Ort ihrer Zusammenkunft, einem Parkplatz am Ufer des Rio Guiaba, erschienen sie beide bis an die Zähne bewaffnet."

„Kam zu diesem Treffen noch jemand mit?" fragte ich gespannt.

„Es kamen zwei Leute mit", erwiderte Felipe. „Roberto kam mit ihrem gemeinsamen Freund und Jaime mit seinem Beifahrer. Jaime war übrigens der erste, der auf dem Parkplatz eintraf. Er blieb in seinem Bus sitzen, brannte sich eine Zigarette an, und wartete in aller Ruhe auf seinen Rivalen. Roberto, der wenig später kam, stieg aus und baute sich in etwa drei Meter Entfernung vor Jaime auf. Was nun zwischen den beiden gesprochen wurde, konnte keiner ihrer Begleiter verstehen, aber es wurde eine heftige Auseinandersetzung, die damit endete, daß Roberto plötzlich den Revolver herausriß, auf Jaime anlegte und abdrückte. Jaime mußte aber von Anfang an etwas Ähnliches befürchtet haben, denn er war um Bruchteile von Sekunden schneller und traf den vor ihm stehenden Roberto mitten in die Stirn.

Einen Augenblick lang herrschte danach eine fast unheimliche Stille, dann hörte Jaime ein seltsames Schleifen und Rascheln über sich, und als er entsetzt den Kopf hochriß, sah er den blutenden Kadaver einer Bushmaster aus dem Gepäcknetz über der Fahrertür gleiten und mit einem häßlichen, klatschenden Geräusch zu Boden fallen — Robertos Kugel hatte ihr den Kopf abgerissen!

Nun, Senor, was meinen Sie? Hatte Roberto wirklich auf seinen Bruder gezielt und nur durch Zufall die im Gepäcknetz versteckte Schlange getroffen oder hatte er sie entdeckt und wollte Jaime vor ihrem Angriff schützen? Wie denken Sie darüber?"

Ich überlegte und betrachtete diese Affäre von allen Seiten, doch dann schüttelte ich den Kopf.

„Ich weiß nicht", sagte ich nachdenklich. „Ich kann es einfach nicht sagen. Möglich ist sowohl das eine, wie das andere. Was wahrscheinlicher ist . . . quien sabe?"

Felipe lächelte bitter.

„Eben, Senor, eben — ein Zweifel bleibt für immer. Jaime hat dieser Zweifel jedenfalls in den Dschungel getrieben, denn er hat natürlich nicht abgewartet, bis ihn die Bullen am Wickel hatten. Lieber im Urwald krepieren, als im Zuchthaus vegetieren, hat er sich wahrscheinlich gesagt. Aber falls Sie wieder mal so einem Trottel wie Manuel begegnen, der meint, man müßte immer etwas auf dem Kerbholz haben, wenn man in den Dschungel geht, dann könnten Sie ihm diese Geschichte erzählen."
Vor uns tauchten die ersten Häuser von Potosi auf und ich begann langsam meine Sachen zusammenzusuchen.
„Am besten wird sein, Sie steigen gleich hier aus," meinte Manuel hinter mir. „Da vorne zweigt die Straße nach Cochabamba ab und da müßte in einer halben Stunde der Bus dorthin vorbeikommen. Wollen Sie, Senor?"
Ich nickte stumm und Felipe trat auf die Bremse.
„Muchas gracias und gute Fahrt", sagte ich und sprang auf die Straße.
Mit meinem Bündel auf dem Rücken überquerte ich die Fahrbahn und sah zu, wie sich der Bus wieder in Bewegung setzte. In eine Staubwolke gehüllt und mit dröhnendem Auspuff rollte er an mir vorüber, aber erst jetzt, als Felipe dabei grüßend die Hand hob und mir zuwinkte, erst jetzt sah ich, daß an seiner linken Hand zwei Finger fehlten.

Nichts als Schlamperei

Joyce Averell strich sich langsam eine widerspenstige Haarsträhne aus dem Gesicht und sah Barrister kopfschüttelnd an.
„Also, ich kann immer noch nicht begreifen, daß man Wine freigesprochen hat, Herr Staatsanwalt“, sagte sie enttäuscht. „Ich weiß zwar bisher nur, was die Zeitungen über den Mord an meinem Verlobten geschrieben haben, aber die Beweise gegen Sam Wine waren danach doch erdrückend. Oder irre ich mich da?“
John Barrister wiegte bedächtig den Kopf hin und her.
„Ja und nein, Miß Averell. Für die Polizei und für die Staatsanwaltschaft gab es an der Schuld Wines überhaupt keinen Zweifel, aber die Jury war da leider anderer Meinung. Wir können uns nur mit ihrer Entscheidung abfinden.“
Joyce preßte die Lippen zusammen.
„Ich nicht“, erwiderte sie bestimmt, „ich ganz bestimmt nicht! Im Gegenteil, ich werde alles daran setzen, um Wine dafür büßen zu lassen. Wollen Sie mir nicht erzählen, wie es zu diesem Verbrechen überhaupt gekommen ist? Ich meine, Wine und Robby, mein Verlobter, sie waren doch Partner, sie hatten eine gemeinsame Firma. Wie kann es da zu so einer Tat kommen?“
„Nun, die letzte Wahrheit haben wir auch nicht erfahren“, gab

Barrister zu. „Ihr Verlobter war mit Sam Wine auf einer Party und geriet dort mit ihm wegen irgendwelcher geschäftlichen Dinge in Streit. Er ärgerte sich dabei über Wine derart, daß er den ganzen Abend mit ihm kein Wort mehr sprach, dafür aber leider um so mehr trank. Am Ende war er so betrunken, daß er kaum noch stehen konnte. Wine erbot sich nun trotz ihres Konflikts, Ihren Verlobten in dessen Wagen nach Hause zu fahren, und Robby war damit einverstanden. Sie wissen ja, daß sowohl Wine als auch Robby draußen in Forrest Hill in der gleichen Straße wohnen. Die beiden Häuser sind nur etwa eine Meile voneinander entfernt, und die Straße selbst wird ungefähr in der Mitte dieser Distanz von der Eisenbahnlinie nach Rafton unterbrochen. Wine behauptet nun, auf der Heimfahrt sei ihr Streit wieder aufgeflammt, und Ihr Verlobter habe ihn schließlich aus dem Wagen gewiesen und sei allein weitergefahren. Beim Überqueren der Bahnlinie müsse er das Blinklicht übersehen haben und sei deshalb vom Zug erfaßt worden."

„Kann es so gewesen sein, Mr. Barrister?" fragte Joyce.

Der Staatsanwalt schüttelte den Kopf.

„Nein, eben nicht. Der Lokführer des Zuges sagte aus, der Wagen sei reglos auf den Schienen gestanden. Dann gibt es aber auch einen Zeugen, der zwei Häuser neben Wine wohnt und durch den Lärm des Zusammenstoßes aufgewacht ist. Er sagte aus, er habe Wine ungefähr eine Minute nach dem Knall auf sein Haus zulaufen sehen, während Wine selbst behauptet, um diese Zeit bereits geschlafen zu haben."

„Ja — und?" fuhr Joyce auf. „Hat man diesem Zeugen nicht geglaubt?"

Barrister hob die Hand und ließ sie wieder fallen.

„Nach dem Gesetz durfte man das nicht, Miß Averell", klärte er sie auf. „Der Mann ist zweiundachtzig Jahre alt und seit vier Monaten unter Vormundschaft — da war nichts zu machen."

Joyce nagte versonnen an ihrer Unterlippe.

„Und Sie, was glauben Sie, Mr. Barrister?“ fragte sie schließlich. „War es wirklich Mord?“

Er nickte entschieden.

„Es war Mord“, sagte er hart. „Wir sind überzeugt, daß Ihr Verlobter auf dem Heimweg im Wagen eingeschlafen ist, Wine unterwegs angehalten hat und dann den Wagen auf den Schienen stehenließ. Neben allem anderen spricht auch die Tatzeit dafür. Die Fahrt von der Party bis zum Haus Ihres Verlobten dauert nämlich nicht länger als achtzehn Minuten. Nun sind die beiden aber erwiesenermaßen kurz nach zwei Uhr von dort weggefahren, und der Zug passiert den Übergang genau um 2.44 Uhr. Das bedeutet ...“

„... daß er um diese Zeit längst zu Hause hätte sein müssen“, warf Joyce erregt ein. „So ist es doch, nicht wahr?“

„So ist es“, bestätigte Barrister. „Wäre die Fahrt so verlaufen, wie Wine sie uns geschildert hat, hätte es gar nicht zu diesem Zusammenstoß kommen können.“

Joyce griff erregt nach einer neuen Zigarette.

„Und das Motiv, Mr. Barrister?“ fragte sie. „Gibt es ein einleuchtendes Motiv für diese Tat?“

„Es gibt sogar mehrere“, sagte John und reichte ihr Feuer. „Es kam zwischen den beiden nämlich immer wieder zu Auseinandersetzungen. Wine wollte genießen, Robby aber lieber investieren. Der Hauptgrund dürfte aber der Gesellschaftervertrag gewesen sein, der vorsieht, daß der jeweilige Anteil an der Firma im Todesfall an den Überlebenden geht. Das heißt, nachdem Wine jetzt freigesprochen wurde, ist er Alleininhaber. Aber sagen Sie mal, Miß Averell, kennen Sie Wine eigentlich?“

Sie schüttelte den Kopf.

„Nein, Mr. Barrister, ich bin ja Engländerin und war bisher nur einmal in den Staaten, und da befand sich Wine gerade auf einer Geschäftsreise. Ansonsten kam Robby immer zu mir nach Brighton. Das nächste Mal wollte er mich im Sommer besuchen, und wenn ich nicht zufällig eine amerikanische Illustrierte gelesen

hätte, wüßte ich bis heute nichts von dem Mord an ihm. Robby hatte ja keine Verwandten, die mich benachrichtigen hätten können."
„Und Wine hat Sie leider mit keinem Wort erwähnt", nickte der Staatsanwalt. „Wir haben auch erst durch die Briefe von Ihrer Existenz erfahren, die Sie an Ihren Verlobten geschrieben hatten und die dann bei uns gelandet sind. Leider hatten Sie auf keinem einzigen Ihren Absender angegeben, so daß wir Sie nicht rechtzeitig genug finden konnten."
Joyce zuckte mit den Schultern.
„Was hätte es schon genützt? Vielleicht ist es ganz gut, daß mir dieser Prozeß erspart geblieben ist. Aber eine Frage hätte ich noch, Mr. Barrister. Wenn man nun Wine verurteilt und hingerichtet hätte, müßten Sie befürchten, eines Tages Gewissensbisse zu bekommen?"
Er sah erstaunt zu ihr auf.
„Aber wieso denn, Miß Averell? Wine ist ein Mörder, und er hat es nur unserem Rechtssystem zu verdanken, daß er wieder frei herumläuft."
Sie streckte ihm impulsiv die Hand entgegen.
„Ich muß leider gehen, Mr. Barrister", sagte sie und griff nach ihrem Mantel. „Da drüben kommt mein Bus. Vielen Dank für Ihre Zeit, ja?"
Er sah ihr nach, wie sie auf hohen Absätzen durch das Lokal und über die Straße ging, aber auch als der Bus längst abgefahren war, saß er immer noch auf seinem Stuhl und grübelte über ihre letzte Frage nach.

***

Samuel Wine drückte seine blonde Begleiterin fest an sich.
„Wa . . . warum sagst du bloß immer nein, wenn ich dich b . . . bitte, mit zu mir zu kommen, Jenny", nörgelte er. „Wir kennen uns nun scho . . . schon drei Wochen und da hätte ein anderes M . . . M . . . Mädchen längst mal ja gesagt."

Die Blondine lächelte amüsiert.
„Aber Sammy, was hättest du denn davon?“ fragte sie. „In deinem Zustand kannst du doch nicht mal mehr fahren.“
„Na, dann fff . . . fährst eben du“, grinste er. „Du kannst doch fff . . . fahren, oder?“
Sie seufzte und nahm ihm die Zündschlüssel aus der Hand.
„Also, dann komm“, sagte sie kurz. „Du gibst ja doch keine Ruhe, und es ist sowieso schon spät genug.“
„A . . . aber es ist doch noch nich’ mal zwei Uhr“, kicherte er. „Und wir haben die gan . . . ze Nacht für uns, nich’?“
Sie schob ihn in den Wagen und schlug die Tür zu.
„Wir haben sie eben nicht. Mr. Wine“, murmelte sie und ging um den Wagen herum. „Wir müssen uns jetzt sogar etwas beeilen.“
Dann ließ sie sich hinter das Steuer fallen und drehte entschlossen den Zündschlüssel.

***

Sergeant Walt Calters griff aufgeschreckt nach dem rasselnden Telefon und räusperte sich.
„Polizeiwache neun, Sergeant Calters. Wer spricht bitte?“
Sekundenlang lauschte er angespannt der aufgeregten Stimme im Hörer, dann winkte er seinen Kollegen herbei.
„Was sagst du nun, Billy“, flüsterte er. „Unten am Bahnübergang hat es Mr. Wine erwischt. Sein Wagen ist ein einziger Trümmerhaufen und er bis zur Unkenntlichkeit entstellt. Ist das nun Zufall oder sowas wie ausgleichende Gerechtigkeit, hm?“
Billy tippte sich an die Stirn.
„Von wegen ausgleichende Gerechtigkeit“, erwiderte er. „Das ist nichts als Schlamperei, sage ich dir. Da gehört nämlich schon lange eine Schranke hin.“

Nicht mit mir, Charlie!

Charlie Plummer griff instinktiv zur Waffe, als es an der Tür läutete. Unhörbar schlich er auf Zehenspitzen in den Flur, warf einen Blick durch den Spion und atmete erleichtert auf, als er an der Treppe nur einen kleinen Jungen stehen sah.

„Bist du Charlie?“ fragte der Junge, als er die Tür öffnete.

„Charlie Plummer, ja? Dann habe ich hier einen Brief für dich. Kostet dich aber einen Dollar.“

Charlie nahm den Brief und drückte dem Jungen einen Schein in die Hand. Verwundert betrachtete er dann den Brief, der weder Anschrift noch Absender aufwies und von dem ein feiner Duft von Maiglöckchen ausging. Er führte ihn dicht an die Nase und wußte im gleichen Augenblick, daß er nur von Jean kommen konnte.

Charlie wog den Brief unschlüssig in der Hand und überlegte, ob er ihn überhaupt öffnen und lesen sollte. Jean Hawthorne . . . wie lange lag nun das Abenteuer mit ihr schon zurück? Waren es erst vier oder schon fünf Wochen? Jedenfalls war inzwischen genügend Zeit vergangen, um die kleine Schwesternschülerin völlig zu vergessen. Nein, es war wohl besser, den Brief ungelesen in den Papierkorb zu werfen. Er konnte sich ohnehin unschwer vorstellen, was ihm diese verliebte Gans geschrieben hatte.

„Liebster, ich kann ohne dich nicht leben", würde es heißen. „Warum hast du mich denn verlassen und warum meldest du dich nicht? Du weißt doch, daß du der Mann meines Lebens bist, du kannst mir das doch nicht antun."

Charlie grinste bei dem Gedanken, wie sehnsüchtig Jean jetzt auf Antwort warten würde. Keinen Fuß würde sie außer Haus setzen aus Angst, er könnte gerade dann anrufen, wenn sie unterwegs war. Dabei hatte er schon beim zweitenmal genug von ihr gehabt. Jede andere hätte sein Schweigen und Fernbleiben begriffen und auch akzeptiert, aber Jean war die Hartnäckigkeit in Person und von einer Ausdauer, die man ihren sechzehn Jahren gar nicht zugetraut hätte.

Charlie ärgerte sich maßlos, daß er Jean damals seine Adresse genannt hatte und sie ihn jetzt mit ihren schmalzigen Ergüssen bis zum jüngsten Tag nerven konnte. Oder war vielleicht dieser Brief hier nun endgültig der letzte Versuch von ihr? Wollte sie ihn etwa wissen lassen, daß sie jede Hoffnung auf ein gemeinsames Glück aufgegeben hatte? Natürlich würde sie ihm das nicht in zwei, drei Sätzen mitteilen, sondern erstmal eine lange Litanei von jenen Übeltaten anstimmen, die er ihr durch seine Treulosigkeit angeblich zugefügt hatte.

Entschlossen riß Charlie den Brief auf und verdrehte entsetzt die Augen, als er die fünf engbeschriebenen Blätter aus dem Umschlag zog. Er hatte doch gewußt, daß er mit der Lektüre ein abendfüllendes Programm vor sich hatte! Wie kam es eigentlich, daß sich Frauen über jede Kleinigkeit stundenlang auslassen konnten?

Aufseufzend zog er sich einen Stuhl heran, setzte sich und begann zu lesen.

„Mein lieber Charlie", stand da in steilen, etwas wackligen Buchstaben, „wahrscheinlich wird es dich nicht besonders interessieren, aber ich möchte dir doch wissen lassen, daß ich nun unter die Affäre mit dir einen dicken Strich gezogen habe — und zwar ein für allemal! Ich bin mir zwar sicher, daß du dein Verhalten mir gegenüber in ganz kurzer Zeit bitter bereuen wirst, aber nun ist es selbst dafür zu spät. Trotzdem gestehe ich dir gerne ein, daß mir der Abschied von dir unheimlich schwergefallen ist und ich einfach nicht einsehen wollte, daß ich für dich nichts als ein Spielball war. Wahrscheinlich war auch das der Grund dafür, daß ich immer wieder durch deine Straße gegangen bin und sehnsüchtig auf eine Begegnung mit dir gehofft habe. Nun, um es kurz zu machen, ich habe dich gesehen. Innerhalb von einer Woche bist du mit drei verschiedenen Mädchen aus deiner Wohnung gekommen und ich kann dir sagen, du hättest mir damit gar keinen größeren Gefallen tun können. Plötzlich sah ich dich nämlich so, wie und was du wirklich bist: ein eingebildeter, dämlicher Kerl ohne jedes Niveau und Charakter! Ja ja, ich weiß jetzt sitzt du da und kochst vor Wut, aber auch nur deshalb, weil ich dir hier endlich einmal die Wahrheit über dich sage. Meine Liebe zu dir, meine Eifersucht und auch meine Sehnsucht nach dir waren jedenfalls plötzlich wie weggeblasen, und dafür müßte ich mich bei dir eigentlich noch bedanken.

Ich weiß, für dich war ich nie etwas anderes als eine gefühlsdusslige Kuh, die man um den Finger wickeln konnte. Aber weil ich das eben nicht bin und ich dir das sagen wollte, habe ich gestern nachmittag noch einmal vor deinem Haus auf dich gewartet. Du kennst ja diesen Brunnen in dem kleinen Park gegenüber deinem Haus, nicht wahr? Na, siehst du, dort habe ich gewartet. Und weil ich nicht so dämlich in der Gegend herumstehen wollte, hatte ich meinen Fotoapparat mitgenommen und meine Zeit damit verbracht, diesen Brunnen zu fotografieren.

So kurz nach 16 Uhr hast du dann das Haus verlassen und ich bin dir aus lauter Neugier gefolgt. Ich dachte, du hättest wieder mal ein Rendezvous und wollte sehen, wer dir diesmal auf den Leim gegangen war. Aber diesmal war nicht ein Mädchen das Ziel deiner eiligen Schritte, sondern die Filiale der Interstate Bank in der Greensboro Lane. Aha, dachte ich, die Dame ist etwas kostspielig und da mußt du natürlich vorsorgen. Zunächst wartete ich dann auf der gegenüberliegenden Straßenseite auf dich, aber plötzlich kam mir der Gedanke, daß du dich vielleich mit einer Angestellten der Bank verabredet hattest und mit ihr durch den Hinterausgang verschwinden würdest. Also ging ich hinüber und betrat die Schalterhalle — ja, und da sah ich dich vor der Kasse stehen und mit einem Revolver den Kassierer bedrohen. Ich stand da und wußte im Moment gar nicht, was ich nun tun sollte. Ich war einfach viel zu überrascht, um zu reagieren. Daß du ein ausgemachter Schuft bist, das wußte ich ja aus eigener Erfahrung. Aber nun auch noch ein Gangster . . . also, das hätte ich von dir wirklich nicht gedacht. Na, und als ich mich endlich von meiner Überraschung erholt hatte, da warst du bereits eifrig dabei, die Geldbündel in deine Plastiktüte zu stopfen.

Nein, Charlie, du konntest mich nicht sehen. Ich war hinter einer Säule verborgen und habe deinen Coup aus sicherer Entfernung beobachtet, aber dann habe ich meine Kamera herausgeholt und einen halben Film auf dich abgeschossen. Ich kann dir sagen, die Fotos sind mir hervorragend gelungen! Natürlich hätte ich sie schon gestern der Polizei aushändigen können, dann hätten sie dich inzwischen längst eingelocht, aber ich brauchte eben noch etwas Zeit, um dir diesen Brief hier schreiben zu können. Dir soll nämlich im Gefängnis nicht nur klar werden, daß sich Banküberfälle nicht lohnen, sondern auch, daß man Menschen nicht so behandelt, wie du mich behandelt hast.

Also, um auf den Kern der Sache zu kommen: mein kleiner Neffe überbringt dir nun diesen Brief und gleichzeitig mache ich mich mit den Fotos auf den Weg zur Polizei. Du brauchst aber gar nicht erst versuchen abzuhauen oder so. Schau aus dem Fenster und du wirst auf der Straße einen dunkelblauen Chrysler mit einem ziemlich athletischen jungen Mann am Steuer sehen. Das ist Clifford, mein neuer Freund. Er wird dich im Auge behalten und dafür sorgen, daß du nicht die Fliege machen kannst. Laß es also, du hättest

ohnehin keine Chance. Ich wette nämlich mit dir, daß du meinen Brief noch nicht mal zur Hälfte gelesen hast und die Polizei steht bereits vor deiner Tür. Wenn du also klug bist, dann . . ."
Charlie ließ fluchend den Brief fallen, griff nach seiner Jacke und stürmte in panischer Angst die Treppe hinab, aber als er den Flur entlangrannte und die Hintertür aufriß, sah er, daß Jean ihre Wette gewonnen hatte.